KB122520

UFO와 신과학

그 은폐된 비밀과 충격적 진실들 (개정판)

박찬호 지음

도서출판 은하문명

나는 군 정보기관과 나사(NASA)에 근무하면서 많은 UFO들이 지구를 방문해 왔고 외계인들이 여러 차례 인류와 접촉한 것이 사실임을 알게 되었다. 그러나 정부는 지난 60년 동안 진실을 숨겨왔다.

　　　　　　　　　　　　　　　　　　　　　　　- 에드가 미첼(아폴로 14호 조종사) -

"UFO 현상의 은폐는 무한(우주) 에너지에 대한 억압과 관련이 있다."

　　　　　　　　　　　　　　　　　　　　　　　- 아담 트롬블리(프리 에너지 연구가) -

"나는 이런 외계의 비행체들과 그 승무원들이 다른 행성들로부터 우리의 행성을 방문하고 있고 그것이 명백히 지구상의 우리보다 기술적으로 더욱 진보했다는 사실을 믿는다."

　　　　　　　　　　　　　　　　　　　　　　　- 고든 쿠퍼(미 우주비행사) -

머리말 – 우리 인류는 지금 어디를 향해 가고 있는가?

UFO 현상이 이 지구촌에 일종의 미스터리로 등장한 지도 어언 70년 가까이 흘렀다. 1947년 미 공군정보부에서 만들어낸 "미확인 비행물체(UFO: Unidentified Flying Object)"라는 의미의 약자(略字)인 이 용어는 오늘날에도 여전히 사용되고 있고, 언론 역시 UFO를 아직도 정체불명의 비행체 정도로 다루고 있는 실정이다. 그렇다면 과연 UFO는 대중매체나 일반인들이 알고 있는 것처럼, 지금도 여전히 말 그대로 "미확인"이고 그 "정체"가 파악되지 않은 것인가? 하지만 실상은 결코 그렇지가 않다. 그리고 UFO 현상은 단순히 그 목격이나 실재여부 차원에서 더 이상 거론할 문제가 아님을 우리는 시급히 인식할 필요성이 있다. 왜냐하면 UFO 문제는 지구의 정치, 경제, 사회, 문화, 종교, 과학, 더 나아가 인류의 미래와 운명과도 직결돼 있는 어마어마한 사안들을 복합적으로 내포하고 있기 때문이다. 좀 더 구체적으로 말하면, UFO 문제는 이 지구 행성을 지배하고 통제하고 있는 비밀스러운 엘리트 세력들의 숨겨진 권력과 미래의 초기술을 상징하는 일종의 코드(Code)와 같은 것이다. 또 한편으로 이것은 인류의 새로운 과학적 패러다임(Paradigm)을 암시하는 동시에 우리가 지금의 낡은 3차원 문명에서 벗어나 상위차원의 신문명시대를 열 수 있는 핵심적인 열쇠(Key)이기도 하다.

이 시점에서 우리가 살고 있는 지금 이곳 지구의 현실을 한 번 돌아다보자. 시간의 수레바퀴는 급속히 돌아 어느덧 21세기 초의 중요한 전환점을 넘어섰다. 그리고 인간의 과학기술은 하루가 다르게 놀라운 속도로 발전해가고 있다. 이제는 과거 수십 년 전만 해도 공상과학영화에서나 볼 수 있던 인공지능 로봇, 3차원 홀로그램, 사물인터넷 및 증강현실 구현, 음성인식기기, 슈퍼컴퓨터, 3D 프린터가 이미 상용화 단계에 들어섰다. 하지만 그럼에도 불구하고 대다수 인류는 여전히 국가 간, 민족 간의 전쟁과 대립, 테러, 인종적 반목, 증오, 종교갈등, 영토분쟁, 환경오염, 천재지변, 굶주림, 질병, 빈곤을 벗어나지 못한 채 낙후되고 야만적인 문명 상태에 머물러 있다.

연일 보도되고 있는 새로운 과학적 개가와 눈부신 기술적 발전에도 불구하고 왜 지구라는 행성에는 아직도 이러한 비극과 불행이 상존하고 있는 것일까? 그것에 대해 몇 가지 원인들을 열거할 수 있을 것이다. 무엇보다 우선적인 그 첫 번째 이유는 인류의 전반적인 의식수준이 아직 낮은 수준에 머물러 있다는 것이다. 대다수의 인간들은 우주의 원리와 법칙에 무지하며, 따라서 오로지 자기중심적으로 먹고 사는 생존적인 문제에 매달려 하루하루를 살아가고 있다. 이 과정에서 이기성에 사로잡힌 인간들은 지구의 대기와 자연환경을 심각하게 파괴하고 오염시켰으며, 다른 인종과 생명체들의 생존권을 존중하지 않고 그들을 위협하고 있는 실정이다. 이에 따라 국가 간, 민족 간 다툼과 갈등이 그치질 않고 있다. 또한 많은 동물과 생물들이 멸종해 가고 있으며, 자연파괴로 인해 천재지변과 같은 자연재앙의 보복에 직면해 있다.

그리고 두 번째 원인이 존재하는데, 그것이 바로 이 책을 집필하게 된 주된 이유이기도 하다. 그것은 지구상에는 이 행성을 지배하고 있는 사악하고 이기적인 일부 어둠의 엘리트 세력들이 암약하고 있고, 그들이 인류 전체의 영적 깨어남과 발전을 가로 막고 있다는 사실이다. 이 극소수의 글로벌 엘리트 세력들은 지구상의 모든 분야, 즉 정치, 경제, 사회, 문화분만이 아니라 군수산업, 우주개발에 이르기까지 모든 것을 독점 장악하여 배후에서 조종하고 있으며, 자기들의 목적을 위해 인류를 지속적인 분열과 갈등상태로 몰아넣어 교묘히 통제하고 있다. 하지만 대다수의 무지한 대중들은 그들의 실체를 전혀 인식하지 못한 채 눈먼 어린 양들처럼 그들의 손아귀가 잡아 이끄는 대로 고분고분 끌려 다니며 지배당하고 있을 뿐이다.

이처럼 인류의 불행과 비극은 이런 극소수 엘리트 세력들을 포함한 상위약 3% 정도가 지구상의 모든 돈과 권력 및 첨단기술의 90% 이상을 손에 쥐고 있다는 데 있다. 심지어 스티븐 그리어(Steven M. Greer)박사 같은 사람은 세계 인구의 약 0.0000001 %에 해당하는 불과 2백~3백 명의 인간들 및 가족과 그들의 기업들이 지금 전 세계의 순 가치의 50% 이상을 지배한다고까지 주장한다. 그런데 여기서 단순히 소수가 너무 많은 것을 갖고 있는 것이 문제라기보다는 진짜 문제는 그들의 의식(意識)이 대부분 영적으로 저급하고 어둠의 속성을 갖고 있다는 데 원인이 있다고 할 수 있다. 왜냐하면 이런 세력들은 그 돈과 권력과 기술을 오직 자기들의 사리사욕(私利私慾)과 기득권 유지, 그리고 남을 지배하고 통제하는 데다 쓰기 때문이다. 다시 말해 그들은 높은 의식의 소유자들 마냥 결코 돈과 권력을 인류 전체의 발전과 평화, 봉사, 복지를 위해 사용하지 않는다. 분만 아니라 이 소수의 엘리트 어둠의 세력들은 지난 과거역사 동안 테슬라(Tesla)와 같은 위대한 과학자들의 신기술들을 의도적으로 차단하고 은폐한 채, 약 100년 이상에 걸쳐 인류 문명을 낡은 화석연료 문명단계에다 묶어둠으로써 인류 전체의 발전을 방해하고 있다. 이 세력들은 대개 표면에 드러나지 않은 채 은밀히 활동하는데, 그렇기에 보통 그들은 "그림자정부" 또는 "세계비밀정부"라고 불린다. 이런 소수의 강력한 부정적 세력이 지구상에 실재하고 있다는 사실은 단순히 일부 음모 이론가들만이 주장하는 장광설이 아니다. 이에 관해서는 미국의 상원의원인 다니엘 이노우에(Daniel Inouye)같은 사람도 의회 청문회에서 이렇게 언급한 적이 있다.

"그들 자체의 공군과 해군, 독자적인 자금조달 조직을 가진 그림자 정부 (shadow Government)가 존재한다. 그리고 그들은 모든 감사(監査)와 대차 계정에 구애받음이 없이 자신들만의 국가적 이익을 추구할 능력이 있고, 국법 그 자체로부터도 자유롭다."

또한 전 미국 대통령 빌 클린턴이 퇴임한 후, 〈워싱턴 포스트 (Washington Post)〉지의 유명한 백악관 출입 기자 사라 맥클린던(Sarah Mcclendon) 여사가 2005년경 그에게 왜 UFO에 관한 진실을 공개하려는 어떤 노력을 하지 않았느냐고 질문을 한 적이 있었다. 그때 클린턴은 조용히 이렇게 답변했다고 한다.

"사라! 정부 안에는 비밀정부(Secret government)가 있어요. 그리고 나는 그들을 통제하지 못해요."

그런데 무엇보다 가장 중요한 것은 지금의 인류의 가난과 굶주림, 전쟁, 병고(病苦), 생존경쟁, 빈부(貧富) 간의 양극화와 같은 모든 불행과 비극을 해결할 수 있는, 은폐된 초첨단의 놀라운 신과학 기술들이 이미 개발되어 이 지구상에 존재한다는 점이다. 그것은 바로 반중력 우주선, 순간이동, 시간여행, 그리고 무한동력의 원천인 프리 에너지(Free energy) 기술과 같은 것들이다. 믿기 어렵겠지만, 우리가 공상과학 소설이나 영화 속에서나 접해보았을 이런 놀라운 기술들은 이미 개발돼 있고, 또 실제적으로 이용이 가능하다. 이것은 선구적인 많은 과학자들과 연구자들에 의해 오랜 전부터 개발되어 왔던 기술들이다.

그럼에도 불구하고 이런 기술들은 오직 한줌도 안 되는 극소수의 어둠의 엘리트 세력들이 그것을 장악한 채, 단지 무지한 대다수의 인류를 조종하고 지배하는 데 악용하고 있다는 데 문제의 핵심이 있다. 그리하여 그들은 인류 전체를 노예화하고 지구를 일종의 "감옥행성"으로 만들어 놓음으로써 완전한 지배를 획책하고 있다. 그리고 이 책의 주 목적은 바로 대중들에게 그것을 알리기 위한 것이다.

만약 이런 놀라운 미래 초기술들이 공개되어 인류의 전체의 공익(公益)과 복지, 선(善)을 위해서 활용된다고 한 번 상상해보자. 단언컨대 인류문명은 현재와 같은 불행과 고통, 결핍에서 단숨에 벗어날 수 있을 것이며, 문명 전반에 걸쳐 새로운 제3의 산업혁명이 일어날 것이다. 그리하여 우리는 고통과 갈등으로 점철돼 있고 이기성과 개인주의에 기초한 지금의 낙후된 문명단계를 뛰어넘어 단 기간 내에 새로운 차원의 초첨단 문명으로 도약할 수 있을 것이다. 하지만 우리가 이런 변화와 변형을 이루어내기 위해서는 먼저 이와 같은 진실에 관한 대중들의 인식과 영적 깨어남이 절대적으로 필요불가결하다고 할 수 있겠다.

이와 아울러 UFO나 외계인의 문제를 거론하지 않을 수 없는데, 왜냐하면 그것이 필연적으로 이런 초과학적 신기술과 연결고리를 형성하고 있기 때문이다. 지금 이 시대에 일반인들 마냥 UFO나 외계인이 실제로 존재하느냐의 여부를 따지는 것은 전혀 무의미하며, 이는 전적으로 어리석고 무지한 우문(愚問)일 뿐이다. 따라서 이 책에서는 UFO나 외계인의 실재 여부에 관련된 애매모호한 가설이나 학설 같은 것은 거의 다루지 않는다. 게다가 한가하게 그런 이론을 논할 시기는 이미 오래 전에 지났다. 군(軍) 출신의 미국의 저명한 UFO 연구가 로버트 딘(Robert Dean)은 과거 모 잡지와의 인터뷰에서 이런 말을 한 적이 있다.

"UFO 비밀들은 단지 '빙산의 일각'에 불과하다. 그 문제는 너무 엄청난 것으로서 그 진실이 밝혀질 때, 관련 정보들은 우리의 세상을 완전히 변형시키거나, 아니면 완전히 파멸시킬 새로운 수준의 완전한 지식을 상징한다."

이처럼 UFO 문제는 폭발 직전의 거대한 시한폭탄과도 같은 속성과 거대한 중요성을 안고 있다. 그렇기 때문에 매우 오랫동안 전 세계적으로 UFO와 외계인 관련 정보들에 대한 대대적이고 조직적인 은폐가 이루어져 왔다. 그러다 보니 어느 국가에서나 UFO를 접촉했다고 보고하거나 UFO에 대해 연구 활동을 하는 사람들은 대개 약간 정신이 이상한 괴짜나 웃음거리 취급을 당하기 십상이었다. 또한 정부나 조직 내에서 금지된 UFO 정보를 발설하려 할 경우 그들은 일자리를 잃게 될 거라는 경고를 받는다. 게다가 심한 경우에는 그들의 목숨과 가족의 생명이 위험해질 거라는 협박을 당하기도 한다. 그리고 이를 무릅쓰고 진실을 공개한 많은 사람들이 실제로 죽거나 실종되었다. 이런 은폐공작과 테러에는 어둠의 엘리트들의 하수인들인 군(軍)과 정보기관 조직이 관여하고 있다. 또한 그들이 매수하거나 포섭한 일부 과학자들이 매스컴을 통해 대중들을 왜곡된 역정보로 혼란시키거나 세뇌하는 데 한몫하고 있기도 하다. UFO를 철저히 부정했던 미국의 저명한 천문학자, 고(故) 칼 세이건(Carl Sagan) 박사 같은 사람이 이런 대표적 사례인데, 그는 사실 CIA에 의해 매수되어 UFO를 부정하는 미국정부의 공식입장을 지지하는데 이용당했던 어용학자였다. 이처럼 외국의 일부 과학자들이 정보기관의 하수인 노릇을 할 수 밖에 없는 이유는 연구자금을 끊겠다는 협박 또는 돈에 의한 회유 때문이다.

그럼에도 UFO나 외계인이란 존재는 긍정적으로든 부정적으로든 오래전부터 인류 속에 깊이 관여해 왔고, 이제는 결코 부정할 수 없는 수많은 증거들과 흔적들을 남겨 놓았다. 뿐만 아니라 그들은 앞으로의 인류의 운명과도 서로 분리될 수 없는 밀접한 연계 고리를 형성하고 있는 것이다. 그런 세세한 내막에 관해서는 앞으로 이 책에서 하나하나 상세하게 다루게 될 것이다.

그런데 한 가지 지적하고자 하는 것은 우리 보통의 사람들은 외계인에 관련된 왜곡된 고정관념을 가진 경우가 많은데, 이제는 이를 과감하게 깨야할 필요가 있다는 점을 강조하고 싶다. 그 고정관념은 다름이 아니라 외계인은 우리 인간과는 전혀 별개이며, 외모 또한 모두 인간과는 달리 매우 기이하거나 흉측한 형상을 하고 있다는 기존의 생각들이다. 그 대표적인 이미지는 미 허리우드 영화에서 유래된 것이 대부분으로서 가분수형의 큰 머리와 시커먼 눈을 가진 "그레이(Gray)"가 대표적이다. 이런 종족이 일부 존재하는 것은 사실이지만, 인간형의 매우 진화되고 아름다운 존재들도 많다는 사실을 우리는 인식할 필요가 있다. 허리우드에서 제작된 영화들이 외계인들의 실상을 왜곡하고 대개 지구를 침략하는 악한 존재들처럼 묘사하고 있는 이유 역시도 인간들에게 혐오감을 주입시키기 위한 어둠의 엘리트 세력들의 배후공작에 의한 것이다. 이것 역시 그들이 허리우드의 영화자본을 지배하고 있기 때문이다. 이러한 악영향으로 이제는 아예 '외계인 = 괴물'이라는 부정적 인식이 대중들의 머릿속에 박혀버렸다.

하지만 우리가 단순한 물리적 측면이 아닌 영적측면에서 외계인을 언급한다면, 사실상 지구인과 외계인 사이의 구분은 존재하지 않는다. 즉 외계인이 곧 지구인이고, 지구인이 곧 외계인인 것이다. 이것이 무슨 말인가 하면, 영혼은 진화해 가는 오랜 과정에서 우주의 그 어느 별에서도 태어날 수 있다는 의미이다. 따라서 지구인 가운데는 과거생에 다른 행성에서 살다가 여러 가지 이유로 인간의 몸으로 태어나 있는 존재들도 있는 것이다. 이와는 반대로 지구인이 영적으로 향상되어 지구별을 벗어날만한 진화단계에 이를 경우, 지구보다 높은 다른 차원의 행성에 가서 태어날 수 있다는 점을 알아야 한다. 이를 다시 말하면, 불교에서 말하는 영혼의 "윤회환생(輪廻還生)"의 원리는 단지 지구권 안에서만 적용되는 것이 아니라 범 우주적으로 작용하고 있다는 이야기이다.

이런 관점에서 인간과 외계인의 문제를 바라볼 때, 거기에 어떤 전적인 분리는 있을 수 없으며, 오랜 태고시대부터 인류와 외계와의 사이에는 불가분의 연결고리가 늘 존재해 왔음을 이해할 수 있을 것이다. 아울러 지구의 진동이 점차 높아지고 있는 우주적 차원상승기인 지금, 향후에 외계문명과의 공개적인 접촉 가능성을 가정해도 그리 무리한 이야기는 아닐 것이다. 그러나 이러한 공식적 접촉은 반드시 지금의 분열과 갈등상태의 종식과 전 지구적 평화체제의 구축과 같은 문제들이 먼저 고려되어야 할 것이다. 그러므로 이와 아울러 어둠의 세력의 지구 지배를 끝장내고 그들만이 독점하여 은폐하고 있는 신기술들을 공개케 함으로써 새로운 문명시대를 앞당기는 지름길은 오직 인류 전체가 모든 무지와 타성적 무관심에서 벗어나 시급히 깨어나는 것임을 기억해야 한다.

사족(蛇足)으로 한마디 더 덧붙이자면, 최근의 나로호 로켓 발사성공으로 인한 들뜬 분위기 속에서 우리나라도 언제 달 탐사에 나서서 달에 유인 탐사선을 착륙시킬 수 있느냐의 문제가 매스컴에서 자주 거론되고 있다. 그렇지만 지구와 우주의 실상을 전혀 모른 채 덤벼들고 있는 이런 무모한 도전들은 곧 벽에 부딪칠 가능성이 매우 높으므로 사전에 관련 분야와 우주의 실상에 대한 보다 깊고도 신중한 조사와 연구가 필요할 것이다.

저자는 이 책에서 "우주인(宇宙人)"이라는 용어와 "외계인(外界人)"이라는 용어를 약간 구분해서 사용했다. 왜냐하면 지구상에 암약하는 어둠의 세력들의 의도적 공작과 왜곡되고 오염된 관련 정보들로 인해 그 용어상의 뉘앙스가 대중들에게 다르게 받아들여진다고 생각되기 때문이다. 한 예로 매스컴에서 외계인을 다룰 때 의례히 사용하는 이미지는 대개 가분수 머리에 눈이 시커먼 난쟁이거나 괴물의 이미지이다. 그렇기에 일반인들은 외계인에 대해 먼저 호감을 갖기 보다는 혐오감과 두려움을 갖기 십상인 것이다. 사실상 인간보다 더 아름다운 존재들도 부지기수로 존재함에도 말이다.

물론 광의적 개념으로 볼 때 지구 밖의 모든 존재들은 다 외계인에 해당되기는 한다. 그러나 그들 역시도 진화, 발전단계가 천차만별인데다 인간에게 우호적인 사랑과 선의(善意)의 존재들이 있는 반면, 인간을 이용하려는 사악한 존재들도 일부 존재하고 있다. 따라서 저자는 먼저 "우주인(宇宙人)"이라는 용어는 "영성과 의식이 우리 인류보다 높고 진정한 우주적 삶을 구현하고 있는 고등생명체"라는 의미로 사용했다. 그리고 영어로 "Alien"과 "Extraterrestrial"에 해당되는 "외계인(外界人)"이란 용어는 단순히 "외계에 존재하는 모든 생물의 총칭"으로 사용하고 있다. 특히 이기적 목적을 갖고 있거나 악성(惡性)의 저급한 외계의 존재들은 모두 "외계인"으로 표기했음을 밝혀두는 바이다.

이 책에 실린 다양한 정보들은 결코 상상의 산물이거나 허구가 아니며, 외국의 이른바 '내부 고발자들(whistle-blower)'에 의해 그 비밀들이 낱낱이 폭로된 것이다. 이런 정보들은 서구에서 현재 서적과 인터넷, 유투브, 대중강연, 학술집회 등을 통해서 점차 퍼져나가고 있는 중이다. 내부 폭로자로서의 그들의 신분은 대개 과거에 정부와 군(軍), 연구소, 정보기관 등에서 근무했던 요원들이거나 과학자이다. 또는 비밀시설에서 근무했던 민간인이었던 경우도 있다. 그 몇몇 주요 인물들을 열거하자면, 윌리엄 쿠퍼, 마이클 울프 박사, 스티브 윌슨, 앤드류 바시아고, 밥 딘, 브랜튼, 마이클 릴페, 필 슈나이더, 컴맨더 엑스, 로버트 라자르, 아더 뉴만, 캐롤 로진 박사, 윌리엄 레인, 알프레드 비얼렉, 댄 버리쉬 박사, 토마스 카스텔로, 클리포드 스톤 같은 사람들이다. 그리고 이들은 진실을 감추고 거짓된 정보로 대중들을 끊임없이 기만하는 세력들에 대한 의분(義憤)으로 자신의 귀중한 생명을 걸고 그런 금지된 기밀들을 세상에 공개한 것이다. 이들 가운데 일부는 그런 폭로행위를 한 대가로 이미 고귀한 목숨을 잃은 사람들도 있다. 그러므로 우리 모두는 그들에게 많은 빚을 지고 있는 것이다. 자신과 가족의 생명을 빼앗길 위험을 무릅쓰고 인류 전체를 위해 어둠의 세력의 비밀스러운 음모를 폭로한 그들의 희생을 결코 우리가 가볍게 보아서는 안 될 것이다. 이와 더불어 이미 오래 전부터 신기술 개발 노력을 통해 인류문명에 새로운 빛을 비추고자 했던 선구적인 프리에너지 연구가들과 반중력 장치 개발자들을 우리가 잊어서는 안 되며, 여기에는 19세기 초의 테슬라를 필두로 오늘날의 존 베디니에 이르기까지 수많은 연구자들이 있었다.

필자는 인류 전체를 위해 바친 그들의 피땀 어린 노력과 자신을 희생한 모든 이들의 숭고한 행위 및 진정한 용기에 진심으로 경의를 표한다. 아울러 이 책을 읽는 모든 분들이 부디 수동적이고 방관자적인 삶의 자세에서 벗어나 그들처럼 행동하는 지성인이 될 수 있기를 간절히 기원하는 바이다. 마지막으로 이 책은 1990년대 말에 펴냈던 필자의 저서, 〈UFO 한반도 프로젝트〉(상)권을 전면적으로 개편 보완하여 새로이 출판한 것임을 밝혀둔다.

2014. 9. 23

— 저자 —

- 차례 -

2부 미국 정부와 외계인들 간의 커넥션

1부

지구를 조종하는 지배자들, 그리고 UFO

1장
석유 에너지원을 둘러싼 지구 행성의 현 문제점들

1.석유를 향한 오랜 패권다툼과 전쟁

석유는 서구의 산업혁명과 더불어 19세기 중반부터 그동안 사용되어온 석탄을 대신해 인류의 주요 에너지원으로 처음 등장했다. 그 후 석유는 지구상의 모든 공장의 기계설비와 발전소, 자동차, 항공기, 선박, 전쟁무기 등을 움직이기 위한 동력원으로서 뿐만이 아니라 다양한 석유화학 제품들의 원천으로서 필수적인 자원이 되었다. 그렇기에 그 어느 국가도 석유자원 확보에 대해 가장 신경을 쓰지 않을 수 없는 상황에 이르렀다.

석유는 오늘날 지구문명을 떠받치고 있는 근본적 에너지이다. 요컨대 석유가 없이는 현대의 인간 삶의 존속이 현실적으로 불가능하다. 따라서 소수에 의해 그 개발 및 공급과정에서의 독점과 조작이 있을 경우, 그로 인해 세계 경제의 근간이 흔들리고 국가 간 갈등의 핵이 될 수밖에 없다. 그러므로 이제부터 석유를 둘러싼 패권다툼의 역사와 판도, 지금까지의 전개 상황을 잠시 살펴보겠다.

석유가 인류의 주 에너지원으로 사용되기 이전에는 알다시피 석탄이 그 자리를 대신하고 있었다. 19세기 초 이전까지 석유의 이용은 고대 희랍이나 로마인들이 등잔불의 기름 용도로 사용하던 범주를 벗어나지 못하고 있었다. 그러던 중 1848년 영국의 화학자 J. 영(young)이 탄갱에서 용출된 원유와 석탄가루 타르에서 처음으로 증류와 화학 처리로 등유, 윤활유 등을 추출하는 것을 연구해 특허를 획득했다. 영의 방법은 곧 미국에 전해졌고, 석탄유(coal oil)라 불리면서 종래의 식물유나 동물유 대신 원유나 석탄에서 정제등화용 연료(등유)의 제조가 급격히 보급되었다.[1]

그 이후 근대 도시의 발전에 따라 대규모 조명의 필요성이 증대되었고 석유에서 생산된 등유의 사용이 19세기 중반에는 북미와 유럽에서 상업적으로 보편화되기 시작했다. 이어서 산업혁명에 의한 윤활유, 조명기름, 기타 에너지의 대량 수요가 생겨나면서 석유 발굴 작업이 추진되기 시작했다.[2] 그때부터 인간들은 석유가 그 이전까지 사용된 석탄에 비해 매우 편리하고 활용가치가 높은 연료라는 것을 알게 되었고, 석유는 비로소 석탄을 대체하는 에너지원으로 자리 잡았다.

19세기 중반부터 불붙기 시작한 석유개발 초창기에 석유산업을 장악한 것

은 '스탠다드 오일(Standard Oil)'로 대표되는 미국의 유대계 록펠러(Rockefeller) 가문이었다. 그리고 나중에는 역시 유대계인 유럽의 금융재벌 로스차일드(Rothschild)가 여기에 뛰어들었다. 이들은 20세기초 세계석유산업의 대부분을 지배하게 되었으며 그후 중동 산유국(産油國)들의 대두로 그 영향력이 다소 감소하긴 했지만, 오늘날에도 여전히 이들의 자본은 석유산업을 실질적으로 지배하고 있다.

미국의 석유재벌 존 D.록펠러(1839-1937)

전 세계의 석유산업을 지배해 온 대규모 석유자본 또는 국제적으로 석유 카르텔을 구성해 온 거대한 석유기업들을 보통 "메이저(major)"라고 호칭한다. 앞서 언급했듯이 그 제1의 주자가 미국의 록펠러였다. 그리고 록펠러의 거대한 스탠다드 오일 기업은 나중에 엑손Exxon), 모빌Mobil), 셰브론Chevron) 등의 여러 업체들로 분화되었는데, 이외에도 후발주자인 걸프, 텍사코, 브리티쉬 페트롤리움(BP:영국), 로얄더치 쉘(영국과

---

1) 손재익, 강용혁, <청소년을 위한 미래과학 교과서 - 신재생에너지> (김영사, 2009)> 2장.
2) [국제자원경제론] 석유메이저 Royal Dutch Shell plc.

　　　　　　　　　　　1부 지구를 조정하는 지배자들, 그리고 UFO

네덜란드) 등이 부상하여 이른바 세계 7대 메이저 석유기업으로서 자리매김 하였다. 그리고 이 7대 메이저들 모두가 사실상 유대자본에 의해 운영되고 있다.[3] 이런 메이저들은 2차 세계대전 이후 산유국의 유전(油田) 개발을 독식했으며, 1973년 오일쇼크가 발생하기 전까지 전 세계 석유보유량의 90% 가까이를 확보하여 석유시장을 좌지우지해 왔다.

석유가 인류의 주요 에너지원이 된 이래 모든 나라들이 석유 확보를 국가경제 및 나라의 사활이 걸린 문제로 간주하고 있고, 특히 석유자원이 없는 나라들일수록 더욱 절박할 수밖에 없는 것이 현실이다. 따라서 미국과 영국, 독일, 프랑스 등의 강대국들은 해외로 눈을 돌려 유전들을 확보해 두고자 했으며, 1,2차 대전 이후 이들 국가들이 주로 눈을 돌린 곳이 바로 중동(中東) 지역이었다. 왜냐하면 1950년대부터 중동 지역에서 세계 최대의 유전(油田)들이 발견되었기 때문이다.

그때부터 중동지역은 국제정치에서 갈등과 분쟁의 핵이 되고 있는데, 이 지역은 이스라엘과 아랍민족의 간의 대립만이 아니라 석유를 둘러싼 문제로 인해 더욱더 복잡하게 얽혀 부각되기 시작했다. 강대국들은 처음에 제국주의적 진출과 침탈방식으로 중동의 석유개발권을 독점해 왔고, 이것이 나중에 중동 국가들의 거센 민족적 저항에 불러왔다. 그 후 쿠데타로 이란과 이라크 등의 국가에 친서방 왕정이 붕괴되자 이들 중동 국가들은 석유 메이저들로부터 개발권을 회수하여 석유산업을 모두 국유화 해버렸다. 그리하여 1960년 중동 국가들로 구성된 〈석유수출국기구(OPEC)〉가 등장하자 서방의 석유 메이저들은 점차 그 영향력이 감소하게 되었다. OPEC에 소속된 국가들은 1970년대 들어 석유권익의 국영화'를 추진했고, 이로 인해 원유값이 상승하면서 OPEC은 그동안 석유시장을 지배해온 메이저 석유자본으로부터 가격결정권을 넘겨받는 상황이 초래되었다. 즉 서구의 7대 메이저들이 좌우하던 원유의 생산량 및 가격 결정권을 석유수출국기구가 점차 장악하여 확대해 갔으며, 더욱이 1973년 제1차 석유파동을 겪으면서 메이저들의 점유율은 크게 줄어들어, 1965년의 68%에서 1979년에는 39.2%로까지 내려갔다. 그리고 1980년대 이후에 들어서는 30%대 유지도 어렵게 되었다.

그러자 위기감을 느낀 서방의 석유 메이저 기업들은 각기 생존전략을 모색하지 않을 수 없었다. 따라서 그들은 중동 외의 다변화를 위해 인도네시아, 미국 등지에서의 새로운 원유를 탐사하여 개발하는 것을 비롯하여 합병을 통

---

3)7대 석유메이저 가운데 5개를 록펠러가 지배하고 있고, 나머지 2개는 로스차일드의 손 안에 있다.

한 몸체 불리기, 그리고 중동의 국영기업들보다 앞선 장비 및 탐사, 채굴, 운송, 정제, 기술 등의 고도화로 제품가치를 향상하고 이익을 증대시키는 등에 주력했다. 하지만 이런 노력만으로는 한계가 있었다.

그리하여 석유 메이저들은 에너지원으로서의 석유에 대한 지배확대로 보다 많은 이윤을 얻고자 배후 조종을 통해 중동 국가들 간의 분쟁촉발을 시도하거나 전쟁개입 및 도발을 통해 이권을 확보하는 시도를 하게 되었다. 그 대표적인 첫 사례가 1980년에 시발된 이란과 이라크의 전쟁이다. 이 과정에서 국가 간의 암투로 인해 한 때 동지였던 관계가 적으로 돌아서는 일이 비일비재하였다. 이것은 이란-이라크 간의 전쟁시 미국이 이라크를 지원해 주었음에도 전쟁이 끝난 후 후세인이 석유산업을 미국 쪽에 넘기지 않자 나중에 다시 걸프 전쟁을 일으킨 데 잘 나타나 있다. 약 53만 명의 병력을 동원한 92년 걸프 전쟁의 경우, 외견상 명분은 이라크가 쿠웨이트를 침공한 것에 대한 보호와 해방을 위해서라고 내세웠으나, 사실은 쿠웨이트 석유자원 확보와 보복성격의 전쟁이었다.(※쿠웨이트의 석유 매장량은 사우디 다음으로 많은 세계 2위로서 12.6%를 갖고 있다.) 그리고 이것은 2002년의 이라크 침공 역시 마찬가지이다. 미국의 정치군사 세력들은 이미 오래전부터 후세인 정권을 제거하고 이라크의 유전들을 수중에 넣기 위한 계획을 세워놓고 있었다. 이라크 전쟁이 종결되고 난 후, 2008년에 엑손모빌, 셸, 셰브론, 페트롤리움 등의 서방 메이저들이 36년 만에 이라크에 진출했다는 사실이 이를 여실히 입증해 준다.

비단 쿠웨이트나 이라크의 경우가 아닌 다른 산유국들이라 하더라도 OPEC 국가들의 석유 국유화 영향에도 불구하고 오늘날 석유 메이저들은 원유의 채굴기술과 장비, 정제기술 등에서 OPEC 국영회사들을 월등히 압도하고 있으며, 따라서 실질적인 면에서는 중동 산유국들이 하청의 형태로 메이저들에게 기술적으로 종속되어 있는 실정이다. 그리고 단지 석유자원 확보를 통한 이익을 위해 이런 전쟁 도발이 가능한 것은 석유 메이저를 소유한 세력들이 사실상 강대국 정부 수뇌부들과 한통속이거나 군산복합체들과도 서로 연계되어 있기 때문이다. 한 예로 1991년 걸프전 당시 미국 대통령이었던 조지 부시(George Bush) 전 대통령이 1966년 텍사스 주 하원의원에 당선되기 전에 원래 석유 회사를 갖고 있던

조지 부시 전 대통령

1부 지구를 조정하는 지배자들, 그리고 UFO

기업주 출신임은 잘 알려져 있지 않다. 그는 자신의 해저 석유회사를 이용하여 CIA의 불법적인 해외 마약수송을 도움으로써 정치적으로 성장한 사람이었다. 그렇게 해서 그는 나중에 CIA 국장 자리에도 올랐고 최종적으로 미 대통령에도 당선되었다. 또한 그의 아들이자 제43대 미국 대통령을 지낸 조지 워커 부시(George Walker Bush) 역시도 대통령이 되기 전 아버지의 뒤를 이어 텍사스에서 석유와 가스 탐색을 주 업무로 하는 기업을 운영한 바 있다. 딕 체니 전 부통령 역시 석유 시추회사의 대표였으며, 부시 밑에서 국무장관을 지낸 제임스 베이커와 그리고 라이스 전 국무장관도 석유 회사 이사를 지낸 바가 있다. 또 전 상무장관 로버트 모스바처(Robert Mosbacher)는 석유운반선 임대업을 하던 인물로서 부시의 사업 파트너였다.

그렇기에 이런 정치 권력자들과 석유 메이저들, 군수업체들은 서로 결탁해서 중동전쟁을 통해 석유이권을 챙기거나 무기를 판매하여 상당한 부(富)를 축적할 수 있었던 것이다. 그리고 그들이 항상 전쟁의 명분으로 내세우는 것은 어디까지나 "위험한 악의 세력 격퇴" "테러와의 전쟁" 같은 그럴듯한 구호들이다. 하지만 이런 허울 좋은 명분들은 어디까지나 전쟁을 일으키기 위한 구실일 뿐이며, 본래의 속셈은 전혀 다른 데 있었다.

한편 미국의 경제학자 윌리엄 엥달(William Engdahl)은 이런 석유로 인한 전쟁이 반드시 1980년대 이후만이 아니라, 20세기 이후 발발한 대부분의 전쟁이 사실은 미국의 영국의 메이저들로 구성된 석유카르텔이 석유통제권을 제패하기 위한 음모에서 비롯되었다고 주장한 바 있다.

2.화석연료 통제를 통해 기득권을 계속 유지하려는 비밀 집단들

현재의 인류문명은 산업계 전체가 주 에너지원을 석유와 석탄, 천연가스 및 원자력에 의존하고 있다. 그리고 우리 인류가 사용하고 있는 이런 석유를 비롯한 석탄이나 가스 등은 지하에서 캐낸 원시적인 화석연료에 해당된다. 그런데 이런 화석연료를 사용할 때 나타나는 불가피한 부정적인 문제점은 연소시에 많은 유해가스가 발생하고 그 화학처리 과정에서 독성의 산업폐기물이 나온다는 데 있다. 그러다보니 지구의 대기와 환경이 대단히 오염되거나 파괴되고 있고, 온실효과와 같은 심각한 자연재앙이 초래되고 있는 실정이다. 이런 문제들 때문에 결국 그 대체 에너지원으로 등장한 것이 원자력 발전(發

電)이다. 그런데 이 또한 과거 러시아의 체르노빌 원자력 발전소 사고와 몇 년 전 이웃 일본에서 일어난 지진으로 인한 사고에서 알 수 있듯이, 방사능 누출 등의 문제로 안심하고 사용할 수 있는 에너지원이 아니다. 또한 원자력 발전 과정에서 나오는 핵폐기물을 완전하게 처리할 수 있는 방법이 없다는 것도 심각한 문제이다. (※이외에도 수력, 태양열이나 풍력(風力), 바이오 에너지 등이 거론되고, 또 일부 활용되기도 하나 전체적으로 볼 때 아직 그 비율은 일부에 불과하다.)

석유를 비롯한 이런 화석연료의 또 다른 문제점은 그 매장량이 한정되어 있다는 것이며, 그리 멀지않은 장래에 고갈되는 시점이 반드시 오게 된다는 사실에 있다. 최근 미국에서는 석유공급량이 2008년에 정점을 찍었으며, 그 이후 생산량이 급격하게 하락되다 결국 완전히 바닥이 남으로써 지구 전체가 경제적 파국의 위기에 처하게 될 것이라는 일종의 '석유고갈 종말론'이 일어나고 있다. 일각에서는 그 석유 고갈 시점을 2025년경으로 예측하고 있기도 하다.

인류문명은 이렇게 땅에서 캐낸 유한한 연료를 주 에너지원으로 사용하다 보니 여러 가지 정치적 돌발 상황에 따라 유가(油價)가 폭등하게 되면, 거기에 타격받은 세계경제 전체가 요동치게 마련이다. 게다가 석유자원이 전혀 없어 외국의 산유국으로부터의 수입에 의존하는 우리나라 같은 국가들은 더 심한 타격을 받을 수 없는 실정에 있다. 게다가 때로는 국가 간에 석유자원을 독점하고 쟁탈하려는 과정에서 심지어는 전쟁까지 불사하는 상황도 심심치 않게 발생한다. 즉 앞서 설명했듯이 과거 미국과 서유럽 국가들에 의해 감행된 걸프전과 이라크전은 외적인 명분은 "테러와의 전쟁"이었으나, 사실은 중동의 석유자원을 확보하기 위한 강대국들의 계획적인 전쟁이었던 것이다.

그렇다면 과연 우리 인류가 석유와 같은 화석연료를 에너지원으로 사용해야 하는 것은 정말 어쩔 수 없는 것인가? 그러나 사실은 결코 그렇지가 않다는 것이다. 우리는 이런 상황을 당연시하고 있는데, 이는 단지 무지에서 오는 매우 잘못된 생각이다. 왜냐하면 이미 오래 전에 주변에 무한히 존재하는 우주 에너지, 즉 프리 에너지(Free Energy)[4]를 활용할 수 있는 기술이 존재해 왔고, 또 그런 장치들이 개발되었기 때문이다. 이런 우주 에너지들은 공간 속에 항상 편재해 있는지라 그 원리만 알면 얼마든지 뽑아서 무한동력으로 사용할 수가 있다.

이런 우주 에너지를 사용하게 되면, 우선 비용이 거의 들지 않는다. 또 한

---

[4]여기서 "프리(Free)"라는 용어는 영어의 말뜻 그대로 "무료"라는 의미이다.

가지 장점은 화석연료들처럼 공해가 전혀 발생하지 않는다는 점이다. 게다가 우주 에너지는 말 그대로 무한히 존재하기 때문에 고갈되는 것을 걱정할 필요가 없고, 또 그것을 얻기 위해 서로 경쟁할 필요도, 다툴 필요도 없다. 즉 만약 이 프리 에너지 기술이 공개되어 실용화된다면, 인류 문명 전반의 패러다임 자체가 완전히 바뀌게 될 것이다. 필연적으로 문명 전체에 근본적인 변화가 일어날 것이고, 지금까지 인간 서로 간의 상극과 분열, 갈등, 빈곤으로 점철된 기존 문명과는 전혀 다른 상생, 통합, 조화, 풍요의 신문명이 도래하게 될 것이다. 이렇게 될 때 우리가 지금처럼 이렇게 각박하게 생존경쟁하고, 또 가진 자와 못 가진 자, 노사(勞使) 간에 굳이 서로 갈등하고 투쟁하고 미워하며 살 필요가 없는 것이다.

그렇다면 왜 인류문명을 완전히 변혁시킬 이런 놀라운 기술이 공개되지 않고 있는 것일까? 그것은 바로 지구에는 이런 기술이 공개되는 것을 원치 않는 일부 어둠의 글로벌 엘리트 세력들이 암약한 채, 그것을 철저히 억누르고 방해하고 있기 때문이다. 그리고 그들은 바로 세계적 석유재벌들과 유대금융 세력을 주축으로 형성된 소위 "세계비밀정부" "그림자정부" 세력들인 것이다. 이들은 오직 자기들의 기득권 유지와 인류에 대한 통제 및 지배에만 관심이 있을 뿐, 인류전체의 발전이나 복지, 행복에는 전혀 무관심한 이기적인 존재들이며, 매우 사악한 세력들이다.

프리 에너지 기술의 공개는 바로 석유와 석탄, 가스 등을 태워 얻는 지금의 에너지와 동력시스템, 그리고 전기를 전선에 의해 송전하는 기존의 모든 낡은 산업구조가 막을 내린다는 것을 의미한다. 어느 학자의 추산에 의하면 현재의 석유와 석탄, 가스 산업의 규모는 총 200조 달러에 달한다고 한다. 그리고 이 세력들에게 있어서 프리 에너지 기술의 공개와 실용화는 곧 자기들이 현재 누리고 있는 화석연료에 기반한 권력과 지배력을 상실하는 것이 된다. 그런 까닭에 이들은 자기들의 권력과 거대한 수입원을 잃게 되는 프리 에너지 기술의 공개를 바라지 않을 뿐만 아니라, 다른 한편으로는 그것이 인류에게 알려지는 것을 두려워하고 있는 것이다. 만약 프리에너지 기술이 공개된다면, 이 세력들이 그동안 저질러 왔던 모든 추악한 공작과 은폐된 비밀들이 모두 드러나는 것인 동시에 그들의 종말이 될 것이다. 아울러 이런 프리 에너지 기술의 억압은 UFO 정보 은폐와도 직접적으로 연결돼 있는데, 미국의 UFO 연구가 스티븐 그리어(Steven Greer) 박사 역시 이와 관련해 이렇게 말하고 있다.

"UFO 비밀주의와 국가안보 상태가 너무 서로 꼬여 있는 이유는 이 극소수의 권력자들이 UFO가 진짜라고 단순히 인정할 경우, 거대 석유업체와 석탄 및 원자력을 완전히 쓸모없게 만들게 될 진보된 에너지와 추진력 및 첨단물리학이라는 판도라의 상자 뚜껑을 열지 않을 수가 없기 때문이다. … 우리 주변에는 무한한 에너지의 바다가 충만해 있음에도 50년 이상 동안, 인류는 석유, 가스, 석탄 및 기타 지구를 파괴하는 원시적인 연료들 계속 사용하고 있다. 이제는 진실이 알려져야 할 시간이다!"5)

그렇기에 이들은 수단 방법을 가리지 않고 필사적으로 이것을 억압하고 있으며, 그 공개를 가로막고 있는 것이다. 이런 대규모 은폐의 의도는 이처럼 오직 그들만의 독점적 경제이익과 정치적인 통제 및 지배욕 때문이다.

19세기부터 로스차일드를 비롯한 유럽과 미국의 은행가들은 대규모적인 국제 카르텔(기업연합)과 권모술수를 토대로 그들의 거대한 부(富)와 권력을 축적했다. 그리고 그들은 계속해서 이런 획일적이고 독점적인 자기들만의 지배방식을 석유, 철강, 식량, 방위산업, 의약, 우주개발 및 매스컴 분야에 이어서 정치영역에까지 적용해 세력을 확대시켜 나갔다. 그리고 UFO 및 외계인 정보나 초첨단 신과학 기술 역시도 이들의 아젠다(Agenda)와 이익에 밀접히 연관되어 있다. 어둠의 엘리트 세력과 UFO 문제와 관련해서는 뒷장에서 좀 더 상세히 밝히도록 하겠다.

---

5)Web File: Steven Greer, "Invasion of the MOTUs! (Or the 0.0000001%)"
(http://drgreersblog. disclosureproject. org)

2장
인류를 지배하는 어둠의 파워 엘리트 세력들

1. 어둠의 글로벌 엘리트 세력의 기원

현재 지구를 장악하여 지배하면서 인류의 모든 것을 배후에서 통제하고 조종하고 있는 세력들의 기원은 멀리까지 거슬러 올라간다. 이른바 〈프리메이슨(Freemason)〉으로 불려 왔던 그들은 역사적으로 고대와 중세 시대에 걸쳐 석공(石工)들과 성당건축업자들로 구성되었던 조직인 '길드(Guild)'에서 시작되었다.

당시로서는 특별한 고급기술을 지니고 있던 이 소수의 사람들은 교회나 국왕의 특권적 보호 하에 있었다. 왜냐하면 신성한 종교시설인 성전(聖殿)을 건축하는 일은 아무나 할 수 없었고 기하학적인 특수지식과 돌을 다듬는 정교한 기술을 필요로 했기 때문이다. 그런 까닭에 이들은 여러 세속적 의무를 면제받고 있었을 뿐만 아니라, 특혜에 의해 어느 나라에도 자유롭게 가서 아무런 주거제한을 받지 않고 도시에서 도시로 이동하며 일했었다.(※프리메이슨이란 말 자체가 "자유로운 석공(Free Stonemason)"이란 의미의 약자이다.) 그때 그들은 독특한 표시나 암호에 의해 그들만의 모임장소인 그 지역의 '로지(lodge)'에 숙박할 수 있었다고 한다. 이렇게 해서 로지는 차츰 석공조합 형태의 그들의 지방 지부조직이 되었는데, 어차피 이것이 특수한 조직 형태로

프리메이슨을 상징하는 자와 컴파스. 이것은 그들의 기원이 고대 성당건축을 하던 석공들에서 비롯되었기 때문이다. 자와 컴파스는 그들의 기본도구이다. 가운데 'G'는 '신(God)'을 의미하지만 그들이 추종하는 신은 하느님이 아니라 어디까지나 루시퍼(사탄)이다.

운영되다보니 거기서 그들만의 비밀 종교의식을 행하거나 기밀을 유지했던 것으로 보인다. 그러므로 특히 그들의 우두머리들인 소수의 메이슨들은 사제(司祭)를 겸했다고 한다. 하지만 중세 이후부터 성당건축업이 쇠퇴하게 되자, 나중에는 부득이 석공 이외에 중산층 지식인이나 일반인, 사회명사들을 회원으로 가입시켜 계속 조직을 유지하고 세력을 강화해 나갔다. 이런 식으로 점차 조직이 확대 발전되어 1717년 영국의 런던에 있던 4개의 로지가 대로지(대본부)를 형성했고, 1725년에는 전 잉글랜드 조직으로 발전했다. 그 후 18세기 중에는 유럽 전역과 미국에까지 퍼져 나갔다.

그런데 이 프리메이슨단은 중세 이후에는 점차 위험스러운 비밀조직으로 비쳐져서 로마 가톨릭 교회와 여러 국가들의 탄압을 받아왔는데, 아마도 이 과정에서 지하로 들어가 자기들만에 의한 "세계지배" 또는 "지구관리" 음모가 싹텄던 것으로 추정된다.

옛날부터 유대인들은 부도덕한 고리대금업(高利貸金業)으로 부(富)를 축적한 것으로 유명하다. 그리고 바로 18~19세기에 유럽에서 교활한 음모와 책략을 통해 가장 거대한 재벌왕국을 이룩한 대표적인 유대 금융업자 로스차일드 가문이 바로 프리메이슨의 세계지배계획에 핵심적인 주춧돌을 놓았다. 1897년, 스위스에서 개최된 제1차 시오니스트(Zionist) 대회에서 채택된 것으로 알려진 "시온 의정서(議定書)"의 내용을 살펴보면, 유대인의 세계정복 목표와 그 구체적 계획이 잘 나타나 있다.

프리메이슨 조직은 현재 전 세계에 걸쳐 거미줄 같은 하부조직망을 가지고 있다. 그리고 표면적으로는 그 나라의 명사나 비유대인들도 회원들로 많이 가입돼 있으며, 회원 상호간의 친선도모와 우애, 인권, 평등, 박애, 자유, 세계평화를 내세우고 있다. 그러므로 하부의 다수 회원들은 조직 자체의 깊은 내막은 잘 모르며, 그저 자신도 모르는 가운데 이용되는 것일 수가 있다. (※ 프리메이슨 일반 회원가입은 까다롭지 않으나, 내부의 정식 멤버들은 비밀리에 거행되는 입문식을 필히 받아야 한다. 그리고 이들은 피라미드 형태로 철저히 계급화 되어 있다.) 그러나 그 피라미드 조직의 상부와 내부의 핵심을 이루는 멤버들의 다수는 유대계와 메로빙거(Merovingian)계이다. 그런데 어느 혈통 계열이든 이들은 모두 사악한 어둠의 속성을 가진 이들이며, 어디까지나 정치, 경제적 세계 장악 및 단일 세계정부를 목표로 한 지하 비밀결사 조직이다.

특히 카자르(Khazar) 계열의 유대인들과 "프리메이슨 중의 프리메이슨" "조직 내의 조직"이라고 할 수 있는 "일루미나티들(Illuminaties)"[6]이 핵심 실세 그룹을 형성하고 있다. 그리고 이 세력의 중심에는 미국의 록펠러(Rockefeller) 그룹 등의 석유 메이저들과 곡물 메이저들[7], 멜론(Mellons)이나 카네기(Carnegies), 밴더빌트(Vanderbilt), 로스차일드(Rothschild), 모건((Morgan), 오나시스 등의 거대한 국제금융 재벌세력들 및 유럽의 왕가와

---

[6]프리메이슨의 핵심세력을 이루고 있는 한 지파로서 원래 18세기 후반 독일의 바바리아 지방의 한 대학에서 창설되었다. 창시자는 1748년에 유대인 교수의 아들로 태어난 아담 바이스하우프트(Adam Weishaupt)라는 인물로 알려져 있다. 그도 나중에 독일 잉골슈타트 대학에서 교회법을 가르치는 교수가 되었는데, 초기에는 기존의 기독교 전통에 따른 억압적 제도에 반발하면서 자유사상을 신봉하는 철학적 단체로 출발했다고 한다. 그러나 나중에는 예수회와 기존의 프리메이슨 조직을 본 따서 엄격한 비밀주의와 조직에 대한 충성, 동지애를 추종하는 방향으로 발전해 나갔다. 그가 원래 예수회(Jesuit) 회원이었다는 설이 있으며, 여하튼 1776년 5월에 발족한 이것이 일루미나티의 시작이었다. 연구자들은 바이스하우프트가 이 과정에서 유대계 로스차일드 가문과 손잡고 그들로부터 자금을 조달받았다는 것에 공통적으로 동의하고 있다. 그리고 그때 이미 그는 전체주의 이념이 인류에게 강제될 수 있도록 모든 국가의 정부들 철폐, 상속의 폐지, 사유 재산의 폐지, 애국심의 폐지, 모든 문명들의 줄기 세포로서의 개인가정 및 가족생활의 폐지, 그리고 현존하는 모든 종교의 폐지를 주장했다고 한다. 또한 일루미나티 조직이 초창기부터 비밀주의를 근본으로 한다는 것은 바이스하우프트의 다음과 같은 말에 잘 나타나 있다.

"우리 단체의 커다란 힘은 자체의 은폐에 있다. 결코 드러나게 하지 말라. 어떤 장소에서도 항상 고유한 이름이지만, 항상 다른 이름과 직업으로 감춰라. 프리메이슨의 3단계 하위등급보다 더 적합한 것은 없다. 즉 대중들은 그것에 익숙해져 있고 그것에 대해 별로 생각하지 않는다. 따라서 그것에 관해 거의 알아채지 못한다."
<ILLUMINATI SECRETS WITH A CHANCE OF FREEWILL VILATION에서>

이 세력은 그 후 독일을 넘어 유럽전역으로 확산되었고, 프리메이슨 조직에도 영입되어 나중에 그 중심 패권을 장악함으로써 하나로 통합되었다. 일설(一說)에는 영국과 유럽의 모든 왕실가문의 13개 혈통들이 모두 일루미나티에 속해 있다는 이야기도 있다. "일루미나티"라는 단어 자체의 뜻만으로는 밝게 깨달아 진리와 예지를 터득한 "현인(賢人)" 또는 "철인(哲人)"이라는 의미이나, 이들이 신봉하는 것은 참된 진리나 절대자 하느님이 아니라 어둠의 군주인 "루시퍼(Lucifer)"이다. 그리고 내부자들의 폭로에 따르면, 이들은 유대의 전통에 따라 오늘날에도 비밀리에 어린아이의 "생체(生體)"를 제물로 바치는 악마적 주술(呪術) 의식까지 행하는 등, 매우 사악한 집단이다. 인구비례로 볼 때 이들은 미국과 유럽 인구의 약 1%에 해당된다고 하며, 비밀주의가 이 조직의 근간을 이루는 핵심철칙이기 때문에 그들 내부의 비밀을 누설하는 자들은 반드시 살해당한다고 알려져 있다.

[7]5대 곡물 메이저들 가운데 3개가 유대자본이다.

귀족가문들이 연계되어 포진해 있다.[8] 아울러 300인 위원회, 빌더버거 그룹, 삼각위원회, 외교관계평의회(CFR), 왕립국제문제연구소(RIIA), 원탁회의, 로마클럽, 국제부흥개발은행(IBRD), 세계은행(WB), 국제통화기금(IMF), 국제금융공사(IFC) 등의 여러 조직과 단체들이 연구기관이나 국제기구 등으로 위장한 채 어둠의 비밀정부를 구성하고 있는 상태이다. 그리고 하부에는 또 그 하수인으로서의 수많은 다국적기업과 부설조직, 연구소, 군산복합체, 대중매체 그룹, 정보기관들(CIA, NSA, DIA, 모사드)을 거느리고 있다. (※사실 몇 년 전 방영되었던 우리나라 TV 드라마 〈아이리스(Iris)〉는 비밀결사체인 이 프리메이슨 조직을 모델로 삼은 것이다. 물론 그 실체에 비교할 때 경우 빙산의 일각정도만 묘사하고 있지만 말이다.) 이 다수의 기관들 가운데 외교관계평의회(CFR)와 왕립국제문제연구소(RIIA), 원탁회의가 가장 핵심적인 조직으로서 이 3개 조직은 삼위일체와 같은 관계를 형성하고 있다. 특히 CFR은 국제관계에서 배후 조종을 통해 한 국가의 대통령이나 수상마저도 자기들 마음대로 앉히거나 갈아치울 정도로 파워를 지니고 있다. 또한 미국의 경우 CFR의 회원이 아니거나 CFR에서 추천한 인물이 아니고는 주요 각료에 등용될 수가 없다. 그리고 이 모든 조직과 단체들의 주요 파워 엘리트 멤버는 약 2,000명이며, 그 안의 진짜 핵심 실세는 300명, 이어서 최상부에는 그들을 지휘하는 영구적인 12명의 멤버들로 구성된 최고통치위원회가 있는 것으로 알려져 있다.

이 세력들은 사실상 오래 전에 공산주의와 자본주의라는 이념을 만들어낸 장본인들이며, 그 동안 인류를 양극으로 분열시켜 냉전(冷戰)이라는 이념대결

---

8)이 거대 재벌집단의 한 가지 주요 특징은 그들 가문 간에 서로 정략적인 혼인을 맺어 한 인척으로 묶여 있다는 것이다. 뿐만 아니라 이들은 유럽의 왕족과 권력자들과의 정략결혼을 통해서도 하나의 거대한 고급 엘리트 그룹을 형성하고 있다. 한편 영국의 데이비드 아이크(David Icke)나 미국의 인류학자 아더 D. 혼(Arthur David. Horn) 박사 같은 연구가들은 이 세력들이 혈통적으로 파충류에 속한 외계종족과의 혼혈종의 기원을 갖고 있다는 흥미로운 주장을 하고 있다. 즉 이 세력은 고대 수메르 점토판 기록에서 신(神)으로 언급되는 "아눈나키(Annunaki)"라는 외계종족과 인간들 사이의 이종교배로 태어난 소위 (구약 창세기 6장의) "네필림(Nephilim)"의 피가 흐르는 후손들이라는 것이다. 이 혼혈종은 고대에 "뱀신"으로 불렸던 반신반인(半神半人)적 존재들로서 대대로 수메르를 비롯한 여러 고대 국가들의 왕위에 올랐으며, 혈통적으로 그 후손들이 오늘날에는 유럽과 미국의 지배세력인 일루미나티들과 유럽의 왕실 가문들을 형성하고 있다는 이야기이다. 이들의 특성은 본래 냉혈동물인 파충류의 DNA 본성대로 자비의 감정이 없고 매우 냉혹하며, 파괴와 조종, 음모, 권모술수, 분열공작에 능수능란하다고 한다. 이런 연구자들의 주장은 어느 정도 근거와 신빙성이 있어 보이며, 사실상 이 세력이 지구에서 수천 년에 걸쳐 어둠의 외계종족인 아눈나키들(니비루인)의 하수인 노릇을 해왔다고 할 수 있다. 아눈나키들은 오랜 고대에 광물약탈을 위해 니비루(Nibiru) 행성에서 지구에 왔던 외계인들이며, 그 당시 인간들이 본래 갖고 있던 12가닥-DNA 구조를 훼손하여 오늘날과 같은 2가닥으로 만들어 놓은 장본인들이다.

1부 지구를 조정하는 지배자들, 그리고 UFO

을 통해 배후에서 콘트롤해 왔다. 따라서 근본적으로 이들은 미국편도 러시아편도 아니며, 국가개념 자체가 없다. 단지 모든 이념과 국가와 정부들을 뒤에서 조종하고 통제하여 자기들 목적달성에 이용할 뿐이다. 그렇기에 때로는 이들을 "그림자 정부" "누상(樓上) 정부" "비밀정부" "초정부(超政府)"라고도 칭한다. 다시 말하면 미국과 영국, 러시아 같은 국가의 정치적인 개별 정

일루미나티의 창시자 바이스하우프트

부들은 이 전 지구적이고 초국가적인 비밀정부 세력들의 결정이나 명령에 어쩔 수 없이 복종할 수밖에 없는 하수인 내지는 대리자들에 불과한 것이다. 미국과 소련이 첨예하게 대립하던 냉전시대에도 이는 어디까지나 외견상의 모습일 뿐, 사실상 양국 수뇌부들은 배후에서 그림자 정부의 영향과 조종을 받고 있었다. 이것은 지금도 마찬가지이다. 그리고 이 세력들이 오래전부터 세상을 지배하고 조종하는 방법은 주로 자금과 책략, 조직을 통해서이다. 또한 그들은 이미 대부분의 종교들에도 오래전에 침투하여 장악하고 있으며, 역시 종교들마저도 교묘히 조종하고 있다[9]

오랜 과거부터 역사적으로 이 어둠의 엘리트 세력들은 자기들의 목적과 이익을 위해서는 국가를 전복하고자 혁명을 배후조종하기도 했고, 일부러 다수의 전쟁과 테러를 유발하기도 했다. 그 대표적인 것이 프랑스 혁명과 러시아 혁명이며[10], 제1,2차 세계대전과 한국전, 베트남전, 걸프전, 9.11테러, 아프간전, 이라크전 등이다. 일반인들은 쉽게 이해할 수 없겠으나, 이 모든 것들이 우연히 발발한 전쟁들이 아니라 배후에서 교묘히 조종된 의도적인 정변들인 것이다.

그중 한두 가지 사례만 구체적으로 살펴보겠다. 미국이 과거 베트남 전쟁에 참전하게 된 구실이자 명분이 되었던 것은 저 유명한 "통킹만 사건"인데, 이것은 명백히 조작된 것임이 후에 밝혀졌다. 이 사건은 1964년 8월 2일

9)이와 관련된 상세한 내막은 성모 마리아와 그리스도의 직접적인 계시서인 <성모의 메시지-너희의 행성을 구하라>와 <그리스도는 여러분 내면에서 탄생한다>를 참고하기 바란다. (은하문명 출간)

10)러시아 혁명 당시 핵심 주동자였던 볼셰비키 의장 케렌스키와 최종적으로 공산정권을 장악한 초대 소비에트 연방 원수 레닌, 그리고 레닌의 계승자인 2대 공산당 서기장 스탈린, 이들 모두가 유대인들이었다. 그리고 이들에게 혁명자금을 대준 것은 유럽의 로스차일드와 미국의 록펠러 자본이었다.

미국의 1달러 지폐에 나타나 있는 프리메이슨과 일루미나티의 주요 상징들. (우측 도안은 달라 지폐 왼편의 원형 피라미드 도안을 확대한 것임) - 피라미드 꼭대기의 빛나는 커다란 눈은 소위 "전시안(全視眼)"이라고 하는데, 세상의 모든 것을 꿰뚫어 보는 극소수의 일루 미나티가 이 세상을 내려다보며 지배한다는 뜻이고, 또한 장차 세계유일정부를 수립해 1인 독재를 하게 될 우두머리인 적그리스도를 의미하기도 한다. 피라미드는 프리메이슨의 33 단 계 계급구조를 나타내는 동시에 그 위의 글자 "ANNUIT COEPTIS"는 "신(神)이 우리에게 번영을 약속했다."는 뜻인데, 여기서의 신은 물론 하느님이 아니라 사탄, 즉 루시퍼를 말 한다. 피라미드 아래 부분에 있는 "NOVUS ORDO SECLORUM"은 <신세계질서(New World Order)>란 의미로서 일루미나티의 목표이자 창립이념이다. 피라미드 하단에 있는 MDCCLXXVI 라는 글자는 로마자로서 1776년을 나타내며, 이 해는 미국이 독립한 년도인 동시에 앞서 설 명했듯이 아담 바이스하우프트가 일루미나티를 정식으로 창시한 연도이다.

북베트남 어뢰정 3척이 동쪽 해상인 통킹만에서 작전을 수행하고 있던 미 구 축함(매독스호 USS Maddox DD-731)을 향해 먼저 어뢰와 기관총으로 선 제공격을 가했다는 것이었고, 미군측도 응사하여 상호 교전했다는 사건이다. 그러나 당시 북베트남 정부는 이를 전면적으로 부인했다. 그럼에도 이 사건 을 계기로 미국은 본격적으로 베트남 전쟁에 직접 개입하게 되었다. 그들은 1965년 2월부터 북베트남에 대한 대대적인 B-52 폭격을 개시했고 지상군 을 투입하기 시작했다. 그리고 미국 의회는 당시 존슨 대통령에게 북베트남 의 미군에 대한 공격저지에 필요한 모든 조치를 취하도록 인정해주는 〈통킹 만 결의안〉을 만장일치로 가결하여 통과시켰다. 하지만 이 통킹만 사건은 1971년 한 언론의 폭로에 의해 미국의 일부세력의 주도로 이루어진 자작극 임이 드러났다.11) 이로 인해 그때부터 미국 내에서 반전운동이 거세지고 악 화된 여론이 들끓음에 따라 미국은 결국 1975년에 베트남에서 철수하게 되 었지만, 이미 엄청난 인명이 살상되고 막대한 전쟁비용이 사용된 뒤였다. 이 조작된 통킹만 사건으로 시작된 베트남 전쟁에서 베트남 민간인 약 200만

---

11) 이것은 당시 군사전문가 대니얼 엘스버그가 통킹만 사건의 전말과 미국이 베트남 전쟁에 개입한 역사를 담은 미 국방성 1급 기밀문서인 <펜타곤 페이퍼(Pentagon Papers)>를 진실을 알리고자 미 <뉴욕타임스>지에 건네줌으로써 이루어졌다. 그리 하여 <뉴욕타임스>는 1971년 6월 13일자 신문에 6면에 걸쳐 이를 대대적으로 보도 한 바 있다. 또한 베트남전 당시 미 국방장관이었던 '로버트 맥나마라(Robert Mcnamara)' 역시도 1995년 자신의 회고록에서 "통킹만 사건"이 전쟁개입을 정당화하 기 위해 조작된 것임을 솔직히 고백한 바 있다.

명이 목숨을 잃었고, 북베트남 민족해방전선(NLF) 측 1백만 명이 전사한 것으로 알려져 있다. 또한 남베트남군이 약 25만 명, 미군 58,000명, 미국의 요청에 의해 나중에 참전한 우리 한국군도 5,000명이 사망했다. 그리고 부상자와 고엽제 피해자는 그 수십 배에 달한다.

또 한 가지 사례로서 2001년에 발생한 9.11 뉴욕 무역센터 및 펜타곤 항공기 테러 사건 역시 이라크 전쟁을 일으키기 위한 핑계로서 그림자 정부 세력이 스스로 일으킨 것이다. 그 후 그들은 테러의 배후에 이라크가 있다고 지목했고, 이라크가 대량살상무기를 갖고 있다는 허위 정보를 CIA가 조작하여 2003년 3월 이라크를 침공했다.[12) 이라크 침공하기 전 당시 대통령 부시와 부통령 체니는 이렇게 거짓말을 했다.

"이라크는 생화학 무기를 보유하고 있고, 1년 안에 핵무기를 만들 수 있는 핵물질도 갖고 있다.(2002 9월 31일, 라디오 연설)"

"후세인의 대량살상무기 보유는 의심할 여지가 없다. 그가 미국과 세계를 공격하려는 것은 분명하다.(2002년 8월, 참전재향군인회에서의 연설)

하지만 결국 대량살상무기는 전혀 없는 것으로 밝혀졌으며, 결국 전쟁으로 엄청난 전비(戰費)를 소모하고 수많은 인명만을 대량 살상한 결과를 초래했다. 이라크 전쟁 발발 10주년을 맞아 2011년에 미 언론이 보도한 바에 따

르면, 이라크전 총사망자는 18만 9,000명(미군 4488명, 용병 청부업체 계약자 3418명 포함)이었다. 그리고 2011년 미 브라운대 왓슨 국제관계연구소가 발표한 보고서는 9.11 이후 미국이 이라크전과 아프가니스탄 전쟁에서 쏟아부은 전비가 약 4조 4,000억 달러에 이른다고 하였다. 그런데 2014년에 공

---

12)퓰리처상 수상자인 미국의 언론인 론 서스카인드(Ron Suskind)는 2008년 <세계의 길(The Way of The World)>이라는 자신의 저서에서 CIA가 후세인과 알카에다가 연계돼 있다고 허위로 조작했다고 폭로했다.

1부 지구를 조정하는 지배자들, 그리고 UFO   33

개된 신뢰할만한 학술지 논문에 의하면, 사망자는 18만 9000명이 아니라 이라크 국민만 사망자가 50만 명이라고 발표되었다. 또한 하버드대 행정대학원 린다 빌메스 교수(재정학)의 추산에 따르면, 미국이 이라크전에서 지출한 공식적인 전쟁비용만 4조 달러라는 천문학적 액수에 달한다고 하였다.

미국은 이라크만이 아니라 탈레반 세력이 보호하고 있는 오사마 빈 라덴을 잡겠다는 명분으로 아프가니스탄도 침공했는데, 하지만 오히려 알 카에다는 그 전에 미국정부에 의해 1억 2800만 달러의 대규모 자금공급을 받았음이 드러났다. 이런 모순들은 이 모든 것이 자작극임을 여실히 반증하는 것이다.

그렇다면 왜 이 세력들은 이처럼 거짓된 명분을 만들면서까지 끊임없이 전쟁을 도발하는 것일까? 그것은 우선 자기들의 군수산업체에 무기 재고가 너무 쌓이게 되면, 그것을 소비(판매)하기 위해서라도 일부러 전쟁을 유발하는 것이며, 이런 전쟁들을 통해서 엄청난 수익을 창출할 수 있기 때문이다. 예컨대 전쟁기간중 이라크 무기 수입액은 7억 2200만 달러에 이르며, 더욱이 미 방위산업체들의 매출은 그 몇 십~몇 백배에 해당된다. 또한 전쟁과 테러

프리메이슨의 1도~33도에 이르는 피라미드형의 단계적 계급구조를 나타내 주는 그림

같은 것을 통해 인류를 두려움에다 속박시켜 계속 조종하고 통제하기 위해서인 것이다. 심지어 어떤 경우에는 모종의 진실이 드러나는 것을 덮거나 대중들을 시선을 다른 데로 돌리기 위한 일환으로 고의적으로 테러와 전쟁을 일으키는 경우도 있다.

아울러 이들은 세계 주요 언론매체들과 영화산업들을 장악하여 자기들의 음모를 감추고 허위 사실을 조작 유포함으로써 대중들을 속이는 세뇌작업을 지속해 왔다.[13] 그리고 이런 어둠의 공작을 계속 펼치는 데는 많은 자금이 소요되는데, 그런 자금충당을 위해 미 CIA나 이스라엘의 모사드와 같은 정보기관들이 비밀리에 대규모로 마약거래를 한다는 것은 이 분야의 연구자들에게는 이미 알려져 있는 사실이다. 내부 고발자들의 말에 따르면, 미국은 공식적인 예산이외에 어둠의 일에 사용되는 검은 예산이 미국 국민총생산(GNP)의 무려 25%를 차지하는데, 이것은 비밀예산이며, 금액상으로는 매년 약 1조 2500억 달러에 달한다고 한다. 검은 예산 운영은 CIA의 마약 관리(장사)에 의해 조달된 수십억 달러를 활용하기도 하는데, 이것은 "특급비밀"로 지정되어 있다. 그에 따라 단지 "일급비밀" 취급허가를 소유한 연방 감사관들에 의한 회계감사로부터도 벗어나 있다. 또한 그들은 비단 미국뿐만이 아니라 거의 모든 국가들에서 법(法)을 무시하고 자기들 마음대로 활동할 수가 있다.

그런데 나중에 상세히 다루겠지만, 더욱 심각한 문제는 이 어둠의 파워 엘리트 세력들이 지난 1950년대~1960년대에 걸쳐 비밀리에 일부 부정적 외계인 그룹과 접촉하여 협정을 체결함으로써 놀라운 외계의 첨단 기술들을 이미 손에 넣었다는 사실에 있다. 이들은 인간의 일반 제도권 과학에서는 아직 상상하기 힘들거나 엄두조차 내지 못하는 시간여행, UFO 제조, 순간이동, 인간복제, 생물로봇 창조, 전자무기, 기상조종, 원격 마인드 컨트롤 등이 가능하다. 그리고 이런 가공할 기술들을 통해 이미 달과 화성을 개척하여 자체 기지를 건설했으며, 일부 인간들을 그곳에다 이주시켜 놓기까지 했던 것이다.

미 덴버(Denver) 공항에 세워져 있는 관석(Cap Stone). 프리메이슨의 마크가 선명히 새겨져 있다.

참고로 역대 미국 대통령들의 3분의 1이 프리메이슨이었으며, 이 세력들은 사탄(루시퍼)을 추종하는 비밀 의식을 거행한다고 알려져 있다. 따라서 일루미나티와 프리메이슨 세력들은 일종의'악마의 지상 대리조직'이라고 표현해도 과언이 아니다. 이런 내용들은 일반인들이 선뜻 믿기 어려운 일이긴 하나, 여러 증

---

13)미국 허리우드 8대 영화사의 대표는 모두 유대인이며, 미 영화산업을 장악한 것은 프리메이슨 금융 재벌인 J.P 모건의 자금이다.

거들로 미루어 볼 때 이 모든 것은 부정하기 힘든 진실인 것이다. 독자 여러분은 이 책을 통해 하나하나 제시되는 증거와 자료들을 읽고 검토한 후에 스스로 신중히 판단하기 바란다.

2. 미 연방준비제도(FED)의 비밀과 그 실체

소수의 프리메이슨 일루미나티들과 글로벌 엘리트 세력들이 이 세상을 자기들 입맛대로 통제하고 지배한다는 가장 확실한 증거는 다름 아닌 미국의 연방준비제도, 즉 '연방준비제도이사회(Federal Reserve Board)'와 '연방준비은행(Federal Reserve Bank)'에 있다.

국제외환시장에서 국가 간의 결제나 금융거래의 중심이 되는 화폐를 "기축통화(基軸通貨)"라고 하는데, 알다시피 현재 그것은 미국의 달러(Dollar)이다. 그런데 이 달러화를 발행할 수 있는 권한을 가진 미국의 중앙은행인 연방준비은행과 그 은행을 관리,감독하고 총괄하는 기관인 미 연방준비제도이사회(FED)가 미국 정부에 속한 공적기관이 아니라는 사실을 아는 사람은 별로 많지 않을 것이다. 즉 눈속임을 위해 명칭만 그럴듯하게 "연방"이란 말을 앞에다 갖다 부쳤을 뿐, 실제로 이것은 몇몇 국제 은행가들이 소유한 사설 민간기업이다. 비유적으로 말한다면, 우리나라 돈인 원화(元貨)를 찍어내는 중앙은행은 한국은행인데, 그런 한국은행 같은 미국의 조폐은행이 우리나라처럼 국가공공기관으로 돼 있는 것이 아니라 재력 있는 몇몇의 국제 민간 재벌 금융가들의 것이란 뜻이다. 게다가 한 걸음 더 나아가 그들이 그 관리,감독 기관까지 소유하고 있는 상태인 것이다.

도대체 어떻게 이런 어처구니없는 일이 가능한 것일까? 그것은 미국이란 나라가 독립해서 세워지는 초창기부터 모든 것이 프리메이슨의 힘과 자금에 의해 영향을 받았기 때문이다. 원래 미 헌법 초안, 제1장 8조 5항에는 "미 합중국 의회는 화폐발행권과 화폐가치 결정권 및 외국화폐가치 결정권을 갖는다."라는 조항이 있었다. 그러자 그들은 이 조항을 철폐시키기 위해 모든 수단을 동원하기 시작했다. 특히 당시 이미 영국의 경제를 장악한 유럽의 거대금융재벌인 유대계 로스차일드 가문은 미국을 지배하기 위해 배후에서 많은 힘을 행사했다. 그 일환으로 이들은 미국의 공적인 중앙은행설립을 방해하고, 마침내 갖가지 공작을 통해 그것을 자기들이 마음대로 통제할 수 있는 사설은행으로 만들어버렸던 것이다.

현재 연방준비제도이사회의 이사진을 구성하는 멤버들은 대주주인 민간 은

미 연방준비제도이사회(Federal Reserve Board) 건물 모습

행들이 이사회를 구성한 후 의장을 선출하며, 미 대통령은 형식적으로 그 의장을 승인하는 외견상의 방식을 거칠 뿐이다. 또한 이들은 정부에서 그들을 함부로 해임할 수도 없게 되어있다. 게다가 이들은 정부로부터 아무런 감사도 받지 않는 데다 정부나 의회, 법원에 대해 그 어떤 보고를 하거나 책임질 일도 없다. 한 마디로 연방준비제도이사회라는 이 민간기관은 아무도 개입하거나 건드릴 수 없는 일종의 초법적이고 초국가적인 기관인 것이다.

미 연방준비제도이사회 의장을 흔히 '세계 경제 대통령'이라고 부르기도 하는데, 왜냐하면 그들의 정책과 결정에 따라서 세계 각국의 경제와 금융상황이

대단히 큰 영향을 받기 때문이다. 미 연방준비은행(FRB)의 가장 많은 지분을 차지하고 있는 것은 모두 민간 은행들이며, 현재 '체이스 맨해튼 은행'을 비롯하여 '씨티은행', '모건신탁' 등이 알려져 있다. 결국 이는 일종의 주식회사라고 해도 무방한 것이다. 그런데 이런 은행들은 사실상 유대계 재벌

록펠러나 J.P 모건 등의 소유인데다, 이들은 바로 과거 유럽의 로스차일드 가문의 조력과 컨트롤에 의해 성장한 로스차일드의 미국 대리인 내지는 하수인 기업들인 것이다.[14]

로스차일드 가문의 시조
M.A.로스차일드(1744-
1812). 그는 5명의 아들을
두었는데, 이들이 나중에 각
각 독일과 영국, 프랑스, 이
탈리아, 오스트리아 등 유럽
5개국의 경제권을 장악했다.

로스차일드의 아들 5형제들. 암셀, 살로몬, 나탄, 카
를, 야곱(위부터). 맨 우측은 로스차일드가문의 문장.

미국정부는 이처럼 달러 조폐은행이 국가소유가 아니고 달러화 발권 여부는
FED의 고유권한인 상황이다 보니 지금까지 채권(債券)을 발행해서 연방준비

---

14)세계 최대의 재벌가문인 로스차일드가(家)는 지구상에서 가장 많은 재산을 갖고
있으며, 아무도 그 정확한 액수를 알지 못한다. 왜냐하면 이들이 소유한 수수께끼와
같은 기업들은 주식시장에 아예 상장되지 않기 때문이다. 통계상 현재 세계 제1위의
부자는 개인으로는 미국의 빌 게이츠(760억 달러), 가문으로는 세계최대의 유통기업
인 월마트의 월턴가(1520억 달러)로 되어 있다. 하지만 사실 로스차일드가의 재산이
비교한다면 그들의 재산은 껌 값 정도에 지나지 않는다. 즉 빌 게이츠나 월턴가문 같
은 개인 및 가문 몇 백 명을 합쳐 놓아도 로스차일드가와는 상대가 되지 않는 것이
다. 어떤 연구자는 로스차일드가의 총재산이 약 50조 달러라고 추정했다. 그러나 실
제로는 그 정도가 아니라 그 훨씬 이상이다. 그리고 사실상 그들은 달러를 무한정 찍
어낼 수 있는 미 연방준비은행 자체를 소유하고 있으므로 거의 무한의 재산을 갖고
있다고 표현해도 무방할 것이다.
　지구 제1의 초재벌 로스차일드가와 더불어 쌍두마차를 형성하고 있는 유대 재벌이
미국의 록펠러가문이다. 로스차일드보다는 못하지만, 록펠러가문 역시 보통사람이 보
기에 어마 어마한 재산을 갖고 있기는 마찬가지이다. 록펠러 그룹은 미국의 10대 산
업 가운데 6개 산업, 10대 은행 중에 6개, 10대 보험회사 가운데 6개를 포함하여
200개 이상의 다국적 기업을 거느리고 있다. 주요 기업들만 대략 살펴본다면, 1)엑
손, 모빌, 셰브론 등의 석유 메이저 기업들, 2)GM, 포드, 크라이슬러 등의 자동차 기
업군. 3)US 스틸(철강) 4)체이스 맨해튼 은행, 퍼스트내셔널시티은행(금융) 5)제너
럴 일렉트릭(GE), IBM 등의 전기, 전자 메이커 등이다. 이들 그룹은 1970년대 말에
이미 미국국민총생산(GNP)의 50%를 넘어섰고, 당시 일본국민의 총생산을 능가했었
다고 한다. 그리고 이 엘리트 세력들에게 있어서 사실상 돈이란 컴퓨터 전산상(電算
上)에 존재하는 허구적인 숫자에 불과한 것이다. 따라서 실제 재산이나 FRB가 아니
더라도 그들은 이런 온라인상의 숫자조작을 통해서도 얼마든지 쉽게 돈을 만들어낼
수가 있다.

은행에서 돈을 빌려다 쓰고 그것에 대한 이자를 꼬박꼬박 지급하고 있다. 그러고는 국민들에게 거둔 세금을 그 엄청난 빚을 갚는데다 쓸 수밖에 없는 실정이다. 일설에는 미국 세금의 70~80%가 그런 빚을 갚는데 사용된다고 한다. 이것 하나만 보더라도 결국 전 세계 경제가 극소수의 어둠의 금융가 세력들의 장난질에 좌지우지될 수밖에 없는 구조로 되어 있음을 쉽게 알 수 있다.

과거 존 F. 케네디 대통령은 이것을 꿰뚫어 보고 연방준비제도이사회 자체를 폐쇄시키려고 했으나, 애석하게도 그 얼마 후 암살당함으로써 실패하고

연 방 준 비 제 도 이 사 회
(FED)를   해체시키려고
했던 존 F.케네디

말았다. 그러나 미국 역사상 유대세력의 연방중앙은행 장악시도에 항거하다 암살된 대통령은 비단 케네디만이 아니었다. 저 유명한 링컨 대통령 역시도 그런 이유로 1865년 저격당해 죽었으며, 링컨의 유지를 계승, 실천하고자 나중에 취임했던 제 20대 대통령, 제임스 가필드(James A. Garfield) 역시도 1881년 취임하자마자 국제 은행가들이 요구한 법안 서명을 거부하다 똑같은 운명을 맞이하고 말았다. 뿐만 아니라 1896년과 1900년도에 연이어 재선에 성공했던 25대 윌리엄 매킨리(William Mckinly) 대통령도 같은 이유로 1901년에 죽음을 당했다. 그리고 방해자들을 제거해버리는 이런 집요한 시도를 통해 로스차일드를 주축으로 한 국제 금융재벌 세력들은 마침내 1913년에 미 의회까지도 조종하여 〈미 연방준비제도〉에 관한 법안을 통과시킴으로써 미국경제를 완전히 장악하게 되었다.

허울뿐인 연방준비제도와 연방준비은행이 설립되기 이전까지 미국의 부채는 "0"였다. 그러나 1913년에 이런 말도 안 되는 불합리한 제도가 설립됨으로써 미국의 국가부채는 눈덩이처럼 급속도로 불어나기 시작했다. 그리하여 현재(2014년 5월 시점) 미국의 총부채는 무려 약 17조 5,200억 달러에 달하고 있으며 계속 증가하고 있는데, 따라서 우리가 세계 최고의 부국(富國)이자 최강대국으로 알고 있는 미국은 실상 세계 최대의 채무국이라는 사실이다.(※미 국민 1인당 부채액 약 54,860달러(약 5612만원) 그리고 미국 국민들이 뼈 빠지게 일해서 납부하는 세금은 그 대부분이 극소수의 엘리트 국제금융업자들의 엄청난 이자수입으로 고스란히 흘러들어 가고 있는 것이다.

2013년 10월 1일 발생했던, 재정적자로 인한 미 연방정부 임시 폐쇄사태는 미국의 재정위기와 당면한 상황이 얼마나 심각한가를 잘 보여주는 의미심

장한 사건이었다. 이것은 한마디로 미국의 국고(國庫)가 점차 바닥남에 따라 보유한 가용 현금이 거의 비어있는 상태에 이르게 되었음을 의미한다. 결국 궁여지책으로 미국은 부채한도 증액(채무 한도액 상향조정)과 1년 유예안을 의회에서 통과시킴으로써 간신히 디폴트(Default)를 모면하긴 했지만, 미국은 현재 사상 초유의 국가부도사태가 일어날 가능성이 그 어느 때보다 높은 것이다. 여기서 말하는 부채한도라는 것은 미 의회가 재무부에 정해주는 것으로서 이 범위 내에서 재무부가 채권을 발행하도록 허용하여 또 다시 연방준비은행이나 다른 국가에서 돈을 빌려다 빚과 이자를 메우는 것인데, 한마디로 이것은 이른바 계속적인 돌려막기 상태인 것이다.

그렇다면 과연 어둠의 이 글로벌 엘리트 세력들이 달러화를 제조해내는 미 연방준비제도이사회 장악을 통해 미국과 세계경제의 목줄을 쥐고 있다는 것은 무엇을 뜻하는 것일까? 이것은 그들이 향후 언제든지 마음만 먹으면 적당한 시기에 이 세상을 대규모 경제공황 상태로 몰

돈은 인간에 대한 어둠의 세력의 주요 통제수단이다

아넣을 수 있다는 것을 의미한다. 그리고 마치 세계경제를 조절하는 듯 FED가 외견상 달러를 풀었다 죄었다 하는 소위 "양적완화"니 "양적완화 축소"니 하는 행위들은 그들의 최종공작을 위한 예비 리허설에 불과한 것이다. 그러므로 가장 먼저 그들의 타겟(Target)으로 설정돼 있는 세계경제의 중심인 미국경제가 붕괴되는 것은 시간문제일 뿐이다. 이미 거의 거덜나있는 미국경제가 향후 정식으로 파탄 날 경우, 그 영향은 연쇄적으로 모든 국가들에게 엄청난 타격을 가할 것이다. 그로 인해 취약한 재정적 기반을 가진 대부분의 나라들이 줄줄이 국가부도 사태로 쓰러지게 되어 세계경제 전체의 붕괴로 이어질 것은 너무도 뻔한 것이다.

그들은 이처럼 돈을 통해서 인간들을 교묘히 지배하고 통제하며, 이미 오래 전부터 모든 인간들과 국가들로 하여금 부채를 지게 만들어 돈의 노예로 만들어 놓았다. 2008년에 발생했던 미국의 서브프라임 모기지(sub-prime mortgage loan) 사태[15]로 인한 세계금융위기 같은 것은 그런 문제가 잠시

---

15) 2,000년대 미국의 부동산 경기 호황 때 신용등급이 낮은 서브프라임 등급에 대한

불거진 단적인 실례에 지나지 않는다. 그리고 그들의 최종적 목적은 마침내 세계경제를 완전히 파산시켜 대다수 인류로 하여금 자발적으로 대체세력에 의한 통제와 지배를 원하게 만듦으로써 어디까지나 세계단일정부의 구축을 통한 독재적 세계지배인 것이다. 우리는 이점을 간과해서는 안 되며, 항상 경계를 늦추지 말아야 한다.

3. 일루미나티들의 최종목표 - 신세계질서(新世界秩序)란 무엇인가?

국제적인 거대 금융가들과 정치 권력자들을 중심으로 한 어둠의 파워 엘리트 세력들은 오래 전부터 〈신세계질서(New World Order)〉라는 특별한 용어를 사용하며 새로운 질서로 이루어진 세상을 만들어야 한다고 주장해 왔다. 이 용어는 1990년, 조시 부시 미 대통령의 의회연설을 비롯하여 그 동안 몇몇 세계적 주요 정치지도자들의 입을 통해 종종 언급되어 왔는데, 사실상 이것이 구체적으로 무엇을 의미하는가에 대해 대다수의 일반인들은 잘 알지 못한다. 당시 부시가 발표한 〈신세계질서〉는 표면상으로는 평화와 안전, 자유, 법의 지배가 확보되고

은행들의 무분별한 담보대출과 과열 경기 조정 명목으로 2006년 단행된 FRB(미국 연방준비제도이사회)의 갑작스런 금리인상(1.0%에서 5.25%로 대폭 인상)으로 발생했던 글로벌 금융 위기이다. 이자 부담이 커진 저소득층은 원리금을 제대로 갚을 수 없게 되었고, 너도 나도 집을 팔려고 내놓자 부동산 가격이 폭락해 거액을 대출받았던 수많은 개인들과 투자했던 기업들, 은행들이 파산했다. 뿐만 아니라 세계 각국의 주가폭락 등의 연쇄적 파급효과로 1929년의 경제 대공황에 버금가는 세계적 수준의 경제적 혼란이 초래되었다.

외부의 침략(?)을 국제적으로 저지할 수
있는 세상을 구상한 것이라고 되어 있
다.

그런데 이 엘리트 세력들이 추구하고
있고 최종목표로 삼고 있는 〈신세계질
서〉의 구축이라는 것은 한 마디로 말해
전 세계가 지역과 인종, 국가의 경계를
넘어서서 하나의 경제체제와 단일의 세
계통합군, 유일정부에 의해 통치되는 세
상을 말한다. 즉 지구상의 모든 국가와
인종이 하나의 세계정부 아래 통합되어 관리되어야 한다는 것이 그 골자이
다. 얼핏 보면 분열된 세상이 하나로 통합되는 체제로 가는 것은 긍정적이고
바람직한 것이 아닌가하고 잘못 볼 수도 있다. 하지만 이들이 말하는 단일정
부란 극소수의 엘리트가 지배하고 다수는 절대복종하는 일종의 파시스트(독재
적 사회주의 국가) 체제를 의미한다. 다시 말해 이들은 전 인류를 노예처럼 종
속시켜 자기들이 일사분란하게 통치하고 완전히 꼭두각시마냥 조종할 수 있
는 획일화된 세상을 만들겠다는 의도인 것이다. 그리고 이미 그들에 의해 완
성된 유럽연합(EU)은 바로 그 단일의 세계통합정부를 향한 시발점이자 예비
단계라고 할 수 있다.

그림자정부는 이런 〈신세계질서〉아래 범세계적인 통제체제를 확립하기 위
해 "오메가 에이전시"라는 핵심 12인으로 이루어진 특별한 상부기관까지 창

설하여 운영해 오고 있는 것으로 알려져
있다. 그리고 이 일루미나티 집단들이 지구
를 완전히 장악하고자 세계단일정부를 구
상해 온 것은 꽤 오래되어 보인다. 그것은
아마도 일루미나티 창시자 바이스하우프트
가 로스차일드와 처음으로 손을 잡았던 18
세기부터 시작되었다고 할 수 있을 것이며,
19세기에 발견된 "시온 의정서" 조항들에
도 그 면모가 잘 나타나 있다. 그 이래로
이 세력들은 집요하고도 지속적으로 그런
최종적인 목적달성을 추진해 온 것이다. 좋
은 예로 로스차일드의 지시에 따라 연방준
비제도를 입안했고 또 1913년에 연방준비
은행법이 미 의회에서 통과되도록 압력을

넣는 데 주도적 역할을 한 시온주의자 은행가인 폴 워버그(Paul Warburg)는 이미 1950년에 미 상원에서 이렇게 확언한 바 있다.

"우리는 당신들이 좋든 싫든지 간에 단일 세계정부를 세울 것이다. 유일한 문제는 그 정부가 정복에 의해서 성취되느냐, 아니면 동의에 의해서 되느냐는 것뿐이다."

이들은 그 동안 이 최종적인 목표를 위해 비밀스럽고도 치밀하게 많은 일들을 벌여 왔으며, 그것은 지금까지도 여전히 계속되고 있다. 현재 밝혀진 그들이 오래전부터 계획해 놓은 단계적 주요 책략들은 다음과 같다.

1.국가 간의 끊임없는 전쟁도발과 테러를 획책함으로써 공포분위기를 조성하고 두려움을 주입하여 인류로 하여금 자발적인 통제와 복종, 안전과 보호를 희구하게 만든다. - 그런 수단으로서 최악의 경우 3차 세계대전이나 핵 테러를 도발할 가능성이 높다. 그들이 현재 전쟁도발을 획책하고 있는 첫 번째 장소는 이스라엘과 팔레스타인, 이스라엘과 이란, 시리아 등이 대립하고 있는 중동이다. 두 번째는 러시아와 우크라이나, 또는 중국과 일본 간의 대립과 충돌을 유도하는 것이다. 세 번째는 남북이 대치하고 있는 한반도이다.

2.배후에서 세계경제의 혼란과 불안을 계속 유발하고 부채질한다. 궁극적으로는 주식시장 폭락, 환율변동, 뱅크 런(Bank run)16) 사태, 달러(Dollar)의 휴지화, 각국 정부들의 연쇄부도 및 파산을 유도하여 향후 언젠가 세계 경제를 완전히 붕괴하게 만듦으로써 대다수의 인류를 대공황 상태로 몰아넣는다. - 그들은 의도적인 세계경제의 붕괴를 통해 지구상의 은행과 부동산, 도시, 국가 등의 모든 것을 경제적으로 소유하려 하는데, 이런 경제장악 방식에 의해 전 인류를 지배하고 통제하고자 한다.

3.전자화폐 시스템 도입을 통해 모든 인간들이 경제거래와 건강 진단시 불가피하게 컴퓨터와 연동되는 마이크로 생체 전자태그 칩(RFID chip), 또는 일명 베리칩((Veri chip)을 인체 안에 이식받을 수밖에 없도록 완전히 법적으로 제도화한다. 그럼으로써 전 인류에 대한 철저한 전자적(電子的) 감시와 통제, 지배체제 완성을 꾀한다 - 이미 현재 도입되어 시행되고 있는 은행 스마트카드17)와 확산일로의 스마트폰은 그 예비단계로서 10여 년 전부터 그들에 의

---

16)예금자들이 은행에 한꺼번에 몰려 대규모로 돈을 인출하는 사태를 말한다. 이렇게 되면 은행은 돌려줄 돈이 바닥나 지불정지 내지는 패닉상태에 빠지게 된다.

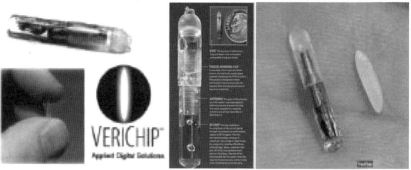

베리 칩의 모습과 구조, 그리고 그 크기를 쌀알과 비교한 사진이다

해 계획된 것이다. 이것은 현금 없는 완전한 신용카드사회로 유도하기 위한 것이며, 최종적으로는 전체 인류로 하여금 생체인식기술인 베리칩을 받게 하려는 음모이다.[18] 그러므로 장차 전자 칩이 미래의 전자화폐이자 전자신분증이 될 것이다. 그리고 이 모든 것들은 결국 신세계질서를 위한 계획이다.

4.인체에 치명적인 인공 바이러스를 살포하거나 자연의 대재앙을 인위적으로

---

17)신용카드, 신분증(ID), 여권, 전화카드 등의 여러 기능을 하나로 통합한 전자신분증(ID카드)으로서 IC칩이 부착되어 있다. 사용자의 신분증이 칩으로 내장되어 있기는 스마트폰 역시 마찬가지이다. 기능이 편리하다는 이유 하나로 현대의 보통 사람들, 특히 젊은이들은 스마트폰을 좋아하는 정도가 아니라 거의 손에서 놓지 않고 24시간 중독돼 있다시피 한데, 바로 이것이 그들이 의도하는 노림수임을 간과해서는 안 된다. 즉 스마트폰의 확산은 최종적으로 베리칩을 이식받게 하기 위한 바로 직전 단계인 것이다.

18)"베리칩"이란 말은 영어 "Verification(식별,확인) + Chip(집적회로)"가 합성된 용어로서 미국 칩 제조회사의 상품명이기도 하다. 이것은 크기가 쌀알 크기와 비슷한 정도로서 주사기를 통해 인체에 주입할 수가 있고, 제거하지 않는 한 평생 남아 있게 된다. 이 작은 칩 안에 개인의 신분과 이력, 생체유전정보, 병력 및 건강의료정보, 은행계좌내역 등을 모두 저장할 수 있다. 문제는 이 칩이 무선주파수 송수신 기능이 있어서 얼마든지 위치추적 및 스캔, 감시, 원격제어가 가능함으로써 개인의 사생활이 침해되고 더 나아가 장차 완전히 통제될 수 있다는 점이다. 최악의 경우 칩에 내장된 프로그램을 이용하여 통치자가 자신에 대한 반대자들의 수명을 제한하거나 그 칩을 꺼버림으로써 간단히 목숨을 빼앗아 제거해 버릴 수도 있는 것이다. 그리고 이것은 먼 미래의 일이 아니라 이미 우리 코앞에 닥친 일이다. 미국에서는 2010년 3월 새로운 '건강보험개혁법'이 의회에서 통과되었는데, 이 법안에는 2013년 3월부터 2016년까지 유예기간을 갖고 선택적으로 국민들에게 베리칩을 이식받도록 하며, 2017년부터는 의무적으로 받게끔 강제 시행한다는 내용이 들어있다. 이처럼 미국의 경우 금융, 보안회사 등을 중심으로 이미 베리칩을 이식받는 사람들이 나타나고 있는 상황에 놓여있음을 직시해야 한다. 그리고 이것이 점차 세계 전역으로 확산될 것임은 불을 보듯 뻔한 노릇이다.

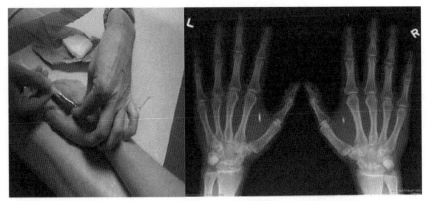

실제로 손에다 칩을 이식받는 모습(좌). 양손 엄지와 집게손가락 사이 피부 속의 하얀 부분이 이식된 칩이다.

촉발하여 많은 인류를 희생시키는 방법을 통해 지구 인구를 대폭 축소한다. 그들은 적게는 세계 인구의 2분의 1, 많게는 10분의 9 가량을 극단적으로 줄일 계획을 갖고 있다 - 그런 인구감소 계략의 일환으로 나온 것이 불소 (Fluoride)[19], MSG, 아스파탐(Aspartame)[20], 유전자 변형식품과 같은 인체에 해로운 물질의 주입과 AIDS와 사스(Sars), 에볼라(Ebola) 바이러스의 유포이다. 또한 인공적인 지진이나 허리케인 같은 기상재앙을 일으킬 수 있는 하프(HAARP)[21] 기술이 이용될 수도 있다. 일루미나티 세력들은 인류를 고급의 순수 엘리트 혈통인 소수의 자기들과 그들이 잡종 또는 가축인종으로 취급하는 나머지 다수 인류로 분류한다. 따라서 그들은 인간으로 보지도 않는 나머지 인류를 몰살시키는 데 대해 아무런 가책이나 죄의식도 없다.

5.최종적으로 핵테러나 인위적인 대변동, 또는 외계인들의 "지구 침공"이라는 허구의 쇼를 연출함으로써[22] 이런 여러 초비상사태 대처 및 질서확립, 혼란

---

19)충치 예방의 명목으로 일부 치약이나 껌, 구강세척제, 수돗물에 사용되고 있다. 그러나 일부 과학자들의 연구에 따르면, 불소는 효소의 작용을 억제하고, 백혈구를 마비시키며, 콜라겐이 파괴되도록 하여 최종적으로 암을 유발시킨다고 한다.

20)인공 감미료의 일종으로서 뇌신경세포와 시신경을 서서히 파괴하는 것으로 알려져 있다.

21)세계비밀정부의 계획 하에 미 국방성이 비밀리에 연구하고 있는 기술이다. HAARP란 <High-Frequency Active Auroral Research Program>의 약자로서 "고주파수 활성화 오로라 프로그램"이란 의미이다. 이 연구는 스칼라파라는 고주파를 이용해 여러 가지 사악한 군사적 목적을 위해 연구되고 있으며, 인공지진과 전자장치마비, 기상재앙을 일으킬 수 있기 때문에 지구와 인류에게 매우 위험하다. 이 기술은 시간여행과도 관계가 있다고 하며, 부정적 외계인들로부터 미국에 주어졌다고 한다.

수습을 구실로 계엄령을 발동하여 선포한다. 이어서 즉시 하나의 세계정부를 구성하여 지구 전체를 접수한다. - (※2차대전 후 결성된 유럽연합과 국제연합(UN)이라는 국제기구 및 다국적 나토군(NATO)과 UN군 자체가 어둠의 엘리트들이 자기들의 세계정부를 구축하기 위한 일종의 사전포석이다.) 이에 반대하는 자들은 비상계엄법령에 의해 가차 없이 체포, 구금하거나 제거한다. 현재 FEMA(미 연방 긴급사태 관리청)은 만약을 대비해 이런 시신 수습 준비책과 수많은 죄수들을 수용할 캠프를 갖추고 있다. 그리하여 최종적으로 1인 빅브라더(독재자)와 극소수의 엘리트들에 의한 통치체제를 완성한다.

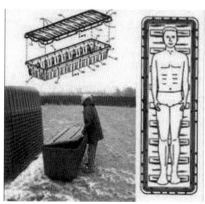

FEMA의 수용시설에 비축돼 있는 수수께끼의 관들

이처럼 〈신세계질서〉라는 그럴듯한 명분하에 배후에서 시도하고 있는 그들의 최종적인 목표는 지구상의 모든 인류 전체를 자기들의 손아귀에 완전히 틀어넣어 로봇이나 노예처럼 지배하는 것이다. 이렇게 될 때 결국 지구라는 세계는 극소수의 어둠의 엘리트 독재집단에 의해 완전히 통제되고 획일화된 감옥행성이 되고 마는 것이다. 참고로 영국의 연구가 데이비드 아이크는 신세계질서에 관해 이렇게 주장하고 있다.

"신세계질서(NWO)는 4차원에 존재하는 렙틸리언들(Reptilians)의 계획을 말하는 것이다. 이 파충류들은 거대한 전쟁을 포함해서 세상 속에 혼란을 조성하기를 원한다. 따라서 이런 세계정부, 중앙은행, 세계통화, 전자은행과 함께 현금을 없애고 마이크로칩과 NATO와 같은 글로벌 군대를 이용해서 전 세계적 경찰력을 구축하고 있다."

---

22)1985년과 1987년의 2회에 걸쳐 당시 미국 대통령 레이건은 느닷없이 '외계인 침략'에 관한 연설을 했었다. 이것은 이미 그 당시에 이런 미래의 시나리오들이 계획돼 있었다는 사실을 암시하는 것이다. 한편 연구가 리처드 보일란 박사에 따르면, 어둠의 도당들은 홀로그램 기술로 실제로 레이더상에 나타나고 확실히 진짜로 보일만큼 3-D(3차원) 외계인 우주선의 가짜 홀로그램 이미지를 만들어낼 수 있고, 그것을 시도할 계획을 갖고 있다고 한다. 또한 독일 출신의 저명한 로켓 과학자인 고(故) 베르너 폰 브라운 박사 역시도 생전에 자신의 제자이자 대변인이었던 캐롤 로진(Carol Rosin) 박사에게 장차 "외계인의 위협"이라는 마지막 카드가 사용될 것이라고 밝힌 바가 있다. 캐롤 로진 박사의 폭로증언은 뒤의 3부 5장에서 상세히 소개된다.

1.다가오는 21세기 우주문명시대를 대비하여

21세기인 지금도 "UFO나 외계인은 과연 실제로 존재하는가?"라고 간혹 질문하거나 의심하는 이들이 있다. 이런 질문이 나온다는 자체가 UFO 관련 정보들이 얼마나 일반대중들과 괴리되어 있는가를 잘 보여주는 것이라고 할 수 있다. 또한 언론에서는 여전히 UFO는 자연현상의 일종이거나 시각적인 오인 및 착각이라는 식의 내용을 종종 다루고는 한다. 그러나 이 시점에서 이러한 질문이나 보도들은 한마디로 지나친 무지의 소치일 수밖에 없다. 왜냐하면 현대 우주과학이 밝혀 놓은 규모만으로 보더라도 수천억 개의 은하계들로 이루어진 이 광대한 우주에 단 하나의 모래알에 지나지 않는 지구에만 생명체가 있다고 믿는 것은 확률적으로도 전혀 이치가 맞지 않는 까닭이다. 만약 정말 지구에만 유일하게 생명이 존재한다면, 외국영화 "콘택트(Contact)"에 나오는 대사처럼 조물주는 엄청난 공간을 낭비하고 있는 꼴이 될 것이다.

그런데 최근 국내에서도 외계인을 주제로 한 "별에서 온 그대"라는 멜로드라마가 히트하는 데서도 나타났듯이, 외계 생명체에 대한 관심도는 이제 반드시 전문적인 연구가들뿐만이 아니라 일반 대중 사이에서도 점점 높아 가고 있는 상태이다. 한편 종교계 일각에서도 2008년에 교황청 천문대 책임자가 외계생명체를 인정하는 아래와 같은 발언을 했듯이, 약간씩 변화의 조짐들이 나타나고 있다. 언론에 보도된 관련 기사를 잠시 인용한다.

바티칸 천문대의 총책임자인 요세 가브리엘 퓬즈(Rev. Jose Gabriel Funes)박사는 지난 13일(현지시간) 교황청일간지 로세르바토레 로마노와의 인터뷰에서 "교회는 지구 밖에 존재하는 높은 지능의 생물체를 부정해서는 안 될 것"이라고 밝혔다. 그는

'지구 밖의 생물체는 나의 형제'(The Extraterrestrial Is My Brother)라는 제목의 기사를 통해 "우주의 광대함은 지구 밖의 다른 행성에서도 생명체가 있다는 것을 의미한다."며 "지금까지 그 증거가 드러나지 않았을 뿐"이라고 말문을 열었다. 23)

교황청 천문대 책임자, 마리오 퓬즈 박사

그럼에도 불구하고 이에 대해 부정적이고 회의적인 많은 사람들은 그들 나름대로 긍정론을 반박하며 뚜렷한 증거가 없다고 주장하고 있다. 또 대다수 종교인들은 자기들의 교리를 내세워 무조건 이에 관한 내용들을 일축하고 있는 것이 오늘의 현실이다.

하지만 이러한 주장들은 2차 대전 이후 축적돼 온 UFO와 관련된 여러 가지 증거들을 조사해 볼 때, 곧 설득력을 잃고 만다. UFO와 외계인의 실재를 입증하고 뒷받침하는 증거들은 이미 얼마든지 전 세계에 존재하고 있는 것이다. 그럼에도 시대를 앞선 어떤 이론이나 주장들은 통상 일반대중들에게 쉽게 수용되지 못하고 그 당대에는 부정되기 일쑤였던 선례들이 있듯이, 지금의 UFO 문제 역시도 비슷한 대접을 받고 있다. 안타깝게도 이 시대의 UFO 이야기는 아직도 정통과학에서는 논외(論外)의 대상으로 취급당하고 있는 것이 현실이며, 대부분의 종교계에서는 여전히 이단자 취급을 면하기가 어렵다. 현시대를 중세 갈릴레이 시대와 직접 비교하는 것은 좀 무리가 있지만, 필자가 보기엔 우리 주위에는 여전히 중세기적이고 근시안적 사고를 지닌 사람들의 비중이 만만치가 않은 것 같다.

그러나 어쨌든 지금의 시점에서 UFO나 외계인의 실재여부를 논쟁하는 것은 대단한 시대착오적인 발상이라고 생각된다. 왜냐하면 지구상에는 외계인들

---

23) 서울신문, 나우뉴스 2008. 5/14일자 기사

의 UFO뿐만이 아니라 이미 인간에 의해 제작된 UFO가 존재하며, 다양한 외계인들이 인류의 모든 분야에 직간접적으로 깊숙이 관여되어 있기 때문이다. 이러한 주장이 대중들에는 자칫 황당한 이야기로 들릴 수도 있으나, 지구사회에서 참다운 진실은 불행하게도 소수의 권력자들에 의해 감추어져 있다는 사실을 우리는 인식해야만 한다. 아울러 필자가 볼 때, 이제 인류는 시대적 조류상 외계문명과의 접촉을 통해 보다 차원 높은 우주문명시대로 넘어가야할 시점에 봉착했다고 말할 수밖에 없다. 즉 21세기 인류는 어차피 지구를 벗어나 우주로 도약해야만 하는 것이다. 그러한 맥락에서 UFO 문제는 향후 인류에게 있어 가장 중요한 이슈(Issue)이며 세계사의 초점으로 우리에게 다가올 것이다.

2.UFO와 외계인에 대한 연구 어디까지 왔는가?

1947년 6월 24일, 케네스 아놀드(Kenneth Arnold)라는 미국의 실업가가 자신의 전용 비행기를 몰고 가다 우연히 처음으로 접시 형태의 비행물체를 목격한 이래, 아직도 UFO는 일반 대중들에게 미스터리로 남아 있다. 그러나 어쨌든 이것이 미국 언론에 보도됨으로써 UFO에 대한 일반 대중의 흥미가 촉발되었고, 이 보도로 인해 세계 각국의 UFO에 대한 관심이 본격화되기 시작했다.

UFO란 용어는 이미 알려진 대로, '미확인 비행물체'라는 의미이지만, 이것은 어디까지나 민간인들에게나 해당되는 사항일 것이다. 왜냐하면 2차 세계대전 이후부터 오늘날까지 미국을 비롯한 몇몇 강대국들은 비밀리에 UFO에 대해서 깊은 조사와 연구를 진행시켜 왔을 뿐만 아니라 이미 자체적인 UFO 제작 및 우주비행 단계에 들어갔기 때문이다. 한편 일반인들로 구성된 민간 연구 단체들(MUFON, NICAP, CUFOS, APRO 등)도 나름대로 UFO에 대한 여러 정보와 자료 등을 수집·분석하며 연구에 박차를 가해온 것도 사실이다.

그렇다면 오늘날 UFO에 관해서 가장 많은 정보를 보유하고 있는 곳은 과연 어디일까? 그곳은 두말할 나위 없이 미 연방정부 배후의 수뇌부들과 NSA와 같은 비밀 정보기관들이다. 보다 정확히 말하자면, 세계를 배후에서 지배하고 있는 소위 그림자 정부, 비밀정부라고 불리는 '유대 신디케이트(Judish Syndicate)' 조직이다. 그리고 미국의 NASA(미 항공우주국)라든가, CIA(미 중앙정보국), 공군당국 등은 사실 이 조직의 조종을 받는 하부조직들에 불과하다.

　그들은 지금까지 국가 안보상의 기밀이라는 이유로 절대로 참된 UFO 정보를 공개하지 않고 있다. 또한 일부 정보는 왜곡시켜 은밀히 누설시키면서도 표면적으로는 현재의 시점까지도 UFO의 존재를 인정하지 않는 등의 교묘한 이중정책을 계속 고수하고 있다. 그리고 사실 거기에는 그럴 만한 중요한 이유가 숨겨져 있는 것이다. 더불어 그들은 일반 대중들을 혼란시키고 기만하기 위해서 여러 가지로 고단수의 대중조작 정책을 사용해 왔다. 1968년 미 공군이 콜로라도 대학에 의뢰하여 진행된 콘돈위원회(Condon Committee)라는 UFO 조사 기구는 다음과 같은 엉터리 최종 발표를 한 적이 있다.

　"UFO 현상은 더 이상의 과학적 연구 가치나 근거가 전혀 없다. 아울러 향후 1만 년 이후까지, 우리 행성 밖의 어떤 생명이 지구를 방문할 가능성은 희박하다고 단정해도 잘못된 것이 아니다."

　그 다음해인 1969년에 해체된 UFO 조사 기구 '블루북 프로젝트(Blue Book Project)'의 조사 종결 발표 역시 이와 비슷한 내용으로 기구 해체 이유를 대중들에게 설명하였다. 그러나 사실 이러한 발표 등은 모두 허위로 연출되어진 일종의 대중조작 정책의 일환일 뿐이다. 뒤에서 밝혀지겠지만, 진실을 깊이 은폐하고 있는 세력들은 그 이후에도 일반 대중이 알지 못하는 엄청난 계략과 공작들을 배후에서 진행하고 있었다.

　이 세력들은 UFO에 관한 정부의 기밀에 너무 깊이 접근하여 추적해 오는 과학자나 일반인이 있을 경우 이를 결코 좌시하지 않는다. 뒤의 4부 3장에서 자세히 소개하다시피 이런 이들은 자살로 위장하여 비밀리에 제거해 버린다거나, 또는 정신 병원에 수감해 버리기 일쑤이다. 이런 제거 대상은 비단 UFO 연구가들만이 아니라 프리에너지나 반중력 분야의 연구자들 역시 마찬가지이다.

이러한 상황이다 보니 지난 70년대까지 민간 UFO 연구단체들이 UFO에 대해서 연구할 수 있는 범주라는 것은 오랫동안 극히 제한적일 수밖에 없었다. 그저 미 정부가 일부러 흘린 역정보나 UFO 목격 사례 및 우연히 원거리에서 촬영된 UFO 사진의 수집과 분석 등이 연구의 대종을 이루고 있었다. 그 외에는 UFO가 착륙했다가 떠난 장소에 대한 조사 정도의 수준에 머무를 수밖에 없었던 것이다. 하지만 이런 상황은 1980년대부터 바뀌기 시작했다. 일부 UFO 연구가들의 경우, UFO에 의한 납치 사건이나 접촉 사건을 중심으로 피납자들이나 접촉자들을 개별적으로 만나 심도 있게 조사해 들어감으로써 미국정부와 외계인 간에 얽힌 중요한 측면을 밝혀내게 되었다. 또 그 후 1980년대 중반 이후부터는 군(軍)이나 정보기관, 또 비밀시설에 근무했던 내부고발자들의 용기 있는 폭로와 증언에 의해, 또 일부 UFO 접촉자들의 정보제공에 의해 UFO와 외계인에 관한 많은 진실들이 밝혀지기 시작했고, 또 그런 정보들이 축적돼 왔다. 여기에 덧붙여 이른바 외계와의 교신현상인 "채널링(Channelling)"이 폭발적으로 활성화됨으로써 외계에 관련된 다양한 많은 정보들이 입수되었다.

그러나 대다수 방송이나 언론매체에서 UFO나 외계생명체에 관해 다루는 논조를 보자면, 여전히 한심한 수준에 머물러 있다. 아직도 UFO의 정체가 무엇이고, 그들이 어디에서 왜 지구로 날아오며, 인류에게 무엇을 어찌하려는 것인지에 대해서 잡다한 여러 과학상식 수준의 모호한 가설들을 열거하는 사례가 비일비재하다. (특히 국내 방송매체들의 경우는 더더욱 그렇다.) 세계 전역의 대부분의 주요 매스컴들이 UFO나 외계인 문제에 관련해 실상을 보도하지 않고 늘 이런 식의 회의적인 보도태도로 일관하는 근본 이유는 무엇일까? 이것은 지구상의 대다수 매스미디어 그룹들이 사실상 일루미나티 세력들의 소유이거나 그 영향권 안에서 통제되고 있다는 사실을 알면, 쉽게 답을 얻을 수 있을 것이다.

현대 물질과학의 한계성

일반적으로 현대인들은 과학적이라는 말을 매우 신봉한다. 대개의 사람들은 과학에 상당히 의지하거나 그 용어에 현혹되어 지나치게 얽매이는 경우가 많다. 물론 속임수와 미신이 판치는 세상에서 그것이 꼭 나쁘다거나 잘못되었다고만 할 수는 없다. 그러나 우리가 마음을 좀 더 열고 보다 융통성 있게 사고해 본다면, 과학적이라고 해서 그것만을 전적으로 맹신하는 것만큼 불완전한 것도 없는 것이다. 왜냐하면 지구상의 현 물질수준의 과학이 모든 것을 해결하고 해명해 줄 수 있는 만능해결사는 아니기 때문이다. 따라서 현대과학에만 전적으로 목을 매달 경우 오히려 우리는 지금의 미완성 과학이 설정해 놓은 한계에 갇히게 되는 결과가 초래될 수 있다. 필자의 개인적인 견해로 볼 때, 현대과학이라는 잣대로 UFO의 실체를 밝혀내겠다고 하는 것은 낮은 배율을 지닌 어린애용 장난감 망원경으로 몇십만 광년 너머의 천체를 관측하려는 무모함과 같다고 하겠다.

보통의 현대인들에게 UFO나 우주인들의 과학을 설명한다는 것은 어찌 보면 몇백 년 전의 조선시대 사람에게 지금의 TV나 컴퓨터, 스마트폰을 설명하려는 것이나 비슷하다고 볼 수 있다. 우리가 아무리 설명을 잘한다고 하더라도, 조선시대의 사람들에게 오늘날의 TV나 컴퓨터를 이해시키기는 매우 어려울 것이다. 이와 마찬가지로 지구상의 과학보다 단 500년만 앞선 과학이라 해도 우리가 그 수준을 이해하기란 사실 쉽지가 않은 것이다.

예컨대, 이제 겨우 걸음마를 시작한 기초 단계의 물질과학으로 어떻게 벽을 그대로 통과해서 방 안을 드나들 수 있는 그들의 4차원, 5차원 과학을 이해할 수 있겠는가? 때문에 UFO의 실체를 부정하는 다수의 기존 과학자들의 사고방식에는 많은 문제점이 있는 것이다. 그것은 현대과학을 지나치게 절대시한 나머지 과학적으로 포착되거나 증명되지 않는 현상들은 모두 비과학적이고 비실재적으로 몰아세우려는 식이기 때문이다. 그리고 이러한 사고방식은 바로 폐쇄적 사고(思考)와 지적인 교만함에 그 원인이 있다고 생각된다. 이것은 마치 지적 수준이 낮은 고대나 중세시대 사람이 전에 결코 본 적이 없는 어떤 현상을 목격했을 때, 자기가 본 것이 허깨비가 분명하다고 스스로 믿는 것과 유사한 태도이다.

하지만 이처럼 현재의 과학체계에서 벗어난 일이라 하여 그것을 무조건 부정하고, 고집스레 현 체계를 고수하려는 태도는 발전의 가능성을 스스로 막고 있는 어리석은 행위일 뿐이다. 그리고 이러한 융통성 없고 경직된 사고의 소유자들에 의해서는 과학은 결코 더 이상 진보할 수가 없다. 과거의 선례가 보여주듯이, 인류의 중요한 과학적 발견이나 진전은 항상 고정관념에서 탈피하여 사물의 다양성을 수용할 수 있는 열린 마음의 소유자들에 의한 것이었다. 또한 과거의 이론에 얽매이지 않는 독창적 사고자(思考者)들에 의해 이루어져 왔다는 사실을 우리는 기억할 필요가 있을 것이다.

그럼에도 불구하고 지구에 존재하는 과학이 반드시 현재 낙후돼 있는 것만은 아니라는 데 주목할 필요가 있다. 즉 일반 제도권 과학의 배후세력 쪽에서는 그동안 공상과학(SF) 영화에서나 볼 수 있었던 놀랍고도 엄청난 기술들이 비밀리에 연구되고 개발되어 왔던 것이다. 세계비밀정부에 소속된 과학자들이 갖고 있는 과학기술 수준은 일반 민간 과학자들보다 적어도 500~1,000년은 더 앞서 있다고 말할 수가 있다. 이것이 가능했던 것은 지구의 일부 어둠의 엘리트 세력들이 자기들만의 이익을 위해 철저한 보안을 유지한 채, 외계와의 접촉을 통해 기술전수를 받았기 때문이다.

어찌 되었던 21세기에 들어와 10여 년이 흐른 지금의 시점에서도 일반인들에게 있어서 UFO는 존재 여부 자체마저도 여전히 불확실한 상태이다. 설사 UFO 긍정론자나 연구자들이라 할지라도 여전히 다수에게는 UFO가 글자 그대로 '미확인 비행물체'이기는 역시 마찬가지이다. 아직도 주류 대중매체에서는 그저 머리로 상상해 낸 여러 가지 제멋대로의 설(說)들이 난무하고 있는 상태에 불과한데, 하지만 이제 더 이상은 애매모호한 가설과 추측, 이론 따위를 논하며 시간 낭비할 때가 아니다.

그렇다면 과연 앞으로 UFO나 외계인의 실체를 규명하는 데 있어서 최선의 방법이자 가장 확실한 지름길은 무엇일까? 그것은 연구가들이 직접 UFO와 접촉하는 경험을 통해서일 것이다. 그러나 이것은 현실적으로 그리 여의치 않다. 그러므로 필자가 볼 때, 현재 가장 바람직한 방식은 우선 UFO 및 외계인과 콘택트하고 있는 신뢰할 만한 접촉자(Contactee)를 통한 것이다. 한 예로 현재 활동하고 있는 UFO 접촉자들 가운데서도 미국의 알렉스 콜리어(Alex Collier)같은 사람이 공개하는 정보들은 필자가 판단하건대, 상당히 신뢰성이 높다. 그리고 국가나 군 정보기관, 연구기관 등에서 UFO 비밀정보를 다루며 근무했던 다양한 내부고발자들과 관련 체험자들의 정보들을 통해 이를 상호 교차 검증하는 방식이 가장 바람직하다고 할 수 있다. 또한 여기에 추가될 수 있는 보완적 방법으로서 1990년대 이후 폭발적으로 활성화된 외계의 채널링(Channelling) 정보들을 가지고 그것을 재차 검증하는 방식이 있을 수 있다.(※이 책의 내용전개 역시 특정 주제에 대해서 이처럼 여러 소스의 정보들로 상호 보완하고 교차 검증하는 방식으로 서술하고 있다.)

그러나 물론 이런 자칭 UFO 접촉자들 중에도 종교를 빙자하거나 상업성에 오염된 사기꾼이 얼마든지 있을 수 있다. 또한 채널링 정보들에 있어서도 저급한 영적존재들에 의해 고의적으로 왜곡된 내용들이 섞여 있을 수 있으므로 매우 신중할 필요가 있다. 그러므로 2차, 3차에 걸친 상호교차 검증과정을 통해 추출된 공통분모적인 정보들만이 어느 정도 신뢰성이 높다고 할 수 있을 것이다.

3.미국 정부와 관련된 UFO 은폐 역사

미국 정부는 1950년대 이래 군(軍) 내부의 UFO 정보가 외부로 유출되는 것을 철저히 차단해 왔다. 군에 있을 때 그들은 일상생활시 UFO에 관한 비밀을 지킬 것을 요구하는 JANAP-146과 같은 UFO에 관한 비밀법, 연방규정 법전 14장-1211절, 그리고 다른 군사법률과 같은 UFO의 비밀엄수법에 따라 비밀을 지키겠다고 서약해야 한다. 그리고 이런 규정을 어길 시의 처벌은 최대벌금 10,000달러, 10년 징역형(懲役刑)을 받게 되고[24], 뿐만 아니라 지속적인 괴롭힘, 불편한 원거리 군 주둔지로의 전출 및 구금이 포함되어 있다.

또한 군복무시 UFO에 대해 너무 많이 이야기를 떠벌일 경우 군사법정에 설 수 있고, 지위강등, 감봉, 불명예제대 등의 불이익을 당한다. 또 퇴역시 그들은 모든 금융 및 의료 혜택을 잃을 수도 있다. 여러 증언에 따르면, 모든 경우에 있어서 그들은 정신병원에 감금되리라는 위협을 받았고, 정부 기관에 의해 공개적으로 그들이 거짓말을 하거나 환각 증상을 겪고 있다고 공표하겠다는 협박조의 말을 들었다고 한다.

고위 군 장성들이나 핵심 과학자들, 또는 NASA의 지휘자들은 외계인 방문자에 관한 충격적인 자료들을 알고 있으며, 또한 그들은 자신의 말실수로 인해 갑자기 가족 전체와 함께 (군 정보부 요원들에 의해) 우발적인 것처럼 위장된 죽음을 당할 수 있음을 잘 안다. 극단적인 경우에는 과거 비밀을 누설한 많은 사람들이 베트남이나 외국의 다른 전쟁 지역으로 옮겨졌고, 그들을 침묵시키려는 목적으로 미국의 비행기에 의해 폭격을 당했다고 한다. 그러고는 적의 비행기로 인해 사망했다고 발표하는 식으로 묻어버리는 것이다. 일부는 그런 운명을 맞이했거나, 모종의 조치로 수수께끼처럼 사라져 먼 지하기지에 수감되었다고 알려져 있다.

그런데 초기 미국정부가 UFO 문제에 깊이 관여하게 된 계기는 사실 단순한 UFO의 출현과 목격에 있었다기보다는 UFO의 직접적인 추락 사건들 때문이라고 보는 것이 옳을 것이다. 미 해군정보국 출신의 내부고발자인 빌 쿠퍼(Bill Cooper)같은 사람이 공개한 정보에 따르면, 놀랍게도 1947년에서 1952년까지의 6년간 무려 UFO 16대가 추락했고, 그 잔해 및 65구의 외계인 시신과 1명의 살아있는 외계인이 회수되었다고 한다.[25]그리고 이중 13건

---

24)이 처벌 조항은 미 육해공 합동참모본부에 의해 이미 1953년 12월에 제정된 것이다. 그리고 이외에도 심한 경우에는 생명의 위협이나 가족에 대한 협박까지도 가해진다.

이 미국영토 내에서 일어났다는 것이다. 물론 이런 추락 사건들 가운데 가장 널리 알려진 것은 1947년에 7월에 뉴멕시코 주, 한적한 사막지대에서 발생한 로즈웰(Roswell) 사건이다.

이런 사건들이 빈발함에 따라 미국은 UFO 문제에 대처하기 위해 초기에는 프로젝트 〈사인(Sign)〉과 〈그러지(Grudge)〉같은 비밀조사팀을 출범시켜 가동했다. 이와 아울러 그들은 대중들을 속이기 위한 낮은 수준의 정보수집과 역정보 유포활동을 위해 〈블루북(Bluebook)〉이라는 이름의 프로젝트 역시 함께 운영했다. 그리고 그 후에 외계인 관련 정보를 통제하기 위한 필요성 때문에 대통령 행정명령으로 처음 만들게 된 기관이 CIA(미 중앙정보국)였다. 그리고 곧 이어서 UFO와 외계인 문제만을 전문적이고 본격적으로 다루기 위한 특수 목적에 따라 1952년에 트루먼 대통령에 의해 제2의 초특급 정보기관이 창설되는데, 이것이 바로 오늘날에도 수수께끼에 휩싸인 채 논란이 많은 NSA(미 국가안보국)이다. 이 기관은 오늘날 전 세계의 모든 통신을 감청하는 정보기관 정도로 알려져 있지만, 이는 단지 외부적으로 보이는 빙산의 일각에 불과하다. 이 NSA에 관해서는 뒤에서 따로 상세히 설명하도록 하겠다.

그런데 흥미로운 것은 미국정부의 최고 우두머리인 미 대통령조차도 UFO에 문제에 관한 한 깊이 접근할 수 없으며, 때로는 배후세력이나 정보기관에 의해 왕따를 당하는 것이 오늘의 현실이라는 점이다. 한 예로 전 미국 대통령 지미 카터(Jimmy Carter)의 경우를 들 수 있다. 지미 카터는 대통령이 되기 이전의 주지사 시절부터 UFO에 관해 관심이 많았던 사람이며, 직접 UFO를 목격했던 인물이기도 하다. 또한 그는 대통령 선거유세 과정에서 자신이 대통령이 되면 UFO에 관한 모든 정보들을 공개하겠다고 공약까지 했었다. 그러나 미 UFO 연구가 밥 딘(Bob Dean)의 증언에 의하면, 그가 대통령으로 재직시 UFO와 외계인에 관련된 정보에 접근하려고 했을 때, 그는 당시 CIA 국장이었던 조시 부시로부터 이런 말을 들어야 했다고 한다.

---

25)이렇게 추락한 UFO와 외계인들 대부분은 사실상 영적으로 별로 진화되지 않은 그레이 계통의 종들로 알려져 있다.

"대통령 각하, 당신은 우리가 이 모든 정보를 당신에게 보고할 만큼 충분히 높은 보안등급을 갖고 있지 못합니다. 당신은 알 필요가 없습니다."

이런 어처구니가 없는 에피소드로 추측해 볼 때, 미국대통령은 사실상 배후에서 조종하는 실제 세력의 얼굴마담 역할정도로 보면 크게 틀리지 않을 것이다. 일설에는 미국 대통령보다 높은 .기밀정보 취급인가 등급이 무려 33~47단계나 더 있다고 한다. 이런 상위의 보안등급을 소유한 자들이 바로 비밀정부를 구성하고 있는 핵심 멤버들인 것이다. 그러니 과거 지미 카터가 대통령에 당선되었다고 해서

지미 카터 전 대통령

UFO 정보에 자기 마음대로 접근하거나 공개할 엄두를 내지 못한 것도 당연한 일이었을 것이다. 사실상 미국대통령은 아무 것도 독자적으로 결정할 실질적 권한이 없는 꼭두각시에 불과하다.

하지만 러시아의 상황은 약간 다른 것 같다. 2012년 12월 러시아 전(前) 대통령이자 현 총리인 드미트리 메드베데프는 러시아 5개 방송사와 연말 공동 인터뷰를 한 직후, 방송사 직원에게 우연히 의미심장한 돌출 발언을 함으로써 주목을 끌었다. 언론에 보도된 그의 말을 소개하면 다음과 같다.

"당신에게 처음 밝힌다. 외계인은 존재한다. 그리고 대통령 교대 때 핵무기 발사코드와 함께 극비파일을 넘겨받는다. 이 파일은 지구에 온 외계인에 관한 자료로 전문 특수부대가 작성한 것이다. 그 이상 밝히면 위험하므로 상세한 것은 미국 공상영화 〈맨인블랙(Men in Black)〉을 보라."[26]

1)한계점에 도달한 미국의 60년에 걸친 UFO 정보 은폐

동서고금을 막론하고 어느 시대에나 귀중한 정보는 그 시대의 모든 권력과 이익을 좌우한다. 따라서 시대를 앞선 정보나 새로 개발된 첨단기술은 어느 국가나 극비(極祕)에 부치는 것이 상식에 속하는 문제이다. 그런데 만약 어마어마한 고급의 정보들을 독점하고 있는 어떤 소수의 세력이 현재 지구에 존재한다면, 그들이 과연 그것을 대중들에게 있는 그대로 공표할 것인가? 결코 그렇지 않을 것이다.

---

26) 중앙일보 2012년 12월 19일자

이런 측면에서 유추해 볼 때 우리 보통 사람들이 언론을 통해 알고 있는 수준의 정보들은 대단히 낮은 등급의, 그것도 일부 정보들에 불과하다는 사실이다. 알다시피 미 CIA(중앙정보국)는 세계에서 가장 방대하고도 고도의 기능을 지닌 정보기관이다. 그런데 사실 UFO와 외계인 문제에 관한 한은 CIA보다 더 상위의 전문 정보기관이 미 NSA(국가안보국)이다. UFO와 관련된 정보나 기술은 당연히 극비의 정보에 속하는데, 지금까지 미 CIA나 NSA, 군부(軍部)가 자국민들에게 UFO에 관해 진실을 말해왔다고 믿을 사람은 별로 많지 않을 것이다.

1947년 이래 미 CIA나 공군은 UFO 정보공개를 요구하는 UFO 연구단체나 개인들에게 이를 부정하거나, 거절하여 답변하지 않는 방식으로 일관해 왔다. 그런데 1970년대 중반의 〈정보자유화법(FOIA)〉에 의한 UFO 연구단체들의 소송으로 미흡하긴 하나 일부 문서들이 공개되었고, CIA가 상당부분 UFO에 깊숙이 간여해 왔으며 거짓말을 해 왔다는 것이 드러났다. 그럼에도 그들은 '국가안보'라는 그럴듯한 구실을 내세워 일부 공개한 문서들마저 검게 칠을 해 공개함으로써 내용을 알아볼 수 없게 만들었다. 그리고 그 이후 오늘날까지도 그들은 거짓의 역정보를 유포하거나 낮은 단계의 일부 정보들을 흘려주는 식으로 UFO 연구단체나 개인적 연구가들을 조종하고 혼란시켜 왔다. 또 심지어는 자기들의 요원이나 하수인들을 UFO 단체에 심어 놓거나 UFO 연구가로 위장시켜 활동하는 경우도 있었다.

최근(2014. 7.2)에 미 CIA는 'CIA와 U-2 프로그램'이라는 보고서 발표를 통해 "1950~1960년대에 빗발쳤던 UFO 목격신고는 자기들이 극비리에 실시한 U-2 정찰비행을 시민들이 착각한 것"이라고 발표했다. 이 U-2 정찰기가 18,000m 이상의 고공에서 정찰활동을 했고, 그 외관이 은색인데다 폭 30.9m의 날개가 햇빛에 반사돼 지상에서 보면 '발광하는 물체'가 날아다니는 것처럼 오인되었다는 주장이다. 즉 이런 정찰활동이 UFO로 오해받고 있었음에도 당시에는 비밀스러운 극도의 보안사항이라 공개적으로 밝힐 수가 없었다는 것이다. 하지만 아직도 이런 얄팍한 거짓 변명을 늘어놓는 것을 보면, 이들이 60년이 지나도록 하나도 바뀐 것이 없이 여전히 전 세계인들을 상대로 기만적인 말장난을 하고 있음을 여실히 보여준다.

한편 프랑스와 영국은 미국정부와는 달리 2007년에 들어와 UFO 문제에 관련해 다소 전향적인 자세를 보여주었는데, 그해 3월 프랑스 정부는 1650건의 UFO파일을 국립프랑스 우주센터(CNES)를 통해 공개했다. 또한 영국 국방부와 스웨덴, 뉴질랜드 역시 2007년부터 2011년 8월에 걸쳐 UFO파일들을 공개한 바 있다. 하지만 아쉬운 것은 그 내용들이 단순한 UFO 목격과 조우, 사진, 그림, 피납 사례 열거에 머물러 기존에 알려진 정보 수준을 벗어나지 못하고 있다는 것이다. 즉 진짜 중요한 핵심 알맹이는 다 빠져 있는 것이다. 필자가 보기엔 이것도 어느 정도 연출된 것이 아닌가하는 생각이다.

이처럼 오늘날에도 비밀정부 세력들은 계속적인 부정과 허위발표, 역정보 공작 등을 통해 대중들을 혼란시키고 세뇌하는 작업을 지속하고 있다. 또한 이 분야가 매우 다양한 스펙트럼의 정보층을 복잡하게 형성하고 있다 보니 그것이 또 다른 혼란의 원인이 되기도 한다. 그럼에도 불구하고 UFO와 외계인에 관련된 많은 진실들이 드러났으며, 이제 어느 정도 전체적 그림을 온전히 파악할 수 있는 단계에 와 있다.

2)정보은폐의 시발점 - 로즈웰 UFO 추락사건

미 CIA나 군부가 UFO 정보를 은폐하고 허위발표를 시작한 것은 1947년에 있었던 저 유명한 〈로즈웰 UFO 추락사건〉 때부터이다. 미국정부의 UFO 은폐공작을 그 시점부터 거슬러 올라가 대략 흩어보기로 하자.

1947년 7월 2일, 천둥번개를 동반한 폭우가 쏟아지던 날 밤, 뉴멕시코주, 로즈웰 야외 지역에 UFO 1대가 추락했다. 이 추락한 UFO 잔해들은 추락현장 인근에서 목장을 운영하는 윌리엄 M. 브라젤(William Mac Brazel)이 다음날 아침 방목하고 있던 양떼들을 살펴보기 위해 차를 몰고 나섰을 때 처음으로 발견되었다. 그는 이 사실을 그 지역 보안관인 조지 윌콕스(George Wilcox)에게 신고했고, 윌콕스는 즉시 로즈웰 지역에 주둔하고 있는 육군항공기지의 정보장교 제스 마셀(Jesse Marcel) 소령에게 보고했다. 이어서 출동한 군 요원들에 의해 양일간에 걸쳐 현장 조사가 행해졌고 잔해물 수거 및

최초로 추락사건을 신고한 목장주 브라젤과 정보장교 제시 마셀 소령

외계인 시신 수습이 이루어졌다. 알려진 바로는 현장에서 수거된 외계인은 모두 5명이었는데, 2명은 우주선 안에서, 3명은 바깥에서 발견되었으며, 그중 4명은 사망하고 1명은 아직 살아 있었다고 한다.

그런데 그 당시 이 추락사건 발생하자, 얼떨결에 로즈웰 육군항공기지에 의해 처음 발표된 7월 7일의 공식 발표는 다음과 같았다.

"비행접시에 관해 떠돌던 소문이 마침내 어제 사실로 나타나 밝혀졌다. 로즈웰 육군항공기지에 주둔하고 있던 제8공군 509폭격대 정보부가 이곳의 목장주 한 사람과 보안관사무소의 협조로 비행접시 포획에 성공했다. 이 비행물체는 지난 주,

로즈웰에 추락한 UFO라고 알려진 사진

로즈웰의 목장 근처에 추락했는데 전화설비의 미비로 보안관 사무소와 연락이 될 때까지 목장 주변에 방치될 수밖에 없었다. 그 후 보안관이 제509 폭격대대 정보부의 마셀 소령에게 통보하여 즉각적으로 비행접시 포획이 이루어졌다. 이 비행접시는 로즈웰 육군항공기지 당국의 점검 이후에 상부기관으로 이첩되었다."

이러한 군 당국의 공식발표가 있자, 로즈웰의 지방신문인 「데일리 레코드(Daily Record)」지(紙)를 비롯한 「워싱턴 포스트(Washington Post)」등의 전국의 유력 신문들이 7월 8일 이를 즉각 보도했고, AP 통신사 등이 이를 전 세계에 타전했다. 그러나 어찌된 일인지 이러한 보도내용은 얼마 후 군 당국에 의해 갑자기 뒤집어지고 말았다. 군 당국은 공식발표를 한지 얼마 되지 않아 보도기관들에 대한 언론통제를 시작했고, 돌연 발표내용을 번복하여 다음과 같은 정정(訂正) 보도를 내보내도록 하였다.

「비행접시 추락과 포획에 관한 보도는 오보(誤報)였으며, 로스웰에서 수거된 물체는 단순한 기상관측용 기구였다」

이렇게 되자 일부 언론은 군 당국이 무엇인가를 은폐하고 조작하고 있는 것이 아닌가하고 의구심을 제기했다. 그러나 오랜 시간이 흐름에 따라 모든 것은 유야무야 묻혀 버리고 말았다. 그러나 당시 추락한 UFO 잔해를 직접 목격했던 일부 생존자들과 군 관계자들이 40여 년이 지난 후에야 용기를 갖고 증언에 나섬에 따라 진실이 점차 드러나게 되었다.

그런 가장 대표적인 폭로자는 1947년 당시 최초로 이 사건 발표를 담당했던 당사자인 로즈웰 항공기지의 공보장교 월터 하우트(Walter Haut) 중위이다. 이 사람은 지난 2006년에 84세로 세상을 떠났는데, 자신이 죽은 후에

당시의 비행접시 추락사건에 관해 긴급히 보도했던 <로즈웰 데일리 레코드>지의 모습

공개해 달라고 가족들에게 로즈웰 사건에 관한 진실을 기록한 진술서를 남겨 놓았다. 그 내용이 가족의 허락하에 로즈웰 사건 발생 60주년이 되던 2007년 7월에 토머스 케어리(Thomas J. Carey)와 도널드 슈미트(Donald R. Schmitt)의 저서인 <로즈웰 목격자(Witness to Roswell)>에 처음으로 게재되었다. 그리고 그 다음 해인 2008년에는 그의 딸인 줄리 슈스터(Jullie Shuster)가 진술서의 모든 것을 언론에다 공개했다. 총 20개항으로 되어 있는 이 비망록 형태의 진술서 주요 내용에 따르면, 로즈웰 UFO 추락 사건의 모든 것은 진실이며, 상부의 지시에 의해 나중에 대부분 은폐되었다고 한다.

그는 진술서에 기록하기를, 당시 사건 발생 직후인 7월 8일 아침에 기지 사령관 윌리엄 블랜차드 대령과 제8공군 사령관 로저 레미 장군과 함께 자신이 고위 참모들의 모임에 참석했으며, 이 자리에서 사태수습책과 시민들에게 대응하는 문제가 논의 되었다고 술회했다. 또한 그는 그 진술서의 (12)(13)항에서 자신이 직접 기지 내의 격납고에 들어가 목격한 것에 관해 이렇게 언급하고 있다.

월터 하우스 중위

"회수된 비행체의 잔해는 길이가 대략 12~15피트(3.6~4.5m), 높이는 6피트(1.82m) 정도의 둥근 계란형 물체였고 별로 번쩍이지는 않았으나 표면이 금속성으로 보였다. 그리고 거기에는 창문이나 날개, 꼬리, 랜딩 기어 같은 것이 없었다." 그리고 "덮개에 싸여 머리만 나와 있는 2구의 낯선 시신을 보았는데, 체구가 약

1부 지구를 조정하는 지배자들, 그리고 UFO

추락한 것은 기상관측용 기구였다고
군이 번복한 후에 내놓은 잔해들.

10살 정도로 작았고 머리가 큰 편이었다."고 기록했다.[27] 마지막 부분의 (19)항에서는 "나는 내가 개인적으로 관찰했던 모종의 비행체와 그 승무원들이 외계에서 왔다고 확신한다."고 마무리 짓고 있다.[28]

현장에서 수거된 UFO 잔해들과 외계인 시신들은 당시 로즈웰 항공기지 84번 건물인 B-29 격납고에 보관되어 있었다고 한다. 그리고 이것들은 다시 다른 장소로 옮겨졌는데, 1차로 로즈웰에서 앤드류 공군기지로, 그 다음에는 거기서 다른 공군기지로 이송되었다고 알려졌다.

그 행방에 관련해서 로즈웰 사건 연구가 케벤 랜달과 도널드 슈미트는 그들의 공동 저서에서 이렇게 언급하고 있다.

"나중에 그 시신들은 다시 항공기에 실려졌고 오하이오 주, 데이톤에 있는 패터슨 군(軍) 비행장으로 보내졌다. 라이트 비행장과 패터슨 비행장이 근접해 있었지만, 매우 비밀스러운 그 비행은 패터슨 기지로 향했다는 점이 지적되어야 한다. 후에 이 두 기지들은 거대하게 확장된 라이트-패터슨(Wright-Patterson) 공군기지 단지로 통합되어진다.[29]

말년의 월터 하우트와 그의 딸인 줄리 슈스터

월터 하우트 중위 이외에 그보다 앞서 진실을 말했던 군(軍) 증언자들로서

---

27) 이 외계인들은 신장이 약 150cm 정도로 작고 머리가 큰 편이었으나, 목격자들의 증언에 따르면 소위 그레이종은 아니었다고 한다.

28) Web File: 2002 SEALED AFFIDAVIT OF WALTER G. HAUT

29) Kevin D. Randle & Donald R. Schmitt, The Truth about The UFO crash at Roswell(AVON BOOKS, 1994) P.16

당시 추락현장 봉쇄를 지휘했던 로즈웰 공군기지 헌병대장 에드윈 이즐리 (Edwin Easley) 소령과 로즈웰 육군항공대 소속의 프랭크 카우프만(Frank Kaufmann), 밀터 스프라우스(Milton Spraus)가 있었다. 또한 지역보안관으로부터 처음 사건 보고를 접수한 제스 마셀 소령 역시 부서진 UFO 잔해들

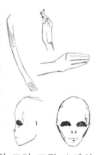

을 목격했다고 증언한 바 있다. 그리고 군이 출동하여 현장에 도착하기 이전에 그 추락장소를 목격한 여러 민간인들이 있었는데, 당시 로즈웰 지역의 유적지를 답사 중이던 커리 홀든(Curry Holden) 박사의 고고학자팀(8명)과 근처를 드라이브 중이던 제임스 래그스데일(James

당시 장의사였던 글렌 데니스와 그가 그린 스케치

Ragsdale) 커플이 있었다. 또 나중에 목장주 브라젤의 딸과 아들도 UFO 잔해를 목격했고, 장의사 글렌 데니스(Glenn Dennis)도 그러했다. 이런 목격자들의 증언에 따르면, 나중에 그들은 당시 군(軍)이나 CIA로부터 찾아온 요원들에게 그 사건의 기밀을 함부로 누설했을시 처벌받게 된다는 점을 들어 침묵할 것을 강요받았다고 한다. 일부 사람들은 금전적 회유와 더불어 심지어는 가족들의 생존을 위협하는 협박을 받았다고 털어 놓았다. 이 밖에도 외계인 시신을 직접 보았다고 말한 로즈웰 공군기지 내, 군 병원의 의사나 간호사(Naomi sipes)도 있었으나, 이들은 다른 곳으로 전출된 뒤 모두 행방불명되었다.

한편 로즈웰 사건이 일어난 지 65주년이 되던 2012년에는 전 CIA 요원이 로즈웰 UFO 추락 사건이 모두 사실이라고 밝혀 화제를 불러 일으켰다. CIA에서 35년간 근무한 경력의 체이스 브랜든 (Chase Brandon)은 미 언론과의 인터뷰를 통해서 CIA 근무 당시 비밀문서로 분류된 로즈웰 사건의 관련 문서를 보게 되었으며, 로즈웰에 추락한 비행체는 정부 발표처럼 기상용 풍선도 아니고 잔해물과 시신이 지구상의 것이 아니라는 점을 확신케 되었다고 언급했다.

체이스 브랜든

이런 최근의 폭로자들 외에도 윌리엄 쿠퍼나 마이클 울프 박사와 같은 과

거의 내부고발자들의 증언에 의해서도 로즈웰 UFO 추락사건과 비밀 특수조직인 M-12의 실재성은 분명히 뒷받침되고 있다. (※이들의 증언은 3부에 소개돼 있다) 또한 최근 스티븐 그리어 박사를 통해 공개된 "물병자리 프로젝트(Project Aquarius)"[30]에 관한 정부의 기밀문서에서도 역시 M-12가 언급되고 있고 1947년에 로즈웰 추락 사건이 있었음이 구체적으로 지적되고 있다.

그런데 로즈웰에 UFO가 추락한지 50년이 되던 지난 1997년 6월에 미 공군은 〈로즈웰 사건〉 50주년을 맞아 회견을 통해 사건의 내막에 관해 공식 발표를 한 바 있다. 즉 미 공군은 UFO와 외계인 논쟁의 뿌리가 되어온 이 사건에 대해서 "로즈웰 사건 종결"이란 보고서를 통해 UFO 관련자들이 주장하는 당시의 외계인 시신은 고공낙하에 사용한 인형이었다고 주장했다. 다시 말해 비행접시로 잘못 알려진 물체는 당시 소련의 미사일 발사를 탐지하기 위해 제작된 군용 기구(氣球)였으며, 외계인 시신은 여기에 실렸던 알루미늄과 플라스틱으로 만들어진 인형이었다는 것이다. 미 공군은 소련과 대립하고 있던 냉전시대였던 당시 이러한 군(軍)의 기밀을 대중들에게 함부로 공표할 수가 없었고, 따라서 기상관측기구가 추락했다는 허위발표를 당시에 할 수 밖에 없었다는 것이다. 과거의 발표를 번복하는 이 얄팍하고도 일면 그럴 듯한 회견은 그러나 많은 대중들에게 또 다른 은폐공작이라는 의심을 불러 일으켰다.

그런데 미 공군이 로즈웰 사건이 일종의 오해였다고 발표한 이 해(1997년)에 미국의 다른 한편에서는 《로즈웰 그날 이후(The Day After Roswell)》란 책이 출간되어 파문을 유발하고 있었다. 이것은 로즈웰 사건 이후 관련 파일을 관리해온 미 국방성 퇴역대령 필립 코르소(Philip Corso)가 그 내막적 진실을 모두 폭로한 내용이었다. 저자에 따르면 자신이 국방성 육군병기 개발부의 외계기술 전담부서인 "코드명: 외계기술국 책임자"가 되었을 때, 1947년 로즈웰 추락에서 회수된 UFO 잔해와 관련 보고서에 대해 철저한 연구, 분석이 행해졌다는 것이다.[31] 그리하여 여기에서 얻어진 외계기술의

---

30)이 프로젝트는 1953년, 국가안보위원회(NSC)와 MJ-12의 통제아래 아이젠하워 대통령의 명령으로 시작되었다고 한다. 처음에 프로젝트의 이름은 "그렘(Gleem) 프로젝트"이였으나, 1966년에 "아쿠아리스 프로젝트"로 명칭이 바뀌었다. 이 프로젝트의 목적은 UFO와 IAC(확인된 외계우주선) 목격과 외계생명체와의 접촉에서 얻은 모든 과학적, 기술적, 의학적, 역사적, 첩보정보를 수집하는 것이었다. 그리고 UFO와 외계인에 대한 미국의 조사가 시작된 뒤로 수집된 모든 정보들이 총 16권의 분량으로 기록되었다. 이렇게 수집된 정보는 미국의 우주프로그램의 개발에 활용되었다고 한다.
31)그림자정부 내의 외계인 관련 핵심부서의 책임자로 오랫동안 일했던 마이클 울프 박사 역시 코르소의 책 내용이 정확하다고 뒷받침한 바 있다. 코르소 대령은 책을 출

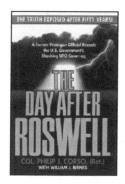

데이타들은 민간군수산업체인 IBM, 제네럴 일렉트릭 (GE), 벨연구소, 몬산토, 휴즈항공사 등에 이전되었다고 언급했다. 이것은 당시 행해진 이러한 기술 씨뿌리기가 오늘날의 야간투시장치, 레이저, 분배배열 금속합금, 집적회로(IC칩), 이온 추진장치, 광섬유, 제3의 뇌 유도시스템, 입자가속 광선무기 등이 되었다는 놀라운 이야기였다. 아울러 미국은 외계의 적대적 위협에 대처하기 위해 오래전부터 이에 대응할 우주무기들을 개발해 왔다고 하면서, 레이건 행정부 시절 추진된 SDI(우주전략방위구상) 계획의 진정한 목적은 소련을 겨냥한 것이 아니라 사실은 UFO라고 그는 밝혔다. 심지어는 미국과 구 소련이 대립하던 냉전 상태가 1980년대 조기 종식된 계기가 된 것도 바로 UFO 때문이라고 털어 놓았다. 즉 당시 레이건 대통령과 고르바초프 사이에 외계의 위협에 공동 대처해야 할 필요성 있다는 인식에 따라 그들의 회합이 이루어진 까닭이라는 것이다. 이러한 그의 주장이 허구가 아니라는 것은 1985년 12월 4일 레이건 대통령이 미 웨스트포인트(육사)에 행한 다음과 같은 연설내용에서도 뒷받침된다. 레이건은 분명히 이렇게 말했다.

필립 코르소 대령

"만약 다른 행성에서 온 타 종족들의 이 세상에 대한 위협이 있다면, 우리는 우리가 국가들 간에 가지고 있는 사소하고 국지적인 견해차들을 잊어버릴 것입니다. 만약 외계인들의 침략이 있을 경우에는 미국과 소련이 군사적으로 협력하여 이에 대처하기로 고르바초프와 약속했습니다."

이어서 레이건 대통령은 1987년 9월 21일에도 유엔 총회의 42차 회기 연설에서 유사한 내용을 다시 반복한다.

"일시적인 반목에 사로잡혀 우리는 종종 전 인류 구성원들의 대동단결을 망각하고는 합니다. 어쩌면 우리는 인류에게 이런 공동의 유대를 인식하게 만드는 외계의 우

간한 지 얼마 되지 않아 의문의 심장마비로 사망했다. 마이클 울프에 관해서는 뒤쪽 3부 4장에 소개되어 있다.

주적 위협이 필요한 것 같습니다. 나는 때때로 만약 우리가 이 세상의 외부로부터의 외계인 위협에 직면한다면, 얼마나 신속히 우리의 범세계적 이견들을 하나로 모을 것인가 하고 생각합니다. 그러면서도 나는 "이미 우리들 안에 외계인의 무력이 존재하고 있지 않은가?"라고 묻습니다."

그리고 당시의 소련 대통령 고르바초프 역시도 공개적으로 다음과 같이 언급한 바 있다.

"제네바에서 우리가 만났을 때, 미국 대통령은'지구가 외계인에 의한 침공에 직면한다면, 미국과 소련이 그 침략을 격퇴하기 위해 힘을 합칠 것'이라고 말했다. (1987년 2월 6일) "

이 모든 것은 한편에서는 비밀리에 외계인과의 협정을 통해 기술전수 받으면서 다른 한편에서는 인류에게 우호적인 외계존재들을 적으로 간주하는 그림자정부 세력들의 외계인에 대한 이중적이고도 위선적인 정책을 잘 암시하고 있다. 이처럼 육군대령으로서 아이젠하워 행정부의 국가기술안보위원회에서 근무했던 필립 코르소의 정보공개로 인해 사실 로즈웰 사건과 MJ-12 같은 것은 이제 더 이상 비밀이라고 할 수도 없는 상황에 와 있다.

책의 저자 필립 코르소는 군(軍) 출신 특유의 경직되고 단순한 사고(思考)와 외계인에 대해 무조건 적대적인 시각에 문제가 있기는 하나, 필자가 보기에 이러한 내용들은 이제까지 가려져 왔던 중요한 내막적 진실을 우리에게 알려주고 있다. 이러한 중대한 일들이 배후에서 진행되고 있는 것이 진실이라면, 우리나라 사람들의 UFO 실재여부를 놓고 벌이는 논쟁은 너무도 유치한 수준인 것이다. 그렇다면 지금 미국정부, 보다 정확히 말하면 미국과 세계를 조종하고 있는 세계 비밀정부세력(유대 신디케이트)은 UFO와 관련해서 과연 어느 정도의 공작단계에까지 진입해 있는 것일까?

그들은 1980년대 이후로는 그동안의 무조건적인 은폐와 비밀주의 정책에서 다소 선회해서 일부 UFO 정보를 교묘하게 누출시키는 일종의 〈리크 프로젝트(Leak Project)〉를 진행하고 있다. 이것은 현 시대에 대중들에게 외계인의 존재를 어느 정도 인식시킬 필요성에 따라 국한된 정보들에 한해 일부 왜곡해서 고의적으로 흘리는 계획이다. 그런데 오랫동안 고수해 왔던 비밀들을 그들이 고의적으로 일부 유출하는 이유는 무엇일까? 왜냐하면 앞서 언급했던 미래의 '외계인 침공 시나리오' 같은 것의 실행을 위해서도 이런 예비적

국가기술안보위원회 근무 시절의 코르소 대령.

인 사전공작은 반드시 필요하기 때문이다. 말하자면, 외계인은 존재하지 않는다고 부정하면서 동시에 외계인 침공 위협에 대해 운운한다는 것은 앞뒤가 전혀 안 맞는 모순된 주장이 되기 때문이다. 따라서 그들은 로즈웰 사건이나 또는 외계인들의 인간납치 및 동물 절단과 같은 끔찍하고 무시무시한 역정보들을 유포시킴으로써 대중들에게 외계인에 대한 맹목적인 혐오감과 공포심을 단계적으로 주입시켜 오고 있는 것이다.

이처럼 그들의 UFO와 외계인에 대한 역정보 공작은 이중적으로 진행되고 있는데, 즉 한편에서는 (더 큰 것을) 은폐하는 대신에 다른 한편에서는 등급이 낮은 정보들을 은밀히 누설하는 방식으로 진행되고 있다. 또 때로는 그런 일부 왜곡된 역정보 유포를 통해 UFO학계 내에 논쟁과 불신, 혼란, 의심을 유도하는 등 그들의 공작은 매우 교묘하면서도 다소 복잡한 양상을 띠고 있다. 그럼에도 우리가 유의해야 할 것은 그들이 의도적으로 누설하는 왜곡된 정보들에도 어느 정도의 진실은 담겨져 있다는 사실을 간파해야 한다는 점이다. 이런 점에 관해서는 공군정보부 출신의 UFO 연구가 케빈 D. 랜들(Kevin D. Randle) 역시 이렇게 지적하고 있다.

"이런 정보공개는 진실한 정보와 허위정보 양쪽을 함께 포함하고는 하는데, 왜냐하면 그것이 정부가 작업하는 방식이기 때문이다.32)

그리고 이런 문제점 파악과 더불어 복잡하고도 교묘하게 왜곡시킨 정보들의 실상과 진실을 정확히 꿰뚫어 인식해야할 필요성이 있다는 것이다.

---

32)Kevin D. Randle & Donald R. Schmitt, The Truth about The UFO crash at Roswell(AVON BOOKS, 1994). P. 233

1부 지구를 조정하는 지배자들, 그리고 UFO

4.UFO와 외계인 문제를 다루는 최고의 비밀조직, 마제스틱(MJ) -12

마제스틱(Majestic)-12 또는 MJ-12는 미국 대통령 해리 S. 트루먼의 특별 행정명령에 의해 1947년에 만들어진 조직으로서 당시의 최고 과학자, 군사 지도자, 정부 관료들로 이루어져 있었다. 〈MJ-12〉는 로즈웰에 UFO가 추락했던 1947년 당시 외계인 문제에 대해 전문적으로 대응할 필요성이 대두됨에 따라 트루만의 지시에 의해 구성되었고, 그동안 비밀리에 UFO에 관한 최고의 기밀만을 다루며 활동해 왔다. MJ-12라는 명칭은 이 비밀위원회의 일종의 "코드명(Code name)"이다. 그리고 이 위원회가 구성된 초기 목적은 1947년 7월, 뉴 멕시코 로즈웰 북쪽에서 회수된 UFO 문제를 비롯하여 모든 외계인 문제를 조사하고 지휘하려는 것이었다.

초대 MJ-12 멤버들로 알려진 인물들은 당시 12명의 군 장성들과 고위관리 및 과학자들로 구성되어 있었으며, 그 명단은 다음과 같다.

• 로스코 힐렌코에터(Roscoe Hillenkoetter) - 해군제독이자 군 정보부 사령관이었다. 초대 CIA 국장(1947-50)을 역임했다. 1960년과 2001년에 그는 UFO 은폐가 있었다고 인정했다.

• 반네버 부시(Vannevar Bush) 박사 - 공동연구개발위원회(JRDB) 의장(1945-49). 대통령 고문이자, 원자 폭탄 개발의 핵심적인 관여자였다

• 제임스 포레스탈(James Forrestal) - 해군성 장군출신의 초대 국방장관. 1949년에 그는 정신병원에 입원했고, 의문의 죽음을 당했다.

• 나단 트위닝(Nathan Twining) - 라이트 필드의 군수사령부 사령관이었고, 나중에 합참의장에 취임하여 미국의 최고 군사 위치에 올랐다.

• 호이트 반덴버그(Hoyt Vandenberg) - 2차 세계대전 기간 동안 군 정보 분야의 책임자였고, 공군 참모총장을 지냈다

• 디틀리브 브롱크(Detlev Bronk) 박사 - 존스 홉킨스대 교수. 생물 물리학자, 국립과학아카데미 및 원자 에너지위원회의 의학자문위원회 의장이었다.

• 제롬 헌세커(Jerome Hunsaker) 박사 - MIT의 유명한 항공기 설계자이며, 항공학 국가 자문위원회 의장.

• 시드니 소우어즈(Sidney Souers) - 해군 제독, 1947년에 국가안전보장위원회의 첫 번째 사무총장으로 임명되었다.

• 고든 그레이(Gordon Gray) - 육군성 장관. 국가안보 고문과 CIA의 심리전략위원회의 책임자가 되었다.

• 도널드 멘젤(Donald Menzel) 박사 - 하버드대 천체 물리학 교수, 극비의 울트라 기밀취급인가 등급을 갖고 있었고, CIA와 NSA 및 여러 대통령들의 보안 고문이었다.

• 로버트 몬터규(Robert Montague) - 육군 소장(小將), 뉴 멕시코, 앨버쿼키의 원자력위원회에서 특수무기 프로젝트의 책임자였다.

• 로이드 버커너(Lloyd Berkener) 박사 - 공동연구 및 개발위원회의 사무총장. 우주 프로그램 지도자, CIA 로버트슨 위원회 패널이었다,

로스코 힐렌코에터 정보사령관, 제임스 포레스탈 국방장관, 디틀리브 브롱크 박사, 도널드 멘젤 박사 (좌측부터)

그리고 이렇게 트루먼에 의해 처음 조직된 MJ-12는 아이젠하워 행정부 시대 때 대폭적으로 개편되었다. 당시 아이젠하워의 친구였던 넬슨 록펠러의 주도로 이른바 일루미나티들(Illuminates)인 제이슨그룹(Jason Group)과 CFR(외교관계평의회)의 핵심적 멤버들이 영입되어 대부분의 자리를 차지하게 되었던 것이다. 즉 새로 취임한 아이젠하워 대통령은 록펠러의 권고에 따라 제이슨 협회로 알려진 비밀결사 단체에게 외계인 문제에 관한 모든 것을 조

나단 트위닝 장군, 로버트 몬터규 소장, 고든 그레이 육군성 장관, 호이트 반덴버그
공군참모총장 (좌측부터)

제롬 헌세커 박사, 시드니 소우어즈 해군제독, 로이드 버커너 박사, 반네버 부시 박사.

사하고 전담하라는 식으로 위촉했다고 알려져 있다. 이에 따라 MJ-12는 그
이후 모든 것에 대한 전적인 통제권을 갖고 있으며, 그들은 J-1, J-2, J-3
와 같은 방식으로 번호가 매겨진 암호명을 갖고 있다고 한다.

  이 소수의 특수집단은 1947년에 처음 조직된 이후 오늘날까지 존속하고
있는데, 중간에 위원회의 멤버가 사망할 경우 다른 위원을 선정해 충원하는
방법으로 계속 유지되어 왔다. 그리고 위원 숫자가 처음의 12명에서 증원되
어 현재는 반드시 12명이 아니라, 19명 또는 그 이상인 것으로 드러나 있
다. 현재 이들은 외견상 UFO 및 외계인 문제에 관한 최고의 통제집단으로
서 모든 비밀정보들을 다루고 있는 영구적인 조직이다. 현직 MJ-12의 멤버
로 드러나 있는 인물로는 전 대통령 조지 부시와 수소폭탄의 대부라고 불리
는 에드워드 텔러(Edward Teller) 박사, 전 국무장관 헨리 키신저(Henry
Kissinger), 바비 레이 인만(Bobby Ray Inman) 장군, 전 부통령 딕 체니
(Dick Cheney), 백악관 국가안보담당 출신인 즈비그뉴 브레진스키(Zbigniew
Brzezinski)정도이다. 그리고 MJ-12와 더불어 간과할 수 없는 또 다른 주요
기관이 있는데, 그것은 국가안보위원회(NSC)이다. 이 기관은 NSA, CIA,
DIA, FBI와 같은 정보기관들을 휘하에 두고 그들을 지휘 통제하고 있다. 또
한 국가 및 국제 안보를 위한 군사와 정보 정책을 결정하고 통제하며, 검은 비밀
공작들을 직접 지시한다.

5.미 국가안보국(NSA)의 실체는 무엇인가?

1952년에 당시 트루만 대통령의 특별행정명령에 의해 창설된 NSA는 오랫동안 수수께끼에 휩싸여 있던 기관이었다. 그들이 대략 무슨 활동을 하는지에 대해 일반국민들은 말할 것도 없고 미국정부 내의 사람들조차도 알 수 없었다. 왜냐하면 미국은 70년대까지만 해도 이 기관의 존재 자체를 부정해 왔고, 또 그들은 사실상 미 의회나 기관, 대통령으로부터도 그 어떤 감시나 견제, 감독을 받지 않는 거의 초법적인 조직에 가깝기 때문이었다.

최근 전 CIA 직원 스노든이 NSA의 무차별적인 개인정보 수집행각을 폭로함으로써 이제야 비로소 이 정보기관은 전 세계 언론에 조금씩 노출되고 있기는 하다. 현재까지 언론을 통해 알려진 바의 NSA는 '프리즘(Prism)'이라는 도,감청 프로그램을 이용해 전 세계인들의 모든 e-메일이나 컴퓨터, 통화내역들을 엿보고 엿들을 수 있었다고 한다. 그러나 NSA는 프리즘 이전에 이미 오래 전부터 '에셸론(ECHELON)'이라는 가공할 다국적 정보감시체계를 통해 전 세계 인류의 사생활까지 감시해 왔다.

그들은 표적이 된 사람의 휴대폰 통화. 팩스통신을 포함한 모든 통신내용을 모조리 잡아낼 수 있고, 개인의 사생활을 손바닥 들여다보듯이 할 수가 있다. NSA가 지구상에 떠다니는 모든 신호를 잡아내어 해독이 가능한 것은 그들이 엄청난 예산을 사용하면서 자체적인 다양한 감청시설 및 장비와 더불어 통신위성과 첩보위성을 독자적으로 운용하고 있기 때문이다.

스노든

미국은 중앙정보국(CIA)을 필두로 국가정찰국(NRO), 국방정보국(DIA) 육,해,공 정보국 등등 총 13개 정보기관들을 거느리고 있는데, NSA는 그 정보기관들 가운데 가장 방대하면서도 가장 비밀에 싸인 기관이라고 할 수 있다. 아울러 그 기능과 예산사용면에서도 사실상 CIA를 훨씬 능가하는 상위의 정보기관이다. 그 한 예로 NSA는 미국의 정보기관들이 쓰는 총예산의 75%를 단독으로 사용하고 있다. 그 액수는 약 50억~100억 달러에 달한다고 한다. 또한 NSA는 우리가 생각하는 식으로 단순히 정보요원이 모인 첩보기관이 아니라, 다수의 수학자와 컴퓨터 및 유전공학 과학자들이 소속된 거대한 종합기관에 해당된다.

그리고 최근 발표에서 보았듯이, 그들이 이런 활동에 대해 늘 내세우는 명분은 테러 분자들을 감시하기 위한 국가안보 활동의 일환이라는 것이다. 얼핏 생각하면, 이런 주장은 그럴듯해 보이기도 하고 이런 활동이 그들의 하는 일의 전부인양 인식될 수도 있다. 그러나 사실 이것은 겉으로 일부만 드러난 빙산(氷山)의 일각에 불과하다.

NSA의 핵심기능은 결코 도,감청을 통한 단순한 정보수집 기관이 아니다. 다시 말하면, 사실상 이 비밀기관은 그림자 정부에 의해 창설될 당시부터 애

초에 UFO와 외계인 정보 및 관련 문제를 전담하기 위한 목적으로 만들어진 고도의 특수조직이다. 처음부터 그들의 1차 임무는 추락하여 회수된 UFO에 관한 비밀들을 보호하는 것이었다. 때문에 이들이 하는 주된 활동들은 현재 일반인들은 상상조차 할 수 없는 단계에 와 있다고 말할 수 있다.

최근에 어느 정도 드러난 그들의 일부 활동 중의 하나는 정부 내 비밀 프로젝트에 관여했던 사람들에 대한 감시와 관리, 그리고 정보유출의 위험성이 있을 경우 그들을 협박하거나, 자살(自殺)내지는 사고사(事故死)로 위장하여 제거하는 것이다. 또 하나는 세상을 혼란시키기 위해 다량의 UFO 관련 역정보를 유포하는 데도 그들은 한 몫하고 있다. 그러나 이런 활동들은 그들이 하는 공작 가운데 기초적인 것에 불과하며, 보다 중요한 것은 그들은 직접적인 외계인들과의 소통 및 접촉과 관련된 모든 문제에 있어서 일종의 선봉부대라는 점이다. 미 해군정보국 출신의 윌리엄 쿠퍼는 NSA에 관해 이렇게 언급했다.

"그들의 1차적인 목적은 외계인의 언어를 해독하여 외계인들과의 소통체계를 구축하는 것이었고, 가장 긴급한 과업 역시 그런 초기의 노력을 지속하는 것이었다. NSA의 2차적인 목적은 인간과 외계인, 양쪽에 관한 정보들을 수집하기 위해 전 세계의 모든 전자장비들을 통해 오가는 일체의 교신내용들을 감시하는 것이었다. 그리고 외계인의 존재에 관한 비밀을 봉쇄하는 것이었다. NSA는 또한 달 기지와 다른 우주 프로그램들과의 소통을 유지했다."[33]

그리고 안드로메다 우주인들과 접촉하고 있는 UFO 컨택티(Contactee)인 미국의 알렉스 콜리어(Alex Collier)가 NSA에 관해 언급한 내용을 잠시 인용하겠다. 그의 주장에 의하면, NSA 내에는 울트라(Ultra)와 블루문(Blue Moon)이라는 특수집단이 있고 그 하부에 알파부대가 존재한다고 한다. 그리고 여기에 소속된 요원들은 보통의 인간들이 아니라고 다음과 같이 말하고 있다.

"미국 정부 내에서 비밀리에 만들어진 정치적으로 조직화된 고도의 집단이 기술의 신(神)들인 그레이들(Grays)과 지구 인간 사이의 연락책이 되도록 계획되었다. 군(軍)은 신소재 기술교환에 대한 희망으로 외계인과의 통신에 매우 열정적이었다. 이 연락책을 담당한 그룹, 그 정치적 집단이 미 국가안보국(NSA)이었다. 외계인 접촉과 연구가 그들의 원래 목적이었다."

"외계인의 기술을 구축하고 인류에 대한 통제를 유지하기 위해 NSA에서 사용된 엄청난 사적인 자금이 있었다. 그것은 보장되어 있다. 심지어는 CIA조차도 NSA의 울트라 또는 블루문 부대에 대해서는 많이 알지 못한다. 이 두 개의 부대는 외계인의 기술과 정보를 다루는 NSA 내부의 최상의 집단이다."

"인간 및 생명체 복제와 파괴 기술은 그레이들에 의해 NSA에게 전수되었다. 안드로메다인들에 따르면, NSA내에는 그레이들과 상호작용하는 최고 수준의 두 가지 인간들이 있는데, 그들은 바로 복제인간들과 매우 심하게 인공장치가 이식된 인간들이며, 그들은 더 이상 인간으로 간주되지 않는다고 한다. 그들은 그레이들의 집단의식과 결합되어 있다. 그리고 그들은 자유의지를 상실했다. 그들은 심어진 로봇들이다! 그들의 영혼은 덫에 사로잡혀 있고, 그들은 더 이상 온정적인 인간으로 여겨지지 않는다."[34]

이런 내용들은 보통 사람들의 상식선에서 받아들이기가 쉽지 않을 것이다.

---

33)William Cooper. Behold a Pale House.(Light Technology Publishing, 1991) P. 200
34)Web File: Alex Collier. "The Grey Agenda and the hidden rulers of this world."

그러나 오늘날 이것이 NSA라는 정보기관의 실체이고 현실인 것이다. 그리고 NSA 자체의 모든 활동은 사실상 미국에 있는 모든 법에 저촉 받지 않는다. 또한 그들이 매년 사용하는 엄청난 예산은 전혀 의회의 감시나 회계감사를 받지 않는다. 이것은 그 조직 자체의 외계인과의 비밀스러운 상호 작용 때문이며, 그들의 활동 자체가 그 속성상 때때로 시민의 권리와 미 국민들의 헌법상의 권리를 예사로 침해하는 것이 불가피하기 때문이다.

6.UFO 정보 은폐에 반대하다 살해당한 전 미 국방장관 제임스 포레스탈

앞서 언급한 로즈웰 UFO 추락사건을 계기로 당시 이를 다루는 전문적인 특수조직의 필요성이 대두하게 되었다. 따라서 대통령 트루먼의 특별 행정명령에 의해 1947년에 먼저 MJ-12가 만들어

졌다. 그리고 그 후에는 CIA와 NSA와 같은 정보기관들이 창설되어 비밀리에 UFO 및 외계인 정보를 취급하게 되었다.
　그런데 당시에 초기 MJ-12의 일원이자 국방장관이었던 제임스 포레스탈(James Forrestal)만은 유일하게 이러한 비밀주의 정책에 반대했다. 매우 경건한 종교적 성향의 인물로 알려진 이 사람은 대중들에게 정보를 공개해야만하고, 또 일반시민들은 모든 것을 알아야 할 권리가 있다고 믿었다. 따라서 그는 자신의 믿음과 주장을 관철시키기 위해 정치인들과 의회지도자들과 만나 이에 관해 이야기했다.

이렇게 되자 곧 그는 트루먼의 눈 밖에 나게 되었고, 즉시 국방장관 자리에서 해임되었다. 그 후 제임스 포레스탈은 위험인물로 낙인찍혀 정부기관원들에 의해 늘 감시를 받는 신세로 전락하고 말았다. 이런 통제와 감시로 인해 그가 주변 사람들에게 자신의 우울증과 정신적 두려움을 토로하자, 이번에는 정부가 그를 편집증 및 망상 증세라고 뒤집어 씌워 베데스다 국립 해군병원의 정신병동에 강제로 수감했다. 그 후 가족의 면회도 잘 허용되지 않았고, 외부인 누구도 그에게 접근하는 것이 금지되었다.

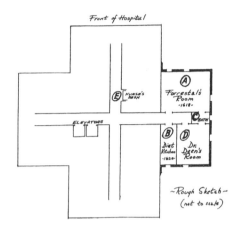

Front of Hospital

~Rough Sketch~
(not to scale)

베데스다 해군병원 16층 구조도. 제임스 포레스탈은 자신의 룸인 A가 아닌 병실에 딸린 작은 조리실인 B의 창문으로 추락했다.

트루먼행정부가 그를 가두어 고립시킬 아무런 법적 권리가 없음에도 불구하고 이런 불법조치가 그대로 시행되었고 제지되지 않았다. 이를 보다 못한 그의 동생 헨리 포레스탈이 병원당국을 고소하겠다고 위협하고 자신의 형을 시골로 옮겨가겠다고 통보했다. 그러나 그가 형을 데리러 오기로 한 1949년 5월 22일, 이른 아침, 그는 16층 병실에서 추락하여 사망한 채로 발견되었다.

그런데 병원당국은 어떤 조사나 부검도 시행되기 전에 성급히 그의 죽음을 자살로 분류했다. 그리고 검시관은 병원 발표를 뒷받침이라도 하는 듯이 서둘러 형식적인 검시를 끝냈다. 게다가 그 사망사건이 해군관할 하의 병원에서 발생했다는 이유로 현지 경찰은 그것을 조사하지도 않았다. 그 대신 해군조사위원회에 의해서 즉시 "포레스탈의 죽음은 자살이외의 그 어떤 다른 원인은 전혀 찾아 볼 수 없었다."고 발표되었다. 나중에 내놓은 보고서에는 추락의 원인이 무엇인지, 또 그의 목 주변에 줄로 묶인 흔적이 있다는 것에 대해서는 아무런 언급도 하지 않았다. 다만 그의 병실에는 자살을 암시하는 듯이 그가 마지막으로 써놓았다는 소포클레스의 시(詩)에서 인용한 구절만이 남겨져 있었다는 것이다.

베데스다 해군병원

그러나 그의 가족을 비롯한 주변의 모든 사람들은 오랫동안 그의 자살을 의심하고 그것이 꾸며진 것이라고 생각해왔다. 그런데 해군정보국 출신의 내부고발자 윌리엄 쿠퍼(William Cooper)가 나중에 공개한 증언에 따르면, 그

　　　　　　　　　1부 지구를 조정하는 지배자들, 그리고 UFO

날 제임스 포레스탈은 CIA 요원들에 의해 방 안에서 침대시트로 목이 묶여 매달렸다가 자살로 위장되어 16층 창밖으로 내던져진 것이라고 한다.

이처럼 국방장관 제임스 포레스탈은 UFO 은폐주의 정책에 반대했다는 이유 하나 때문에 그의 입막음을 위해서 어둠의 세력에 의해 희생된 첫 번째 사람이 되고 말았다. 아마도 트루먼 정부의 입장에서는 로즈웰 UFO 추락사건과 MJ-12와 같은 최고기밀을 알고 있었고 또 누설할 위험이 있던 그를 제거하는 것은 불가피했을 것이다.

참고로 우리가 유대계 트루먼 대통령에 대해 추가적으로 기억해야할 사항은 그가 비단 포레스탈뿐만이 아니라, 6.25 전쟁 당시 맥아더 장군도 UN군 총사령관 자리에서 해임시켰다는 사실이다. 해임의 사유는 더 이상 진격하지 말라는 자신의 지시를 어기고 맥아더가 만주 땅에다 핵을 투하하여 한국전쟁을 끝내자고 주장했기 때문이었다. 당시 맥아더 장군의 개인적 구상은 북한과 중공군을 괴멸시키고

유대인이었던 트루먼 대통령

한반도를 통일시키려는 것이었다. 그리고 그것은 얼마든지 가능한 상황이었다. 그러나 남북통일을 원치 않고 이미 남북을 분단시키려는 계획을 갖고 있던 그림자정부 세력의 하수인이던 트루먼은 이를 좌시하지 않고 명장 맥아더를 해임하여 군복을 벗겨버렸던 것이다.

7.은폐되고 조작된 달에 대한 진실

1969년 7월, 미국의 아폴로 11호 우주선의 달 착륙은, 인류 역사상 가장 위대한 업적 가운데 하나로 평가되어 왔다. 그러나 이 위대한 사건이 NASA(미항공우주국)와 이 NASA를 배후에서 조종하고 있는 세력에 의해서 철저히 조작되고 진실이 은폐되어 왔다는 사실을 대부분의 사람들은 아직도 모르고 있다. 아폴로 11호 이후 1973년까지 모두 다섯 차례의 달 착륙이 있었다. 그리고 아폴로 계획은 17호를 끝으로 아예 중단돼 버리고 말았다. 하지만 당시 아폴로 18호와 19호 비행계획이 수립되어 이미 비용 지불이 끝나 있었고 우주비행사들 또한 훈련이 완료되어 언제든지 비행에 나설 준비가 돼 있는 상태였다. 그럼에도 불구하고 이 마지막 두 계획은 돌연 취소되었다. 그러자 당시 유인 우주비행 계획에 초기부터 비판적이었던 코넬대학의

토마스 골드 교수

천체물리학 교수인 토마스 골드(Thomas Gold) 박사조차도 다음과 같은 비유로 이런 이상하고도 비상식적인 결정을 비꼬았다.

"이것은 마치 (비싼) 롤스로이스(Rolls Royce)를 구입해 놓고도 기름 값 지출할 여유가 없다는 핑계로 그것을 사용하지 않는 것과 같다."

왜 이 마지막 두 비행이 전격적으로 취소되었던 것일까? 그리고 도대체 왜 그들은 달 탐험과 개척을 더 이상 시도하지 않고 갑자기 중단해버린 것일까? 달에 착륙한지 이미 45년이란 장구한 세월이 지났다. 그럼에도 불구하고 달 탐사와 착륙에 이어지는 당연한 수순인 달 기지를 아직까지 건설하지 않고 있다는 것은 정말 이상한 일이 아닐 수 없다. 이것은 일반인의 상식적 관점에서 볼 때도 무엇인가 석연치 않은 것이다. 그 내막을 모르고 있던 전(前) 미 대통령 특별 보좌관 아서 슐레진저는 1994년 미 유력 일간지에 '미국은 유인 우주 탐사를 재개해야 한다.'는 글을 기고한 바도 있다. 그러나 사실 여기에는 그럴만한 이유와 숨겨진 내막이 도사리고 있는 것이다. 이제부터 그런 은폐된 검은 비밀들을 하나하나 알아보도록 하자.

단적으로 말해 NASA가 이제까지 달과 달에서의 그들의 우주활동에 관해 발표했던 대부분이 허구에 기초해 있다. 그러다 보니 지구상의 모든 과학 교과서에는 지금도 달에는 공기도 물도 없으며, 중력은 지구의 6분의 1에 불과하다고 기록돼 있다. 그러므로 달에는 당연히 아무런 생명체도 살 수 없다고 우리는 과학 교과서를 통해 배워왔다. 그러나 이러한 사실은 모두 조작된 거짓이라는 수많은 증거들이 드러났다.

미국의 윌리엄 브라이언(William Brian)은 1982년의 〈문 게이트(Moon Gate)〉라는 저서를 통해서 NASA와 미 군부가 달에 관한 여러 가지 새로운 정보들을 은폐하고 있음을 폭로했다. 그가 지구와 달 사이의 인력(引力)이 동등하게 되는 중립점(中立點:Nentral Point)에 관해 NASA에서 흘러나온 여러 자료들을 토대로 분석, 추적하여 밝힌 진실은 놀라운 것이었다. 그것은 달의 중력이 지구의 6분의 1이 아니라 최소한 지구의 64% 이상이며, 어쩌면 지구의 중력에 거의 근접할 가능성이 있다는 사실이었다. 뿐만 아니라 여러 가지 정황들을 토대로 조사한 결과, 달이 진공이 아니라 충분한 공기와 수분이 존재한다는 진실을 제시하고 있다.

사실 NASA에서는 달 로켓을 쏘아 올려 아폴로 11호를 달에 착륙시키기 이전에 무인 탐사선을 이용해 수천 장 이상의 고해상도 사진을 달의 전면에

아폴로 11호 우주비행사들, 닐 암스트롱 (좌),
마이클 콜린즈(중간), 에드윈 버즈 올드린(우)

걸쳐 촬영했었다. 따라서 NASA의 수뇌부들은 그 사진들을 통해서 이미 달
에 수백 미터 이상의 거대한 인공의 구조물들이 존재한다는 것을 알고 있었
다. 때문에 NASA에서는 아폴로 우주 비행사들에게 사전에 교육시키기를,
'우주에 올라가 목격한 것들은 NASA의 지상관제센터에 절대 기본통신 회선
으로 보고하지 말라'고 지시했었다. 그러나 이렇게 철저히 보안유지를 해서
별도의 비밀통신 회선으로 교신하였음에도 불구하고 우연히 그 교신내용이
VHF 수신 장비를 보유하고 있던 미국과 일본의 일부 아마추어 무선사들에게
포착된 적이 있었다. 적어도 수백 명에 달하는 그들이 가로채 엿들은 그 교
신내용에는 '돔 형태의 인공 건조물'이라든가, '거대한 구역' '구획된 도로' '건
물', '트랙' 'UFO' 등이 보인다고 흥분해서 소리치는 우주 비행사들의 생생한
보고내용이 들어 있었다.

영국의 저명한 UFO 연구가 티모시 굿(Timothy Good)이 자신의 저서인
"최고 기밀을 넘어서(Above Top Secret)"에서 그 내용들을 소개하고 있는
데, 그 일부는 이러하다.

- 나사 관제센터: 무엇이 보이는가? 아폴로 11호 응답하라.

- 아폴로 11호: 이것들은 거대하다. … 엄청나 … 오! 맙소사, 믿지 못할 것
이다. 저기 … 저쪽 분화구 언저리에 다른 우주선들이 죽 늘어서 있다 … 그
들은 달에서 우리를 주시하고 있다.[35]

달에서 버즈 올드린이 촬영한 UFO의 모습

그리고 NASA의 통신 분야에서 오랫동안 근무했던 프랑스 출신의 저명한 과학자 모리스 샤틀랭(Maurice Chatelain) 박사 역시도 1969년 7월 20일 닐 암스트롱(Neil Amstrong)이 착륙선 계단을 내려와 달 표면에 인류 최초의 일보를 막 내딛던 순간에 두 대의 UFO가 이를 지켜보고 있었다고 증언한 바 있다. 이런 증언은 바로 위의 교신내용이 사실임을 뒷받침해 주는 것이다. 이 두 대의 UFO는 미리 분화구 가장자리 가까이에서 대기하고 있었고, 아폴로 11호에서 나와 역사적인 행진을 하던 암스트롱은 이를 보고 기겁을 했었던 것이다. 그가 이 놀라운 목격 상황을 휴스턴 관제 센터에 황급히 보고하고 있는 사이에 부조종사 버즈 올드린(Buzz Aldrin)이 뒤따라 걸어 나왔다. 올드린은 마침 16mm 무비 카메라를 가지고 있었고 그는 이 광경을 정신없이 촬영했다고 한다. 이 사건은 NASA 내에서는 다 아는 상식이 되었으나, 후에 NASA는 이 사건들을 덮어 버리도록 명령했다고 샤틀랭은 1979년에 폭로했다. 그럼에도 NASA의 대변인 존 맥리시(John McLeaish)는 이러한 이야기가 '전적으로 우스운 이야기'라고 공식적으로 부정했다.

그런데 이 사건의 진실성은 예기치 않게도 당시 소련의 모스크바에서 확인이 되었다. 구 소련의 물리학자이며 UFO 연구가인 블라디미르 아자자(Vladimir Azhazha) 박사는 "우리는 이 사건을 이미 알고 있었으며, NASA가 이를 검열에서 삭제했음을 확신한다."[36]고 언급함으로써 샤틀랭의 말이 사실이었음을 입증해 주었다. 이처럼 아폴로 11호 우주비행사들은 달에 있는 UFO와 돔형 건조물, 첨탑, 높고 둥근 구조물 등을 모두 목격했던 것이다.

35) Timothy Good. Above Top Secret: The Worldwide U.F.O. Cover-Up. (Grafton Books,1989) P.384

36) Roger Bore & Nigel Blundell. The World's Greatest UFO Mysteries.(Hamlyn Publishing Group, 1983) P.181

그러나 이러한 비밀교신 내용이 아니더라도, 우리는 NASA의 달에 관한 모든 발표가 거짓에 불과 하다는 증거를 쉽게 찾아 낼 수가 있다. 그것은 아폴로 우주선이 달에 갔을 때 찍혀진 사진에 의해서이다.

옆의 사진을 보면, 달에 꽂아 놓은 미국 성조기(星條旗)가 펄럭이는 모습이 나타나 있다. 국기가 펄럭이는 이런 광경은 비단 사진만이 아니라 당시 찍은 필름(영상)을 보면, 보다 명확히 확인할 수가 있다. 이것은 초등학교 저학년 아이들도 알 수 있는 상식으로서, 그들의 주장대로 달에 정말 공기가 없다면 어떻게 국기가 바람에 펄럭일 수가 있겠는가? 또한 달에서 촬영된 영상에서 월면작업차가 달릴 때 바퀴 주변에 거센 먼지가 일어나는 광경을 목격할 수 있는데, 이런 현상 역시 공기가 있기에 가능하다고 볼 수밖에 없다. NASA의 초기 아폴로 계획에서는 은폐공작에 일부 시행착오가 있었다. 때문에 그들은 미처 이런 세밀한 부분에까지는 생각이 못 미쳤던 것이다. 나중에야 자신들의 실수를 깨닫고 그 다음 아폴로 16호부터는 바람에 펄럭일 수 없는 단단한 알루미늄 판으로 제작된 국기를 가져가서 꽂았다.

또 하나의 다른 증거 사진은 바로 달에 선명히 나 있는 우주 비행사들의 발자국이다. 위와 같은 발자국이 생기려면 반드시 흙 속에 습기가 있어야만 가능하다. 진흙 비슷한 축축한 흙이 아니라면 이러한 발자국이 생기기는 사실상 힘들다고 보아야 할 것이다. 이로 미루어보아 달에 물이 존재하고 있을 가능성은 매우 높다고 할 수 있다. 게다가 아폴로 16호 비행사들이 달에서 채집한 암석에서는 녹이 슨 철이 함유되어 있는 것이 밝혀졌다. 물이 없는 달에서 어떻게 녹이 슨 철이 생길 수가 있다는 말인가? 따라서 NASA의 일반 과학자들은 당황할 수밖에 없었다. 녹이 형성되려면 철과 물 뿐만 아니라 산소와 수소도 있어야 하기 때문이다. 결국 미국의 아폴로 유인 달 탐사 계획은 처음부터 끝까지 NASA와 배후의 비밀 세력에 의해서 조작되고 연출된 쇼에 불과했던 것이다.

그러므로 NASA는 단순하게 미지의 달을 탐사하려는 목적으로 아폴로 우주선을 달에 보낸 것이 아니다. 즉 이미 알고 있었던 사실들을 그저 확인하고 지구의 일반대중에게 모종의 거짓으로 연출된 모습을 시연해 보이고자 아폴로 우주선을 달에 보냈다고 하는 것이 보다 정확한 표현이 될 것이다.

우주 비행사들은 달에서 목격하거나 촬영한 것들에 대해 절대로 침묵하도록 명령을 받거나 "생명"을 담보로 협박을 받았다. 그럼에도 아폴로 14호의 비행사였던 에드가 미첼(Edgar Mitchell)과 15호의 제임스 어윈(James Irwin) 같은 일부 사람은 위험을 무릅쓰고 NASA가 달과 외계인에 관해 감추고 있음을 폭로한 바 있다.

그런데 이보다 더욱 놀라운 것은 아폴로 우주선이 달에 가기 훨씬 이전에 이미 미국의 NSA 비밀 우주비행사들이 달에 갔다는 사실이 여러 정보들에 의해 드러난 것이다. 뒤에서 자세히 다루겠지만, 이것은 윌리엄 쿠퍼와 같은 군 정보기관 내부 고발자들과 알렉스 콜리어 같은 UFO 접촉자가 폭로한 정보들을 통해 밝혀졌다. 그리고 아폴로 11호가 달에 착륙하기 훨씬 전부터 달은 이미 대규모적으로 군사기지화 되고 많은 식민이 이루어진 것으로 보인다. 쿠퍼는 자신이 해군정보국에서 복무할 당시(1972~73년)에 입수한 정보를 토대로 달에 있는 기지가 '루나(Luna)'라는 이름으로 불린다고 공개하며 이렇게 언급하고 있다.

"달 기지, 루나는 달의 궤도를 도는 인공위성과 아폴로 비행사들에 의해서 목격되고 촬영되었다. 외계인 기지와 매우 거대한 장비들을 이용하는 채굴작업이 있고, 목격 보고서에서 '모선'이라고 묘사한 매우 거대한 외계 우주선들이 거기에 존재한다. … 돔(Dome)과 첨탑, 지하격납고처럼 보이는 높고 둥근 구조물, 그리고 달 표면에 실 같이 지나간 자국을 남긴 T-자형 채광용 운반수단들, 우주선 등이 나사의 공식적인 사진에 나타나 있다. 그것은 달 뒷면에 있는 미국과 소련의 공동기지이다. … (중략) …

외계인들과 접촉을 시작한 이래 우리는 가장 염원하던 꿈같은 기술을 소유하게 되었다. 우리는 핵추진 형태의 반중력 우주선을 갖고 있고, 비행시키고 있다. 우리의

우주비행사들은 이런 우주선으로 행성 간 여행을 이루었으며, 달과 화성, 그리고 다른

행성들도 갔다 왔다. 우리는 달과 화성 및 금성 같은 행성들의 실체에 관해, 또한 우

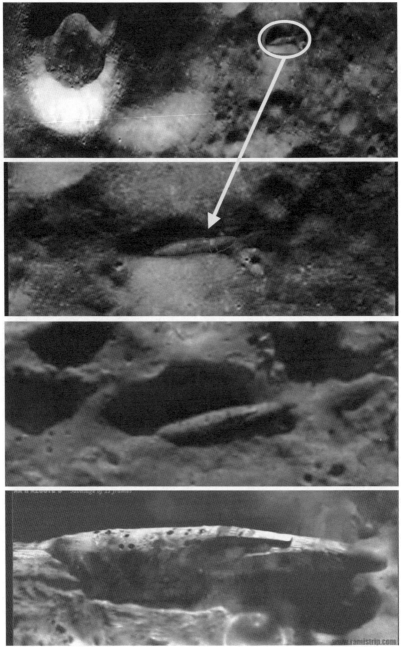

달 표면 사진에서 발견된 정체불명의 거대한 인공물체. 맨 위 원 안의 물체를 확대했다. 일부 전문가들은 외계인의 우주선일 것이라고 추측하고 있다.

리가 바로 오늘날 보유하고 있는 기술의 참된 실상에 대해 거짓말로 기만당해 왔다.

달에는 식물이 자라는 지역들이 있으며, 심지어는 계절과 더불어 색채가 변하기도 한다. 이러한 계절적 영향은 달이 알려진 대로 늘 같은 면만이 지구나 태양을 향하고 있는 것은 아니기 때문이다. 달에는 그 표면에 여러 곳의 인공적인 호수들과 연못이 있다. 그리고 그 자체의 대기 내에 있는 구름들도 관찰되었고 촬영돼 왔다. 달에는 중력이 있다.[37]

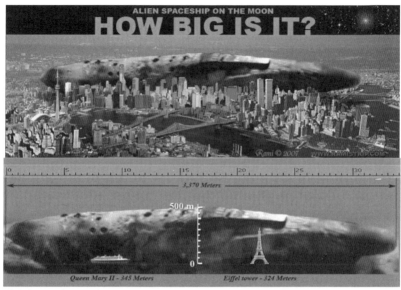

달에서 촬영된 외계인 우주선으로 추정되는 미지의 물체. 길이 3.37Km, 높이 500m에 달하는 어마어마한 크기이다.

필립 코르소(Phillip Corso) 대령 역시 자신의 책, "로스웰 그날 이후(The Day After Roswell)"에서 달 기지가 존재한다는 것을 은연중에 암시하고 있다. 일찍이 이런 달기지 건설이 가능했던 것은 그들과 비밀리에 손잡았던 부정적 외계인들의 도움에 의해서였다. 때문에 최초의 아폴로 우주 비행사들이 1969년에 달에 착륙했을 때 그들은 그곳이 이미 기지가 있고 다른 인간 존재들이 거주하고 있다는 사실에 큰 충격을 받았다. 수천 명의 군 요원과 과학자, 기술자들이 이미 거기에 가서 체류하고 있었던 것이다! 그러므로 그들이 달에서 목격한 UFO들은 비밀정부 소속이거나 비밀정부와 협력하고 있는 외계인들의 UFO라고 보는 것이 타당할 것이다. 덧붙여 티모시 굿

37)William Cooper. Behold a Pale House.(Light Technology Publishing, 1991) PP. 220~221

(Timothy Good)이 공개한, 아폴로 11호의 선장이기도 했던 닐 암스트롱 (Neil Armstrong)이 NASA 심포지엄에서 한 익명의 교수와 대화하며 은밀히 털어놓은 다음과 같은 비공식적인 몇 마디 증언은 이러한 모든 것들이 진실이었음을 뒷받침해 준다. 즉 자기들은 달에 가기까지 거기에 기지나 도시 같은 것이 있으리라고는 상상도 못했으며, 결국은 달에서 경고를 받고 쫓겨나다시피 한 셈이었다는 것이다. 그럼에도 왜 미국은 아폴로11호 이후에도 계속 달에 사람을 보낸 것일까? 이 의문에 대한 그의 답변은 간단하다.

• 교수: 아폴로 11호로 달에 갔을 때, 정말 거기서 무슨 일이 있었습니까?

• 암스트롱: 믿을 수 없었습니다 … 물론 어떤 가능성이 있을 수 있다고 우리가 항상 알고는 있었습니다만 … 사실 우리는 돌아가라는 통고를 받았어요. 거기에 우주 주둔지나 달 도시가 있다는 것은 의문의 여지가 없었습니다.

• 교수: "돌아가라는 통고"라는 것은 무슨 의미인가요?

말년의 닐 암스트롱

• 암스트롱: 그들의 우주선이 우리 것보다 사이즈나 기술면에서 훨씬 월등했다는 말 외에는 자세한 것은 말할 수가 없습니다. 야아! 그게 얼마나 크고 … 위협적인지 … 분명히 우주기지가 있었어요.

• 교수: 하지만 NASA는 아폴로 11호 이후에도 다른 우주선을 달에 보내지 않았나요?

• 암스트롱: 물론 그렇지요. 당시 나사는 맡은 책임이 있었고, 우주 계획을 갑자기 중단해서 대중의 의혹을 받을 수는 없었으니까요. 그러나 그 이후에는 그냥 달에 있는 흙을 얼른 몇 숟가락 떠가지고 즉시 돌아오는 식이었습니다.[38]

　　한편 안드로메다 우주인들과 접촉하고 있는 UFO 접촉자 알렉스 콜리어의 말에 따르면, 달에는 현재 돔 형태로 된 8개의 도시가 존재하며, 지구에서 옮겨간 백인 35,000명 정도가 거주하고 있다고 한다. 또한 그는 달에 공기가 존재한다는 점에 대해서 이렇게 분명히 밝히고 있다.

　　"우리의 달에는 지구상의 여러 장소들에 필적할만한 공기를 갖고 있다. 달의 보이는 면과 보이지 않는 뒷면의 수많은 거대한 분화구들 안의 공기는 지구의 해수면보다

---

38)Timothy Good. Above Top Secret: The Worldwide U.F.O. Cover-Up.(Grafton Books, 1989) P.186

더 농후하다고 말해지고 있다. 달은 북극에 작은 출구가 나 있고, 지각(地殼)은 얇게 표면에 덮여져 있다. 어떤 곳은 두께가 단지 21마일이고 다른 곳들은 35마일 정도이다.

우리는 (NASA로부터) 달이 건조하고, 고비사막보다 훨씬 더 메마르다고 들었다. 하

암스트롱에 의해 촬영된 달의 분화구 내의 시가형 물체

지만 안드로메다인들에 의하면, 그것은 여러분이 어떤 지점에 있느냐에 달려 있다고 한다. 그들은 말하기를, 달의 뒷면에는 수많은 거대한 지하 호수들이 있고 크기 또한 엄청나다고 한다. 달의 감추어진 표면에서는 관개(灌漑)와 경작이 이루어지고 있지만, 보이는 앞면의 지하에서는 (그들의) 계획을 은폐하기 위한 일들이 벌어지고 있다."

아폴로 15호는 달의 뒷면에 나타난 수증기 구름을 발견했고, 사진을 찍은 바가 있다. 우리가 들어온 것처럼 정말 달에 공기가 별로 없다면, 이것은 기묘하고도 이상한 일이 될 것이다. 왜냐하면 구름이 형성되는 것은 불가능할 것이기 때문이다. … (중략) …

NASA가 공개하지 않았던 달 사진 – 이상한 둥근 구조물이 보인다.

표면의 기지들은 작은 도시 규모에 상당하는 9개의 둥근 형태의 도시들로 이루어져 있다. 작은 호수들이나 연못들이 표면을 따라 여기저기 산재해 있다. 이런 돔 형태의 구조물들과 유적은 NSA 우주비행사들과 러시아 비행사들, 그리고 나사의 아폴로 비

1부 지구를 조정하는 지배자들, 그리고 UFO

행사들에 의해 발견되었다. 달의 진짜 군사 복합시설은 현재 지하에 있다. 이런 외계인과 인간의 기지로 들어가는 입구는 달의 양쪽 극지(極地)인 타우르스(Taurs) 산맥과 반대쪽의 줄 베른(Jules Verne) 분화구와 아르키메데스(Archimedes)에 있다. 이것들이 원래의 입구들이다.

검은 정부는 더 많은 통로들을 만들었고 현재 그 지하시설들을 확장하고 있다. 이런 확장공사는 신세계질서 계획의 비밀스러운 과학적이고 군사적인 공작을 위한 것이다.39)

그리고 달에는 현재 군사 기지들은 물론이고 이미 스타워즈용의 레이저나 입자 빔 무기와 같은 각종의 우주무기들이 배치되어 있는 상태이다. 게다가 그림자 정부가 운용하는 우주함대가 달을 근거지로 삼아 오래 전부터 태양계 내에서 활동하고 있는 것으로 보인다.(이에 관한 보다 자세한 폭로 내용들은 뒤에서 소개될 것이다.) 이것은 영국인 해커, 개리 맥키논(Gary McKinnon)이 과거에 공개한 정보에 의해서도 뒷받침되고 있다.

영국의 해커 개리 맥키논. 중요한 정보를 알아내어 폭로했다.

2005년 7월에 체포되어 전 세계를 떠들썩하게 했던 당시 40세의 해커인 맥키논은 NASA와 미 국방성 및 군 컴퓨터 시스템을 포함한 97곳의 미 정부 기관의 컴퓨터를 해킹했다. 그 결과 그는 '태양계 파수꾼'이라는 암호명의 우주함대가 존재한다는 사실과 그 함대 내에 우주선들과 비행선들에 관한 내용들을 알아냈다. 그의 말에 따르면, 거기에는 축구장 2개 길이에 달하는 대략 8대의 시가형 우주선과 43대의 소형 정찰선이 존재한다고 한다. 태양계 파수꾼 우주함대는 미국의 우주 및 해군 전투체계 사령부(이전의 해군 우주 사령부)의 우주작전 분대(SNWSC-SO)하에서 움직인다고

---

39)Alex Collier. Defending Sacred Ground. (Leading Edge International Reasearch Group, 1997) PP.14~15

알려져 있다. 이 사령부는 대서양 연안에 본부가 있고 대략 수백 명의 군 조종사들과 300명 정도의 요원들이 그 시설에서 관여하고 있다고 한다.

　연구가들에 의하면, 비밀정부의 이 우주함대는 검은 프로젝트를 도맡아서 하는 미국의 항공우주산업 계약자들을 통해 창설되었다고 하는데, 부분적으로는 캐나다와 영국, 러시아, 호주도 협력했다고 한다. 그리고 이 프로젝트의 반중력 비행체들은 미 네바다의 비밀 군사기지인 〈에어리어(Area)-51〉에서 시험된 후, 운영되고 있다고 언급되고 있다. 한편 달 기지와 우주함대가 실재한다는 증거는 실제로 달 기지에 가서 체류했던 기억을 갖고 있는 영국의 제임스 캐스볼트(James Casbolt) 같은 내부고발자의 폭로에 의해서도 입증되고 있는 상황에 와있다. 이 사람은 자신이 초능력 병사로 양성되기 위해서 어린 시절에 NSA의 검은 프로젝트에 의해 차출되어 달 기지에 가서 훈련을 받았다고 이미 증언한 바가 있다.

　달은 특이하게 한쪽 면만을 지구로 향한 채 지구 주변을 공전하고 있다. 때문에 지구에서는 달의 반대편 쪽은 영원히 볼 수가 없다. 비밀정부의 군사기지들과 인공물들은 바로 이 보이지 않는 달의 뒷면에 세워져 있는 것이다.

8.미 항공우주국(NASA)은 과연 어떤 기관인가?

　나사(NASA)는 미 아이젠하워 행정부 시절인 1958년 7월 29일에 국가항공우주법에 따라 설립된 기관이다. 일반 대중들은 나사가 민간 과학자들 중심의 우주개발기관으로서 그동안 아폴로 계획과 제미니 계획, 우주왕복선 프로젝트, 바이킹호를 통한 화성 무인 탐사 등을 진행해 온 정도로 알고 있을 것이다. 그리고 1980년대 이후로는 의회의 예산 삭감에 따라 비용이 많이 드는 유인 달 탐사 등을 중단하고 무인탐사선을 이용한 행성 탐사 계획(디스커버리 계획)을 주로 추진하고 있는 것으로 언론을 통해 알려져 있다.

　하지만 이것이 과연 나사에 대한 참된 진실이고 참모습일까? 여러 연구자들은 대외적으로 알려진 나사의 모습에 대해 지극히 회의적이며 그 실체에 관해서는 전혀 다른 주장을 하고 있다. 그 대표적인 사람은 전(前) 나사 자문위원과 CBS 방송의 과학 고문을 지낸 경력이 있고 현재 〈엔터프라이즈 미션〉이라는 연구조직을 이끌고 있는 미국의 리처드 호글랜드(Richard Hoagland)이다.

호글랜드는 기본적으로 나사가 태양계와 우주를 탐사해서 그 결과를 인류에게 사실대로 알리는 기관이 아니라, 미국의 국가안보의 필요성에 의해서 모종의 진실을 은폐하고 조작하기 위해 만들어진 준군사조직이라고 말한다. 그리고 나사는 달과 화성을 탐사하는 과정에서 초고대 문명의 유적들과 유물들을 분명히 발견했지만, 이를 모두 비밀에 부쳤다는 것이다.

그런데 호글랜드가 이런 주장을 하기에 앞서 나사가 오래 전부터 우주에서 촬영된 사진에 나타난 인공구조물이나 UFO 모습 등을 제거하거나 다량의 사진들을 파기해왔음은 관련자들의 증언을 통해 이미 어느 정도 밝혀져 있다. 또한 프레드 스테클링, 빌 케이싱과 랜드 리드 같은 연구가들에 의해 다수의 달과 화성 탐사 사진들이 조작되었다는 사실이 드러난 바 있다. 예컨대 그들은 화성 궤도의 위성 카메라로부터 들어오는 이미지들을 일부러 화성이 생명이 살 수 없는 행성인 것처럼 보이게끔 적당히 손질해온 것이다. 다시 말해 그들은 그 동안 자기들이 인류에게 보여주고 싶은 모습의 사진들과 극히 제한된 일부 사진들만을 공개해 왔던 것이다. 그리고 나사에는 이런 사진 통제 및 조작 일만 도맡아 하는 '말린 우주과학 시스템스사(Malin Space Science Systems Inc)'라는 계약사가 따로 있다고 한다.

호글랜드와 항공공학자 출신의 마이클 바라(Michael Bara)는 2007년에 그들의 공동 저서, 〈다크 미션(Dark Mission):나사의 비밀 역사〉을 출간했는데, 그 책에서 그들은 나사가 단순한 민간과학기관이나 공공우주탐사기관이 아니라 철저히 군(軍)에 예속된 조직임을 이렇게 밝히고 있다.

"처음부터 나사는 국방성의 손아귀 안에 있었으며, '미합중국의 국방계획을 효과적으로 준비하는 데 필요하다'고 판단되는 어떤 문제에 대한 국방성의 변덕에 복종해야 했다. 또 군사적 가치나 중요성이 있는 발견들은 국가안보에 직접 관계하는 기관들에다 제공해야 한다는 법령도 준수해야 했다. 그러한 결정은 - 명백히 국방성과 국가안보국(NSA), 중앙정보국(CIA), 국방정보국(DIA) 등의 권고에 따라 - 미국 대통령에 의해 단독으로 이루어졌으며, 의회의 감시를 받지 않았다.

이러한 요지는 애초부터 민간우주기관이라는 것은 사리에 맞지 않는다는 뜻이다. 대중들에게 표면적으로는 민간인 우두머리(나사 국장)를 소모용으로 내세웠지만, 그는 늘 국가안보의 중요성에 관련돼 있다고 결정한 사안에 대해 국방성으로부터 지시를 받아야 했다. 그리고 국방성은 정부의 행정부에다 이런 문제에 관해 설명할 필요가 없었다.(한편 대통령은 국가안보문제에 관한 한 사실상 군부의 권고를 99% 따른다.)

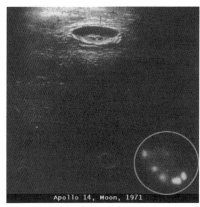
아폴로 14호가 달 표면에 접근했을 때 나타난 UFO들

이와 같이 미 항공우주국은 – 그 강령(綱領)에 지시된 대로 – 맨 먼저 (백악관을 통해) 국방성의 지배자들의 눈치를 봐야했고, 지금도 그러하다. 즉 자기들의 관심사는 두 번째이고, 일반대중은 가능하다고 해도 겨우 세 번째이다. 따라서 나사는 대중들에게 주로 '과학정보를 축적하는 민간기관'이라는 잘 포장된 가면과는 관계없이 늘 국방성과 정보기관의 권력자들 손 안에 있는 것이다."[40]

이처럼 일반대중들에게 보이는 나사의 모습과 내막적인 실체는 전혀 다른 것이며, 나사는 공개적인 민간 과학연구기관이 아니라 미 국방성의 관할 하에 있는 부속기관이다. NASA의 이사들과 우주비행사들이 전통적으로 군인연금을 타거나 방위 산업체들에서 많은 주식 또는 직책을 소유한 전 군(軍) 간부 출신들이라는 사실도 이를 뒷받침해 준다. 심지어 리처드 보일런 박사(Richard Boylan) 같은 연구자는 NASA의 모든 것이 국가안보국(NSA)의 통제하에 있다고 주장한다. 그리고 단적인 예로 달이나 화성의 궤도위성으로부터 들어오는 모든 사진과 영상들이 먼저 NSA에 의해 검열을 받는 과정을 거친다는 사실은 그의 주장이 진실임을 잘 보여준다고 할 수 있을 것이다.

호글랜드가 지적하는 또 한 가지 흥미로운 점은 나사의 수뇌부들과 핵심 직원들이 주로 마법파와 프리메이슨, 그리고 나치 계열에 속한 3가지 집단의 과학자들로 이루어져 있다는 것이다. 그리고 아폴로계획을 비롯한 NASA 모든 유인 달 탐사 프로그램은 외계의 인공구조물을 확인하고 일부 유물을 가져오기 위한 것이었다고 한다. 아울러 미국의 달 탐사가 갑자기 종식된 이유는 그들의 비밀 임무와 과제가 성공적으로 끝났기 때문이지, 의회의 예산삭감 탓이 아니라고 주장하고 있다. 호글랜드의 말마따나 아폴로 계획을 실행하는 데 드는 비용은 단지 미국 전체예산의 1% 미만에 불과했으므로 예산 부족 때문이라는 것은 궁색한 변명거리에 지나지 않는다.

한편 바이론 카르페디움(Byron Carpedium)같은 연구자는 NASA의 기능과 실체에 관해 이렇게 말하고 있다.

---

40)Richard C. Hoagland & Mike Bara. DARK MISSION: The Secret History of NASA.(Fearal House Book, 2007). P.243

"나사가 창설된 주요 이유는 우주를 군사적인 잠재성에 의거하여 이용하기 위한 것이다. 두 번째 이유는 거대한 자금을 대중은 알지 못하는 검은 프로젝트로 빼돌릴 수 있게 하기 위해서이다. 이 계획은 간단하고 아주 용이하게 이루어졌다. 그들이 극비의 또는 검은 프로젝트를 우리의 공개된 프로젝트 안에다 감추었을 경우, 그것을 위한 자금과 날조된 항목들은 쉽사리 배정될 수 있었다. 나사에 의해 데려와진 계약자들과 하도급업자들은 그 돈이 어디로 가는지, 또 그들이 설계하고 만드는 부분들이 정말 어떤 목적이 있는지 알지 못했다. 그리고 그들은 그 프로젝트의 결말이나 결과를 보지 못했는데, 왜냐하면 모든 것이 나사에 의해 심하게 칸막이가 쳐져 있었기 때문이다."[41]

1960년대의 NASA의 과학자와 대변인들은 1980년대에 달에다 우주기지 설립과 광산운영 및 식민지 건설을 호언장담을 했었는데, 왜 갑자기 자기들 계획을 바꾼 것일까? 그리고 왜 소련의 우주비행사들은 달에 절대로 착륙하지 않았던 것일까?

NASA의 수뇌부들은 사실 아폴로 우주선을 달에 보내기 전에 달에 무엇이 있는지를 훤히 다 알고 있었다. 왜냐하면 앞서 언급한대로 미국은 그보다 훨씬 전에 이미 (그레이 외계인들의 기술적 도움으로) 비밀리에 달에 갔었기 때문이다. 그리고 당시 소련과는 일종의 암묵적인 공동협정이 이루어져 있었다. 때문에 소련은 독자적으로 달에 착륙하지 않았던 것이다. 다만 일반 과학자들과 우주비행사들만 이런 사실들을 전혀 모르고 있었을 뿐이다. 더욱 놀라운 사실은 1962년 5월, 케네디 대통령이 우주개발 계획을 발표하며 인간을 달에 보내어 무사히 귀환시키겠다고 국민들 앞에서 연설할 당시 이미 달에는 미국과 소련, 그레이 외계인의 공동 기지가 존재하고 있었다는 것이다.[42]

---

41) Edited by Commander X. Cosmic Patriot Files (ABELARD PRODUCTIONS INC, 1996). P.102

42) 최근 미국과 러시아의 뒤를 이은 후발 우주개발추진 국가인 중국과 일본, 인도가 달 탐사에 열을 올리고 있다. 이 국가들은 이미 2007년부터 각기 <창어> <가구야> <찬드라얀>이라는 고유한 이름의 달 탐사 위성을 발사해 다량의 데이터를 수집해 오고 있다. 또한 중국은 2020~2022년, 일본은 2025년, 인도는 2020년까지 유인 우

과거 미국과 소련 간에 지속돼 온 힘겨루기와 적대적 냉전체제는 사실상 비밀정부가 국가 방위라는 명분으로 검은 프로젝트를 위한 자금을 빼돌려 사용하기 위한 위장 술책이었다. UFO와 외계인 문제에 관한 한은 일찍이 1950년대의 트루먼 대통령 시대부터 미국과 소련 간에는 공조와 정보공유가 이루어져 왔다. 왜냐하면 그런 비밀을 대중과 언론에게 완벽하게 감추기 위해서는 최강대국들 사이의 협력이 불가피했기 때문이다. 이런 측면에서 파고들어가 보면, NASA의 우주 프로그램은 모두 대중을 속이기 위한 것이고, NASA는 이중으로 공작을 펴는 대표적인 "역정보 기관"임을 증명한다고 할 수 있다. 즉 아폴로 계획을 통한 모든 유인 달 탐사 시나리오는 의도적으로 연출된 일종의 가면극과 같은 것이었다. 이것은 원시적인 로켓추진식 우주선을 발사해 달에 가는 모습을 보여줌으로써 대중들에게 달에 도달하는 우주여행이 쉽지 않다고 인식시키고 모종의 다른 것을 감추기 위한 것이었다. 다시 말해 이런 위장 연막을 친 후에 배후에서 나사와 NSA는 이미 오래 전부터 훨씬 뛰어난 (반중력) 기술로 달과 화성을 자유로이 오가면서 별도의 비밀 군사 우주 프로그램을 진행하고 있었던 것이다.(※여기에 관련된 부분은 뒤의 다른 장을 통해 자세히 다루어진다.)

한 마디로 나사는 두 얼굴을 가지고 있는데, 그 하나는 현재 대중들에게 보이는 연출된 모습이고, 가려진 다른 진짜 모습은 톱 비밀에 속한 NSA와 같은 특수 정보기관들의 비밀우주 프로그램을 돕는 것이다.(그러나 대다수의 일반 NASA 과학자들은 이런 사실을 모른다. 소수의 수뇌부들만 아는 것이다.)

주선을 달에 착륙시키거나 유인기지를 건설하겠다는 계획을 발표한 바 있다. 만약 이 국가들이 장차 달에 착륙한다면, 달에 관한 모든 진상을 알게 될 것이다. 하지만 그 이전에 그림자정부는 이 국가들에 모종의 조치를 취하거나, 아니면 지구를 완전히 장악하기 위한 최종공작을 시도할 가능성이 높다.

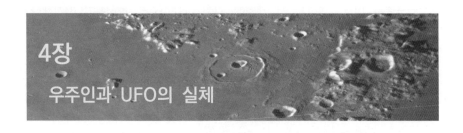

1.UFO와 외계문명은 인류에게 어떠한 의미가 있는가?

UFO는 까마득한 인류의 고대 시대부터 이 지구상에 출현해 왔다. 역사상의 기록으로서 가장 오래된 목격 기록은 이집트의 파피루스에 남겨져 있다. 여기에는 BC 1,500년 도토메스 3세 시대 때, 해보다 더 밝은 여러 개의 둥근 발광체(發光體)가 하늘에 떠 있는 것을 신관(神官)들이 목격했다고 기록되어 있다.

그 이후 알렉산더 대왕이 인도 원정시 대 군대를 거느리고 도하 작전을 진행 중일 때에도 UFO는 나타났었다고 한다. 그리고 로마 시대에도 수차 목격되었다는 기록이 남아 있다. 또한 1492년, 신대륙 발견을 목적으로 항해 중이던 콜럼버스의 눈에도 역시 UFO는 목격된 바가 있다. 하지만 사실 그보다 훨씬 이전인 우리 민족의 고대 환웅(桓雄)이나 단군 시대에도, 또 성경상의 구약(舊約) 시대에도, UFO는 지구상에 출현해 왔고 목격되어 왔다.

그러나 무엇보다 20세기에 들어서서 2차 세계대전과 일본 히로시마의 최초 원폭투하 이후 UFO는 전 세계에 걸쳐서 대량으로 출현하기 시작했다. 결과적으로 매우 잦은 빈도로 수많은 사람들에 의해서 목격되었으며, 전 세계적인 수수께끼의 하나로 오늘에 이르고 있는 것이다. 과거 약 60년간에 걸쳐서 그들은 마치 급하고도 중요한 어떤 사실을 우리에게 알리려는 듯이, 너무도 빈번하게 나타났고, 또 지금도 출현하고 있다. 아마도 그들은 우리 인류와 이 지구라는 행성의 미래상을 너무나 잘 알고 있는 것이 아닐까?

다수의 UFO 연구가들은 UFO 현상을 단순히 과학적 측면의 연구 대상으로만 삼고 있는 경우가 많다. 그러나 사실상 UFO 문제는 과학적 측면뿐만이 아니라 인류의 정신적, 종교적 측면의 모든 것을 포함하고 있다. 그리고 다시 한 번 언급하지만 지구의 현 물질과학이라는 어설픈 잣대를 가지고는, 또 지나치게 과학적 입장만 고수해서는 결코 UFO의 정체를 밝혀낼 수 없다.

본래 영적존재인 현 인류의 대부분의 의식(意識) 속에는 가시적(可視的)인 물질 중심의 잘못된 가치관이 자리 잡고 있다. 과거 북한의 김일성 사망을 예언하여 적중시켰던, 한 여성 무속 예언가의 예언들이 국내에서 사회적 관심을 불러일으킨 적이 있다. 그런데 이러한 예언에 관련된 심령적, 초자연적 세계에 대한 사회적 관심에 대해서 우리나라 언론의 논조는 한 결 같이 똑같았다. 즉, 비과학적 미신에 기울어지는 것은 바람직하지 않으며, 우려할 만한 한심스런 사회 실태라는 식의 비판이 대부분이었다. 그러나 필자가 볼 때, 이러한 사회 현상은 전혀 비정상적인 것도, 크게 잘못된 현상도 아니라는 것이다. 몇 가지 예를 들어보자. 현대 사회의 최고학력을 가진 엘리트 계층인 우리나라의 내로라하는 정치가들과 기업인들이 뒤에서는 유명 역술가나 관상가, 용한 무당의 가장 가까운 단골이라는 것은 이미 다 알려진 사실이다. 또 인공위성을 설계하여 쏘아 올리는 첨단과학 기술의 현장에서도 돼지머리를 앞에 놓고 고사를 지내는 진풍경이 벌어졌다. 한편 세계 최고의 과학기술을 자랑하는 미국의 역대 대통령들도 점성가(占星家)의 조언을 듣고 주요 정책을 결정하여 왔고, CIA에서도 과거 20년 동안 심령술사 및 초능력자들을 동원하여 첩보활동을 해 왔음이 밝혀졌다.

필자는 초상적(超常的) 현상이 빈발하는 현 시대에 무엇이 과학적이고 무엇이 비과학적이라는 것을 구분하는 척도 자체가 불명확하며, 또 그것을 구분하여 다른 가치를 두려는 행위도 무의미하다고 생각한다. 과학적이라고 해서 무조건 신뢰할 만한 가치성이 있는 것도 아니며, 비과학적이라고 해서 일방적으로 매도될 수만은 없는 시대에 우리는 살고 있다. 또 우리 인간이 정의하고 신뢰하려는 '과학적'이라는 말 자체에도 많은 문제와 모순이 내포되어 있는 것이다.

21세기 현대물리학은 인간의 과학에는 아직 최종 확정된 진리가 없으며 모든 이론과 개념에는 한계가 있고 단지 근사치에 불과하다는 것을 스스로 설명하고 있다. 첨단 과학 장비를 모두 동원하여 행해지는 일기 예보도 그 적중률은 겨우 80~85%를 넘지 못한다. 그것도 48시간 이후의 예보는 적중률이 더 떨어지며, 일주일 이후의 예보는 거의 부정확하다고 보아야 한다. 세계적 경제 석학들이나 경제 연구소에서 매년 행하는 다음해의 경제 전망들도 빗나가기 일쑤이다. 그러나 때로는 불가사의한 초능력에 바탕을 둔 뛰어난 미래 예언가의 적중률은 90%를 상회하는 경우가 있다. 결과적으로 어느 쪽이 더 과학적인 가치가 있는 것인가? 중간 과정이야 어찌되었든 결과가 더 정확했다면, 그 쪽이 더 과학적인 가치성을 지닌다고 보아야 하지 않을까? 인간이 만든 대부분의 학문(경제학, 사회학, 정치학, 심리학 등)의 가장 중요한 가치의 하나는 미래예측 기능에 있다.

그런데 무속인이나 심령가의 정확한 미래 예측은 무조건 비과학적이고 무가치하며, 번번이 빗나가는 학자들의 미래 예측은 결과에 상관없이 온갖 복잡한 이론과 도표, 수치, 형이상학적인 어려운 용어만 나열했다고 해서 과학적이고 가치가 있는 것인가? '과학적'이라는 레테르가 붙여진 것만이 최고의 가치를 지닌 것처럼 말하는 지식인들의 발상과 시각은 지극히 잘못된 것이다. 물론 사회 전체가 지나치게 무속, 점술, 예언 등에 의지하고 치우친다면 문제가 있을 수는 있다. 그러나 우리가 자랑하는 현대과학 자체도 보다 높은 문명에서 볼 때는 극히 불완전한 미완성의 과학일 뿐이다. 때문에 예언과 초능력에 대한 일반인들의 높은 사회적 관심은 이러한 불완전하고도 어설픈 현대 과학에도 그 원인이 있다고 보아야 한다.

우리나라는 지금도 '예언(豫言)'같은 것을 비과학적 미신의 하나 정도로만 취급하고 있다. 그러나 선진 외국의 여러 국가에서는 이미 1960년대부터 이를 미래에 관한 중요정보로 다루면서 예지현상 자체를 과학적 연구 대상으로 삼고 있다. 또한 이런 나라들은 뛰어난 초능력자나 영능자(靈能者)들을 국가적 차원에서 보호하여 관리하고 있다. 더구나 이들에게서 나온 예언이나 여러 능력들을 귀중한 국가자원으로 활용하면서 이에 관한 노하우(know-how)를 비축하고 있는 상태이다. 여기에 비교하면 우리나라의 실정은 어떤가? 우리는 이 방면에서 어느 나라보다도 뛰어난 인재들을 많이 보유하고 있으면서도 이를 적극 활용하지 못해 후진국 수준을 면하지 못하고 있다.

이 시점에 지구상에 빈번하게 나타나고 있는 여러 초자연적 현상들(초능력, UFO, 예언, 계시, 인간증발 등)은 이 우주에 지구와는 다른 고차원적 세계가 존재한다는 하나의 실증들이다. 또한 물질문명을 넘어선 새로운 문명시대가 가까이 도래하고 있다는 중요한 징조이기도 하다.

이제는 눈에 보이지 않고 손에 잡히지 않는, 비가시(非可視)의 심령적, 초자연적 세계에 대한 새로운 조명이 이루어져야 하고 올바른 사회적 가치관이 형성되어야 한다. 왜냐하면 보다 발전된 미래의 4차원 이상의 과학은 이러한 비가시적인 영적세계에 바탕과 토대를 두고 성립되는 과학이기 때문이다. 그러므로 미완성의 현대 물질과학은 앞으로 머지않은 장래에 반드시 새로운 과학적 패러다임(Paradigm)으로 대체될 것이다. 그리고 그 대체 현상은 장차 UFO라는 외계의 보다 높은 차원의 개입에 의해서 일어날 가능성이 높다. 결론적으로 UFO와 외계인의 수수께끼는 지구상의 과학적 차원을 넘어서 모든 종교세계와 정신세계, 또 신화적(神話的) 세계와 관련성을 맺고 있다. 그러므로 반드시 여기에 연계되어 종합적으로 연구되고 해명될 필요가 있다.

지구보다 앞선 외계문명이라는 것은 본질적으로 우리 인류가 앞으로 발전해 가야할 하나의 기본 모델인 동시에 보고 배워야할 일종의 선진적 시스템이라는 성격을 갖고 있다. 지구권 내에서도 낙후된 기술과 사회체제의 후진국이 선진국의 모든 것을 모방하고 배워가듯이 말이다.[43] 또한 만약 그들에게도 진화도상에서 모종의 시행착오와 일부 실수가 있었다면, 이를 통해 인류는 또 다른 교훈을 배울 수도 있을 것이다.

추측건대 향후 우주인들과의 본격적인 접촉이 이루어지는 시점 이후, 지구상의 모든 과학적 지식체계 및 기존의 정치, 종교, 사회 구조 등 지구 전반에 걸친 모든 것들이 180도로 완전히 뒤집어질 것이다. 아울러 이 모든 방면에 관한 일대 변환과 수정이 불가피해질 것이 분명하다. 또한 현재 정치적, 종교적 권력을 쥐고 있는 모든 기득권 세력에 의해서 은폐되어 온 베일들이 모조리 벗겨질 것이며, 그리하여 모든 허구와 오류, 거짓 정보들이 백일하에 드러나게 될 것이다.

---

43) UFO 접촉자 알렉스 콜리어의 말에 따르면, 과학기술적인 면만을 볼 때, 그레이들은 우리 인류보다 2,500년 앞서 있고, 플레이아데스인들은 3,000년, 안드로메다인들은 약 4,700년 앞서있다고 한다. 한편 가까운 이웃 행성인 금성문명도 지구보다 약 4,000~5,000년 앞서 있는 것으로 알려져 있다.

2.일부 UFO 연구가들의 잘못된 가정과 추론들

지구상에 UFO가 대량적으로 출현하기 시작한 초기에 대다수의 사람들은 그것이 외계로부터 오는 우주선일 것이라고 추측하였다. 그러나 UFO가 나타내는 놀라운 초자연적 특성들(예를 들면 순간적인 소멸 및 출현 현상, 몇 개의 형태로 분리 및 재결합 등)은 여러 UFO 연구가들로 하여금 'UFO=우주선'이라는 초기의 생각에서 점차 멀어지도록 만들었다. 즉 나중에는 UFO가 결코 지구 밖의 외계에서 온 우주선이 아니라는 사고의 방향으로 점차 선회해 가게 된 것이다. 이런 이론을 내세웠던 대표적 인물들로는 프랑스 출신의 자크 발레(Jacques Vallee)와 미국의 존 키일(John Keel), 그리고 영국의 여성 UFO 연구가인 제니 랜들즈(Jenny Randles) 등이다.

이들의 견해에 의하면 UFO 현상은 아무리 보아도 어떤 물리적인 금속성의 고체나 기계와 같이 볼 수가 없다는 것이다. 그러므로 외계에서

UFO 연구가들 - 자크 발레, 제니 랜들즈, 존 키일(좌측부터)

온 우주선이라고 추정할 근거가 희박하다는 논리이다. 때문에 UFO는 어떤 심령적 요인에 의해 발생하는 유령현상(Poltergeist)의 일종이거나 중세 유럽의 정령(精靈) 및 요정신앙(妖精信仰)과 관련이 있다는 엉뚱한 추론들이 나오게 되었다. 특히 자크 발레의 경우, 이러한 요정에 관련된 신앙이나 신화들이 그 사회의 스트레스가 극에 달했을 때 그것을 해소하는 하나의 기능으로서 나타난다고 보았다. 그러므로 세기말적 불안과 긴장, 스트레스가 점증하고 있는 현대에 과거 중세와는 달리 보다 세련되고 과학적인 형태로 탈바꿈해 나타난 '현대판 요정 신화 또는 신앙'이 바로 UFO 현상이라고 단정한 바가 있다.

이들의 주장에 앞서, UFO가 우주선임을 부정하는 이런 가설의 원조 격인 사람은 미 캘리포니아 보더랜드(Borderland) 과학협회의 신비주의 학자였던 미아드 레인(Meade Layne)이었다. 그는 1950년의 논문에서, UFO와 그 탑승자들은 외계의 다른 행성에서 오는 것이 아니라 또 다른 실재의 세계에서 온다고 주장했다. 레인은 그곳을 에테르계라고 불렀다. 그 세계는 우리를 둘러싸고 있는 세계인데, 아직 그 대부분은 인간의 눈에 보이지 않는다고 하였다. 영적으로 기울어진 사람들은 바로 이 세계에 동조되어 있다는 것이다. 그 세계의 어떤 존재들은 비행접시와 같은 형태로 물질화되어 일부 사람들에게 목격될 수가 있다는 견해이다.

한편 미국의 UFO 및 초상현상 연구가인 존 A. 키일(John Keel)은 다음과 같은 견해를 피력한 바 있다. 그도 역시 지구상에 출현하고 있는 UFO가 반드시 외계의 어떤 행성에서 날아온다고 볼 수 없다고 하였다. 그는 UFO가 우리 공간에 퍼져 있는 고주파 방사선에서 변형된 에너지의 한 형태이거나, 바로 우리 지구와 가까이 병행하여 존재하는, 이차원(異次元)의 세계에서 온 초자연적인 생물이 UFO라고 하였다. 존 키일은《UFOs: 트로이 목마 작전(Operation Trojan Horse), 1970》이라는 자신의 저서에서 다음과 같이 말하고 있다.

"UFO라는 지성체들은 단순히 외계인이 아니라, 초생물(超生物)들이다. 상상할 수 없는 다른 차원으로부터 오는 실재들이다. … (중략) … 우리는 그들에 의해 조종되는 생물학적 로봇과 같다. (UFO 라는) 미지의 힘은 인간의 뇌를 혼동시켜 기억을 파괴할 수도 있으며 인간을 어떤 목적으로든 적합하게 다루고 이용할 수 있다."

그는 UFO가 스스로의 정체를 은폐하기 위해 고의적으로 속임수를 써서 인간을 혼란시키고 있다고 추측했다. UFO는 원래 인간의 육안에 보이지 않으나, 우리의 세계에 출현했을 때에는 일시적으로 물질화되어 목격된다는 것이다. 다시 말하면 UFO 자체가 3차원의 인간세계에 나타난 다른 차원의 생명체, 즉 강령회(降靈會)에 나타나는 짓궂은 정령이나 유령, 위험스런 악마와 같은 존재라고 그는 말한다.

UFO와 심령현상 및 요정신앙, 이 양자(兩者) 간에는 물론 유사한 점들이 일부 존재한다. 그러나 그 점만으로 UFO 현상 전체를 축소시켜 거기에다 갖다 맞추는 논리는 필자가 볼 때 매우 경솔한 억지 추론이며, 지나친 사고의 비약이라고 생각된다. 즉 이것은 그저 막연한 추측에서 나온 이론상의 공론에 불과할 뿐이다.

이미 타계한 미국의 저명한 UFO 연구가 알렌 하이네크(Allen Hynek) 박사는 전자(前者)들과 유사하면서도 조금 신중한 견해를 내놓은 적이 있다. 그는 1984년 〈옴니(omni)〉지와의 회견에서 UFO에 대한 자신의 견해를 다음과 같이 밝혔다. 자기는 UFO가 외계에서 온 우주선이라는 가설을 확고하게 지지하지 못하는데, 그 이유는 UFO 현상이 현재 과학으로는 전혀 설명할 수 없을 만큼 너무나 초자연적인 환상처럼 보이기 때문이라는 것이다. 그는

UFO가 우리의 세계와 평행으로 더불어 존재하는 또 하나의 현실세계, 즉 이차원(異次元)의 세계로 나 있는 통로를 왕래하는 물체라고 정의했다. 그러면서도 그는 우리의 과학이 최종 단계에 도달하지는 않았다고 못 박으며, 자신이 거부하는 것은 외계 생명체에 대해 우리 지구인과 똑같은 피와 살을 가진 외계인들이 UFO로 지구를 찾아온다는 발상이라고 덧붙였다.

한편 영국의 제니 랜들즈(Jenny Randles)는 UFO 현상들이 특정인들의 격리된 감각이거나, 실제의 세계에서 다른 환경적 세계로 내던져졌을 때 느껴지는 일종의 변경된 의식 상태에서의 환각 체험이라는 이론을 내놓았다. 그녀는 이러한 비현실적 요소들이 미국 작가 F. 바움(Baum)이 쓴 동화,《오즈의 마법사》내용과 같이 모종의 환상적이고 마법적인 것에 관련돼 있는 것처럼 보인다고 해서 '오즈 팩터(OZ Factor, 오즈 因子)'라고 명명하여 불렀다. 즉 마치 갑자기 현실계에서 다른 세계로 내처져 동화 속의 기묘한 오즈(마법의 나라) 속에 와있는 것처럼 말이다.

지금까지 열거한 이런 여러 잘못된 해석들이 나올 수밖에 없었던 이유는 무엇일까? 그것은 한 마디로 현재 지구상의 과학적 패러다임이 UFO가 보여주는 초상적 현상들을 설명하기에는 적합하지가 않고, 또 너무나 불완전한 것이기 때문이다. 그러나 UFO 현상은 결코 무슨 허깨비나 유령, 환상, 요정신앙, 또는 집단의식에 의해 나타나는 일시적 사회현상처럼 취급되어져 매듭지어질 문제가 아니다. 이들은 모두 UFO 현상의 전체는 보지 못하고, 부분만을 보고서 이런저런 말들을 하고 있다. 즉 장님이 코끼리 뒷다리만을 만져보고나서 이렇다 저렇다고 하는 식의 오류를 범하고 있는 것이다. 단 하이네크 박사의 견해에 나타난 일부 예리한 통찰력은 평가 받을만하다고 생각된다.

이런 일부 연구가들은 우주인들의 세계 자체가 지구와는 전혀 다른 차원계라는 사실과 그들 또한 인간과는 차원이 다른 생명체라는 데까지는 생각이 미치지 못하고 있다. 즉, 반드시 거창한 우주복과 헬멧을 착용하고 우리와 같은 물질 육체를 지닌 외계인들만이 존재한다는 고정 관념을 못 깨고 있는 것이다. 또 그들은 지구 과학자들이 흔히 말하듯이, 우주공간이 워낙 넓고 별과 별 사이의 거리가 너무 멀어 설사 외계인이 존재하더라도 지구까지 오기는 힘들다는 식의 인간중심적 발상에서 탈피하지 못하고 있다. 그리고 이런 한심한 소리들은 어디까지나 지구의 현 과학수준을 절대시하는 폐쇄적이고도 오만한 사고에서 연유한다고 볼 수밖에 없다. 더구나 존 A. 키일의 경우는 UFO 자체를 생물로 보는 오류를 범하고 있다. 물론 UFO를 타고 우주복과 헬멧을 착용해야만 지구에 내려올 수 있는 외계인들도 일부 존재할지도 모른다. 그러나 보다 진화된 상위차원의 우주인일 경우 원격순간이동을 통해 이러한 기기나 복장이 없이도 자유로이 지구에 오는 것이 가능할 수 있다는 사실을 우리는 알아야 한다. 우주공간을 한 순간에 건너뛰는 이러한 능력은 어떤 과학적 장치에 의해서도 가능하며, 또는 매우 진화된 존재들이라면 자체적인 능력을 통해서 자유자재로 그것을 할 수 있다는 점을 인식할 필요가 있다. 또 한 가지 많은 학자들과 여러 UFO 관계 서적들이 UFO 현상을 설명할 때, 종종 인용하는 잘못된 단골 메뉴가 하나 있는데, 그것은 분석심리학의 창시자였던 스위스, 칼 융(Carl Jung 1876~1961)의 '집단 무의식(集團無意識)' 이론이다.

칼 융

1958년에 간행된 저서인 《현대의 신화(神話): 하늘에서 보이는 것들에 관하여》라는 제목의 책에서 칼 융은 당시 한창 화제가 되고 있었던 수수께끼의 UFO 현상에 대해 심리학적 해석을 시도했다. 그의 주장은 한 마디로 말해 인류가 공유하고 있는 집단 무의식이 불확실한 세기말에 외부로 투사되어 많은 사람들이 UFO 같은 둥근 환상을 공통적으로 볼 수가 있다는 이론이다. 그러나 만약 이러한 칼 융의 이론대로 UFO라는 것이 단순한 환상이나 환영이라면, 어떻게 사진에 찍히고, 레이더에 잡히며, 물리적인 흔적이나 증거를 남길 수가 있겠는가? 너무나 간단하고도 명약관화한 문제임에도 불구하고 아직까지도 이 낡은 이론을 UFO 서적들이 으레 들먹거리고 있는 것은 안타까운 노릇이다.

일부 지식인들은 단순한 것을 머리로 부풀려서 일부러 복잡한 이론으로 만들어 놓기 일쑤이다. 때문에 일반인들은 책을 통해 무엇인가 UFO에 관한 이해에 도움을 받기보다는 더 혼란스럽고 골치가 아프게 되는 경우가 많다. 그러나 어렵고 복잡한 이론에 반드시 진리가 있는 것은 아니다. 칼 융이 위대한 심리학자였던 것은 부인할 수 없으나, 당시 그는 UFO의 실체에 대해 전혀 몰랐던 사람이었다. 어쩌면 그는 자기의 집단 무의식 학설에다 UFO 현상을 필요에 의해 억지로 갖다 꿰어 맞추었는지도 모른다. 사실 융은 나중에 UFO에 대한 자신의 이론이 일부 착오였다고 수정했으며, UFO는 실재하는 물체라고 스스로 인정했다. 또 앞서 열거했던 연구자들 가운데서도 현재는 자기들의 과거 이론을 접은 사례가 있다.

그런데 필자가 보기에 UFO와 외계인에 관해 연구하는 전문가나 학자들 가운데 이론적으로 가장 앞서고 균형 잡힌 시각을 가진 대표적인 사람은 미국의 고(故) 웬델 스티븐슨(Wendell Stevenson)과 스콧 만델카(Scott Mandelker)박사 같은 이들이다. 웬델 스티븐슨은 스위스의 빌리 마이어를 비롯한 수많은 UFO 접촉자들을 집중적으로 조사하여 그들의 경험과 사례를 체계적으로 대중들에게 소개한 바 있다. 특히 스콧 만델
커 박사는 본래 심리학자로서 동-서양의 심리학분만이
아니라 동양의 종교인 불교와 힌두교, 도교, 인도 베다철
학 등에 관해서도 깊이 있게 연구하는 가운데 UFO 및
외계인 문제를 탐구해 들어간 경력을 갖고 있다. 따라서
그가 UFO/외계인에 대해 바라보는 관점은 서양의 일반
적인 UFO 연구가들과는 달리 동서양의 형이상학에 의거
해 매우 포괄적이며, 영적인 깊이가 있다. 그는 서구 UFO 연구자들의 한계
점을 다음과 같이 지적하고 있다.

스콧 만델카박사

"간단히 말하면, 대부분의 UFO연구가들과 SETI(외계 지성체 탐색 계획) 과학자들의
과학적 접근은 우리에게 퍼즐의 조각들만을 제공한다. 그것이 격리된 사건들과 경험들
에 관한 다량의 자료를 제공하는 반면, 보다 큰 역학을 완전히 해결할 수는 없다.
UFO 연구가들은 '외계로부터 오는 방문자들'의 형이상학적 측면에 관해서는 거의
말할 것이 없다."44)

그는 그 대안책으로서 동양의 종교경전과 베다(Veda)와 같은 고대철학, 그
리고 아메리카 인디언 전통 및 신지학(神智學) 계열의 비교(祕敎) 문헌들로
눈을 돌리면 거기서 많은 해답을 얻을 수 있다고 주장한다. 아울러 일부 왜
곡현상에도 불구하고 현대에 이루어진 서구의 채널링 정보들에서도 지혜롭게
살펴볼 때 매우 유용한 자료들을 발견할 수 있음을 말하고 있다. 그런 대표
적인 것으로서 그는 "라 매트리얼(The RA Material)"로 알려진 〈하나의 법
(The Law of One)〉 시리즈를 추천하고 있다. 이와 같은 다양한 원천들이
우주의 생명체와 지구와의 관계에 관한 풍부한 정보를 제공하며, 그런 것들
을 현명하게만 사용한다면 우리가 최근 경험적 UFO의 연구에 의해 남겨진
결함들을 메울 수가 있다는 것이다. UFO가 지구에 도래해서 인간을 접촉하
는 궁극적인 목적에 대해 그는 다양한 원천들을 통해 다음과 같은 종합적인
결론을 내리고 있다.

"가장 중요하게도 그것들은 이러한 방문자들이 왜 지금 지구를 방문하는가를 정확
하게 설명한다. 이집트 파라오 이크나톤(Ikhnaton)과도 접촉했다고 주장하는 한 외계
인 그룹이 전달한 이런 소스들에 따르면, 지구상의 인류는 영혼-진화의 주요 사이클
을 종료해가고 있는 중이라고 한다. 그 외계인 그룹들은 이 사실을 잘 알고 있고, 바
야흐로 지금의 때는 우리 차원에서 급격한 변화가 발생하기 직전임을 알고 있기에 자

---

44)Web File: Scott Mandelker. "THE Purpose of UFO Contact"

비로운 그들 그룹이 우리가 우리 자신의 운명에 대해 좀 더 의식적인 선택을 하게끔 우리에게 영향을 미치려 하고 있다는 것이다. 놀랍지 않게도, 많은 외계인 경험자들은 같은 종류의 메시지를 전하고 있다. 그들은 UFO 방문이 기본적으로 집단적이며, 그럼에도 그것은 우리가 우주의 신비와 우리의 참된 영적본성의 영광에 대해 자신의 눈을 뜰 수 있도록 돕고 주의를 환기하고자 하는 주관적인 사건이라고 말한다. 다시 말하지만, 이것들은 현대 UFO학에 크게 결여되어 있는 개념들이며, 경험적 연구의 사료들이다.

일반적으로 인정하듯이, 우리는 UFO에 관한 형이상학 및 우주생명에 관해 배울 것이 많고, 연구 및 데이터 수집에 신중한 접근이 필요하다. 그럼에도 불구하고 이러한 복잡하고 난해한 주제를 향해 우리의 관점을 확대하고 경험적 조사의 제한된 영역 바깥에 있는 정보 대체 소스를 고려하는 것이 중요하다. UFO 현상은 미스터리로 남아 있을 필요가 없으며, 우리는 큰 그림을 알 수 있다. 하지만 우리가 그 답을 찾기 위해서는 확실히 용기, 통찰력, 그리고 열린 마음이 필요하다."[45]

3.그들은 왜 이곳에 오는가?

일반인들과 일부 UFO 연구가들을 가장 혼란스럽게 하고 있는 문제가 바로 이것이다. 외계인들이 과연 지구를 지배하고 인간을 이용하려는 침략자들인지? 아니면 지구의 위기를 알려 주고 무엇인가 도움을 주려는 세력들인지? 그것도 아니면 인류의 존망(存亡)에 전혀 무관심한 단순한 조사, 관찰자일 뿐인 것인지? 현재까지도 일반인들에게는 불확실한 수수께끼이기 때문에 여러 가설과 추측들이 나오고 있다.

그러나 필자가 앞서 긍정적이고 우호적 우주인들과 부정적인 외계 존재들을 구분해서 언급했듯이, 이 세 가지 부류의 외계인들이 모두 존재한다는 사실이다. 그동안 지구상에는 여러 계통의 외계인들과 다양한 UFO들이 왕래해 왔다. 거기에는 인간을 납치하여 인체 실험을 하고 있는 일부 부정적 외계인 세력에서부터 단순히 지구 주변을 지나가다가 관찰 조사차 우연히 들어온 외계인들도 있다. 그리고 지금 지구라는 행성 전체를 커버하면서 가장 중요한 임무를 수행하고 있는 우호적 우주인 세력이 또한 존재한다. 그들은 바로 장차 지구의 급격한 변화와 위기를 우려하고 차원상승에 대비해 만약의 사태발생시 인류원조 계획을 준비하고 있는 행성연합 우주인 세력들이다. 이들의 주축은 과거 미국의 조지 아담스키가 접촉했던 우리 태양계 내 우주인들인

---

45)Web File: Scott Mandelker, "THE Purpose of UFO Contact"

데, 여기에는 조지 반 테슬(George Van Tessle)이 최초로 교신했던 아쉬타(Ashtar) 사령부와 1960년대 F. 스트랜지스(Stranges) 박사가 만났었던 금성의 우주 사령관 발리안트 토어(Valiant thor) 함대가 포함된다. 그리고 시리우스나 플레이아데스, 안드로메다 등의 태양계 외부의 여러 행성들로 이루어진 은하연합 등도 함께 협력하고 있는 것으로 알려져 있다.

1950년대 이래 지금에 이르기까지 이 우주인들은 여러 가지 경로를 통해서 강대국들에게 핵실험의 위험성과 지구의 위기에 대해서 누차 경고해 왔다. 그러나 각국의 수뇌부들은 이를 무시하고 경쟁적으로 핵실험을 자행해 왔고, 엄청난 핵무기를 제조하여 비축해 놓았다. 이러한 강대국들의 힘겨루기와 환경파괴로 인해 지금 지구와 인류는 위기에 직면해 있다. 그리고 우주인들이 우려해 왔던 대로 이미 지구의 지각(地殼)과 생태계에는 현재 치명적 타격이 가해진 상태이다.

그런데 진보된 이 UFO 우주인 세력들은 본래 인류의 오랜 고대부터 지구의 보호 관찰자로서, 또 감시자로서의 기능을 수행해 왔다. 하지만 1945년 최초의 원폭투하 이후에는 단순한 관찰자로서가 아니라, 인류의 위기와 파멸적 미래를 경고하고 알려 주고자 하는 충고자로서 등장하기 시작했다. 과거의 방관적인 태도에서 좀 더 적극적인 자세로 전환하여 지구의 문제에 관여하기 시작한 것이다. 그러나 그들은 아직까지 지구상의 어떤 국가와도 공개적으로 접촉한 일도 없고, 지상에 공식적으로 착륙한 일도 없다. 그 이유는 도대체 무엇일까? 왜 그들은 진작에 지구상에 대량으로 착륙해서 핵개발을 중단시키거나, 핵무기를 포함한 전쟁 무기를 폐기시켜 버리고 지상을 당장에 평화의 세계로 만들지 못하는 것일까?

그러나 이러한 단순한 생각이나 의문은 우리가 우주의 법칙 - 불간섭 및 인과(因果)의 법칙 - 을 모르는 데서 오는 것이다. 우주의 운행법칙상 뛰어난 능력을 지닌 우주인들이라고 해서 함부로 다른 낮은 문명 수준의 행성에 개입하여 그 행성의 문제를 좌지우지할 수는 없게 되어 있다. 물론 일부 악성의 외계인들은 함부로 침범하거나 개입하는 사례가 있기는 하지만, 진화된 우주인들은 절대로 우주의 법칙을 어기지 않는다. 본래 우주의 모든 행성의 운명은 그 별에서 살고 있는 생명체들이 스스로 만들어 나가는 자율권을 가지고 있는 동시에 자기책임 하에 진화 발전해 나가야 할 의무가 있다. 그렇기 때문에 그들은 인류를 돕기 위해 몇 가지 간접적인 관여방식을 택하거나 일종의 편법을 사용하는데, 그것은 다음과 같다.

우선 진보된 우주인들의 영혼이 지구인으로 태어나서 종교적, 과학적 지식을 가르치고 전수함으로써 간접적으로 인류 진화에 도움을 줄 수가 있다.[46]

또 특수한 사명을 부여한 영혼을 파견해서 그 시대의 선지자나 예언자로서 미래의 위기나 재앙에 대해 경고하거나 예언해 줄 수가 있다. 그리고 마지막으로는 UFO를 직접 타고 와서 특정 지구인을 선택하여 접촉해서 메시지를 전달하는 방법이 있을 수가 있다. 진화된 우주인들은 바로 이러한 간접적인 방법들 이외에는 우주 법칙상 다른 행성의 문제에 직접 간섭하지 않는다. 다시 말해 어떤 행성이 완전히 멸망할 정도의 결정적 위기 상태가 아니라면, 우주법칙에 따라 절대 직접적으로는 그 행성의 운명에 개입할 수 없다는 이야기이다. 그럼에도 불구하고 1950년대 이래 오늘날에 이르기까지 지구에 대량적으로 UFO가 출현하는 것은 바로 지구 문명의 심각한 위기 상황을 암시해 주는 증거이며 시대적 징표인 것이다.

UFO들은 세계 2차 대전이 막바지로 접어들 무렵인 1940년대 중반에서부터 1950년대에 걸쳐 가장 빈번하게 나타나기 시작했다. 그리하여 이런 대량적인 UFO 출몰현상에 의해 비로소 우리 인류는 외계의 지적 생명체의 존재여부와 그들의 비행원반에 관해서 점차 관심을 가지게 되었다. 그리고 그 시점에 우주로부터 수많은 UFO들이 지구상에 출현하게 된 직접적인 계기는 앞서 언급한대로 인간이 원자폭탄을 개발하여 일본의 히로시마와 나가사키에 투하하게 된 데에 있었다. 즉 인간이 핵무기를 손에 넣어 위험한 불장난을 시도하게 됨에 따라 오랫동안 인류문명에 대한 관찰자 내지는 방관자 역할만을 해왔던 우주의 고등생명체들은 더 이상 멀리서 팔짱끼고 구경만 하고 있을 수 없게 된 것이다. 왜냐하면 만약 지구에서 대규모 핵재앙이나 핵전쟁이 벌어질 경우 인류멸망과 더불어 불가피하게 우주공간으로 퍼져나가게 될 핵방사능은 우리 태양계 내 다른 행성들에게도 필연적으로 악영향을 미칠 수 있기 때문이다. 따라서 그들은 기존의 수동적이고 소극적인 관찰자 자세에서 벗어나 보다 적극적이고 능동적인 자세로 전환하여 인류에게 주의를 주고 메시지를 전달하기 시작했다. 그 방법으로서 1차적으로 그들은 우선 지구상의 도시나 농촌, 핵실험 장소, 군부대 및 미사일 기지 인근에 자주 출현하여 사람들의 눈에 의도적으로 노출됨으로써 인간들의 관심을 끌고 주의를 환기시켰다. 그리고 그 다음에 그들은 일반 민간인들이나 정부의 고위관료들과 가능한 테두리 안에서 직접 접촉하여 경고성 메시지 전달을 시도함으로써 외계인의 실재를 확실하게 인식시키고, 그들의 인식을 바꾸려고 시도했던 것이다.

우주인들이 활용하는 이런 두 가지 기본원칙과 방법은 오랫동안 지속되어 온 것으로서 1980년대 중반 이후 이른바 채널링(Channeling) 현상이 활성화되기까지 지켜져 왔다. 물론 이처럼 선의(善意)를 가진 다수의 우호적 외계

---

46)이런 대표적 사례가 천재과학자 니콜라 테슬라(Nikola Tesla)의 경우이다.

존재들과는 달리 이기적 목적으로 지구에 접근한 일부 악성 외계인 부류들은 별도의 독자적 행보를 취했지만 말이다. 이에 관해서는 뒷장에서 상세히 다루게 될 것이다.

1980년대와 90년대에 그들은 주로 지구상의 핵무기 감시활동과 더불어 채널링 메시지를 통해 지구변동과 지축이동의 위험성에 대해 경고해 왔다. 또한 여러 접촉자들과 메신저들을 통해 인류를 우주적 의식으로 일깨우기 위한 노력을 병행해 왔다. 그러나 서기 2,000년과 2012년경에 발생할 가능성이 높았던 대변동의 고비를 무사히 넘어가게 된 이후로는 향후 지구의 차원전환 문제에 지대한 관심을 가지고 현재 우리의 행성을 계속관찰하고 있는 것으로 보인다. 그리고 UFO 접촉자들의 정보에 따르면, 그들은 향후 지구의 위기에 대해 우주법칙을 어기지 않는 한도 내에서 나름대로의 단계적 대응계획을 가지고 있다고 하며, 이 점을 우리 인류는 분명하게 인식할 필요가 있다.

4.현대의 주요 UFO 접촉자들

앞서 언급한대로 우주인들이 지구상의 일반인들과 직접적인 접촉을 시도하는 적극적 방식으로 전환함에 따라 1950년대 초부터 세상에 등장하기 시작한 사람들이 소위 "콘택티(Contactee)"라고 불리는 UFO 접촉자들이다. 그 중 세계적으로 가장 저명한 사람은 두말할 나위 없이 폴란드 출신의 미국 이민자였던 조지 아담스키(George Adamski)였다. 이 사람은 자신의 접촉경험을 토대로 1950년대 초에 "비행접시 착륙하다(Flying Saucer have Landed, 1953)"와 "우주선 내부에서(Inside the Spaceship, 1955)"와 같은 책을 발표함으로써 대중들의 많은 관심을 끌고 그들에게 영향을 미치기 시작했다.

UFO 접촉자들은 크게 나누어서 바로 이 조지 아담스키의 등장을 기준으로 그 이전 접촉자들과 이후 접촉자들로 분류할 수가 있다. 그런데 조지 아담스키가 너무 유명하다보니 그가 최초의 접촉자인줄 잘못 알고 있는 경우가 많은데, 사실상 아담스키보다 훨씬 이전에 접촉했던 사람들도 다수 존재한다. 그런 이들 가운데 대표적인 인물들로는 캐나다 출신의 접촉자인 앨버트 코우(Albert Coe), 미국의 하워드 멘저(Howard Menger), 그리고 신지학 계열의 "아이엠(I AM)" 영성운동을 펼쳤던 가이 발라드(Guy Ballard), 티벳 고승(高僧) 출신인 롭상 람파(Lobsang Rampa), 미 여성 접촉자 다나 하워드

(Dana Howard), 전설적 과학자 테슬라의 조수였던 아더 매튜스(Arther Mathews) 박사 등이 있다.[47]

앨버트 코우

이중에 가장 접촉시기가 앞서 있던 사람은 앨버트 코우로서 그는 청소년 시절이었던 1920년 6월에 캐나다 산맥지역을 여행 중에 근처에 착륙한 우주인과 최초로 만났다. 그의 말에 따르면, 그 우주인은 타우세티(Tau ceti)[48]로 알려진 별의 태양계 궤도 내에 있는 "노르카(Norca)"라는 행성에서 왔으며, 외모는 젊은이로 보였으나 실제로는 당시의 그보다 304세나 나이가 많은 존재였다고 자신의 저서 "충격적 진실(Shocking Truth)"에서 밝히고 있다.

그 다음 주자로는 1930년대 초 와이오밍 주의 로얄 테이톤 은거지와 캘리포니아 샤스탄 산에서 금성 출신의 마스터들과 접촉했던 가이 발라드이며, 이어서 하워드 멘저 역시 비슷한 시기인 1932년에 금성인과 만났다.

앨버트 코우에가 1920년에 우주인과 처음 접촉했던 캐나다의 삼림지역

그리고 이 초기 접촉자들 중에는 유일한 홍일점이자 별로 알려지지 않은 접촉자인 다나 하워드라는 여성이 있다. 그녀에 관해 잠시 소개한다면, 그녀는 1939년 6월에 캘리포니아 야외의 산속에서 금성에서 온 "다이앤(Diane)"이

---

47)하워드 멘저와 롭상 람파의 접촉 경험에 관해서는 은하문명에서 출판한 <미 국방성의 우주인> 3부에서, 또 아더 매튜스의 경우는 <나는 금성에서 왔다> 역자해제 부분에서 상세히 소개하고 있으니 참고하기 바란다.

48)지구에서 약 12광년 떨어진 매우 가까운 별이다. 2012년에 미국·영국·호주·칠레 과학자들로 구성된 국제 연구팀은 타우세티를 중심으로 5개 행성이 공전하고 있음을 확인했다는 보고서를 천문학 & 천체물리학 저널에 발표한 바 있다. 아울러 이 5개의 행성들 가운데 하나에는 물이 있는 것으로 과학자들은 추정하고 있으며, 따라서 생명체가 있을 가능성이 높다고 점치고 있다.

라는 이름의 신장 약 2.5m의 금발 미녀인 우주인 선녀(仙女)와 처음 접촉했다. 뿐만 아니라 다나 하워드는 직접 다이앤을 따라 UFO에 탑승해서 금성에까지 다녀오는 놀라운 경험을 하게 된다. 그녀는 그때로부터 16년 후, 로스엔젤레스의 한 교회에서 개최된 교령회에 물질화되어 출현한 다이앤과 다시 만났으며, 자신의 체험과 다이앤으로부터 받은 다양한 메시지들을 기록하여 "금성

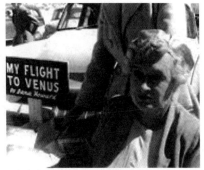

<자이언트 락> UFO 집회에서의 다나 하워드의 모습

으로의 나의 우주여행(My Flight to Venus(1954)"를 비롯한 여러 권의 책들을 발표했다. 그녀가 다이앤으로부터 텔레파시로 받은 가르침들은 주로 내적 정화와 직관적인 앎, 잠재의식적인 통달, 회춘, 순간이동원리, 재생과 변형을 통한 영적성장 등에 관한 것이었으며, 그리고 최종적으로는 금성의 생명에 관한 메시지를 전달했다. 다이앤은 중요하고도 다양한 가르침들 인류에게 전하고 있는데, 그중 몇 구절 소개한다면 다음과 같은 것이다.

"지구의 자녀여! 항상 기억하세요. 내면의 성숙이 없이는 외적인 완성이 있을 수 없음을 말입니다. 영혼의 세계와 물질세계 사이에는 완벽한 균형이 있어야만 합니다. 이 거대한 우주 안에는 세계들 안에 세계가 있으며, 각 세계는 그 고유의 진동율을 더 높은 세계들로 옮겨갑니다. 균형이 요체입니다. 한 방향으로 도가 지나칠 경우, 다른 쪽은 모자라게 되어 목적은 좌절됩니다. 숙달이 모든 것을 가능하게 합니다.

"우리 금성인들은 신(God)이 모든 것들의 근원임을 압니다. 우리는 그 궁극의 실재가 어디에나 존재한다는 것을 알고 있습니다. 그 실재는 창조된 모든 것 안에 있습니다. 우리는 그 신께서 우주를 소유하고 있음을 압니다. 우리는 아무 것도 갖고 있지 않습니다. 인간의 생명은 본래 소유물들에 의해 속박되지 않은 존재로 태어납니다. 그리고 삶을 통해서 (물질을) 끌어 모은 인간은 그가 이 세상을 떠날 때 그것을 가져갈 수가 없습니다. 즉 모든 것은 신께 빌려 받은 것입니다.

"여러분의 지구권에서 죽음은 신체의 원자들이 서서히 붕괴될 때 일어납니다. 그것은 단지 인간의 몸이 우리의 것보다 더 농후한 물질로 이루어져 있기 때문입니다. 우리는 그 원자들을 우리가 바로 순간이동을 할 때와 마찬가지로 해체하는 것을 배웠습니다. 신체의 질료를 활성화한 것이 곧 의식(意識)의 긴요한 힘이 됩니다."

(이상 <금성으로의 나의 우주여행>에서)

하지만 아담스키 이전의 이런 초기 접촉자들도 아담스키의 최초의 용기 있는 발표 이전에는 세상에 자신들을 공개적으로 드러내지 않았다. 왜냐하면 당시 상황에서 그런 주장을 하는 것은 대중들에게 쉽게 납득될 수 없었고 자칫하면 정신이상자로 몰려 비웃음이나 힐난의 대상이 될 수 있었기 때문이었다. 때문에 그들은 아담스키의 등장 이후에야 고무되어 자기들의 접촉체험을 잇달아 공개하기 시작했다. 그리고 이어서 아담스키와 유사한 접촉체험을 했던 그 이후의 접촉자들이 아담스키를 뒤따라 저서나 강연 등을 통해 UFO 접촉 내용들을 물밀 듯이 세상에 내놓았다.

아담스키 뒤를 이은 이런 50년대의 주요 콘택티들로는 조지 반 테슬(George Van Tassel), 트루먼 베츠럼(Truman Betherum), 오르페오 안젤루치(Orfeo Angelucci,) 다니엘 프라이(Daniel Fry), 디노 크라스페돈(Dino Kraspedon), 벅 넬슨(Buck Nelson), 살바도르 V. 메디나((Salvador V. Medina), 웨인 S. 아호(Wayne S. Aho), 리처드 밀러(Richard Miller), 테드 오웬스(Ted Owens), 엘리자베스 클래러(Elizabeth Klarer), 라인홀드 슈미트(Reinhold Schmidt), 글로리아 리(Gloria Lee), 조지 헌트 윌리암슨

조지 아담스키, 하워드 멘저, 조지 반 테슬, 엘리자베스 클래러(좌측부터)

(George Hunt Williamson), 빌 클렌디넨(Bill Clendenen), 켈빈 로위(Kelvin Rowe) 등이 있다. 이들은 대부분이 미국인들이고 단지 세 사람만은 아닌데, 우선 살바도르 V. 메디나는 멕시코인이고, 엘리자베스 클래러는 남아프리카 공화국, 디노 크라스페돈은 브라질 사람이다. 살바도르 V. 메디나는 앞서 소개한 다나 하워드처럼 금성까지 다녀온 경험을 했던 사람이며, 엘리자베스 클래러 역시 알파 켄타우리에 갔다 왔다고 주장했다.[49] 디노 크라스

---

49) 엘리자베스 클래러는 UFO 접촉자들 중에서도 매우 독특한 경험을 한 여성인데, 그녀는 어린 시절부터 우주인과 텔레파시 교신을 하는 능력이 있었다고 한다. 특히 알파 켄타우리의 <메톤>이라는 행성 출신의 한 우주인과 지속적인 교신을 계속해오다 1956년에 처음으로 접촉이 이루어졌고, 그 다음 해에는 모선에 탑승해 메톤 행성

1부 지구를 조정하는 지배자들, 그리고 UFO

오르페오 안젤루치, 글로리아 리, 살바도르 V. 메디나, 라인홀드 슈미트(좌측부터)

페돈은 1952년 브라질 남부의 상 파울루 지역에서 자신이 체험한 UFO 함장과의 접촉경험과 대화내용을 책을 통해 상세히 밝히고 있다. 특히 그의 저서는 내용상 매우 과학적인 토대 위에서 언급되고 있는 자료라는 데서 높은 평가를 받았다.

1960년대와 70년대로 넘어 와서는 미국의 프랭크 스트랜지스(Frank Stranges) 박사와 스위스의 빌리 마이어(Billy Meier)의 활동이 가장 널리 알려져 있다. 그리고 그들 외에 사무엘 패트리즈(Samuel Partridge), 안토니오 리베라(Antonio Ribera), 칼 밴 블리어든(Carl van Vlierden), 제프 소우자(Jeff Souza) 등이 있다. 빌리 마이어의 경우 미국의 접촉자들이 주로 금성과 화성, 토성인과 같은 태양계 내 우주인들과 접촉이 이루어진 데 반해 황소자리의 플레이아데스(Pleiades) 성단에서 온 우주인들과 접촉이 이루어진 것이 특별한 점이다. 스페인의 안토니오 리베라의 경우는 지구에서 14광년 떨어진 움모(Ummo)라는 행성에서 온

프랭크 스트랜지스와 빌리 마이어

우주인들과 관련돼 있었는데, 이 사건은 그 혼자만이 아니라 전화와 편지연락 등을 통해 다수의 스페인 시민들이 우주인들로부터 간접 접촉을 받았다는 데서 매우 특이한 케이스라고 할 수 있다. 블리어든의 경우도 콜다스(Koldas)라는 행성 출신의 우주인들과, 그리고 브라질인 제프 소우자는 베가인들(Vegans) 및 움모인들과 접촉한 바 있다. 이들 가운데 특히 목회자 출신인 미국의 스트랜지스 박사는 우리나라를 여러 차례 방한하여 강연을 한 바가 있다.

에까지 가게 되었다. 그리고 그곳에서 약 4개월을 살다 지구로 다시 돌아 왔는데, 그곳에서 머무는 동안 지구에서 만나 사랑했던 아콘(Akon)이란 우주인과의 사이에 아이까지 출산했다고 한다.

강연 중인 알렉스 콜리어

1980년대 이후부터 현재에 이르기까지 가장 활발한 활동을 벌이고 있는 접촉자는 안드로메다 성좌에서 온 우주인들과 만난 미국의 알렉스 콜리어(Alex Collier)와 응급외과의사 출신의 스티븐 그리어(Steven Greer), 그리고 여성인 다이안 테스먼(Diane Tessman)이다. 알렉스 콜리어의 경우는 그가 14살 때인 1964년에 미시간의 우드스톡에서 최초로 접촉했으나, 그후 공백기가 있었고 1985년부터 비로소 지속적으로 다시 접촉하며 그때부터 활발히 활동해 왔다. 이들은 현재도 집필과 대중강연, 집회 등을 통해 외계의 메시지 전파와 은폐된 비밀정보 폭로에 계속 매진하고 있는 중이다. 이밖에도 별로 대중들에게 알려져 있지 않은 비교적 최근의 접촉자로 필립 크라프트(Phillip Krapf)와 제임스 길리랜드(James Gilliland), 그리고 여성 접촉자로는 레인 앤드루스(Lane Andrews)가 있다.

이제까지 알려진 접촉자들은 이처럼 거의 다 서구인들로 이루어졌으나, 동양인으로는 드물게 이웃 일본의 무라다 마사오(村田正雄)라는 사람이 과거 70년대에 접촉 경험을 가졌었다. 본래 전기

플레이아데스인들(Pleiadians)과 접촉하고 있는 미국의 접촉자 제임스 길리랜드. 뒤쪽에 UFO가 찍혀 있다

공업사 사장인 이 사람은 깊은 명상수행 중에 유체이탈(幽體離脫)이 일어나 금성인들과 접촉했고, 자신의 체험을 1974년에 〈하늘을 나는 원반과 초과학〉이란 제목의 책으로 출판한 바 있다.

그러나 세상에 별로 알려지지 않은 더 많은 기존의 접촉자들이 존재할 가능성이 있으며, 또한 최근에 접촉을 시작한 컨택티들도 얼마든지 새로이 나올 수 있는 것이다.

1부 지구를 조정하는 지배자들, 그리고 UFO

5.진화된 우주인들의 세계에 관해

1)그들은 4차원 이상의 문명권에 속하는 고등 생명체이다

우주인과 UFO 문제를 설명함에 있어서 '차원(次元, Dimension)'이라는 개념의 용어를 부득이 사용하지 않을 수가 없다. 그 까닭은 이 용어를 쓰지 않고는 적절한 설명이 되지가 않고, 또 다른 적당한 용어가 없기 때문이다. 차원(次元)이라는 단어는 본래 기하학(幾何學)적 용어이며, 통상적인 의미로 '넓어짐' '움직이는 방향의 자유도(自由度)'라는 뜻으로 사용되고 있다. 1차원은 점과 선의 세계, 2차원은 면의 세계, 3차원은 가로 세로 높이를 갖춘 입방체의 세계, 즉 우리가 살고 있는 세계라고 가정할 때, 이 지구상에는 4차원이나 또는 그 이상의 차원계을 가정하지 않고는 설명할 수 없는 불가사의한 현상이 도처에 널려 있다.

4차원의 시공간 개념이 최초로 도입된 것은, A. 아인슈타인의 〈특수상대성이론〉에서였다. 그는 이 이론에서 우주에 4차원의 공간이 존재할 것이라는 가설을 제시했다. 그렇다면 여기서 현대과학으로는 설명이 안 돼는 4차원적 현상에 대해 몇 가지 사례를 들어 설명하겠다. 우선 대서양의 '버뮤다 삼각해역'에서 이제까지 수백 대 이상의 항공기와 선박이 아무런 자취도 남기지 않고 감쪽같이 사라져 버린 현상이 있다. 그리고 1968년 아르헨티나에서 일어났었던 제럴 비들 박사 부부의 7,000km 원격이동 사건[50], 또 이제까지 수없이 보고된 목격자의 시야에서 사람이 홀연히 사라져 버리는 인간증발 현상 등이 여기에 해당된다.

---

50)1968년 6월 1일 한밤중에 남미 아르헨티나의 수도 부에노스아이레스 근교에서 변호사인 제럴 비들(Geral Viddle) 박사 부부는 마이프시를 향해 차를 달리고 있었다. 또 그 뒤에는 친구인 로컴씨 부부가 탄 차가 뒤따르고 있었다. 그런데 앞에서 달리던 비들 박사 부부가 탄 차가 갑자기 안개 같은 것에 휩싸이는 듯 하더니 로컴씨 부부 시야에서 사라져 버리고 말았다.
로컴씨는 당황하여 경찰에 신고했고, 그 고속도로 일대에 대한 대대적인 수색이 펼쳐졌다. 그러나 아무런 흔적도 찾을 수가 없었다. 안개 같은 것에 휩싸이며 정신을 잃었던 비들 박사 부부가 6월 3일에 정신을 차렸을 때, 그들의 차가 정차해 있던 곳은 어느 한적한 도로 옆의 태양빛 아래에서였다. 어찌된 영문인지 몰라 지나가는 사람에게 여기가 어디냐고 묻자, 놀랍게도 멕시코의 수도인 멕시코시티라는 대답이었다. 즉 그들은 무려 7,000km를 차와 함께 이동해 있었던 것이다. 아연실색한 비들 박사 부부는 그 길로 아르헨티나 영사관을 찾아가 도움을 청함으로써 이 불가사의한 사건은 세상에 알려지게 되었다. 경찰과 미 FBI까지 나서서 어떤 조작이 아닌가를 철저히 조사했으나 아무런 의혹도 발견할 수 없었다. 그리고 그 원인에 대해서는 아직도 풀리지 않은 채 수수께끼로 남아 있다.

UFO 문제도 이러한 범주의 현상에 속하는 가장 대표적인 문제이다. 그러나 제도권의 현대과학은 이러한 문제들에 대해 속수무책이며 전혀 과학적인 해명을 하지 못하고 있다. 그리하여 이러한 초상현상(超常現象)이나 초자연적 현상을 연구 대상으로 하는, 초심리학(Parapsychology)[51] 또는 심령과학이라는 학문 분야가 서구에서 새로이 태동하게 되었다. 그러나 아직까지는 기본적인 발전 단계이며 완전한 체계정립 수준에는 이르지 못하고 있는 것으로 보인다.

우리가 우주라는 것을 이해함에 있어서의 기본 전제는 인간의 지적수준이나 과학적 수준이 이제 겨우 걸음마 단계라는 것을 인정해야 한다는 점이다. 그럴 경우 우리 인간이 알고 있는 우주는 전체의 극히 일부에 불과하다는 사실을 상식적인 사람이라면 충분히 수긍할 수 있는 문제일 것이다.

현대 물리학은 양성자(陽性子)와 중성자(中性子)를 이루는, 마지막 t 쿼크(Quark)라는 소립자를 발견함으로써 겨우 원자(原子)의 구조를 밝혀냈다. 그러나 우주인들의 정보에 의하면 그 쿼크조차도 더 근원적인 원소에 의해서 구성되어 있다고 한다. 그러므로 인간의 과학은 아직 전체 우주의 단 몇 퍼센트(%)조차도 제대로 알아내지 못하고 있는 수준이라고 보아도 무방할 것이다.

우리는 영혼의 세계라든가 우주 천체의 구조, 창조주의 존재 등에 관한 거창한 주제는 고사하고라도 우리가 살고 있는 물질세계에 대해서도 잘 모르고 있다. 또한 우리 인간자신에 대해서도 모르는 것투성이다. 정신과 마음에 대해서, 그리고 왜 쉽게 노화되어 죽어야 하는지, 불치병은 왜 생기고 어떻게 치료해야 하는지도 잘 모른다. 보다 더 간단한 예로 인간은 전기(電氣)를 발견하여 이용은 하고 있으나, 그 본질이 무엇인지는 아무도 모른다. 또 중력(重力)의 실체도 파악하지 못했다. 심지어 감기를 유발하는 바이러스(Virus)의 정체에 대해서도 현대의학은 아직 규명하지 못하고 있다. 한편 지구의 중심에는 고차원의 지저문명(地底文明)이 실재하고 있지만, 이 역시 일반 과학자들은 파악할 수도 증명할 수도 없다.

그런데 의식 수준이 낮은 사람들은 당장 눈앞에 보이지 않고 손에 만져지

---

51)1935년에 미국의 J.B. 라인(Rhine) 박사가 노스캐롤라이나 주의 듀크(Duke) 대학에다 초심리학연구소를 창설함으로써 그 기반이 시작되었다. 이 연구소는 오늘날에도 초상현상과 심령현상을 연구하는 미국 내 최고 최대의 연구센터이다. 이어서 1951년 네덜란드 유트레이트 대학에 W.C. 덴하트 박사에 의해 초심리학과가 설치되었다. 또 소련에도 1959년 레닌그라드 국립대학에 초심리학연구소가 설립되었다. 한동안 초심리학은 과학의 한 분야로 제대로 인정받지 못했으나, 1968년 미국 초심리학협회가 '전미과학진흥협회'에 정식으로 가입됨으로써 비로소 과학의 한 분야로 공인되기에 이르렀다.

지 않는 것은 믿지를 못한다. 즉 육체적 감각기관에 포착되지 않는 것은 그것이 무엇이든 존재하지 않는다고 생각하는 것이다. 그런데 이것은 꼭 유식하냐, 무식하냐의 기준에서 말할 성질은 아닌 것 같다.

좋은 예로써, 언젠가 저명한 모 대학 물리학 교수가 TV에 출연하여, 기공(氣功)에서 말하는 기(氣)라는 것은 없으며, UFO도 존재할 수 없다고 단호히 부정하는 것을 본 적이 있다. 이와 같이 제아무리 유식한 박사라 할지라도 의식이 열려 있지 못한 사람은 편견 없이 다양하게 사물을 수용하여 유추하는 능력이 없다. 여기서 영국의 대물리학자 뉴턴(Newton)의 다음과 같은 언급은 우리에게 시사하는 바가 있을 것이다. 그는 다음과 같이 말한 적이 있다.

"우리 인간의 과학이라는 것은 신(神)께서 보실 때, 천진한 어린아이가 바닷가에서 조개껍질을 가지고 소꿉놀이를 하는 장난 정도로만 보일 것이다"

이 위대한 과학자도 이처럼 겸허히 이야기하였다. 하물며 머릿속에 든 쥐꼬리만 한 지식을 가지고 마치 자신이 전지(全知)한 존재라도 되는 양 교만하게 구는 지식인의 태도는 학문을 하는 학자로서의 올바른 자세가 아닐 것이다. 현대 과학은 미흡하나마, 인간의 다섯 가지 감각기관이 지극히 부분적 세계만을 인지할 수 있음을 밝혀 주었다. 인간의 시각은 특정한 가시광선(可視光線) 내에서만 사물을 볼 수 있을 뿐이다. 이 가시광선권(380~760밀리미크론의 파장)을 벗어난 빛의 파장을 지닌 물체는 그 크기가 항공모함만한 것이 눈앞에 지나가도 인간은 그것을 볼 수가 없다. 청각 역시 마찬가지로, 우리는 인간의 귀로 들을 수 있는 음(音)의 주파수 범위인 16~20,000Hz 사이의 소리만을 들을 수 있다. 인간은 이러한 가청(可聽) 주파수 외에 너무 작은 소리도 못 듣고, 너무 큰 소리도 못 듣는다. 지구는 자전하면서 사실 엄청난 굉음을 내고 있으나, 우리는 아무런 소리도 듣지 못하고 있지 않은가?

필자가 이렇게 장황하게 설명을 늘어놓는 까닭은 다음과 같은 이유 때문이다. 그것은 바로 우주인과 UFO라는 실체가 다차원(多次元) 구조로 이루어진 우주 속에서 우리 인간의 오감적 범위에 한정된 3차원적 세계를 초월하고 있다는 것이다. 다시 말해 그들은 4차원 이상의 고차원 세계를 배경으로 활동하는 존재임을 강조하기 위해서이다.

진보된 우주인들은 인류보다 적게는 한 차원, 많게는 두 차원 내지 세 차원 이상 진화된 고급 생명체들에 해당된다. 때문에 인간의 제한된 3차원 물질과학으로는 그들의 실상이나 UFO를 파악하기란 용이하지가 않은 것이다. 더욱이 지구로 비래하고 있는 우주인들의 문명 수준도 일률적으로 동일한 것이 아니며, 여러 수준과 계층을 이루고 있다는 사실이다.

2)파동(波動)으로 이루어진 다차원적(多次元的) 우주

    우주는 우리의 눈에 보이는 물리적 세계만이 전부가 아니다. 우주는 곧 거대의식(巨大意識)이며, 에너지의 파동체(波動體)이다. 그러므로 진동의 고저(高低) 원리에 따라 다양한 차원으로 구성되어 있다.

    독자의 이해를 돕기 위해서 아래 도표에서 보는 바와 같이, 차원의 개념으로 우주의 생명 형태와 구조를 개략적으로 분류해 보았다. 이러한 도식적인 분류가 반드시 정확한 것은 아니니 너무 구애될 필요는 없으며, 대략 이러한 구조로 우주가 이루어져 있다고 이해하면 좋을 것이다.

구분	생명 형태	활동권	구성세계
10차원	대우주의식(大宇宙意識)	대우주	근원계
9차원	소우주의식(小宇宙意識), (은하의식)	소우주	근원계에서 분리된 소근원계
8차원	대영신(大靈神) 및 붓다 차원의 마스터들. 거대한 집단의식들, 태양계의 의식,	초은하단(超銀河團)	높은 진동의 영적 세계
7차원	신성한 영(靈)들, 그리스도나 보살(菩薩) 차원의 영적 마스터들, 행성의식	대은하단(大銀河團)	높은 진동의 영적 세계
6차원	우주인(고급 생령인) 및 일반 영적 마스터들,	은하단(銀河團)	비물질세계(6차원 초과학)
5차원	우주인(중급 생령인) 및 빛의 지도령들 / 일부 어둠의 군주와 타락한 천사들	대은하계 및 은하외(外)권	비물질세계(5차원 초과학)
4차원	우주인(초급 생령인) 및 일부 악성 외계인들, 하위 영계인들	태양계 및 소은하계	반물질세계(4차원 초과학)
3차원	지구 인간 및 동물계, 그리고 행성의 중력에 묶여 있는 극히 일부 행성인들(아직 영적으로 미성숙한 미개령(未開靈) 및 미성령(未成靈)들	행성 내 일부 영역 또는 행성권내	물질세계(3차원 물질과학)
2차원	식물계	한정적 지표면	물질세계
1차원	광물계	고정적 지표면	물질세계

※여기서 생령인(生靈人)이라는 표현은 보다 영적인 생명체에 가깝다는 의미로 사용했다. 한편 일부에서는 우주의 구조를 12차원으로 분류하기도 한다.

인간이 3차원적인 생명체일 수밖에 없는 이유는 시간적으로 공간적으로 자유롭지 못한데 있다. 우리는 분명히 시간과 공간이라는 어떤 한계에 갇혀서 살아갈 수밖에 없는 부자유스런 존재이다. 그러나 고도로 진보한 우주인들일수록 이러한 장애나 구속에서 자유로우며, 진동주파수 조절을 통해 시공(時空)의 한계와 제약을 넘어서 자유자재로 차원이동이 가능하다. 때문에 그들은 영계나 물질계의 벽도 넘나들며, 양쪽 세계에 동시에 존재할 수도 있는 것이다.

3)다양한 외계의 종족들

그동안의 수많은 외계인 목격과 접촉, 그리고 채널링 정보들을 통해 우리 은하계 내에는 매우 다양한 외계 종족들이 실재하고 있는 것으로 밝혀졌다. 지구상에서 가장 많이 목격된 것은 작은 '그레이'종과 인간형인 북유럽인 외모의 '노르딕(Nordic)' 종족이다. 이외에도 다음과 같은 여러 유형의 종족들이 존재하고 있다고 한다.

양서류과 / 곤충과 / 파충류과 / 공룡과 / 조류과 / 고양이과 / 말과 / 고래과

한 마디로 지구상에서 볼 수 있는 거의 모든 동물종의 외계인들이 다 있다는 이야기이다. 이외에도 휴머노이드형(Humanoid Type)과 파충류 간의 혼혈종인 니비루(Nibiruan)종과 역시 휴머노이드와 그레이 간의 혼혈종인 톨 그레이(Tall Grey) 종이 있는 식으로 종들 간에 교배로 탄생한 혼혈종족이 존재한다.

우리는 동물을 인간보다 무조건 열등하다고 보는 선입견이 있는데, 이는 잘못된 고정관념일 수 있다. 오직 인간형 종족만의 우월성을 주장할 수 없는 이유는 이와 같은 다른 외계 종족들이 동물단계에서부터 진화해서 고도의 지적단계로 올라갔듯이, 인간과 휴머노이드형 외계인들 역시 동물인 유인원(類人猿)에서 진화해간 종족이라고 볼 수 있기 때문이다. 이런 동물형 외계 종족들의 지능은 대단히 높으며 이미 대부분이 UFO로 성간 우주여행을 할 수 있는 과학기술 단계에 도달해 있다고 한다. 또한 이중에 일부는 오히려 인간형 종족들보다도 훨씬 진화가 앞서 있는 종족도 있다고 말해지고 있다.

그 한 예로 시리우스(Sirius) A성에 존재하는 사자인(Lion People) 종족의 경우는 현재 6차원에 머물고 있는 고도로 진화된 존재들로서 직립할 수 있고, 신장이 3.65~4.87m에 달한다고 한다. 또한 이들은 우리 은하계에서 가장 뛰어난 두 종족 가운데 하나이며, 오히려 인간형 종족들을 지도하고 도움을 줄 정도로 영적인 지혜가 높다고 한다. 그리고 현재 이집트에 있는 스핑크스(Sphinx)는 바로 이 사자인들을 기념하기 위해 고대에 만들어진 조형물로 알려져 있다.

파충류 종족의 모습. 이들의 본거지는 용자리(Draco)와 오리온이다

인간형 외계인이든, 동물형 외계인이든 간에 그 어떤 외모를 막론하고 이들 모두는 똑같이 절대자의 피조물들이다. 또한 경험을 통해 점차 깨닫고 진화해 가는 영혼을 갖고 있기는 역시 마찬가지인 것이다. 따라서 단지 외모만을 가지고 우리가 어떤 왜곡된 고정관념을 가져서는 안 될 것이다. 그럼에도 불구하고 외계종족들 중에는 우리 인류에게 도움을 주는 우호적인 그룹과 이와 반대로 피해를 끼치는 사악한 그룹으로 나누어져 있다. 현재까지 알려진 긍정적이고 우주인 그룹과 부정적인 외계인 그룹은 아래와 같다. 긍정적 그룹은 빛과 사랑을 전하며 인류를 깨우치고 도와주려는 이타적 존재들인 반면에 부정적 그룹은 단지 인간을 자기들 이익을 위해 이용하고 착취하거나 지배하려는 이기적인 존재들이다.

●긍정적인 그룹

금성인, 토성인, 시리우스인, 타우 세티인, 베가인, 움모인, 알파 켄타우리인, 플레이아데스인, 아르크투루스인, 안드로메다인 등이 있다. (이 가운데 아르크투루스인들은 우리 은하계 내에서 가장 진보된 6차원 문명으로 알려져 있다.)

●부정적인 그룹

제타 레티쿨리 그레이, 니비루인(아눈나키), 오리온인, 리겔인, 드라코니안(Draconian) - 이들은 모두 그레이종과 렙틸리안(Reptilian)에 속하거나 이들과의 혼혈종이다.

4)인간세계와 우주인 세계의 차이점

외계인들이 4차원 이상의 세계를 무대로 자유로이 활동할 수 있는 이유는 그들의 과학이 단순한 물질과학(物質科學:3차원 과학) 수준이 아닌, 비물리적 심령능력에 근거한 초과학(超科學):4차원 이상의 과학)의 높은 수준에 도달해 있기 때문이다. 과학이라는 것은 발전해 감에 따라 반드시 물질과학의 단계에서 정신과학 또는 심령과학의 단계로 넘어가게 마련이다. 이것은 현대 물리학이 한계점에 도달하자 초심리학 같은 학문이 자연히 발생하는 것을 보면 알 수 있다.

현대 물리학은 이미 물질이라는 것도 궁극적으로는 진동(振動)하고 있는 에너지의 한 형태임을 가르쳐 주었다. 물질은 단지 느리고 낮은 진동수(振動數)로 인해 그것이 인간의 눈에는 견고한 형태로 인식되는 것뿐이다. 그리고 이런 매우 낮고도 둔중한 진동으로 묶여 있는 세계가 바로 우리가 살고 있는 물질계인 것이다. 그렇다면 이 우주에는 물질계보다 빠르고 높은 진동수로 이루어진 에너지 파동의 세계가 얼마든지 존재할 수도 있다는 가정이 성립한다. 영혼의 세계와 고차원의 우주인 세계가 바로 이런 세계에 해당된다. 우리 인간들은 대개 딱딱한 물질의 고체만이 실체이고, 나머지는 모두 허깨비나 환영과 다를 바 없다고 착각하기가 쉽다. 그러나 높은 진동수로 이루어진 고파동(高波動)의 세계일수록 보다 생생한 실체의 세계이며, 낮은 파동의 세계로 내려갈수록 비실체적인 그림자의 세계라는 것을 알아야 한다. 물질을 넘어서서 먼저 존재하는 곳이 비가시적인 심령의 세계요, 정신의 세계이다.

심령의 세계가 '원인(原因)의 세계'이며 '원판(原版)의 세계'라면, 물질의 세계는 '결과의 세계'요, '복사판(複寫版)의 세계'에 지나지 않는다. 미국과 구소련, 동구권을 비롯한 세계 강대국들은 이미 1960년대부터 수십 년간 수천만 달러 이상의 국가 예산을 투입해 가며, 텔레파시나 염력(念力:Psychokinesis) 등의 물질을 지배하는 심령의 힘, 즉 ESP에 관한 심령과학 및 초심리학에 대해서 비밀리에 연구해 왔다 구 소련의 경우만 하더라도 국가에서 예산을 지원하는 초심리연구센터가 최소한 20개 이상이 존재했었다. 이들 국가들은 이러한 연구를 극비에 부치고 있기 때문에 현재 어느 수준까지 와있는지 우리가 자세히 알 수는 없다. 그러나 일부 분야에서는 상당한 단계에 올라선 것으로 추측되고 있다. 아마도 미래의 세계는 당연히 이러한 정신과학 내지는 초과학 분야에서 가장 앞선 국가가 주도권을 쥐게 될 것이다.

진보된 우주인들의 세계는 정신과 물질을 통일하여 심령의 세계나 비물리적 세계에 대해서도 통달한 초과학적 문명세계라고 할 수 있다. 때문에 인간의 눈으로 볼 때에 신출귀몰한 현상이 가능한 것이다. 한 예로서, UFO의 순간적인 증발 현상 같은 것은 물질을 바로 비물질화시킬 수 있는 과학적 능력이 아니라면 불가능하다.

A. 정신적 측면의 차이점

정신적인 면에서 지구인과 진화된 우주인과의 가장 큰 차이점은 그 의식 상태에 있다. 그들이 지구인들보다 뛰어난 고등생명체로 진화할 수 있었던 근본 원인은 바로 여기에 있다. 필자가 보기에 다음과 같은 몇 가지 점에서 차이가 있다.

①인간은 '나'라고 하는 자아(自我)를 중심으로 살아가는 개체의식(個體意識) 생명체이다. 그러나 우주인들은 '나' 이전에 먼저 전체를 생각하여 전체를 중심으로 살아가는 집단의식(集團意識), 또는 공동체의식(共同體意識) 생명체들이다. 인간이 자기중심으로 살아간다는 것은 곧 우주를 이루고 있는 창조주의 거대한 우주적 에너지와의 연결이 단절돼 있다는 것을 의미한다. 이에 반해 우주인들은 항상 창조주와의 에너지 교류 속에서 살아가고 있다.

②인간이 자아중심의 개체의식을 가지고 있음으로 해서 생겨나는 문제가 '내 것'이라는 소유의식(所有意識)이다. 인간 세계에서는 '나의 것'과 '남의 것'을 구분해서 물질을 소유한다. 그러다보니 자연히 남보다 더 많이 가지기 위해서 욕심을 내고 경쟁하며, 경우에 따라 내 이익을 위해 남을 짓밟고 희생시키기까지 한다. 그러나 진화된 우주인들은 이러한 자기중심의 소유의식이 없다. 그들은 개아의식의 단계를 넘어선 집단의식 내지 공동체의식 생명체들이므로 '내 것'과 '네 것'을 구분하는 의식이 없으며, 당연히 '너'와 '나'라는 분리의식도 낮다. 우주인들은 물질이든 생명이든 모든 것은 우주라는 전체의 한 부분임을 깨달아 잘 인식하고 있다. 그러므로 그들은 자기중심의 이기적 욕망을 위해서 남에게 피해를 주거나 전체의 조화와 균형을 파괴하는 인간과 같은 행위가 있을 수 없다. 그들이 항상 우주법칙을 지키면서 조화로운 평화 속에서 살아갈 수 있는 원동력은 여기에 있다.

③진화된 우주인들의 의식 상태는 마치 순수한 어린아이와 같다. 때문에 지구인들과 같이 남을 증오하는 감정이나 싸우려는 마음이 없다. 또한 항상 조화롭고 평정된 의식 상태를 유지하고 있으며, 흥분하거나 화를 낼 줄 모른다. 또 그들에게는 스트랜지스 박사가 접촉한 우주인 발 토어(Val Thor)의 말처럼 손에 지문(指紋)이 없다.

우주 전체의 입장에서 볼 때, 자기중심의 이기성을 가지고 있는 인간이라는 생명체는 전체의 조화와 균형을 파괴해 들어오는 암세포와도 같은 존재이다. 또한 지구상의 대다수의 인간들은 인과응보(因果應報)라는 가장 기초적인 우주법칙조차도 제대로 깨닫지 못하고 있는 저급의 생명체들이다. 그리고 인류는 자기들 생명의 본거지요, 에너지 공급원인 지구라는 어머니를 지금까지 멋대로 파괴하고 괴롭혀 왔다. 한편 인간에 의해 큰 손상을 입은 지구라는 거대한 유기체는 자연히 상처를 치유하고 전체의 조화와 균형을 회복하려는 쪽으로 작용한다, 그것이 일종의 기상이변과 자연재해로 나타나고 있는 것이다. 따라서 장차 지구의 어느 정도의 변동은 불가피하다고 할 수 있다.

B. 일반적 측면의 차이점

인류의 대부분은 앞서 언급한 개아의식을 토대로 지구라는 저차원의 세계 속에서 동물적 욕망에 따라 살아가고 있는 생명체들이다. 그러다 보니 약육강식(弱肉强食)의 원리에 따라 부(富)와 권력을 가진 자와 못 가진자, 지배자와 피지배자, 고용자와 피고용자로 사회적 계급이 나누어져 있다. 또한 이런 빈부 간의 온갖 사회적 대립과 갈등 속에서 오로지 살기 위해서 치열한 생존경쟁을 해야만 한다. 그리고 나이를 먹어감에 따라 온갖 스트레스로 인해 노화현상 및 질병이 나타나고 극히 짧은 수명으로 인생을 마쳐야 한다. 이와는 달리 우주인들은 이런 모든 문제들로부터 벗어난 4차원 이상의 고차원의 세계에서 사는 보다 진화된 형태의 고등생명들에 해당된다. 물론 외계문명들 역시도 발전단계나 중간 과정에서 여러 가지 시행착오를 거쳤을 수는 있다. 하지만 외계로부터의 여러 정보를 종합해 볼 때, 적어도 4~5차원 이상에 도달해 있는 빛에 속한 행성문명들은 다음과 같은 공통적 특성을 갖고 있다.

1.우주법칙을 철저히 준수하면서 선(善)을 지향하며, 따라서 우주를 배경으로 사랑이 충만한 평화의 낙원을 이룩하여 살고 있다.
2.인간이 가지고 있는 노화(老化)와 질병현상 따위는 이미 오래 전에 정복했으며, 그렇기에 그들 세계에는 병원이나 의사가 없다. 또한 평균수명이 보통 500세~수천 세 정도로 매우 길다.
3.기술적으로 중력과 반중력의 조절이 자유롭고, 항성 간 우주선을 통해 태양계와 은하계를 넘나드는 우주여행이 보편화되어 있다.
4.우주에너지라는 무한 에너지원을 끌어다 사용하고 있으므로 자원소모나 에너지 고갈의 염려가 전혀 없다. 그들의 모든 산업과 동력시스템은 이런 우주에너지를 기반으로 하고 있다.

5.무한경제 시스템에 의해서 인간처럼 먹고살기 위해 일할 필요가 없다. 또한 빈부격차나 각박한 생존경쟁이 존재하지 않으며, 화폐경제가 불필요하다.[52]

6.정신감응력이 매우 빨라서 상대방의 상념 내용을 그대로 읽어 버리며, 공간적 거리에 관계없이 텔레파시 교신이 예사로 가능하다.

7.2가닥의 불완전한 DNA를 가진 인간과는 달리 온전한 12가닥-DNA 구조를 갖고 있다. 따라서 자신의 전생(前生)을 모두 기억하며 초감각적 능력을 선천적으로 갖고 있다.

8.몸으로부터 영혼을 자유자재로 이탈시킬 수 있는 능력이 있다. 때문에 경우에 따라서 UFO를 타지 않고 영체(靈體)만으로 지구로 이동해 올 수도 있다. 그리고 보다 더 뛰어난 능력의 우주인들인 경우, 텔레포테이션(Teleportation:원격순간이동)의 능력으로 지구를 왕래하는 것이 가능하다.

9.차원 간을 이동할 수 있다. 예를 들어 5차원의 존재들일 경우 4차원과 3차원을 자유자재로 넘나드는 것이 가능하다.(하지만 자신들이 현재 도달해 있는 차원보다 상위차원에 접근하는 것은 어렵다.)

10.기본적으로 평화공존주의 체제이다. 그러므로 외부로부터 선제공격을 받지 않는 한, 먼저 다른 누군가를 공격하거나 타 행성을 정복하지 않는다. 모든 무력은 어디까지나 순수한 자체 방어를 위해서만 보유한다.

물론 그들이라고 모두 완성된 존재들은 아니며, 그 위에는 더욱 진화된 고등 차원의 우주적 생명체들이 또 존재한다. 여기서 한 가지 우리가 유념해야 할 것은 보다 높은 차원의 생명과 문명은 낮은 차원의 생명과 문명을 섭리(攝理)하고 지도하거나, 또는 지배할 수 있다는 것이다. 이것이 바로 우주의 법칙이다. 예를 들자면, 우리보다 하위차원 생명체인 지구의 광물과 식물, 동물들에 대한 모든 처분과 생사여탈권이 3차원적 생명체인 우리 인간에게 주어져 있는 것과 똑같은 이치이다. 그런 까닭에 인간보다 과학이 발전된 일부 악성 외계인들의 경우는 인류를 가축이나 동물 정도로 보고 실험대상으로 삼거나 자기들 이익과 목적을 위해 이용하려는 케이스도 있는 것이다.

그럼에도 우주의 모든 생명들의 기본 진화법칙은 동일하다. 외적 형태는 다를 수 있으나, 모든 물줄기가 결국 대해(大海)로 돌아가듯이, 우주의 근원으로 귀환하여 합일되는 단계에 도달할 때까지 진화에 진화를 거듭해 간다는 점에서는 차이가 없다. 우주의 모든 생명체들이 진화하는 라인에는 다음과 같은 2가지 길이 있다고 알려져 있다.

---

52)화폐제도를 가진 행성은 우리 은하계 내에서 지구밖에는 없다고 한다.

• 인간/외계인 진화라인 – 자유의지의 법칙에 따라 선(善)과 악(惡) 가운데 하나를 선택하여 진화해 나갈 수 있다.
• 천사/자연령 진화라인 – 본능적 직관적으로 우주의 계획을 알고 있고, 절대자의 우주법칙에 따라 발전해 나아간다.

5)윤회전생(輪廻轉生)의 우주 법칙

미국의 유명한 UFO 접촉자이자 메신저였던 조지 아담스키(1891-1965)가 쓴 《우주선 내부에서(Inside the Spaceships)》라는 책을 보면, 나이가 1,000살이나 된 우주 성자(聖者)가 UFO 안에서 아담스키에게 여러 가지 우주의 진리에 대해 설명을 해 주는 장면이 나온다.

그 우주인 성자의 설명에 따르면, 인간의 영혼은 우주의 별에서 별로 윤회하고 전생(轉生)하는 존재라고 한다. 그래서 우주의 한 행성에서 많은 것을 배워 어느 수준의 깨달음에 도달한 영혼은 보다 높은 차원의 행성에 가서 재생(再生)할 수가 있다는 것이다. 그 방법으로 그는 다음과 같은 두 가지를 제시하고 있다.

①살았던 행성에서 죽은 다음, 그 영혼만이 새로운 행성에 가서 새로이 태어나는 방법.
②현재 살아있는 채로 우주선을 타고 바로 새로운 행성에 가서 사는 방법.

여기서 알 수 있는 것은 한 영혼의 의식이 높아지고 진화함에 따라 한 학년 진급하듯이, 보다 높은 파동을 지닌 천체에 가서 살 수 있는 것이 우주의 법칙이라는 점이다.

실제로 위의 두 가지 방법에 의해서 소수이지만 어느 정도의 지구인들이 외계의 보다 높은 별세계로 승화되어 이동해 갔다. 예를 들자면 구약의 선지자 에녹(Enoch) 같은 사람은 UFO를 타고 외계의 다른 별로 간 두 번째의 케이스에 해당된다. 그리고 UFO 접촉자 조지 아담스키에 관해 한 마디 하자면, 사실 그는 원래 지구인이 아니라 금성에서 지구로 와서 인간으로 태어난 금성인 영혼이었다. 다시 말하면 이는 우주인이 특별한 사명수행을 위해 일부러 인간의 육신을 입은 것이며, 이것이 그가 금성인들에 의해 접촉자로 선택되었던 주요 이유였다. 그리고 그는 자기 인생의 어느 시점에 이 사실을 깨닫고 있었다고 한다. 아담스키는 1965년에 사망했는데, 그때 임무를 완수하고 비로소 인간의 몸을 벗은 그의 영혼은 다시 고향인 금성으로 돌아갔던 것이다.

우리 민족의 조상들 가운데도 각고의 수도 끝에 본래의 고향별로 돌아간 훌륭한 영혼들이 많다. 이와 같이 윤회전생이란 반드시 불교나 힌두교만의 전유물이 아니며, 또 반드시 지구에만 한정된 것이 아니다. 고대 이집트인과 그리스인을 비롯하여 세계의 거의 모든 민족과 종교가 한때는 윤회사상을 그들의 중심 신앙으로 삼고 있었다. 한 예로 예수 그리스도의 생존 당시, 다수의 유대인들도 윤회사상을 신봉했었다. 이때의 역사를 쓴 로마의 유대인 역사가 플라비우스 요세푸스(Flavius Josephus 37~100)의 연구에 의하면, 당시 유대인들은 3지파, 즉 바리새파, 사두개파, 에세네파로 나누어져 있었다고 한다. 이 중에서 에세네(Essene)파는 금욕과 경건한 신앙을 신조로 삼았으며, 윤회전생을 중요한 교리로 인정하여 믿고 있던 신비주의(神祕主義) 교파였다. 바리새파(Phariess)도 역시 윤회설을 가르쳤다.

그런데 예수님은 성경에서 전혀 언급되지 않는 지하활동 비밀교파인 이 에세네파에서 교육받으며 성장했고, 나중에 이 교파의 스승이 되기도 하였다. 이 교파는 메시아가 인류를 구제하기 위해 몇 번이고 이 세상에 다시 온다는 것을 믿고 있었으며, 그것을 위해 미리 준비하고 노력했다. 이에 반해 사두개파는 육체가 죽으면 영혼도 없어진다고 믿었다. 성경을 읽어 보면 거기에도 분명히 윤회의 가르침이 드러나 있음을 우리는 알 수 있다. 초기 기독교 시대에는 그노시스파(Gnosis, 靈智主義)를 비롯한 많은 기독교인들이 6세기 바티칸 공회에서 법률로 금지하기까지(예수 사후 약 500년 동안) 윤회설을 자유로이 믿었었다.

본래 윤회사상은 고대 아틀란티스나 레무리아 시대부터 전수되어 온 것이며, 이것이 고대 아시아의 환국(桓國)과 인도로 넘어왔다. 이윽고 선각자 석가모니 붓다가 출현하여 우주 보편의 운행법칙으로 재차 밝혀 놓은 것이다. 그러나 그 내용이 오랜 세월을 전해 내려오다 보니 지금은 약간 왜곡되고 변질된 형태로 존재하고 있다. 또 한 가지 오늘날의 불교나 힌두교의 윤회론의 잘못된 점은, 인간이 악업(惡業)을 많이 지었을 때, 개나 돼지같은 동물이나 심지어 벌레나 식물로도 태어날 수 있다고 설명하고 있다는 점이다. 즉, 전생(轉生)이라는 의미가 전혀 엉뚱한 뜻으로 와전되어 이해되고 있는 것이다. 이것은 완전한 오류로서 인간의 영혼이 동물로, 더욱이 곤충, 식물 따위로 태어나는 법은 없다. 왜냐하면 인간의 영(靈)과 동물의 영, 그리고 자연령(自然靈)은 영 자체가 본질적으로 서로 다르거나 진화단계가 상이하기 때문이다. 예컨대, 현대 심령과학이 밝혀놓은 연구결과에 따르면, 동물의 영혼이 발전하고 성숙되어 인간의 단계로 진화함으로써 사람으로 태어날 수 있다고 한다. 하지만 일단 이렇게 인간의 단계로 넘어와 인간으로서의 자아의식을 구비한 영혼이 다시 동물로 태어나는 일은 없다고 결론짓고 있다. 즉 아무리 악업이 무겁다고 하더라도 단지 불구자로 태어난다든가, 혹은 불행하고 비참한 인생을 살게 되는 방식으로 악업의 대가를 치르게 될 수는 있어도 결코 다시 인간 이하의 생명으로 태어나지는 않는다는 것이다.[53]

따라서 진정한 윤회전생이란, '한 행성에서 일정한 주기 동안 윤회하여 의식이 높아진 영혼은 한 단계 높은 차원의 다른 행성으로 옮겨가서 사는(轉生) 우주 법칙'이라는 개념으로 재정립되어져야 한다. 윤회사상은 이제 서구에서도 보편적으로 받아들여지고 있다. 최근의 여론 조사에 의하면 전체의 약 35%에 가까운 서구인들이 영혼의 윤회를 믿고 있는 것으로 나타났다. 또한 이미 40년 전부터 서구의 정신 의학계에서는 '전생요법(前生療法:Past Life Therapy)'이라는 새로운 심리치료법이 각광을 받고 있다고 한다. 이 요법은 원인 불명의 여러 정신질환들이 잠재의식 속에 저장되어 있는 전생의 기억들을 되살려 표면으로 의식화(意識化)시킴으로써 쉽게 치유가 되는 정신요법이다. 영혼이 윤회한다는 진리는 이제 서구의 일부 정신 의학자들이나 심리학자들에 의해 그 진실이 증명되고 있는 단계에 와 있다.[54]

6)우주인들의 고차원적 행성과 고진동체

우리가 지금 우주선을 타고 외계의 어느 행성을 방문한다고 가정해 보자. 통상 상상하기를, 우리는 그곳에 인간보다 과학 문명이 앞서 있고 생김새만 우리와 조금 다른 육체를 지닌 외계인들이 살고 있으리라고 생각하기가 쉽다. 물론 그러한 수준의 행성도 일부 존재할 수 있지만, 근본적으로 이런 단순한 사고(思考)는 오산일 수가 있다. 왜냐하면 고도로 진화된 우주령(宇宙靈)들이 살고 있는 천체일 경우, 인간의 육안으로는 아무것도 안 보이는 경우가 허다하기 때문이다.

---

53)다만 우리나라의 심령과학자, 고 안동민(安東民)씨가 주장한 이론에 따르면, 아주 극악한 인간들의 경우에 한해 인간이었던 기억을 지닌 채 그 영혼이 동물의 몸에 한시적으로 갇히는 경우가 있다고 한다.

54)이 분야에서 세계적으로 가장 유명한 학자들로는 다음과 같은 인물들이 있다. 미국 버지니아 대학 초심리연구소의 이안 스티븐슨(Ian Stevenson)박사, 웨스턴 조지아 주립대학의 정신과 교수인 레이먼드 무디(Raymond Moody), 심리학자 지나 서미나라(Gina Cerminara) 박사, 그리고 마이애미 대학 의학부의 정신과 교수를 역임한 브라이언 와이스(Brian Weiss) 등이다.

예컨대 금성에서 온 옴넥 오넥(Omnec Onec)이 자신의 저서에서 설명하다시피, 오늘날 금성의 문명은 우리 지구와 같은 3차원에 있지 않고 상위 아스트랄 단계인 5차원에 존재하고 있다. 따라서 설사 금성에 가더라도 물리적인 3차원에는 아무 것도 없으며, 우리와 같은 피와 살을 가진 육체인으로서의 금성인은 만나 볼 수가 없는 것이다. 그들이 특별히 진동을 낮추어 자신들의 모습을 드러내지 않는 한 말이다. 이것은 지구에서도 육체인간보다 진동이 높은 영혼들이 우리 육안에 안 보이는 것과 똑같은 이치이다. 그러므로 3차원의 물질문명이 아닌 그 이상의 상위차원의 문명인 경우, 그 문명이 머물러 있는 특정 주파수대에 맞춰서 진입했을 때만이 그들과 접촉이 가능한 것이다. 이것은 마치 라디오나 TV 채널의 주파수가 맞아야만 특정 방송 수신이 가능한 것과 동일한 이치이다.

　우주의 각 행성마다 그곳에 살고 있는 영혼들의 영적수준과 의식상태에 따라 그 행성 자체의 진동주파수가 서로 다르다. 그리고 우주 법칙상 낮은 의식(意識)의 파장을 지닌 저급한 영혼들은 주파수가 맞지 않는 높은 차원의 행성에서는 살 수가 없다. 왜냐하면 우선 의식레벨이 높고 영적인 성숙도가 높은 세계에서는 모든 것이 그들의 마음에 의해서 움직이고 좌우되는 세계인 까닭이다.

　분명 이 우주에는 상념만으로 모든 것이 이루어지고 행해지는 행성계가 존재하고 있다. 이러한 높은 파동체(波動體)로 된 별의 우주인들은 '상념의 힘(念力)'으로 모든 것을 생각하는 즉시 물질화시켜 객관적 대상으로 창조해 낼 수가 있다. 또 반대로 소멸시킬 수도 있는 것이다. 아울러 이들은 또한 자신들이 살고 있는 행성과 서로 영적으로 교감할 수가 있다. 행성 자체도 살아 있고 진화해 가고 있는 보다 큰 생명체이기 때문에 양자(兩者)는 서로 간의 영적 진화에 도움을 주고받는다. 또 그쪽 세계의 모든 문명의 기기(器機)들은, 오로지 생각의 염파(念波)에 의해서 자동적으로 작동되어지는 기기들이다. 지구상의 과학으로도 현재 사람의 음성을 인식하여 작동되는 컴퓨터나 TV 같은 기기가 개발된 상태이니, 이러한 이야기가 전혀 허황된 것만은 아닐 것이다.

　그런데 만약 부정적이고 파괴적인 생각을 가진 사람이나 성숙된 의식을 지니지 못한 사람이 그 세계에 존재한다고 가정해 보자. 당연히 모든 기기들은 파괴되거나 망가질 것이며, 또 나쁜 목적으로도 이용될 수 있을 것이다. 이것은 매우 위험한 일이며, 그 세계의 존립 자체를 위태롭게 만들 수도 있다. 또한 이 세계는 매우 미묘하고 민감한 파동의 세계이므로 사람 상호간에 누구나 상대의 마음 속 생각을 읽을 수가 있다. 때문에 인간세계처럼 겉 다르고 속 다른 행동으로 남을 속일 수가 없다. 이것 또한 미성숙한 영혼이 그 세계에 머무를 수 없는 중요한 이유가 된다.

고등 차원의 우주인들은 그들의 체(體) 자체도 우리 지구인들의 물질 육체와는 전혀 다르며, 비물질의 에테르 질료로 이루어진 고섬유질(高纖維質), 고진동(高振動)의 몸이라고 추정된다. 우주인들은 지구인과 같은 허약한 육체가 아닌 이러한 고급의 빛의 몸을 쓰고 살기 때문에 늙고 병드는 일이 없이 신선(神仙) 같은 삶을 누릴 수가 있는 것이다. 이들은 육체적 존재들이 아니므로 인간의 총으로 쏘아도 죽지 않으며, 인간은 어떤 방법으로도 그들을 해칠 수가 없다. 그리고 우주인들의 수명은 보통 1,000세 이상이고, 얼굴도 항상 20~30대 초반의 젊음을 유지하고 있다고 한다. 또한 더 높은 차원의 문명세계일수록 당연히 평균 수명도 더 길다. 예컨대 불경(佛經)에 이르기를, 천상계들 가운데 야마천(夜摩天)은 수명이 약 2,000세, 도솔천(兜率天)은 4,000세, 화락천(化樂天)은 무려 8만세라고 하였다.

몇 천세에서 몇 만세를 보통으로 사는 우주인들의 입장에서 볼 때, 지구인들의 70~80세 수명이란 하루살이 인생에 지나지 않을 것이다. 또 그들은 수명이 다해 죽는다 하더라도, 낡은 옷을 새 옷으로 갈아입듯이 영혼이 몸을 바꾸어 다시 태어남을 깨닫고 있기 때문에 죽음에 대한 공포나 슬픔 따위는 없다고 한다. 그리고 인간과는 달리 전생(前生)을 기억한 채로 태어나거나, 아니면 보다 고차원의 행성에 가서 재생(再生)한다.

고진동체를 가진 우주인들은 지구상의 여러 접촉 사례에서도 목격되었듯이, 문을 열지 않고도 문이나 벽을 그대로 통과해서 드나들 수가 있다. 심지어는 강철판이라도 투과해서 이동 가능하다. 또 순간적으로 사람의 육안에서 사라져 눈에 안 보이게 할 수도 있다. 그러면 혹시 '유령(幽靈)'과 같은 존재가 아닌가 하고 생각할 수도 있으나, 전혀 그렇지 않다. 우리 인간과 똑같이 음식을 먹을 수 있고, 손으로 만져 볼 수도 있는 실체이다. 이 부분에 관련되어 있는 좋은 실례가 신약성서 요한복음(20:19~29)과, 누가복음(24:36~49)에 잘 나타나 있다.

예수가 무덤에서 부활하여 어디론가 사라지자 제자들은 안식일 다음날 어떤 집에 모여서 문을 모두 안으로 잠그고 있었다. 그때 예수는 문을 그대로 통과하여 제자들 앞에 홀연히 나타난다. 당시 제자들은 너무나 놀랍고 무서워서 유령이 나타났다고 생각했다. 그러자 예수는 제자들을 안심시키고 자신이 유령이 아니라는 것을 확인시키기 위해 손과 발을 만져 보라고 내밀어 보였다. 그래도 제자들이 의심하고 어리둥절해 하자, 구운 생선을 한 토막 달라고 하여 그것을 먹어 보이기까지 했다. 이때의 예수님의 체(體)가 바로 우주인들과 똑같은 고진동의 특수한 빛의 몸이었던 것이다. 그들이 벽을 통과하고 사람의 눈에 안 보이게 할 수도 있는 것은 체를 구성하고 있는 에너지의 진동수를 벽이나 물질의 진동보다 매우 빠르게 할 수가 있기 때문이다. 그리고 진동수를 낮추게 되면 인간의 육안에 보이게 되고 견고한 형태로 만질 수가 있게 된다. 진화된 우주인들은 영적능력에 의해서 그 진동 레벨을 자유자재로 조절하는 것이 가능하다. 어떻게 보면 현재 지구인들의 현(現) 물질적 육체와 영혼체, 그 중간 정도의 진동 레벨을 지닌 반(半)-에텔체라고 이해하면 좋을 것이다. 우리 인간의 눈에 영혼이 안 보이는 이유도 영혼체를 구성하고 있는 전자파 에너지 자체가 매우 빠르게 진동하고 있기 때문이다. 우주인 세계의 4차원 이상 5차원, 6차원 과학은 이러한 심령세계의 모든 원리에 통달한 과학이라고 할 수 있다. 이런 고차원의 문명을 향유하며 살아가는 그들이지만, 진화된 존재들은 SF 소설이나 영화에 나오는 식으로 복제인간이나 인조인간을 함부로 제조하여 전쟁에 이용하지는 않는다고 한다. 즉 인공로봇은 단지 힘든 노동이나 위험한 작업에만 일부 이용된다. 이렇듯 진보된 우주인들의 문명세계일수록 우주섭리 안에서 우주법칙을 준수하며 살고 있다. 그러나 이미 지구상의 여러 사례들에서 나타났듯이, 일부 악성 외계인들의 경우에는 높은 수준의 과학을 이용하여 우주의 질서를 깨뜨리려고 한다. 이는 부정할 수 없는 사실이고, 우리가 경계해야 할 사실이다.

6.외계인들은 종교적 숭배 대상이 아니다

필자가 보기에 현재 외계인들에 대한 우리 지구인들의 기본적 인식 형태에는 다음과 같은 세 가지가 있다고 생각한다.

①지구보다 과학은 발달해 있지만, 생김새는 모두 기괴한 형상의 괴물이거나, 이상한 모습이다. 이들은 인간에게 해(害)를 가하거나 지구를 침략할 가능성이 있다.
②인류와 유사한 생명체들이고, 우리보다 과학적으로나 영적으로 더 발전되고 진화한 존재들이다.
③전지전능한 신(神)과도 같으며, 인류의 창조주일 수도 있다.

①②③의 비율은 7:2:1 정도로 추측된다. 첫 번째 인식 형태는 외계인에 대해 어느 정도의 혐오감과 공포심을 가지고 있는 태도이다. 이런 부정적 인식이 주로 형성돼 있는 이유는 왜곡된 내용의 영화나 비디오의 영향이 크다고 볼 수 있다. 세 번째 인식 형태는 외계인이 신적인 존재라는 종교적 숭배

의식과 외경심을 품고 있는 일부 부류의 태도이다. 이러한 인식은 그들의 초자연적 능력과 신비한 출현현상과 관계가 깊다. 또한 외계인들이 인류의 창조주라는 잘못된 주장을 펴고 있는 프랑스의 클로드 보리롱(Claude Vorihon) 같은 사람의 영향도 있다고 볼 수 있겠다.

②항을 제외한 이 두 가지 모두는 극단적 형태의 인식 태도인데, 이러한 일방적으로 편향된 인식은 매우 잘못된 것으로서 경우에 따라서는 양쪽 모두 심각한 사회 문제를 야기할 수도 있다. 왜냐하면 중도(中道)를 벗어나 한쪽으로만 치우친 인식은 반드시 실상을 왜곡하게 되기 때문이다. 그러므로 이러한 양 극단적 인식을 배제하고, 중도의 길을 선택하는 것이 바람직하다. 우주는 인간이 상상할 수 있는 한계를 훨씬 초월하여 너무도 광대한 공간과 다양한 차원으로 구성되어 있다고 가정할 수 있다. 그러므로 우주 속에 존재하는 생명체들도 천차만별의 종류와 형태가 있고, 여러 수준으로 분류될 수 있는 것이다. 지구로 날아오는 UFO와 외계인들도 역시 마찬가지이다. 정상적인 계통으로 진화하지 못한 채 지능과 과학만 발달한 변종(變種)에 속하는 기괴한 모습의 일부 외계인들에서부터, 영적으로 과학적으로 위대한 진화를 이룩한 초지성적 존재로서의 우주인들에 이르기까지, 이 우주에는 다양한 생명들이 공존하고 있다. 그러나 한 가지 우리가 명심해야 되고 또 반드시 짚고 넘어가야 될 문제가 있다. 그것은 아무리 인류보다 높이 진화된 우주인들이라 할지라도 그들이 결코 인류의 종교적인 숭배대상이나 창조주와 동일시되는 현상은 있을 수도, 또 있어서도 안 된다는 사실이다.

영적인 측면에서 볼 때 창조주로부터 부여받은 그들의 영혼과 우리의 영혼 자체는 똑같은 것이며 동등한 것이다. 아스트랄체(Astral Body)라든가, 멘탈체(Mental Body)라든가 하는 영혼 자체를 구성하고 있는 여러 복체(複體)의 구조도 인간과 동일하다. 단지 영혼이 담겨진 체가 다르고 영혼의 각성(覺醒) 상태, 즉 진화의 수준이 다르고, 과학적 문명 수준이 다르다는 차이가 있을 뿐이다. 우주인들은 어디까지나 우리 인류보다 진화의 측면에서 앞서가고 있는 우주의 형제인 동시에 선배이고, 우리의 무지와 잘못을 깨우쳐 줄 수 있는 교사(敎師)이다. 우리가 선배나 스승을 존경할 수는 있어도 신(神)처럼 숭배하지는 않는 것과 똑같은 이치로, 그들이 종교적인 숭배 대상은 아닌 것이다.

여러 접촉사례에서 드러났듯이, 올바르게 진화한 우주인들일수록 그들은 겸손하게 스스로를 피조물이라 한다. 또한 인류가 자신들을 신처럼 숭배대상으로 삼는 것을 원치 않으며, 또 이를 용납하려고도 하지 않는다. 이런 존재들은 단지 우리와 '우주형제(Space Brother)'라고 말할 뿐이다. 물론 과거 원시신앙 시대에 우주인들이 인류로부터 일종의 신(神)처럼 추앙되고 숭배되던 시기가 있었다. 또 고대 수메르시대나 이스라엘 민족의 구약시대처럼 일부 악성 외계인들이 미개 상태의 인류를 속이고 자칭 신으로 행세를 한 적이 있었다. 그러나 그때는 인류의 지성이 깨어나기 이전인 미망(迷妄)의 시대였기 때문에 그러한 현상이 일부 불가피했었다고도 볼 수가 있다. 그러나 지금의 지구 인류는 과학적으로나 정신적으로나 우주의 실상을 어느 정도 이해할 만한 지적 발전단계에 도달해 있으므로 이제 이러한 미망에서는 벗어나야 한다.

7.각종 경전과 문헌에 기록된 우주인과 UFO

여기서 우주인과 UFO가 고대로부터 어떤 명칭으로 기록되어 있는가에 대해서 살펴보도록 하겠다. 이러한 비교를 통해서 우리가 알 수 있는 것은 시대나 민족을 초월하여 우주인과 UFO에 대한 명칭이 서로 비슷하다는 점이다. 고대인들이 목격하고 접촉했던 우주인과 UFO에 대한 관념과 그것을 표현하는 의식(意識)은 어느 시대, 어느 민족을 막론하고 공통분모를 가지고 있는 것 같다.

우주인들에 대해서는 대개 '천사(天使)' '하늘나라 군대(天軍)' 및 '하늘나라 사람들(天人)' 또는 '신(神)' '선(仙)' 등으로 표현되어 있다. 또 UFO는 거의 다 '하늘을 나는 말(馬)이나 수레(車)' 등으로 표현되어 있다. 이것은 아마도 고대인들이 생각할 수 있었던 승용물(乘用物)로는 당시에 말이나 수레밖에 없었기 때문일 것이다.

	우주인 명칭	UFO 명칭
성경(聖經)	천사(天使), 천군(天軍), 흰 옷 입은 사람들,	불수레(火車), 구름, 구름기둥, 불말(火馬), 불병거, 불기둥, 백마(白馬), 권능의 구름
불경(佛經)	천인(天人), 천녀(天女), 천자(天子), 천신(天神)	보배수레(寶車)

격암유록(格菴遺錄)	천사(天使), 천군(天軍), 선관(仙官), 선녀(仙女), 선인(仙人), 천상선(天上仙)	조정운차(鳥霆雲車) 신비기(神飛機), 구름(雲), 천마(天馬), 백마(白馬), 철마(鐵馬), 비룡마(飛龍馬), 영차(靈車)
우리나라 신화 및 설화	천인(天人), 천녀(天女), 신선(神仙), 선녀(仙女), 하늘나라 사람, 천계인(天界人)	천마(天馬), 백마(白馬), 오룡거(五龍車), 용마(龍馬), 백곡(百鵠)
인도 신화 및 고사본	천신(天神)	비마나(Vimana), 천공차(天空車) 푸시파카, 공정(空艇), 천차(天車)
그리스 신화	신(神)	태양의 수레
기타 명칭		신의 전차(戰車), 신의 병거(兵車), 신의 수레

8.성간(星間) 우주여행과 UFO의 운행 원리

과학자들 중에는 외계에 생명체가 존재할 수 있다는 가능성에 대해서는 긍정하면서도 외계로부터 온 우주선으로서의 UFO의 실재에 대해서는 부정하는 사람이 많다. 그 대표적 이유로는 우주공간이 워낙에 광대하고 별과 별 사이의 거리가 너무나 멀기 때문이라는 것이다. 알다시피 천문학에서는 별의 거리를 빛의 속도에 준하여 광년(光年, Light Year)으로 표시한다.

아인슈타인(Einstein)의 '상대성 이론'에 의하면, 빛의 속도가 우주의 모든 것들 중에 가장 빠른 절대속도이므로 이 빛보다 빠른 것은 있을 수 없다고 되어 있다. 그러므로 우선 광속(光速)에 가까운 우주선을 개발한다는 것 자체가 현실성이 없는 무리한 발상이라고 보고 있다. 또 설사 초당 30만km의 광속으로 비행할 수 있는 우주선을 개발한다고 가정하더라도 보통 수백~수만 광년 떨어져 있는 머나먼 우주로부터 지구까지 외계인들이 올 수가 없다는 것이 지배적 견해이다.

그러나 필자가 보기에 이러한 생각들은 우물 안 개구리 식으로 모든 것을 너무 우리 지구상의 과학적 척도만을 가지고 판단하려는데 문제가 있다. 이제 겨우 기초단계에 있는 지구상의 과학을 너무 맹신하는 경향이 있는데, 우주인들의 과학은 우리 인간들이 보통 생각하는 식의 과학이 아니다. 아래의 내용들은 필자 나름의 생각을 정리한 것이며, 참고적으로만 받아들이기 바란다.

(1)도인(道人)의 신통력(神通力)과 UFO 비행의 유사성

지금까지 지구상에서 목격된 놀라운 UFO의 특징적인 현상은 다음과 같다. 이러한 현상들의 특징은 물리학적인 '관성(慣性)의 법칙'이나 '중력(重力)의 법칙'을 완전히 초월하고 있다는 데 있다.

- 급가속 및 급정지
- 비행중의 예각(銳角) 및 직각 방향 전환
- 순간소멸 및 출현, 수직 이착륙(離着陸)
- 비행음이 없는 초고속 운행
- 바다 속으로의 수중비행 및 수중과 하늘 사이의 자유로운 이동 능력
- 파도가 치는 듯한 파도비행 및 낙엽이 떨어지는 듯한 지그재그의 낙엽비행
- 자동차나 사람을 공중으로 부양(浮揚)시켜 이동시킬 수 있는 능력
- 주위의 전기나 전자 기기를 멈추게 하거나 자유자재로 조작할 수 있는 능력
- UFO 자체가 순간에 몇 개의 부분으로 분리되었다가 다시 합쳐지는 현상
- 광선(우주 에너지)의 방사에 의한 인간의 불치 및 난치병의 치병 능력

그런데 이러한 UFO의 특징적 현상들을 살펴보면, 옛날이야기에 나오는 도사(道師)들의 신출귀몰하는 신통력과 매우 흡사하다는 점을 발견하게 된다. 결론적으로 말해서 UFO의 비행 원리와 도사들의 신통력 원리는 근본적으로 일맥상통하는 원리라고 추정된다.

앞서 언급한 바와 같이, 4차원 이상의 과학은 비가시적이고 비물리적 차원인 심령세계의 모든 비밀을 원리적으로 통달한 초과학이다. 그러므로 그들의 과학은 우리 인간의 눈으로 볼 때는 일종의 마술이나 도술(道術)과 같은 과학이라고 할 수 있다. 또한 우주인들의 고차원 과학에서 볼 때, 시간과 공간은 분리된 별개가 아니라 하나일 뿐이다. 그리고 공간이란 보통 우리 인간이 생각하는 것처럼 단순한 것이 아니라, 다차원(多次元)의 형태로 서로 다양하게 중첩되거나 뒤틀려져 교차돼 있을 수 있다. 그러므로 겹쳐진 4차원 공간(초공간)의 비밀을 알고 있는 우주인들은 SF적 개념인 소위 스타게이트(Star

Gate)나 웜홀(Worm Hole) 같은 것을 통해 극히 짧은 시간 내에 공간이동
이 가능하다고 볼 수 있다. 또한 공간적 거리를 압축하는 모종의 방법이 있
을 수도 있다. 그리고 이보다 더 고도로 진보된 우주 생명체들은 4차원 공간
을 이용하지 않고도 순간이동을 통해 우주여행이 가능할 것이다. 때문에 이
들에게 공간적인 거리는 아무리 멀어도 전혀 문제가 되지 않으며, 없는 것이
나 마찬가지이다. 그러므로 수천, 수만 광년의 거리를 왕래하는 것도 그들에
겐 옆방 드나들기와 똑같은 것이다.

　홍길동이 동에 번쩍, 서에 번쩍 순식간에 사라졌다가 다시 나타나는 도술
은 초심리학적 용어로 "텔레포테이션(Teleportation)"이라고 한다. 또 기독교
인들이 기적이라고 부르는 예수가 바다 위를 걸었던 능력은 공중 부양술(空
中浮揚術)에 해당하며, 물고기 두 마리와 빵 다섯 개로 수천 명이 먹고도 남
을 정도의 분량으로 만들어낸 능력은 물질창조의 능력이다. 그리고 우리나라
이조시대의 사명당(四溟堂)이나 진묵대사(震默大師), 전우치(田禹治), 토정(土
亭) 이지함, 송구봉(宋九峰) 선생 같은 분들이 구사했다는 축지(縮地), 둔갑
(遁甲), 천리안(千里眼) 등의 도술들, 또 석가모니가 갖고 있던 6대 신통력과
인도 요가수행자들의 불가사의한 초능력들은 범인들이 볼 때는 그저 놀라운
수수께끼일 뿐이다.

　이러한 초상현상들에 대해 현대 과학은 그저 과학 분야와는 다른 세계의
신비한 능력 정도로 치부할 뿐 별다른 설명을 하지 못하고 있다. 지구인들
중에도 이런 특수한 능력을 지닌 소수의 사람들이 오랜 고대부터 존재해 왔

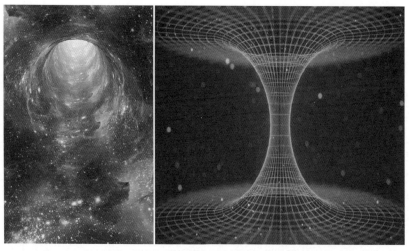

우주 공간속의 웜홀 (Worm Hole) 개념도

으며, 지금도 어딘가에 존재하고 있을 것이다. 하지만 초능력의 신비는 영원한 수수께끼가 될 수 없다. 단지 지구상의 3차원 물질과학이 아직까지 이러한 초상현상들을 해명할 만한 수준에 도달하지 못했기 때문에 그 원리를 아직 과학적으로 밝혀내지 못하고 있을 뿐이다. 그러나 장차 과학이 모든 초능력이나 초자연 현상들을 원리적으로 규명했을 때 지금처럼 신비적 '불가사의(不可思議)'니 '기적(奇蹟)'이니 하는 용어들은 지구상에서 사라질 것이다. 그 시대에 그러한 것들은 더 이상 신비나 기적이 아닌 일상적이고도 상식적인 자연현상으로 취급되어질 것이다. 우주인들의 4차원 이상의 고차원 과학은 바로 그러한 원리를 규명하여 응용 개발된 과학으로서 그들의 세계는 그러한 바탕 위에 이룩된 고등문명 세계라고 할 수 있다.

UFO의 비행 원리는 그 행성이나 기술수준에 따라 여러 가지 방법이 채택되고 있는 것으로 추측된다. 우선 UFO가 지구의 대기권 내에서 물리법칙을 초월한 비행이 가능한 것은 지구의 공간 에너지와 UFO 자체에서 만들어낸 역장(力場)의 흐름을 적절히 이용하거나 주변에 진공을 형성하여 대기의 저항이나 중력의 간섭을 무력화시킬 수 있기 때문이다. 요컨대 UFO 주위에는 전자기적인 힘에 의해 대기와 중력의 영향은 차단할 수 있는 자체만의 특수한 '에너지 장(場)'인 방호막이 형성돼 있다고 추측해 볼 수 있다.

UFO는 일반적 물리법칙과 분리된 이와 같은 원리로서 그 행성의 인력에서 자유자재로 벗어나 이동하며, 머나먼 성간 여행시에는 웜홀과 같은 4차원 초공간을 이용하거나, 순간이동(텔레포테이션)에 돌입하는 것이다.

(2)텔레포테이션의 비밀

과거 TV에서 방영되었던 〈스타트랙(Star Trek)〉이라는 외화에 보면 이런 장면이 나온다. 어떤 '육체 전송 장치' 안에 들어가면 한 순간에 육체가 분해되어 사라지고, 목적했던 다른 장소에 금방 다시 나타난다. 그런데 이것은 단순한 SF적인 아이디어가 아니라 실제로 가능한 원리이며, 우주인들이 사용하고 있는 원리이다(※지구상의 SF 소설이나 영화의 내용들은 전부는 아닐지라도, 상당 부분은 실제에 근접해 있다. 왜냐하면 SF 작가들의 아이디어 자체가 UFO로부터 주어지는 영감(靈感)에 의한 경우가 많기 때문이다). 또한 뒤에서 소개되겠지만, 이것은 지구를 지배하는 비밀 엘리트 세력들도 현재 이미 개발하여 사용하고 있는 기술인 것이다. 원격순간이동 기술은 이와 같은 모종의 기술적 장치에 의해서도 가능하고, 또 우주인들 자체의 능력에 의해서도 가능하다. 예

를 들어 금성인 사령관 발 토오(Val Thor)와 접촉했던 프랭크 스트랜지스(Frank Stranges) 박사의 책에 보면, 그가 차를 운전하고 있던 도중에 발 토오가 달리는 차의 뒷좌석에 갑자기 나타나는 바람에 펄쩍 뛸 듯이 놀라는 내용이 나온다.

텔레포테이션의 원리를 비유적으로 설명하자면 다음과 같다. 방송국에서는 소리나 영상(映像)을 전파의 형태로 바꾸어 송출한다. 그러면 매우 빠른 속도로 공간을 이동해 온 그 전자파를 각 가정에서는 라디오나 TV 수상기로 수신하여 다시 소리나 영상으로 재생한다. 이렇게 해서 우리는 원거리에서 보낸 소리나 영상을 본래와 똑같이 재생해서 볼 수가 있다. 이와 비슷한 원리에 의해서 텔레포테이션도 행해진다고 추정해 볼 수 있다. 고차원의 우주인들은 먼저 영력(靈力)55)으로 순식간에 자신의 몸과 물체를 구성하고 있는 원자 입자를 분해하여, 일종의 전자파 에너지화(非物質化, 氣化)한다. 그리고 목적지로 한 순간에 이동한 후에 즉시 분해된 입자를 다시 재결합하여 본래의 상태로 환원(物質化)하는 것이다.

그들이 이런 능력을 예사로 행할 수 있는 것은 지구인들보다 정신과 신체의 진동을 자유자재로 조절할 수 있을 만큼 심령능력이 뛰어난 고등생명체이기 때문이다. 앞서 잠시 소개한 미국의 다나 하워드(Dana Howard)와 접촉했던 금성의 여성 우주인 다이앤은 순간이동에 관해 이렇게 설명하고 있다.

---

55) 영력(Psychic Energy)이란 곧 영(靈)이 지니고 있는 기(氣)적인 에너지, 즉 생명력이다. 우주의 모든 생명체들의 수명은 바로 이 영력에 달려 있다. 보다 상위차원의 우주인들일수록 수명이 긴 이유도 그들의 영력이 지구인들보다는 월등히 강하기 때문이다. 영력은 그 영의 각성수준과 진화단계가 높아질수록 비례해서 늘어난다. 때문에 인간보다 하등의 영을 가진 동물로 내려가면서 수명이 점점 짧아지는 것이다. 초능력자나 도인들의 초상적인 능력들은 모두 이와 같은 강력한 영적 에너지에 의해 이루어진다.

"수많은 긴 세월 동안 우리는 원격순간이동의 원리를 만족스럽게 설명하기 위한 근거를 확립해 왔습니다. 왜냐하면 그 순간이동 수단에 의해 우리 금성인들은 원격전송능력을 보유하고 있기 때문이지요. 그것은 빛의 속도로 한 지점에서 출발해 다른 지점에서 다시 나타나는 능력입니다. 하지만 이것은 오직 영혼과 물질 사이에 완벽한 균형이 잡혀진 신체만이 가능합니다. 즉 우주의 중심에 도달한 완전한 존재만이 텔레포트(Teleport)할 수 있고, 또 될 수가 있는 것입니다.

텔레포테이션에서 진동은 시간과 공간을 초월해야만 합니다. 즉 시간과 공간은 사라집니다. 그리고 강력한 심상화가 있어야 합니다. 진동이 가속화되어 일반적 상태를 넘어서 완전한 옥타브로 높아질 때, 외견상 생명이 없는 듯한 물질이 마음의 모든 명령에 응하여 따르게 됩니다. 원격순간이동을 하는 데 있어서 한 생각(一念)이 필요할 뿐이지만, 그 일념이 (텔레포테이션을 실현시키는) 모든 힘인 것입니다. … 텔레포테이션은 중심에서 영혼을 물질과 합일하는 행위입니다. … (중략) …

모든 것에는 주관-객관의 관계가 있습니다. 완벽한 균형이 존재하는 곳에서는 이른바 생명이 없는 물질이 단지 상념의 힘에 의해 생명에게 반응해 옵니다. 다시 반복합니다. 텔레포테이션이 가능해지기에 앞서 토대가 먼저 만들어져야 합니다. 오직 그때만이 절대자의 생기가 불어넣어진 말씀(소리, 진동)의 창조력이 구체화될 수 있습니다. 당신은 나와 함께 다른 존재들이 순간이동의 상태로 당신 앞에 나타났을 때 이런 신성한 명령의 결과를 목격했습니다. 먼저 역동적인 창조의지에 의해서 내가 확언했던 것은 육체가 영이 되어야 한다는 것이었습니다. 그러자 곧 나의 신체를 이루고 있는 원자들이 분해되기 시작했습니다. 그 즉시 나는 비가시적인 에너지체에 의해 둘러싸여 있었습니다. 그리고 생각이 우주를 여행하는 극히 짧은 시간 내에 나는 목적지에 도

1부 지구를 조정하는 지배자들, 그리고 UFO

착했습니다. 아직은 일종의 상념체(에너지체)를 입고 있었고 나는 다시 그 비가시적인 몸에게 형태를 취하라고 명령을 발했습니다. 나는 이렇게 말했습니다. "나는 다이앤이다. 나는 지구인의 육체로 나타났다." 즉각 육체의 원자들이 소용돌이치며 형태를 취했고 - 당신이 보았다시피 - 한 순간에 고체의 상태에 도달했습니다. 이제 나는 영으로서의 다이앤이 아니라 육체를 취하고 있었던 것입니다."

"내가 언급했듯이, 텔레포테이션에서는 고형의 몸이 보이지 않는 힘에 의해 이동합니다. 텔레포테이션이 시범 보여질 수 있기에 앞서 상념의 힘이 그런 발현상태에 상응해야 합니다. 심상화가 모든 것이며, 가장 효과적입니다. 오직 이 방법만이 플라즈마를 발산하는 그 생명의 상태를 바꿀 수가 있습니다.

텔레포테이션에서 물리적 질료는 우주로부터 끌어당겨져 오직 상념의 힘에 의해 형태로 주조됩니다. 이것은 생명체들뿐만 아니라 비생명체들에게도 역시 적용됩니다. 원격순간이동을 실행하기 위해서는 의식의 집중이 필요합니다. 의식집중은 어떤 세상의 사건을 변화시키는 데도 마찬가지로 요구됩니다. 이것이 직접적인 창조의 원리인 것입니다."[56]

〈다이앤-그녀는 금성에서 왔다(1956)에서〉

우리 인간 역시도 이런 우주인들이나 옛날의 도사들처럼 고도의 의식(意識)과 상념의 힘으로 육체를 이루고 있는 원자의 파동 함수를 변화시킬 수 있다면 그 즉시 원하는 곳으로 순간이동이 이루어질 수 있을 것이다. 이처럼 인간의 눈으로 보았을 때 그들 개개인은 신통술을 자유자재로 구사하는 도사나 마찬가지이다. 또한 영화 〈스타트랙〉의 장면처럼 강력한 자기장(磁氣場)을 조성하여 물체나 사람을 순간이동시킬 수 있는 물체전송장치도 가능하다.[57]

---

56) Dana Howard. Diane: She Came from Venus.(Regency Press, 1956) PP. 67~68

57) 미국의 뛰어난 사이언스 논픽션 작가 찰스 버리츠(Charles Berlitz)나 내부 폭로자 알 비얼렉(Al Bielek)박사, 드루(Drue)박사 같은 이들에 의하면, 1943년 10월에 미 필라델피아 해상에서 행해진 <레인보우 계획>이라는 극비실험이 있었다고 한다. 이를 보통 "필라델피아 실험"이라고 부른다. 이 실험은 2대의 강력한 자장(磁場) 발생장치를 사용하여 1척의 구축함에 강한 자기장(磁氣場)을 조성해 봄으로써 과연 어떤 결과가 나타나는가를 비밀리에 실험해 본 것이다. 이 실험내용을 다룬 영화가 오래 전에 미국에서 제작된 바도 있었는데, 그 실험결과는 매우 충격적이었다고 한다.
이들의 증언에 따르면, 강한 자기장이 걸린 '에르도리지"라는 구축함은 그 안에 타고 있던 181명의 승무원들과 함께 녹색빛의 뿌연 안개 같은 것에 휩싸이기 시작했다. 그러더니 잠시 후에 구축함 전체가 이를 주시하던 과학자들과 목격자들 앞에서 서서히 사라져 버렸다. 그리고 필라델피아 해상에서 사라진 구축함은 얼마 후 그곳으로부터 900km 떨어진 '노포크'라는 항구에 갑자기 나타났다.
그런데 배에 탑승했던 총 181명의 승무원들 가운데 40명은 사망하고 21명은 생존

초능력과 UFO 현상은 공통적으로 어떤 초자장(超磁場)과 관련성이 있다고 추측된다.

한편 UFO 연구가이기도 했던 미 천문학자 모리스 제섭(Morri Jessup) 박사는 UFO의 갑작스런 출현이나 증발현상을 아인슈타인의 "통일장(統一場)이론"으로 풀어보고자 했다. "통일장이론"이란 시간과 공간, 물질과 에너지라는 분리된 개념을 통합하여 이 두 가지가 각기 다른 것이 아니라 전자기장과 중력장이 통일된 하나의 역장 속에서 서로 전환될 수 있다는 이론이다. 제섭 박사는 통일장이론을 좀 더 발전시킨다면 강력한 자기장 속에서 물체나 사람이 투명화되어 소멸됨으로써 다른 차원으로 순간이동이 가능하다고 보았다.

그리고 우주인들은 이러한 텔레포테이션의 원리를 비행 기기에까지 적용함으로써 성간 우주여행이 가능한 것이다. 그들의 UFO는 바로 이러한 원리에 맞도록 초과학적으로 응용 개발한 고차원적인 비행체라고 할 수 있다. 아마도 이러한 고차원적인 과학이 아니고는 최소한 수백 광년에서부터 수천, 수만 광년을 이동해야 하는 성간 우주여행은 사실상 불가능할 것이다. 덧붙여 어느 정도 반경의 우주공간을 보다 짧은 시간 내에 주파하여 이동할 수 있느냐가 그 외계인들의 문명수준을 가늠할 수 있는 중요한 잣대가 될 것이다. 왜냐하면 UFO로 똑같은 거리의 공간을 이동한다고 하더라도 그 비행이동 기술의 수준은 행성들에 따라 서로 다를 수 있기 때문이다.

UFO는 그들이 속한 별의 문명 수준에 따라 기종과 모양이 다양하며, 기능도 여러 가지로 차이가 있다고 알려져 있다. 크기에 있어서 한 개의 행성만한 초대형 모선(母船)에서부터 리모트 컨트롤되는 무인용(無人用)의 작은 탐사선에 이르기까지 매우 여러 유형이 존재한다고 한다. 또한 추진동력에 있어서도 마찬가지이다. 이제 막 우주여행의 초보적 단계에 들어선 행성권에서 제작되어 가까운 태양계 내에서만 운행할 수 있는 UFO라면 추진 시스템이 태양에너지나 핵에너지를 이용한 경우도 있을 수 있을 것이다. 그러나 추측컨대 보다 고차원 문명권에서 온 UFO일 경우, 보통 인간들이 상상하는 식으로 조종석에 앉아서 어떤 버튼을 누른다거나, 조종장치를 조작함으로써 운행되는 것이 아니다. 이러한 UFO들은 UFO 자체가 살아 있는 일종의 생

했으며, 나머지 120명은 다른 차원으로 사라져 영구 실종되었다고 한다. 그리고 생존자들의 상당수도 정신이상이 되거나 실험 후유증으로 나중에 많은 고통을 받았다고 알려져 있다. 또한 이 실험에 참가했다 살아남은 민간과학자들에 해당하는 알 비얼렉과 드루(Drue) 박사는 구축함이 사라졌다 다시 물질화되기까지의 기간 동안 자신들이 시간여행을 경험했다고 놀라운 증언을 한 바 있다. 게다가 그들은 미국정부가 현재도 이런 실험을 계속하고 있으며 이미 어느 정도의 성공을 거두었다는 충격적인 증언을 했었다.

명체와도 같은 기기이며, 완전히 탑승한 우주인들의 마음이나 영력에 의해서 운행되는 비행체라고 가정해 볼 수 있다. 예를 들면, UFO와 조종사의 의식(意識)이 한 몸처럼 연결되어 생각에 의해 자동으로 운행이 이루어지도록 프로그래밍되어 있는 것이다 .어찌 보면 이것은 초능력자가 염력(念力)만으로 물체를 자유자재로 이동시키거나, 물질을 창조하기도 하고 소멸시킬 수도 있는 원리와 유사하다. 이처럼 UFO라는 비행체는 기기 자체가 우주인들의 상념파(想念波)에 반응하여 자동적으로 작동하여 운행되는 물체이다. 때문에 빛과 에너지로 이루어진 고차원계의 UFO들은 전파나 광속보다도 훨씬 빠른 염파와 같은 엄청난 속도로 우주공간을 순식간에 이동할 수 있을 것으로 생각된다.[58] 아니 어쩌면 이동한다기보다는 한 순간에 공간을 점프한다고 표현하는 것이 맞을지도 모르겠다.

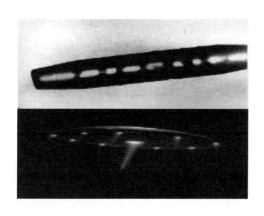

그리고 모든 UFO를 구성하고 있는 재질이 지구상에서의 금속개념과 같은 고형(固形)으로 되어 있으리라고 생각하는 것도 우리의 오산일 수 있다. 물론 지구상에서 제작된 UFO와 일부 낮은 차원의 문명권에서 온 UFO는 특수금속 재질에 속할 것이다. 그러므로 고장이나 사고로 인해 추락할 수도 있다. 그러나 보다 고차원의 문명권에서 온 UFO일수록 그것이 반드시 어떤 금속과 같은 상태로 언제나 항상성(恒常性)을 이루고 있다고 볼 수 없다. 이것은 오로지 탑승 우주인들의 심령능력에 의해서 자유로이 컨트롤되고 형상화되는 일종의 에너지 덩어리라고 보아야 한다. 때문에 순식간에 몇 개의 부분 형태로 분리되었다가 하나로 재결합되는 놀라운 현상이 가능한 것이다.

현대 물리학도 말하고 있듯이, 물질과 에너지는 본래 동일한 것이며 동전의 앞뒷면과도 같은 것이다. 때문에 물질의 상태와 에너지의 상태는 근본적으로 양자 간에 상호 전환될 수가 있다. 바로 이러한 원리하에 우주인들은

---

58)초심리학의 연구 결과에 의하면, 텔레파시의 교신은 공간적 거리를 초월하는 것으로 밝혀졌다. 즉 텔레파시를 통해 전송되는 인간의 상념파는 서울에서 뉴욕으로 통신을 하든, 1만 광년 사이의 거리에서 통신을 하든 시간적으로 똑같다는 이야기이다.

그들의 뛰어난 영적, 과학적 능력에 의해서 순식간에 물질을 에너지로, 또 에너지를 물질로 바꿀 수가 있는 것이다. 다시 말해 그들은 UFO 자체도 한 순간에 비물질화(에너지화)시켰다가, 다시 본래 물질의 상태로 환원시킬 수가 있다. UFO를 구성하는 에너지의 파동수를 높였을 때는 비물질화되어 인간의 육안에 얼마든지 안 보이게 할 수 있으며, 파동수를 낮추었을 때는 물질화, 형상화되어 사람의 눈에 목격되는 것이다. 물론 이러한 UFO가 고장으로 인해 추락하는 일 따위는 거의 있을 수 없다고 생각한다. 불가사의한 UFO의 소멸과 출현 현상, 그리고 분리 및 재결합 현상 등도 지금까지 설명한 이러한 각도에서 이해하면 될 것이다.

우주에는 지구보다 단지 몇 백년 앞선 외계 문명에서부터 몇 천, 몇 만, 몇 십만 년 앞선 문명도 존재할 수가 있다. 이와 마찬가지로 UFO의 수준에도 다양한 여러 차원 - 물질차원에서부터 아스트랄, 멘탈적 차원까지 - 이 존재한다고 보며, 일률적으로 잘라 말하기는 곤란하다고 생각한다. 그러므로 우주인들의 고차원 과학을 인간의 현 물질과학적 잣대로 판단하거나 이해하려고 해서는 안 된다. 만약 우리가 기존의 고정관념에 사로잡혀 UFO를 납득 불가능한 존재로만 생각한다면, 맹목적 UFO 부정론자들의 말에 현혹되어 올바른 판단을 할 수 없게 될 것이다.

UFO 현상이나 모든 초상현상들이 현재 지구에서는 그저 불가사의이고 초능력 또는 신통력이라고 표현할 수밖에 없다. 그러나 4차원 이상의 문명권에서는 그것이 단지 일상적인 현상이고 보통 능력들에 불과한 것이다. 고로 이러한 측면에서 유추해 볼 때, 지구상에서 이러한 초능력을 구사하는 초인(超人)들이나 도인(道人)들은 진화상 보통 인간들보다 앞서 있는 모델과 같은 존재들인 동시에 본래 우주의 고차원 문명권에서 지구로 내려온 우주인일 가능성이 있다고 하겠다.

2부

미국 정부와 외계인들 간의 커넥션

1장
양자(兩者) 간의 비밀 접촉과 체결된 협정

미국정부가 이미 오래 전에 외계인들과 비밀접촉을 가졌었고 그들 간에 모종의 협정이 체결되었다는 일부 소문과 주장들이 있어왔다. 그런데 이것은 결코 막연한 추측이나 가설이 아니며, 이미 어느 정도 입증된 실제적 사실이다. 그리고 앞서 언급했다시피 이런 정보들 역시 미국의 군 정보기관이나 비밀기지 등에서 직접 근무했던 내부 고발자들에 의해서 폭로되어 공개되었다.[1]

이들은 정부기관에서 근무할 당시 관련 기밀문서를 보거나, 그런 협정의 결과로 인한 실상을 직접 체험하고 증언한 것이기에 그들의 주장이 허구일 수는 없다. 또한 각기 소속이나 배경이 서로 다른 다양한 사람들의 폭로내용들이 대부분 유사하거나 공통적으로 일치하는 부분이 많다는 점에서도 신빙성이 높다고 할 수 있다. 이에 관련해서 증언했던 대표적인 내부고발자들로는 윌리엄 쿠퍼, 찰스 L. 서그스, 존 리어, 컴맨더 엑스, 마이클 울프, 돈 필립, 필 슈나이더 등이다. 아래의 내용들은 그들의 증언들을 종합하여 요약한 것이다.

---

[1]일부의 경우는 그런 접촉현장을 목격했거나 거기에 직접 참석했던 인물이 나중에 자신의 경험을 지인(知人)에게 보낸 편지를 통해 누설한 케이스도 있다. 제럴드 라이트(Gerald Light) 같은 사람이 여기에 해당된다.

1.첫 접촉

1953년 미국 정부의 천문학자들은 우주로부터 지구를 향해 오고 있는 거대한 물체를 발견했다. 처음에는 그것이 소행성인 것으로 추측하였으나, 나중에 그 물체는 거대한 우주선인 것으로 판명되었다. 이 우주선은 지구에 다가와 적도 부근 상공에 자리를 잡았다. 이외에도 지구 주변에는 여러 대의 다른 우주선들이 머물러 있었다. 당시 NSA(국가안보국)는 〈시그마(Sigma) 프로젝트〉라고 불리는 비밀 프로젝트를 수행하고 있었는데, 그 1차적 목적은 외계인들의 무선교신과 언어를 수신 또는 감청하여 해독하고 그들과의 소통체계를 확립하는 것이었다. 아울러 외계인들과의 외교적 교섭 작업을 수행하기 위한 프로젝트인 "플라토(Plato)" 역시 진행되고 있었다. 이 두 프로젝트들은 모두 성공적이었고, 컴퓨터 이진법 언어를 이용한 무선교신을 통해 외계인들과의 만남을 위한 토대를 마련할 수 있었다. 그리하여 최초로 미국정

2차대전시 연합군 총사령관 출신인 아이젠하워 대통령

부와 외계인 간의 접촉이 사막에서 일어났다. 스티븐 스필버그 감독의 영화 "미지와의 조우(Close encounter of the Third kind)"는 이때 있었던 실제의 사건을 가공하여 영화로 만든 것이다. 이 첫 접촉에서 그들은 다시 돌아와 공식적인 조약을 체결하겠다는 약속으로 1명의 외계인 인질을 미국측에 남겨 놓았다.

2.두 번째 접촉

다른 한편으로 1954년 2월 20일에 인간형 우주인들이 에드워드 공군기지에 착륙했고, 당시 아이젠하워 대통령과 그들과의 접촉이 이루어졌다. 기지는 완전히 이틀 동안 폐쇄되어 철저히 보안조치가 취해졌다. 이 첫 번째 접촉에

　　　　　　　　　2부 미국 정부와 외계인들 간의 커넥션

서 북유럽인(Nordic)과 유사한 외모를 가진 2명의 이 우주인들은 아래의 요구사항을 미국 정부에게 제시하는 동시에 다음과 같이 경고했다. (※이들 간의 대화는 우주인측에서 제공한 전자 통역기에 의해 진행되었다고 한다.)

*모든 핵실험을 중단하고, 즉시 핵무기들을 해체하고 파괴하라.
*지구의 환경을 오염시키고 자원을 약탈하는 행위를 중단하라.
*조화로운 삶의 방식을 배우도록 하라.
*그렇지 않을 경우 인간은 서로를 해치고 자멸의 길로 향할 것이다.
*우리는 인류의 영적인 발전을 도울 수 있다.
*인간은 이미 소유하고 있는 기술을 제대로 다룰만한 영적단계에 이르지 못했다. 따라서 새로운 기술제공은 불가하다.
*적도상공에 머무르고 있는 그레이종의 외계인들을 주의하라. 그들은 몇 년 동안 지구를 면밀히 관찰해 왔으며, 거짓 속임수의 위험성이 있다.

이 첫 만남에서의 협상은 결렬되었는데, 핵무기를 없애면 인류의 영적발전을 돕겠다는 그들의 제의를 아이젠하워 행정부가 거절했기 때문이다. 미국은 애초부터 그들에게 신무기 개발에 도움이 되는 기술이전을 원했었다. 그런데 존 리어 (John Lear)의 증언에 따르면, 협상자리에 함께 배석했던 아이젠하워 및 국가 안보 당국자들 간에는 외계인들에게 어떻게 대응해야하느냐의 문제와 나중에 이런 접촉사실을 대중들에게 공개할 것인지의 여부에 대해서 의견차이가 있었던 것으로 알려졌다. 다시 말해 아이젠하워는 그들의 제의를 수용할 의사가 있었다는 것이다.

3.세 번째 접촉과 그 협정내용

이런 두 번째 만남이 있은 후 1954년 5월에 미국정부와 외계인 종족과의 세 번째 접촉이 일어났다. 이들은 지구의 적도 부근 궤도에 머물고 있던 "라지-노즈(Large-Nose) 그레이"라고 불리는 외계인들로서 홀로만 (Holloman) 공군기지에 착륙했다. 이때 5대의 UFO가 내려앉았고 기지는 3일 간 완전히 폐쇄되었다. 이 그레이 외계인들은 특별한 목적을 가지고 미국

정부에 접근했으며, 이 모임에서 그들의 제의와 미국의 요구조건이 부합되어 비밀협정이 체결되었다.[2] 그러나 이 협정은 미국의 국민과 의회를 속이고 승인을 거치지 않은 반헌법적인 것이었다. 협정에서 합의된 사항들은 다음과 같다.

1. 그레이 외계인은 인간의 일에 간섭하지 않으며, 미국정부 역시 그들의 일에 관여하지 않는다.
2. 양측은 외계인의 존재를 지구상에서 대중들에게 공개하지 않고 비밀로 유지한다.
3. 그레이측은 미국정부에게 (UFO를 포함한) 진보된 기술들을 제공하고 기술적 발전을 돕는다.[3]
4. 그레이측은 지구상의 다른 국가와는 어떤 협정도 체결하지 않는다.
5. 3)항에 대한 대가로 그레이측은 인간과 동물들을 제한된 한도 내에서 의학적 실험용으로 납치할 수 있다. 단 이것은 인간에게 해를 끼치지 않고 납치 기억을 지운 채 납치장소로 다시 되돌려 보낸다는 조건에 한해서이다. 또한 그레이 외계인측은 납치한 사람들의 명단을 정기적으로 M-12에게 제공한다.
6. 협정의 효력이 지속되는 한, 양측은 상대국의 외교 사절을 받는다. 그리고 서로에 대한 배움을 위해 16명의 요원들을 교환한다.
7. 미국정부는 그레이 외계인측이 이용할 수 있는 기지들을 지하에다 건설한다. 그 중 2개는

키가 작은 그레이 외계인들과 미국 정부 간의 비밀스러운 접촉을 보여주는 정체불명의 사진

---

2) 이 그레이 외계인들이 어디에서 온 종족인가에 대해서는 증언자들 간에 견해가 서로 엇갈리는데, 윌리엄 쿠퍼와 컴맨더 X는 오리온의 베텔기우스라고 했고, 마이클 울프는 제타레티 쿨리 항성계라고 언급했다. 하지만 이 두 지역이 모두 그레이종들의 본거지이고 이 두 종의 그레이들이 나중에 지구에서의 활동에 함께 협력한 것으로 보아 결국 한 집단으로 보아도 무방할 것이다. 그리고 일본의 연구가 후카노 가즈유키(深野一幸) 박사와 미국의 존 리어(John Lear)는 그 협정체결 시기가 1954년이 아니라 1964년이라고 했다. 이 두 사람외의 나머지는 모두 1954년이라고 언급했다. 한편으로 어쩌면 이것은 그레이 외계인들과 미국정부와의 협정체결이 한 번 이상일 가능성을 암시한다고 볼 수도 있을 것이다. 예컨대 컴맨더 엑스 같은 내부고발자에 따르면, 외계인과의 협정은 1954년만이 아니라 1964년, 1972년에도 있었다고 한다. 그리고 어떤 연구가들은 이것이 협정의 갱신(재계약) 때문이라고 말하기도 한다.
3) 이런 기술교환을 통해 미국이 얻은 기술로는 UFO 관련 기술이외에도 스텔스 기술, 무중력 정찰기와 항공법, EMP 기술, 시간여행, 입자 빔 무기, 대기권 밖 우주비행을 위한 신소재 제조법, 중성자탄 제조 기술, 순간이동, 인간복제, 마인드 콘트롤, 플라즈마와 레이저 기술, ELF와 레일 건(Rail Gun)과 같은 전자 스펙트럼 기술 등이 포함된다.

양측의 기술적 협력을 위해 공동으로 사용하는 목적으로 건설될 것이다. 기술교환은 양측이 합동으로 사용하는 기지들에서 시행한다.

8.이런 외계인 기지들은 유타, 콜로라도, 뉴멕시코, 아리조나 등 4군데의 외딴지역에 위치한 인디언 보호구역 지하에 건설하며, 다른 한 곳에 캘리포니아 모자브 사막 인근 (드림랜드로 알려진) 지역에 건설한다.4)

이와 같은 미국정부와 그레이 외계인들 간의 비밀협정이 조인됨에 따라 곧 이어 대규모의 지하 기지들이 건설되기 시작했다. 이러한 건설작업은 1960년대 중반에 이르기까지 장기간에 걸쳐서 진행된 것으로 추측된다. 윌리엄 쿠퍼는 자신이 해군정보국에 복무할 때 본 비밀문서에 의하면, 미국이 건설한 이런 모든 외계인 기지들은 해군본부의 관할 하에 있었다고 언급했다. 이와 동시에 전수받은 외계의 기술들을 시험하고 발전시키기 위한 특급 비밀 시설이 네바다 병기 시험단지 내의 그룸 레이크(Groom Lake)에 건설되었다. 흔히"드림 랜드(Dream Land)"라는 암호명으로 불리는 이곳의 에어리어(Area)-51과 S-4 비밀구역에서 이런 작업들이 이루어 졌으며, 이곳에 근무하는 과학자들과 군(軍) 요원들은 모두 "Q"등급의 높은 기밀취급 인가를 갖고 있었다.5)

이런 비밀협정이 체결된 이후, 1960년대부터 미국을 비롯한 세계전역에서 발생하기 시작한 수수께끼의 사건들이 있었는데, 그것은 바로 협정내용 안에 있는 합의사항인 인간납치와 가축도살 사건들이었다. (※이런 부분은 뒷장에서 따로 자세히 다루게 될 것이다.) 그러나 그 이후에 이 밀약은 속임수를 쓴 함정으로서 결과적으로 일종의 악마들과 굴종적 거래를 한 것으로 드러났다. 즉 그레이들은 시간이 지남에 따라 나중에는 피납자들의 숫자와 명단을 MJ-12에게 통고해주기로 한 협정을 어겼고, 또 필요 이상의 수많은 사람들을 납치했다고 한다. 또 그 실험은 단순한 의학실험이 아니었으며, 일부 피납자들은 아예 돌려보내지 않았다는 것이다.

1940년대 말과 1950년대는 수많은 UFO의 출현과 목격, 그리고 아름다운 인간형 우주인들과 만났다고 보고한 다양한 UFO 접촉자들이 매우 활발

---

4)William Cooper. Behold a Pale House (Light Technology Publishing, 1991). PP. 202~204.

5)이 "Q"등급은 미국 대통령도 갖고 있지 못한 보안인가 등급으로서 이를 다시 말하면 그 지역은 대통령조차도 (비밀정부의) 특별 허락이 없이는 함부로 출입할 수 없다는 의미이다. 그만큼 초극비 구역인 셈인데, 이곳에서는 <레드 라이트(Redlight) 프로젝트>를 통해 외계의 기술들을 집중적으로 테스트하고 개발하는 일이 진행되었다. 윌리엄 쿠퍼가 공개한 정보에 의하면, 이 지역 지하기지에는 최소한 600명의 그레이 외계인들이 미국 쪽 과학자 및 CIA 요원들과 상시 거주했으며, 그중 극히 일부만 외계인들과 직접적인 접촉이 허용되었고 늘 감시를 받았다고 한다.

하게 나타났던 시기이다. 하지만 1960년대로 접어들면서부터는 인간들이 난쟁이 외계인들에게 납치되어 실험당하고 수많은 가축들이 도살되는 기괴하고도 흉측한 사건들이 난무하기 시작했다. 그것은 바로 미 국민을 비롯한 전 인류를 속이고 그림자정부 세력과 그레이 외계인들 간에 체결되었던 바로 이런 비밀협정 때문이었다. 그리고 어쩌면 이것은 소수의 어둠의 집단이 외계의 새로운 기술을 얻는 대가로 전 인류를 그들에게 실험용으로 팔아넘긴 사악한 거래였다고 말할 수 있을 것이다. 또한 이로 인해 인류에 대해 우호적이고 선의(善意)를 가진 이른바 "우주형제들"에 해당되는 외계존재들마저 오해를 받고, 그들의 계획과 활동이 상당히 위축당하는 결과를 가져왔다고 할 수 있겠다.6)

그리하여 당시 지구에서 막 진행되려고 하던 이와 같은 잘못된 흐름을 바꿔보려는 노력의 일환으로 1950년대 말에 발생한 4번째 접촉사건이 있었다.

4.네 번째 접촉과 그 내막

1957년 3월 16일 지구주변의 모선에서 발진한 1대의 UFO가 미국의 버지니아 주, 알렉산드리아 외곽 지역에 착륙했다. 곧 이어서 이 소형의 정찰선에서 인간형의 우주인 1명이 걸어 나왔고, 이를 목격하고 달려온 경찰관 2명에 의해 그는 즉각 국방성으로 호송되었다. 이 존재는 금성에서 온"발 토오(Val Thor)"라는 이름의 우주인 사령관으로서 같은 시점에 그의 지시에 의해 UFO 3대가 캘리포니아 에드워드 공군기지에 내려앉았다.

앞서 있었던 미국정부와 외계인 간의 다른 접촉사건과는 달리 사전에 아무런 교신이나 외교적 소통이 없이 느닷없이 일방적으로 발생한 이 우주인 방

---

6)이런 존재들은 우주법칙을 어기지 않는 한도 내에서 인간을 돕고 있고, 악성 외계종족들의 침략으로부터 지구를 배후에서 보호해주고 있다고 한다. 한 예로 UFO 접촉자 알렉스 콜리어는 플레이아데스와 안드로메다, 타우 세티 및 다른 태양계 출신의 불개입론자 우주인들이 그동안 해왕성 궤도 인근에서 오리온의 드라코니언(파충류) 세력들의 진입을 저지하여 태양계를 봉쇄해 왔다고 주장한다. 이것은 지구의 역사에 있어서 중대하고도 위태로운 이 시점에 그들의 우리 행성에 대한 불법적인 개입을 막기 위한 것이라고 한다. 즉 이 말은 빛과 어둠을 대표하는 양측의 연합 세력 간에는 대립이 있고 또 우주에서 벌어지는 "천상의 전쟁"이 존재한다는 이야기이다. 그럼에도 불구하고 미국정부가 인간의 자유의지에 의해 다른 어둠의 외계종족과 협정 등을 체결해서 진행하는 일들에 대해서는 그들이 그것을 강제로 저지하거나 간섭할 수 없다는 것이다. 왜냐하면 이것은 우주의 <불간섭 법칙> 때문이다. 따라서 그들은 직접적인 개입 대신에 우주법칙을 어기지 않는 범위 내에서 간접적으로 관여하는 방식을 선택하는데, 그것은 인간으로 태어나거나, 인간의 몸을 빌리는 워크인(Walk-in) 형식을 취하는 것이다.

문 사건은 그만큼 미국쪽의 당황스러움과 사태의 급박함을 내포하고 있었다. 그는 먼저 국방성에서 미 국방장관 및 참모진과 만났고, 이어서 백악관에 있던 당시 대통령인 아이젠하워 앞으로 인도되었다.

금성인 사령관 발 토오

금성의 고위평의회의 지시에 의해 지구에 내려와 미국의 대통령을 만난 이 우주인은 외계문명을 대표해서 그들에게 전하는 권고안과 메시지를 전달했다. 그러나 즉답을 회피하며 시간을 두고 논의해보자는 아이젠하워의 요청에 따라 발 토오는 그 후 3년간 국방성의 한 숙소에 머물게 되었다.[7] 당시 발 토오측이 미국 쪽에 제시한 제안은 앞서 1954년에 있었던 인간형 우주인들과의 접촉에서의 제안과 유사한 부분이 있으며, 대략 다음과 같은 것으로 알려져 있다.

1.핵실험을 일체 중단하고 핵무기를 폐기하라.
2.우주인이 실재한다는 사실을 지구의 대중들에게 공표하라.
3.석유와 석탄과 같은 화석연료 사용을 중단하라 - 계속적인 화석연료 사용은 지구의 환경을 오염시키고 자원고갈을 심화시켜 인류를 위기로 몰고 갈 것이다.
4.전쟁과 파괴, 자연훼손 및 오염행위를 멈추도록 하라.
5.만약 1~4항을 허락하여 수용한다면, 지구의 에너지 문제를 근원적으로 해결할 수 있는 우주(프리) 에너지 이용 기술을 제공할 것이다.
6.또한 지구상의 굶주림과 질병, 빈곤, 의료 문제를 원조하고 평화적인 과학기술발전을 지속적으로 도울 수 있다.

금성인 발 토오는 3년 동안 국방성에 머무는 동안 미국의 수뇌부들을 만나 설득하려고 노력했으나, 곧 여러 가지 벽에 부딪치고 말았다. 그림자정부의 통제를 받는 미 군부(軍部)가 원하는 것은 프리 에너지 기술이 아니라, 단지 SDI(전략 방위 구상)에서 이용할 수 있는 스타워즈용 우주무기 기술이었기 때문이다. 또한 군산복합체의 우두머리들과 석유재벌들은 우주에너지 기술

---

7)1957년에 금성인 사령관 발 토오의 백악관 출현 및 국방성 체류 사건은 목회자인 프랭크 스트랜지스(Frank Stranges) 박사가 자신의 저서(미 국방성의 우주인 [Stranger at The pentagon], 1967년)를 통해 처음으로 공개한 것이다.

이 상용화될 경우 석유에 기반한 기존 경제체제의 붕괴 및 혼란발생, 그리고 국민들에 대한 자기들의 통제력 상실을 우려했다.

그런 까닭에 애초부터 우주인측의 제안과 협상안은 받아들여질 가능성이  매우 낮았다고 할 수밖에 없다. 그럼에도 당시 대통령이었던 아이젠하워는 발 토오의 제안을 세상에 공표하기를 원했고, 부통령 닉슨도 그의 의견에 동조했었다고 한다. 그러나 대통령 자문기관 및 국방장관을 비롯한 군 수뇌부들과 CIA는 이에 철저히 반대했다.

일반인들이 생각할 때 미국 대통령이 최고 권력자이자 통수권자이므로 그가 결단을 내리면 모든 것이 결정되는 것처럼 보기 쉬우나, 미국 대통령은 사실상 실권이 별로 없는 허수아비 자리에 불과함을 알아야 한다. 실제로 미국을 움직이고 세상을 조종하는 진짜 권력을 쥔 자들은 배후에 있는 비밀정부 세력들이다. 따라서 그들이 거부권을 행사하여 반대하는 한, 미국 대통령 혼자서는 아무 것도 독자적으로 결정하여 실행할 수가 없는 것이다. 결국 인류를 돕기 위한 제안을 갖고 왔던 금성인 사령관 발 토오는 귀환하라는 상부의 지시에 따라 1960년 3월 16일, 지상을 떠났다.

이것은 이미 오래 전에 지나가 버린 과거 일에 대한 가정일 뿐이지만, 만약 이때 어떤 형태로든 우주인측의 제안이 수용되었다고 상상해 보라. 아마도 인류문명은 이제까지도 지속되고 있는 전쟁과 테러, 빈곤, 기아, 질병, 자연재앙 등의 모든 비극과 불행을 극복하고 평화와 행복이 상존하는 새로운 차원의 우주문명 단계로 이미 진입했을 것이다.

5.아이젠하워 대통령의 고뇌와 퇴임연설

미국의 제34대 대통령으로서 1953년부터 1961년까지 재임한 아이젠하워는 자신의 대통령 재위기간 동안 여러 차례 외계인들과 직접 만나 회담을 했던 독특한 경력의 소유자였다. 그러나 미국의 지도자로서의 그의 독자적 판단과 지도력은 군산복합체와 정보기관 수뇌부들로 이루어진 반대세력들과 부딪쳐 수많은 개인적 갈등과 고뇌를 낳았다. 비록 민주적 선거에 의해 선출된 대통령이긴 하지만, 그 역시도 그림자정부의 통제와 압력을 피해갈 수는 없었던 것이다.

당시 아이젠하워는 방편상 비밀정부 도당들과 가깝게 연합하는 정책을 취하기는 했으나, 적어도 자신의 개인적인 신념에 따라 그들의 계획에 완전히 동의해서 협력해 나가지 않아 나중에는 배신당한 것으로 보인다. 다시 말하면 그는 절충안을 택해 그레이 외계인들과의 교섭에는 응했으나 그 거래내용에 대해서는 만족하지 못해 대통령으로서 승인하기를 거절했을 가능성이 높은 것이다. 또한 그는 개인적으로는 외계인들과의 접촉에 관해 국민들에게 공개적으로 알리고자 하는 생각도 있었던 것 같았다. 이렇게 되자 결국 그는 나중에 비밀정부세력들에게 따돌림을 당했고, 그레이들과 실질적인 교섭과 협정체결은 그 세력들만에 의해 독자적으로 추진된 것이 아닌가 생각한다.(※윌리엄 쿠퍼 역시 그레이 외계인들과의 1954년 협상이 아이젠하워와는 별도로 MJ-12에 의해 2중으로 진행되었다고 증언한 바 있다. 아이젠하워는 신속한 협정체결을 재촉하는 그림자정부 세력과 맞서 대통령자리에서 밀려날 수 있는 상황에서도 계속 저항했다는 이야기가 있다.)

그가 재임기간 동안 이 통제 세력들과 빈번히 충돌하여 갈등하고 있었다는 암시는 몇몇 정황들 속에 드러나 있다. 그리고 그 가장 명확한 증거는 그의 퇴임연설에 잘 나타나 있다. 아이젠하워는 1961년 대통령 자리에서 물러나게 되자, 퇴임사를 통해 넌지시 이 세력들이 휘두르는 무소불위의 권력에 대해 경계해야한다고 강조한 바가 있다. 참고로 당시 그의 연설문 중에 관련 주요 부분만을 발췌,번역하여 소개한다.

■ 군산복합체의 위험성을 경고했던 고(故) 아이젠하워 대통령의 고별 연설문

(1961년 1월 17일)

안녕하십니까? 친애하는 미국 국민 여러분! 우선 저는 우리의 국가에 대한 보고와 메시지를 전할 수 있도록 오랫동안 저에게 기회를 부여해준 라디오 및 TV 네트워크에게 저의 감사의 뜻을 표현하고 싶습니다. 오늘 저녁 여러분에게 인사를 드릴 수 있는 기회에 대해 저는 특별히 그들에게 감사합니다.

국가에 대한 반세기 걸친 봉사가 끝나는 지금으로부터 3일 후에 저는 전통적이고 엄숙한 의식에 따라 공직의 책임을 내려놓을까 합니다. 대통령직의 직권은 내 후임자에게 귀속되었습니다.

… (중략) …

우리는 지금 큰 국가들 간의 4개의 주요 전쟁을 목격했던 한 세기의 중간지점을 10년 정도 지난 시점에 와 있습니다. 이 전쟁들 중에 3개가 우리나라와 관련돼 있었습니다. 이 커다란 참화에도 불구하고 미국은 오늘날 세계에서 가장 강력하고 가장 영향력 있으며, 가장 생산적인 국가입니다. 당연히 이 걸출함이 자랑스럽지만, 우리는 아직 미국의 리더십과 명성이 단지 우리의 타의 추종을 불허하는 물질적 발전과 부(富), 군사력에 있는 것이 아니라, 우리가 세계의 평화와 인간 향상을 위해 우리의 힘을 사용하는 데 있음을 실감합니다.

… (중략) …

평화를 유지하는 데 있어서 중요한 요소는 우리의 군사적 힘을 확립하는 것입니다. 우리의 무력은 강력해야 하며, 즉시 조치를 취할 수 있도록 준비돼 있어야 하는데, 그리하여 잠재적인 침략자가 감히 자멸을 위험을 무릅쓰는 유혹에 빠지지 않을 수가 있습니다. 하지만 우리 군사조직은 오늘날 평화시대의 내 전임자들에 의해, 또는 실제로 2차 세계대전이나 한국전에서 싸운 사람들에 의해 알려진 것과는 거의 관계가 없습니다.

우리의 세계가 충돌하는 가장 마지막 때까지 미국은 군비(軍備) 산업이 없었습니다. 미국의 보습 제조업자들은 시대적 요구에 따라 언제나 칼을 만들 수 있었습니다. 하지만 지금 우리는 국방의 문제를 돌발사태시 더 이상 즉흥적으로 대처하는 위험을 감수 할 수가 없습니다. 즉 우리는 불가피하게 거대한 규모의 영구적인 군비산업을 구축할 수밖에 없었던 것입니다. 이에 덧붙여 약 350만 명의 남성과 여성이 이러한 군수 관련 산업에 직접 종사하고 있습니다. 우리는 매년 모든 미국 기업의 순이익보다 많은 자금을 군사적 안보에 지출합니다.

엄청난 군대의 창설과 거대한 무기산업의 결합은 미국의 경험에 있어서 새로운 것입니다. 그 총체적 – 정치적, 경제적, 심지어 영적인 – 영향은 모든 도시, 모든 주 의회의사당, 연방 정부의 모든 사무실에서도 느껴집니다. 우리는 이런 부득이한 사태의 필요성을 인식하고 있습니다. **하지만 우리는 그 심각한 영향들을 간과해서는 안 됩니다.** 우리의 노고와 국가예산 및 생계가 모두 거기에 관계돼 있고, 따라서 그것은 곧 우리 사회의 구조적 기반을 이루고 있는 것입니다.

정부의 위원회에서 우리는 군산복합체(軍産複合體)에 의해 시도되었든, 아니든 간에 그 부당한 영향으로 인한 (이익의) 취득을 감시해야 합니다. 잘못된 권력이 불행하

　　　　　　　　2부 미국 정부와 외계인들 간의 커넥션

게 비대화되는 잠재성이 상존하며, 이는 계속 지속될 것입니다.

우리는 결코 이러한 군산복합체의 영향력이 우리의 자유나 민주주의 과정을 위태롭게 해서는 안 됩니다. 우리는 아무 것도 당연한 일로 생각하는 일이 없어야 합니다. 오직 총명한 일반 시민들의 경계만이 거대한 방위산업과 군사조직을 우리의 평화로운 방법 및 목표와 적절하게 결합시킬 수 있습니다. 그럼으로써 안보와 자유가 함께 번영할 수 있는 것입니다.

… (중략) …

존경하는 국민 여러분, 여러분과 저에게는 모든 국가들이 하느님의 인도하에 정의와 평화의 목표에 이를 것이라는 강력한 신념이 필요합니다. 우리가 언제나 원칙에 대한 헌신에는 흔들리지 않고, 확고하지만 권력을 가지고는 겸손하고, 국가의 '큰 목표'를 추구함에 있어서는 부지런하기를 기원합니다. 세상의 모든 사람들에게 저는 다시 한 번 미국의 기도와 지속적인 열망을 표하고자 합니다. 즉, 우리는 모든 종교, 모든 인종, 모든 국가의 사람들이 그들의 커다란 인간적 욕구가 충족되기를, 현재 기회를 얻지 못한 사람들이 그것을 충분히 누리기를, 현재 자유를 가진 사람들은 자유의 막중한 책임을 깨달을 수 있기를, 그리고 가난한 사람들의 궁핍을 느끼지 못하는 모든 이들이 자비심을 배울 수 있기를, 또한 빈곤과 질병과 무지의 재난이 이 지상에서 사라지기를, 마지막으로 우애의 시대가 오면 상호존중과 사랑이 결속된 힘에 의해 보장된 평화 속에서 모든 나라의 국민이 함께 공존하게 되기를 기도합니다.

이제 금요일 정오에, 나는 사적인 시민이 됩니다. 나는 그렇게 되는 것이 자랑스럽습니다. 나는 그것을 기대합니다.

감사합니다, 안녕히 계십시오.

1.로버트 라자르 박사 - 미국 정부의 UFO 제작을 폭로하다

로버트 스콧 라자르(Robert S. Lazar)는 UFO 분야의 중요한 내부고발자인 과학자로서 미국정부의 핵심적인 비밀들을 폭로한 바 있다. 그는 1989년 3월에 처음으로 미 라스베가스 지역 방송국인 KLAS-TV에 출연하여 자신이 정부의 비밀연구단지인 네바다, 51-구역 인근 S-4에서 외계인의 UFO 추진 시스템 연구에 종사하고 있다고 밝혔다. (이때 그는 화면에 음영처리를 하고 음성을 변조한 채 나와서 "데니스(Dennis)"라는 가명을 사용했다.) 그리고 이러한 1차 폭로 후에 라자르는 자신의 신변안전에 위협을 느낀 나머지 그해 11월에 2차로 TV에 나와 맨 얼굴과 실명으로 모든 것을 다 공개했다.

로버트 라자르

그의 말에 따르면, 이러한 비행접시는 주류과학이 아직 발견하지 못한 이론인 중력파(gravity wave)를 이용하는 추진 시스템으로서 그 동력의 원천은 지구상에는 존재하지 않는 NO. 115라는 초중원소(超重元素)를 핵연료로 이용한 반중력(反重力) 반응로에 있다고 하였다. 다시 말해 원소 115 핵의 역장(力場)을 증폭할 경우, 그 결과로서 생겨나는 대규모의 중력 작용은 시공(時空)을 왜곡하거나 휘게 만들어 공간적 거리나 여행시간을 엄청나게 축소시키게 된다는 것이다. 게다가 그 원소 1Kg이 수소폭탄 4710 메가톤과 같은 양의 에너지를 방출하며, 각 우주선은 단지 223g의 원소를 필요로 할뿐이라고 언급했다. 라자르는 자신이 S-4에서 목격한 UFO에 대해 이렇게 증언하고 있다.

"S-4에는 산맥의 측면에 건설된 9개의 항공기 격납고 내에 실제로 비행접시들이 있고, 그것은 외계로부터 온 것입니다. 내가 본 것은 모두 9대였는데, 그 9대는 각각 다른 종류였습니다."

그는 우주선 중의 하나에서 작업하는 동안 실제로 그 안에 들어가 볼 수 있었고, 또한 그 우주선이 공중에서 몇 가지 간단한 기동연습을 하는 시험비행에도 참석했었다고 한다. 거기서 그가 담당한 업무는 역분석공학(Reverse Engineering)이었는데, 이것은 UFO의 구조와 추진 시스템을 거꾸로 추적, 분석해가며 지구상의 소재로 그 부분들을 재건조하는 방법을 찾아내는 연구를 했다는 것을 의미한다.[8] 그리고 그 우주선과 연관된 외계인은 제타 레티쿨리(Zeta Reticuli)에서 왔다고 하며, 일반적으로 이들은 "그레이"라고 불린다. 라자르에 의하면, 이런 존재들은 그곳의 연구요원들 사이에서 속된 표현으로 "아이들" 또는 "대갈통들"이라고 불렸다고 한다.

그곳의 보안은 너무나 철저해서 군의 1급 비밀취급인가보다 38단계나 높은 극도의 보안위치에 있었으며, 그는 자신과 정부의 다른 고용인들이 매일 출근할 때마다 EG&G사 근처에 일단 모여 그룸 레이크까지 737 비행기로 간 후, 그 다음에는 창문이 없거나 시야가 차단된 버스를 타고 사막의 S-4 지역으로 들어갔다고 말했다. S-4에서의 보안은 매우 억압적이었고, 그의 상사는 세뇌도구로서 공포와 협박을 주로 사용했는데, 그의 머리에다 총을 겨눈 적도 있었다고 한다.

---

8) 일본의 저명한 UFO 연구가인 <야오이 주니치(矢追純一)> 역시도 주장하기를, 미국의 UFO 역분석공학(모방공학) 프로젝트에는 약 1,000명 정도의 연구요원들이 참여하고 있으며, 이곳에서 비행접시가 비밀리에 제작되어 1980년대에 이미 시험비행에 성공했다고 말한다. 그런데 일설에 의하면, 비밀정부가 UFO 역분석공학에 매달릴 수 밖에 없었던 이유가 있다고 한다. 즉 그레이들과의 협정에 따라 UFO 기술이 형식적으로 전수되었지만, 그들은 인간이 자기들과 동등한 기술을 얻는 것을 원치 않아 완전한 기술을 주지 않았다는 것이다. 따라서 비밀정부는 불가피하게 그레이들로부터 기증받은 UFO와 추락현장에서 회수한 UFO들을 토대로 연구해 들어갔다는 이야기이다. 하지만 심지어 그레이들은 그림자정부 과학자들의 역분석 연구 과정을 때때로 방해하기까지 했다고 한다.

그런데 이 용기 있는 과학자는 이러한 미국정부의 비밀들을 폭로한 후에 군(軍)과 CIA의 공작에 의해 황당하고도 어처구니가 없는 일들을 겪기 시작했다. 가장 먼저 일어난 수수께끼 같은 일은 라자르의 모든 학력과 경력, 심지어는 병원 출생기록마저도 감쪽같이 사라져 버린 것이다. 그리고 엉뚱하게도 그의 직업은 자영업인 문서사진 가공업자로 등록되어 있었다. 결국 정부기관에서 근무했던 그의 모든 기록이 삭제되어 아무 것도 남아있지 않음으로써 라자르는 자신의 주장을 정당화할 근거를 잃어버리게 되었다.

　그는 자신이 캘리포니아 공대와 매사추세츠(MIT) 공과대학에서 전자공학과 물리학 분야의 석사와 박사학위(1982년)를 받았다고 주장했는데, 1993년, 〈L.A 타임스〉지가 그의 배경과 경력을 조사해 본 결과, 어느 기관에서도 그 주장을 뒷받침하는 증거를 발견할 수 없었다. 또한 그는 자기가 S-4에서 일하기 전에 일급비밀 시설인, 뉴 멕시코에 있는 로스 알라모스 국립연구소(LANL)에서 물리학자로 근무했다고 말했으나, 그 연구소는 그에 관한 기록이 없다며 반복적으로 그것을 부인했다. EG&G사는 라자르가 S-4에서의 일하기 위해 면접을 본 곳인데, 거기 또한 아무런 기록이 없었다. 군 관계자 역시 그의 주장은 모두 허위이며, 라자르가 그들의 시설에서 전혀 일한 적이 없다고 주장했다. 여기에 한 술 더 떠서 폭로 후 로버트 라자르에게는 한때 매춘중개를 했다는 엉뚱한 혐의가 씌워졌고, 그가 경찰의 보호관찰 하에 있다고 언론에 보도되기까지에 이르렀다.

　이렇게 되자 자연히 이 사람에 대한 의심의 눈초리와 비난의 여론이 쏟아졌다. UFO 연구가들 중에서조차도 그의 신분과 경력에 의문을 제기하는 사람이 많았다. 그 좋은 예가 스탠턴 프리드만(Stanton Friedman) 같은 사람이 대표적이다. 그러나 이것은 진실을 은폐하려는 군 당국과 정보기관의 전형적인 흑색공작이라고 할 수 있다. 이런 공작은 그들이 내부고발자들에게 늘 구사하는 일관된 정책으로서 그 사람들의 주장을 불신시키기 위해 마치 마약에 중독된 미치광이, 학력위조자, 바보, 타인의 주의를 끌고 싶은 자기 과시병 환자, 돈벌레, 저능아, 정신병자 등으로 몰아가는 수법이다. 예를 들면 뒤에서 소개하게 될 내부고발자 마이클 울프박사 같은 사람도 모든 기록이 삭제되거나 조작되는 이와 똑같은 일을 당하기는 마찬가지였다. 또한 군(軍) 출신의 UFO 폭로자 클리포드 스톤(Clifford Stone) 역시도 그런 같은 일을 겪었다. 그런데 불행하게도 일반 대중의 상당수는 항상 그런 공작에 넘어가 그것을 믿는다는 것이다.

　하지만 그들의 이런 철두철미한 기록세탁 공작에도 불구하고, 조사결과 다행히 그것을 반박하는 몇몇 흔적과 증거들이 남아 있었다. 우선 그가 인

터뷰했던 KLAS-TV측은 로스 알라모스 연구소에서 발행한 1982년도 전화
번호부에서 다른 과학자들과 기술자들 사이에 라자르의 이름이 실려 있다는
것을 찾아냈다. 또한 〈로스 알라모스 모니터〉지(紙)의 1982년 뉴스 기사에
는 라자르가 제트 자동차에 관심을 갖고 있다는 인물평이 적혀 있었다.(※그
는 실제로 자신의 여가 시간에 제트 구동 자동차와 제트 구동 오토바이 (최대 속도
350mph!) 제작했다.) 뿐만 아니라 거기에는 그의 직업이 그곳의 중간자(中間
子) 물리학 연구소에서 근무하는 물리학자라고 분명히 언급돼 있었던 것이
다. 그리고 독일의 UFO 연구가 마이클 헤세만(Michael Hesemann)은 라
자르의 은행계좌로 들어온 입금내역을 발견했는데, 송금자의 계좌번호를 확
인해 본 결과 그것은 네바다 군사 시설에서의 급여 지급을 의미했다.

한편 라자르의 동의하에 그의 주장들이 진실인지의 여부를 밝혀내기 위해
거짓말 탐지기 검사가 진행되었다. 거짓말탐지기 전문가 론 클레이와 테리
타베네티를 포함해 모두 4명의 조사관에 의해 각기 따로 여러 차례 검사가
이루어진 결과, '그가 속이려는 시도나 다른 사람에게 배운 정보를 말하고
있다는 징후가 없다'라고 전원 일치된 판정이 내려졌다. 그럼에도 정부당국
과 일부 비판자들은 아직도 라자르 박사의 학력과 경력이 입증되지 않았으
므로 그의 말을 신뢰할 수 없다고 여전히 억지를 부리고 있다. 하지만 이제
까지 드러난 정황만으로도 현명한 사람은 진실이 무엇인가를 충분히 판단할
수 있을 것이다.

참고로 1989년 말에 있었던 그의 KLAS - TV와의 2차 인터뷰 내용 중
에 주요부분을 요약하여 게재한다. 이 대담은 로버트 라자르와 추적탐사 전
문 보도기자인 조지 크냅(George Knapp) 간에 이루어졌다.

●KLAS-TV 인터뷰

1989년 12월 9일 방영
*프로듀서 겸 사회자 - 조지 크냅
*초대 손님 - 로버트 라자르,

• 크냅: 안녕하세요, 공개석상에 오신 것을 환영합니다. 한 달 전, 우리는 UFO에 대한 보도 시리즈를 시작했습니다. 몇몇의 까다로운 신문사 사람들을 제외하고는 반응은 압도적으로 긍정적이었습니다. 우리는 전국과 세계각지로부터 더 많은 정보를 방영해달라는 요청을 받았습니다. 오늘은 우선 우리의 보도에 활력을 불어넣어줄 사람인 밥 라자르씨와 함께 좀 깊은 주제를 탐구해볼까 합니다. 밥(Bob),[9] 나와 주셔서 감사합니다. 귀하의 경력에 대해 잘 알지 못하는 분들을 위해서 간략히 소개해 주시죠.

• 라자르: 저는 로스 알라모스(Los Alamos) 국립 연구소에서 일했습니다.

• 크냅: 물리학자로서 말인가요?

• 라자르: 그렇습니다. S-4 지역의 수석 스탭 물리학자로 고용돼 있었고, 여하튼 내가 (고용돼 있는 기관이라고) 들었던 것은 미 해군이었습니다.

대담자 조지 크냅

• 크냅: S-4는 어디에 있습니까?

• 라자르: 그것은 라스베가스 북쪽 약 125 km 지점이고, 그룸 레이크(Groom Lake)에서 남쪽으로 약 10 ~ 15km 떨어진 지점입니다.

---

9) 밥(Bob)은 "로버트(Robert)"란 이름의 미국식 애칭(愛稱)이다.

2부 미국 정부와 외계인들 간의 커넥션

• 크냅: 어떻게 그 일을 하게 되었습니까?

• 라자르: 나는 정말 다리 역할을 해 준 사람을 언급하고 싶지는 않습니다.[10] 하지만 저는 제 이력서를 제출하기 위해 EG&G에 있는 사람에게 보내졌습니다, 그곳이 내가 면접 받았던 곳입니다. 비록 작업은 EG&G와는 완전히 무관했지만요.

• 크냅: 그들은 당신이 무슨 일을 하게 될 거라고 당신에게 말했습니까?

• 라자르: 아니요, 정말로 그들은 바로 끝날 때까지 말하지 않았습니다. 그들은 내가 매우 흥미를 갖게 될 고도의 기술적인 작업이라고만 말했지요.

• 크냅: 좋습니다, 그래서 당신이 고용됩니다. 그리고 어떻게 됩니까? 비행기로 그곳에 갔나요?

• 라자르: 예, 첫날은 브리핑 종류의 문서를 읽었습니다. 그리고 그들이 다루고 있는 기술 수준을 꽤 빨리 분명하게 알게 되었는데, 그것은 중력추진에 관한 것이었고, 과학이 정말로 거의 접근하지 않는 것들이었습니다.

• 크냅: 당신이 버스에서 내렸을 때, 무엇을 볼 수 있었습니까?

• 라자르: 매우 흥미로운 건물이 있었습니다. 그것은 아마도 약 30도의 경사를 가진 격납고 입구입니다 그것은 사막의 모래처럼 보이는 페인트칠이 되어 있었고 그 건물이 들어앉아 있는 산의 측면처럼 보이도록 만들어져 있었습니다. 그것은 위성사진에서 식별하기 어렵도록 위장해 놓은 것입니다 .

---

10)그에게 다리 역할을 해준 사람은 에드워드 텔러((Edward Teller) 박사였다.

• 크냅: 우리는 몇 분 내에 당신이 목격한 것들을 들을 것입니다. 하지만 당신의 신원이 공개된 지가 3주가 조금 넘었습니다. 우리는 몇 개월 전에 가명(假名)을 쓰고 실루엣 처리를 해서 당신을 다른 프로그램에다 출연시켰었습니다. 그렇지만 당신 정체가 공개되고 이런 정보가 공표되었기 때문에 (상황이 바뀌었는데) 어떠했습니까? 거리에서 사람들이 당신을 보고 어떤 반응이 있었나요?

• 라자르: 반응은 거의 모두가 긍정적이었습니다. 사실, 내가 우연히 만난 모든 사람들은 매우 지지하고 있었고, 아주 관심 있어 했습니다. 단지 두세 명 정도만 아닌 것 같아요.

• 크냅: 당신을 믿지 않는 사람들로부터 말이죠?

• 라자르: 예. 기본적으로요.

• 크냅: 다른 매체로부터의 반응도 마찬가지인가요?

• 라자르: 네.

• 크냅: 그들은 당신을 인터뷰하고 싶어 하던가요? 그들이 뭘 원하던가요?

• 라자르: 본질적으로 모든 것을요, 예를 들면,. 라디오 인터뷰, TV 인터뷰지요. 많은 사람들이 내 경력과 모든 것을 다시 추적하고 싶어 합니다.
… (중략) …

• 크냅: (거기서) 그들은 어떤 방법으로 당신이 확실히 입을 다물고 있게 만들려고 했는가요?

• 라자르: 죽음의 위협에 이르기까지 모든 것을요. 내 말은 그것을 끊임없이 상기시키고, 공정한 재판에 대한 권리와 그런 종류의 나의 헌법상의 권

2부 미국 정부와 외계인들 간의 커넥션

1 Control number				
	OMB No. 1545-0008		E-6722MAI	
2 Employer's name, address, and ZIP code		3 Employer's identification number	4 Employer's state I.D. number	
United States Department of Naval Intelligence Washington, DC. 20038		46-1007639	N/A	
		5 Statutory Deceased Pension Legal employee plan rep.	942 Subtotal Deferred Void emp. compensation	
		6 Allocated tips	7 Advance EIC payment	
8 Employee's social security number	9 Federal income tax withheld	10 Wages, tips, other compensation	11 Social security tax withheld	
▇▇▇▇▇▇▇	168.24	958.11	71.94	
12 Employee's name, address, and ZIP code		13 Social security wages	14 Social security tips	
Robert S. Lazar 1029 James Lovell Las Vegas, NV. 89128		16	16a Fringe benefits incl. in Box 10	
		17 State income tax	18 State wages, tips, etc.	19 Name of state Nevada
form W-2 Wage and Tax Statement 1989		20 Local income tax	21 Local wages, tips, etc.	22 Name of locality
Employee's and employer's copy compared ☐		Copy 2 To be filed with employee's State, City, or Local income tax return.		

라자르 박사가 네바다, S-4에 근무했다는 것을 뒷받침해주는 신분증명서 – 좌측 2.항에 보면 고용주 이름이 <미합중국 해군정보부(United State Department of Naval Intelligence)>라고 되어 있고, 그 아래 12.항에는 피고용인으로서의 로버트 라자르의 이름과 주소가 기재되어 있다. 그리고 오른쪽 19.항에는 그가 고용되어 일했던 주(州)가 "네바다(Nevada)" 라고 쓰여 있다.

리를 포기한다는 문서에 서명케 하는 것 등을 의미합니다.

• 크냅: 그리고 이 일 때문에 당신 전화가 도청되고 있다고 믿습니까?

• 라자르: 예, 저는 그렇게 믿습니다. 나는 탭 탐지기를 가지고 있고, 가끔 내가 전화기를 들어 올린 후에, 약간의 붉은 빛이 계속됩니다.

• 크냅: 당신이 비밀 정보를 가지고 (공개적으로) 앞으로 나서기 시작한 이유는 무엇인가요? 그것은 그들이 당신을 괴롭히고 있었다는 사실과 관련이 있습니까?

• 라자르: 그렇습니다, 본질적으로 그것을 멈추게 하기 위한 것이었습니다. 무슨 일이 있었는가 하면, 내 출생증명서(호적초본)를 떼 달라고 요청했는데, 알고 보니 그것은 더 이상 존재하지 않았고, 내가 그 병원에서 태어나지도 않은 것으로 되어 있었습니다! 무슨 일인지 그런 종류의 이상한 일들이 내게 일어났습니다. 이전의 직업들과 같은 다른 정보들(경력증명)도 요청

했는데, 그런 경력들도 또한 없어졌더군요. 그래서 나는 내가 목숨을 잃기 전에 뭔가를 해야만 한다고 생각했습니다.

• 크냅: 같은 일이 … 로스 알라모스의 것도 그러했습니까? 그들은 당신에 관해 들어 본 적이 전혀 없다고 돼 있나요?

• 라자르: 예.

• 크냅 : 방송으로 보도가 나간 후에 무슨 일이 일어났습니까?

• 라자르: 그들은 어리석고 유치한 일들을 수행함으로써 자기들이 내 주변에 있다고 알려주었습니다. 하지만 심각한 것은 아닙니다.

• 크냅: 당신은 한 동안이긴 하지만, 자신의 생명을 걱정하지 않았나요?

• 라자르: 그것이 방송에 나와 모든 것을 공개하는 이유 중 하나입니다, 그것은 일종의 작은 보험과 같은 것입니다.

2부 미국 정부와 외계인들 간의 커넥션

• 크냅: 뭔가 더 이상 우려되는 게 있습니까? 고비는 넘겼다고 느끼나요?

• 라자르: 예, 어느 정도는요.

• 크냅: 당신이 거기서 본 기술의 몇 가지를 살펴봅시다. 당신이 처음 그런 생각을 하게 된 것은 언제이며, 당신으로 하여금 그것이 지구상의 것이 아니라고 확신하게 만든 것을 본 것은 무엇입니까?

• 라자르: 그 첫 번째 것은 반물질 반응로를 상대로 한 실무적인 경험이었습니다.

• 크냅: 그것이 무엇이며, 어떻게 작동하고, 그것으로 무엇을 하는지를 설명해주세요.

• 라자르: 그것은 상단에 납작한 구형으로 돼 있는 직경이 약 18인치 정도의 도관(導管)입니다.

• 크냅: 우리는 당신의 친구가 만든 모델의 한 가지 형태가 있습니다. 당신은 이것을 가지고 설명 할 수 있습니다. 거기 있군요.

• 라자르: 그 탑 내부에는 그들이 설치한 원소 115의 칩이 있습니다. 그것은 초중(超重) 원소인데요. 그 덮개는 꼭대기로 계속 이어져 있습니다. 그리고 그 바닥 내부에 무엇이 있는지와 그것의 어떤 다른 작용까지는 정말 모르겠습니다. 원소 115는 그 상부 주위에 중력장(gravitational field)을 형성합니다. 당신이 본 그 작은 도파관(導波管)은 상단에 연결돼 있고 그것은 본질적으로 중력파를 빨아올립니다. 그리고 그것은 나중에 그 우주선의 아래 부분에서 증폭됩니다. 그러나 일반적으로 그 전체 기술은 거의 알려져 있지 않습니다.

• 크냅: 지금 우리는 그 모델을 보았습니다. 거기의 그 사진을 보았습니다. 그것은 실제로 어떤 것을 하기에는 정말 간단하고 너무 단순해 보입니다.

• 라자르: 그렇습니다.

• 크냅: 작동 부분들 말인데요?

• 라자르: 아무 것도 탐지할 수가 없습니다. 본질적으로 작업은 모든 것이 역분석공학이었습니다. 거기서는 완제품을 가지고 거꾸로 분석해가며 어떻게 그것이 만들어졌고 어떻게 그것을 지구상의 소재로 만들어낼 수 있는가를 알아내는 것이었죠. 매우 많은 것이 진전되지는 않았었습니다.

• 크냅: 그들이 거기서 얼마나 오랫동안 이런 기술을 가지고 있었다고 생각합니까?

• 라자르: 그것은 상당히 되어 보입니다만, 자세히는 모르겠습니다.

• 크냅: 반물질 생성기로 무엇을 할 수 있었나요? 그것은 무슨 작용을 합니까?

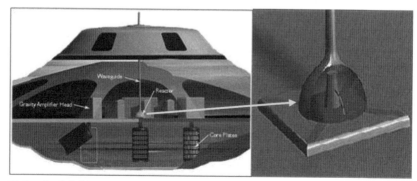

라자르가 설명하는 Area-51 내에서 본 UFO의 구조와 반물질 반응로(우측)

2부 미국 정부와 외계인들 간의 커넥션

- 라자르: 그것은 반물질을 (에너지로) 전환시킵니다. 반물질을 바꾸는 것이 아니라 거기에는 일종의 붕괴반응이 있습니다. 그것은 물질을 대략 0.8% 정도 에너지로 바꾸는 핵분열 또는 핵융합 반응과는 달리 대단히 강력한 반응이고, 물질을 100% 에너지로 전환시킵니다.

- 크냅: 어떻게 그것이 작동하나요? 무엇으로 그런 반응이 시작됩니까?

- 라자르: 정말로 일단 원소 115를 넣으면 반응이 시작됩니다.

- 크냅: 자동으로요?

- 라자르: 그렇습니다.

- 크냅: 이해가 되지 않네요. 내 말은 누르는 버튼이나 또는 아무것도 없냐는 뜻입니다.

- 라자르: 예, 누르는 장치 또는 아무것도 없습니다. 분명히 원소 115는 양성자들과의 충돌 작용하에서 반물질 입자를 방출할 수 있습니다. 이 반물질 입자는 어떠한 물질과도 반응하게 되는데, 반응로 내부에는 어떤 표적 시스템(target system)이 있을 거라고 봅니다. 그 다음에는 이것이 열을 방출하게 되고, 그 시스템 내부 어딘가에 100% 효율의 열이온 발생장치나 발전기가 있어서 열을 전기로 바꾸는 것이죠.

- 크냅: 어떻게 이 반물질 반응로가 이전에 당신이 말했던 중력 발생에 연결됩니까?

- 라자르: 음, 그 반응로는 두 가지 목적을 수행합니다. 그것은 엄청난 양의 전력을 제공하며, 이 전력은 거의 부산물(副産物)입니다. 중력파가 그 구면에 형성되고 그것이 원소 115의 어떤 작용을 통해 이루어지는데, 그 정확한 작용을 누군가 정말로 알고 있다고는 생각하지 않습니다. 도파관이 그

중력파를 빨아올립니다. 그리고 그것이 원반의 상부에서 3개의 중력 증폭기가 있는 하부로 전달되는데, 그 증폭기들이 중력파를 증폭하고 (방출하여 방향을 자유로이) 유도하지요.

• 크냅: 본질적으로 그 자체의 중력장을 만들어낸다는 말이군요.

• 라자르: 그렇습니다.

라자르가 사용했던
출입증

• 크냅: 지구상의 과학이 현재 이 기술을 갖고 있지 않다고 정말로 확신하십니까? S-4에는 지금 그 기술이 있지만, 우리가 그것을 개발해 낸 것은 아니라는 말 같군요?

• 라자르: 맞습니다.

• 크냅: 왜죠? 왜 우리가 개발할 수 없었나요?

• 라자르: 그 기술이 힘든 것은 - 우리는 심지어 중력이 무엇인지도 모르고 있다는 것입니다!

• 크냅: 이거 참, 그것이 무슨 말인가요? 당신은 중력에 대해 무엇이라고 배웠습니까?

• 라자르: 중력은 (아마도) 일종의 파동이라고 들었습니다. 파동이라는 개념을 포함해서 많은 다른 이론들이 있습니다. 중력이 또한 입자들(particles)이고 중력양자(graviton)라고 이론화돼 있는데, 그것 역시 부정확합니다. 하지만 중력은 일종의 파동입니다. 원소로부터 실제로 끌어낼 수 있는 기본적인 파동이라고 보는데, 정확하다고 확신하지는 못합니다.

• 크냅: 그래서 당신이 자신의 중력을 생성할 수 있다고 (가정)합시다. 그것

2부 미국 정부와 외계인들 간의 커넥션

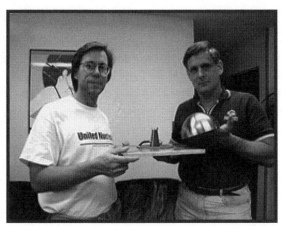
라자르가 반물질 반응로의 구조를 시범적으로 설명하고 있다.

으로 당신이 무엇을 할 수 있습니까?

• 라자르: 그것은 실질적으로 무엇이든 하게 해줍니다. 중력은 시간과 공간을 뒤틀리게 합니다. 그렇게 함으로써 이제 다른 방식으로 여행이 가능해지는데, 즉 시공을 왜곡할 수 있게 되면 – A지점에서 B지점으로 가는 직선적인 방식 대신에 – 거의 움직이지 않고 즉각 목적지에 도달하게 되는 것이죠, 당신은 왜곡된 시간 상태에 있기 때문에 이 모든 것이 순식간에 일어납니다. 그것은 에둘러서 말하는 개념 같은 것입니다!

• 크냅: 그래요, 물론, UFO 회의론자들은 우주의 어딘가에 생명이 있겠지만 절대로 여기에 올 수 없다고 합니다. 단지 너무 멀다는 것이죠. 당신이 이야기하고 있는 기술의 종류는 그와 같은 거리와 시간에 관한 문제들이 부적절한 고려라고 생각하게 만드네요.

• 라자르: 바로 그렇습니다. 왜냐하면 당신이 왜곡된 시간 속에 있게 된다면, 더 이상 통상적인 시간과는 관련성이 없기 때문입니다. 그리고 그것은 당신 자신의 중력이 작용하여 생성하는 그 무엇입니다.

• 크냅: 당신은 시간 속에서 앞으로 또는 뒤로 이동할 수 있다는 겁니까? 그게 당신이 말하고 있는 것인가요?

• 라자르: 아니 꼭 그렇다는 것은 아닙니다. 하나의 모형을 가지고 이야기한다면 이해하기가 쉬울 것입니다. 비행원반의 아래쪽에는 세 개의 중력 발생기가 있습니다. 그들이 먼 곳으로 여행하고자할 때는 원반의 측면을 작동

시킵니다. 세 개의 중력 발생장치는 중력 빔(gravitational beam)을 생성합니다. 그들이 하는 일은 세 개의 중력 발생기를 한 점에다 집중시키고 그것을 하나의 도착점으로 이용하는 것입니다, 그리고 동력을 가동하여 그 지점을 원반쪽으로 끌어당기는 것이죠. 비행접시 자체는 그 목표점에 달라붙듯이 될 것이고, 재빨리 튀어 오릅니다 - 그들이 그 지점으로 공간을 해제하여 후진시키듯이 말입니다! 이제 이 모든 것이 시간의 뒤틀림 속에서 발생하게 되므로 시간은 증가하지 않습니다. 그러므로 속도는 본질상 무한합니다.

… (중략) …

• 크냅: 그리고 그들은 촛불을 포함해 당신에게 시간에 대한 몇 가지 시범을 보여주었다고 했지요? 그것이 어떻게 작용했는지 설명해 주세요.

• 라자르: 예, 그들은 촛불을 가져다 불을 붙였고, 그것을 시간을 휘게 만드는 왜곡된 중력장 안에다 넣었습니다. 촛불은 그냥 거기에 서 있었습니다. 즉 그것은 녹거나 타지 않았습니다. 그것은 정말로 믿을 수 없었습니다!

• 크냅: 당신은 이 모든 것을 목격함으로써 두 손 다 들어야만 했군요.

• 라자르: 오, 그랬었지요! 내가 웃고 있는 것은 그것이 분명히 모든 사람에게 말도 안 되는 소리로 들리기 때문입니다. 하지만 그것은 그저 현상입

　　　　　2부 미국 정부와 외계인들 간의 커넥션

니다. 내 말뜻은 이것이 정말 외계인의 기술이라는 것입니다.

… (중략) …

• 크냅: 내가 추측하기로는 당신이 비밀기지인 S-4 구역에서 일했을 수 있겠지만, 거기서 목격한 것들이 어쩌면 우리가 만들어낸 작품일지도 모른다고 생각합니다. 즉 원소 115라든가 … 비행접시, 반물질 반응로, 이런 모든 것들이 우리가 만들어낸 것인데, 단지 이것들이 진보된 기술이다 보니까 당신이 미처 그것들에 대한 잘 알지 못할 수 있다는 것이죠.

• 라자르 : 전혀 아닙니다(웃음).]

• 크냅: 왜 그렇죠?

• 라자르: 글쎄, 원소 115를 우리가 만드는 것은 불가능합니다. 거기에서 일하던 모든 사람들의 주요 연구 작업은 그 모든 것이 어떻게 만들어졌는가를 알아내는 것이었다는 사실입니다. 즉 내 말은 (당신의 가정대로라면) 모든 것이 앞뒤가 안 맞는다는 것입니다. 그 물질은 전적으로 외계인으로부터 우리에게 주어진 것이며, 그 프로젝트의 전체 개념은 우리가 지구상에서 가지고 있는 재료로 그것을 복제해낼 수 있느냐는 겁니다. 그래서 분명히 그것은 발견되었거나 주어진 것이고, 우리는 단지 그것을 복제하려고 시도하고 있는 것이지요.

• 크냅: 보고서에는 무엇이 있었나요?

• 라자르: 외계인의 사진들이 있었습니다. 부검 보고서도 있었고요. 거기에는 정말로 다량의 정보들이 있었습니다.

• 크냅: 그들은 무엇처럼 생겼던가요?

• 라자르: 전형적인 "그레이(회색 외계인)"입니다. 별로 말하고 싶지 않지만,

누구나 알고 있는 전형적인 그레이의 모습이었습니다. 그들은 대략 3피트 5인치~4피트 정도의 키와 머리카락이 없는 큰 머리, 치켜 올라간 눈, 긴 팔, 매우 야위어 보이는 존재들입니다. 이렇게 설명하는 외에 다른 방법은 잘 모르겠어요.

• 크냅: 그들이 어디에서 왔다고 하던가요?

• 라자르: 예, 보고서 중 하나에서는 그들이 레티쿨럼(Reticulum:그물자리) 4번 째 별에서 왔다고 돼있었습니다.

• 크냅: 그게 어디에 있습니까? 아는 거라도 있으세요?

• 라자르: [웃음] 음, 그것은 제타 레티쿨리(Zeta Reticuli) 안에 있는 한 항성계(태양계)라는 말입니다. 레티쿨럼(Reticulum)은 그 별자리 이름입니다.[11] "레티쿨럼 4"라는 것은 그 별의 4번째 행성이라는 사실을 의미합니다. 같은 보고서에서 우리를 지구라고 말하는 대신에 "Sol 3,"라고 언급하고 있었는데, 이는 지구가 우리의 태양으로부터 세 번째 행성임을 의미하는 것이죠.

• 크냅: 당신은 UFO 자료를 많이 읽었습니다. 혹시 당신은 자신이 읽은 것과 거기서 배운 것을 혼합하고 있다는 느낌은 없습니까?

• 라자르: 천만에요. 그런 이유로 나는 UFO 연구가들이나 그런 유사한 이들과 거리를 두고 가까이 하지 않고 있습니다. 난 정말 그런 것들과 연관되고 싶지 않아요. 나는 그런 자료를 조사하지 않습니다. 읽는 것이 흥미롭기는 하지만, 아닙니다. 나는 내가 읽은 어떤 것도 이런 자료에다 혼합하고 있는 것이 아니에요.
… (중략) …

---

11)남반구에 있는 별자리로서 '그물자리'를 말한다. 2개의 이중성으로 이루어져 있다.

라자르의 거처를 방문해 이야기를 나누는 조지 크냅

• 크냅: 좋아요. 본질적으로, 당신은 정부에게 했던 (비밀을 누설하지 않겠다는) 자신의 서약을 깨뜨렸던 것이군요?

• 라자르: 그렇습니다.

• 크냅: 그렇다면 왜 당신은 그렇게 하는 것이 필요하다고 느꼈습니까? 내 말은 당신은 서약을 했다는 겁니다. 안 그래요?

• 라자르: 예. 하지만 진행되고 있던 일의 중대성을 보아야한다는 것입니다. 저는 그 기술의 몇 가지는 – 어쩌면 모든 기술 –. 우리가 모든 것을 다룰 수 있게 될 때까지는 비밀로 유지해야 한다고 믿습니다. 그러나 분명히 일어나고 있는 일 전체가 누군가로부터, 즉 단순히 미국 사람들이 아닌 세상의 나머지로부터 비밀일 수는 없는 것입니다.

   우리가 이런 우주선을 갖고 있고, 적어도 한때 외계인들이 와서 무언가를 주었다는 것, 하지만 그들이 이곳에 있었고, 어떤 접촉이 있다는 것, 그리고 나서 그것이 곧 단절되었다는 기본적인 사실을 공개하자는 것입니다.

• 크냅: 그 기술로 무엇을 할 수 있습니까? 비행접시, 반물질 원자로, 반중

력 생성기를 로스 알라모스(Los Alamos)나 리버모어(Livermore) (등의 국립연구소)에게 주어서 그들에게 이런 장치의 잠재력을 시험하게 한다고 합시다. 내 말은 이런 장치가 폭넓게 활용가능하다면, 이것이 지구상의 삶에 어떤 영향을 미치게 되느냐는 뜻입니다.

● 라자르: 대량생산할 수 있겠지요.

● 크냅: 그렇군요.

● 라자르: 말하기는 쉽지 않습니다만, (인류가) 지금과는 완전히 다른 여행 방법을 갖게 될 것이라는 겁니다. 인간이 시간을 가볍게 다룰 수 있게 된다면, 어떻게 될까요? 그것은 정말 깊은 철학적 질문을 가져옵니다.

● 크냅 :하지만 그것이 많은 것, 모든 것을 변화시킬 것이란 이야기지요.

● 라자르: 오, 그래요! 그것은 절대적으로 모든 것을 바꿀 것입니다!

● 크냅: 언젠가 그것이 모두 드러날 것이라고 생각하십니까?

● 라자르: 개인적으로는 아니라고 봅니다.

• 크냅: 밥, 우리가 당신을 반드시 다시 모셔야할 것 같군요. 나와 주셔서 감사합니다.

- 끝 -

로버트 라자르는 오늘날에도 이렇게 주장하고 있다.

  "나는 진실을 말하고 있고, 나는 그것을 증명하기 위해 노력했습니다. 거기에서 진행되고 있던 일들은 역사상 가장 중요한 사건일 수 있습니다. 세상에서는 외계인 접촉, 신체 접촉에 대해 얘기하고, 다른 행성, 다른 태양계, 또 다른 지성체에 관한 증거를 말하고 있습니다. 그게 역사에서 가장 큰 사건이 되었습니다. 그리고 그것은 진짜이며 거기에 존재하고 있습니다. 그리고 나는 그 안에 있는 매우 작은 부분을 알고 있었던 것입니다. 나는 내가 본 것이 그 절대적인 증거임을 확신합니다."

2.로버트 라자르의 주장을 뒷받침한 또 다른 증언자들

1)댄 버리슈 박사

    S-4에서 UFO 추진시스템을 연구했다는 라자르의 폭로가 진실임을 뒷받침해 준 다른 사람이 있었으니 그는 미생물학자인 댄 버리슈(Dan Burisch) 박사이다. 버리슈는 자신 역시도 네바다 주, 에어리어(Area)-51 내의 S-4 지하단지에서 1986년부터 20년 동안 고도의 특수 프로젝트들에 관한 연구에 종사했으며, 과거에 로버트 라자르가 그곳 S-4 기지에 있었다고 증언했다. 그는 마제스틱(Majestic)-12가 주관하는 아쿠아리스(Aquarius) 프로젝트와 로투스(Lotus) 프로젝트 관련 연구에 중점적으로 매달렸다고 말했는데, 2005년 10월 12일, 마지막 임무를 받고 조직에서 방출되었다고 한다. 그는 자신이 검은 예산으로 진행되는 고도의 기밀 연구 프

로젝트를 맡아 일하다보니 자연히 외계인 문제를 통제하는 여러 비밀위원회가 어떻게 활동하는가를 알게 되었다고 말한다.

그가 연구했던 로투스(Lotus) 프로젝트는 손상된 세포를 회복시켜 다시 젊게 만드는 능력이 있는 새로운 '가네시(Ganesh) 입자'에 관한 연구로 알려져 있다. 특히 그는 연구과정에서 자신이 키일라(Chi'el'ah)라는 그레이를 에어리어(Area)-51에서 직접 만나 소통했다고 주장했다. 버리슈 박사는 일루미나티 내의 파벌과 MJ-12, 정부와 외계인들 간의 비밀협정, 시간여행, 타임라인, 스타게이트, 미래투시장치(Looking Glass), 그리고 제타 레리쿨리 그레이 및 노르딕 외계인들에 관해 증언한 바 있다. 그레이 외계인과 맺어진 〈타우(Tau)-IX〉라는 협정의 경우는 사람을 납치하여 그들이 불구자가 되거나 죽을 위험에도 상관하지 않고 혈액과 생식 샘플, 인체조직의 일부를 제거할 수 있게 허용했다고 한다.

그는 북유럽인 외모의 노르딕 외계인들에 대해서는 매우 자비롭고 영적인 존재들로 묘사하는 반면에 제타 그레이들은 주로 납치와 유전공학을 통해 무엇이든 취하려는 이기적 부류로 구분했다. 그럼에도 그레이 중의 온건한 한 파벌은 자신의 연구를 도왔고, 그런 지식이 인류에게 도움이 되는 방향으로 퍼지기를 희망하며 자기들의 손상된 DNA를 회복하는 데도 도움이 되기를 바랐다고 언급했다.

2)퇴역 공군대령 스티브 윌슨

스티브 윌슨(Steve Wilson) 대령은 퇴역 전에는 추락한 UFO들을 비밀리에 회수하는 미 공군/국가정찰국(NRO) 내의 엘리트 특수부대인 〈파운스 프로젝트〉를 이끌던 지휘관이었다. 그는 우리나라 6.25 전쟁에도 전투기 조종사로 참전한 경력이 있었으며, 젊은 시절부터 전투기 조종사로서의 뛰어난 능력과 높은 전공을 인정받았다.

이 사람 역시 40년 동안의 군 생활 동안 자신이 직접 목격하고 또 알게 된 기밀정보들을 라자르와 마찬가지로 1996년에 모두 폭로했다. 윌슨 대령에 증언에 의하면, 미국의 최초의 성공적인 반중력 기술에 의한 비행은 S-4 구역에서 1971년 7월 18일에 이루어졌다고 한다.

그는 1963년 말, 공군소령에 임명되면서 마제스틱(MJ)-12 밑에서 임무를 수행하도록 배속되었는데, 이때부터 일급 비밀정보에 대한 접근 권한을 부여받게 되었다. 이에 따라서 윌슨은 오하이오 주, 라이트 패터슨(Wright Patterson) 공군 기지의 격납고에 보관돼 있던 1947년에 추락한 로스웰 사건의 UFO 잔해와 외계인 시신들을 볼 수가 있었다. 또한 그는 그 사건에 관한 보고서를 읽었고, MJ-12 조직이 이 모든 것을 어떻게 감췄는지 전모를 알게 되었다고 한다. 그 후 윌슨은 UFO 활동을 감시하고 총괄하는 초극비 조직인 마제스틱(MJ)-12 밑에서 9년 동안 그들의 지시에 의해 세계 전역의 공군기지들을 오가며 여러 가지 특별한 임무를 수행했다.

이어서 1972년부터 그는 이른바 "드림랜드(Dream Land)"라고 불리는 네바다 사막 중앙의 비밀구역인 〈에어리어-51〉 내 S-4로 전속명령을 받아 근무하게 되었고, 더욱 놀라운 상황들을 목격한다. 바로 이때 그는 이곳에서 나중에 로버트 라자르가 폭로한 외계의 각종 UFO라든가, 방대한 지하기지, 터널 내의 하이테크 셔틀 시스템, 외계인, 신비로운 3-D 홀로그램 등을 직접 목격했던 것이다. 그리고 이런 체험은 그의 기존의 인생관을 180도로 바꿔놓았다.

그 후 그가 군에서 맡은 임무는 1980년 말에 창설된 특수부대인 〈파운스 프로젝트(POUNCE project)〉를 지휘하는 것이었다. 이 특수집단은 UFO 추락 상황 때 긴급히 출동하는 공군의 엘리트 검은 베레들과 군 과학자들로 구성된 연합부대였다. 외계의 우주선과 승무원들을 회수하고 코드를 설정함으로써 외곽 방어선(경계선)을 확보한 후 그 추락 상황을 마무리 짓는 것이 그들의 임무였다. 그리고 최종적으로 그들이 해야 할 일은 모든 목격자들이나 잠재적 증인을 조용히 침묵시키기 위해 그들을 협박하는 것이었다.

〈파운스 프로젝트〉 이후에도 윌슨 대령은 MJ-12의 지시에 따라 군의 UFO와 외계인에 관련된 공격적이고도 추악한 임무를 어쩔 수 없이 수행해야만 했다. 이런 과정에서 그는 그 탐욕스러운 조직이 얼마나 부도덕하며 반헌법적인 활동을 멋대로 자행하는지를 알게 되었고, 자신이 가장 사악하고 혐오스

러운 일을 처리하는 것에 연루돼 있다는 것을 절실히 깨달았다. 그리고 이때 그는 주저 없이 사임하고 군에서 전역하고 말았다.

하지만 양심의 소리와 자책감이 그를 괴롭혔고 그는 오랫동안 이로 인해 고뇌해야만 했다. 그리하여 오랜 기간 동안 숙고한 끝에 비밀정보 폭로시 자신의 생명이 위태롭게 된다는 것을 너무나 잘 알면서도 그는 1996년 이를 용기 있게 공개했던 것이다. 이 사람은 사실 외견상 강한 군인이었음에도 불구하고 1963년 케네디 대통령이 암살되었다는 소식을 듣고는 눈물을 하염없이 흘렸을 정도로 원래 내면이 여리고 순수한 영혼의 소유자였다.

그의 정보 공개로 인해 가장 내밀한 극비의 군사 기밀들이 노출되자 예상대로 그림자 정부 세력들은 그를 가만 놔두지 않았다. 즉 그들은 늦게라도 그의 입을 어떻게든 강제로 막아야만 했던 것이다. 얼마 후 스티븐 윌슨은 특정 대상에게 암을 유발시키는 특수 전자무기의 표적이 되었고, 결국 뇌암에 걸린 그는 폭로 후 약 1년만인 1997년 11월에 세상을 떠났다. 그는 인터뷰에서 이런 말을 남겼다.

"내가 본 것은 인간의 이해를 넘어서 있고 완전히 믿을 수 없는 것입니다. 나는 단지 머지않아 반드시 다가 올 일을 통해 어떻게든 인류를 돕고 싶은 바람이 있습니다."

■아래의 내용은 윌슨 대령이 생전에 UFO 연구가인 리처드 보일런(Richard Boylan) 박사와 인터뷰하며 밝힌 일부 주요 정보들을 요약한 것이다.

*1947년 7월 2일에 로즈웰에 UFO가 추락하고, 7월 3일에 뉴 멕시코 막달레나 인근 어거스틴 평원에서 추락한 또 다른 UFO가 발견되었다. 그 후 6개월 이내에 기관들의 밀약을 통한 대개편과 재편성이 일어났다. 원래의 "보안 단속" 배후의 주요 목적과 그런 공작에 대한 이유는 그 원반의 기술을 분석하고 복제하기 위한 것이었다. 그 활동은 다음과 같은 집단에 의해 지휘되었다.

* 연구개발위원회(R & DB)
* 공군 연구 및 개발센터(AFRD)
* 해군 연구소(ONR)
* CIA 과학정보국(CIA-OSI)
* NSA 과학정보국(NSA-OSI)

*특수한 비밀 훈련을 받은 군 우주비행사들에 의해 수행되는 공세적 우주작전이 있다. 이 우주 비행사들은 반덴버그 공군기지와 캘리포니아에 있는 공군기지로부터 우주로 비행하는 원반을 조종하며, 이 원반은 미국 민간 군수업체 의해 건조된 탠덤 X-22 록히드 반중력 비행접시형 우주선이다. 이러한 군 우주 비행사들은 접근하는 UFO들을 적대적으로 간주하고 "스타워즈" 형태의 무기시스템으로 발포하여 그들에게 손상을 주거나 파괴하라는 임무를 받았다. 그들이 조종하는 비행선은 에어로스페이스 오로라(Aerospace Aurora)사가 만든 것이며, UFO 우주선을 복제한 최신 모델이고 울트라 우주 최고기밀로 등록되어 있다.

*나는 1992년에 51-구역에서 UFO를 모방한 반중력 우주선이 시험 비행하는 것을 보았다. 비행중의 그 금속 기체는 약 2초 간격으로 깜박이고 푸른빛이 도는 강렬한 흰색 빛에 의해 가려졌다. 강렬한 빛이 꺼지는 단계에서 그 우주선 기체는 시야에서 사라졌다가 수평으로 수백 야드 떨어진 곳에 다시 나타났다. 1992년에 미국은 또한 비행하는 동안에 강한 황금빛을 발산하는 원반을 비행시켰는데, 이 비행체는 노드롭 항공 우주사가 캘리포니아 랭커스타 북동쪽에 있는 그들의 비밀시설에서 제작한 것이다.

*"다크 스타(Dark Star)"라는 이름의 짧은 날개를 가진 무인, 전기추진 정찰대에 관한 록히드사의 최근 발표는 사실 "위장" 프로젝트이다. 현재 은폐된 그 외계의 기술은 진짜 다크 스타인 X-22A이다. 그리고 이것은 캘리포니아 헬렌 데일에 있는 록히드 스컹크에 의해 제조된 것이다. 이 다크 스타는 두 사람이 조종할 수 있는 날개 없는 반중력 우주선이다.

*군(軍)은 1994년 1월 3일, 외계인들의 UFO로부터 역분석공학을 통해 개발한, 그들의 거대한 검은 삼각형의 반중력 우주선을 비행시키기 시작했다. 맥도널 더글라스, 록히드 마틴과 노드롭사의 반중력 우주선 제작 단지는 51-구역 및 기타 중요한 지하 시설들과 초고속 터널 셔틀시스템에 의해 지하로 연결되어 있다. 여기서는 거의 진공 상태의 튜브를 통해 TAUSS(트랜스 아메리카 지하 지하철 시스템)이라고 부르는 자기-부상 열차가 총알처럼 달린다.

*"가축절단" 장소 주위에서 목격되는 소위 수수께끼의 "검은 헬리콥터"는 보통의 헬리콥터가 아니라, "XH-75D" 또는 "XH 샤크(Shark)"라고 명명된 또 다른 미국의 반중력 기술을 채용한 항공기로서 샌디에고의 텔레다인 라이언 항공사에 의해 제작되었다. 나는 이 XH-75D의 다수가 추락한 UFO를 회수하는 임무를 가진 델타/국가 정찰조직부대(NROD)에 소속되어 그들을 지휘하고 있었다. 이 부대는 또한 미국 국민에 대한 심리전의 일환으로 자행되는 가축절단에 연루되어 있는데, 즉 이것은 대중들로 하여금 "외계인들"이 가축을 난도질하여 토막 낸다고 추측케 함으로써 다른 별에서 온 방문자를 두려워하고 증오하게 만들려는 시도이다.

*국가 정찰조직인 델타포스 내에는 초극비의 이동부대가 있는데, 이들은 이색적으로 보이는 이동기기인 직경 1피트, 길이 6 피트의 전자기 파동 대포를 갖고 배치되어 있다. 이 무기장치는 군용 트럭 뒤의 받침대에 탑재되어 있고 낮은 주파수를 이용하여 마이크로 웨이브 에너지를 발사함으로써 UFO를 격추하는 데 사용된다. 이 장치는 캘리포니아 애너하임에 있는 LTV, 링 -템코-보우그트(LING-TEMCO-VOUGHT)사에 의해 제작되었다.[12]

3)실재하는 지하 비밀 기지들과 비밀 터널들

미국 정부가 그레이 외계인들과 체결된 협정에 따라 거대한 지하 기지들을 오래전부터 건설해왔다는 사실 역시도 이미 여러 내부 폭로자들에 의해 밝혀졌다. 그런 대표적인 고발자로는 뒤에서 소개될 필 슈나이더(Phil Schneider)(4부 3장 참고)와 알 비얼렉(Al Bielek) 박사, 토마스 W. 카스텔로(Thomas Edwin Castello), 또 이런 기지에 납치되어 실험당했던 여성인

---

12)UFO들을 격추할 수 있는 이런 특수 기술들은 미국 정부가 부정적인 그레이들과 협정을 체결했을 때 조약의 일환으로 전수받은 것이라고 한다. 그림자 정부는 이런 무기를 이용해 현재 지구 상공에 진입하는 – 그레이들 것을 제외한 – 외계의 UFO들을 공격하고 있으며, 때문에 지구의 대기권은 그들에게 매우 위험한 지역인 것이다.

크리스타 틸턴(Christa Tilton)[13] 같은 사람을 들 수 있다. 필 슈나이더는 이런 지하기지 건설에 직접 종사했던 엔지니어였고, 카스텔로는 그런 기지에서 근무했던 보안장교 출신이었다. 하지만 이들은 그런 폭로에 대한 대가로 이미 목숨을 잃었거나 실종된 상태에 있다. 정부 극비 프로젝트였던 필라델피아 실험의 참여자인 알프레드 비얼렉 박사의 경우는 지하 기지들에 대해 이렇게 언급한 바 있다.

토마스 W. 카스텔로

"그레이들이 머무는 75개 이상의 지하 기지들이 존재한다. 이러한 기지들은 또한 우리의 과학자들과 군 요원들을 함께 수용하고 있다. 공식적으로 이런 기지들은 핵전쟁시 대통령의 비상대피호로 지정돼 있다. 그러나 여러분은 세상에서 핵 대참화가 발발할 경우, 대통령이 75군데나 되는 다른 장소들을 여행할 수 있다고 상상할 수 있는가?"[14]

이들의 폭로 내용에 따르면, 지하 기지들과 이를 서로 연결하는 비밀 터널들을 건설하는 작업은 1950년대 말부터 군산복합체인 랜드사(Rand Corporation) 와 벡텔사(Bechtel Corporation)에 의해 진행되었다. 이 군수기업체들은 로스 알라모스에서 개발한 원자력에 의해 작동되는 거대한 직경의 둥근 그라인더가 달린 고성능 지하 굴착기로 이런 건설작업에 착수했다. 그리고 나중에는 그레이들의 기술원조에 의해 어떤 암반이든 쉽게 용해시켜 동시에 벽에다 압착시킬 수 있는 굴착기술을 통해 얼마든지 거대한 지하기지와 터널들을 건설해 나갈 수 있었다고 한다. 그리고 이런 모든 대규모 건설작업 비용은 미 의회의 승인을 거치지 않은 검은 예산이 사용되었으며, 마치 민간 토목공사처럼 위장되었다. 비밀 지하기지와 터널 문제를 오래 연구해온 미국의 리처드 사우더(Richard Sauder) 박사 역시 한 사례를 예로 들면서 이런 건설작업들이 모두 민간건설 공사인양 위장되어 추진되었다고 밝혔다. 예컨대, 미 육군은 1957년 앨라배마, 그린 마운틴 내부에다 거대한 지하 미사일 공장과 남부 방위사령부를 건설하기로 계획하고 있었는데, 이것은 부지 매입부터 일체를 모두 민간 기업이 모종의 공사를 하는 것으로 꾸며졌다고

13)크리스타 틸턴의 피납 체험기는 뒤의 4장, 3.미 군부(軍部)의 민간인 납치 및 실험들에 게재되어 있다.

14)Brad Steiger & Alfred Bielek. THE PHILADELPHIA EXPERIMENT & OTHER UFO CONSPIRACY(Inner Light Publication, 1990). P. 102

한다.

"그것이 소규모 국방성과 미 육군 미사일 공장이 결합된 복합시설이었음에도 그 준비와 사전 작업이 가장 흥미로운 방식으로 진행되었다. 즉 그 계획을 위한 땅이 실질적으로 국방성에 의해 매입되지 않고 민간시민들이 그들 소유로 하는 것처럼 사거나, 다른 이를 위한 대리인으로서 구입되었던 것이다. 그 계획은 또한 1957년 당시 그들끼리 술수를 부리는 가운데 오늘날 흔해진 군과 민간산업체의 협력 형태를 분명히 보여주었다. 이 사례는 미 육군과 아메리칸 머신 & 파운드리사와 관계되어 있었다. 따라서 1957년에 이미 국방성과 기업 동업자들은 주요 지하 군사시설들을 건설하는 데 공모할 수 있는 능력을 보여주었다."[15]

이런 방법은 군부가 쓸데없는 언론과 대중의 시선을 피하고 장기간에 걸쳐 대규모 지하 기지들을 비밀리에 건설할 수 있던 전형적 수법이었다. 다시 말해 군 공병단은 계획을 입안하고 건설작업을 관리감독만 하면 되고 나머지는 내부적 모의를 통해 부지매입에서부터 모든 것을 전문적인 기술과 장비를 가진 민간협력업체에 맡겨 진행함으로써 일석이조의 효과를 거둘 수 있었던 것이다.

---

15)Richard Sauder. Under Ground Bases and Tunnels(Adventure Unlimited Press, 1995). P.16

2부 미국 정부와 외계인들 간의 커넥션

　필 슈나이더의 증언에 의하면, 이런 지하 비밀기지와 시설들은 미국에만
총 129개에 달하며, 크기는 보통 2~4 평방마일 정도로 거대한 규모라고 한
다. 다른 일각에서는 미국에 총 140개, 전 세계적으로는 약 400개에 이른다
는 주장도 있고, 근무자들은 수십만 명에 달한다고도 한다. 그리고 출입구는
외부에서 볼 때 대개 광산이나 모래채취장처럼 위장되어 있는 것으로 알려져
있다. 기지 안팎 곳곳에는 플래시 건(Flash Gun)으로 무장한 군 요원들에
의해 경비되고 있고 근무자들이 출입시에는 지문 및 홍채확인 시스템 등을
통한 엄격한 신분체크를 받게 돼 있다고 한다. 이 밖에도 보안용 감지기와
카메라, 레이더, 초저주파(ELP) 장치, 전자기 광선(EMB), 위성에 의해 모든
행동이 감시를 받게 돼 있다고 폭로자들은 말하고 있다. 게다가 거기서 보고
들은 것에 대해서는 어떤 정보도 일체 발설하지 않겠다는 서약을 해야 하고,
만약 위반시에는 생명이 위험할 정도의 처벌규칙이 있다고 한다. 여기에는
가족에 대한 위협, 뇌에 장치 삽입, 약물주입, 전자기적 통제 방법 등이 포함
돼 있다. 일설에 따르면, 군사기지 외에 지하에 건설된 도시들도 있는데, 여
기에는 거리들과 보도블럭, 호수, 소형 전기 자동차, 빌딩들, 사무실과 쇼핑몰
을 완벽하게 갖추고 있다고 한다.
　지하 기지들에 대한 폭로자들 가운데 필 슈나이더에 관해서는 나중에 소개
하고 있으므로 여기서는 토마스 카스텔로에 관해서만 간략히 소개하겠다. 원
래 군수업체인 랜드사에서 일하다가 덜스 기지로 배속 받아서 1977년부터
약 3년간 보안장교로 근무했던 그는 1979년 말, 자신이 매일 마주해야 했고
알게 된 혼란스러운 현실에 더 이상 견딜 수가 없었다. 왜냐하면 그는 그 비
밀시설에서 진행되던 인간납치와 동물절단, 기괴한 유전공학 실험, 그리고 그
곳에 상주하는 외계인들을 날마다 직접 목격해야 했던 것이다.

　오랜 시간에 걸쳐 많은 내적 갈등 후에 그는 그곳을 탈출하기로 결심하게 되었다. 카스텔로는 외부 폭로용 증거자료를 얻기 위해 소형 카메라를 이용하여 그 여러 층의 복합시설 내의 지역들을 30장 정도 사진을 촬영했다. 그리고 그곳의 문서를 수집하고 통제센타의 보안 비디오를 탈취했다. 그리고 그는 79년 말, 일부 동조자 및 군 요원들과 함께 사진들, 비디오, 문서들을 갖고 탈출을 시도했다. 그러나 한 동료의 배신에 의해 사전에 정보가 새나가는 바람에 나머지 사람들은 모두 피살되고 그만이 유일하게 탈출에 성공했다고 한다. 그는 갖고 나온 증거자료로 5개의 사본들을 만든 후 원본은 감춰두었다고 말했다.

　그런데 카스텔로가 탈출한 후에 자신의 아내와 어린 아들을 데리러 집으로 갔을 때는 이미 정부요원들의 차량이 그곳에 와 있었다고 한다. 그의 아내와 아이는 벌써 납치돼 있었던 것이다. 그는 자신이 기지에서 빼낸 것들을 다시 반환한다고 해도 그들이 안전하게 돌아올 수 없고 생물학적 실험에 이용될 것이라는 사실을 명백히 알게 되었고, 결국 피신하기로 결정한다. 그리고 나중에 덜스 기지에 관한 모든 진실을 폭로했던 것이다.

　카스텔로는 덜스 기지에 18,000명 이상의 작은 그레이들이 체류하고 있었고 거기서 파충류 외계인도 보았다고 주장했다. 또한 그는 당시 납치되어 실험용으로 갇혀 있던 사람들에 대해 이렇게 증언했다.

．"나는 종종 우리 속에 갇힌 인간들을 조우했고, 그들은 대개 멍한 표정으로 있거나 약에 취해 있었지만, 때때로 그들은 도와달라고 울부짖기도 했습니다. 우리는 그들이

희망이 없는 정신이상자들이고 정신병을 치료하기 위한 고위험의 약물 테스트를 받고 있다고 들었습니다. 또한 우리는 그들에게 절대로 말을 걸지 말라는 주의를 받았습니다. 처음에 우리는 그 이야기를 믿었었지요. 하지만 마침내 1978년에 일단의 작업자들이 진실을 알게 되었고, 그것이 <u>덜스 전쟁</u>[16]의 발단이었습니다."[17]

이번에는 지하기지들 가운데 한 곳으로 납치되었던 사람의 사례를 살펴보도록 하자. 레이(Ray)와 낸시(Nancy)라는 커플은 캘리포니아 팜데일에 위치한 노드롭사의 B-2 조립시설에서 일하고 있던 근로자들이었는데, 이들은 테하채피 산맥 인근의 지하기지로 납치를 당했었다. 그들은 1990년대 초 6월의 어느 날 밤, 도시의 야경과 하늘의 별들을 보기 위해 테하채피 산맥 기슭에 나 있는 횡단로까지 차를 몰고 올라갔다. 그런데 차를 주차시키고 별을 바라보고 있는 와중에 이들은 밝고 둥근 물체가 상공에 빙빙 맴도는 것을 발견했다. 레이에게 그것은 마치 지면의 어떤 입구에서 갑자기 솟아 오른 것처럼 생각되었다. 그들이 이 광경을 관찰하고 있던 시각은 새벽 1:00시경이었는데, 그 다음 순간 기억나는 것은 어느덧 여명이 동터오는 모습을 보았다는 것이었다. 즉 약 4시간 정도가 실종된 '미싱타임(Missing Time)' 현상이 발생한 것이다. 이들은 나중에 최면 전문가에게 인도되어 사라진 4시간 동안의 과거를 알아보기 위해 시간퇴행 최면을 받게 되었다. 그 결과 이들은 납치되어 인근의 지하기지로 옮겨졌던 것으로 밝혀졌다. 최면상태에서 레이는 그곳에 고도의 기술로 운용되는 항공기와 우주선을 비밀리에 연구, 개발하는 단지와 온갖 관련 시설이 자리 잡고 있고, 또한 외계인들에 의해 사악한 인간 실험이 자행되고 있음을 이렇게 언급했다.

"그곳은 아마도 팜스 해군기지 휘하의 29곳 중 한 곳 크기에 가까운 거대한 기지입니다. 거기에는 기술연구소분만이 아니라 커다란 격납고와 매우 큰 엘리베이터들이 있습니다. 그 지하에는 완전히 갖춰진 도시가 있고 넓은 통행로들 … 그리고 그곳 계곡 전체가 터널들로 가득 차 있어요. 한쪽 끝에서 다른 지하기지로 차를 몰고 갈 수 있습니다. 예컨대 노드롭과 록히드사가 있는 장소와 검은 프로젝트 지역에서 캘리포니아 시(市)나 모든 지하기지로 운전해 갈 수 있는 것이죠. 조지 공군기지로 바로 연결

---

16) 1979년 말에 덜스 기지의 경비를 맡고 있던 보안부대와 외계인들 간에 일어난 충돌을 말한다. 이 사건을 통해 약 66명의 보안요원들과 과학자들이 피살당했다고 한다.

17) William F. HamiltonⅢ. Cosmic Top Secret(Inner Light Publications, 1991). P. 109

되는 터널들도 있습니다.

외계인들은 분명히 (그곳을 드나드는) 통로를 갖고 있고, 그들은 도처에서 목격됩니다. 정부는 그들이 원하는 것은 무엇이든 하게 허용합니다. 그들은 인간의 약점을 찾아내고 우리를 통제하는 방법을 알기 위해 우리의 뇌를 탐침(探針)으로 조사하고 있습니다. 그들은 인간을 해부하기도 하며 … 나는 그 절개장면을 묘사할 수가 없는데, 그자들은 무자비하기 때문입니다. 정말 소름끼칩니다. 정부는 그것을 알고 있지만 … 그들은 단지 머리를 돌리고 있을 뿐이죠. 정부 내의 어떤 이들은 이것을 멈추기를 원합니다만, 그들은 이것을 어떻게 멈춰야 할지를 모릅니다."18)

이런 피납자들이 지하기지에서 목격한 외계인에 관해 공통적으로 말하는 것은 그 외계인들이 한결같이 그레이들과 파충류 종들이라는 사실이었다. 현재 알려져 있는 미국 내의 주요 지하 기지들과 터널들의 대략적 위치는 다음과 같다.

• 뉴 멕시코 주
덜스(Dulce)
선스포트(Sunspo)
커틀랜드(Kirtland) 공군기지
데이틸(Datil)
맨자노(Manzano) 산맥
화이트 샌드(White Sand)
로스 알라모스(Los Alamos)
코로나(Corona)
타오스 푸에블로(Taos Pueblo)
앨버쿼키(Albuquerque)

• 조지아 주
아틀란타(Atlanta)   토마스빌(Thomasville)

• 뉴욕 주
아디론댁 산맥(Adirondack Mountains) 지역뉴욕 메트로 지역(New York

---

18)Commander X. Incredible Technologies of The New World Order(ABELARD
 PRODUCTIONS INC, 1997). P. 45

Metro area)플랫츠버그(Plattsburgh)

- **캔사스 주**

애치슨(Atchison)
킨슬리(Kinsley)

- **메릴랜드**

캠프 데이비드(Camp David)
수이트랜드(Suitland)
올니(Olney)

- **텍사스 주**

프론틴 후드(Ft. Hood) 덴톤(Denton) 레드 리버 병기고(Red River Arsenal)

- **콜로라도 주**

델타(Delta)
그랜드 메사(Grand Mesa)
콜로라도 스프링즈(Colorado Springs)

- **캘리포니아 주**

니들즈(Needles)
에드워드 공군기지(Edwards AFB)
테하채피 산맥(Tehachapi Mountains)
노튼 공군기지(Norton AFB)
모롱고 계곡(Morongo Valley)

- **오클라호마**

아다(Ada)
애슈랜드(Ashland) 해군 병기 보급창

- **네바다 주**

블루 다이아몬드(Blue Diamond)
넬리스 공군기지(Nellis AFB)
그룸 레이크(Groom Lake), 51-구역
파푸즈 레이크(Papoose Lake)
쿼특사이트 산(Quartzite Mountain)
토노파(Tonopah)

• 아리조나 주
포트 휴아츄카(Fort Huachuca)
게이츠 패스(Gates Pass) 기지
그랜드 워시 클리프(Grand Wash Cliffs)
그린 밸리(Green Valley)
산타 카탈리나(Santa Catalina) 산맥

• 워싱턴 D.C
백악관(WHITE HOUSE)

• 오레곤 주
불런(Bull Run), .쿠스 베이(Coos Bay) 지역 클라마스 폴즈(Klamath Falls) .

• 버지니아 주
블루몬트(Bluemont), 마운트 웨더 기지, 쿨피퍼(Culpepper), 알링턴의 국방성(Pentagon), 워링턴의 훈련 센터(Warrington Training Ctr.)

• 미시간 주
배틀 그리크(Battle Creek)
그윈 마이(Gwinn, MI)

• 웨스트 버지니아
슈가 그로브(Sugar Grove)
화이트 설퍼 스프링즈(White Sulphur Springs)

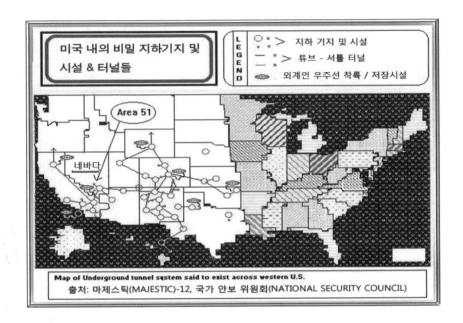

Map of Underground tunnel system said to exist across western U.S.
출처: 마제스틱(MAJESTIC)-12, 국가 안보 위원회(NATIONAL SECURITY COUNCIL)

■ 주요 비밀 시설들이 밀집된 네바다와 뉴 멕시코 지역들

〈Area-51〉과 〈덜스〉 기지

　영화 〈인디펜던스 데이〉와 로버트 라자르의 폭로로 유명해진 비밀지역이 바로 〈Area-51〉이다. 그러나 이곳은 그 훨씬 이전부터 미국과 외계인들과 모종의 협약에 의해서 어떤 비밀스러운 작업들이 진행되고 있다는 루머들이 떠돌고 있었다. 더불어 넬리스 공군기지가 있는 이 지역 근처에서 정체불명의 비행원반을 목격했다는 사람들이 많았다.

　〈Area-51〉은 라스베가스 북서쪽으로 약 2시간 거리의 외딴 네바다 사막에 광범위하게 배열되어 있는 출입금지지역으로서 지도상에는 표시되어 있지 않다. 이곳은 그룹 레이크(Groom Lake)라는 마른 호수 지역으로서 두 개의 산맥에 의해 에워싸여 가려져 있는 이상적인 비밀장소이다. 또한 미 정부당국과 군은 지난 몇십 년간 이러한 비밀구역과 지하군사시설이 존재한다는 주장에 대해 이를 공식적으로 부인해 왔다. 그런데 앞서 소개한 로버트 라자르 외에도 1997년에 우리나라 아주대학에서 개최된 국제신과학 세미나에서 강사로 초빙되었던 미국의 로켓공학자 데이비드 아데어(David Adair)씨도 〈Area-51〉에 관한 언급을 한 적이 있다. 그는 지금까지 미 국방성의 의뢰로 여러 가지 연구를 해왔는데, 실제로 자신이 〈Area-51〉에 들어가 보았다고 말했다. 거기서 그는 외계인을 보지는 못했으나 로즈웰에 추락했던 UFO의 엔진을 1971년에 직접 보았다는 것이다. 그런데 이 비밀지역의 그 내부구조가 나중에 본 영화 〈인디펜던스 데이〉의 장면과 너무 똑같아 깜짝 놀랐다는 것이다. 이러한 모든 것으로 미루어 볼 때 〈Area-51〉이라는 지하기지를 포함한 비밀구역의 실재는 의심할 여지가 없다.

한편 뉴 멕시코의 덜스(Dulce) 지역 역시 오래전부터 대규모 지하기지가 있다는 소문이 수많이 나돌았고, 결국 카스텔로와 같은 폭로자들의 증언에 의해 그 실재가 입증되었다. 특히 이 지역 인근에서는 1970년대 초부터 주민들에 의해 UFO가 자주 목격되었으며, 다량의 가축 시신들이 들판에서 절단된 채로 발견되곤 했었다.

지금까지 이런 지역들에 관해 여러 경로를 통해 밝혀진 정보를 종합하면 다음과 같다.

1.〈Area-51〉은 총 면적이 4,000에이커(16,187,200㎡)에 달하며, 세계비밀정부의 UFO 전문조직인 〈MJ-12〉와 부정적 외계인들과 밀약에 의한 군산복합시설들이 들어서 있다. 지금까지 외견상 F-117A 스텔스기와 같은 첨단의 군사기술들을 개발, 시험해 온 것으로 알려져 왔으나, 이것은 위장 술책이며 사실은 군부의 가장 비밀스러운 프로젝트들을 시행해 왔다. 또한 이곳의 다양한 지정구역에는 온갖 종류의 감시 카메라 장치와 전자기(電磁氣) 감지기가 설치되어 있고, 특수보안집단인 "와켄허트(Wakenhut)" 순찰대에 의해 경비되고 있다.

2..외계인들부터 이전된 기술에 의해 미국은 이곳 .〈Area-51〉에서 각종 우주병기들, 반중력 비행체(UFO), 초미래 기술들을 개발하고 시험해 왔다. 그리고 달을 왕래하는 거대한 UFO들이 이곳에서 이착륙 한다는 보고들이 있다. 아울러 이곳에서는 인간의 의식을 세뇌(洗腦)하고 조종하는 마인드콘트롤(Mind Control) 연구도 진행돼 왔다. 군은 이와 더불어 비밀 프로젝트인 "피닉스 프로젝트" "몬톡 프로젝트"와 "하프 프로젝트" 역시 실험해 왔다.

3.뉴 멕시코 주, 덜스(Dulce) 지역의 지하 60m 이하에는 7단계로 이루어진 거대한 지하 복합단지가 들어서 있으며, 이곳 역시 〈Area-51〉과 마찬가지로 미국과 그레이 외계인 간의 공동 연구 시설이 자리 잡고 있다. 맨 위 1층은

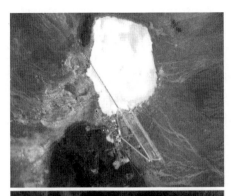

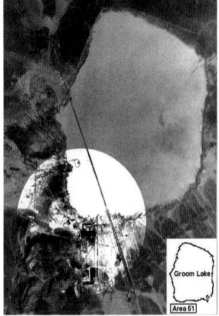

보안설비 및 사무시설, 각종 장비 격납고이고, 2층은 셔틀 열차와 원반 격납고 및 인간 거주시설이 들어서 있다. 3층은 알려져 있지 않고, 4층은 텔레파시, 오라, 초감각, 최면, 세뇌 등에 관계된 마인드 컨트롤 연구시설이 있다. 5층은 외계인 거주 시설, 맨 아래 6층과 7층에는 인간과 동물, 인간과 외계종 간의 DNA 교배 연구 및 합성체, 복제인간 창조와 같은 끔찍한 유전공학 시설이 자리 잡고 있다.

4.넬리스 공군기지가 있는 네바다 주 〈Area-51〉과 뉴멕시코 주의 로스 알라모스 국립연구시설, 아츄레타 메사, 덜스 기지, 또 앨버쿼키의 커틀랜드 공군기지 사이에는 비밀 지하터널로 서로 연결되어 있다. 이 터널들의 깊이는 지상에서 약 900m 정도이며, 전자기력에 의해 움직이는 초고속 셔틀장치들이 운행되고 있다. 그리고 이런 깊은 지하 기지들에 설치된 엘리베이터들은 케이블이 없이 오르내리는 전자기 시스템으로 작동된다.

아래 사진 원 안 부분이 Area-51이며, 기지는 지하 깊은 곳에 위치해 있다.

5.이런 지하기지와 시설들에서는 미 군부와 외계인들 간의 공조 하에 여러 가지 연구과 DNA 실험이 진행되어 왔다. 지금까지 지구상에서 발생했던 납치된 사람들이나 도살된 가축들은 대부분 이러한 실험에 소용된 것이며, 이것은 이미 어느 정도 완료되었다.

지금까지 몇몇 용기 있는 과학자들과 UFO 연구가들이 이런 비밀의 군사기지들을 파헤치기 위해 노력해왔다. 그러나 진실을 폭로하거나 비밀에 너무 깊이 개입해 들어갔던 이들은 정보기관들에 의해서 비밀리에 제거되거나, 정신이상자로 몰려 수감되기 일쑤였다. 단적인 예로 폴 베너위츠(Paul Benewitz) 박사는 번개연구를 하다가 우연히 지하비밀기지에서 발산되던 전파를 포착, 이곳의 시설과 실험에 대해 알게 되었다. 그러나 그는 이를 좀 더 파헤치려다가 강제로 정신병원에 감금되었고 결국 행방불명 되어버리고 말았다.

그림자정부의 비밀 지하 군사기지들은 반드시 미국 내에만 있는 것이 아니라, 캐나다에도 있고, 호주의 앨리스 스프링즈(Alice Springs) 인근의 〈파인 갭(Pine Gap)〉에도 존재한다. 특히 〈파인 갭〉은 1966년 호주와 미국의 정부 간에 비밀리에 맺어진 조약에 의해 지하 8,000m 깊이에 방대한 규모로 건설된 것으로 알려져 있다.

이곳의 공식적인 명칭은 "공동방어우주연구시설(JDSRF)"이며 지구 주변을 도는 스파이 위성들을 통제하는 가장 중요한 센터이다. 약 1,000명 정도의 NSA와 CIA 요원 및 과학자들, 외계인들이 함께 상주해 있고, 레일 건이나 광선무기와 같은 외계의 초기술들을 연구하는 시설들이 있다고 한다. 1991년에 이곳에서 UFO 모선을 격추시키기 위해 빔을 발사하는 장면이 우연히 미 케이블 TV의 카메라에 포착된 적도 있었다. 또한 이 지역으로부터 달을

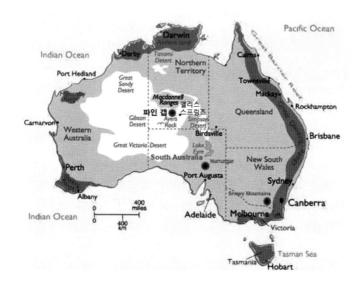

2부 미국 정부와 외계인들 간의 커넥션

왕래하는 수많은 UFO 활동이 있다고 소문이 나 있으며, 그때부터 파인 갭 기지는 외부에 점차 알려졌다.

호주 파인 갭 기지의 지표면 전경.

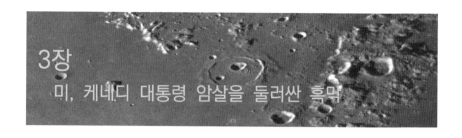

1.오늘날까지 안개에 싸여 있는 비밀스러운 진범(眞犯)들

1963년 11월 22일, 텍사스 주, 달라스에서 카-퍼레이드 중에 암살당한 미(美) 35대 대통령 존 F. 케네디의 죽음은 오늘날까지도 정확히 범인이 밝혀지지 않은 채 수수께끼로 남아 있다. 당시 그의 나이는 불과 46세였다.

암살당하기 전 케네디는 짧은 재임 기간이었지만 여러 가지 면에서 뚜렷한 업적을 남긴 대통령이었다. 그는 "뉴 프론티어(New Frontier)" 정신과 정책을 제창했고, 핵전쟁 발발 직전까지 갔던 1962년 쿠바의 미사일 위기사태[19] 때 강력한 의지와 해상봉쇄를 통해 이를 해결해냈다. 이밖에도 '평화봉사단' 창설이라든가, 핵실험금지 조약체결, 종교, 국적, 인종 차별 철폐를 위한 인권법안 및 아폴로 계획 같은 우주개발 등의 여러 혁신적인 정책들을 추진했다. 또한 교육에 대한 연방정부의 지원 확대, 저소득층을 위한 국민의료보험

---

19)소련이 핵탄도 미사일을 미국 코앞인 쿠바에 배치하려 하자, 미국이 운반선을 막기 위해 군함을 보내 해상을 봉쇄하면서 벌어진 사건이다. 결국 협상으로 막을 내린 이 사건은 소련과 미국 간 핫라인 개설과 부분적인 핵실험금지조약 체결로 이어졌다.

제도 실시, 흑인과 여성의 인권신장을 위한 여러 획기적 조치들을 단행했었다.

케네디는 미국 대통령 역사상 가장 젊은 나이로 당선된 사람이었고, 재임시 지지도와 인기가 고공행진을 하던 터라 재선이 거의 확실시되던 상태였다. 그런데 이런 상황에서 누가 미국이라는 초강대국의 대통령이었던 케네디를 암살했던 것일까? 그리고 역대 그 어느 대통령보다 미 국민의 사랑을 많이 받고 인기가 높았던 그가 무엇 때문에 46세의 젊은 나이에 비참하게 저격당해 생을 마감해야 했던 것일까?

당시 정부가 체포했다고 발표한 암살범은 쿠바의 카스트로를 추종했던 공산주의자라는 리 하비 오스왈드(Lee Harvey Oswald)였다. 일부 언론 역시도 그가 쿠바에 적대적인 미국에 대한 반감 때문에 케네디를 단독으로 암살한 것이 아닌가라는 식으로 보도의 초점을 맞추었다. 그러나 처음에는 스스로 혼자 암살을 실행한 것임을 자인했던 그는 나중에 이를 번복했고, 자신은 무죄이며 범인은 따로 있다고 주장했다. 이런 와중에 케네디 암살 다음날인 23일에 오스왈드는 암살범으로 공식 기소되었다. 하지만 기소 다음날(24일) 아침 그 역시도 달라스 주 감옥으로 호송되던 중 텍사스 경찰서 지하에서 나이트클럽 경영자인 잭 루비(Jack Ruby)라는 인물의 총에 맞아 사망했다.

그런데 잭 루비 역시 재판을 받던 중 나중에 옥중에서 의문의 사체로 발견되었다. 그리고 잭 루비가 죽은 것은 1심 재판에서 사형판결을 선고받은 후 그가 당시의 와렌 조사위원장에게 모든 진상을 밝히겠다고 하면서 청문회에 출석하게 해달라고 요구한 이후였다. 게다가 더욱 놀라운 것은 케네디가 암살당한 이후, 현장 목격자들을 포함해 이 사건에 관련된

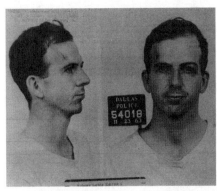

범인으로 체포되었던 리 하비 오스왈드

결정적 증인 18명이 연달아 이상한 사고로 모조리 사망했다는 사실이다. 이 18명 중에는 잭 루비

와 인터뷰한 기자도 있었는데, 그들 중 6명은 총에 맞아 죽었고, 3명은 교통사고로 죽었다. 그리고 2명은 자살, 1명은 목이 졸린 채, 그리고 나머지는 심장마비 등으로 사망했다.

이 모든 죽음들이 의문투성이인 가운데 사건 조사과정에서 수많은 증거들이 고의적으로 무시되고 묵살되었다. 그럼에도 당시의 진상조사기관인 와렌위원회(Warren Commission)는 억지 꿰맞추기 식의 조사로 케네디의 죽음은 단독범 오스왈드의 저격에 의한 것이고 또 잭 루비의 행위 역시 단독적인 것이었다고 공식 발표 했다. 그리고 그 후 조사는 서둘러 종결되었다. 그러다 보니 계속해서 오랜 세월에 걸쳐 그의 죽음에 관한 여러 소문과 의혹이 꼬리에 꼬리를 물었다. 여론조사 통계에 따르면, 미국 국민들의 약 80%는 케네디의 죽음을 의심하며, 무엇인가가 은폐돼 있다고 믿는다고 한다.

국민적 논란과 여론의 압력이 계속됨에 따라 1976년에 미 연방 하원은 '하원 암살조사특별위원회(HSCA)'를 구성하여 재조사에 착수했다. 78년까지 진행된 2년간의 조사결과 후, HSCA는 원래의 FBI 조사와 와렌위원회의 보고서에는 심각한 흠이 있다는 점을 발견했으며, 과거 와렌위원회의 발표와는 달리 케네디가 음모로 희생되었을 가능성이 있다고 결론지었다. HSCA는 최소한 4발의 총탄이 발사되었고 그중 3발이 오스왈드가 쏜 것으로서 케네디에게 부상을 입힌 점에는 기존조사에 동의했으나, 1발은 오스왈드 이외의 다른 저격수가 쏘았을 가능성이 높다고 발표했다. 하지만 HSCA는 어떤 개인이나 조직이 오스왈드와 공모하여 암살을 실행했는지 그 이름을 공개하지는 않았다. 이런 부분은 매우 의심쩍은 부분인데, 그들이 범인을 알고도 고의적으로 침묵했을 가능성이 있기 때문이다. 실제로 조사과정에서 모종의 세력에

오스왈드가 잭 루비에게 총을 맞는 순간의 모습.

2부 미국 정부와 외계인들 간의 커넥션

의해 자행된 의도적인 은폐시도의 한 예가 있었다. 윌리엄 설리반(William Sullivan)이라는 FBI 요원은 정보기관의 테러행위에 관련돼 있던 주요인물로서 HSCA에 출두해 케네디 암살에 관해 증언할 예정이었으나, 1977년 11월 9일에 뉴 햄프셔 주, 슈가힐의 자택 근처에서 총격을 받아 사망한 시신으로 발견되었다. 이밖에도 주요 증언자가 이런 식으로 갑작스레 죽음을 당한 사례는 부지기수이다.

케네디가 저격당했던 순간(위), 첫 발을 맞은 케네디를 재클린이 끌어안고 있다.

한편 당시부터 오늘날에 이르기까지 관심자들에 의해 나름대로 케네디의 죽음에 관한 연구가 진행되어 왔고, 수많은 관련 저서들이 집필되어 출간되었다. 또한 미국의 올리버 스톤 감독에 의해 케네디의 의문의 죽음을 재조명한 〈J.F.K〉같은 영화도 제작된 바가 있었다.

이에 따라 오늘날 그를 죽인 배후세력에 관한 여러 가지 설(說)들이 존재한다. 그 가장 대표적인 것으로는 당시 케네디 대통령의 동생이었던 로버트 케네디 법무장관의 대대적인 범죄소탕 작전으로 치명타를 입은 마피아가 범인이라는 설이다. 이와 더불어 미국과 적대관계였던 쿠바의 카스트로와 소련의 KGB가 암살을 결행했다는 설이 있으며, 또 카스트로를 제거하고자 독자적으로 실행했던 쿠바침공 작전 실패로[20] 인해 해체 위기에 놓였던

20)일명 <피그스 만(Bay of Pigs) 사태>로 불리며, 1961년 4월, 미 CIA의 주도로 피델 카스트로의 쿠바 정권을 전복하기 위해 미국이 훈련한 1,500명의 반(反)-카스트로 쿠바 망명자들이 미군의 도움을 받아 쿠바 남부를 침공하다 실패한 사건이다.

CIA(미 중앙정보국)가 주범이라는 이야기도 있다. 그리고 전쟁을 끝내고 베트남전에서 미군을 철수시키려던 케네디의 계획 때문에 무기판매 감소 타격을 받게 되었던 군산복합체들도 이런 후보에 추가된다. 그러나 사실 케네디의 암살에는 이 보다 더 중요한 원인과 상위의 세력들이 도사리고 있었다. 이제부터 그것을 깊이 있게 알아보도록 하자.

2.누가, 왜 케네디를 암살할 수밖에 없었는가?

당시 케네디 대통령에게 반감을 갖고 있던 세력들은 앞서 열거한 부류들을 포함해 매우 다양했다. 또한 그 이유들도 여러 가지가 있었다. 그럼에도 모종의 세력이 케네디를 제거하지 않을 수 없었던 가장 핵심적인 이유를 든다면, 결론적으로 다음과 같은 2가지이다.

1.케네디는 미 FED(연방준비제도이사회)와 연방준비은행이 국가소유가 아니라 로스차일드와 록펠러를 비롯한 소수의 국제 민간금융업자들이 소유한 사적인 기관임을 잘 알고 있었다. 따라서 그는 당시 그것들을 모두 폐지하라는 행정명령을 내렸고, 헌법상의 조폐권을 가진 새로운 국립중앙은행으로 교체하려고 시도했다.[21] 그런 새로운 개혁을 통해 그는 미국이라는 국가를 극소수의 검은 프리메이슨과 일루미나티 세력들에 의해 지배되는 상태에서 벗어나게 하여 근본적으로 바로잡으려고 시도했다.

2.아이젠하워에 이어 미국 대통령에 당선된 비유대계의 존 F. 케네디는 하원의원 시절부터 UFO에 상당한 관심을 갖고 있던 사람이었다. 때문에 의원시

미국측은 사흘 만에 정예요원 118명이 전사했고 360여 명이 부상당했으며, 1천여 명이 생포되는 참담한 패배를 맛보았다. 카스트로 정부는 1961년 12월, 미국으로부터 포로들 몸값으로 5,300만 달러를 받은 뒤에야 당시 사로잡은 1,113명을 석방시켰다. 이 쿠바 침공은 케네디가 당선되기 이전의 아이젠하워 정권하에서 CIA가 계획했던 공작으로서 작전 개시 몇 시간 전까지 대통령인 케네디한테 알리지도 않고 있었다고 한다. 때문에 나중에 케네디는 CIA의 제멋대로의 독자행동에 매우 분개했다.

21)미 합중국 대통령 '행정명령-11110호'가 바로 이것이다. 케네디가 내린 이 대통령령은 미 재무부로 하여금 새로운 미국의 공공화폐를 정식으로 발행하도록 지시한 것이다. 이 조치는 FRB를 이용해 막대한 수익을 거두어들이는 소수의 엘리트 민간금융업자들의 농간을 차단하고 미국의 통화제도와 경제시스템을 헌법에 의거해 원래의 상태로 되돌리려는 케네디의 과감한 시도였다. 이때 최초로 45억 달러 어치의 화폐가 발행되었는데, 그러나 5개월 후 케네디가 암살당하는 바람에 모두 회수되어 폐기처분되었다.

절 케네디는 당시의 저명한 UFO 접촉자였던 조지 아담스키(George Adamski)의 책을 읽어본 후 그를 자기의

케네디가 FED를 폐지하고 1963년에 발행하여 처음으로 유통시키려 했던 미국 정부의 공식화폐 중의 하나인 5달러 지폐.

사무실로 초대한 적이 있었다.

이때 장차 그가 대통령이 되리라는 것을 알고 있었던 아담스키는 UFO와 우주인들에 관한 많은 정보를 케네디에게 전달했다. 그리고 결국 케네디는 미국 대통령에 당선되었다. 물론 대통령이 된 후에도 케네디는 아담스키와 계속적인 만남을 이어가며 여러 가지 조언을 받았다. 케네디가 생전에 아담스키와 접촉했다는 증거는 영국의 저명한 UFO 연구가 티모시 굿(Timothy Good)의 저서, "에일리언 베이스(Alien Base)"에서 다음과 같이 언급되고 있다.

"1965년, 아담스키 생(生)의 마지막으로 남은 몇 달 동안을 그와 함께 했던 매들린 로데퍼(Madeline Rodeffer)에 따르면, 아담스키는 적어도 한 번은 케네디 대통령과 비밀의 만남을 가졌다고 한다. 그녀는 나에게 1962년 5월에 어떻게 케네디가 늦은 밤 백악관 인근의 윌라드 호텔로 아담스키를 찾아가서 만났는가를 말했다. 아담스키가 미국의 모든 군사기지와 제한 구역들을 드나들 수 있게 해주는 미국정부의 법적 출입증을 소지하고 있었다는 것이 사실일지라도 그런 주장에 대한 실증은 없다. 하지만 이 신분증이 그가 한때 백악관을 방문했다는 그 자신의 주장을 뒷받침해주는 것일지도 모른다."[22]

이렇게 해서 케네디는 아담스키를 통해 외계문명의 실재를 알게 되었고, 그 후 우주개발 정책에 누구보다 적극적이었다. 따라서 그는 1961년 5월 25일, 미 의회 상하양원 합동회의에서 연설하며 60년대 말까지 인간을 달에 보내겠다고 국민들에게 공적으로 약속까지 하였다. 그리고 나중에는 아담스키의 중개로 마침내 아담스키가 만났던 우주인들과의 비밀 접촉을 갖게 되었다. 1962년 3월경, 케네디 대통령은 캘리포니아의 한 공군 기지에서 여섯 시간 동안 행방불명되었는데, 바로 이때 그는 비밀 공군기지에 착륙한 UFO

22) Timothy Good. Alien Base (Avon Books Inc, 1998). P.138

에 올라가 우주인들과 회담을 하고 있었다.23) 이로써 케네디는 이런 UFO 내에서의 우주인과의 회견을 통해 태양계 안의 행성에 고도의 문명이 존재한다는 사실을 직접 확인하게 되었다. 그리고 케네디는 이런 우주인들과의 접촉 이후 모

대통령 전용기 내에서 슬픔에 빠져 있는 영부인 재클린 여사. 좌측은 당시 케네디의 후임자였던 린드 존슨 부통령과 그의 부인.

종의 과감한 결심을 하게 되었다. 원래 그는 독실한 가톨릭 신도였다. 그리하여 케네디는 최종적으로 로마 바티칸(교황청)과 연계하여 세계 평화를 위해 외계인과 UFO에 관한 모든 것을 세계에 공표하기로 결정한다.

1963년 텍사스 주 달라스의 선거유세 방문 이전에 케네디는 듀크 대학과 콜럼비아 대학을 방문하여 연설할 기회가 있었으며, 여기서 그는 "세계 인류의 평화와 행복을 위해 장차 미합중국 최고의 비밀을 밝히겠다."고 공언했다. 상황이 이렇게 되자 자기들의 목숨 줄을 위협하는 이런 케네디의 위험한 행동을 잘 알고 있었던 MJ-12를 포함한 그림자 정부의 수뇌부들은 이를 결코

---

23) 케네디가 아담스키의 주선으로 우주인들과 비밀리에 만났다는 사실은 아담스키와 오랫동안 친분을 유지했던 유럽의 UFO 연구가 루이 친스타그(Lou Zinstag) 여사가 자신의 저서, <George Adamski: The Unfold Story>에서 이렇게 언급하고 있다. (그 정확한 접촉 날짜는 1962년 3월 24일로 알려져 있다.)
"나는 아직도 그의(아담스키의) 백악관 이야기를 기억한다. 그는 나에게 말하기를, 자신이 캘리포니아 데저트 핫 스프링스(Desert Hot Springs)의 한 비밀 공군기지에 있는 우주인들의 거대한 우주선 중의 한 곳으로 며칠 동안 방문해달라는 케네디에 대한 초대장을 위임받았었다고 했다. 이런 방문을 절대적인 비밀로 유지하기 위해서 아담스키는 그 초대장을 직접 가지고 백악관 옆문을 통해 들어갔다. 여전히 흥분으로 달아오른 채 행복하게 웃으면서 그는 나아가던 그의 택시가 어떻게 차량행렬 속에서 정지신호 때문에 이 특별한 문 앞에서 멈춰서야 했는지, 그리고 거기에 대기하고 서 있던 그가 아는 어떤 사람이 - 우주인이라고 그는 말했다 - 어떻게 자신을 들여보내 주었는지를 설명했다. 아담스키는 나중에 케네디가 뉴욕으로 가는 중요한 여행을 취소한 후에 그 공군기지에서 서너 시간을 보냈다는 사실을 알았다. 그리고 그가 그 우주선의 승무원과 오랫동안 대화를 나누었지만, 비행에 초대받지는 못했다는 사실도 말이다.(63~64 P)"

좌시할 수 없었다. 따라서 자기들의 걸림돌인 케네디를 암살하고자 비밀리에 제거 계획에 착수하게 되며, 그래서 결국 케네디는 1963년 11월 22일, 텍사스 주의 달라스에서 암살되고 만 것이다.

참고로 케네디 암살에 관해 해군정보국 출신의 내부고발자 윌리엄 쿠퍼는 자신의 책에서 다음과 같은 더욱 놀라운 증언을 하고 있다.

"어느 시점에 대통령 케네디는 (CIA의) 마약거래와 외계인에 관한 진실을 깨달았다. 그는 1963년 MJ-12에게 최후통첩을 했다. 케네디는 만약 그들이 마약문제를 청산하지 않는다면, 자신이 할 것이라고 확신시켰다. 또한 그는 다음 해 안에 자신이 외계인의 존재를 미국 국민들에게 폭로할 생각이라고 통고하고, 자신의 결정을 이행할 수 있는 계획을 세워놓으라고 명령했다. … (중략) … 대통령 케네디의 결정은 책임 있는 자리에 있던 그들의 간담을 서늘하게 만들었다. 그를 암살하라는 지령은 정책평의회(빌더버거 엘리트 위원회)에 의해 내려졌고, 그 지령은 달라스에 있던 요원들에 의해 수행되었다."24)

아울러 그는 케네디가 피살된 것은 오스왈드 때문이 아니라 카-퍼레이드 중에 케네디 부부가 탑승한 리무진을 운전했던 비밀요원에 의해서라고 밝혔다. 다시 말하면 운전도중 그 요원이 좌측 팔을 뒤로 돌려 45-구경 자동권총을 케네디를 향해 우측 어깨 너머로 발사했고, 그 탄환이 케네디의 머리를 관통했다는 것이다. 실제로 그 차에서 가까운 거리에 있던 주변 사람들은 이 광경을 분명히 목격했으나, 이런 목격자들 역시 사건이 벌어진 후 2년 내에 모조리 암살되었다고 한다. 필자는 빌 쿠퍼의 주장이 매우 신빙성이 높다고 보는데, 그것은 다음과 같은 몇 가지 정황 증거들에 의해 그의 말이 뒷받침되기 때문이다.

1.당시 와렌조사위원회는 오스왈드가 교과서 창고 건물 6층에서 단독으로 연속 발사한 3발의 총탄 중에서 2발이 대통령에게 명중되어 사망했다고 발표했다. 그중 1발은 저격범 오스왈드가 위치해 있던 뒤쪽(5시 방향)으로부터 대통령의 등 윗부분과 목을 관통한 후 앞 좌석에 앉아 있던 존 코넬리(John Connally) 텍사스 주지사의 옆구리 갈비뼈와 손목뼈를 꿰뚫고 허벅지에 박혔다고 주장했다. 그리고 또 나머지 1발 역시 같은 뒤쪽 방향에서 케네디의 머리를 관통했다는 것이다. - 그러나 당시 현장에서 우연히 저격 장면을 촬영한 아마추어 카메라맨 아브라함 자푸루더(Abraham Zapuruder)의 필름 영상을 보면, 케네디 대통령이 머리에 마지막 총탄을 맞는 순간 분명히 머리가 뒤쪽으로 젖혀진다는 사실을 똑똑히 확인할 수 있다. 이점으로 미루어 볼 때, 케네디를 최종적으로 사망에 이르게 한 머리를 관통한 총탄이 후방이 아닌 앞쪽 방향에

---

24)William Cooper. Behold a Pale House.(Light Technology Publishing, 1991) P. 215

서 발사되었다고 추정함이 옳다.[25]

2.케네디가 저격당한 후 즉시 그를 파크랜드 병원까지 호송했던 비밀 경호원 클린트 힐(Clint Hill)과 병원측 의사들이 말하기를,"케네디의 머리 우측 뒤쪽 부분이 떨어져 나갔고, 목 앞쪽의 총구 상처가 매우 작았다."고 했던 증언 역시도 총탄이 전방에서 날아온 것을 뒷받침한다.(※이 목의 총구 상처는 케네디 시신을 찍은 사진에서도 확인 가능하다.) 왜냐하면 총탄이 인체를 관통할 때 들어가는 구멍은 작고 나오는 구멍은 몇 배 이상 크게 나타난다는 것은 이 분야의 전문가라면 다 아는 상식이기 때문이다. 아울러 케네디 앞쪽에서도 총성이 들렸다고 말한 주변 사람들 다수의 증언이 있다.

케네디를 암살한 진짜 범인은 바로 운전대를 잡고 있었던 우측에 보이는 비밀요원이었다.

최종적으로 정리한다면, 케네디가 목을 관통한 첫 발을 맞고 좌측의 영부인 재클린쪽으로 기대어 머리를 약간 수그린 상태에서 앞좌석의 운전사(비밀요원)가 왼손을 돌려 발사한 총탄이 머리를 관통함으로써 그는 절명한 것이다. 그리고 쿠퍼의 이런 주장은 앞서 언급했던 '미 하원 암살조사특별위원회(HSCA)'의 조사 결과와도 어느 정도 부합된다는 점에서 신뢰할만하다고 할 수 있을 것이다. 또한 쿠퍼가 저격범으로 지목한 운전사의 우측 자리에 동승했던 경호요원에 대해서 HSCA 보고서가 다음과 같이 특별히 언급하고 있음은 주목할 만한 부분이다.

"대통령의 리무진 앞좌석 우측에 있던 경호요원은 그의 몸으로 대통령을 보호하려고

---

25)독자 여러분도 인터넷 유투브에 올라와 있는 케네디 암살 동영상을 직접 확인해 보시기 바란다. 그러나 사실 이 필름을 좀 더 면밀히 관찰해 본다면, 앞좌석의 운전 사가 고개를 돌려 총을 발사하는 모습까지도 어렴풋이 파악할 수 있을 것이다.

아무런 조치도 취하지 않았다. 대통령을 위해 그렇게 하는 것이 비밀경호 절차에 어긋나지 않는 것임에도 말이다. 그 요원의 역할은 그런 긴급 상황이 벌어진 사건 내내 대통령 가까이에서 우두커니 앉아있었던 것뿐이었다."26)

이것은 저격범이었던 운전사와 더불어 이 경호원이 상부세력의 지시에 의해 대통령 암살에 공조하고 있었다는 사실을 능히 짐작할 수 있는 대목이다. 만약 그렇지 않다면 이 경호요원은 당시 그 운전사를 즉각 저지하거나 체포했어야만 마땅했기 때문이다.

추가적으로 여기서 UFO 접촉자 알렉스 콜리어(Alex Collier)가 케네디에 관련해서 언급한 내용을 잠시 살펴보자. 알렉스 콜리어에 따르면, 케네디는 재임시절 소련으로부터 그레이 외계인들에 관한 정보를 제공받았고, CIA에게 (협정을 체결한) 그레이 외계인에 관해 내용이 사실인지를 3번 물어본 적이 있다고 한다. 그러나 CIA는 대통령에게 두 번씩이나 거짓을 말했고, 그들은 나가려던 그에게 이렇게 다시 거짓말을 했다고 한다 "아닙니다. 그들(소련) 은 미치광이들에 불과합니다." 그리고 이것이 케네디로 하여금 CIA를 해체하고 싶은 마음이 들게끔 촉진했다는 것이다. 이어서 알렉스 콜리어는 케네디 암살의 원인을 앞서의 빌 쿠퍼의 증언과 유사하게 이렇게 결론짓고 있다.

"이것(외계인 정보를 알고 추궁했던 것)이 "검은" 정부가 케네디를 일종의 위험한 인물로 판단하고 그를 완전히 제거해야겠다고 결정한 보다 중요한 이유들 중에 하나이다. 이 기술 중 일부가 일반 대중들에게 알려져서 인류의 향상에 이용되고 외계인의 존재가 우리 앞에 와 있다고 미국인들에게 알려지도록 만드는 것이 J.F.K의 바람이었다. 또한 이것이 왜 그가 모든 미국인과 전 세계의 사람들이 이런 발견을 공유할 수 있도록 민간 우주 프로그램을 성황리에 착수했는가에 대한 이유 중 하나인 것이다."27)

3.케네디 대통령과 UFO

케네디가 UFO와 외계인에 관해 젊은 시절부터 깊은 관심을 갖고 탐구하던 사람이라는 것은 일반인들에게 별로 알려져 있지 않다. 그러나 그가 죽은 후 유출된 몇몇 문서들과 증언들은 이를 분명히 뒷받침해 주고 있다. 여기에

---

26)Stokes, Louis. "Report of the Select Committee on Assassinations of the U.S. House of Representatives". Washington, DC: United States Government Printing Office (1979). PP. 234-35

27)Web File: Alex Collier, "The Grey Agenda and The hidden rulers of this World."

관련해서 잠시 살펴보겠다.

우선 케네디는 해군정보부에서 한 때 장교로 복무한 경력을 갖고 있는데, 따라서 그는 원래 정보 분야에 매우 밝은 사람이었다는 사실이다. 그리고 소문에 따르면, 1946년에 매사추세츠 주 민주당 하원의원으로 당선되어 정계에 입문한 그가 의원 시절에 의회 내의 군(軍) 소식통으로 부터 로즈웰 UFO 추락사건과 외계인에 관한 정보를 입수해서 알고 있었다는 것이다. 그리고 그의 UFO와 외계인에 관한 이런 지속적인 관심이 나중에 아담스키 책의 구독(購讀)과 초청을 통한 그와의 만남으로 이어지게 되었다는 것은 어렵지 않게

케네디가 저격당한 장소(도로 화살표), 그리고 뒤쪽에 있는 건물이 텍사스 교과서 창고인데, 이 건물 6층 창문(화살표)이 오스왈드가 총을 발사했다는 장소이다.

유추할 수 있다.

아울러 나중에 대통령이 되었을 때, 로즈웰 사건을 포함한 UFO 관련 정보들에 이미 상당히 정통했던 그가 당시 회수하여 보관돼 있던 UFO 잔해와 외계인 시신을 확인하고 싶어 했을 가능성이 높다는 것도 매우 자연스러운 일이다. 실제로 이것은 영국의 UFO 연구가 티모시 굿의 책에 의해 입증되고 있다. 그의 저서, "필지사항(Need to Know)"에서는 신뢰할만한 군 정보원의 말을 통해 케네디가 로스웰의 외계인 시신을 보기 위해 갔었다는 사실을 이렇게 인용하고 있다.

"1961년/1962년경, 대통령 J.F. 케네디는 추락사고 현장에 관련된 외계인의 시신을 보고 싶다고 표명했다. 그는 그들의 존재를 명확히 알고 있었고, 스스로 그 증거를 보고 싶어 했다. 당시 맥큐 장군이 그 설비를 책임지고 있었으며, 이런 방문을 위해 케네디와 다른 톱 고관(高官)을 모셔 가는데 공군 1호기가 이용되었다. 그 비행 목적은 면밀하게 보호되었지만, 부주의한 말들과 퍼져나간 소문들을 통해 케네디의 비행 이유는 그 선상의 수석요원에게 분명해졌다. 기억하라. 그 비행기의 조종사들은 백악관 스탭의 일원들이고, 전직 군인이며, 절대적인 신임을 받았다는 사실을 말이다.

소문 또는 침묵의 이야기들은 주로 그 추락현장에서 나온 금속 같은 물질, 그리고 그것의 독특한 속성에 관한 것이었다. 즉 그 금속은 외관상 매우 빛나고, 유연하며, 파괴할 수 없고 ··· 그리고 전혀 지구상의 것 같지 않은 미지의 기원을 가진 물질이라

는 것이다. 원래 외계인 시신들은 라이트 패터슨(Wright-Patterson) 공군기지에 보관돼 있다가 나중에 틴들(Tyndall) 공군기지로 옮겨졌다. 입수된 정보에 따르면, 케네디가 한 의료시설로 그들을 보러 갔을 때 그 외계인의 시신들은 플로리다로 옮겨졌다. 아마도 그것들은 여러 번에 걸쳐 옮겨 다닌 것으로 보인다."[28]

게다가 케네디는 미합중국을 지배하고 조종하고 있는 비밀세력들과 MJ-12의 존재를 알고 있었으며, 또한 MJ-12의 UFO 및 외계 생명체에 관한 정보활동을 잘 알고 있었다. 이것은 그가 1961년 4월에 뉴욕의 아스토리아 호텔에서 개최된 '전미 신문발행인협회'에서 행한 연설에서 잘 드러난다. 그는 이 연설 서두에서 비밀조직과 미 국민들이 알 권리가 있는 사안들에 대한 그들의 지나치고도 부당한 은폐의 위험성에 관해 분명히 지적했던 것이다. 아울러 그는 이런 감춰진 정보를 공개하고 그런 세력들과 맞서는 데 있어서 언론의 협조를 요청했었다.

케네디는 이러한 그들의 비밀공작에 대한 자세한 내용을 발견한 후, 그것을 계기로 대통령의 권한 집행을 다시 설정하기로 결정했다. 그리고 그는 '국가안전보장회의'를 재구성하고 모든 정보 및 심리전 활동을 자신의 직접적인 통제 하에 두기를 원했다. 그리하여 케네디는 1961년 6월, 국가안보각서를 통해 당시 CIA 국장이었던 알렌 덜레스(Allen Dulles)에게 "냉전의 심리전 계획과 관련된 MJ-12의 정보 운용"에 관해 재조사하여 보고하라는 지시를 내렸다. 이것은 그가 MJ-12의 비밀파일에 접근하여 파악하려는 최초의 시도였다. 그러나 MJ-12의 관할 하에 있던 덜레스 국장은 "UFO들은 미국 정부를 불신시키기 위해 소련이 퍼뜨리는 선전활동 내지는 허위정보의 일부"라는 식으로 거짓 보고를 했다. 더욱 문제인 것은 덜레스의 보고서가 "보안상의 몇 가지 이유 때문에 MJ-12 활동의 민감한 부분들에 관련된 데이터

---

28)Timothy Good. Need to Know; UFOs, The Millatary and Intelligence (Pegasus Books, New York, 2007), PP. 420-421,

는 누설 할 수 없습니다."라고 언급했던 것이다. 이것은 미합중국 최고통수권자로서의 케네디의 권한에 대한 농락이자 부정으로서 그의 MJ-12 정보 접근을 초기부터 거부한다는 노골적 의도였다.

이미 어느 정도 UFO와 외계인에 관해 깊은 지식과 정보를 갖고 있던 그는 CIA의 이런 거짓 장난질과 불성실한 보고에 대단히 분개했다. 그리고 그 후에도 여러 차례 허위보고에 염증을 느낀 케네디는 덜레스 국장을 전격 해임시켰으며, 한 걸음 더 나가 CIA 자체를 아예 해체시켜버리겠다는 생각까지 하게 되었다. 그리고 앞서 윌리엄 쿠퍼의 증언에서 밝혀졌듯이, 그는 MJ-12와 그림자정부 권력에게 대담하게 정면 도전장을 내밀었던 것이다. 이처럼 케네디는 죽음을 두려워하지 않고 어둠의 세력에 당당히 맞서 싸웠던 인류역사상 가장 용기 있는 대통령 가운데 한 사람이었다.

교황 요한 23세 - 제261대 교황으로서 재위기간은 1958년 10월 28일~1963년 6월 3일까지였다.

그런데 1963년 케네디가 죽던 이와 비슷한 시기에 그림자정부 조직에 의해 아무런 흔적이 남지 않는 독극물로 비밀리에 암살된 한 사람이 있었다. 그는 바로 당시 로마 가톨릭의 교황이었던 요한 23세이다. 그가 암살된 이유 역시 가톨릭 신자였던 케네디와 연계하여 UFO와 외계인에 관한 정보를 공표하려고 했기 때문이었다. 그리고 당시 케네디와 유럽의 교황 사이를 오가며 다리역할을 해주었던 것은 다름 아닌 조지 아담스키였다.

아담스키는 앞서 교황 요한 23세를 포함한 유럽의 고위 인사들과 만남을 갖고 외계 생명체에 대해 그들에게 브리핑을 한 적이 있었다. 그는 교황이 죽기 직전에 자신이 비밀리에 교황을 방문하여 우주인으로부터의 메시지를 그에게 전달했다고 주장했는데, 이것은 나중에 아일랜드 남작출신의 데스몬드 레슬리(Desmond Leslie)경에 의해 확인되었다.[29]

---

29) 데스몬드 레슬리는 영국의 공군 조종사 출신으로 윈스턴 처칠 수상과 가까웠던 사촌 간이었다. 이 사람은 나중에 UFO 현상에 깊은 관심을 갖게 되어 조지 아담스키를 찾아가 만났다. 그리고 오랫동안 아담스키와 교류하는 가운데 그가 진실한 UFO 접촉자임을 알고 1953년에 <비행접시 착륙하다(Flying Saucer have landed)>라는 책을 함께 저술하기도 했다. 아담스키가 교황 요하네스 23세를 만났다는 주장은 데스몬드 레슬리에 의해 면밀히 조사되었는데, 그 결과 그가 실제로 교황을 만나 봉사에 대해 공로로 교황으로부터 골드 메달을 수여받았다는 사실을 나중에 확인할 수 있었다.

그리고 요한 23세의 뒤를 이어 교황직에 즉위한 바오로 6세 역시 암살되었다는 정보가 있다. 쥐도 새도 모르게 제거된 교황 바오로 6세는 암매장되었고, 그 대신에 성형수술에 의해 바오로 6세와 똑같이 만들어진 가짜 교황이 1978년까지 그 역할을 대신했다는 것이다. 실제로 즉위 초기의 바오로 6세의 모습과 나중의 모습은 약간 차이가 있다. 특히 코와 귀 모양은 제법 다르게 보인다. 또 나중에 행해진 목소리의 성문(聲紋) 분석에서도 차이가 있었다고 한다. 실제로 가짜 교황의 재위 기간 동안 바티칸은 마피아와 연계된 여러 금융 파동을 일으켰으며, 측근들의 부정부패가 극에 달하여 교황청의 이미지가 크게 실추된 바 있다.

로버트 F 캐네디

그런데 케네디 대통령이 죽은 지 얼마 후 그의 동생 로버트 케네디 상원의원이 존슨 대통령의 뒤를 이을 민주당 대통령 후보로 급부상하게 되었다. 하지만 만약 로버트가 대통령이 된다면, 그가 자신의 형의 죽음에 관한 흑막을 철저하게 파헤칠 것은 불을 보듯 뻔한 노릇이었다. 따라서 이런 사태를 그대로 놔둘 수 없었던 그림자정부 세력들은 다시 로버트 케네디마저도 역시 1968년 6월 6일, 하수인을 시켜 암살했다. 사건수사는 존 F, 케네디의 암살 때와 마찬가지로 의혹투성이었고, 역시 제대로의 진상규명도 되지 않은 채 급히 종결되고 말았다. 이처럼 이런 무서운 음모와 비밀들은 지금까지도 그림자정부인 유대 신디케이트와 그 전위 조직인 프리메이슨에 의해 계속 은폐돼 오고 있는 것이다.

1.부정적 외계인들이 저지른 대규모 가축 절단(Cattle Mutilation) 사건

1960년대 초부터 미국 뉴멕시코 주를 중심으로 네브라스카, 캔사스 등의 북미 전역에서 수 만 마리 이상의 소나 말, 양 같은 가축들이 도살된 체로 발견되었다. 대부분을 차지하는 것은 소의 시체들인데, 목장 주인이 아침에 일어나 보면 어제까지 멀쩡하던 소들이 하룻밤 사이에 수백 마리의 주검으로 나뒹굴고 있는 것이었다. 목장주들은 영문을 몰라 경찰에 신고했지만, 경찰 역시 범인을 모르기는 마찬가지였다. 여러 전문가들이 이를 조사하고 많은 추측과 가설이 난무했으나, 사건의 실마리를 잡을 수 있는 어떤 증거나 흔적 도 전혀 찾을 수 없었다.

가축절단은 사실 1960년대 이전에도 일부 있었지만, 이 사건이 본격적으 로 언론을 통해 가시화된 것은 1967년 콜로라도 주의 알라모사에서 '스니피 (Snippy)'라는 승마용 말이 의문의 죽음을 당한 데서부터 시작되었다. 9월 7 일에 실종된 말은, 다음날 목장 저택에서 400m 떨어진 풀밭에서 발견되었 다. 말의 시체는 끔찍하게도 머리 부분은 해골밖에 남지 않았고, 어깨와 목 부위의 살점들은 날카롭게 잘려나가고 없었다. 또한 눈과 혀, 혈액과 척수액,

뇌세포, 내장 등이 전혀 존재하지 않았다. 무엇보다 이상한 것은, 죽은 말이 발견된 장소에서 반경 30m 이내에는 아무런 흔적도 발견할 수 없었다는 사실이다. 즉 죽은 말의 발자국이나 어떤 혈흔도 남아 있지 않았다는 것이다. 말의 발자국은 시체가 발견된 지점으로부터 30m 바깥 부근에서 뚝 끊겨 있었다. 그리고 근처 숲 가까이에는 무엇인가 착륙한 것 같은 땅이 눌린 둥근 자국이 있었다. 그 이후 미국 전역에서 연쇄적으로 발생하기 시작한 소의 시체들 역시 단순히 죽어 있는 것이 아니었다. 무엇인가 예리한 기기에 의해서 안구, 귀, 혓바닥, 유방, 배꼽, 두개골 및 내장, 생식기 등이 도려내져 없어진 상태로 발견되었다. 또한 항문과 내분비 조직 역시 제거돼 있었다. 그러나 시체 주위에는 피 한 방울, 살점 하나도 남아 있지 않은 것은 수수께끼였다. 고도의 기술을 지닌 자가 아니고는 이러한 방식의 도살은 불가능하다는 경찰의 조사 결과만이 있을 뿐이었다. 그리고 절단된 가축 시신들을 조사한 하워드 버기스(Howard Burgess) 박사의 보고서에 따르면, 그런 가축들의 90% 가량이 비교적 어린 나이인 4~5년생들이라고 하였다.

도살되어 들판에 버려진 소의 끔찍한 시체

　가축의 시신들은 마치 공중에서 공중으로 옮겨진 것처럼 주위에 아무런 흔적도 남기지 않았다. 그리고 반드시 방목하고 있는 가축들에게서만 이런 사건이 발생한 것은 아니었다. 미국의 콘월 뉴퀘이에 있는 한 동물원에서는 캥거루를 비롯한 여러 동물들이 이러한 주검으로 발견된 적이 있다. 그런데 일련의 도살 사건에서 나타난 한 가지 공통점은, 사건이 발생하는 인근에서는 UFO로 보이는 정체불명의 비행물체가 자주 목격되었다는 것이었다. 어떤 목격자는 UFO로부터 백색의 광선이 목장 근처의 지면으로 비추어지는 것을 보았다고 증언하였다. 1975년, 마치 짓이겨진 듯한 열다섯 마리의 조랑말 주검이 미 다트무어의 작은 계곡에서 발견되었다. 당시 이 사건을 조사했던

UFO 연구가 존 와이즈(John Wise)는 이 조랑말들이 들판에서 이륙한 비행접시의 반중력에 의해서 뭉개져 버린 것처럼 보인다고 언급했다. 또 가축 도살 문제를 전문적으로 조사한 샌디아 국립화학연구소의 리처드 먼티스(Richard Montis) 박사에 의하면, 샘 알렌이라는 한 농부로부터 다음과 같은 목격 보고를 받았다고 한다.

"새벽 2시경에 소변을 보러 밖으로 나왔을 때였어요. 집 뒤로 돌아가다가 나는 눈앞의 놀라운 광경을 보고 말았습니다. 눈앞에서 100m 가량 떨어진 곳에 둥근 비행접시 한 대가 공중에 낮게 떠 있는 것이었어요. 그런데 글쎄 그 비행접시 아래에는 소 한 마리가 마치 끈이라도 매단 듯이 허공에 붕 떠 있는 것이었습니다."

린다 모울튼 하우

가장 저명한 UFO 연구가였던 고(故) 알렌 하이네크 박사도 생전에 이 문제에 대해 조사한 적이 있었으나, 그도 확실한 원인을 찾을 수가 없었다. 가축절단 사건을 UFO와 외계인에 연관시켜 처음으로 깊이 있게 추적하여 조사한 이는 미국의 여성 UFO 연구가, 린다 모울튼 하우(Linda Moulton Howe)였다. 그리고 그녀가 제작한 〈이상한 수확(Strange Harvest)〉이라는 제목의 가축절단 관련 다큐멘터리는 1980년에 지역 에미상을 수상하기도 했다. 이러한 모든 사건들은 두말할 나위 없이, 그레이 외계인들이 미 정부와의 조약에 따라 저지른 가축의 생체실험으로 인한 것이었다. 때문에 미국 정부의 수뇌부들은 모든 내막을 알고 있으면서도, 아무것도 모른다는 듯 시치미를 떼고 있던 것이다.

그런데 가장 혐오스러운 것은 동물들이 살아 있을 때 혈액을 추출하거나 장기(臟器)들이 제거되었다는 사실을 암시하는 증거들이 존재한다는 것이다. 이에 대해서는 그들이 오래 전에 상실한 면역시스템의 결여로 인해 지구의 바이러스들로부터 자신들을 보호하기 위해 혈액 내의 항체효과를 유지하려는 것이라는 설이 있다. 외계인들이 가축 도살을 행한 이유에 대해서 기본적으로 대부분의 UFO 연구가들은 외계인들이 어떤 필요에 따라 유전학적이고 생물학적인 연구를 한 것이 아닌가 추측해 왔다. 또 동물의 생체 조직을 외계인들이 식용(食用)으로 섭취하고 있는 것이 아닌가 하는 가설도 있었다.

그러나 그들이 그 수많은 가축들을 도살한 근본적 이유는 미 뉴 멕시코주의 덜스 기지를 비롯한 여러 비밀 시설에서 행하고 있는 유전조작 실험, 즉 인공적인 여러 유형의 잡종교배 생물들을 양산하는데 요구되는 DNA 물

질과 혈액이 필요했기 때문이라고 추측된다.[30) 한편 그레이들의 생식구조가 유전적으로 퇴화하여 생존을 위한 유전실험에 인간과 동물의 성적인 분비액과 효소, 호르몬 분비물을 필요로 하거나, 이를 직접 흡수한다는 주장도 있다. CIA의 임무를 수행했던 조종사 출신의 UFO 폭로자 존 리어(John Lear)는 그레이들이 가축과 인간으로부터 얻은 효소와 내분비 물질을 그들 자신의 복제재료와 먹이로 사용하기도 한다고 주장했다. 즉 그레이들은 소화계통이 퇴화해 없으므로 이런 물질들을 과산화수소와 혼합하여 그들의 피부에 바르면 영양분 흡수가 직접 피부를 통해 가능하다는 것이다. 존 앤드류스(John Andrews) 같은 연구가 역시 유사한 설명을 한 바 있다. 혈액과 생체의 일부 조직들이 외계인들의 액상 영양물질(음식물)을 만드는데 이용되며, 그들은 이것을 먹거나 바르거나 또는 이런 용액 속에 몸을 담근다는 것이다.

이런 동물 절단 사건들은 초기에 주로 미국에서만 발생했으나, 점차 세계적으로 확산되었다. 캐나다 및 남미의 브라질, 볼리비아, 파라과이와 호주, 유럽의 스웨덴, 영국에서도 발생했으며, 또 인근의 일본에서도 일부 일어났었다. 1970년에도 극성을 부리던 이 사건들은 1980년대 이후로는 점차 수그러들었으나, 간헐적으로는 1990년대 말까지 진행되었다고 보고되었다. 이렇게 지금까지 희생된 가축들의 수는 전 세계적으로 최소한 수십만 두 이상에 달하는 것으로 추정되고 있다.

그리고 가축도살뿐만 아니라 미국과 브라질, 뉴질랜드 등지에서는 가축과

---

30)컴맨더 엑스(Commander X)와 같은 군 정보기관 출신의 내부고발자는 말하기를, 이런 교배생물들은 유전적으로 합성된 반은 인간이고 반은 동물인 끔찍한 교배종들이라고 하며, 지하시설에 수용돼 있다고 한다.

똑같은 형태로 살해된 인간의 시체가 발견된 적도 있었다. 그런데 윌리엄 쿠퍼의 증언에 따르면, 1948년에 뉴멕시코 주에서 발생한 2건의 UFO 추락사건에서 총 17구의 그레이 외계인 시신들이 회수되었는데, 놀라운 것은 그 추락한 UFO 안에서 다량의 인간 신체 부분들이 저장돼 있는 것이 발견된 적이 있다고 한다. 또 많은 사람들과 아이들이 흔적도 없이 사라졌다고 말한다. 이것은 그레이들이 이미 협정을 체결하기 오래전부터 가축뿐만이 아니라 인간들도 불법적으로 납치하거나 살해하여 모종의 실험에 이용해 왔다는 끔찍한 진실을 뒷받침하는 것으로 보인다. 또한 이것은 그 일부 악성의 외계종족들 가운데는 인간을 그저 사육하는 가축이나 동물정도로 밖에는 보지 않는 존재들도 있음을 여실히 암시해준다.31) 그리고 뒤에서 상세히 다루겠지만, 이런 가축절단은 나중에 미 군부(軍部)에 의해서도 일부 자행되었다는 여러 의혹들이 있다. 왜냐하면 리차드 사우더(Richard Sauder) 박사 같은 사람도 지적하듯이, 절단하는 동시에 출혈을 응고시키고 상처를 봉합하는 고성능의 외과용(해부용) 레이저 장치가 이미 군(軍) 연구소의 과학자들에 의해서도 개발되었기 때문이다. 이런 가능성의 또 한 가지 이유로는 이런 가축도살 사건들이 지하 비밀기지들이 밀집된 뉴 멕시코와 콜로라도에서 주로 많이 발생했고, 현장 주변에서는 늘 정체불명의 검은 군 헬기들이 자주 목격된다는 점이었다.

2.인간을 이종 교배(異種交配) 실험에 이용하다

가축도살 사건과 더불어 그레이 외계인들이 지구에서 자행한 대표적인 만행은 인간들을 멋대로 납치하여 인체실험을 해온 것이다. 이 문제 역시 그림자정부 세력이 비밀리에 협조했으며, 부분적으로는 연구과정에 함께 깊숙이 개입까지 했다는 증거들이 존재한다. 이 사악한 조직은 이처럼 자기들의 권력을 위한 여러 가지 첨단기술 이전의 대가로 동물뿐만이 아니라 인간의 생체 실험까지 외계인들에게 멋대로 허용하고, 또 같이 공조하는 죄악을 범해왔던 것이다.

최초로 알려진 납치 사례는 1961년 미국 뉴햄프셔 주에서 발생한 바니(Barney)와 베티 힐(Betty Hill) 부부의 피납 사건이다. 그런데 그레이들이

---

31)채널링 정보와 UFO 접촉자들에 따르면, 주로 파충류과 외계인들이 인간을 이렇게 여긴다고 한다. 또한 그들은 지구를 본래 자기들의 소유물로 생각한다고 한다. 그리고 그레이들은 사실 파충류 외계인에 종속돼 있는 하수인들로 알려져 있다.

조약 체결 훨씬 이전부터 인간을 납치하여 실험해 왔다는 증거들이 분명히 존재하고 있다. 그리고 2차 대전 이후 전 세계적으로 최소한 수백만 명 이상의 사람들이 그레이들의 UFO에 납치되어 실험에 이용된 것으로 보인다. 하지만 어쩌면 희생자들은 이보다 훨씬 많을 수도 있다.

이 분야의 가장 저명한 UFO 연구가는 《미싱 타임(Missing Time)》과 《침입자들(Intruder)》이라는 책의 저자인 미국의 버드 홉킨스(Budd Hopkins)이다. 그 밖에 필라델피아 템플대학 교수인 데이비드 제이콥스(David Jacobs) 박사와 와이오밍대학의 심리학자인 레오 스프링클(Leo

외계인에 의한 납치사건을 깊이 파헤친 UFO 연구가들, 버드 홉킨스(좌), 데이비드 제이콥스 박사(가운데), 존 맥 박사(우).

Sprinkle) 박사, 그리고 1994년에 《납치:인간과 외계인의 조우(Abduction:Human Encounters with Aliens)》라는 책을 펴낸 하버드대학 정신병리학과 교수 존 맥(John Mack) 등이 있다.

이들이 조사한 피납자들의 사례는 버드 홉킨스가 약 2,200건, 제이콥스가 900건, 그리고 존 매크 교수가 130건 정도이다. 이들은 각각 독자적으로 피납 체험자들을 개별 면담과 시간퇴행 최면요법을 통해서 그들이 어떻게 납치되어 어떤 일을 당했는가를 면밀하게 조사했다.

제일 먼저 이들은 조사 대상들이 정상적인 정신상태의 소유자인지의 여부부터 심리학자의 도움을 받아 검사했다. 그 결과 피납 체험자들 중에 과거 정신병력(精神病歷)이 있었거나 마약 및 알콜 중독자였던 사람은 전혀 없었다. 또한 지능지수도 평균 이상이었으며, 모두 현실적이고 건전한 정신의 소유자들로 확인되었다. 평균적인 학력은 대학 2년 수료 정도로 높았으며, 종교는 42% 정도가 기독교인이었고, 21%는

버드 홉킨스의 베스트셀러 저서, <침입자들>의 표지.

무종교, 37%가 기타 다른 종교에 해당하였다. 성(性) 비례로 볼 때는 여성이 남성보다 3:1의 비율로 많았다.

그들의 직업도 가정주부, 작가, 기계공, 교사, 비서, 사업가, 경찰, 학생, 공군장교, 침술가, 댄서, 간수, 음악가, 대학교수, 컴퓨터 프로그래머 등 매우 다양한 분포를 보여 주었다. 그럼에도 불구하고 이들이 UFO에 납치되어 체험한 내용은 하나같이 똑같은 것이었다. 그러나 외계인들의 인간납치 실험문제에 대해서 UFO 연구가들은 서로 다른 갖가지 견해를 내세우고 있다.

우선 로빈 퀘일(Robyn Quail) 같은 사람처럼 외계인의 납치현상이 그렇게 끔찍하고 부정적인 것만은 아니며 긍정적인 면도 있다고 주장하는 연구가가 있다. 또 존 맥 교수의 경우는 외계인들이 지구 종말에 대비한 어떤 계획에 의해 현 인류의 멸망 이후 생존하게 될 새로운 혼혈 인종을 양산하고 있는 것이라고 추측했다. 그러나 제이콥스 교수와 버드 홉킨스는 외계인들이 인간을 납치하여 실험한 이유에 대해서 다음과 같이 단언한다.

"그들 계획의 초점은 인간의 정자와 난자를 수집하여 자기들과의 혼혈종을 생산해 내는 데 있다. 어떤 유전학적 연구가 진행 중이며, 인간은 그들에게 있어 잡종번식 실험에 이용되는 대상일 뿐이다."

특히 제이콥스 박사는 자신의 책에서 이렇게 말하고 있다.

"우리는 침범당하고 있다. 그것은 일반적인 활동이 아니라 침범이다. 현재 우리는 그것을 거의 저지할 수 없거나 전혀 중단시킬 수가 없다. 그 외계인들은 우리보다 대단히 앞선 힘과 기술을 보유하고 있다. 그로 인해 우리는 엄청난 불이익을 받고 있고, 납치 현상을 어찌해 볼 도리가 없다. 우리는 그들이 궁극적으로 어떤 의도를 갖고 있는지 모르는 것과 마찬가지로 미래에 어떤 일이 일어날지 알지 못한다. 다만 우리는 피납자들의 삶의 결과가 황폐해질 수 있다는 것은 안다."[32]

이 두 연구가는 외계인들이 자신들이 잃어버린 진화의 생명력을 인간과의 혼혈을 통해 되찾아보려 하는 것 같다고 추측하고 있다. 이러한 다양한 견해 가운데 어느 정도 진실에 가까운 것은 버드 홉킨스와 제이콥스 교수의 견해라고 할 수 있다.

그러나 UFO 존재 자체를 부정하고 이에 회의적인 견해를 가진 일부 학자들은, 전혀 엉뚱한 학설로 UFO 납치 현상을 설명한다. 미국의 신경생리학자 디버렉스(Devereux)나 심리학자인 케네스 링(Kenneth Ring)과 마이클 퍼싱거(Michael Persinger) 같은 사람이 바로 여기에 해당된다. 이들의 주장

---

32)David M. Jacobs. SECRET LIFE:First hand Documented Accout of UFO Abductions(A Fireside Book,1993) P.316

은 어린 시절의 정신적, 육체적, 성적(性的) 학대로 생기는 정신장애나 왜곡된 기억의 증후군, 뇌(腦)의 이상 등이 그 원인이 될 수 있다고 말한다. 피납 체험자들이 겪는 이러한 현상들은 잠재의식 속의 정신적 외상(外傷)과 뇌의 장애에 의해 나타나는 가공적인 환각, 환영 등일 수가 있다는 주장이다.

하지만 앞서 언급했다시피 피납자들에 대한 심리, 인성 검사에서 별다른 이상이 발견되지 않은 것으로 봤을 때, 이들의 주장은 전혀 설득력이 없다. 그리고 또 일부 학자들은 피납자들의 대부분이 단지 자기과시나 사회적 명성을 바라고 거짓말을 하고 있다고 비판하기도 한다. 하지만 이러한 이론이나 비판은 단지 피납 체험자들과 UFO의 실체에 대해서 진지하게 연구해 본 적도 없는 학자들이 그저 머리로만 추측해낸 잘못된 가설일 뿐이다. 정신병리학 교수인 존 맥 박사도 이들의 이론에 동의하지 않았으며, 다음과 같은 사항들을 들어서 그들의 주장을 반박하고 있다.

①피납자들은 자신들의 피납 체험을 공개적으로 이야기하기를 꺼려하며, 매우 주저한다. 또한 그들은 항상 자신들을 익명(匿名)으로 함으로써 보호받고 싶어 한다.
②정신의학적으로 어떤 병이나 장애, 이상이 발견된 바 없으며, 그들의 지각과 판단력은 지극히 정상이다.
③최면요법 과정에 있어서 초기에 과거의 기억으로 퇴행시키기가 용이하지 않다. 그들은 피납 체험 자체에 대한 저항과 불안이 매우 강하다. 때문에 그들은 매우 비암시적이다.(※비암시적이라는 말은 최면에 쉽게 안 걸린다는 뜻)
④최면 상태에서 진술되는 그들의 설명은 높은 일관성이 있으며, 실제 상황과 부합되는 감정과 함께 나타난다. 즉 때때로 그들은 슬픔 속에서 눈물을 흘리고, 공포에 소리치거나 비명을 지르며, 격노와 좌절의 감정을 나타내기도 한다.
⑤UFO에 의한 납치가 일어날 때, 그 상황이 제3자에 의해서 실제 목격된 사례가 있다.
⑥거짓말을 할 줄 모르는 3~6세 정도의 아주 어리고 순수한 아이들에 의해서도 납치 사건이 보고되었다.[33]

1989년 3월, 구 소련 과학아카데미 산하에 '소유즈 UFO 연구 센터'라는 기구가 창설되었다. 구 소련 역시 미국과 마찬가지로 UFO를 공식적으로는 부정하면서 다른 한편에서는 KGB(국가보안위원회)를 비롯한 군에 의해 비밀리에 UFO 연구 공작을 추진해 왔다. 그러나 고르바초프의 개혁 이후로, 그것이 일시적이나마 약간은 개방적인 자세로 전향했던 것이 아닌가 생각된다.

---

33)John Mack. Abduction: Human Encounters with Aliens (Ballantine Books, Random House Inc. 1994) PP. 28~29.

러시아의 시베리아 등지에는 KGB 직영 체제로 되어 있는 UFO 전문 관측소만 200여 개가 존재하고 있는 것으로 알려져 있다. 그런데 이 '소유즈 UFO 연구 센터'의 원장으로 취임한 사람이 과학자이자 UFO 연구가인 블라디미르 아자자(Vladimir Azhazha) 박사였다. 그는 이미 사망한 소련의 저명한 UFO 연구가였던 모스코바 항공대학의 펠릭스 지젤(Felix Ziegl) 교수와 더불어 20년 가까이 소련 내의 UFO 현상의 연구에 전념해 온 UFO 전문가이다. 일찍이 1978년에 민간 UFO 연구 조직인 〈BPVTS〉를 설립하기도 한 그는 1989년 경에 매우 충격적인 발언을 했었다. 그것은 1년 동안에 당시 소련에서만 최소한 수천 명 정도가 외계인들에게 납치당하고 있으며, 또 그 상당수가 돌려 보내지지 않고 있다는 것이다. 그리고 소련 붕괴 이후 1990년 말까지도 납치사건은 여전히 발생하고 있었다고 한다.

아자자 박사는 당시 UFO 납치 문제가 매우 심각하며, 전 국가적인 차원에서 대처해야 하고 다루어져야 할 상황이라고 주장했다. 러시아가 이 정도로 심각하다면 미국은 이보다 더했다고 보아야 할 것이다. 데이비드 제이콥스 교수는 피납자들의 추정 인원수에 관련해 자신의 저서에서 이렇게 언급한 바 있다.

"내가 템플대학에 재학 중인 1,200명의 학생들을 대상으로 은밀히 실시했던 설문지 조사에서 그들 중 약 5.5%가 잠재적인 납치경험을 갖고 있다고 응답했다. 이와 유사하게 275명이 답변했던 한 잡지의 잠재적 납치에 관한 조사에서도 6%의 수치가 나왔다. 이 비율을 전체 인구에다 대입해서 산출한다면, 미국에서만 약 1,500만 명이 납치 경험을 했을 수도 있다고 추정된다."[34]

이는 대단히 놀라운 수치가 아닐 수 없다. 그런데 이러한 납치 사건들은 미국과 러시아뿐만이 아니라 동구권, 서유럽, 중동, 인도 등 전 세계에 걸쳐 발생해 왔다. 그럼에도 아시아권에서 납치 사례들이 별로 보고되지 않는 이유는 통계수집 체계의 미비와 UFO 현상에 대한 대중의 인식이 부족하기 때문이다(※UFO에 의한 납치임에도 단순 실종으로 처리되고 마는 경우가 많다).

---

34)David M. Jacobs. SECRET LIFE: First hand Documented Accout of UFO Abductions(A Fireside Book,1993) P.306

2부 미국 정부와 외계인들 간의 커넥션

전 세계적으로 수많은 사람들이 납치되고, 또 일부가 되돌려 보내지지 않았던 까닭은 무엇인가? 그것은 바로 악성 외계인들의 새로운 생체 유전조작 연구 및 이종교배 실험에 그들이 필요했기 때문이다. 그리고 되돌려 보내지지 않은 일부 사람들은 아마도 외계로 데려갔을 가능성이 높다. 심지어는 민간 항공기 및 군용기 자체가 UFO에 의해 실종된 사건도 여러 건 보고되고 있다. 1978년 호주에서는 단발 엔진을 장착한 '세스나(Cessna)-182' 기(機)가 조종사 프레드릭 발렌티크와 함께 UFO에 의해 납치되어 두 번 다시 돌아오지 않았다. 또 1988년에서 1989년에 걸쳐 미 공군 F-14 전투기 다섯 대가 UFO가 주위에 나타난 후 레이더에서 사라져 완전히 지구상에서 실종되어 버렸다. 그럼 이제부터 몇 가지 납치 사례를 통해서 그레이 외계인들의 인간 납치 모델을 살펴보도록 하겠다. 첫 번째 사례는 외지(外紙)에 게재되었던 내용이며, 국내 모 주간 잡지에도 번역 소개된 적이 있다.

● 사례 1 - 사춘기 소녀에게서 태어난 외계인 혼혈아

1991년 초 동유럽 불가리아의 플로브지브에 사는 열다섯 살 먹은 사춘기 소녀 타냐(Tanya)는 밤에 잠자던 도중 침실에 비추어지는 이상한 빛에 의해서 깨어났다. 타냐는 처음 침실에서 UFO를 목격한 광경을 이렇게 설명하였다.

"눈을 뜨고 보니 이상하게 밝은 불빛이 내 방안을 가득 채우고 있었어요. 그리고 그 빛은 무지개 색과도 같이 일곱 가지 색을 이루며, 창 밖에서 점점 둥글게 팽창되었지요."

타냐는 창밖으로 보이는 UFO를 좀 더 자세히 보기 위해 밖으로 나와 집 근처의 밭에 착륙한 UFO로 가까이 다가갔다. UFO는 타냐의 집만한 크기였는데, 기체 전체가 빛을 발하고 있었다. 그때 UFO의 옆문이 열리면서 이상하게 생긴 모습의 외계인이 나타났는데, 신장 120cm 정도 되는 어린아이와도 같았다. 타냐의 눈에는 그저 이상하게 생긴 어린아이처럼 보였고 그 모습에 소녀는 자기도 모르게 웃음이 나왔다. 그러나 그 외계인은 다가와 아무런 사전 지식이 없는 호기심 많은 이 어린 소녀를 안으로 데리고 들어갔다.

소녀의 UFO 안에서의 기억은 점점 희미해져 갔다. 그 이후에 기억나는 것은 그들이 마치 관 같은 금속 상자에 들어가게 했다는 것과 천장과 주위가 별처럼 반짝이던 빛뿐이었다는 사실이다. 이 소녀가 의식을 되찾았을 때는 이슬에 젖은 차가운 풀밭 위에 누워 있었고, 무지개 색의 UFO가 먼 하늘로 사라지는 것이 보였다.

그로부터 몇 달 후 타냐의 배는 점점 더 불러오기 시작했다. 그러나 순진한 이 소녀는 그것이 임신인 줄은 꿈에도 생각하지 못했다. 딸이 임신된 것을 알아챈 부모가 어떻게 된 것이냐고 추궁했다. 하지만 타냐는 단지 기억나는 대로 UFO 안에 끌려갔었던 일만을 필사적으로 설명할 수밖에 없었다. 그러나 소녀의 부모는 무슨 바보 같은 소리냐며 거짓말하지 말고 바른대로 대라고 야단만 칠뿐이었다. 사건이 있은 지 10개월 후 타냐는 아기를 출산했다. 그런데 그 아이의 모습은 도저히 인간의 아이라고 할 수가 없었다.

그 아기는 외계인의 정자가 인공 이식되어져 태어난 혼혈아였던 것이다. 소녀의 부모는 이렇게 말했다.

"아기를 처음 본 순간 심장이 멈추는 줄 알았어요. 그러나 더 자세히 볼 겨를도 없이, 이 지방의 경찰과 함께 온 소련의 과학자들이 아기를 데리고 가버렸어요."

이 믿기 어려운 조작된 삼류 잡지 기사 같은 내용은 불행하게도 진실이며, 부정적 외계인 집단에 의해 무분별하게 자행된 수많은 사건들의 하나에 불과하다. 이런 식으로 태어난 외계인의 혼혈아들이 90년대 당시 구 소련 지역인 러시아와 체코, 불가리아, 루마니아 등의 동구권 지역에만 수백 명 이상이 존재하고 있었다고 며, 이 아이들은 KGB와 같은 국가 비밀정보기관의 관리 보호 아래 양육되었다고 한다. 이러한 혼혈아들이 지구상에서 태어난 까닭은 외계인들이 실수로 태아를 모태(母胎)로부터 꺼내 가지 않아 생겨난 우발적 사건들로 추측된다. 이것은 결국 인간 여성들의 자궁(子宮)이 혼혈종을 생산하기 위한 일종의 보육기로 이용된 것이다.

● 사례 2 - 비극적인 코플리 숲 사건

UFO 납치 사건에 관한 연구에 있어서 미국에서 가장 저명한 연구가인 버드 홉킨스가 가장 중요한 피납 사건으로 간주한 사건이 있다. 그것은 바로 1983년 6월 30일, 미국 인디애나 주(州) 인디애나폴리스 외곽의 한적한 교외에서 발생한 코플리 숲 사건이다. 《침입자들(Intruders)》이라는 그의 저서에 소개되고 있는 이 사건은 미국 사회에 큰 충격을 몰고 왔고, 미 CBS-TV에 의해 미니 시리즈로 극화(劇化)되어 방영되기도 했다.

이 코플리 숲 UFO 납치 사건을 요약하여 소개한다. 이 사건의 중심인물인 당시 24세의 젊은 캐시 데이비스(Kathie Davis)라는 여성은 2년 전에 이혼한 상태였고 3살과 4살 먹은 두 아들의 엄마였다. 그녀는 이혼 후 두 아이와 함께 인디애나폴리스 외곽지역인 코플리 숲속에 있는 친정 부모의 집에 얹혀살고 있었다. 그런데 1983년 6월 30일, 캐시 데이비스는 사건의 발단이 되는 매우 이상한 일을 경험하게 된다.

그녀는 이날 저녁 평상시처럼 저녁 7시 15분경에 귀가하였다. 그리고 저녁식사를 한 후에 두 아이를 침대로 데려가 재웠다. 곧이어 캐시는 친구인 디 앤느(Dee Anne)의 집에 전화를 걸어 저녁 소일거리로 그녀의 집에 가서 바느질을 하기로 했다. 그런데 친구의 집으로 출발하기 전에 그녀는 주방 창문 너머 풀장 펌프실 근처에서 이상한 빛이 번쩍이는 것을 처음 발견하게 되었다.

불안한 느낌에 캐시는 그것을 어머니에게 이야기했다. 그러나 어머니는 아무것도 아니니 걱정할 필요가 없다고 대수롭지 않게 대답할 뿐이었다. 그런데 그녀가 느끼기에 또 한 가지 이상한 것은 잠겨있는 것으로 기억하고 있던 풀장 펌프실 문이 열려 있었던 것이다. 아버지는 아직 귀가하지 않은 상태였다. 때문에 그녀는 약간 불안한 마음을 억누르고 차를 몰아 친구의 집으로 출발했다.

친구 집에 도착한 후에도 캐시는 왠지 집의 일이 걱정이 되어 그 즉시 어머니에게 전화를 걸어 집에 무슨 일이 없느냐고 확인해 보았다. 어머니는 역시 아무 일도 없으니 걱정하지 말라고 대답하는 것이었다. 그러나 그 음성에서 불안한 기색을 느낀 그녀는 다시 차를 몰아 5분 거리인 집으로 되돌아왔다.

캐시와 그녀의 어머니는 그때가 9시 30분경이었다고 기억하고 있었다. 집에 도착하자마자 그녀는 곧장 벽장으로 가서 아버지의 총을 꺼내 들고 밖으로 나갔다. 그것은 어떤 칩입자의 가능성에 대비해 살펴보기 위한 것이었다. 밖에 나갔던 캐시는 얼마 후 다시 주방으로 들어왔고, 아무 이상이 없다고 어머니에게 이야기하였다. 그녀가 밖에 나갔다가 다시 주방으로 되돌아온 시간이 결코 10분을 넘기지 않았다고, 역시 두 모녀는 기억하고 있다. 그리고 나서 그녀는 다시 친구 디 앤느의 집으로 운전하여 돌아갔다.[35]

그런데 나중에 면밀히 조사한 결과, 이상한 점이 발견되었다. 캐시가 친구 집에서 집으로 돌아와 다시 친구 집으로 되돌아가기까지의 한 시간이 수수께끼처럼 어디론가 사라져 버렸던 것이다.

기억대로 그녀가 만약 총을 들고 밖으로 살펴보러 나갔던 시간이 10분을 초과하지 않았다면, 그녀는 5분 거리에 불과한 친구의 집에 9시 45분이나 늦어도 10시까지는 도착했어야 했다. 그러나 그녀가 실제로 도착한 시간은 11시였던 것으로 확인되었다. 한 시간이라는 시간이 어디론가 실종되어 버린 것이다.[36]

---

35)Budd Hopkins. Intruders: The Incredible Visitation at Copley Woods.(New York: Random House, 1989) P. 42

버드 홉킨스는 UFO 납치 사건에서 종종 발생하는 이러한 현상을 '미싱 타임(missing time)'이라고 명명하였다. 이것은 1~2시간 정도의 시간이 과거의 기억 속에서 완전히 삭제되어 도저히 기억되지 않는 시간의 공백감 같은 현상을 의미한다.

캐시는 사건이 있던 그 다음날 자기 집 뒷마당에서 직경 8피트 정도의 둥그런 자국과 거기서 뻗어나간 폭 3피트 정도의 일직선의 흔적을 발견했다. 그것은 어떤 열과 압력에 의해 잔디가 불타서 만들어진 흔적으로 보였다. 그날 이후 물을 아무리 주어도 그곳엔 잔디가 결코 자라나지 않았다. 그리고 인근에 사는 조이스 로이드 부인의 증언에 의하면, 그 사건이 있던 날 밤 TV를 보던 중에 심한 전파교란 현상과 소음이 있었다고 한다. 또 집이 흔들리는 진동도 있었다고 한다.

그 사건 이후 캐시 데이비스는 우연히 버드 홉킨스의 UFO 서적을 읽어 보게 되었다. 그런데 거기에 나온 내용들이 자신의 경험과 매우 유사하다는 것을 그녀는 곧 깨달았다. 그녀는 무엇인가 느껴지는 것이 있었고, 그래서 버드 홉킨스 앞으로 자신의 경험을 상세히 적은 편지를 보냈다. 이렇게 해서 버드

납치 피해여성 캐시 데이비스와 연구가 버드 홉킨스

홉킨스 외에 두 명의 심리학자가 이 사건에 뛰어들어 2년 반 동안의 조사와 연구에 들어가게 된 것이다. 연구자들은 관련자들에 대한 개별면담과 최면요법을 이용하여 캐시 데이비스의 상실된 기억을 깊이 탐구해 들어갔다. 그 결과 매우 놀라운 결과들이 하나하나 밝혀지게 되었다.

물론 그날 실종된 한 시간 동안 그녀는 UFO에 납치되어 있었다. 또한 뒷마당의 잔디 위에 생겨난 원형의 불탄 흔적도 UFO가 착륙했었던 흔적이었

---

36)Budd Hopkins. Intruders: The Incredible Visitation at Copley Woods(New York: Random House, 1989) P. 43

2부 미국 정부와 외계인들 간의 커넥션

다. 뿐만 아니라 그녀는 그날 한 번 우연히 납치된 것이 아니라, 일찍이 어린 시절부터 최소한 12번 이상 납치된 것으로 드러났다. 놀라운 것은 납치 및 실험대상이 그녀 한 사람에 한정되지 않고, 그녀의 언니와 어머니, 어린 아들, 친구, 심지어 이웃집 사람까지 납치 대상이 되었다는 사실이었다. 캐시를 비롯하여 주변의 납치 대상이 되었던 모든 사람의 신체(무릎이나 복부, 엉덩이, 종아리)에는 수술을 한 것 같은 원형 및 일직선의 흉터가 남아 있었다. 더욱 충격적인 것은 납치가 조사기간 중에도 계속해서 일어났다는 점일 것이다.

캐시 데이비스라는 여성을 중심으로 20년 이상 장기간에 걸쳐서 발생한 이 코플리 숲 사건은 그레이 외계인들의 전형적인 납치모델을 모두 포함하고 있다. 그녀는 현재 외계인들에 의해 제거되었던 과거의 기억들을 모두 되찾은 상태이다. 그런데 캐시는 외계인들에 의해서 인공 이식되었다가 빼앗긴 혼혈의 아기를 지금도 잊지 못하여 비통의 눈물을 흘리고 있다고 한다. 그리고 그것은 아마도 그 아기가 외계인의 혼혈이라는 것을 떠나서 오로지 잃어버린 자식에 대한 모성본능에서 우러나오는 슬픔과 고통일 것이다. 이 사건은 부정적 외계인들에 의해 저질러진 가장 중요한 납치 사건의 하나인 동시에 가장 슬픈 사건이기도 하였다.

● 사례 3 - 뉴욕 맨해튼의 주부 납치 사건

다음의 사례는 UFO 납치 사건 중에서도 매우 특이한 케이스에 속한다. 왜냐하면 희귀하게도 그 납치 장면이 제3자들에 의해서 객관적으로 목격되었기 때문이다. 목격자는 최소한 7~8명이나, 나중에 이를 목격했다고 보고한 사람은 남성 두 명과 여성 한 명이었다. 이 사례 역시 UFO 피납 사건 전문가 버드 홉킨스에 의해 조사되었다. 허구적인 가설로 UFO 납치 사건을 왜곡하고 덮어 버리려는 일부 학자들의 잘못된 주장들에 대해 이 사례는 그것을 뒤엎는 강력한 증거로서 주목할 만한 가치가 있다.

린다 코틸(Linda Cortile)은 두 아이를 가진 40대 초반의 여성으로서 뉴욕 맨해튼의 한 아파트에 살고 있었다. 그녀는 1989년 11월, 새벽 3시 15분경 침실에 침입해 들어온 외계인들에게 납치되었는데, 세 명의 난장이 외계인들에 의해 그녀의 심신은 곧 마비되었다. 그리고 아파트 12층 창문을 통과해 공중으로 떠올랐고, 상공에 대기하고 있던 UFO 안으로 이동되어졌다. 그런데 이 광경이 마침 자동차를 타고 그 주위를 지나던 몇몇 사람들에게 목격되었다. 사건 당시 대표적인 목격자로는 공적인 경

린타 코틸

호업무를 수행하던 리처드와 댄이라는 경호원들이었다.

이들은 그때 한 고위 정치인과 한 차에 동승한 채로 뉴욕 맨해튼의 브루클린 다리 근처 남부도로를 따라서 달리고 있었다. 그런데 갑자기 차의 전기장치가 원인을 알 수 없는 고장을 일으켜 자동차는 강 연안에 정지하고 말았다. 그 순간 그들은 우연히 차의 유리창을 통해서 불그스레한 오렌지 빛의 발광체를 발견했다. 두 명의 경호원 가운데 한 명인 댄은 처음에 그것이 떠오르는 태양이라고 생각했다. 그러나 사실 그때 시간으로 보아 해가 뜨기에는 너무 이른 시각이었다. 더구나 자신이 향한 방향이 동쪽이 아닌 서쪽이라는 사실을 댄은 금방 깨달았다. 그 발광체는 전방(前方) 약 500피트(152m) 정도 떨어진 거리에 위치한 15층 높이의 아파트 건물 상공에 떠 있었다. 회전하면서 색깔 있는 빛을 방사하는 원반형 물체는 직경이 약 50피트(15m) 정도 되어 보였다. 리처드는 마침 차 안의 물품함에 들어 있던 쌍안경을 꺼내어 그 원반을 바라보았다. 상공에 정지해 있던 UFO는 이윽고 아파트 건물 꼭대기 가까이로 하강하기 시작했다. 그 순간 주위의 모든 소음은 일시에 정지되었다. 그리고는 갑자기 원반 아랫부분으로부터 청백색의 한 줄기 광선이 아파트 건물로 발사되었다. 차 안에 있던 세 명의 사람들은 놀라서 기겁하지 않을 수 없었다. 잠시 후 그들은 하얀 잠옷을 입은 한 여성이 큰 머리를 가진 기괴한 생물들과 함께 아파트 12층 창문 밖으로 둥둥 떠서 나오는 광경을 목격했다.

댄은 자기도 모르게 소리쳤다. "하느님 맙소사! 우리는 저놈들을 막아야 해!"

리처드가 물었다. "우리가 저걸 어떻게 하지? 저놈들을 총으로 쏘아 버릴까?" 세 명의 작은 외계인들에게 둘러싸인 그 여성은 청백색의 밝은 광선에 의해서 점점 위로 올라가기 시작했다. 그리고 UFO 하부의 열려진 입구를 통해서 그들 모두는 사라져 버렸다. 원반은 다시 불그스레한 오렌지 빛을 내뿜었고, 서서히 위로 상승하였다. 그리고 브루클린 다리와 강의 동쪽을 순간에 통과해서 날아가 버렸다.[37]

그런데 이때 이들 말고도 또 다른 목격자들이 있었다. 그날 새벽 3시 15분경 브루클린 다리 위에는 다리를 횡단하여 맨해튼 쪽으로 달리던 몇 대의 자동차가 있었던 것이다. 그들 중 뉴욕 북부에 사는 한 60세 여성 목격자가 나중에 이를 보고하였다.

그런데 린다 코틸은 이 납치 사건이 발생하기 7개월 전인 1989년 4월에 이미 UFO 납치 사건만을 전문으로 연구하고 있던 버드 홉킨스와 만나서 상담한 적이 있었다. 린다에게는 어렸을 때부터 납득할 수 없는 일들이 잇따라 발생했고, 스무 살 때의 의문스러운 단편적 기억들도 남아 있었다. 또한 그

---

37)MUFON UFO JOURNAL NO.293. (September, 1992) P.13 "Linda Cortile Abduction Case"

녀의 콧속에는 전혀 수술한 적이 없음에도 불구하고 수수께끼의 수술 흔적이 14년 동안이나 계속 존재하고 있었다.

린다는 납치가 일어났던 그날 아침, 의식적인 모든 기억이 마비된 채로 잠에서 깨어났다. 그러나 잠들었을 때에 대한 희미한 기억의 잔상이 남아 있었고, 지난밤 무슨 일인가가 발생했었다는 직감이 들었다. 그녀는 즉시 버드 홉킨스에게 전화를 걸었다.

"버드! 지난밤에 나에게 무슨 일이 일어난 것 같아요."

3일 후 린다는 버드 홉킨스를 만나서 최면퇴행 과정에 들어갔다. 그녀는

자신의 피납 체험을 발표하고 있는 린다 코틸. 그 옆은 그녀를 조사했던 UFO 연구가 버드 홉킨스이다.

최면요법의 도움에 의해서 그 납치의 전 과정을 선명하게 회상해 낼 수 있었다. 잠자리에 누운 자신의 몸이 서서히 마비되어가는 가운데 머리가 큰 세 명의 괴상한 생물이 자신의 침대로 다가오고 있음을 똑똑히 볼 수 있었던 것이다.

나중에 최면에서 깨어난 린다 코틸은 자신의 체험을 결코 믿고 싶지 않았다. 그러나 그것은 결코 꿈이나 환상이 아니었고, 부정할 수 없는 현실이었다. 린다의 경우 역시 캐시 데이비스와 마찬가지로 이미 어린 시절부터 외계인들에게 납치되어 온 케이스에 해당된다. 그러나 어린 시절에 그녀는 (외계인이 아닌) 유령이 집에 드나든다고 생각하고 있었다. 그들은 벽을 통해서 걸어 들어왔기 때문이었다. 그녀의 어머니 역시 그것은 유령이라고 믿었다. 어머니는 교회의 성직자에게 2주일마다 와서 그 집을 가호(加護)해 주기를 부탁했다. 성직자는 십자가와 성수(聖水)를 몸에 지니고 집 주위를 둘러보곤 하였다. 그러나 그것은 별로 소용이 없었다. 린다는 나이가 들어 결혼하게 되었고, 그 집에서 다른 지역의 아파트로 이사했다. 그러나 그 일은 새로 이사한 아파트에서도 계속 일어나고 있었다. 이 납치 사건은, 린다 코틸의 최면 상태에서의 진술과 목격자들의 객관적 설명이 정확히 일치함으로써 그 진실성이 뒷받침되는 매우 중요한 사례이다.

● 사례 4 - 이종(異種) 교배 실험에 이용당한 남성 피납자들

그레이 외계인들의 인간 납치는 단지 여성들에게만 국한된 문제는 아니다. 다음에 소개하는 사례들과 같이 그들은 남성 역시도 무수히 납치하여 실험에 이용해 왔다. 첫번째 사례의 중심 인물인 댄 셀딘(Dan Seldin)은 1985년 당시 미국 오하이오 주 클리블랜드 근처에서 살았던 32세의 공장 노동자였다. 그는 17세 때부터 외계인들에게 납치를 당했는데, 그때의 기억들 때문에 매우 고통스러워하고 있었다. 특이하게도 그는 다른 피납자들과는 달리, 납치되었던 경험들의 상당 부분을 의식적으로 기억하고 있었다. 그의 기억 속에 남아 있는 최초의 납치 사건은 그가 17세가 되던 해인 1969년 여름으로서 클리블랜드 인근의 시골 지역에서였다.

댄은 저녁식사 후에 친구 제프와 네 명의 어린 소녀들, 그리고 그 소녀들 중 두 아이의 엄마인 와렌 부인까지 도합 일곱 명이 숲속으로 산책을 나갔다. 그런데 그들이 산책에서 돌아오던 중 날이 어두워지기 시작할 때쯤이었다. 일행이 걷고 있던 작은 개간지 위쪽의 나무 꼭대기 높이 정도에 갑자기 거대한 빛이 나타났다. 그것은 움직이지 않고 공중에 떠 있었는데, 그들은 모두 그 시점부터 기억이 흐릿해지기 시작했다.[38]

기억이 희미해지는 이러한 현상은 앞서 언급한대로 UFO 피납자들이 공통적으로 경험한 '미싱 타임' 현상이다. 댄을 비롯한 그 사건의 모든 사람들에게는 기억의 단절로 나타나는 '시간의 소실 현상'이 분명히 존재했다. 이 사건이 벌어진 후 일행 중의 한 사람인 와렌 부인은 이상한 마음에 그 다음날 혼자 숲속의 그 장소에 가 보았다고 한다. 그런데 거기에는 풀이 모두 마르고 갈색으로 변한 지면 위에 거대한 원형의 자국이 생겨나 있었다. 1985년 댄 셀딘을 비롯한 그 당시 네 명의 사람들에 대하여 16년 전 사건에 관한 조사가 시작됨으로써 사건의 전모가 밝혀지게 되었다. 되살려진 기억에 의하면, 그 사건의 실상은 다음과 같았다.

댄은 그 거대한 발광체가 출현했을 때 그 개간지로부터 떨어져서 가장 앞서 걷고 있었다. 그때 그는 뒤에 걸어오던 다른 사람들이 땅에 고정된 듯이 서서 하늘을 응시하고 있는 것을 돌아다보았다. 그 순간부터 그는 점차 자신의 몸이 마비되는 것을 느꼈다. 그리고 키가 작고 큰 머리를 가진 무서운 형상의 인간 비슷한 몇 명의 생물들

---

38) Budd Hopkins. Intruders: The Incredible Visitation at Copley Woods.(New York: Random House, 1989) P. 210.

218   2부 미국 정부와 외계인들 간의 커넥션

을 볼 수 있었다.

그 이후 곧 그는 와렌 부인과 친구 제프, 그리고 남아 있던 세 명의 소녀들과 함께 지면에 착륙한 UFO 안으로 끌려갔다. 댄은 다른 사람들과 분리되어 밝게 빛나는 넓은 둥근 방으로 인도되었고, 그 중앙의 오른쪽에 있는 금속 테이블 위에 나체로 누워 있는 자신을 발견했다.[39]

천장 전체는 온통 빛이었다. 댄은 공포에 사로잡혀 부들부들 떨고 있었고, 잠시 후 모종의 실험이 시작되었다. 어떤 전기적 장치에 의해서 그의 정액 샘플이 추출되었다. 그러나 후에 여러 가지 조사에 의해 탐구한 결과 이때의 납치와 실험이 최초의 것은 아니었고, 그 이전에 두 번의 납치 및 정액추출 실험이 있었음이 드러났다. 그 이후 댄은 1985년 32세 때까지 여러 번에 걸쳐서 UFO 안으로 납치되었다. 또 때로는 자택의 침실에 침범해 들어온 외계인들에 의해 여러 가지 이종교배 실험에 이용당했다. 괴로운 나머지 그는 더 이상 외계인들에게 이용당하지 않기 위해서 결혼하여 딸을 하나 낳은 후 바로 정관수술까지 받았으나 아무런 소용이 없었다.

다른 많은 피납자들과 마찬가지로 그의 납치 경험들은 실제적이면서도 동시에 일부분은 꿈처럼 느껴지는 복잡한 것이었다. 악성 외계인들에게 자신이 이용되고 빼앗기고 침범 당했다는 댄의 굴욕감과 수치심, 그리고 피해의식은 너무도 깊은 것이었다. 자신을 납치했던 외계인들에 대한 그의 감정은 오로지 증오와 구역질뿐이라 하였다. 이와 유사했던 사건이 존 맥 박사의 조사 대상자였던, 해리라는 30대 초반 남자의 케이스이다.

1988년, 해리는 카리브해에 있는 영국령, 버진 군도(群島)에 거주하면서 일하고 있었다. 그는 어느 날 아침, 두려움과 동요 속에서 갑자기 깨어났다. 그런데 자신의 귀 뒤에는 원래 없었던 이상한 표시가 나 있었다. 이어서 그는 자기가 지난밤 어떤 테이블 위에 몸이 마비된 채 나체로 누워 있었다는 사실이 생각났다.

테이블 앞에는 키가 큰 어떤 존재가 서 있었고, 그가 자신을 관찰하며 감시하고 있었다는 데까지 기억이 살아났다. 그리고 자신의 한쪽 고환 속에는 가는 튜브가 박혀 있었다. 해리는 그들이 자기에게 무슨 짓인가를 행한 이후라는 것을 알아 차렸다. 그는 수치심과 공포, 그리고 아무런 저항도 할 수 없는 무력감에 괴로울 뿐이었다. 처음에 그는 이러한 기억들이 실제처럼 느껴지는 생생하고 민감한 꿈이 아닌가하고 생각했다.

이런 가운데 해리는 1990년 어느 날, 집에서 낮잠을 자고 있었다. 이때 또 UFO가 나타나 그를 두 번째로 납치해 갔다. 당시 이웃의 친구들은 해리의 집에서 강렬하

---

39)Budd Hopkins. Intruders: The Incredible Visitation at Copley Woods(New York: Random House, 1989) P. 211.

게 방사되는 알 수 없는 빛을 볼 수 있었고 윙윙거리는 소리를 들을 수 있었다. 그 후 몇 달 간에 걸쳐서 그는 최면과정의 도움이 전혀 없이, 과거 납치되었던 상황과 외계인의 모습을 회상해 내기 시작했다. 자신은 역시 실험 테이블 위에 누워 있었다.

전에 보았던 그 외계인은 "이것은 우리가 너에게 하게 될 유일한 실험이다."라고 말했다. 그리고 어떤 기계 장치가 자신의 생식기 위에 위치하였고 사정(射精)하도록 압박이 되었다. 해리는 분노와 수치를 느꼈다. 그는 그 존재들이 자신의 정액을 빼앗아 간다는 것을 깨달았다. 더 이상 그것은 꿈이 아니었다. 해리는 견디기가 매우 어려웠다. 그는 자신이 점차 겁에 질려서 눈물을 자주 흘리고 심신이 황폐화되어 가고 있음을 발견하게 되었다.[40]

이렇게 해서 그는 결국 존 맥 박사를 찾아가 상담하게 된 것이다. 조사 결과 그는 최소한 3회 이상 납치되었음을 알게 되었다. 해리는 본래 가톨릭 신자였다. 어릴 때부터 해리는 하늘에 자신의 보호천사가 있다고 믿었으나, 이제는 더 이상 믿지 않게 되었다 한다.

■ 납치 현상에 나타난 공통점들

(1)납치되는 장소는 대개 달리는 자동차 안이나 자택의 침실에서이다. 경우에 따라 정지된 차 속이나 도보로 걷다가 납치되는 케이스도 있다(※영국의 제니 랜들즈가 조사한 통계에 의하면, 51%는 침실에서, 24%는 자동차에서, 나머지는 기타 장소에서 납치되었다고 한다).

(2)자동차 안에서 납치되는 경우: 피납자는 운전 도중에 우연히 하늘에서 빛나는 은빛의 원반을 목격하게 된다. 이때 피납자들 중에는 호기심으로 차를 세우고 밖으로 나와서 구경하다가 납치되는 케이스와 두려워서 도망치려고 하지만, 차의 시동이 저절로 꺼지고 몸이 마비되어 피납되는 케이스 등의 두 가지가 있다.

(3)집에서 납치되는 경우: 피납자는 밤에 잠을 자다가 이상한 빛이나 인기척에 잠을 깨게 된다. 바로 그때 키가 작고 머리가 큰 회색 피부의 외계인이 방에 나타나거나, 또는 이미 침실에 침입하여 침대 근처에 서 있는 것을 목격하게 된다. 그리고는 몽롱한 의식상태가 되거나 몸이 마비되어 그들과 함

---

40)C.D.B Bryan, Close Encounter of The Fourth Kind.(Alfred A. Knopf, New York, 1995) P.52

2부 미국 정부와 외계인들 간의 커넥션

께 UFO로 이끌려가게 된다. 어떤 경우에는 수면 상태나 반수면 상태에서 저절로 몸이 공중으로 부양되어 UFO 안으로 이동되는 사례도 있다.

(4)일단 UFO 내부로 운반된 후에는 테이블 위에 눕혀지고, 신체의 모든 부분을 조사받게 된다. 머리카락이나 혈액, 피부(무릎이나 등)의 일부를 샘플로 절개 당하기도 하고, 머리나 복부에 가늘고 긴 탐침(探針:의료용 바늘)을 찔러 넣는 테스트를 당한다. 가장 빈번하게 행해지는 시술은 남성의 경우는 정액 추출이고, 여성의 경우는 난자의 채취 및 인공수정이다. 이러한 외과적 처치 시 피납자는 극도의 공포에 사로잡혀 떨게 되고, 수술 자체도 매우 고통스럽다. 채취된 난자와 정자는 유전자 조작을 통해 외계인과의 이종 교배 실험에 사용된다. 신체적 실험과 조사가 끝난 후, 피납자들은 대개 자신이 더럽혀지고 겁탈 당했다고 느끼며, 외계인들에 대해 분노와 혐오의 감정을 갖는다.

(5)의학적 절차에 따른 신체 실험과 조사가 끝나면, 인간의 감정과 마음을 조사하는 2차적 단계가 시작된다. 가상적인 어떤 영상장면이 피납자들에게 연출되며, 이때 거기에 반응하는 피납자의 감정이 관찰되고 조사된다. 때로는 어떤 기계장치의 계기판에 인간의 감정적 반응이 체크되기도 한다.

(6)피납자들은 대개 피납 초기에 콧속이나 귀와 목 뒤, 또는 손, 발, 뇌 속에 매립식 자동 전파발신 장치 내지는 일종의 송신장치로 보이는 아주 작은 비금속의 칩(Chip)이 부착된다.[41] 이 장치에서 발신되는 전파에 의해서 한 번 납치되었던 피납자들은 다시 추적당하여 재납치가 되는 것으로 추측된다. 어떤 연구가들은 이 칩을 통해 피납자들의 뇌와 생각, 행동이 감시되거나 조종된다고 주장한다. 이 칩들은 병원의 검진시 우연히 발견되기도 하나, 사람 손에서는 이상하게 곧 소멸되어 버리는 경우가 많다. 또 피납자들의 콧속에

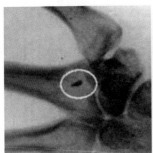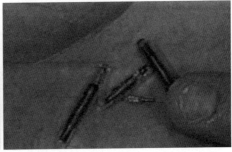

피납자들의 몸에 이식돼 있다가 수술을 통해 끄집어 낸 칩들

는 기묘한 구멍들이 나 있다. 콧속에 삽입되는 이러한 장치로 해서 피납자들은 납치당한 이후 깨어났을 때 대개 코피를 흘리게 된다. 즉 기억의 단절에 수반된 코피는 납치의 중요한 징후이다.

(7)납치의 시작에서 종결까지의 소요 시간은 보통 1~2시간 정도가 일반적이다. 피납자들은 공통적으로, 실험과 수술의 흔적으로 생겨난 둥글게 움푹 파인 자국이나 일직선으로 난 칼자국의 흉터를 배, 가슴, 다리 등의 부위에 갖고 있다.

(8)인공 수정된 여성의 경우, 일정 시간이 지난 후(대개 3개월 정도) 태아가 성숙되는 초기 단계에서 다시 납치된다. 이때 UFO 안에서 태아를 자궁에서 제거하는 적출(摘出) 수술을 받게 되고, 혼혈의 이 태아는 특수 인공배양기로 옮겨진다. 피납자들은 종종 UFO 안에서 유리 용기의 액체용액 속에 들어 있는 여러 태아들을 목격했다. 심지어 어떤 피납 여성은 100명 정도나 되는 많은 태아들이 이러한 보육실에서 서서히 발달하고 있음을 보았다고 보고한 바 있다. 또 다른 피납자들은 아장아장 걸어 다니는 아기와 좀 더 자란 아이 및 사춘기 정도의 연령층을 목격한 케이스도 있다. 그런데 이들은 모두 인간과 눈썹이 없는 외계인 사이의 혼혈종들이었다. 임신되었던 이 피납 여성들이 나중에 병원에 가서 검진해 보면, 하루 아침에 더 이상 임신이 아닌 것으로 진단된다. 그럼에도 처녀막에는 아무런 손상이 없다.

(9)이러한 납치 및 실험이 끝나면 반드시 납치과정과 실험시의 모든 상황에 대한 기억이 인위적으로 제거되고, 본래의 장소로 되돌려 보내진다. 피납자들은 최면요법에 의해 잃어버린 기억을 재생해내기까지 이 피납 기간에 대해서는 기억의 연결 고리가 단절되는, 소위 '미싱 타임(missing time) 현상'을 경험한다.

(10)피납 경험에 대한 기억을 삭제당한 피납자들 중에 어떤 사람은 꿈을 꾼 것과 유사한 형태의 기억으로 남는 경우가 있다. 이 때 이 사람은 그것이 실제였는지, 아니면 꿈을 꾼 것인지 명확히 구분해 내지 못한다. 납치되어 태아를 제거당한 여성들의 경우, 막연히 과거에 자신의 아기를 누구에겐가 빼앗긴 것 같은 잠재적 느낌을 공통적으로 가지고 있다.

---

41)이것은 길이가 약 3mm이며, SBMCD(원형의 생물학적 감시 및 통제 장치)라고 불린다.

　　　　　　　　　　2부 미국 정부와 외계인들 간의 커넥션

(11)여러 명의 집단 속에서 한두 명이 납치의 목표 대상이 되었을 때는, 나머지 불필요한 사람들은 피납자가 되돌려 보내질 때까지 스위치 오프 상태(Switch off:전기가 나가버려 화면이 정지된 것 같은 상태, 또는 상황이 일시에 얼어붙은 것 같은 상태)에 놓여진다. 다시 말하면 악성 외계인들은 자기들의 특수한 공작이 진행되는 동안 불필요한 다른 사람들의 의식과 행동과 신체를 원격조종에 의해서 마비시키거나, 격리 차단시킬 수 있는 능력이 있다. 또 인간의 잠재의식을 이용하고 통제할 수 있는 능력이 있다(※버드 홉킨스는 칵테일 파티에서 열한 명의 사람이 정지된 만화영화같이 마비상태에 빠진 가운데, 한 여자가 공중부양되어 납치된 사례를 보고하였다).

(12)피납자들의 납치가 우연한 1회에 한정된 경우는 별로 많지 않으며, 대개 6~15세 정도의 어린 나이에 시작되어 성인기에 이르기까지 지속적으로 이루어진다. 평균 10~20년 이상의 장기간에 걸쳐서 여러 번 반복적으로 납치실험이 행해진다. 납치실험은 매우 계획적이고 치밀하게 시도되는 것으로 보인다. 심지어 생후 8개월~ 3살에 처음 납치된 사례도 있으며, 납치 빈도수에서 최고 30회까지 납치된 경우도 있다.

(13)납치 패턴에 있어서 특정한 가족과 세대에 관계가 있다. 캐시 데이비스의 피납 사례에서도 볼 수 있듯이 어머니가 납치된 경우, 나중에 그 자식에게까지 납치가 연결되는 사례가 많다. 아버지가 피납되었을 경우 역시 마찬가지이다. 심지어 손자, 손녀에게까지 납치가 이어진 사례도 있다.

(14)악성 외계인들에 의해 일단 납치의 목표대상으로 찍히게 되면, 언제 어떠한 상황에서도 반드시 납치가 일어난다. 이것은 어느 누구도 막을 수가 없다. 일단 한 번 납치가 이루어지면 후에 제2의, 제3의 납치가 일어나게 된다. 이것은 피납자가 원하든 원치 않든 간에 피납자의 의사나 감정과는 아무 상관없이, 또 아무런 예고도 없이 행해진다.

(15)피납되었던 사람들의 공통적 심리 상태는 다음과 같다.
①납치 이후에 강제된 기억상실증에 의해 자신에게 일어난 일들을 명확히 기억해 내지 못한다. 그러나 무엇인가 잘못된 일이 자신에게 일어나고 있다는 직관적 느낌과 잠재의식적 기억으로부터 오는 강박적 불안을 갖고 있다.
②최면요법에 의해서 기억을 되찾은 후에도 왜 자신에게 그런 끔찍한 일이 발생했는지를 납득하지 못한다.

③그들은 납치가 종결된 후에도 혼자 있는 것에 대한 불안과 공포, 수면장애, 심한 우울증, 불확실성 등의 정신적 상처에 시달리며, 감정의 황폐화를 겪는다.

(16)외계인들의 이종교배 실험에는 미 공군의 UFO 비밀 기지에서도 행해지며, MJ-12가 관여하여 협조하고 있다는 증거들이 있다. 네바다 주의 '넬리스 공군 기지'와 뉴멕시코 주의 '커틀랜드 공군 기지' 지하가 그런 곳의 하나로 추정된다. 일부 피납자들의 경우에 피납 당시 미 공군 복장의 인간을 보았다는 보고도 있다.

3.그레이들은 어떤 외계 종족인가?

이제까지 가축도살과 인간납치 및 이종교배 실험의 주범으로 알려진 소위 "그레이"라는 외계종족에 관해서 알아보자. 시커먼 아몬드형의 눈과 큰 머리, 작은 키로 대표되는 이들의 모습은 허리우드 대중문화 속에서 마치 외계인을 대표적으로 상징하는 전형적인 형태로 각인되고 고착화되었다. 이들의 정체와 목적에 관해서는 그 동안 UFO 피납 연구가들이나 UFO 접촉자들, 채널러들을 통해 축적된 정보에 의해 이미 많은 것들이 밝혀졌다. 현재 알려진 바로는 그들 대부분은 지구에서 약 37광년 떨어진 제타 레티쿨리(Zeta Reticuli) 성단에서 온 종족들이다. 또 이와는 달리 오리온 별자리에서 온 그레이종도 이런 짓을 자행한 것으로 드러났다. 브래드 스타이거(Brad Steiger)나 브랜튼(Branton) 같은 연구자들은 이 그레이들을 파충류의 한 종으로 분류하기도 한다. 그들은 과거의 도마뱀류나 공룡들이 고도로 진화해서 두발로 직립하여 걷는 파충류 외계인이 되었다고 가정하고 있다.

한편 UFO 접촉자 알렉스 콜리어는 이 그레이종에 관해 언급하기를, "죽어가고 있는 종족"이라고 표현했는데, 다시 말하면 이것은 "그들 종(種) 자체가 서서히 멸종해가고 있는 종족"이라는 의미이다. 왜냐하면 이들은 생식기능이 퇴화하여 정상적인 성(性)을 통해 종족보존을 할 수 없고 오직 유전공학에 의한 복제를 통해서만 생존할 수 있기 때문이라는 것이다.[42] 한편 미국정부의 비밀 프로젝트에 참여했던 알 비얼렉(Al Bielek) 박사는 이 그레이종에 관해 이렇게 언급했다.(※비얼렉 박사에 관해서는 뒤의 2부 6장에서 자세히 소개된다.)

"그레이들은 자기들의 군(軍)-산업-과학 복합체를 제어하지 못함으로써 발생한 대재앙에 의해서 그들이 문명이 엄청난 규모로 파괴된 후, 1,500년 이상을 지하세계에서 살았다. 그들이 살던 행성의 지하 동굴들과 기지들로 옮겨간 이들이 오늘날 우리가 알고 있는 '그레이'로 변형(돌연변이)되었다. 그들의 행성에 죽음을 몰고 와서 주민들을 흩어지게 했던 그 대참화 때문에 그들 종족에는 6종의 변종이 있을 수 있다. 지하로 들어갔던 자들이 소화기와 생식기능에 문제가 있는 작고 회색의 그레이들이 되었다."[43]

그런데 이들의 심각한 문제는 복제를 거듭 반복하는 과정에서 생명력과 기능이 점점 더 약화되어 간다는 점이다. 이것은 예컨대 문서도 복사한 사본을 가지고 다시 계속 복사를 반복하다보면 선명도가 점점 떨어져 결국에는 아예 쓸모가 없어지는 것과 똑같은 이치이다. 이런 이유 때문에 이들 종족은 인간 내지는 다른 원천의 유전물질을 이용한다거나 다른 종과 결합함으로써 새로운 종을 창조하려는 데 몰두하고 있다는 것이다. 즉 이런 방식을 통해 자기들의 종족을 계속 존속시켜 가려고 시도하고 있는 것이다. 어쨌든 이들의 생물복제 유전공학 기술은 대단히 발달하여 인간의 복체(複體)를 만들어 영혼을 원래의 몸에서 새로운 몸으로 이식시킬 수도 있다고 한다. 제타 그레이들은 인간을 납치하여 이런 실험 대상으로 삼아서 그 인간들로부터 영혼을 뽑아 기억을 개조한 후 복제인간에게 집어넣기도 하는 등 복제기술을 인간통제의 수단으로 사용하기도 하는 것으로 보인다. 그리고 그들은 이런 부정적인 생물복제 기술을 이미 미 NSA 과학자들에게도 전수했던 것이다. 또한 이런 기술을 통해 이미 그들은 미 정치계와 종교계의 일부 주요 인물들을 납치하여 그레이와 비밀정부에 복종적인 복제인간들로 대체시킨 것으로 알려져 있다.

그런데 이 그레이 종족의 또 한 가지 문제점은 정서적인 감성기능이 퇴화하여 느끼는 "감정"이 결여돼 있다는 것이다. 이들에게 납치되었던 경험을 가진 피납자들이 공통적으로 지적하는 점은 마치 무감각하고 차가운 로봇을 상대하는 듯한 느낌이 들었다는 것이다. 앞서의 피납자 해리(Harry)가 털어놓은 납치 체험담 중에도 흥미있는 내용이 있다. 자신을 납치했던 외계인들

---

42) 알렉스 콜리어는 1995년 현재 미국 지하 시설에만 15,000명의 복제 그레이들이 있으며, 그들은 수십 년 간 레티쿨리행성에 가보지 못한 변절자 그룹이라고 했다. 또한 미국의 지하에 대략 1,833명의 렙틸리안(파충류인)들이 있다고 말한 바가 있다.

43) Brad Steiger & Alfred Bielek, THE PHILADELPHIA EXPERIMENT & OTHER UFO CONSPIRACY.(Inner Light Publication, 1990) P. 103

은 인간의 감정이나 무엇인가를 느끼는 능력, 또는 정신성(精神性) 등에 깊은 관심을 가지고 조사하려 했다는 것이다. 이러한 진술 내용은 그레이 외계인들에게 납치되었던 여러 사람들이 공통적으로 지적하는 부분이다.

이것은 과연 무엇을 의미하는 것일까? 이는 바로 그들이 영적으로 덜 진화된 외계인 종류들임을 가장 잘 반증해 주는 것이다. 인간을 납치하는 외계인들은 바로 사랑과 같은 감성적 부분과 영성적(靈性的) 측면이 미발달되었거나 퇴화된 종족들로 추정할 수 있다. 지능과 과학만은 발달하여 클론(Clone) 기술로 종족을 보존하고 UFO에 의해 지구로 비래해 오고는 있지만, 우주에

는 정상적 진화도상(進化道上)에서 빗나가거나 탈락된 이러한 외계인 부류들도 존재할 수 있는 것이다. 추측컨대 이들은 참다운 우주의식으로 들어가지 못하여 '사랑의 원리'라는 우주의 섭리와 법칙에서 벗어나 있는 존재들이며, 영적 깨달음이 부족한 불량 영혼들에 해당된다. 그리고 그들에게 있어서 인간이란 존재는 원숭이 정도의 하찮은 동물로밖에 비쳐지지 않을 수도 있다. 때문에 인간을 마치 일종의 모르모트 정도로 취급하면서 실험용로 소모하고 폐기처분하거나, 기이해 보이는 인간의 감정 같은 부분들을 조사하려 하는 것이다.

UFO 접촉자 알렉스 콜리어가 이 그레이 외계인들에 관해 지적하는 또 한 가지 사항은 이들이 렙틸리안(Reptilian) 외계인에게 종속되어 있으며 그들의 하수인들이라는 것이다. 따라서 이들의 목적은 파충류들의 지시에 복종하여 지구를 단계적으로 접수하여 지배하는 것이고, 자기들의 생존이라는 이기적 동기를 위해 인간을 이용하는 것뿐이라고 한다. 이런 주장은 비얼렉 박사의 견해와 동일한데, 그 역시 그레이들은 오리온에서 온 파충류들의 앞잡이에 불과하며, 파충류 외계인들은 지구를 점거하고 인류를 노예화하려는 계획을 갖고 있다고 믿었다. 이런 어둠의 외계인들이 다른 행성에 침투해 들어와 장악하는 통상적인 수법은 우선 기술원조를 미끼로 협정을 체결하는 것이라고 한다. 일단 이렇게 해서 진입한 다음 유전조작에 의한 혼혈종 생산과 마인트 콘트롤 기법을 통해 그 사회의 모든 측면을 타락시켜 서서히 잠식해 간다는 것이다.

물론 이 그레이들 중에도 일부는 온순한 종이 있다고 알려져 있다. 하지만

그 어느 쪽이든 생식능력을 이미 상실했다면, 이들은 우주의 창조주가 본래 계획한 정상적 진화계통을 밟지 못하고 빗나가 버린 변종의 생명체들이라고 할 수 밖에 없다. 우리는 외계인들은 모두 인류보다 영적으로 진화, 발전되었다는 생각을 자칫 하기 쉬운데, 이는 매우 잘못된 생각이다. 지구상에 법을 우습게 아는 불량배나 범죄자, 살인자들이 존재하듯이, 우주에도 우주법칙을 어기고 은하계를 무대로 활개치고 다니는 일부 불량배나 건달류의 악성 존재들이 있으며, 그들이 바로 일부 그레이와 파충류 외계인들인 것이다.

■ 그레이들의 특징

지금까지 지구상에서 가장 많이 목격된 그레이 외계인들의 모습은 공통적으로 다음과 같은 특징들을 지니고 있다. UFO 연구가들은 통상 이들을 '스몰 그레이(Small Gray)'라고 칭한다. 왜냐하면 키가 어린애처럼 작고, 피부 색깔이 회색(Gray)이기 때문이다. 하지만 키가 6피트 정도인 다른 그레이종도 있다.[44)]

①키는 1~1.2m 정도의 난쟁이에 속하며, 피부는 매끈한 가죽 비슷하고 회색이다.
②눈은 검은색 일변의 아몬드 모양으로 매우 크며, 마치 곤충의 눈과도 같고 섬뜩한 느낌을 준다. 눈동자, 각막, 홍채 등이 없으며, 젖어 있는 것 같으나 깜박이지 않는다.
③머리털이나 눈썹도 없으며, 신체 비례상 머리가 유난히 큰 가분수형이다. 신체의 다른 부분에도 전혀 털이 없다.
④약간 세워진 코에는 단지 두 개의 짧은 구멍만이 뚫려 있다. 그러나 피납자들은 그들이 코로 호흡을 한다는 어떠한 느낌도 받지 못했다고 한다. 귀 또한 없다.
⑤입 또한 그냥 일자(一字)로 찢어져 있을 뿐, 입술이나 혀, 이빨도 없는 듯이 보인다. 의사 전달시 목의 발성 기관을 사용하지 않고 머리 속에서 그냥 소리가 들

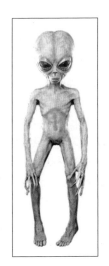

---

44)오리온(Orion)에서 온 그레이들은 신장이 6~9피트라고 알려져 있다. 이들은 휴머노이드와 그레이 간의 혼혈종이다.

려오는 식으로 텔레파시를 사용하는 것 같다고 피납자들은 설명한다.

⑥손가락은 가늘고 길며 보통 3~4개이다. 손가락 사이에 물갈퀴 같은 것이 있는 부류도 있다.

⑦가슴은 인간처럼 분기(分岐)되어 있지 않으며, 젖꼭지가 없다. 또 엉덩이도 없다.

⑧소화기관과 생식기가 퇴화하여 보이지 않는다. 또한 남성과 여성의 구분이 뚜렷하지 않다.

⑨어떤 보고에 따르면, 이들의 많은 장기(臟器)들이 위축돼 있거나 손상돼 있다고 하는데, 이것은 그들이 핵 재앙을 겪었거나, 잘못된 유전자 접목실험으로 인한 결과로 추정된다.

　이와 같이 부정적인 세력에 속한 외계인들은 인간이 보기에도 친근감 이전에, 혐오감과 두려움을 주는 형상으로 생긴 종류가 많다. 그런데 지금까지 목격된 이런 모습의 외계인들 중에 어느 정도의 숫자는 인공지능을 갖춘 사이보그(Cyborg, 인조 생체인간), 즉 생물 로봇(Robot)일 가능성이 많다. 악성 외계인들이 만들어서 사용하는 생체 로봇의 경우 단지 감정만 없을 뿐, 상당한 수준의 뇌 회로가 있어 생물체와 거의 똑같은 일들을 수행할 수가 있다고 한다. 그리고 난장이족이면서도 위의 특징들과는 약간 다른 외계인 부류들도 존재한다. 그러나 이들 중에도 그 수준에 따라 악성에 속하지 않는 다른 몇 종류가 존재하고 있다고 알려져 있다.

　많은 정보들에 의해 밝혀졌듯이, 이들은 자신들 행성의 황폐화로 인해 정상적인 진화의 도상에서 이탈되어 육체적 생식(生殖)에 절박한 어려움을 겪게 되었다. 결과적으로 종족적인 파멸의 위기에 처하게 되자 그 돌파구로서 유전자 계보가 비슷한 지구인과의 교배를 통한 새로운 혼혈종 창조로 종족 보전을 꾀하고 있는 것이다. 그리고 또 이들과는 또 다른 일부 사악한 외계인 부류가 이와는 다른 목적으로 인간 납치와 가축도살을 통해 유전자 조작 실험을 계속해 왔다. 대부분이 그레이와 파충류에 속한 이들은 모두 우리의 은하계 내의 오리온, 카시오페아 등의 여러 성좌로부터 온 '어둠의 세력들'인데, 굳이 이를 종교적인 선악 구도로 표현하자면, 선(善)의 UFO 천사군단에 대립되는 '암흑의 군단' 또는 '사탄군단'이라고 말할 수 있다. 왜냐하면 성경에서 인간형 우주인들인 "노르딕(Nordic)"이 천사로 표기되어 있는 경우가 많은 반면에, 뱀족, 즉 파충류들(Reptilian)은 사탄 또는 악마로 표기되어 있기 때문이다.

　물론 인간을 납치, 실험하는 외계인들 전부가 악의적인 목적을 가지고 있는 것은 아닐 수도 있다. 몇몇 사례에서 보이듯이 일부는 지구 인종에 대한 연구, 단순 호기심 등으로 이 같은 일이 일어나기도 한다. 그러나 대다수의 납치 행위는 인간의 천부적인 자유의지와 인권을 침해하는 것으로 근본적으로 천륜(天倫)과 우주 법칙에 어긋나는 것이다. 한편 높은 영격(靈格)을 지닌 우주인으로만 구성된 UFO 천사군단에서는 이러한 납치 행위를 결코 허용하지 않으며, 우주법칙을 어기는 범법행위로 간주한다고 한다. 분명코 이러한 만행들은 천륜(天倫)과 우주법칙에 어긋나는 범죄 행위들이다. 그리고 만약 이들이 본래 연민이나 사랑의 감정이 있는 선의 종족들이라면, 애시당초 인간을 제멋대로 납치하여 이종교배나 다른 유전공학 실험에 이용하는 따위의 행위는 하지도 않았을 것이다. 왜냐하면 타인의 고통과 슬픔에 완전히 무감각한 존재들이 아니라면, 자신의 이익과 욕망충족을 위해 남에게 피해를 주는 행위를 예사로 자행할 수는 없기 때문이다. 그러므로 이 외계인들은 인간 세상의 사악한 인간들과 마찬가지로, 감정이 아예 없거나 공감능력이 상당히 결여된 저급의 외계인 부류들에 속한다고 할 수 있다. UFO의 인간납치의 진상은 우주법(宇宙法)을 어기고 있는 일부 우주의 범죄자들이 지구라는 행성에 와서도 역시 갖가지 범죄를 자행하고 있는 것이다.

그리고 그레이와 파충류에 속한 이런 존재들을 영적, 종교적 측면에서 해석한다면, 이들이 자행하는 행위들로 미루어볼 때, 이들은 절대자의 우주섭리에서 멀리 떨어져 나온 이른바 '타락한 영혼들', 또는 천상에서 반역하여 '추락한 천사들'이라고 말할 수 있다. 이런 저급하게 타락한 영혼들이 보기에도 추악한 그런 외모의 육신을 쓰고 환생하며 온갖 사악한 어둠의 짓들을 자행하고 있는 것이다. 프리메이슨들과 일루미나티들 역시 그런 계열의 영혼들이라고 볼 수 있다. 이 세력들의 주요 특성은 이미 그들의 온갖 행위에 잘 나타나 있듯이, 이기적이고 잔혹하며 무자비하다는 공통점이 있다.

3.미 군부의 민간인 납치 및 실험들

앞서 서술했던 그레이 외계인들의 인간납치와 이종교배 실험 문제는 단순히 거기서 끝난 것이 아니라 또 다른 문제를 낳았다. 그것은 미 군부(軍部)가 나중에 그것을 모방하여 외계인들의 납치와는 별도로 역시 민간인들을 납치해 다양한 실험과 목적에 이용했기 때문이다.

그러다 보니 외계인 납치라고 알려진 현상이 실제로는 외계인의 활동과는 아무 상관이 없으며 그 모든 것이 사실은 미 군부집단에 의해 비밀리에 수행된 검은 작전의 결과라고 매우 극단적인 주장을 하는 연구자와 피해자들이 있다. 앞서 잠깐 언급했던 스티븐 그리어(Steven Greer) 박사 같은 사람도 여기에 속한다고 할 수 있겠다. 즉 군 특수부대와 정보기관 요원들이 이제까지 외계인 납치처럼 주도면밀하게 위장연출을 해서 무고한 시민들을 지하 비밀시설로 납치해 왔다는 것이다. 그리고 그 주된 목적은 대중들에게 외계인에 대한 공포심과 혐오감을 조장하기 위해서라고 한다.

이와 비슷하게 그림자정부와 UFO 문제를 연구해온 리처드 보일런(Richard Boylan) 박사도 일반인들에게 공개된 끔찍한 모든 외계인 납치 보고들은 사실상 인간 불량배 군 정보부대에 의한 비밀 심리전 작업들이었다고 주장한다. 이 반역자 군 정보부대는 아무런 법적 승인이나 정당성도 없이 민간인을 납치해 왔고, 피납자들에게 약물들을 투여해 마비시킨 후 의도적으로 위협. 심문, 육체적 학대, 심지어 집단강간을 하기도 했다고 한다. 그리고 비밀리에 운영되는 이 특수 부대들은 피납자가 자기들의 납치행위에 관해 망각하도록 만들기 위해 세뇌기술을 사용하며, 외계인 납치로서의 끔찍한 경험에 관한 허위의 기억을 최면술적으로 주입시킨다는 것이다. 그의 주장 가운데 또 한 가지 주목할 점은 미 군부는 고급 홀로그램 이미지 투사 기술을 개발했는데, 이것은 예를 들어, 전투기의 비행모습이라든가, 병사들의 행렬이 앞으로 전진하는 등의 실제와 흡사한 3차원 이미지를 만드는 것이 가능하다고 한다.[45] 이것은 DARPA(국방 첨단연구 계획청)가 신종의 비밀 전쟁기술로 개발한 것이며, 그림자 정부의 비밀도당들은 이 기술을 여러 검은 목적에다 응용했다고 한다. 즉 비밀세력들은 이 기술을 투사하여 실제처럼 보이는 3-D의 가짜 외계인의 방문을 연출함으로써 순진한 민간인들에게 심리전 작업들을 수행했다는 이야기이다. 또 만약 더욱 강렬한 무서운 경험이 필요할 경우, 이들은 미리 정신공학 또는 수면제 가스 등에 의해 그 피해자를 인사불성 상태에 빠지게 할 수 있다고 말한다. 그리고 특수요원이 피납자의 침실에 침입하여 그 사람을 XH-75D 스텔스 반중력 상어 헬기 중 하나에 태워서 먼 보안시설(대개 지하)로 낚아채 가는데, 거기서 그 희생자들은 온갖 실험과 학대, 약물투여를 당한다고 한다. 그리고 그 사람이 자신의 시련을 외계인 납치로 잘못 기억하게끔 최면술적으로 교묘히 프로그램 된다는 것이다.

한편 브래드 스타이거 같은 사람처럼 외계인에 의한 납치 및 실험현상에 관해 그것을 인류의 진화과정에서 나타나는 자연스런 외계의 유전학적 간섭 내지는 감시 정도로 보는 시각도 있다. 그는 자신의 책에서 이렇게 언급하고

---

45) 실제로 미국은 이라크를 상대로 했던 걸프전 당시 이런 기술을 활용하여 홀로그램 전투기로 바그다드 상공을 휘저으며 이라크군을 대혼란에 빠뜨렸었다.

있다.

"일부 UFO 조사자들에 의해 외계인들이 - 특히 그레이들 - 대개 인간의 진화를 바꿔놓기 위해 유전적 실험을 행하고 있다는 고발이 증가하게 될 때, 우리는 - 우리의 광범위한 연구를 토대로 - 외계인 유전학자들이 새로운 것을 시작했다기보다는 수 세기에 걸친 프로젝트를 완결하지 못했을 수도 있지 않은가를 숙고해야 한다.

반드시 UFO 납치자들이 내켜하지 않는 남성과 여성들에게 유전실험을 했다는 데 초점을 맞추기보다는 오히려 더 의문스러운 것은 우리 인류가 진화여정 바로 그 시초부터 외계 지성체들 의해 구조가 짜여지지 않았는가이다. 우리 인간의 과학은 어떤 유전형질을 하나의 생물로부터 다른 생물로 옮기는 유전공학을 시작했다. 그러므로 우리는 곧 유전학적으로 새로운 동물들을 창조하거나 특별히 바람직한 형질을 동일한 종 내에서 바꿀 수 있게 될 것이다. 만약 우리 인간들이 점차 그런 유전과학 기술을 습득하고 통달하고 있는 중이라면, UFO 지성체들을 어떻게 평가하고, 누가 그들이 우리보다 기술적으로 영겁을 앞서 있다고 볼 것인가?

외계 지성체들의 관점에서 시끄러운 UFO 납치 문제를 보는 이유는 인류의 진화상의 시행착오 과정이 아직 끝나지 않았을지도 모른다는 것이다. 그들은 여전히 우리 인간종족의 발달을 계획적인 UFO에서의 검사절차를 통해 관찰하고 있을 수도 있는 것이다."[46]

그런데 납치현상에 관해 오랫동안 연구해온 MUFON 오스트리아 대표이자, 지구물리학자인 헬무트 램머(Helmut Lammer) 박사는 일부의 경우 그레이 외계인들이 인간들을 납치한 직후에 군(軍)이 그들을 다시 납치한다는 흥미로운

주장을 한 바 있다. 또 그는 모든 납치 사건들이 외계인들에 의한 것은 아니며, 상당부분이 군부에 의해 저질러졌다고 단언한다. 즉 군이 피납된 민간인들을 대상으로 마인드 컨트롤 및 인성변조, 약물투여, 최면기법 같은 새로운 기술들을 지속적으로 실험하기 위해 그들을 이용해 왔다는 것이다.

필자는 이 인간납치와 가축도살 문제에 관련해서 부정적 외계인에 의한 납치 및 실험을 전면적으로 부정하고 모든 것이 군부의 소행이자 위장연출이었다는 일

헬무트 램머 박사

부 연구가들의 극단적 주장에는 동의하지 않는다. 왜냐하면 앞서 살펴보았듯

46)Brad   Steiger   &   Sherry   Hansen   Steiger,   THE   RAINBOW
 CONSPIRACY.(Kensington Books, 1994) PP. 156~157

이, 장기간에 걸쳐 외계인에 의해 자행된 다량의 납치정황과 증거들이 분명히 실재하기 때문이다. 그러므로 필자는 실제로 납치되었던 피해자들과 직접 면담하며 조사를 진행한 램머 박사의 주장, 즉 외계인 납치와 병행해서 군부의 재납치 내지는 모방납치가 있었다는 이론이 비교적 합리적이고 타당성이 높다고 판단하고 있다.

램머 박사는 자신의 연구결과를 토대로 군 납치에 관한 《군부납치: 군(軍)의 마인드 콘트롤과 외계인 납치(Military Mind Control &Alien Abduction)》라는 책을 내기도 했는데, 여기서 그의 저서와 논문47)을 중심으로 군부납치의 주요 공통적 특징들을 요약해 보겠다.

1.MILABs(군부납치) 피해자들은 납치가 발생하기 전 집 주변에서 떠도는 정체불명의 검은 헬기가 출현 하는 것을 목격한다. 또는 집 주위에 검은색 또는 이상한 밴 또는 버스가 집 밖에서 주차되어 있음을 본다. 이 정체불명의 헬리콥터 활동은 동물 절단이 나타났을 때인 1960년대로 거슬러 올라간다. 이 헬기들은 지구상의 외계인들과 함께 일하는 극비의 군 또는 정보기관들에 의해 운영되고 있는 것으로 보인다. 이어서 그들은 납치되어 헬리콥터나 버스 또는 트럭에 의해 지하 군 시설로 옮겨진다. 그

리고 납치범이 주사기로 그들에게 주사를 놓았다고 보고한다. 곧 이어 의사 가운을 입은 자들이 나타나며, 피해자들은 일반 병실처럼 보이는 방에서 검사나 약물투약, 각종 실험을 당했다고 말한다. 그리고 피납자들은 자신들이 진찰 테이블 또는 회전의자에 묶여 있었다고 한다. 거기서 그들은 공통적으로 흰색의 실험실 복장을 한 사람들을 목격했다.

2.군부납치는 단순히 외계인 납치 경험이 아니다. 피납자들은 자기들이 인간/군 요원들의 특정 부서에 의해 납치되었다고 보고한다. 그리고 실험실 복장을 한 자들에게 심문 및 협박을 받거나, 때로는 군사적인 장치를 이식받았다고 한다. 이런 임플란트(Implant) 이식은 대개 귀 뒷부분을 작은 수술로 절개하여 이루어진다. 많은 납치 피

47)Lammer, Helmut: Preliminary Findings of Project MILAB: Evidence for Military Kidnappings of Alleged UFO Abductees. MUFON UFO Journal, Nr. 344, December 1996. & New Evidence of Military Involvement In Abductions.

해자들이 이 위치에서 제거한 임플란트를 갖고 있다고 보고한다. 이런 이식 장치들은 외계인들의 수법과 마찬가지로 피납자들 추적하여 다시 납치하는 데 사용되는 것으로 보인다.[48] MILABS에 관련된 정보기관의 부대는 그들이 사람을 찾거나 모니터하려는 경우, 3대의 위성 또는 특수장비가 탑재된 헬기를 사용할 것이다.

3.민간인들을 납치하는 군/정보기관 그룹은 모두 동일하지 않으며, 관심분야에 따라 다음과 같은 몇 개의 집단으로 분류된다.

1)첫 번째 그룹은 MK 울트라(ULTRA)나 몬톡 프로젝트와 같이 세뇌를 포함한 마인드 컨트롤 및 행동조종 프로그램에 관심이 있다 – 이들은 감각차단 실험, 액체호흡 실험, 측두엽의 전자기 자극에 대한 실험, 뇌와 이식장치를 연구한다. 또 때로는 극초단파 무기들의 시험-표적으로 이용한다.

2)두 번째 그룹은 생물의학적이고 유전공학적인 연구에 관심을 갖고 작업을 수행한다 – 일부 군부납치 피해자들은 지하 군사시설 내부서 납치기간 동안에 액체로 채워진 튜브 용기 속에 있는 인간들과 우리 안에 갇혀 있는 유전자 조작 동물을 보았다고 회상한다. 군부와 접촉이 없는 외계인 피납자들이 'UFO 내부에서 유사한 시나리오들을 기억한다는 점을 주목해야한다. 많은 UFO 연구자들은 "그레이"들이 유전적 장애를 가지고 있다고 믿는다. 미국 정부는 아마도 그레이들이 인간-외계인 혼혈종의 창조를 통해 자기들의 유전 질환을 치유해보고자 주민들에게 유전학적 실험을 수행하는 데 대한 대가로서 그레이들로부터 기술을 전수 받았다. 군은 또한 초능력 병사 같은 군사적 활용을 위해 유전 연구 프로그램에 관심이 있다 .

3)세 번째 그룹은 1980년부터 운영되어 온 군 특수임무 부대이다 – 이 그룹은 정보수집 목적으로 UFO 외계인 납치 현상에 관심을 나타낸다. 일부 납치는 외계인에 의한 납치일 수 있으며, 군과 정보기관은 그때 생물의학적 원격 측정을 이용하여 피납자들이 그들로부터 받는 모종의 "의학적 실험" 또는 피납자의 생리적 정보를 모니터링하는 데 관심이 있다.

4.피납자들은 때로는 지하시설로 납치돼 있는 동안 그곳에서 인간들과 함께 일하고 있는 키가 작은 그레이 외계인을 목격했다고 보고한다. 이를 토대로 미루어볼 때, 군부의 납치와 실험은 그레이들과 협력해서 지하 공동기지에서 함께 이루어지는 경우도 있다고 추정된다.

---

48)이것은 아주 작은 무선주파수 전자이식 칩(Chip)이며 저주파 무선신호에 의해 활성화 된다. 이런 이식 칩은 미 데스트론 피어링(Destron Fearing)사에 의해 비밀리에 제작되었다고 알려져 있다. 1989년에는 인체의 피부에 이식이 가능한 이와 유사한 생체칩이 다니엘 맨(Daniel Man)박사에 의해 개발되어 특허를 얻은 바가 있다. 이것은 원래 실종되는 아이들을 예방하고 찾아내기 위한 목적으로 발명되었다고 한다.

한편, 여기에 보완해서 한 가지를 더 추가 한다면, 미 군부는 초인 병사 (Super Soldier)를 양성하기 위한 목적으로도 어린 아이들을 대량으로 납치 해서 훈련시켜 왔다는 점이다. 이 아이들은 4~5살의 아주 어린 나이 때부터 조직적으로 반복 납치되어 마인드 컨트롤 기법을 통해 훈련되었으며, 나중에 성인이 된 후에는 고도의 특수임무나 외계에서 복무시키기 위해 투입되었다. 이 부분은 뒷 장의 내부 폭로자들의 증언에서 설명될 것이다.

여기서 헬무트 램머 박사의 여러 주장을 뒷받침하는 한 전형적인 피납자의 사례를 한번 살펴보겠다. 그녀는 외계인과 미 군부에 의해 여러 차례 반복해 서 납치되었던 미국의 크리스타 틸턴(Christa Tilton)이라는 피해자 여성이 다. 크리스타는 자신의 납치당했던 체험을 이렇게 증언하고 있다.

"내 경험은 1987년 7월에 발생했다. 나는 3시간가량 "미싱타임"을 겪었는데, 나중 에 최면 하에서 내 삶에 있어서 가장 이상한 그날 밤 일을 회상해 냈다. 여러분이 1 번 삽화에서 볼 수 있다시피, 나는 우주선 안으로 순순히 끌려들어가지는 않았었다. 2명의 작은 외계인들이 나를 의식불명의 상태에 빠뜨린 후 팔로 끌어 우주선 안으로 끌어들였다.

그 다음에 내가 기억하는 것은 어떤 작은 형태의 우주선 안의 테이블 위에서 깨어 난 것이었다. 한 안내자가 내게 아는 체를 했고 모종의 마실 것을 주었다. 나는 지금 그것이 일종의 흥분제였다고 믿는데, 내가 그 물질을 마신 후 잠들지 않았기 때문이 다. 그런 다음 나는 우주선 밖으로 옮겨졌고, 내가 주변을 둘러보자 나는 내가 어떤 구릉의 꼭대기에 서 있음을 알아차렸다. 어둡긴 했지만, 나는 동굴 근처에서 희미한 빛을 보았다. 우리는 이 지역을 걸었고, 내가 붉은 군복형태의 (조종사가 입는 것 같 은) 낙하산 강하복을 입은 한 남성을 본 것은 바로 그때였다. 내 가이드는 이 남자를 아는 것 같았고, 우리가 가까워지자 그는 그에게 인사를 했다. 나는 또한 그가 어떤 모양의 기장(紀章)을 부착하고 있고 자동무기를 소지하고 있음을 알아차렸다.

우리가 그 터널 안으로 걸어들어 갔을 때, 나는 우리들이 거대한 고원 또는 산의 측면으로 곧바로 들어가고 있음을 깨달았다. 거기서 우리는 붉은 복장의 다른 경비요 원을 만났고, 나는 그 때 양쪽에 설치된 2대의 카메라와 더불어 컴퓨터화된 검문소를 목격했다. 내 좌측에는 거대하게 홈이 난 공간이 있었는데, 거기에는 우리를 더욱 안 쪽으로 수송할 작은 운송수단(탈 것)이 놓여 있었다. 내 오른쪽은 많은 사무실들이 줄 지어있는 긴 복도처럼 보였다. 우리는 그 승용물에 탑승하여 매우 긴 시간인 것처럼 생각되는 동안 다른 보안구역으로 이동했다. 내가 컴퓨터 화면과 마주한 어떤 발판 형태 같은 것을 밟으라고 들은 것은 그때였다. 나는 번쩍이는 빛들과 컴퓨터 연산작 용이 돌아가는 것을 보았고 그런 다음 구멍들이 압인된 카드 한 장이 발급되었다. 나 는 나중에야 그것이 내부에서 신분증명서로 이용되는 것임을 깨달았다.

나는 가이드에게 우리가 어디로, 왜 가고 있는지를 질문했다. 하지만 그는 내가 추 가적으로 알아야할 필요가 있는 뭔가를 보여줄 때를 제외하고는 너무 많은 말을 하지

2부 미국 정부와 외계인들 간의 커넥션

는 않았다. 그는 나에게 우리가 단지 그 시설의 레벨-1으로 들어왔을 뿐이라고 언급했다. 나는 그에게 그것이 어떤 종류의 시설인가를 물어보았지만, 그는 대답하지 않았다.

… (중략) …

나는 문이 없는 거대한 엘리베이터처럼 보이는 곳으로 데려가졌다. 그것은 매우 커다란 소화물용 엘리베이터 같았다. 그것을 타고 우리는 레벨-2로 내려갔는데, 거기에는 다른 색깔의 제복을 입은 두 명의 경비요원이 있었으며, 나는 레벨-1에서 했던 동일한 절차를 밟았다. 이때 나는 거대한 홀로 옮겨졌고 벽에 일렬로 늘어선 컴퓨터가 있는 많은 사무실들을 보았다. 우리가 근처를 지나칠 때 나는 그 광원을 알 수 없는 기묘한 빛이 안에서 비쳐 나온다는 것을 눈치 챘다. 나는 내가 많은 사무실들과 구획들에 수많은 근무자들이 있는 거대한 건물에 와 있음을 느꼈다. 그때 나는 커다란 제조시설처럼 보이는 아주 넓은 지역을 보았다. 그 한쪽에는 외계의 작은 우주선들이 늘어서 있었다. 일부는 하부가 작동하고 있었으며, 내가 그레이(Gray) 형태의 외계인을 처음 본 것은 바로 그때였다. 그들은 허드렛일을 하는 것처럼 보였고 우리가 지나칠 때 한 번도 우리를 올려다보지 않았다. 거기에는 도처를 비추고 있는 카메라들이 있었다.

그런 다음 우리는 다른 엘리베이터에 도착했고 레벨-5로 내려갔다. 그때 나는 극도의 공포감과 장애를 느꼈다. 내 가이드는 내가 자기와 함께 있는 한은 해를 입지 않을 것이라고 내게 설명했다. 그래서 우리는 엘리베이터에서 내렸으며, 나는 그곳 검문소에 배치돼 있는 경비요원들을 보았다. 이때 그들은 호의적이지 않았고 오른쪽 또는 왼쪽으로 가라는 식으로 명령했다. 나는 경비요원들 중에 2명이 뭔가를 논의하고 있고 나를 흘어보고 있다는 것을 알아차렸다. 나는 그 장소에서 벗어날 출구를 찾고 싶었지만 내가 너무 멀리 와 있다는 것을 알았다. 이때 나는 옷을 갈아입으라고 요구받았다. 나는 병원복처럼 보이는 것을 입으라고 들었는데, 그 옷이 그 뒤에 있었다. 나는 어떤 문제도 일으키고 싶지 않았기 때문에 그들이 시키는 대로 했다. 내가 체중계 같은 장치에 올라서자 갑자기 스크린이 밝아졌고 나는 내 귀를 어지럽히는 이상한 소리와 주파수들을 들었다.

내가 정말 이상하다고 생각했던 것은 이 경비요원들이 나와 함께 있던 가이드에게 거수경례를 했다는 것이다. 그가 아무런 군복을 입고 있지 않았는데도 말이다. 그는 어두운 녹색의 낙하산 강하복 같은 것을 입고 있었지만 거기에 기장은 달려 있지 않았다. 그는 나에게 그들을 따라 이 통로로 내려가라고 말했다. 내가 그 검문소를 통과했을 때 나는 나의 일거수일투족을 주시하는 감시 카메라들의 윙윙하는 소리를 들었다. 나는 아래의 다른 홀로 옮겨졌고 내가 꺼림칙한 냄새를 맡은 것은 그때였다. 그것은 포름알데히드(formaldehyde) 같은 냄새였다. 병원에서 일한 경력이 있었기에 나는 아마도 이런 상황에 보다 익숙할 수 있었던 것 같다. 우리는 커다란 방에 와 있었고 나는 멈추었다.

나는 컴퓨터화된 측정기가 달린 거대한 물탱크와 꼭대기에서 튜브형태로 뻗어 나와 그 탱크로 연결된 무기 같은 장치를 보았다. 그 물탱크는 대략 4피트 높이였고 내가 그 내부를 볼 수 없는 곳에 세워져 있었다. 나는 윙윙거리는 소리를 듣지는 못했고 무엇인가 그 탱크 내부에서 휘저어지고 있는 것처럼 생각되었다. 나는 그 탱크 쪽으로 좀 더 가까이 걸음을 옮기기 시작했다. 그러자 그 때 내 가이드는 갑자기 내 팔을 움켜쥐더니 나를 그 홀 밖으로 거칠게 끌어냈다. 그는 내게 말하길, 내가 그 탱크 안의 내용물을 볼 필요는 없다고 했다. 즉 그것은 단지 복잡한 문제라는 것이었다. 그래서 우리는 복도로 내려갔고, 이어서 그는 나를 거대한 실험실로 인도했다. 나는 매우 놀랐는데, 왜냐하면 내가 이전에 해보지도 않고 본적도 없는 기계들을 보았기 때문이었다.

내가 고개를 돌려 우연히 한쪽에서 무엇인가를 하다가 돌아선 한 작은 그레이 (Gray)를 본 것은 바로 그때였다. 나는 쨍그랑하고 나는 금속성의 소리를 들었다. 나는 단지 이 소리를 의사가 수술실에서 수술도구를 준비하고 있을 때 들었던 것 같다. 그때 내 가이드가 나더러 방의 가운데 있는 테이블로 가서 앉으라고 했다. 나는 그렇게 하지 않겠다고 그에게 말했는데, 그는 순순히 그렇게 하는 것이 일을 훨씬 용이하게 할 거라고 했다. 나는 그레이 외계인과 함께 그 방에 머물러 있고 싶지 않았다.

내가 이런 생각을 하고 있을 때쯤 한 남성이 방 안으로 들어왔다. 그는 하얀 실험실복인 의사 같은 복장을 하고 있었고 내가 발급받은 같은 형태의 배지를 달고 있었다. 내 가이드가 그에게 다가가 인사를 했고, 그들은 악수를 했다. 나는 떨기 시작했고 추워졌다. 기온이 몹시 차가운 것으로 생각되었다. 가이드는 내게 미소 짓더니 자기는 밖에서 기다릴 거라고 하며 내가 몇 분 동안만 하면 될 것이라고 말했다.

나는 울기 시작했다. 그레이 외계인은 나를 바라보고는 돌아서서 자기가 하던 일을 계속했다. 의사는 추가적인 지원을 요청했고, 그때 다른 그레이 외계인이 들어왔다. 내가 아는 그 다음 일은 내가 졸린 듯이 매우 나른해졌다는 것이다. 나는 내가 실험 당하고 있다는 것을 알았고 내가 머리를 쳐들었을 때, 나는 이 무서운 그레이 외계인이 그 커다란 검은 눈으로 나를 노려보고 있음을 보았다. 내가 찌르는 듯한 고통을 느낀 것은 그때였다. 나는 비명을 질렀고 그 인간 의사는 내 옆에 서서 내 복부에다 뭔가를 비벼대고 있었다. 그것은 차가웠다. 이 고통은 금방 가라앉았다. 나는 이것이 나에게 되풀이해서 일어난다는 것을 믿을 수 없었다. 나는 그들에게 나를 가게 해달라고 애원했지만, 그들은 그저 자기들의 일을 빠르게 계속할 뿐이었다.

그들의 작업이 끝난 후, 나는 일어나 작은 방으로 들어가 다른 옷으로 다시 갈아입으라는 말을 들었다. 나는 마치 내가 생리주기를 시작한 것처럼 피가 비친 것을 알아차렸다. 하지만 나는 계속해서 옷을 입었고 내가 밖으로 나왔을 때 나는 내 가이드가 방의 구석에 있는 의사에게 이야기하고 있는 것을 보았다. 나는 그저 거기에 서 있었고 … 아무런 도움도 없었다. 나는 내가 인생에서 경험했던 그 어떤 때보다도 더욱 외롭다고 느꼈다. 나는 실험용 모르모트처럼 느꼈다. 우리가 그 실험실을 떠난 후 나는 침묵했다. 나는 이런 일이 다시 나에게 일어나도록 한 데 대해 그에게 분노를 느꼈다. 하지만 그는 그것은 필요했다고 말했다. 그리고 내게 잊으라고 했다.

나는 홀에서 우리 곁을 지나는 더 많은 외계인들을 보았다. 다시 나는 내가 마치 유령인 것 같았다. 나는 내 가이드에게 제발 이 장소를 설명해달라고 요청했다. 그는

　　　　　　　2부 미국 정부와 외계인들 간의 커넥션

이곳이 매우 고도의 기밀을 요하는 장소이고 향후 몇 년 내에 나를 다시 데려오게 될 것이라고 말했다. 나는 내가 어디에 있느냐고 묻자 그는 내 안전을 위해서 말할 수 없다고 말했다. 우리는 그때 작은 운송차에 올라탔고 그것은 우리를 다른 쪽으로 이동시켰다. 내가 본 가장 혼란스러운 곳이 거기였다.

도살되는 암소들을 보았던 다른 두 여성과는 달리 나는 투명한 주물(鑄物)같은 방 안에서 온갖 종류의 사람들이 벽을 향해 서 있는 광경을 보았다. 나는 가까이 다가갔고 그것은 마치 그들이 그림인 것처럼 보였다. 나는 내가 보고 있는 것을 이해할 수 없었다. 나는 또한 우리 안의 동물들을 보았다. 그것들은 살아 있었다. 이것은 방 안의 인간들을 보는 것보다 나에게 더욱 혼란스러웠다. 나는 인간들과 동물들로부터 돌출한 튜브들을 보았다. 나는 기술자로 보이는 사람들이 작업하고 있는 것을 보았다. 그들은 절대로 돌아다보거나, 미소 짓거나, 내 존재를 인식하지 않았다. 나는 이것이 매우 이상하다고 생각했다. 그들은 어떤 어둡고 불길한 산속의 시설에서 마음이 없는 로봇들이 보링 작업을 하고 있는 것처럼 보였다. *나는 이 장소가 단순히 외계인들에 의해 운영되는 것이 아니라, 또한 어떤 군대에 의해 운영되는 것임을 깨달았다.* 보안은 높았다. 다음 레벨로 가고자 시도하는 것은 거의 불가능해졌다. 다시 경비요원들끼리 논의가 있었다. 무슨 이유 때문인지 그들은 내가 거기에 속해 있다고 느끼지 않는 것으로 나는 느꼈다. 그들이 옳았다! 우리가 레벨-6로 이동하는 것은 허용되지 않았다. 나는 그 아래에는 무엇이 있느냐고 물었다. 그리고 어떤 파일이나 사진들을 내가 보는 것은 바라지 않는다는 말을 들었다. 그는 말하기를, 고용인들 중에 많은 이들이 거기에 자기들의 생활 숙소(지구)를 갖고 있다고 했고, 이 레벨에서는 말하자면, 어떤 "나쁜" 실험들이 포함되어 있다고 들었다. 그리고 그것은 그 시점에서는 당황스럽게도 내게는 이해되지 않는 것이었으리라.

그가 나를 엘리베이터로 인도한 것은 그때였고 우리는 레벨-1으로 오르기 시작했다. 우리가 최종적으로 입구 밖으로 나왔을 때는 아직 어두웠다. 따라서 나는 너무 오랜 시간을 보낸 것은 아님을 알았다. 사실 나는 투산의 북부에서 그 우주선 근처에서 있었다고 느꼈으며, 거기서 처음 태워졌던 것이다. 나는 매우 상태가 나빴다. 나는 동일한 우주선에 태워졌고 지금 나는 그 지역을 벗어나고 있다는 느낌을 기억한다. 그 우주선은 곧바로 상승했고, 그것이 영원한 것처럼 생각되었으나 이어서 하강한다고 느끼기 시작했다. 나는 좌석 안전벨트에 내내 묶여 있었으며, 그래서 밖을 내다보지 않았다. 나는 모종의 빔에 의해 지면으로 내려졌다. 나는 내가 떠 있다고 느꼈다. 나는 그 구릉지대의 먼 거리에서 내 숙모의 차를 보았다. 나는 그 차로 걸어갔고 수 백 마일을 운전하여 투산으로 돌아왔다. 나는 여전히 입으라고 요구받았을 때 입었던 더러운 잠옷을 그 차 안에서 입고 있었고 즉시 계획된 지역으로 차를 몰았다. 그날 아침 내 친구 바바라는 내 등에서 커다란 찰과상을 발견했다. 내 기억은 차단돼 있었다."49)

---

49)Commander X, Underground Alien Base.(ABELARD PRODUCTIONS INC, 1990). PP. 43~47

UFO에 납치되어 지하기지로 끌려가서 크리스타 틸턴과 유사한 경험을 했던 다른 여성들의 사례들도 있는데, 1973년에 텍사스에서 피납된 주디 도로티(Judy Doraty)와 1980년 뉴 멕시코의 미르너 핸슨(Myrna Hansen)의 경우이다. 이 사례들은 국제 UFO연구단체인 〈APRO〉에 의해 조사된 바 있다. 특히 이들은 그곳에서 어떤 노란 액체가 담긴 거대한 탱크 안에 토막 난 동물의 내장이나 혀, 조직들, 인체 부분들이 가득 차 있는 모습을 목격했다고 보고하기도 했다. 그리고 군복 입은 요원들, 엘리베이터에 의한 지하로의 이동, 생체실험 같은 것은 크리스타의 경험과 동일했다.

나중에 최면퇴행을 통해 밝혀진 바에 따르면, 크리스타 틸턴은 1962년 10살 때부터 총 30회의 이상의 납치를 당해왔고 다른 피납 여성들처럼 혼혈종의 아이를 임신했다가 3개월 후 태내에서 탈취 당했다고 한다. 참고로, UFO 연구가들은 그녀가 뉴 멕시코에 있는 덜스(Dulce) 지하기지의 하부 층들로 데려가져 실험 당했던 것으로 보고 있다.

　　　　　　　　　　2부 미국 정부와 외계인들 간의 커넥션

5장
어둠의 앞잡이 - 군산복합체(軍産複合體)들

　'군산복합체(Military- Industrial Complex)'라는 말은 앞서 소개한 아이젠하워 대통령의 연설문에 처음으로 등장한 용어이다. 그리고 이것은 군(軍)과 민간군수기업이 서로 유착하여 공동의 이익을 추구하는 과정에서 탄생한 특정 세력을 뜻한다. 군산복합체들이 태동해서 급속히 성장하게 된 계기는 1,2차 세계대전과 한국전, 월남전 같은 대규모 전쟁들과 미국과 소련이 첨예하게 대립하여 군비경쟁이 가속화되던 냉전구조를 통해서였다.

　이 군산복합체라는 개념을 좀 더 포괄적으로 본다면, 여기에는 비단 미 국방성과 방위산업체들, 관련 연구기관, 무기상들뿐만이 아니라 국방예산을 편성하고 전쟁정책을 결정하여 집행하는 의회 및 행정부까지도 포함된다. 그좋은 한 예로서 암살된 케네디의 후임으로 대통령직에 오른 린드 존슨의 행정부는 베트남에서 군대를 철수시키려던 케네디의 정책을 뒤집고 오히려 베트남 전쟁을 확대시켰다. 이 전쟁을 통해 국제적으로 민간인과 군인을 막론하고 수많은 인명들이 살상되고 베트남 전역이 초토화되다시피 했지만, 유일하게 엄청난 돈을 번 세력이 있으니 그들이 바로 미국의 군산복합체들이다.

　이들이 이렇게 한 몸처럼 밀착해서 공동보조를 취할 수밖에 없는 이유는 서로의 목적과 이익이 부합하고 톱니바퀴처럼 맞물려 있기 때문이다. 그리고 우리나라에서도 "낙하산 인사"나 "전관예우"같은 것이 문제가 되고 있듯이, 군이나 행정부에서 고위직에 있던 인사들이 퇴임 후에는 다시 이런 군수산업 체의 간부나 수장으로 특채되어 대거 영입되기 마련인 것이다. 이런 대표적 사례로는 과거 부시정권 때 국방장관을 지낸 울포위츠(Wolfowitz)와 국방성 조달 차관을 지낸 올드리지, 그리고 리처드 펄, 윌리엄 크리스톨 등이 나중에 군수업체의 이사(理事)로 옮겨간 경우를 들 수 있다. 또한 이런 기업들이 사실 알고 보면 록펠러나 모건과 같은 거대 재벌의 계열사라는 사실로 미루어 볼 때, 이들의 우두머리는 결국 그림자정부의 세력들인 것이며, 그런 까닭에 자연히 군(軍)과 관(官), 재벌(군수기업) 모두가 삼위일체처럼 한 통속으로 움직일 수밖에 없는 것이다.

이 세력들이 자기들의 공동의 이익을 계속 지켜나가고 확대하는 길은 오직 지속적인 무기수요를 창출해서 전 세계에다 무기를 파는 것뿐이다. 왜냐하면 일반 제조업과 마찬가지로 판매부진으로 인해 공장에 쌓여있는 무기 재고는 경영악화와 폐업으로 이어질 수 있기 때문이다. 그런데 이렇게 무기산업이 원활하게 돌아가고 유지되기 위해서는 지구상의 어디선가 계속 전쟁이나 분

쟁, 테러가 터져 주거나, 국가들 간에 평화가 아닌 적대적인 분위기가 조성 돼 있어야만 하는 것이다. 그러므로 이미 상당한 파워를 지닌 권력집단으로 커져버린 이 세력들은 때로는 행정부에 대한 강력한 로비나 압력, 국제적 음모 등을 통해 직접 세계 곳곳에다 의도적으로 전쟁 및 분쟁을 부추기거나 유발하는 공작을 서슴지 않았다. 베트남전과 중동전, 이란-이라크전, 걸프전, 아프가니스탄전, 이라크전이 그 좋은 사례이다. 여기에 추가하여 엘리트 국제 금융자본 세력들은 그동안 전쟁 당사국들에게 전비(戰費)를 융자해주는 서비스까지 마다하지 않았다. 이처럼 무기가 다량으로 소비되는 전쟁들을 통해서 이제까지 그들은 모두 호황기를 누렸고 엄청난 수익을 얻을 수 있었다. 따라

Spy Plane SR-71

서 이 세력들 전체는 인간의 목숨을 빼앗아 돈을 버는 일종의 '죽음의 상인들'인 것이다.

한편 이들은 이외에도 독점적인 계약을 통해 그림자 정부의 비밀스러운 지하시설 건설이나 UFO, 우주 무기개발 및 외계진출에 관련된 모든 일들을 도맡아 해왔다. 현재 비밀정부와 손잡고 그들의 검은 공작을 돕고 있는 주요 기업들로는 스탠다드 오일, 록히드, 노드럽, 맥도널 더글라스, AT&T, 벡텔사, IT&T, AA 매튜스 , 로빈스 컴퍼니, EG&G, 유타 마이닝. 와켄허트, 마틴 마리에타, 보잉, IBM, 웨스팅 하우스, 랜드사 등이다. 이런 대표적인 주요 군수 기업체들을 간단히 소개한다.

• 벡텔(Bechtel) - 비밀스러운 국제적 초거대 건설기업이며 CIA 위장회사이다. 주로 비밀 프로젝트 및 의회의 승인을 거치지 않은 지하기지와 외계기지 건설을 담당했다. 내부적으로 CFR와 일루미나티들과 서로 연결되어 있다.

• 제너럴 다이내믹스(General Dynamics) - 군함, 잠수함, 로켓 등을 만든다. 과거 F-16 전투기를 제작했으나, 전투기 분야는 록히드 마틴사에 매각되었다.

• 노드롭(Northrop) - 외계로부터 전수받은 기술이나 추락한 UFO들로부터 얻은 기술을 역분석공학을 통해 개발하고, 미국의 반중력 우주선을 제작한다.

• EG&G(Edgerton, Germhausen & Greer) -스타워즈(SDI) 우주무기 연구개발, 비밀 우주계획, 핵융합에너지 응용에 관련된 NSA/DOE 계약자이다. 그리고 NASA와 에어리어-51, S-4를 기술적으로 지원하고 핵시설의 보안을 담당한다.

• 레이시온(Raytheon) - 각종 미사일을 제조하며, TMD(전역 미사일 방어체제)를 개발했다.

- 맥도널 더글러스(McDonnell-Douglas) - 전투기 제작 및 검은 예산으로 집행되는 항공우주 프로젝트를 맡아서 했고, 노드롭사와 마찬가지로 비밀리에 반중력 우주선을 건조했다. 현재는 보잉사에 통합돼 있다.

- 베이 시스템즈(Bay Systems) - 각종 탱크, 장갑차를 만든다.

- 스탠포드 연구소(SRI) - 초능력, 초심리학과 심리전 연구를 하며, 그 연구 결과를 정보기관과 군에 제공하는 계약자이다.

- 와켄허트(Wackenhut) - NSA/CIA/DOE와 계약돼 있는 보안 기업이다. S-4 지구(UFO 기지)와 샌디아 국립연구소 등과 같이 극비의 검은 예산으로 운영되는 지상과 지하 군 지역에 대한 경비를 담당한다. 그리고 CIA와 방위 정보기관들을 위해 암살과 같은 검은 업무를 맡고 있다.

- 랜드(RAND) - 정보 프로젝트, 무기개발, 그리고 지하 기지와 터널 건설과 관련된 CIA 앞잡이 기업이다.

- AT&T(Sandia Labs, Bell Labs, etc) - 스타워즈 무기들을 연구하고 NSA의 전화/위성통신 도청 장치 및 설비를 개발했다.

- 보잉(Boeing) - 97년에 맥도널 더글라스사를 인수 합병했으며, NMD(국가미사일방어체제) 개발을 맡고 있다.

- BDM - UFO 역분석 공학과 초능력 프로젝트에 관련해서 CIA와 계약을 맺은 기업이다.

- 록키드 마틴(Lockheed-Martin) - 각종 미사일과 전투기, 레이더를 만든다. 이외에도 검은 예산으로 집행되는 항공우주 프로젝트를 맡아서 하고 있으며, 노드롭사, 맥도널 더글러스사와 함께 반중력 우주선을 제조한다. 세계 제1위의 군수산업체이다.

- 제너럴 일렉트릭 -전자전(電子戰)과 무기 시스템을 연구한다.

• 에어로제트(Aerojet) - 국가정찰국(NRO)에서 사용하는 스타워즈 전투 위성인 DSP-1을 제작한다.

• 사이-테크(PSI-TECH) - 심리전자공학, 초심리학, 원격투시, 그리고 외계인의 의식과의 접촉을 연구하여 군사적으로 이용하는 것에 관여하고 있다.

• 유나이티드 뉴클리어(United Nuclear) - 군사적인 핵 응용을 연구한다.

• 사이언스 애플리케이션 인터내셔널(SAIC) - 검은 프로젝트의 계약자이며, 반중력 장치를 만든다.

• 휴즈 항공(Hughes Aircraft) - 기밀 프로젝트에 관여돼 있다.

1.화성에 다녀온 사람들

비밀정부가 오래 전에 이미 화성에 도달하여 그곳을 일부 식민지화 했다는 이야기는 오래 전부터 일부 소문이 있어왔다. 그럼에도 그런 소문의 진위 여부를 확인하는 것은 어려웠는데, 왜냐하면 화성은 지구에서 너무나 먼 곳이라 지구상의 누군가가 그곳의 상황을 제대로 알 수는 없었기 때문이다. 또한 이런 내용은 일반 대중들이 가진 상식을 토대로 믿기에는 너무나 엄청나고 매우 비현실적으로 보이는 탓이기도 했다. 예컨대 알다시피 우리는 미국이 이제까지 겨우 무인탐사선인 '바이킹호'를 화성에 보내어 그곳의 사진을 찍고 토양 샘플을 조사한 정도로 밖에는 인식하고 있지 않은가? 바이킹 1호가 실제로 화성에 처음으로 착륙한 것은 1976년 7월 20일이다.

한편, 2014년 6월 4일, 미국의 국립학술원 산하의 〈국가연구위원회(NRC)〉는 향후 미국의 우주개발 목표로서 화성을 개척하여 이주하는 프로젝트를 발표했다. 하지만 이 보고서는 지구에서 화성까지 가는 데 6개월이 걸릴 것이고 그곳에다 기초거주지를 건설하기까지는 앞으로 최소한 약 50~100년이 소요될 것이라고 예측하고 있다. 이런 상황에서 화성에 이미 오래전부터 인간들이 가서 거주하고 있다는 주장은 참으로 놀라운 사실일 수밖에 없는 것이다.

처음에 이런 주장은 일찍이 전(前) 미 해군 정보국 요원이었던 윌리엄 쿠퍼 같은 사람 입에서 1980년대 말에 나왔다. 즉 그는 자신이 태평양 함대 사령부에서 복무할 당시 달과 화성에 있는 비밀 기지를 설명하는 극비문서를 목격했다고 언급한 바 있다. 그 내용에 따르면 이미 1962년 5월에 미국의 우주 탐사선 1대가 화성에 착륙했고 그곳 환경이 생명서식이 가능하다는 것을 확인했다고 한다. 그리고 현재 화성에는 지구 전역에서 특별히 선발된 사람들이 옮겨져 거주하는 식민지가 존재한다는 것이다. 그 후에 이어서 몇몇 채널링 정보와 알렉스 콜리어 같은 UFO 접촉자들의 정보를 통해서도 화성 기지에 관한 일부 구체적인 내용이 흘러 나왔다. 예를 들면 예수 그리스도의 채널링 책인 〈예수 그리스도의 충격 메시지(2)〉에는 이런 내용이 있다.

"외계인들의 도움으로 현재 화성의 내부에 지구인들이 가 있고, 미국정부는 화성의 상황을 알고 있다. 그러나 그 소수의 유랑자들을 거기 화성에다 배치해 놓을 필요가 없는 것이다. 놀라운 것은 이러한 작업에 관계하고 있는 여러분의 일부 과학자들인데, 그들은 비밀을 유지해 왔으며, 만약 이 사실을 발설하면 자신들이 죽을 것이라고 말한 바가 있다."[50]

그런데 이런 내용들이 한 치도 틀림없는 진실임은 실제로 화성에 다녀온 몇몇 내부 고발자들의 양심적인 폭로에 의해 밝혀졌다. 그 대표적인 폭로자들은 미국의 앤드류 D. 바시아고(Andrew D. Basiago)와 아더 뉴만(Arthur Neumann), 알프레드 비얼렉((Alfred Bielek)), 랜디 크래머(Randy Cramer) 그리고 호주의 마이클 릴페(Michael Lelfe)같은 사람들이다. 이 가운데 앤드류 바시아고와 아더 뉴만은 2009년 비슷한 시기에 자기들이 과거 미 국방성에 의해 착수된 비밀 연구개발 프로젝트에 관여했었고, 각자 화성에 있는 미국 기지로 비밀리에 원격이동되어 화성의 지적 외계 생명체와 만났다고 증언했다.

아더 뉴만과 앤드류 바시아고는 과거 다르파(DARPA:국방 첨단연구 계획청)와 CIA를 포함한 미국 정보기관 및 국방성에 의해 추진된 1급 비밀 프로젝트에 참가했던 전력을 가진 지적이고 신뢰할 수 있는 전문가들이다. 그들의 별개적이고 독립적인 폭로 내용들은 지구와 화성을 연결하는 영구적인 원격 공간이동 장치가 존재한다는 강력한 증거를 제공하며, 그들 모두는 화성으로

---

50) 버지니아 에센, 캔데이스 프리즈, <예수 그리스도의 충격 메시지(2)> 167~168 P. (도서출판 은하문명 발행)

비밀리에 순간이동 되었다고 한다. 또한 이러한 개별적인 내부 폭로자들의 증언은 화성의 지하에 지적인 문명이 현존하고 있다는 확실한 근거를 제시한다고 할 수 있을 것이다, 그리고 이 문명은 현재 진행 중에 있는 NSA와 CIA를 포함한 미국 정보기관들에 의한 비밀 접촉 프로그램들과 연관돼 있음을 뒷받침해 준다. 이들이 주장하는 내용들을 차례대로 살펴보기로 하자.

1)국가안보국(NSA) 요원, 아더 뉴만

아더 뉴만

전직 NSA 요원이자 과학자였던 아더 뉴만은 보복의 두려움 때문에 최근까지도 자신의 실명을 감추고 헨리 디컨(Henry Deacon)이라는 가명으로 행세해왔다. 이것은 그가 자신의 신변안전과 가족들을 보호하기 위한 불가피한 조치였다. 하지만 그는 2009년 7월 25일 스페인 바르셀로나에서 개최된 유럽 엑소폴리틱스(외계정치학)[51] 학술대회에서 대중 앞에 실명으로 나서서 용기 있게 이렇게 공개했다.

"화성에는 생명이 있고, 거기에는 기지들이 있습니다. 나는 거기에 있었습니다."

대회 다음날 아더 뉴만은 폭로 전문단체인 〈프로젝트 카멜롯(Camelot)〉의 다큐멘터리 인터뷰 "미래의 대화" 행사에 참여했는데, 거기서 그는 자기가 화성의 기지로 원격 이동되어 1시간 동안 회의에 참석한 것에 관해 상세히 증언했다. 그 회의는 또한 화성의 지하 도시들에서 살고 있는 지적 문명의 대표자들이 참석한 것이었다고 하며, 그 화성인들은 인간형 종족들이었다고 한다.

아더 뉴만은 오랜 기간에 걸쳐 여러 개의 다른 기관들에서 일하며 수많은 프로젝트에 관여해 왔다고 말하고 있다. 그는 내부고발자들 가운데서도 매우 특이한 인물인데, 왜냐하면 자신은 경험한 일이 없는 어려움에 뛰어들기 위해 우리 나이로 중학교 2학년 경에 인간세계로 들어온 워크인(Walk-in)[52]이

---

51)외계정치학(Exopolitics)은 인류와 외계 문명들 간에 있을 수 있는 정치적인 관계에 관해 연구하는 학문이다. 여기에는 외계문명의 정치적인 특성들도 포함된다. 이 학문은 호주 출신의 철학자이자 정치학자인 마이클 샐라 박사에 의해 2005년에 창시되었다.

2부 미국 정부와 외계인들 간의 커넥션

라고 주장하고 있기 때문이다. 따라서 그는 다른 행성에서 살았던 기억들을 갖고 있으며, 이런 것들이 인간으로서의 소년시절의 기억들과 뒤섞여 있어서 때로는 혼란을 느끼기도 한다는 것이다. 어린 시절부터 그는 자신이 전혀 상세한 설명이나 교육을 받지 않았음에도 복잡한 과학적 문제를 직관적으로 그냥 이해했고, 진보된 정보와 과학을 알고 있었다고 한다. 뉴만은 자신의 증언 과정에서 앞서 언급된 댄 버리슈(Dan Burisch) 박사의 폭로 내용들이 거의 옳다고 뒷받침해 주기도 했다. 그가 카멜롯을 비롯한 몇몇 인터뷰에서 밝힌 주요 내용들을 요약하면 다음과 같다.

*핵실험에 의해 다수의 시간선(timeline)들과 시간 고리(time loop)들이 유발되었고, 몬톡 프로젝트가 미지의 문제들을 인류에게 일으키고 있다. 그 사건 때문에 시간에 균열이 생겼으며, 아직도 이 문제를 해결하지 못한 상태에 있다. 이 사건은 레인보우 프로젝트(Project Rainbow)와도 밀접하게 연관되어 있다.

*화성은 이미 미국정부 내의 파벌들에 의해 식민화되어 있다. 지상과 지하에 기지들이 존재한다. 지구상에 존재하는 타임 포탈(Time portal) 중 하나는 화성과 직접 연결되어 있다. 이것은 일종의 스타게이트(Star Gate)로서 매우 안정적인 포탈이며, 지구와 화성의 위치가 어디에 있든지 간에 항상 연결되어 있다. 우리는 1960년대 초에 이미 화성에다 기지를 구축했다. 지금은 여러 개의 기지들이 존재하고 있다.

*화성에 존재하는 거대한 기지들은 우주선과 스타게이트를 통해 물자를 공급받고 있다. 근무 요원들과 작은 물품들은 스타게이트를 통해 운송하고, 큰 물자는 우주선에 의해 수송이 이루어진다. 스타게이트를 통한 여행은 눈 깜박할 사이에 이루어지고 그 이동경험은 어리둥절하면서도 산뜻하다.

*화성의 기지들은 몇 년 전 인구가 67만 명에 달할 정도로 거대한 인구를 갖고 있었다. 이곳은 1976년 바이킹 2호가 착륙해서 찍은 NASA의 사진에서 보이는 유토피아 플래니시아 장소에서 멀지 않다. 화성의 오래되고 여러 기능을 가진 큰 기지들은 모두 지하에 건설돼 있으며, 다양한 집단들에 의해 거주되고 있다. 나사에서 공개하는 최근의 대부분의 사진들은 조작되었고, 공

---

52) 일종의 "영혼교체 현상"으로서 인간세계를 떠나고 싶어 하는 지구인의 영혼과 특별한 사명을 수행하려는 진보된 우주인의 영혼이 육신을 바꿔 입는 것을 말한다. 그렇게 지구에 온 우주인을 보통 <워크-인>이라고 칭한다.

식적으로 공개한 화성사진의 하늘 색채 역시 조작되었다.

*타임 포탈을 이용하면 다른 행성에 가는 것은 옆 동네 가는 것만큼 쉽다. 실제로 우리는 알파 켄타우리 태양계 내의 행성들에 사는 외계종족들의 모습을 알고 있다. 그곳의 생명체들은 우리 인간과 비슷하다.

*나는 9/11 테러 사건이 일어나기 2년 전에 이미 이 사실을 알고 있었다. 구체적인 실행계획까지는 몰랐으나, 전체적인 윤곽은 인식하고 있었다. 우리들끼리 이 사안에 대해 이야기를 나눈 바도 있다. 그리고 그 사건이 발생하기 몇 시간 전에는 상세한 브리핑까지 받았다. 무역센터 쌍둥이 빌딩과 국방성 건물에 충돌한 제트기는 수천 마일 떨어진 거리에서 원격으로 조종된 것이며, 이것은 "가짜깃발(false flag):국민을 속이는 위정자의 거짓된 행위") 사건이었다. 이 비행기들은 자동비행방식과 조종사들의 수동조종도 무력화시킬 수 있도록 소프트웨어가 개조돼 있었다. 오사마 빈 라덴은 9.11 테러와는 관계가 없으며, 그는 미국정부에 활용가치가 있는 일종의 협력자이다.

*1947년, 뉴멕시코 로즈웰 추락 사건에서 발견된 존재들은 외계인이라기보다는 댄 버리슈가 언급한대로, 의미상 오히려 미래의 "인간들"이다. 이들은 그레이들이 아니다. 그들은 다른 행성에서 온 것이 아니라 시간을 뛰어넘어 미래에서 1947년의 과거로 돌아온 것이다. 그 이유는 자기들의 역사에서 발생했던 문제들을 처리하기 위한 시도였다. 이것은 이타적인 동기로 이루어진 것이나, 불행하게도 높은 전력의 레이더로 인해 추락하고 말았다. 나중에 군부는 이것을 깨닫고 레이더를 일종의 무기로 채택했다. 반드시 추락한 게 문제라기보다는 그들의 고향과 시간대로 돌아가게 해주는 유일한 수단인 방향장치에 이상이 생긴 것이 문제였다.

*1970년 초에도 우리 팀이 캘리포니아, 몬터레이 헌트 리젯의 들판에서 작업 중 우연히 첨단무기로 비행접시를 격추시킨 사건이 있었다. 외계인을 생포했는데, 체구는 아이들처럼 작고 신체에 털이 없었으며 눈이 매우 작았다. 당시 현장에 있던 사람들은 나중에 대부분 베트남전에 파병되어 전사했다.

*아눈나키들(Annunakis)도 화성에 일부 관여하고 있으며, 현재도 활동하고 있다. 다른 별에서 온 그들은 제카리아 시친(Zecharia Sitchin)이 자신의 책에서 언급했던 그 종족과 같다. 현재 아눈나키들은 여러 파벌로 분리되어 있고, 일부는 우호적이나 나머지는 그렇지 않다. 가장 사악한 파벌은 때때로

인육(人肉)을 먹이로 하는 부류들인데, 다른 파벌은 여기에 반대하고 있다.

*우리 태양계 내 다른 행성들에도 지적인 생명체들이 존재하고 있고, 그곳의 환경조건은 기존에 알려진 것과는 다르다. 화성은 여러 번 대이변을 겪었으나, 그것이 모두 자연적인 재앙만은 아니다. 지구의 반 알렌 대(Van Allen Belt)로 알려진 것은 오래 전에 인공적으로 만들어진 것이며, 지구와 수많은 생명체들을 보호하기 위한 것이었다. 또한 그것은 아직 일정한 기준에 도달하지 못한 미개한 영혼들이 지구를 벗어나는 것을 막기 위해 설치되었다. 현재 반 알렌 대는 기능적으로 악화된 상태이다.

*2차 대전 이후 착수된 대안적인 비밀 우주계획은 로켓동력원을 이용한 방식과는 관계없이 별개로 이루어졌다. 그리고 지구의 주민수를 극적으로 감소시켜서 나머지 생존자들을 엄격히 가두어 통제하는 것 같은 다른 계획들은 전혀 다른 집단들에 의해 추진되어 왔다.

*인구과잉이 오늘날 세계가 직면하고 있는 가장 큰 문제이다. 앞서 언급한 시공간 균열 문제와 더불어 또 하나의 큰 문제가 바로 인구과잉 문제이다. 다른 모든 문제들은 이 뿌리 문제에서 파생된 가지들이다. 과거나 지금이나, 우리에게 선택권은 없다. 그들의 입장은 지금 지구상에 사람들이 너무 많다는 것이다. 그렇기 때문에 인구를 인위적으로 축소하기 위한 계획들을 추진하고 있다. 하지만 나는 '꼭 그렇게까지 해야만 하는가'라는 생각을 가지고 있다. 사안은 단순하다. 인류 전체를 위해서 인구를 하향 조정하는 프로그램들이 진행되고 있다. 케네디 시절에 이미 시작된 일이며, 랜드(RAND) 연구소도 개입되었고, 록펠러 가문에서도 누군가 참여했는데, 로렌스 록펠러였던 것 같다.

　기본적으로 사람들을 죽임으로써 인구를 조절하겠다는 이야기인데, 여러 가지 방법들을 통해 다양한 바이러스들이 개발되었다. 이것은 감지하기도 힘들고, 치유도 거의 불가능한 것들이며, 주류 의학계에서는 물론 이 바이러스들의 정체에 대해 모르고 있다.

미국 국민들을 대상으로 생화학 물질 실험을 수행하는 것조차도 합법이다. 어느 지역이든, 시장 또는 그에 상응하는 관리의 승인만 얻으면 그만이다. 이 사실을 알고 있는 사람은 거의 없지만, 의심되면 직접 확인해 보라. 법전 깊숙한 곳에 숨겨져 있지만, 공개되어 있는 내용이다. 누구나 가서 확인해 볼 수 있다.

2)페가수스 프로젝트 참여자 - 앤드류 바시아고

앤드류 바시아고

워싱턴에서 개업하고 있는 변호사인 앤드류 바시아고는 앞서 소개한 아더 뉴만과 비슷하게 미국이 수십 년 동안 화성으로 개인들을 이동시켜 왔다고 증언하고 있다. 또한 그는 바로 자기 자신이 어린 시절부터 미 국방성과 CIA에 의해 선발되어 특수한 순간이동 장치를 통해 화성을 왕래하는 비밀 프로젝트에 참여했다고 폭로한 바 있다. 이 사람은 과거 1968-73년에는 미 국방 첨단연구프로젝트 계획청(DARPA)의 시공탐사 비밀 계획인 '페가수스 프로젝트(Project Pegasus)'에, 그리고 1980-83년에는 CIA의 원격순간이동 프로그램인 '점프 룸(jump room)' 계획에 관여한 것으로 밝혀졌다. 현재 바시아고는 미국 정부가 감추고 있는 정보들과 진실을 공개하도록 사회운동을 이끌고 있는 주목할 만한 인물이다. 그 은폐 정보들은 화성에 거주하는 생명체들이나 미국이 과거와 미래의 사건들에 대해 "양자접근(순간이동)"을 할 수 있는 기술에 도달했다는 사실과 같은 것들이다. 이 사람은 변호사 직업 외에도 작가, 철학자인 동시에 화성 이상 연구협회(the Mars Anomaly Research Society)의 설립자이자 회장이기도 하다. 그가 이끄는 이 단체는 화성의 생명체 존재와 거기에 부속된 새로운 국제법 및 정책제도에 관해 공공에게 알리기 위해 활동하고 있다고 한다. 바시아고는 화성의 생명체들에 대해 자신이 발견한 것을 밝히는 여러 논문들을 집필했으며, 화성이 이미 생명이 거주하는 행성임을 알리고자 오늘날 가장 적극적으로 노력하고 있다. 그가 여러 매체를 통해 공개했던 정부의 비밀 프로젝트에 연루된 자신의 삶과 화성 관련 경험들을 소개한다.(※아래의 내용은 웹상에 게재된 알프레드 램브리먼트 웨브르(Alfred Lambremont Webre)의 바시아고에 관한 자료를 요약, 정리

2부 미국 정부와 외계인들 간의 커넥션

한 것이다.)

바시아고는 1961년 9월 18일에 뉴저지, 모리스 타운에서 5명의 아이들 중에 막내로 태어났으며, 뉴저지 북부와 캘리포니아 남부에서 성장했다. 그는 고지능 협회인 멘사의 회원이었고, UCLA에서 역사학, 그리고 캠브리지 대학에서 철학석사 학위를 포함하여 5개의 학위를 취득했다.

바시아고는 2009년 8월 31일 유투브의 걸작이 된 제시카 스찹과의 6시간 인터뷰에서 미국 정부의 "양자접근" 능력을 공개했다. 그리고 과거 자신이 화성으로 갔었던 "페가수스 프로젝트(Pegasus Project)"라고 부르는 미국의 순간이동(공간이동)과 비밀 시간여행 프로그램의 존재를 밝혔다. 이어서 그해 11월 11일에 방송된 미국의 AM 라디오 프로그램 〈전국에 걸쳐(Coast to Coast)〉에 출연해서도 시간여행에 관련된 중요한 비밀들을 공적으로 폭로했다. 프로젝트 페가수스는 기밀에 부쳐졌었고, 미 국방 첨단 연구프로젝트 계획청(DARPA)에 의해 1960년대 말에 착수되었던 방어에 관련된 연구개발 프로그램이었다. 인터뷰에서 바시아고는 1969~72년 기간 동안 다르파(DARPA)의 프로젝트 페가수스에서의 자기 경험을 설명하고, 미국정부에 의한 초기 시공탐사 시절에 그가 원격이동과 크로노비전(Chronovision)을 통해 겪었던 과거와 미래의 사건들을 묘사하고 있다.

바시아고에 따르면, 1967~68년 이래 미국 정부는 완전하게 운행이 가능한 원격순간이동 능력을 보유하고 있으며, 1969-70년에 이미 그 자신을 포함하여 '시-공 탐험가' 또는 소위 '크로너츠(chronauts:시간항행자)'라고 부르는 미국의 어린 학생들을 훈련시키고 있었다고 한다. 즉 1960년대 말과 1970년대 초에 그는 미 국방성의 시-공 탐사 프로그램인 "페가수스 프로젝트"에 참가했던 한 아이였던 것이다. 그는 미국의 비밀 우주공간 프로젝트에 관여해서 기술자로 일했던 자기 아버지의 연고로 어린 시절에 미 국방성에 의해 발탁되었다. 그 과정에서 그는 시간여행 기술을 활용해서 과거와 미래의 사건들을 탐사하는 데 참여하고 원격이동을 경험한 최초의 미국 아이였으며, 시간여행 기술은 당시 다르파(DARPA)에 의해서 연구 개발되어 있었다.[53]

---

53)시간여행의 아이디어는 현재 많은 SF영화의 단골 소재로 이용되고 있다. 하지만 과연 시간여행이 정말로 가능한가에 대해서 우리가 의문을 가질 수가 있는데, 그 대표적인 것이 소위 '할아버지 패러독스'라는 이론이다. 이것은 내가 만약 시간여행을 통해 과거로 가서 나의 할아버지가 결혼하기 전에 그를 살해한다고 가정할 경우, 자연히 나의 아버지가 태어나지 않게 되고 나 역시 존재하지 않게 되는 모순이 발생하게 된다. 그런데 이에 관해 NSA 소속 과학자였던 아더 뉴만은 인터뷰에서 다음과 같

그런데 그의 증언 가운데 한 가지 흥미로운 것은 당시 훈련받던 학생들 가운데는 바로 오늘날의 미국 대통령인 버락 오바마가 거기 끼어 있었다는 사실에 관한 것이다. 그들은 "크로노바이저"로 알려진 장치를 통해 과거와 미래의 사건들을 관측했으며, 우드 브리지 내의 커티스-라이트 항공사와 뉴 저지 및 뉴 멕시코 샌디아에 소재한 샌디아 국립연구소의 시설에 있는 테슬라(Tesla)에 기반한 원격이동기를 통해 시공 속에 열려진 터널로 나라를 이리저리 횡단해서 원격이동했다는 것이다.

그는 말하기를, 이런 훈련은 1981년에 절정에 달한 후 완결되었고, 자신이 만 19세 나이 때 CIA 요원 커트니 M. 헌트(Courtney M. Hunt)에 의해 화성으로의 여행에 대비한 교육을 받은 후 자신이 그곳으로 원격이동 되었다고 한다. 그때 그는 엘리베이터가 위치해 있던 화성 지하의 한 벙커(bunker)에 도착했다고 말한다. 그런 다음 헌트의 정보국에서 두 번째 이동의 기회가 있었다. 바시아고는 그 두 번의 화성여행은 캘리포니아 엘 세건도(El Segundo)에 있는 CIA 시설 내의 "점프 룸(jump room)"에서 이루어졌다고 언급했다.

이 설명하고 있다.

"시간 고리들(Time loops)에 관련된 상황을 설명한다면 … 수많은 평행 시간선들(time lines)들이 다수의 가지들처럼 존재한다는 것입니다. 하지만 거기에 모순된 것은 없습니다. 예컨대 만약 여러분이 시간 속의 과거로 돌아가 여러분의 할아버지를 살해한다면, 모든 이들이 말하길 이건 모순이 아니냐고 하지만, 이것은 모순되지 않습니다. 이런 식으로 여러분이 과거로 돌아가 그 과거를 바꿔놓게 되면, 그로 인해 새로운 시간선이 만들어지게 되는데, 말하자면 그것은 원래의 시간선에서 나온 새로운 가지가 되는 것입니다. 그 새로운 시간선에서 여러분은 태어나지 않게 되고 존재하지 않게 될 것입니다. 즉 할아버지가 죽었으므로 여러분 태어날 수 없는 것이고, 따라서 그 모순은 맞게 됩니다. 하지만 원래의 이쪽 시간선에서는 여러분이 지금 여기에 존재하며, 그렇게 계속 존재하게 되는 것입니다. 거기에 아무런 모순점이나 불합리성은 없습니다. 그것은 매우 단순합니다. 여러분은 일종의 시간이라는 나무의 다른 가지에 있는 것이므로 이는 법칙에 어긋나는 것이 아닙니다. 미래의 모든 사건들은 가능성으로 있는 것이지, 확정된 것이 아닙니다. 그것이 매우 중요합니다."

바시아고 역시 시간여행에 대해 유사한 언급을 하고 있다. 과거로 가는 자신의 방문들이 다음과 같이 각각 다르다고 말했다 "그것은 인접한 시간선에 있는 약간 다른 대안적인 현실로 보내진 것과 비슷합니다. 이런 방문수가 쌓이기 시작했을 때, 나는 두 가지 다른 방문들 동안에 내 자신과 두 번 만납니다." 즉 시간 속에서 과거의 같은 장소와 순간으로 보내지지만, 현재 속의 다른 출발 지점들로부터 두 가지의 그들 자신이 동시에 과거의 특정 장소에(예를 들면, 링컨이 암살됐던 1865년의 포드 극장) 있는 것이 가능하게 된다는 것이다.

한편 미국 뉴욕시립대의 댄 그린버거 교수 역시 양자역학을 토대로 타임머신으로 과거로 여행할 수는 있어도 과거의 역사를 바꿀 수는 없다는 논문을 발표한 바 있다. 시간여행에 관한 이런 내용들은 어쨌든 보통 사람들에게 쉽게 이해될 수 있는 이야기는 아닌 것 같다.

그의 말에 의하면, 화성의 주요 종족들은 인간형 화성인들, 그레이들, 그리고 지하기지의 인간들이다. 이처럼 그는 미국이 수십 년 동안 개인들을 화성으로 원격이동시켜 왔음을 확증하고 있다. 바시아고에 따르면, CIA는 이미 1968년에 그곳의 인공시설들을 복구하기 위해 과거와 미래로 개인들을 원격이동시키고 있었고, "크로노바이저"라고 불렸던 장치로 과거와 미래의 사건들을 증식하는 홀로그램들이 또한 정보를 모으는 동안 그들을 다시 데려왔다고 한다.

CIA 요원으로서의 커트니 헌트의 정체는 물론이고 바시아고가 어린아이로서 미국의 시-공 연구 프로젝트에 관여했던 사실은 미 군부 및 정보기관들과 밀접하게 일하고 있는 윤리학자, 진 마리아 아리고(Jean Maria Arrigo) 박사와 정보기관에서 근무했던 미 육군 대위 어니스트 가르시아(Ernest Garcia)에 의해 확인되었다.

바시아고는 설명하기를, 다르파(DARPA)[54]가 미국의 어린 학생들을 그런 새롭고 위험한 실험적 활동에다 참여시키는 데는 다음과 같은 5가지 이유가 있었다고 한다.

첫째, 미 국방성은 텔레포테이션이 아이들에게 미치는 정신적 육체적 효과를 시험해 보기를 원했다.

둘째, 페가수스 프로젝트는 아이들을 이용하는 것이 필요했는데, 왜냐하면 크로노비전에 의해 창조된 홀로그램(hologram)들은 성인(成人)이 그 안에 서 있을 경우 그것이 붕괴되곤 했었기 때문이다.

셋째, 아이들은 순진무구하므로 시간탐사 동안에 어른들이 빠뜨리기 쉬운 사물을 보는 경향이 있다.

넷째, 아이들은 성장하여 NASA의 비밀 우주 프로그램과 협력하여 운용되는 다르파 산하의 비밀 시공연구 프로그램에서 일하게 될 훈련생들이었다.

---

54) DARPA(국방 첨단연구 프로젝트 계획청)는 군사용 신기술개발 책임을 맡고 있는 미 국방성 산하의 군 기술 연구개발 기관이다. DARPA는 세상에 중요한 영향을 미쳤던 많은 기술들, 예를 들면 컴퓨터 네트워킹, NLS와 같은 수많은 기술들을 축적하는 일을 맡아왔다. 그 원래의 명칭은 단순히 Advanced Research Projects Agency(ARPA)였지만, 다시 1996년에 DARPA가 되었다. DARPA는 1957년 소련의 스프트니크(Sputnik) 발사에 대응하기 위해 1958년에 설립되었으며, 잠재적인 적대국가들보다 더욱 정교한 군사기술을 유지하기 위한 임무를 갖고 있었다.
다르파에서 연구하는 주요 추진 분야는 공중과 지상, 바다, 그리고 우주기술을 망라한다. 이제까지 그들이 개발한 기술들에는 우주에 기반을 둔 미사일 방어용 고-에너지 레이저 기술, 진보된 크루즈 미사일, 항공 우주기와 극초음속 연구 프로그램, 전략적 컴퓨터 연산 프로그램이 포함돼 있다. 또한 작고 가벼운 인공위성과 방위산업, 잠수함 기술, 무인시스템과 GPS, 인터넷 기술 역시 마찬가지이다.

마지막으로 그 프로그램 관계자들은 시간선들(Time Lines) 사이에서 이동하는 성인 시간 여행자들이 종종 정신이상이 되는 것을 나중에 발견했다. 그래서 유능한 아이들과 어린 시절부터 작업하는 것이 요구되었고, 그렇게 함으로써 미국 정부는 시간여행의 심리학적 영향력을 다룰 능력이 있는 "크로너츠" 성인 기간요원을 양성할 수 있었다.

크로노바이저 탐사와는 대조적으로 실제적인 형태의 시간여행 또한 성공했는데, 페가수스 프로젝트에 의해 발굴된 원격이동자들은 시간적으로 며칠, 몇 주, 몇 달, 몇 년을 앞뒤로 조정해서 먼 장소들로의 물리적인 원격순간이동을 준비했다. 바시아고에 따르면, 1972년 미국정부는 민감한 군사 비밀들을 미래에다 보관하기 위해 이런 식으로 사람들을 시간상 몇 년 앞으로 보내기도 하고, 미래 사건들에 관한 정보를 현 정부에다 제공하기 위해 몇 년 뒤로 옮겨오기도 했다고 한다.

2008년에 출판된 그의 첫 저서, 〈화성에서의 생명체 발견,(The Discovery of Life on Mars)〉은 화성이 일종의 거주하고 있는 행성임을 증명하기 위한 그의 첫 번째 작업이었다. 그는 나사의 화성 탐사선 로버 스피릿이 지구로 전송해온 그 붉은 행성에 관한 사진들 속에서 생명체의 증거를 발견한 후, 자신의 책에서 그것에 관해 쓰고 있다. 이 획기적인 저서를 출판한 후에 그는 화성 이상 연구협회를 설립했으며, 이 단체는 화성의 생명체들과 고대의 인공구조물에 관해 놀랄만한 발견을 하기 위한 노력을 지속하고 있다. 그는 그 단체를 화성의 생명체에 관해 연구하며 대중들에게 알리고 교육하는 국제적인 단체로 만드는 데 노력하고 있다. 그는 자신이 화성에서 본 것에 대해 이렇게 썼다.

"나는 화성이 생명이 거주한다는 사실에 관한 정치적인 승인을 이끌어내기 위해 사회운동을 이끌고 있다. 왜냐하면 지구 출신의 인간들에 의한 방문, 탐사, 거주, 및 식민지 건설로부터 화성의 문명과 자연환경을 보존하는데 필요한 국제적인 협정을 지금 법률로 제정해야 하기 때문이다. 우리는 화성이 지구 주민들의 것이 아니라는 점을 기억해야 한다. 화성은 화성인들에게 속해 있는 것이다! 우리가 만약 이것을 인식하지 못한다면, 우리는 우주시민의 자격에 관련된 중요한 최초의 시험에 탈락하는 것이다. 나는 지구의 사람들이 우주 시민권 획득을 위한 준비가 돼 있고, 그들이 진실에 대해 준비돼 있음을 믿는다."

현재 앤드류 바시아고는 미국정부의 자체적인 시간여행 비밀들을 폭로하기 위한 법률가이자 행동주의자로서 개혁운동을 하고 있다. 그는 그것이 비밀

2부 미국 정부와 외계인들 간의 커넥션

원격이동 능력을 기밀에 부치려는 미국 정부에게 압력을 가하고 있다고 믿으며, 그럼으로써 원격순간이동은 전 지구적으로 새로운 형태의 운송수단으로 채택될 수 있다는 것이다. 그리고 바시아고는 자신의 시간여행 경험에 관해 수많은 라디오와 방송 인터뷰에서 설명함으로써 청취자들의 마음을 사로잡았다. 2009년 11월 11일에 그가 출연한 라디오 토크쇼 프로인 "전국에 걸쳐(Coast-to-Coast)"는 중요한 "폭로 사건"으로 환영받았고, 그런 쇼 프로그램 역사에 있어서 인기 있는 방송이었다. 그는 미국과 캐나다, 멕시코의 주류 방송 인터뷰에서 자신의 시간여행을 설명했다. 그의 진실 폭로 운동에 대해 그는 이렇게 말했다.

"인간이 뉴욕에서 거대한 중앙 원격이동장치로 뛰어 들어가 시-공(Time-Space) 연속체 속의 터널을 통해 여행하여 몇 초 후에 로스엔젤리스에 함께 나타날 수 있는 세상을 상상해 보십시오. 그런 세상은 다르파(DARPA)의 프로젝트인 페가수스에 의해 원격이동 기술이 최초로 성공했던 1967-68년 이래 가능했습니다. 다만 그때 이후 하나의 비밀무기로 은폐돼 왔던 것입니다. 내가 추구하는 프로젝트 페가수스가 성공한다면, 그런 세상이 출현할 것입니다. 그리고 원격이동장치에 연결된 지구 전역의 인간들은 시공(時空)의 시대가 시작되었음을 선언할 것입니다."

크로노비전과 텔레포테이션의 사회적 충격

앤드류 바시아고의 페가수스에 관한 폭로들은 40년 전에 이루어진 미국정부의 비밀 고급시공프로그램을 입증한다. 40년 동안 이 계획은 과거와 미래의 사건들을 시간적으로 원격 감지하기 위해 크로노비전과 텔레포테이션(Teleportation)을 포함한 내밀한 기술들을 이용해 왔다. 지난 30년 동안 원격이동기술은 또한 개인들을 지구에서 화성에 있는 미국의 전략상의 기지들로 보내곤 했었다. 그는 이런 기술들이 밝혀질 것이라고 완강히 주장했는데, 그럼으로써 그 긍정적이고 부정적인 측면들이 논의될 수 있고, 아울러 그 긍정적 측면이 인류를 이롭게 하는데 이용될 수 있다는 것이다.

그는 말하기를 크로노비전이 대중들을 계몽하고 교육하기 위해 과거에서 온 화상(畵像)들을 보여주는 국제적인 가상 자료관 네트워크를 만드는데 이용될 수 있었다고 한다. 그런 기술들은 또한 정부가 개인들을 24시간 감시하는데 기반을 둔 일종의 파시스트 사회를 형성하는 데도 악용될 수 있는데, 그것은 조지 부시 전 대통령이 제정하여 존 포인덱스터 장군에게 맡겼던 "총체적 정보 감지(경계)"라고 불렸던 다프라 프로젝트에 의해 예고된 바 있다.

크로노 바이저 장치

텔레포테이션은 공공의 자금으로 개발된 두 번째 양자접근 기술임에도 대중들은 그 전체적인 이익에서 배제되어 있다. 바시아고는 텔레포테이션이 사람들이 비행기나 열차, 자동차에 의해 번거롭게 도로나 공항, 철로를 통해서 이동해야하는 불편함과 환경 오염 없이 신속하고도 효과적으로 지구 전역을 여행하는 데 이용할 수 있다고 말했다. 그럼에도 만약 그것이 비밀제한에서 해제되지 않는다면, 지난 40년 간 그래왔듯이 그것은 오직 미 군부에 의해 전쟁터에서 유리한 고지를 선점하기 위한 하나의 무기로 남아 있게 될 것이다. 바시아고는 이렇게 말했다.

"나는 지구 행성의 한 내부 고발자로서 매우 진지하게 책임을 지겠습니다. 내가 하고 있는 이것은 이 행성의 긍정적인 인간 발전을 위한 진실된 개혁운동입니다. 이 지구 행성의 주민들은 우리가 거주하는 태양계의 자연 그대로의 역사에 관해 진실을 말할 권리가 있습니다. 이런 진실에는 화성이 생명이 거주하는 행성이고, 또한 미국정부의 비밀 우주프로그램이 이미 그 붉은 행성에다 인간들을 보냈다는 사실이 포함돼 있습니다. 만약 우리가 이 지구상에서 지속할 수 있는 인간의 미래를 얻고자 한다면, 우리는 미국정부에게 그들이 화성에 도달하기 위해 이용했던 텔레포테이션 기술을 공개하라고 요구해야만 합니다. 그렇게 함으로써 그것은 이제 지구상의 인간 운송수단을 대변혁시키는 데 이용될 수가 있습니다. 이 행성의 사람들은 일찍이 인간의 창의력이 낳은 모든 기술들의 편리한 이점들을 누구나 누리는 미래의 지구사회에서 살 권리가 있습니다. 화성을 보호하는 협정이든, 아니면 원격이동 결과들에 관한 지구적 네트워크든 이런 두 가지 사안들의 진리가 우리를 자유롭게 할 것입니다."

시간여행의 비밀들

바시아고는 자신이 화성으로의 원격순간이동뿐만이 아니라 수십 차례 이상

2부 미국 정부와 외계인들 간의 커넥션

의 시간여행을 경험했다고 주장함으로써 우리의 주목을 끌고 있다. 시간여행 역시 다르파(DARPA)의 중요한 프로젝트로 추진돼온 것이다. 바시아고는 그 프로그램 내에서 자신에게 할당된 기간 동안에 8가지의 다른 시간여행 기술들을 경험했다고 말한다. 그는 말하기를, 자신이 당시 훈련받던 140명의 아이와 60명의 성인 중 한 명이었고, 미 국방성은 아이들의 시간 여행에 관련된 정신적, 육체적 영향을 테스트할 수 있도록 성인과 함께 훈련시켰다고 한다. 또한 아이들은 과거, 현재, 미래 사이를 이동하는 긴장의 적응도에서 성인보다 장점을 갖고 있었다고 말했다. 그는 이렇게 말했다.

"나는 만 7세의 초등학교 3학년일 때인 1969년 가을에 공식적으로 그 프로그램에 들어갔습니다. 우리는 에너지장을 통해 뛰어 들었고, 우리는 매우 빠르게 이동되고 있는 듯이 생각되었습니다. 하지만 또한 역설도 발생했습니다. 우리는 전혀 아무데도 가지 않는 것처럼 보였지요."

그리고 그는 자신의 시간여행이 아마도 선구적인 과학자인 니콜라 테슬라가 1943년 1월에 사망한 이후에 그의 뉴욕시(New York City)의 아파트에서 발견된 기술적인 논문을 기반으로 한 원격이동기(teleporter)로 이루어졌다고 말한다. 그 원격이동 장치에 대해서 그는 이렇게 언급하고 있다.

"기계는 약 8피트 높이의 2개의 회색 타원형 붐(boom)들로 구성되어 있었는데, 그것은 테슬라가 '복사 에너지'라고 불렀던 희미하게 반짝이는 막 사이로 약 10 피트 정도 분리돼 있었습니다. 복사 에너지는 테슬라가 발견한 우주 속에 잠재해 있고 편재되어 있는 에너지 형태이며, 시공(時空)을 구부릴 수있는 특성을 갖고 있었죠. 프로젝트 참가자가 이 복사 에너지의 장(場)을 통해 소용돌이 터널로 뛰어 들고 그 터널이 닫혔을 때, 우리는 목적지에 있는 우리 자신을 발견했습니다. 그것을 경험하는 사람은 마치 엄청난 속도로 이동했거나, 아니면 우주가 경험자의 위치 주변을 감싸고 있었기 때문에 전혀 움직이지 않은 것처럼 느꼈습니다."

바시아고는 어렸을 때 자기가 과거로 시간여행을 했던 한 증거로 1863년 게티즈버그에서 찍힌 유명한 아브라함 링컨 관련 사진에서 자신의 모습을 볼 수 있다고 주장했는데, 즉 그가 뉴저지, 동 하노버(Hanover)에 있던 플라즈마 유폐 챔버를 통해 1972년에 그곳을 방문했다는 것이다. 그는 이에 관해 이렇게 말했다.

"사실, 시간여행 탐사를 하는 동안에 한 번은 게티즈버그, 즉 유명한 게티즈버그 연설 현장에 갔었고, 나는 북부의 나팔 부는 소년처럼, 그 시대의 옷을 차려입고 있었어요. 게티즈버그에서의 링컨의 연설에 많은 관심이 있어서 – 큰 사이즈의 남성용 신발을 신은 채 – 연단 주변 지역을 떠나서 링컨의 조세핀 코그 이미지 속의 사진이 찍힌 곳을 지나 약 100보 정도 걸어 다녔습니다."

바시아고가 자신이 시간여행을 한 증거로 제시한 사진. 좌측 소년이 바시아고라고 한다.

또한, 바이사고는 1865년에 미국 대통령 링컨이 암살되던 밤에 바로 그 저격현장인 포드 극장으로 여섯 차례나 시간여행을 했다고 말했다

.

"그러나 나는 암살을 목격하지 못했습니다. 일단, 그가 총에 맞았을 때 나는 극장의 위층에 있었고, 군중 속에서 큰 소동이 일어났을 동안에 사격이 이어졌다고 들었지요. 그것은 듣기가 두려웠습니다."

그렇다면 어떻게 이런 소위 시간 여행자들이 현재의 지점 또는 원래의 출발지점으로 돌아오는 것일까? 바시아고에 따르면, 어떤 종류의 홀로그램 기술이 그들로 하여금 물리적이고도 실질적으로 여행할 수 있게 한다고 한다.

"만약 우리가 15분이나 그 이하 동안 홀로그램 속에 있었다면, 그 홀로그램은 붕괴될 것입니다. 그리고 과충전된 입자들의 장(場) 속에 서 있은 지 약 60초 후에 우리는 현재라는 무대로 돌아온 우리 자신을 발견할 것입니다."

그리고 바시아고는 그 기술이 시간여행이 아닌 즉시적인 공간이동에만 사

용되어야 했다고 말했다. 왜냐하면 "그것은 혼란될 것"이기 때문이라는 것이다. 이런 부작용으로 바시아고는 소용돌이 시간 터널을 통과하는 동안 극도의 난기류를 느꼈다고 기억했다. 바시아고는 자신의 직업적인 명성이 손상될 위험에도 불구하고 시간여행이 공상과학 소설이 아니라고 주장하고 있다. 왜냐하면 그가 실제로 그것을 했기 때문이라는 것이다. 마지막으로 그는 시간여행에 관해 이렇게 표현한다.

'

"아이에 의해 비눗방울이 불어져 만들어지듯이, 시공 속의 터널 하나가 개방되었지요. 그리고 그 비누거품이 사그라질 때, 우리는 지구 표면에서 시공속의 어딘가 다른 곳으로 이동되었습니다."

버락 오바마의 화성과의 비밀스러운 관련성

앤드류 바시아고의 증언들 가운데 우리가 주목할 또 한 가지 중요한 대목은 앞서 짤막하게 언급되었지만, 현 미국 대통령 버락 오바마가 1980년대 초기의 CIA 화성방문 프로그램에 소속돼 있었다는 사실에 관한 것이다.

그런데 비단 바시아고 뿐만이 아니라 그 프로그램에 함께 참여했던 또 한 사람의 전 참가자가 그들의 1980년의 화성이동 훈련반에 오바마가 등록돼 있었고 "점프 룸(Jump Room)"을 통해 화성에 도달한 후에 거기서 만났던 같은 출신의 젊은 미국인들 속에 함께 있었음을 확인했다. 그는 바로 기술적 천재성 때문에 화성 프로그램에 선발되었던 바시아고의 동료 크로너츠인 윌리엄 B. 스틸링즈(William Brett Stillings)라는 사람이다.

이들은 2011년 11월 10일 심야에 방송된 미국의 전국 라디오 토크쇼 〈Coast to Coast〉에 함께 출연해 오바마의 비밀스러운 미국의 화성 기지와의 관련성에 대해 인터뷰하며 모든 것을 공개적으로 폭로했다. (※여기에는 뒤에서 소개할 또 다른 화성 내부고발자 로라 M. 아이젠하워도 함께 출연했었다.) 그들은 한 목소리로 오바마가 1981년에서 1983년 사이에 이루어졌던 화성의 미국의 기지들을 방문했던 기간 동안에 각각 오바마와 만났다고 공개적으로 증언했다.

윌리엄 B.스틸링즈

1970년대 다르파(DARPA)의 시간여행 프로그램인 '페가수스 프로젝트'에서 일했던 이들의 놀라운 폭로는 오바마 대통령의 정체와 배경을 둘러싼 새로운 의문점과 논쟁의 불씨를 제공했다. 그리고 그것은 미국의 비밀 우주 프로그램에 오바마가 젊은이로서 참여했던 사실을 정교하게 은폐하고 있을 가능성이다. 또한 이것은 인종차별주의 국가인 미국에서 흑인 신분인 그가 대통령으로 갑자기 부상하여 당선된 이유에 대한 모종의 설명이 될 수도 있는 것이다.

어쨌든 바시아고와 스틸링즈가 밝힌 바에 따르면, 1980년 여름에 그들은 나중에 공간이동을 통해 화성으로 가는 여행을 준비하기 위해 화성에 대한 3주간의 훈련 세미나에 참석했다고 한다. 이 과정은 원격투시의 개척자인 에드 데임즈(Ed Dames) 소령에 의해 진행되었는데, 그는 미 육군의 과학기술 정보책임자로 복무하고 있었다. 그리고 그것은 캘리포니아의 샤스타(Shasta)산 근처의 작은 대학인 시스키유즈(Siskiyous) 대학에서 개최되었다.

소령 데임즈의 화성 훈련반 내의 8명의 다른 10대 교육생들 중의 2명인 바시아고와 스틸링즈 외에 그들이 오늘날 확인할 수 있는 사람이 바로 버락 오바마였다. 버락 오바마는 당시에 "배리 소에토로(Barry Soetoro)"라는 이름을 사용하고 있었다고 한다. 모두가 CIA와 연줄이 있었던 그 10대 학생들의 7명 정도의 부모들이 그 훈련수업을 함께 청강했다. 거기에는 바시아고의 아버지인 레이몬드 바시아고도 포함돼 있었는데, 그는 랄프 M. 파슨스사와 테슬라 기반의 텔레포테이션에 관여했던 CIA 사이에서 주요 기술 연락관이었다. 또한 스틸링즈의 아버지였던 토마스 스틸링즈는 해군정보부 요원으로 복무했던 경력이 있는 록히드사의 경영분석가였다. 그리고 오바마의 어머니인 스탠리 앤 던햄은 케냐와 인도네시아에서 CIA를 위해 임무를 수행한 전력이 있었다.

1981년부터 1983년까지 그 젊은 출석자들은 로스앤젤레스 국제공항에 인접한 캘리포니아 주, 엘 세건도의 휴즈 항공사 소유의 한 건물에 있는 "점프룸"을 통해 화성으로 이동되었다고 한다. 바시아고와 스틸링즈는 그들이 오바마와 함께 화성 훈련반에 출석했었고, 나중에 각자가 따로 화성을 방문했을 때 오바마를 화성에서 만났다는 사실을 공개했다. 2011년 8월 21일에 바시아고는 이렇게 말했다.

"대단히 중요한 어떤 일이 일어났습니다. 그리고 그것은 1980년의 같은 화성 훈련반 출신으로서 2명의 개인인 나와 스틸링즈가 만났고 각자의 경험들을 비교했다는 점입니다. 또 자기들이 화성의 표면에 있었다는 것뿐만이 아니라 점프 룸을 통해 화성에 가기 전에 미국의 현 대통령(오바마) 및 다르파의 책임자(더갠)가 포함된 10대들의 한 집단과 함께 훈련을 받았다는 사실을 확증할 수 있다는 것입니다."[55]

이와 마찬가지로 스틸링즈 역시 다음과 같은 진술을 하고 있다.

"나는 앤드류 바시아고와 버락 오바마가 1980년 여름과 1981~1983년 기간에 내가 참여했던 화성 훈련 교육과정에 함께 있었고, 캘리포니아 엘 세건도에 있는 '점프 룸'을 통해 화성에 도착한 후 화성의 표면에서 바시아고, CIA의 코트니 M. 헌트, 그리고 다른 미국인들을 만났다는 사실을 증언할 수 있습니다."

2011년 9월 20일의 진술에서 바시아고는 오바마가 1980년의 화성 훈련반에 함께 참여했다는 사실에 관해 이렇게 언급하고 있다

"서부의 대학에 다니던 한 학생이었던 '배리 소에토로'는 에드 데임즈 소령 휘하의 화성 훈련반에 있었습니다. 그 사실은 나의 다른 동급생인 스틸링즈에 의해 뒷받침됩니다. 당시 그는 키가 컸고, 홀쭉했으며, 더 성숙해보였고, 훌륭한 경청자였지요. 2년 후에 그는 '버락 오바마'라는 이름을 사용하기 시작했고, 다른 대학인 컬럼비아 대학에 다니고 있었습니다. 우연히 로스엔젤리스에서 길을 걷다 우리는 다시 마주쳤는데, 당시 나는 그를 화성 프로그램에서 함께 훈련받고 화성에서 조우했던 사람으로 알아보지 못했습니다. 여하튼 사실상 우리가 서로를 알아보는 것은 불가능했는데, 왜냐

---

55)오바마 대통령은 2009년에 미 다르파(DARPA)의 19번째 책임자 겸 최초의 여성 책임자로 리자이나 더갠(Regina Dugan)이라는 여성을 임명한 적이 있었다. 바시아고는 더갠 역시 사실상 화성에 간 것이 거의 확실하다고 생각하는데, 왜냐하면 그가 한 번은 화성으로 가는 점프 룸이 있는 엘 세건도의 건물에서 그녀를 우연히 만났기 때문이라는 것이다. 즉 바시아고가 그 건물로 들어갈 때 그녀는 나오고 있었던 것이다. 그녀는 그 건물의 로비에서 그를 지나칠 때 그에게 인사하며 "나는 당신을 알아요!"라고 말했다고 한다.

하면 1980년에 훈련이 완료된 직후 화성에 관련된 우리의 모든 기억들을 차단하는 조치가 취해졌기 때문입니다."

바시아고는 언급하기를, 1981년에서 1983년까지 행해진 '점프 룸'을 통한 화성으로의 여행 동안에 그는 자신이 오바마가 화성의 지형을 가로질러 '점프 룸'으로 걸어서 돌아오는 것을 지켜볼 때 그 '점프 룸' 중의 하나로 위장된 아치형 지붕 아래의 담에 앉아 있었다고 했다. 오바마가 그의 옆을 걸어 지나칠 때 바시아고는 그를 알아보았다고 한다. 그리고 오바마는 어떤 숙명 같은 느낌으로 "지금 우리는 여기에 있어!"라고 말했다는 것이다. 또한 스틸링즈는 자기가 화성을 방문했던 기간 중에 한번은 그가 "점프 룸" 시설 밖으로 걸어 나왔을 때, 그 시설에 인접한 계곡을 멍하니 응시하며 기지 옆에 서 있는 오바마와 마주친 적도 있었다고 하였다. 그들은 오바마가 적어도 2번은 화성에 갔다 왔다고 확실히 증언하고 있다.

또 다른 증언자 나타나다

그런데 바시아고와 스틸링즈에 뒤이어 CIA의 1980년대 초 텔레포테이션 점프 룸 프로젝트에 대해 증언하는 3번째 내부고발자가 2012년에 새로이 등장했는데, 그는 바로 버나드 멘디즈(Bernard Mendez)이다. 2012년 6월 1일에 개최된 엑소유니버시티(ExoUniversity) 세미나에 참석한 멘디즈는 바시아고의 주장이 모두 진실이라고 뒷받침해 주었다.

한 때 닉슨 전(前) 대통령의 특별 보좌관을 지냈던 이 사람은 당시 미국 정보계의 점프 룸 프로그램의 문제점과 원인을 조사하여 평가하는 임무를 맡고 있었다고 한다. 왜냐하면 실험 참여자들이 점프 룸을 통해 미지의 우주 환경으로 원격 이동되는 동안에 부상을 당하거나 잘못된 장소로 이동되어 아예 사라져 버리는 사건들이 자주 보고되었기 때문이라는 것이다.

1980년에 시스키유 대학의 점프 룸 훈련반에 처음 도착한 버나드 멘디즈는 자신이 1980-83년 CIA 점프 룸 프로그램에 바시아고와 스틸링즈, 오바마와 함께 참여했었고 실제로 함께 원격이동한 적도 있다고 말했다. 뿐만 아니라 점프 룸 기술로 이동할 장소를 결정하는 실험에 자기가 오바마를 기용하여 참여시켰다는 사실을 상세히 증언했다. 덧붙여 그는 CIA 점프 룸 프로그램과 그 기원은 그레이 외계인들과 관계가 있었다고 언급했는데, 즉 이 텔레포테

바시아고와 대담하고 있는 멘디즈(우측)

이션 기술은 원래 그 레이 외계인들에 의 해 미국에 주어졌다 는 것이다. 미국정부 는 비밀리에 진행 중 이던 인간-외계인 연계 프로그램을 갖 고 있었으며, 그것은 고도의 국가안보 기 밀에 속한 것이었다 고 한다. 그리고 거 기에 참여했던 젊은 미국인들은 그레이들 에 의해 선발된 다음 CIA에 의해 훈련을 받았다는 것이다. 이에 관해 바시아고는 이렇게 논평했 다.

"이 놀라운 폭로는 대통령 버락 오바마가 그레이 외계인들에 의해 비밀 우 주 프로그램에 참여하도록 선택된 접촉자라는 것을 의미합니다."

멘디즈와 바시아고는 오바마가 정규 CIA 비밀 요원이었다고 주장하며 CIA가 그 증거를 억압해 왔다고 말한다. 또한 CIA는 오바마가 1971년에 이 미 양자접근 시간여행을 통해 미래의 미국 대통령으로 미리 확인을 받았고 1980년대부터는 대통령으로서의 직무수행을 위해 브리핑과 사전 훈련을 받 아왔다는 증거를 감추고 있다고 말했다.

■ 바시아고의 TV 인터뷰 내용

2009년에 앤드류 바시아고는 러시아의 국영 TV 방송인 〈TVC-모스크바 (Moscow)〉와 인터뷰 했는데 , 인터넷에 게재된 그 내용 대부분을 그대로 번역해서 소개한다. 대담자는 리포터 다리아 오쿠네바(Daria Okuneva)이다.

*오쿠네바: 화성에서 온 나사(NASA)의 사진들에서 당신은 무엇을 발견했습

니까?

*바시아고: 처음에 나는 화성에서 두 가지 형태의 인간형 존재들에 관한 풍부한 증거를 찾았습니다. 그 하나는 지구상의 현대인과 매우 유사한 존재들이며, 다른 하나는 UFO 접촉 문헌에서 언급하는 그레이(Gray)들입니다.

두 번째로 나는 동물의 종들을 발견했는데, 여기에는 지구상에 현존하는 동물들과 한 때 지구에 있었지만 지금은 멸종된 동물들, 그리고 지구에는 전혀 존재한 적이 없는 동물들이 포함됩니다.

세 번째로 나는 많은 조각된 상(像)들을 발견했으며, 특이 자연의 바위로 만든 인간과 동물들의 거대한 머리와 얼굴들이 있었는데, 그것은 사이도니아(Cydonia)에 있는 화성의 인면상(人面像)에 의해 예증된 바와 같이 명백히 화성인들의 예술 형태입니다.

넷 째, 나는 수로(水路)와 건물들을 포함하여 건조된 인공 구조물들을 보았습니다.

다섯 째, 나는 화성의 거세브 분화구의 컬럼비아 분지 내 홈 플레이트 고원 서쪽에 인접한 협곡에 널려 있는 다량의 인간형 사체들을 보았지요.

마지막으로 내가 발견한 가장 흥미로운 것은 고대의 이집트와 화성 사이를 연결시켜주는 두 가지 증거인 거대한 기념상들과 작은 바위 조각물들입니다.

*오쿠네바: 이런 증거가 화성에 보다 앞선 문명이 존재한다는 것을 입증합니까?

*바시아고: 그렇습니다. 화성은 먼 고대부터 생명이 거주했었고, 오늘날도 거주하고 있습니다. 화성의 문명은 기원전 9,500년 경의 태양계 대이변에 의해 영향을 받았는데, 우리 태양계에 진입한 초신성 벨라의 폭발에서 나온 파편들이 화성을 황폐화시켰고, 대 피라미드와 스핑크스를 세웠던 지구의 위대한 해안 문명을 파괴했습니다.

화성의 이런 고대문명의 증거는 위성에서 볼 수 있는 이미지들인 매우 거대한 건조물들과 나사(NASA)의 로버 스피릿과 어퍼튜니티에 의해 촬영된 소규모의 것들로 이루어져 있습니다. 그것은 유인 우주탐사 정거장(MARS)이 화성의 바위에서 확인한 이집트 파라오의 이미지 같은 것이고 스피릿에 의해 촬영된 것인데, 우리는 그것을 "화성의 로제타 스톤(The Rosetta Stone of Mars)"이라 부릅니다. 왜냐하면 그것이 고대 이집트와 화성 사이를 연결시키고 있기 때문입니다.

이런 대이변 이후에 화성의 주민들은 지하에 피난처를 구축하여 피신했고, 거기서 그들의 후기 문명은 고스란히 살아남았습니다. 그리고 내가 2008년에 "화성에서의 생명체 발견"이란 책을 출판한 후에 나와 만났던 고위 CIA 요원에 따르면, 현재 거기에는 몇 가지 다른 형태의 인간형 화성인들 약 100만 명이 살고 있다고 합니다.

*오쿠네바: 화성에 숲과 물이 존재한다는 어떤 증거가 있나요?

*바시아고: 내 의견으로는 그렇습니다. 비록 화성의 자연환경이 지구의 기준으로 볼 때는 삭막하고 빈약해 보이지만, 그곳에는 현재 숲과 물이 존재한다는 증거가 있습니다.

화성 지표면의 인공구조물로 보이는 사진 - 전문가들은 우주공항으로 추정하고 있다.

몇 년 전 작고한 미 해군의 전 수석 천문학자였던 토마스 밴 플랜던(Thomas Van Flandern) 박사는 화성의 "적당한 나무들"을 보여주는 사진들을 간행했습니다. 그는 그것이 "고대의 숲들"이 남아 있는 것이라고 추론했는데, 말하자면, 화석 같은 것이라는 뜻입니다. 그는 또한 화성의 사이도니아에 있는 인면상을 연구했으며, 그것이 천문학적으로 높이 건조된 구조물일 가능성이 있다고 결론지었죠. 하지만 그는 그런 증거는 320만 년 전에 화성에서 맥이 끊긴 문명에서 유래된 것이라고 했으며, 그때는 지구상에 생명이 시작되었던 때였습니다. 밴 플랜던 박사는 화성이 일종의 죽어있는 행성이라고 결론을 내렸는데, 나는 거기에 동의하지는 않습니다.

2008년 내가 나사의 화상 PIA-10214를 분석한 결과, 그것은 화성이 오늘날 인간형 존재들과 다른 많은 동물종들에 의해 거주되고 있다는 사실을 입증합니다. 화성의 생물 종류는 또한 우리가 이곳 지구에서 볼 수 있는 조류(藻類), 지의류(地衣類), 이끼들, 그리고 사초들에 비길 식물 생명을 포함하고 있습니다. 화성에 물이 현존한다는 것에 관련해서 나는 2008년 나사가 화성에서 얼음을 발견했다고 발표했던 바로 그 시기의 사실을 예로 들 것인데, 나는 화성의 거세브 분화구의 컬럼비아 분지에 속한 서부 계곡 내에서 고인 물과 흐르는 물을 증거로 보여주는 나사 자체의 사진들에서 나온 자료를 출판한 바 있습니다. 그곳은 화성 북반구 중간 위도 내에 위치해 있으며, 이곳 지구로 치면 대략 오하이오 주 컬럼버스가 있는 지점입니다.

나사의 화상 PIA-10214 안에서는 홈 플레이트 고원 서쪽에 위치한 허스번드 구릉의 기슭에서 푸른 하늘색의 호수 하나를 볼 수 있습니다. 그리고 나사의 화상 PIA-11049에서는 도관을 볼 수 있고, 거기서 나온 물이 집수구(集水口)로 흘러내려 가는 것이 보이는데, 그 주변에서 번갈아 인간들이 홈 플레이트 고원 남부를 향해 서 있는 것이 목격됩니다. 그런 증거는 나사가 그들 자체의 사진 속에 존재하는 명백한 생명체의 증거를 고의적으로 감추려고 시도하고 있음을 보여주며, 이는 미 우주기관이 1958년 의회에 의해 NASA 법령으로 부여받은 임무를 거역하는 것입니다. 그 법령은 나사의 임무가 "우주에 관한 인간 지식의 확장을 촉진하는 것"이라고 하였습니다. 확실히 지구의 주민들은 매 2년마다 우리의 행성에 가장 가까이 근접하는 화성이 생명이 거주하는 행성임을 알 권리가 있습니다. 그리고 우리는 이런 식으로 우리가 이 행성의 거주자로 살고 있는 태양계의 참된 본래의 역사를 알고 이해하는 것입니다. *오쿠네바: 이런 형태의 모든 증거들이 광학상(光學上)의 환영(幻影)일 가능성은 얼마나 됩니까?

*바시아고: 전혀 없습니다. 나는 워싱턴 주에 사는 법률가입니다. 그러므로 나는 어떤 권위를 갖고 유인 우주탐사정거장이 이미 웹(web)상에다 공표한 증거가 미국 내 배심원들이 화성이 생명이 거주하는 행성임을 확신하기에 충분하다고 말할 수 있습니다. 하지만 우리는 토론을 하는 입장에 있지 않습니다. 우리가 토론을 한다면, 대통령 오바마가 그 자신의 "태도변화"에 대한 외침을 존중하고 CIA의 로버트슨 패널에 의해 1952-53년에 제정된 미국정부의 정책을 바꾸든가 할 것입니다. 그 정책은 외계 생명체의 존재를 부정해 왔습니다.

여러분은 2008년 대통령 선거유세 동안에 오바마 대통령이 외계인에 관한 질문을 받았고, 그 결정적인 질문에 대해 그가 외계인은 아무튼 민주당원 또는 공화당원일거라고 농담을 했다는 것을 기억할지도 모릅니다. 나는 우리가

2부 미국 정부와 외계인들 간의 커넥션

대학생이었던 시절인 1982년에 버락 오바마를 만났습니다. 그리고 나는 그가 그 농담보다는 더 재치가 있다고 생각합니다. 내가 생각하기에 그는 자신이 대통령으로서 할 수 있는 위대한 기여가 화성이 생명이 거주하는 행성이라는 나의 외침을 그가 수용하여 UN 산하에다 화성보호정책을 수립하고 화성에 있는 문명과의 관계를 정상화하는 것임을 알고 있다고 봅니다. 궁극적으로 나는 그가 다른 선택권이 없다고 생각하며, 이제 화성에 생명이 거주한다는 증거는 그것이 광학적인 환영일 가능성을 훨씬 능가하여 "실제적인 증거"와 "합리적인 의심"을 넘어선 사이의 어딘가에 위치해 있습니다. 여전히 회의적인 태도가 있긴 하지만, 그런 회의론은 내가 보기에 진실과 마주하려는 용기보다는 변화에 대한 두려움에서 연유합니다.

*오쿠네바: 만약 화성의 그 인공 구조물들이 정말로 존재한다면, 인류가 당신의 화성에서의 생명체 발견에 대해 어떤 교훈을 배우게 될까요?

*바시아고: 이 새로운 발견에서 배우게 될 무엇보다 중요한 철학적 교훈은 우리가 생명이 거주하는 우주 속에서 살고 있다는 것입니다. 그리고 우리가 지구상에서 알고 있는 것과 같은 인간생명은 우리가 한때 생각했던 것보다는 우주에 더 흔해빠지다는 것이지요. 21세기는 지구상의 인류문명이 500년 동안 보지 못했던 어떤 것을 목격할 것이며, 그것은 새로운 세계의 발견입니다. 하지만 배울 수 있는 당면한 교훈과 내가 화성이 생명이 거주하는 행성이라는 정치적인 승인을 얻기 위해 이끌고 있는 운동의 과제는 다음과 같습니다. 즉 이제는 지구 출신의 인간들에 의한 방문과 탐사, 거주, 식민화로부터 화성의 생태계와 문명을 보호할 필요가 있다는 국제협정 체결을 위한 논의가 시작되어야 한다는 것입니다. 우리가 기억해야만 하는 것은 화성이 미국이나 러시아 사람들, 또는 지구의 주민들의 소유물이 아니라는 사실입니다. 화성은 화성인들의 것입니다! 만약 우리가 이것을 인식하지 못한다면, 그때 우리는 첫 번째 우주시민 자격시험에서 탈락하게 될 것입니다. 나는 지구의 사람들이 우주 시민자격에 대해 준비돼 있고 그들이 또한 진실에 대해서도 준비되어 있다고 생각합니다.

3)화성에서 20년 동안 군 복무한 사나이, 마이클 릴페

여러분 중에는 오래 전에 미국의 영화배우 아놀드 슈왈제너거(Arnold Schwarzenegger)가 주연한 〈토탈리콜(Total Recall)(1990년 작)〉이라는 영화를 본 사람이 있을 것이다. 이 영화의 내용은 화성의 식민지에서 일했던 사나이가 자신의 본래 기억이 삭제되고 그 대신 거짓 기억이 입력되어 조작된 후 지구로 보내져 살다가 우연히 다시 과거의 기억을 회복하게 되면서부터 벌어지는 사건 중심의 SF 액션 영화이다.

그런데 이 영화 내용과 매우 흡사한 체험을 했던 사람이 실제로 있는데, 그가 바로 미 해군 출신의 마이클 릴페(Michael Relfe)이다. 그가 밝힌 바에 의하면, 그는 젊은 시절에 해군에 입대한 후 비밀스러운 검은 프로젝트에 연루되어 1976년에 화성에 가서 보안요원으로 20년을 복무했다고 한다. 그리고 나서 뇌 세척을 통해 화성에서 경험했던 모든 기억이 차단된 채로 20년이란 시간이 연령 역행되어 다시 지구로 되돌려 보내졌다는 것이다.

군에서 제대한 후 마이클 릴페는 자신도 알 수 없는 잠재적인 내면의 분노를 안은 채 살아가고 있었다. 그러다 나중에 그의 아내가 된 스테파니(Stephanie)라는 여성을 1996년에 호주에서 우연히 만나게 되었다. 그런데 이 여성은 뛰어난 운동생리학자로서 첫눈에 그가 멀쩡한 외형적 모습과는 달리 무의식에 억압된 많은 분노가 내재된 사람이라는 것을 알아차렸다. 스테파니는 자신의 도움으로 그가 정상화될 수 있다는 생각에서 '바이오 피드백 계측기'를 이용한 내면적 치유과정인 "정화 세션(Clearing Session)"을 받아 볼 것을 그에게 제의했다. 결국 이 작업을 마이클 릴페가 받아들임으로써 정화(내면의 장애물 제거) 과정이 진행되었고, 이를 통해 복잡한 일련의 숨겨져 있던 기억들이 점차 표면화되기 시작했는데, 그것은 놀랍게도 그가 해군에 있을 때 화성에 가서 20년 동안 복무했다는 사실에 관한 내용들이었다.

1996년에 시작된 이 정화작업 과정 동안 다시 회복되어 밝혀진 이런 기억들에는 원격투시, 시간여행, 20년 연령역행이 포함되어 있었고, 당시에도 군에 의해 원격의 마인드 컨트롤을 통한 강제적인 납치가 여전히 진행 중이었다. 그리고 이런 감춰진 기억들은 마이클이 기억해내지 못하도록 주입된 거짓 기억들 아래쪽에 묻혀있다는 것이 발견되었다.

이 두 사람은 1997년에 결혼했으며, 그 후 함께 협력해서 자기들의 바이오피드백 계측기 세션 작업과정을 그대로 기록한 "화성 기록(Mars Record)"이라는 책을 집필하여 세상에 공개했다. 이 책에서 마이클 릴페는 세션 작업과정 나열을 통해 자신이 화성에서 겪은 경험들을 차례대로 소개하고 있는데, 즉 그는 과거 먼 외계 행성으로 차출되어 화성방어 부대의 비밀 요원으로 이중적인 삶을 살았다는 것이다. 화성에서 그가 수행한 임무들 중에는 비밀 군사행동, 우주선 조종, 원격투시, 심령방어, 심지어 초능력 암살까지도 망라되어 있었다. 모든 것이 드러나고 해군에 있을 때 자신이 화성까지 가서 이런 비밀스러운 검은 프로젝트에 참여했던 사실을 알게 되자 마이클 릴페는 스스로 경악하고 말았다.

화성 방어 부대에서의 마이클의 차출과 훈련, 복무는 외계인과 군부의 정교한 마인드 컨트롤 기술을 통해 실행되었다고 한다. 이 기술에는 특수한 장치이식, 최면-프로그래밍, 특별히 숙달된 인격개조와 분리, 고급의 초감각적 (PSI) 훈련, 속성 학습, PSI 강화 약물과 시간여행

마이클 릴페와 스테파니 릴페

등이 포함돼 있었다.

마이클의 사례는 독특하고 매우 중요한데, 그는 정교하고도 복잡한 외계인과 미 군부의 마인드 프로그래밍(세뇌)을 명확하게 회상하고 다시 복구할 수 있었던 매우 극소수들 중의 한 명이기 때문이다. 또한 그가 겪은 경험들은 비밀정부가 시간여행과 순간이동 기술을 보유하고 있다는 사실을 다시 한 번 명확히 증명해 주는 것이다. 현재 그가 기억을 회복하고 탈 세뇌에 성공한

것은 어디까지나 그녀 아내 스테파니의 간절한 기도와 탁월한 치료 능력 때문이라고 할 수 있다. 그녀는 바이오 피드백 정화 세션과 운동생리학을 결합해서 치료에 이용했다.

마이클 릴페는 아직도 외계인과 군부(軍部)가 공동으로 벌이고 있는 공작과 악영향을 경험한다고 한다. 그러나 그의 성공적인 치료와 회복으로 마이클은 커다란 개인적 통제감과 자각을 얻었고, 현재는 그를 계속해서 이용하려는 납치자들의 마인드 컨트롤 공작에 큰 영향을 받지는 않고 있다고 알려져 있다.

아래의 내용은 UFO와 피납 사건에 관해 깊이 연구한 여성 연구가 이브 로젠(Eve Lorgen)이 마이클 릴페 및 스테파니와 직접 인터뷰하여 자신의 웹 사이트에다 소개한 내용이다. 그녀는 모든 납치가 외계인을 커버스토리(Cover story)로 이용하는 일부 군부의 검은 프로젝트이거나, 외계인들의 소행이라고 보는데, 왜냐하면 우리는 이러한 높은 수준의 기술이 없기 때문이라는 것이다.

마이클 및 스테파니 릴페와의 인터뷰(1)

이브 로젠: 마이클, 어렸을 때 당신은 어떤 UFO 목격이나 외계인 납치의 징조를 경험한 적이 있습니까?

마이클 릴페: '화성 기록'에 설명된 사건을 제외하고 내가 어떤 UFO 목격, 외계인 납치, 또는 미싱타임에 관련된 기억은 없습니다. 다만 한 가지 사건(어린 시절의 UFO 꿈)이 언제나 내 마음 속에 남아 있는데, 그것은 매우 생생했었기 때문입니다. 자라나는 동안 나는 그것에 대해 여러 번 부모님에게 물어보았지만, 그들은 그냥 내가 꿈을 꾼 것이 틀림없다고 말씀하셨지요.

이브 로젠: 당신은 자신의 화성방어 공작들에 관한 기억의 회복이 어떻게든 이런 어린 시절의 그 UFO '꿈'과 관련이 있는 것으로 생각하십니까?

마이클 릴페: 예, 나는 그 사건과 관련된 감정적인 '부담' 또는 에너지로 인해 결국 무엇인가를 발견 할 수 있을지를 확인하고자 스테파니에게 제의받은

정화세션 작업을 수용하게 된 것입니다. 우리가 무엇을 찾게 될지는 거의 알지 못했습니다.

이브 로젠: 스테파니, 당신이 어떻게 정화(장애물 제거) 세션 작업을 했는지 간략하게 말해줄 수 있나요?

스테파니: 정화 작업은 (1) 인간의 의식 아래 수준을 측정하는 바이오 피드백 계측기와 (2) 당사자가 가진 문제의 혼란 원인이 무엇인가에 관한 진실을 밝히기 위해서 사람의 마음에 사용가능한 의사소통용 특정 규칙과 기술들을 이용합니다. 그 계측기는 인체에다 소량의 무해한 전류를 주입합니다. 마음과 몸은 상호 작용합니다. 그리고 몸의 저항의 변화를 측정함으로써, 계측기는 사람 마음의 변화를 측정합니다.

감정적 혼란은 과거 우리에게 일어난 일들에서 비롯됩니다. 그 혼란은 에너지처럼 마음 속에 "짐"으로 저장됩니다. 그것은 우리가 일반적으로 이런 기억들에 접근할 수 없는 "무의식"라는 마음에 저장되지요. 장애물을 제거하는 의사와 계측기의 도움으로 인간은 의식적으로 자신의 무의식의 마음 속에 무엇이 있는지를 알아낼 수 있습니다.

우리는 그것의 완벽한 복사본을 만들어냄으로써 청소과정에서 이런 짐(장애)을 제거합니다. 두 가지가 동시에 같은 장소에 존재할 수는 없습니다. 그 생체계측기와 정화 작업자의 도움으로 숨겨진 기억들이 드러납니다. 일단 그 사람이 완벽한 복사본을 생성하면 원래의 장애물들은 사라지지요. 이것은 그들의 마음을 좀더 "가볍게" 만들어 줍니다. 그리고 이것은 그들의 몸의 즉각적인 변화로서 계측기에 측정됩니다. 그 사람은 최종적으로 무슨 일이 진행되었는지를 알게 되지요.

이브 로젠: 스테파니, 왜 당신은 억압된 기억을 복구하는 데 이런 특별한 결합이 최면보다 더 낫다고 생각합니까?

스테파니: 최면이 가진 문제는 의식적인 마음이 차단됨으로써 작용한다는 것입니다. 이것은 영적인 힘과 이해를 증진시키는 데 있어서 사람에게 도움이 되지 않습니다. 오히려 그 반대입니다. 일단 사람이 최면에 걸리게 되면, 더 많은 "재료"가 무의식에 투입됩니다.

이브 로젠: 마이클, 왜 당신은 자신이 1976년 해군에 있는 동안 화성방위군에 영입되었다고 생각하나요?

마이클 릴페: 나는 모든 나의 인생 동안 "실험용 쥐"였던 것 같습니다. 유전공학적 DNA 변형 공작이 내 아버지에게 가해졌고, 그것이 나에게 귀결되었습니다. 어렸을 때와 성장기 동안에 나에게는 모종의 유전조작 조치가 취해졌습니다. 그리고 그런 과정의 어느 시점에 나는 고무 받아 해군에 입대하게끔 프로그래밍 되어 있었지요. 정부는 내 심리적 특성을 알고 있었습니다. 내 아버지는 심리학적으로 학대성향이 있고 술꾼이라는 문제가 있었습니다. (아마도 그것은 그들이 그에게 행한 유전적 조치 때문일 것입니다.) 내가 해군에 입대했을 때, 나는 매우 헌신적이고 멸사봉공(滅私奉公)적인 사람이었습니다. 나는 내 인생에서 아버지란 인물의 결핍을 정부와 규율과 질서로 대체시켰습니다..

　당신 질문에 답한다면, 내가 화성으로 영입된 것은 정부가 자체적인 목적을 위해 이용하기를 원했던 원격투시 재능을 내 자신이 유전적으로 갖고 있었기 때문입니다. 해군 입대시험에서 나는 질문 하나를 맞히지 못한 후 핵에너지 프로그램에 선발되었지요. 나는 일리노이 주 오대호에 있는 기초전자학교에 나갔습니다. 그리고 핵에너지 훈련소로 들어가기 위한 대기기간 동안, 나는 "교관 조교"로 임명되었습니다. 이런 시기의 어느 날 밤 깨어있을 때, 나는 다른 방으로 인도되었고, 혹시 일급비밀 프로젝트에 지원할 생각이 있는지를 질문 받았습니다. 나는 받아들였지요. (그들은 내가 "특별한 애국심"으로 인해 그럴 거라는 것을 알고 있었습니다.) '화성 기록'은 그 다음에 무슨 일이 있었는지를 상술한 것입니다.

이브 로젠: 마이클, 당신은 자신의 심령능력을 향상시키기 위해 겪었던 훈련의 일부를 설명할 수 있습니까? '화성 기록'에서 당신은 다른 화성 기지들에서도 이용한 스피드 학습(Speed learning)의 유형을 설명하고 있는데, 이것은 어떠했나요?

마이클 릴페: 내가 기억할 수 있는 바로는 그것은 다른 단계들로 분류되어 구조화된 프로그램이었습니다. 심지어 현역으로 이동된 후에도 교육은 여전히

　　　　　　　　　2부 미국 정부와 외계인들 간의 커넥션

지속적으로 요구되었습니다. 그것은 처음에 아주 천천히 시작되었습니다. 내 건강 및 체력에 관한 아이디어를 얻고자 다양한 의료검사와 많은 데이터 수집이 있었습니다. 사전 테스트들이 이루어졌고, 나는 내 능력을 강화시키기 위해 어떤 약물들을 복용해야만 했습니다. 그 과정은 여러 주(週)의 기간에 걸쳐 서서히 이루어지기 때문에 이런 약물들은 사람을 죽게 하거나, 영구적인 손상을 일으킬 수 있습니다.

나는 이런 약물들은 뇌에 영구적인 변화를 만들어 내고 어떤 에너지 채널, 회로 등을 연다고 생각합니다. 그런 약물에서 살아남은 후에도 그 약물의 결과들을 보기 위해 더 많은 테스트가 주어졌습니다. 그런 다음 다른 속성학습 기법들이 짧은 시간 내에 많은 정보들을 프로그램하기 위해 이용되었습니다. 그러고 나서 훈련은 "기계"로 옮겨집니다. 이 기계장치들은 초감각적 능력을 증폭시킵니다. 이 기계에 연결될 수 있도록 내 '제 3의 눈' 부위에다 '연결회로' 장치를 삽입하는 모종의 외과적 수술이 있었습니다. 또한 기계로 이루어지는 측정과 연습만이 아니라 지속적인 훈련이 이루어졌습니다.

이브 로젠: 마이클, 당신의 경우는 외계인 납치에 관련된 증후군과 MK 울트라 마이드 콘트롤의 증세들, 양쪽의 특성들이 다 있다는 게 흥미롭습니다. 나는 이런 "경험들"이 양자택일의 상황이 아니라 오히려 외계인, 군부, 그리고 인간이 관여된 조합임을 다른 이들이 아는 것이 중요하다고 생각합니다. 당신은 기억을 회복하기 전에 맞닥뜨렸던 (정신적) "부비 트랩들(booby traps)"의 일부를 설명할 수 있습니까? 그리고 중요한 것은, 누가 이런 위장 폭탄을 설치했을까 인데요?

마이클 릴페: "부비 트랩"의 외부 층들은 기억하지 못하고 망각하도록 명령이 주어져있습니다. 그 다음 층은 심장 마비, 뇌졸중, 장기장애 등으로 나를 해치도록 함정이 설치돼 있어요. 이런 함정들은 오래 전의 초기에 내 마음을 프로그래밍했던 누군가에 의해 이식돼 있었던 것입니다.

이브 로젠: 나는 피납자들과 함께 작업했던 경험들을 통해서 그들이 자신의

외계인 '프로그래밍'과 납치기억들에 접근하려고 할 때 많은 정신착란이 발생하고, 심지어 보복이 일어난다는 것을 압니다. 어떻게 당신들은 이런 방해물을 모면하셨나요? 그리고 어떤 주요 보복들을 경험했습니까?

마이클 릴페: '화성 기록'이 세상에 공개된 이후, 우리는 매우 자주 심령적인 공격을 받았습니다. 이러한 공격들은 감시, 장애물제거 세션의 관찰 및 방해, 우리 각자를 낚기 위한 에너지 "소모시키기", 원격투시뿐만이 아니라 전자심령기기와 사이코트로닉스(공포영상) 및 다양한 죽음의 신호 장치들을 이용한 공격, 그리고 수면 중의 심령공격 등이었습니다. 또한 매달마다 납치들에 대한 "의학적 진단"을 하는 동안에도 다른 기술들로 우리를 방해하기 위해 시도했습니다. 그것은 에테르체에 직접 작용하는 새로운 것들뿐만이 아니라 다층적인 마인드 콘트롤 명령 및 약물들과 같은 것입니다. 이것은 대부분의 사람들이 에너지체들을 갖고 있다는 것조차도 알지 못하기 때문에 특히 사악한 짓입니다!

이브 로젠: 당신 이야기들 가운데 가장 믿을 수 없는 측면 중 하나는 당신이 경험했던 연령역행과 시간여행입니다. 이것은 어떠했습니까?

마이클 릴페: 연령역행은 단순히 권태로웠습니다. 몇 주 동안 꿈과 같은, 반(半)-의식 상태로 지속하는 것은 매우 지루했습니다. 그게 내가 회상할 수 있었던 유일한 기억입니다. 기억이 시작되기 전에 20년이라는 시간을 건너뛰어 1976년으로 돌아가는 것이 끝났습니다. 터널을 지나 걷는 것은 평범했습니다.

이브 로젠: 시간여행 '점프게이트(jump gate)'에 대해 말해주세요.

마이클 릴페: 저는 단지 아마추어의 관점에서 사물을 기억했으므로 점프게이트 기술자가 아니었습니다. 이 기술은 알 비얼렉(Al Bielek) 박사에 의해 설명된 것처럼 필라델피아 실험 프로젝트의 결과였습니다. 그것은 당신이 그것을 처음 보았을 때 "아! 와우! 환상적이야."라고 하는 것들 중 하나입니다. 그런 다음 그것은 당연한 것이 됩니다. 나는 또한 그것이 매우 빈틈없이 경계되었고, 그것이 사용된 모든 순간이 설명되고 기록되었다는 것을 기억합니

다.

나는 화성 기지들에는 여러 점프 게이트 시설들이 있었다는 것을 기억하고 있습니다. 이 시설들을 이용하면 다른 장소들로 끌어당겨졌고, 그것은 사람이나 무엇인가에 대비해 방비되었습니다. 나는 원격투시 기술자들이 그 기계들로 이동하여 그런 방비를 도왔다는 것을 기억합니다. 전술적인 원격투시는 단지 표적들을 끝내는 데 사용되는 것뿐만이 아님을 기억하기 바랍니다. 종결(암살)은 모든 작전들 가운데 작은 비율을 차지합니다. 그것은 주로 적에 대해서 방어하기 위해 사용되었습니다. 그것은 매우 중요한 사람(VIP's)과 매우 중요한 장비(VIE's) 및 그 행성의 지역과 영역을 방어하는 데 사용되곤 했어요. 게다가 일부 무기 시스템들은 그것을 감시하고 지시하기 위해 원격투시 기능자가 필요합니다. 거기에는 물리적인 무기 시스템(예를 들면 입자 빔 프로젝터)과 에너지적인(PSI) 시스템 형태의 다른 유형의 무기들이 있습니다. 또한 원격투시 능력자들은 일반적으로 정찰중인 전투 우주선을 모니터하는 데 배속되었습니다.

적은 또한 우리의 물리적 형태의 정적 차폐(static shielding)에 대항해 초능력 형태의 무기 시스템들을 갖고 있습니다. 정적인 차폐는 변경되지 않습니다. 그것은 당신이 무엇을 거기에다 던지더라도 상관없이 그대로인 채로 있습니다. 정적 차폐 기능을 증대시키기 위해, 침투자를 찾아내는 그 보호막을 감시하고 면밀히 조사하는 원격투시 능력자들이 배치되어 있습니다. 만약 침투 흔적이 발견되는 경우, 원격투시능력자는 시공을 통해서 소스를 추적하고 그 침입자를 처리할 수 있습니다. 원격투시 요원들은 혼자 근무하지 않습니다. 그들은 감독자들 외에도 추가로 지원 요원들을 갖고 있고 필요할 때 그들은 즉시 지원을 받을 수 있습니다.

나는 원거리 투시에 대한 책들 및 과정에 관련된 많은 광고를 보았습니다. 현재 원거리 투시과정을 이수하는 것의 대부분이 화성 기지에서 훈련하는 초기 3~4일 정도의 과정에 관한 것입니다. 그리고 이런 종류의 것에 참여하는 대부분의 사람들은 불행하게도 (화성에서의) 그 훈련에서 결코 살아남지 못할 것입니다. 약물들이 그들을 빨리 죽일 것이니까요.

이브 로젠: 한 가지 의문점이 있는데, 만약 화성에서 일하고 있던 미래의 마이클이라면, 어떻게든 1996년 이전에 현재의 (지구에 있는) 마이클과 접촉하거나 우연히 그런 일이 일어날 수 있나요?

마이클 릴페: 이것은 절대로 일어나도록 용납될 수 없는 것입니다. 이 프로그램은 화성 기지들에 주둔하는 동안 아무도 복무 중에 지구의 시간적 사건(또는 사람)과 상호 관여하도록 허용될 수 없기 때문에 그런 방식이 적용됩니다. 그것은 방문자들과 귀빈(VIP)들은 제한이 없다는 것을 의미합니다. 짧은 기간 동안 방문하는 사람은 화성에서 여가 시간을 보내며, 자기들의 원점으로 돌아가고자 급하게 시간을 보내지는 않을 것입니다. 그들은 단지 점프 게이트에 의해 화성에서 이리저리 옮겨 다니게 될 겁니다.

분명하게 하자면, 내가 생각나기에는 거기에 두 종류의 사람들이 있다는 것을 기억하십시오.

첫 째는 화성을 일시적으로 방문하는 사람들(정치인 등)입니다. 그들은 점프 게이트로 화성의 이곳저곳을 여행합니다. 그들은 몇 주 동안 방문하고는 돌아갑니다. 그들은 과거로 시간여행을 하지는 않습니다. 그들은 VIP들이고, 제약이 없습니다!!

두 번째는 영구적인 군(軍) 요원들과 직원들이며, 그들은 20년 간의 복무 주기를 보내고 있습니다. 자신의 복무 주기 말에 그들은 나이가 역전되고, 자기들의 시공연속체의 원래 지점으로 다시 되돌려집니다. 그들은 기억이 봉쇄되어 다시 돌려보내집니다. 그들은 지구에서 자신의 운명을 끝내기 위해 돌려보내지는 것입니다.

이브 로젠: 어떤 "미래의 기억"이나 (장애물 제거 세션 이전에) 화성의 방어 기지에 배치된 것에 관한 이상한 꿈들이 기억납니까? (즉, 꿈들, 예감들을 통해 작용하는 자신에 관한 어떤 신호들)

마이클 릴페: 스테파니를 만나기 이전에 나는 누군가가 내 군대 경험에 대해 물어봤을 때, 지속적으로 이런 '농담'을 했습니다. "나는 화성 식민지에서 근무하기를 거부해!" 그건 항상 우스울 거예요. 나는 이것이 그런 최초의 것이자, 가장 강한 마인드 컨트롤 명령들 중 하나라고 생각합니다.

이브 로젠: 누군가 당신과 같은 상태에 있다고 의심되는 경우, 어떤 점을 찾아 볼 수 있겠습니까? 다시 말하면, 비슷한 경험을 했던 관련된 다른 사람이 분명히 있을 거라는 것이죠.

마이클 릴페: 그것들은 다음과 같은 징후들입니다.

1.매우 분명치 않아 보이는 기억들 – 그것들에게 느껴지는 "만화영화" 차원 같은 느낌들.

2.학교에 가서 배웠다고 기억할 수 없는 기술적인 것들에 대한 관심이나 이해.

3.자신이 기억할 수 없는 장소들에서의 직책을 보여주는 군(軍) 기록들.

4.납치로 인한 결과로서의 비정상적인 분노.

5.납치 또는 실종된 시간. 그리고 몸의 어떤 부분에 나 있는 자국이나 타박상을 갖고 극도로 녹초가 되어 깨어나기

6.근육 테스트를 하면 몸이 "촬영되었다."고 나타남.

7.근육 테스트는 "선택의 여지가 없음"이라는 감정들을 보여준다.

이브 로젠: 당신은 납치 시나리오에서 그레이들(Grays)이 우리 자신의 인간 군대와 함께 협력해서 작업한다고 생각하십니까?

마이클 릴페: 그렇습니다.

이브 로젠: 렙틸리안들(파충류 외계인)은 어떻습니까?

마이클 릴페: 예. 그들은 인종적으로 관련돼 있습니다.(드라코니안, 파충류, 그레이)

이브 로젠: 어떤 그레이들과 파충류 외계인들이 화성의 기지에서 살고 있나요?

마이클 릴페: 예, 일부가 주둔하고 있습니다. 나는 그레이들을 의사나 기술자로 기억합니다. 나는 파충류 외계인들이 이 대부분의 시간을 위장해서(클로킹) 머물러 있다고 믿습니다. 그들은 자연히 흉포해 보이기 때문에 인간의 모습으로 나타나는 것을 선호합니다.

이브 로젠: 당신의 경험들 가운데 좀 더 매혹적이고도 혼란스러운 측면들 중

하나는 외계인들에 관한 언급과 피납자들의 영혼 및 인격을 분해하여 '마음을 조종하는 악당들'에 관한 내용입니다. 당신은 이것이 이루어진 것을 어떻게 생각하며, 외계인들이 우리에 대해 무슨 목적을 갖고 있다고 생각하십니까?

마이클 릴페: 영혼분열은 성경에 언급되어 있습니다. 여러 차례 사람들은 그들의 영혼이 복원된 데 대해 기도하고 하느님께 감사하고 있습니다. 나는 충격과 정신적 외상은 영혼의 분열을 일으킬 수 있다는 것을 알고 있습니다. 검은 비교에 연루된 사람들은 의식(儀式)과 다른 요소들에 의해 그들 자신의 영혼을 분해하고 있습니다. 모든 심각한 죄악적 행위들 – 마법, 사탄 숭배, 프리메이슨 의식, 동성애, 다른 사람 등에 대한 폭력 등 – 은 그 희생자들뿐만이 아니라 그 죄인의 영혼을 조각나게 할 수 있습니다.

　나는 어떻게 이것이 이루어지는지에 대한 메커니즘은 모릅니다. 그들의 프로그램에 대한 이유는 성경에 명확하게 설명되어 있습니다. 모든 마인드 컨트롤 및 노예화에 관한 모든 프로그램의 궁극적인 목표는 숭배(worship)입니다. 루시퍼는 하느님이 되고 싶어 하고, 다른 인간들이 자신을 숭배하도록 속여 확신시키거나 조종하기 위해서 무엇이든 할 것입니다. 다른 모든 것은 지엽적인 것에 불과합니다.

이브 로젠: 그들이 우리의 에너지를 고갈시키는 방법을 갖고 있나요?

마이클 릴페: 그렇습니다. 그들은 사람들에게 심령적인 '갈고리'를 걸어서 그들의 에너지를 뽑아냅니다. 그들은 의심을 유발하지 않도록 그것을 서서히 실행합니다.

(※이브 로젠 – 아마도 이것이 수많은 피납자들이 지닌 만성피로 증상의 원인들 중의 하나일 것이다!)

이브 로젠: 가장 중요한 것인데, 어떻게 다른 피납자들과 마인드 콘트롤 피해자들이 이런 종류의 공격으로부터 자신을 보호 할 수 있겠습니까?

마이클 릴페: 1.첫 단계는 주 예수 그리스도와 개인적인 관계를 구축하는 것

입니다. 그의 도움이 없다면, 적의 악마 군대로부터 지속적인 자유를 얻지 못할 것입니다.

2.두 번째는 손상된 여러분 자신의 몸을 회복시키십시오. 오직 순수한 물을 마시세요. 불소치약 같은 것은 사용해서는 안 됩니다. 화학조미료(MSG)도 안됩니다. 어떤 인공감미료도 함유되지 않은 것들을 먹어야 합니다. 사탕이니 청량음료, 알콜도 섭취해서는 안 됩니다. 오직 좋은 지방과 오일(버터와 올리브 오일)만을 먹으세요. 전자레인지로 요리한 음식도 안 됩니다. 그리고 여러분의 치아에서 수은 충전제를 제거합니다.

3.몸의 균형을 다시 회복하기 위해 운동요법을 이용합니다.

4.여러분의 인체에 축적된 쓰레기를 깨끗하게 청소하기 위해 대장(大腸)을 이용하세요.

5.대장 내에 있는 기생충들을 죽이기 위해 청소를 실행합니다.

6.모든 납치 또는 마인드 컨트롤 프로그램에 관계된 것들을 발견하고 제거하기 위해 바이오 피드백 계측기를 사용하십시오.

마이클과 스테파니 릴페와의 인터뷰(2)

위의 인터뷰 내용을 보완해줄 수는 있는 또 다른 인터뷰인 이 내용은 서핑 아포칼립스(Surfing The Apocalypse) 사이트에 게재된 것으로서 테레사 드 베토(Theresa de Veto)에 의해 몇 주 동안 이메일을 통해 인터뷰가 이루어졌다고 한다. 이해에 도움이 될 만한 주요 내용들만을 추려서 요약했다.

서핑: 1996년에 당신은 정화(장애물 제거) 과정을 시작했는데, 왜 이 작업을 시작했고 사용된 기법은 무엇인지에 대해 말해줄 수 있습니까?

마이클: 나는 아이였을 때 꾸었던 꿈에 관해 늘 의문을 품고 있었기 때문에 처음에 그 작업을 하기로 동의했습니다. 난 우리 집 밖의 우주선을 보는 꿈을 꾸었거든요.

스테파니: 처음 마이클을 처음 만났을 때, 나는 내가 마침내 그 남자를 만난 것일 수도 있겠다는 생각을 했어요. 우리는 시드니에 있는 넥서스 매거진 총회(the Nexus Magazine conference)에서 아주 우연히 만났습니다. 우리는 처음 만났던 날 데이트를 가졌지만, 이것이 정상적으로 진행되지 않으리라는 것이 나에게 분명해졌지요 – 즉 그는 여전히 너무 많은 분노를 가지고 있었고, 어떤 것들에 대한 그의 생각들은 지나치게 고착돼 있었어요. 그러나 우리는 친구로 남았습니다. 특히 내 입장에서는 나의 웹 사이트를 만들기 위해서는 그의 도움을 필요로 했기 때문이죠.

… (중략) … 그래서 내 꿈의 사람 목록에 적합한 남자와 마음-대-마음으로 통신 상태에 있을 때 아침에 깨어날 거라고 내 자신에게 (자기암시형태로) 말했습니다. 나는 3시에 깨어났고, 그가 영적으로 거기에 있었습니다. 그래서 나는 가능한 한 빨리 나를 잡으라고 그에게 말했죠. 약 3주 후에 나는 마이클과 함께 테이블에 앉아있었습니다. 나는 그의 눈 뒤에 있는 분노가 무엇이든 만약 오직 그것을 제거할 수만 있다면, 그는 신속히 정상을 되찾기 시작할 거라고 생각하고 있었습니다. 갑자기 나는 그에게 무료로 일부 정화 세션을 제의해야겠다는 생각이 들었습니다. 놀랍게도(모든 사람이 자신의 '내용'을 보고 싶어 하지 않기 때문입니다) 그는 내 제의를 받아 들였습니다.

마이클: 어린 시절의 기억들에 관련해서 그 영역의 깊은 탐사 단계로 들어가지는 못했어요. 그러나 내가 취급받았던 방식으로 인해 느꼈던 내적인 분노는 대부분 사라졌습니다.

스테파니: 내가 마이클을 처음 만났을 때의 그 마이클과 지금의 마이클은 매우 다른 사람입니다. 결국 그가 내게 결혼하자고 청혼했을 때, 그는 대단히 개선되었습니다. 우리는 지금 함께 매우 행복합니다. 이전에 그는 거의 혼자 있는 외로운 사람이었습니다만, 날마다 좀 더 사교적인 사람이 되었습니다.

서핑: 마이클, 언제 미 해군에 입대했으며, 얼마나 오래 거기에 복무한 것인가요?

마이클: 저는 1976년에 해군에 입대하여 핵에너지 프로그램에 배속되었습니다. 그 프로그램은 6년간의 복무기간을 요구합니다. 해군에서의 나의 시간은

2부 미국 정부와 외계인들 간의 커넥션

상대적인 6년과 절대적인 26년으로 이루어져 있습니다. 그건 내 "정상적인" 삶의 시간선(Time Line)이 6년임을 의미합니다. 그런 다음 일리노이 주, 오대호의 전자 기술 훈련원에 도착한지 얼마 후 나는 화성으로 차출되었습니다. 난 거기서 20년을 체재했고, 그 시기에 나는 연령이 역행되었다가 내가 떠난 후 일주 일만에 오대호로 돌아왔습니다.

6년 + 20년 = 26년.

나의 6년간의 병적(兵籍) 기간 동안에는 그 다음의 14년이 더해지고, 거기에는 "나"의 두 가지 사례가 있다는 것, 즉 하나는 지구에, 다른 하나는 화성에 있었다는 것을 기억하기 바랍니다. 거기에 "평행우주" 상황은 없었습니다.

서핑: 마이클, 당신은 해군에서 보낸 그 기간이 6년은 상대적이고, 26년은 절대적이라고 말합니다. 그리고 거기에는 당신의 "두 가지 사례"가 존재하며, 그중 하나는 지구에, 다른 하나는 화성에 있었다고 했습니다. 이 말의 의미와 어떻게 이것이 가능할 수 있는지 설명해 줄 수 있을까요?

마이클: 그 책에 나오는 타임 라인에 관한 구체적 설명이 이 문제를 명확히 하는 데 도움이 됩니다. 내가 그 비밀 프로그램에 차출되었을 때, 나는 나의 정상적인 "타임 라인"을 살고 있었습니다. 그러다 나는 점프 게이트를 통해 화성으로 데려가졌고, 거기서 나는 순환복무제에 따라 20년을 근무했습니다. 그 기간 동안 나는 지구의 어떤 사건이나 사물, 사람과도 접촉이 허용되지 않았습니다. 순환복무기간 말에 나는 육체적으로 20년 연령역행이 이루어졌고, 지구의 내 원래 지점을 되돌아 왔습니다.(내가 떠난 후 약 1 주일만에). 그리고 나는 내 정상적인 "타임 라인"을 살아가기를 계속했습니다.

　외부 관찰자의 입장에서 볼 때 나는 정상적인 시간선을 (내가 사라졌던 1주일을 제외하고) 살았습니다. 하지만 같은 기간에 나는 또한 지구에서 완전히 격리되어 화성에서 살고 있었습니다. 중요한 열쇠는 격리돼 있었다는 것입니다. 화성에 있는 동안 나는 절대로 지구상의 어떤 사건에도 관여할 수 없었습니다. 또한 나는 결국 내 정상적인 시간선에서 삶을 이어가기 위해 지구로 돌아와야만 했던 것입니다.

서핑: 당신이 말하는 "점프 게이트"는 필라델피아 실험에서 개발돼 나온 기술입니까??

마이클: 예, 이것은 알 비얼렉 박사가 몬톡 시리즈 책에서 설명한 것과 동일한 기술입니다. 비록 내가 입대했을 당시는 실험 단계에 있었지만, 이 기술은 일상적 훈련에 이용되었습니다.

서핑: 당신이 처음에 정화세션 작업을 시작한 것은 소년이었을 때 "우주선"을 본 기억 때문이었습니다. 이런 기억들에 관해 말해줄 수 있을까요? 그리고 세션 과정에서 그것에 관해 당신이 발견한 기억에 대해서도요?

마이클: 나는 어느 날 밤 내가 깨어 있었고, 부모님은 집에 없었다는 것을 기억합니다. 그래서 나는 그들을 찾아보려고 밖으로 나갔고 우리 동네의 모든 사람들이 하늘의 "로켓"을 올려다보고 있는 것을 목격했습니다. 나는 정말 그것이 정말 꿈이었는지 알고 싶었어요. 그런 다음 나는 스테파니에게 내가 해군에서 '이상한' 것을 보았는지 알고 싶어 한다는 것에 관해 언급했습니다. 그 계측기는 스테파니가 그런 생각의 라인을 추적할 수 있도록 읽기 시작했습니다. '화성 기록'은 그 결과입니다.

서핑: 화성에서 복무했던 것에 관련된 당신의 첫 번째 기억은 무엇입니까? 이런 발견에 대해 당신 둘은 어떻게 느꼈습니까?

마이클: 그 책에 설명된 대로 그것은 첫 번째 세션 동안에서였습니다. 나는 핵에너지 프로그램에 배속되어 일리노이 주의 오대호에 있었습니다. 나는 전자기술 훈련소를 마쳤지만, 그들은 당시 아마도 그 에너지 훈련소에다 내가 있을 방을 마련해 놓지 않은 모양이었습니다, 그래서 나는 그런 전자 훈련소의 "교관 조교"로 임명받았습니다. 그 때의 내 기억은 일종의 만화 같이, "평면"처럼 생각됩니다. 스테파니가 나에게 그 시기에 대해 묻기 시작했을 때, 즉 계측기 읽는 작업을 시작했을 때 혹시 내가 뭔가 다른 일을 하지는 않았는지, 또는 어딘가 다른 곳에 있지 않았는지를 질문하기 시작했습니다. 그때 화성이라는 단어가 마음속에 떠올랐고, 그 계측기는 미친 듯이 작동했습니다. 그녀는 그런 탐구방향으로 계속해 나갔던 것입니다.

나는 이에 대해 어떻게 생각했을까요? 나는 매우 놀랐고, 이런 자각에 경악했습니다. 나는 내가 이와 같은 일에 휘말려있을 거라고는 전혀 생각하지

2부 미국 정부와 외계인들 간의 커넥션

못했습니다. 당신은 내가 이런 시기에 매우 감정적으로 "속박돼" 있었다는 것을 이해해야합니다. 나는 감정에 움직이지 않는 외톨이로 프로그램되어 있었고, 수많은 어떤 것에도 감정으로 반응하지 않았습니다. 내 임무는 나의 원격투시 재능을 이용하여 70회가 넘도록 다른 존재를(인간, 외계인 및 기타 다른 존재) 살해하는 것이었습니다. 다른 존재들은 단지 '표적'에 불과했습니다. 내 세계에는 사실과 논리 중 하나밖에 없었습니다. 난 아주 차가운 사람이었죠. 나는 그 이후로 꽤 나아졌습니다.

스테파니: 내가 "그때 당신은 어디에 있었던 거야?"라고 묻자, 그는 결국 "화성"이라고 대답했습니다. 여하튼 나는 그의 대답이 화성이 될 거라는 것을 그저 알고 있었습니다. 나는 그 생각을 그의 머리 속에다 주입하지 않았습니다.

그 세션 이후 그의 대답은 내 마음 속으로 더욱 가라앉았고, 나는 더욱 놀라게 되었습니다. 만약 내가 한 사람이라도 화성에 갔다 왔다고 들은 적이 있었다면, 그 모든 것이 적절했을 것입니다.(나는 당시에는 알 비얼렉(Al Bielek) 박사가 화성에 갔다 왔다고 말했다는 사실을 알지 못했습니다.) 하지만 내가 이것을 기억할 최초의 사람을 찾아야만 한다는 것이 가장 큰 책무였습니다. 그런 생각에 내가 익숙해지는 데는 오랜 시간이 걸렸습니다. 꽤 오랜 후에 나는 그것이 전생(前生)이나 어떤 다른 것에서 유래된 기억임을 마이클이 인식하도록 다른 방법들을 시도해 보았습니다. 하지만 최종적으로 화성으로 간 것이 실제로 일어났었고 이번 생에 발생한 사건임을 받아들여야만 했습니다.

서핑: 화성에서의 당신 삶은 어떤 모습이었습니까? 당신은 지표면 또는 지하에서 살았나요? 어떤 것이 필요할 경우, 어떤 특별한 생활지원 시스템 같은 것이 있었습니까?

마이클: 세션 과정에서의 기억으로 볼 때, 나는 대부분의 생활이 지상 및 지하에 세워진 군사기지 복합시설 내에서 이루어진 것으로 기억합니다. 우리는 이런 주제를 완벽하게 살펴보지는 않았습니다.

서핑: 화성 기지에서 당신의 "임무"는 무엇이었습니까?

마이클: 화성 기지에서 내가 복무한 것은 20년이라는 기간에 걸쳐 이루어졌습니다. 이 기간 동안 내 임무는 적어도 두 번은 바뀌었습니다. 한 번의 기간 동안은 나는 원격투시에 관여했습니다. 그런 원격투시 임무를 수행하던 기간에는 초기단계에서의 검사(※초감각적 재능을 강화하기 위한 약물투여와 인간과 기계의 상호작용을 위한 외과적 수술)와 훈련 및 배치과정이 있었습니다. 내가 다른 단계들에서 수행한 임무는 적의 공격을 방어하기 위한 정찰작업(데이터 수집)에서부터 다양합니다.

서핑: 당신은 화성 기지에서 방어한 것은 정확히 무엇이었으며, 그 작업은 누구로부터 그것을 방어한 것이었습니까?

마이클: 내 원격투시 임무기간 동안의 방어임무는 효과적인 기술과 경험에 따라 다양한 대상들에 대비한 것이었습니다. 그런 일들 중 어떤 것은 우주공간의 지역들, 시설들, VIE 장비, 무기 플랫폼 및 VIP 개인들을 방어하는 것이었습니다.

서핑: 당신은 "최종적인 총수 70명의 표적들을 끝냈다."고 말했는데, 이런 목표물들은 누구이고 무엇이었습니까?

마이클: 이런 표적들은 인간들, 외계인들, 합성생물들이었습니다. (※나는 이런 합성생물이 무엇인지 정확히는 모르는데, 인간처럼 보이기는 하지만, 인공지능을 가진 갑각류 존재에다 내가 이름을 붙인 것입니다.)

서핑: 맨-머신 인터페이스(man-machine interface)가 무엇입니까?

마이클: 초감각적 능력을 증폭시키는 기계입니다. 그것은 뇌에 직접 연결하는 것이 필요합니다. 후보자는 그런 기계와 연결될 수 있도록 호환장치를 이식하기 위한 수술을 받습니다.

2부 미국 정부와 외계인들 간의 커넥션

서핑: 초기 인터뷰에서 당신은 "전투 비행선의 추락(불시착)."의 결과로 인해 목과 등에 큰 육체적 통증이 있다고 언급했는데, 그 비행선의 불시착은 어떤 상황에서였습니까?

마이클: 나는 보통 원격투시로 알려진 전문분야에서 20년간의 복무 기간을 화성에서 보냈습니다. 나는 이 임무가 매우 스트레스가 심한 유형의 작업이며, 규칙적인 교대가 필요하다는 것을 압니다. 나는 또한 다른 유형의 선택권을 부여받았고, 내가 비행훈련을 선택했다는 것을 알고 있습니다.

세션 중에 한 번은 내가 전투 비행선에 혼자 앉아 비행하면서 어떤 지역을 정찰하는 중에 매우 큰 우주선을 발견했다는 것을 회상했습니다. 그것은 깊숙한 우주정찰을 했던 것이므로 나는 침입자의 위치를 보고한 후 귀환하기로 되어있었습니다. 그런데 난 그렇게 하지 않았습니다. 나는 너무 흥분돼 있었고 열광적이었으며, "활동"은 지루했습니다. 나는 가능한 한 가까이 접근해서 무기를 발사했습니다. 그들 역시 어떤 형태의 미사일을 발사했는데, 그것이 폭발하지는 않았지만, 내 조종석을 관통했습니다. 그로 인해 내 팔, 가슴과 다리에 작은 파편이 박혔지요. 내가 입고 있던 제복은 (자동적으로) 상처를 봉인했고 나를 축 늘어지게 만든 약물을 주입했습니다. 나는 나중에 구조되어 회복을 위해 병원으로 이송되었습니다.

서핑: '화성 기록'에서 당신은 그레이와 파충류의 두 특정 '외계인' 그룹을 언급했습니다. 이러한 그룹들에 관해서와 미 군부와 그들의 관계에 대해 좀 더 자세히 설명해 주실 수 있습니까?

마이클: 나는 그 외계인 집단들이 그림자정부 내의 특정 그룹과 함께 일한다는 것을 기억할 수 있습니다. 그레이들은 기술자나 의사로 생각되었고, 항상 누군가에게 뭔가를 하고 있었습니다. 대상에 대해 중립적이었죠. 파충류는 사악한 성향이 있는 것으로 보였고, 우리는 그들 중 일부로부터 받은 일부 심령공격 이상의 것을 겪고 있었습니다.

서핑: 어떻게 당신에게 "매달마다의 방문(납치)"이 일어났나요? 그것은 여전히 발생하고 있습니까? 이것이 언젠가 중단될 거라고 믿으세요?

마이클: 그 "방문"은 상처가 나타난 후 매월 계속되었습니다. '화성 기록'이 공개된 후, 우리는 다른 주(州)로 이사했습니다. 우리가 이사 할 때 대개 나타났던 대로 그들은 우리를 추적하는 것이 잠시 주춤했습니다. 그러나 결국 다시 방문하기 시작했지요. 그 이후 심령공격이 증가되었고, 만약 전능하신 하느님의 보호가 아니었다면, 나는 상태가 많이 악화 될 수 있었다고 생각합니다.

스테파니: 화요일 30일에 큰 보복이 일어났습니다. 나는 아침에 일어나 보니 바로 내 오른쪽 가슴에 통증을 느꼈지요. 유두(乳頭) 뒤 오른쪽에 약 1.5 인치 폭의 단단한 큰 덩어리가 발견되어 놀랐습니다, 이전에 이와 같은 일이 나타났던 적은 전혀 없었어요. 나는 매우 건강했고, 다이어트 등으로 끊임없이 건강개선을 위해 노력했습니다. 근육 테스트는 그것이 암이나 낭종이 아니었음을 나타냈죠. 마이클이 나를 위해 기도해 주었습니다. 이 후, 통증이 사라졌고, 그 덩어리가 즉시 50% 작아졌습니다. 우리는 몇 번 더 기도를 계속했으며, 덩어리는 약 40 시간 이내에 완전히 사라졌지요.

　이 시간까지 그 공격은 주로 사악하게 에너지를 고갈시키고 분노를 유발하는 등으로 실재합니다. 전자기기에 의한 심령적 공격은 새로운 것입니다. 우리는 이것이 이 암과 심장마비로 죽어가는 많은 연구자들(특히 UFO 연구자들) 배후의 메커니즘일 수 있다고 믿습니다. 나는 언젠가 한번은 얼마나 많은 UFO 연구가들이 죽었는지를 정리한 기사를 읽은 적이 있고, 그 긴 목록에 놀랐습니다.

서핑: 정화세션 과정에서의 어느 한 시점에서 당신은 당신 아버지가 미 공군에 복무할 때 그에게 "납치 및 육체적" 변화들이 이루어졌고, 이런 변화들의 결과로 인해 "그들이" 당신이 8살 때 공작에 착수했다는 것을 깨닫게 되었습니다. 우선, 그들은 누구이고, 두 번째는 어떤 형태의 육체적 변화 조치들이 당신에게 취해졌으며, 이런 변화들의 영향은 무엇이었나요?

마이클: 그들은 그레이 외계인들이었습니다. 나에게 만들어진 변화들은 유전학적 조치였습니다. 이러한 변화의 효과는 내 선천적 "재능"을 향상시킨 것이었습니다. 그것은 그들이 지난 몇 년간 내 고환에서 세포조직을 "수확"하기 위해 매달 방문했을 때 작업을 했음이 틀림없습니다. 나는 그 유전적 변화가 내 재능의 "마력(馬力)" 뿐만 아니라 그 조종의 깊이와 폭 및 분석을 증가시

　　　　　　　　　2부 미국 정부와 외계인들 간의 커넥션

켰다고 생각합니다.

스테파니: 납치 경험을 겪은 사람들의 경우, 명령(코드)들이 종종 의도적으로 주입되어 있습니다. 그 명령들은 "당신은 망각할 거야." "이것은 절대로 일어나지 않았어. 아무 일도 없었어." "당신은 이 모든 것을 꿈꾼 거야."와 같은 것들이며, 이것이 왜 그 피해자가 그 사건에 관해 아무런 의식적 기억이 없는가에 대한 이유들 중 하나입니다.

마이클: 다른 기술에 관해서 말한다면, 우리는 프로그래밍을 "깬다고" 주장하는 어떤 다른 기술들에는 익숙하지 않습니다. 대부분의 사람들은 최면을 사용합니다. 그런 방식으로 나쁜 놈들에게 대처하지요. 그러나 최면은 최면을 치료하지 않습니다. 즉 최면은 문제의 원인을 제거하지 못합니다.

서핑: '화성 기록' 101페이지에서 어떻게 호주의 파인 갭(Pine Gap) 군사기지에 있는 파충류 외계인들이 당신에게 초자연적인 갈고리를 투입하여 당신의 "마음과 마음"에 관여하고 있고, '파인 갭'에서 그것을 지속하고 있는지에 관해 언급했습니다. 당신은 이것에 대한 이유가 파충류들이 "에너지를 뽑아내어 물물교환에 이용"할 수 있기 때문이라고 말합니다. 이에 대해서 무엇을 말해줄 수 있습니까?

마이클: 이 파충류 외계인들은 내 몸의 에너지 센터에다 그 갈고리를 설치했고, 그들이 섬기는 어둠의 세력들에게 바치는 "희생제물"로서 이용하기 위해 에너지를 추출하고 있었던 것입니다. 그들은 초자연적인 능력으로 이런 사람들을 찾아냅니다. 그것은 "메타 유전자"에 관계되어 있는 것입니다.

서핑: '화성 기록' 101 페이지에서 스테파니는 이렇게 썼습니다. "파충류들은 '외계인'이라는 용어에 적합하지 않다는 것이 근육 테스트에 의해 발견되었다. 그들은 오랫동안 이곳 지구에 있어 왔고, 우리 몸의 거주자들로 여겨진다." 이것은 무엇을 의미할까요?

마이클: 이것은 흥미로운 발견이었습니다. 근육 테스트를 사용하여 우리는 우

리의 "신체/마음/의지/감정"에다 질문합니다. 우리 몸은 이 존재들이 꽤 오랫동안 지구행성에서 파충류로 불려 왔다는 것과 '외계인'이 아니라는 것을(유전적 기억?) 알고 있습니다. 성경에서 뱀을 에덴동산에서 아담과 이브에게 이야기를 한 생물로 묘사하고 있는 것은 흥미롭습니다. 또한 많은 사회들이 뱀이나 파충류 같은 피조물에 관한 이야기를 갖고 있으며, 실제로 이런 생물들은 숭배를 요구하고 이러한 사회에게 희생을 요구한다는 것입니다.

■ 화성에서 복무했다고 폭로한 또 다른 증언자 -캡틴 케이

최근 마이클 릴페의 주장과 똑같이 화성에 파견되어 역시 그곳의 방어부대에서 17년간 군 복무를 했다고 주장하는 새로운 내부 폭로자가 등장했다. 그는 바로 미 해병대 퇴역군인 신분인 미국의 캡틴 케이(Captain Kaye)라는 사람이다. 그의 이 특별한 증언은 2014년 4월 8일, 엑소뉴스(ExoNews) TV에서 신분을 감춘 채 공개되었다. 나중에 밝혀졌지만 캡틴 케이는 가명(假名)이었고, 이 사람의 원래 본명은 랜디 크래머(Randy Cramer)였다.

그는 주장하기를, 1988년에 해군에 입대해 2007년까지 우주에서 20년간 군 복무를 했는데, 그중 17년은 화성방위군(M.D.F)에서, 나머지 3년은 달에 기지와 작전사령부가 있는 지구방위군((E.D.F) 소속 우주함대에서 근무했다고 말했다. 화성에서 전투 요원으로 복무할 때의 주요 임무는 전초 주둔지에서 화성의 호전적인 파충류와 곤충류 토착 외계인들로부터 그곳의 5개의 식민지를 보호하고 방어하는 것이었다고 한다. 즉 화성에는 고도의 지능을 지닌 적대적 외계인들이 존재한다는 것이다.

크래머는 자신이 3가지 형태의 여러 우주전투기와 폭격기를 조종하는 훈련을 받았다고 했으며, 20년 간의 복무기간을 마치고 2007년에 퇴역했다고 말했다. 그리고 달에서 거행된 퇴역식이 있었고, 거기에 참석한 VIP들 중에는 전 국방장관 도널드 럼스펠드(Donald Rumsfeld)도 있었다고 주장했다. 하지만 그의 이런 모든 과거 기억들은 고의적으로 삭제되어 완전히 잠재의식 속에 억압돼 있던 것들이었다. 마이클 릴페의 경우와 동일하게 크래머 역시 기억들이 의식에서는 모두 지워져 있었고, 세월이 지남에 따라 그것이 조금씩 회복되어 비로소 자신의 정체와 과거의 행적을 알게 된 것이다.

그는 자신의 우주 복무기간이 끝났을 때, 지난 20년 간의 근무기억을 삭제하고 떠났던 시점으로 나이를 퇴행시켜 지구로 그를 귀환시키는 모종의 기술이 이용되었다고 말한다. 다시 말하면 복무기간이 끝나갈 즈음에 그와 동료들은 임무완수 보고와 전역신고를 하기 위해 달로 복귀되었다고 한다. 그리고 거기서 원래의 1987년 지구 타임라인(Time Line)으로 끼워 넣어지기 위해 준비하는 몇 주간의 시간을 보냈다는 것이다. 이 과정에서 자신의 초기 훈련과 복무기간 동안의 경험들에 관한 모든 기억들을 지우고 화성에서 인간으로서 받은 외계인 의식의 영향을 측정하는 의학적 테스트 등이 시행되었다고 한다. 그런 다음에 다시 지구로 되돌려 보내진 것인데, 이런 모든 과정들은 마이클 릴페가 경험한 것과 완전히 일치한다. 따라서 이 사람의 증언은 마이클 릴페의 주장들이 모두 진실이었음을 강력히 뒷받침해 준다고 할 수 있다. 그가 폭로한 주요 내용들은 다음과 같다.

*나는 어린아이였을 때부터 특수한 엘리트 해병부대의 일원으로 복무하기 위해 초인병사(Super Soldier) 훈련을 받았으며, 18세 때인 1987년에 미 해병대 내의 '특수부'라고 부르는 비밀부대에서 차출되었다. 그리고 지구 방위군에서 근무하기 위해 파견되는 무리에 배속되었다. 이 특수부대는 달과 화성 및 태양계의 다른 지역들에 있는 비밀 군사기지들에서 근무할 군 요원들을 공급해 왔다.

*비밀작전을 수행할 초능력 병사를 양성하기 위한 극비 프로젝트가 존재한다. 이것은 군의 특수부서에서 담당하는데, 그들은 이를 위해 선정된 사람들을 아주 어린아이였을 때부터 차출(납치)하여 훈련시킨다. '프로젝트 문쇄도우(Moonshadow)'가 바로 이것으로서 사실상 이 프로젝트는 나중에 지구방위군에서의 복무를 대비해 준비시켰던 아동기 프로그램이었

다.56) 우리가 소속된 원래의 프로그램에는 모두 300명이 있었고 소년과 소녀가 8:2의 비율로 구성되어 있었다. 1987년에 나는 USMC(미 해병대) SS 근무 충원대로 전속되었다. 그 충원대에 소속돼 있던 약 1만 명의 요원들은 지구방위군에서 개인적인 임무를 수행하기 위해 달 작전사령부(LOC)로 파견되었다. 우리는 미래의 전투임무를 수행하기 위해 엄청난 훈련을 받았다. 훈련받은 장소는 달의 비밀기지, 토성의 위성인 타이탄(Titan), 깊은 우주공간 등이다.

*초능력 전사(戰士)를 양성하기 위한 프로그램은 검은 작전사령부에서 실행하여 훈련시키는 해군 특전대 형태의 부대이며, 이것은 전형적인 그레이와 렙틸리안, 그리고 군부납치에 의한 마인드 컨트롤 계획과 관련이 있다. 이는 비밀정부가 그레이와 렙틸리안과 군 초능력 전사 프로그래밍에 동의하여 서명한 것으로서 원격조종 등의 초기술을 이용한 렙틸리안 마인드 콘트롤 프로그래밍, 검은 전략을 뒷받침한다.

제임스 캐스볼트

*나는 10~11세경의 어릴 때부터 나에게 뭔가 심각하게 잘못된 것이 진행되고 있다는 사실을 어렴풋이 알고 있었고, 그때 이래 거기서 벗어나기 위한 방법을 찾기 시작했다. (나중에 기도와 명상이 도움이 되었다.) 마인드 컨트롤에 대한 나의 저항은 어떤 시점(22세경)에 최고조에 달했다. 때문에 나는 그들의 훌륭한 초능력 병사 노예가 되지 못했다. 그 후 결국 나에게는 자결하라는

---

56) 2007년에 영국의 내부고발자 제임스 캐스볼트(James Casbolt) 역시 미 NSA와 영국 정보기관이 어린 아이들을 납치하여 영국에서 실행하고 있는 극비의 마인드 컨트롤 공작인 <마네킹 프로젝트>에 관해 폭로했다. 자신이 직접적으로 그 프로젝트에 관련돼 있던 희생자라고 밝힌 이 사람은 삭제돼 있던 기억이 2006년부터 회복되기 시작했다고 주장했다. 그의 말에 따르면, 신세계질서 계획의 일환인 이 프로젝트는 런던 인근과 남부의 버크서 주변의 여러 지하 기지들에서 실제로 진행되고 있다고 한다. 매년 영국에서만 25,000명의 아이들이 흔적도 없이 사라져 다시는 돌아오지 않는데, 이 아이들은 지하 기지로 납치되어 정신능력 테스트를 거친 후 암살자/초능력 병사로 양성되거나, 마인드 컨트롤 실험용으로 이용된 후 살해된다고 한다. 또한 그는 이런 납치된 아이들이 때로는 훈련을 위해 달 기지나 다른 행성으로 수송되었다고 말했다.

마인드 컨트롤 명령이 주어졌다. 그리고 이것은 여러 가지 자기 파괴적인 행동이나 자살하려는 시도로 나타났다. 자살에 몇 번 성공할 뻔한 적도 있었으나 이상하게 좌절되었다. 이 자결 프로그래밍의 작용은 내가 완전히 거기서 해방될 때까지는 중단되지 않았다.

*화성에 근무한지 17년째 되던 2004년에 우리 전투요원들은 적대적 파충류 외계인들이 신성시하는 한 동굴 신전의 고대 인공물을 탈환하라는 지시를 받았다. 이곳은 그들 영역에 속한 신성한 출입금지 지역이었는데, 인간들이 침입함으로써 발생한 전투에서 1,000명이 넘는 남녀 병사들이 피살되었다. 그들 가운데 내 자신을 포함해 단지 28명만이 살아남았다. 인간은 화성을 채굴 중이다. 화성 식민지에서 인간들은 토착 파충류외에도 외부에서 화성에 들어온 드라코 파충류들과 분쟁을 겪고 있다.

*화성에 있는 주요 인간 식민지는 '어라이어스 프라임(Aries Prime)'이라고 불렸고, 분화구 안에 위치해 있다. 어라이어스 프라임은 화성 식민지를 운영하는 기업의 본부로 이용되었다. 화성에는 호흡하기에 알맞은 공기가 있고 기온은 때때로 온화하다.

*지구방위군은 다국적 조직에 의해 운영되는 비밀 우주함대이며 이 군대는 미국과 러시아를 포함한 여러 국가들에서 차출한 군사요원들로 구성되어 있다. 화성방위군은 지구방위군의 일부이다. 또한 소형 전투기와 폭격기를 싣고 성간비행을 할 수 있는 적어도 5대의 거대한 시가형 우주수송선이 존재한다. 나는 우주 복무 기간의 마지막 3년을 길이가 ¾마일에 달하는 "EDF SS 노틸러스(Nautilus) 우주함대"에서 근무했다. 그리고 복무기간 동안에는 지구와는 절대로 통신해서는 안 되는 엄격한 규율이 시행되었다.

4.화성의 지하 도시 시설을 탐사했던 – 알프레드 비얼렉 박사

알프레드 비얼렉 박사

알프레드 비얼렉(Alfred Bielek)은 과거 저 악명 높은 미 군부의 "몬톡 프로젝트"와 "필라델피아 실험"에 자신의 동생과 함께 참여했던 인물이며, 나중에 그들의 희생양이 되어 이중의 인생을 살아야했던 불행한 과학자이다. 시간과 차원, 공간을 넘나드는 그의 복잡다단한 삶은 마치 SF영화에나 나올법한 스토리로서 일반인들은 이해하기가 결코 쉽지 않다. 그와 그의 이복동생 던컨 카메론은 "필라델피아 실험"과 몬톡 프로젝트(Montauk Project)[57]에 관여할 때 시간여행과 마인드 컨트롤, 화성탐사를 직접 체험했다. 그는 앞서 소개했던 마이클 릴페나 캡틴 케이의 경우와 매우 유사하게도 마인드 컨트롤 프로그램에 의해 강제로 지워졌던 기억이 우연히 다시 돌아옴으로써 자신의 놀라운 과거 정체를 깨닫게 된 사례에 해당된다.

앨프레드 비얼렉은 그의 본래의 이름이 아니었다. 그의 진짜 이름은 에드워드 A. 카메론(Edward A. Cameron)으로서 1916년 8월 4일에 태어났다. 그의 동생 던컨 카메론은 그 이듬해인 1917년에, 배다른 어머니를 통해 세상에 나왔다고 한다. 어린 시절 이 두 형제는 경제적으로 여유 있던 해군출신의 아버지 덕분에 대저택에서 숙모의 손에 의해 양육되었다. 고교졸업 후 비얼렉은 프린스턴과 하버드 대학에 진학하여 물리학 박사학위를 취득했고, 동생 던컨 또한 1939년에 스코틀랜드 에딘버러에서 물리학 박사학위를 땄다. 그 이후 두 사람은 곧 바로 해군에 입대하여 중위로 임관되었으며, 나중에는 뉴저지 프린스턴에 있는

에드워드 A. 카메론

고등연구소에 배속 받아 당시 해군에서 연구 중이던 "비가시 프로젝트"에 곧

---

57)이것은 뉴욕 주, 롱 아일랜드, 몬톡 근처의 포트 히어로 아래에 있는 다단계 지하 연구시설에서 1950년대부터 진행되었던 비밀 연구 프로젝트이다. 그곳 지명을 따서 흔히 <몬톡 프로젝트>라고 불렸다. 이곳에서는 주로 마인드 컨트롤과 심령전술, 시간여행, 공간이동과 같은 초과학 기술들을 연구했다.

바로 참여하게 되었다. 이 연구 프로젝트는 2차 세계대전이 한창 진행되던 상황에서 미국의 군함과 상선들이 독일의 잠수함인 U-보트의 공격에 의해 대량으로 침몰당함에 따라 배가 적의 레이더에 걸리지 않게끔 투명하게 만드는 기술의 필요성 때문에 추진되었다고 한다.

비얼렉의 말에 따르면, 1940년에 브루클린 해군 조선소에서 처음 시도된 무인실험은 성공을 거두어 그 프로젝트는 기밀에 붙여졌고, 프로젝트명이 "레인보우 프로젝트"로 바뀌었다. 그 당시 그 프로젝트를 주관하던 인물은 전설적인 과학자인 니콜라 테슬라(Nikola Tesla)였는데, 나중에 군부의 순수하지 못한 의도를 눈치 챈 그가 1942년 3월 중도사퇴하자, 존 폰 노이만(John von Neumann) 박사가 프로젝트를 인수받았다.

필라델피아 실험을 진행했던 USS 엘드리지호

이어서 1943년에 8월에 군함 "엘 드리지호"를 대상으로 다수의 승무원들을 태운 채 2차로 행해진 실험이 바로 "필라델피아" 실험이었다. 하지만 이 두 번째 테스트는 많은 사상자가 발생하고 탑승자들의 상당수가 실종되는 대재앙으로 나타나고 말았다. 과학자 신분으로 에드워드와 던컨도 그 배에 탑승했었는데, 그들은 배 밖으로 튕겨져 나가 실종되었고, 그때 그들은 A.D 2137년으로 이동하는 시간여행을 체험한 후 상처입은 사나운 몰골로 얼마 후에 다시 나타났다고 한다. 그리고 이런 실패로 인해 그 프로젝트는 폐쇄되었다고 대외적으로 알려져 있다.

그후 에드워드는 원자폭탄 개발 프로젝트를 맡아 병행 추진 중이던 텔러 박사와 폰 노이만 박사를 지원하기 위해 1944년 7월 로스 알라모스 국립 연구소로 옮겨갔다. 이 프로젝트에서 작업하는 동안 그는 핵융합을 무기화하여 이용하는 것에 대해 텔러 박사와의 의견 차이로 심하게 충돌하게 되었다. 에드워드는 그것이 예측할 수 없는 결과를 초래할 수 있다고 믿었다. 마침내 이 불화는 결과적으로 정부의 반감을 사게 되어 그는 1947년 7월 로스 알

라모스 연구소에서 제거되었고, 강제로 그의 가족으로부터도 분리되었다. 게다가 스파이 혐의까지 받아 고등군법회의에 회부되어 워싱턴으로 호송되어갔다. 다행히 이 소송은 중도에 취하되었으나, 대신에 그는 롱아일랜드의 몬톡에 배치되었고, 나중에 거기서 에드워드 카메론으로서의 모든

레이건 대통령과 에드워드 텔러 박사. 텔러 박사는 MJ-12의 한 멤버로 알려져 있다.

경력과 자격 및 기억이 삭제되었다. 게다가 시간역행 기술에 의해 연령이 1살로 퇴행되어 1927년으로 돌아가 새로운 집안에서 알프레드 비얼렉이란 이름으로 다시 태어났다고 한다.[58] 즉 외적인 강압에 의해 완전히 다른 인간이 되어 제2의 인생을 살게 된 것이다.

알프레드 비얼렉이 되어 새 가족 속에서 성장한 그는 학교 다닐 때 "걸어 다니는 백과사전"으로 불릴 정도로 매우 명석하고 박식했다고 한다. 특히 전자공학에 특별한 재능을 나타냈다. 그는 이전 삶과 유사하게 고교졸업 후 해군에서 복무했고, UCLA 대학 졸업 후 1953년 몬톡 프로젝트에 영입되어 다시 합류되었다.

1970년대 동안 몬톡에서 알프레드는 "몬턱 체어(Mauntalk Chair)"라는 장치에 배치된 어린 심령가(초능력자) 그룹 양성 프로그램의 책임자로 일했다. 그것은 ESP와 마인드 컨트롤에 관계된 것이었다. 이윽고 1980년경 몬톡에서 시간조종 장치가 개발되어 완벽하게 작동했을 때, 알프레드는 시간여행 실험의 일부에 직접 참여했다. 나중에 시간터널 기계장치가 몬톡에서 완성된 후에는 출퇴근 시에 그것을 이용하여 간단히 롱 아일랜드의 포트 히어

---

58)알프레드 비얼렉의 말에 따르면, 외계인의 기술이 미 정부 및 비정부 그룹들에 제공되었고, 그것은 살아있는 인간을 포획하여 시간을 거꾸로 돌려 그 사람을 원하는 어떤 시대로 '연령퇴행'을 시킬 수 있다고 한다. 그리고 이렇게 될 경우 성인의 몸 자체가 줄어들어 유아나 태아로 되돌아가게 된다는 것이다. 앞서 소개했던 마이클 릴페도 이처럼 연령역행이 되기는 마찬가지였다. 즉 화성에서 20년 동안 일한 후, 자신의 나이가 20년가량 퇴행되어 그가 화성에 데려가져 거기서 복무를 시작했던 시점에서 다시 지구의 시간 연속체로 끼워 넣어졌던 것이다.

2부 미국 정부와 외계인들 간의 커넥션

로에 있는 지하 기지로 순간 이동되었다가 엄청난 거리인 캘리포니아의 자기 아파트로 다시 돌아오고는 했다고 한다. 그리고 동생 던컨과 함께 몬톡의 시간터널을 이용하여 여러 번에 걸쳐 화성으로 여행했다고 증언한 바 있다.

그런데 그의 말에 따르면, 시간과 공간을 넘나들며 왕래할 수 있는 이 시간터널 기술은 외계인 집단의 협조에 의해 그들에게 주어졌으며, 그 외계인들은 주로 파충류가 포함된 오리온(Orion) 그룹이었다고 한다. 즉 외계인들이 전문적 기술과 하드웨어를 제공했고, 몬톡의 연구자들과 함께 그가 그들의 설계명세서에 따라 시간터널 시스템을 만드는 작업에 깊숙이 참여하게 되었다는 것이다. 그리고 그 터널은 많은 수정 후 '77년경에 완벽하게 작동하기 시작했고, 79년 그들은 원하는 모든 결과를 얻었다고 한다. 이 말이 사실이라면, 앞서 소개되었던 앤드류 바시아고가 참여했던 〈페가수스 프로젝트〉와는 별도로 몬톡에서도 또 다른 공간이동 및 시간여행 연구 프로젝트가 진행되었다는 이야기가 된다.

어쨌든 그는 화성에 갔다 온 몇몇 주요 증언자들 가운데 한 사람이다. 그런데 그가 체험한 다수의 화성여행 경험은 오히려 나중에 문제가 되었는데, 왜냐하면 상부의 허락 없이 나중에 무단으로 화성으로 두 번 갔던 것이 나중에 발각되었기 때문이다. 이 사건으로 알프레드 비얼렉과 그의 동생 던컨은 문책을 받게 되었고, 그들은 몬톡에서의 모든 경험과 기억이 삭제된 채 프로젝트에서 퇴출당하게 되었다. (※비단 그분만이 아니라 미국의 검은 예산에 의해 진행되는 모든 비밀 프로젝트에 관여했던 모든 요원이나 직원들은 보안이라는 명목으로 나중에 마인드 컨트롤에 의해서 이런 세뇌조치를 받게 된다. 이렇게 되면, 모든 기억이 지워지고 변조되거나, 또 새로 생성되기도 한다.)

하지만 그들의 마인드 컨트롤 공작이 아직은 완벽하지는 않았던 모양이다. 1988년 1월 늦은 밤, 그는 우연히 TV에서 방영된 "필라델피아 실험"이라는 제목의 1984년도 영화를 보고 있었고, 그때부터 과거 필라델피아 실험에 참여했던 자신의 단편적인 기억들이 돌아오기 시작했던 것이다. 그후 그는 과거 몬톡에서 자신의 휘하에서 함께 일했던 동생 던컨 카메론과 프레스톤 니콜스, 스튜어트 스윌로우를 정기적으로 자주 만나게 되었

말년의 알프레드 비얼렉 모습

고, 추가로 몬톡과 관련된 더 많은 기억들이 회복되었다. 그리고 더 나아가 오래 전 과거의 에드워드 카메론으로서의 자신의 본래 기억과 놀라운 정체성

을 깨닫게 되었던 것이다.

그리하여 1989년, 그는 내면의 양심이 명하는 대로 몬톡 프로젝트와 필라델피아 실험에 관여했던 자신의 경험과 관련 정보들을 세상에 공개하기로 결정했다. 그 후 그는 수많은 라디오 토크쇼와 회의 강연자로 나서 정부의 추악한 검은 프로젝트의 실상을 알리고자 노력한 바 있다. 알프레드 비얼렉은 2011년 10월 10일, 멕시코에서 파란만장의 자신의 생을 마감했다.

1)알프레드 비얼렉 박사와의 인터뷰(1)

아래의 내용은 미국의 월간지인 〈커넥팅 링크(Connecting Link)〉 19호(1993년)에 게재되었던 내용으로서 알프레드 비얼렉이 수잔 코니커브와 인터뷰한 내용이다. 여기서 그는 자신의 화성여행과 프로젝트에서의 제거된 경위에 대해 설명하고 있다.

미국은 (아마도 러시아도) 대안-3라고 불렀던 것과 특정 외계인 간에 체결된 협정 조항에 따라 이미 1969년에 화성의 표면에 설립된 기지를 가지고 있었다. 하지만 지상의 미국 요원들은 입구를 여는 데 필요한 중장비가 부족했기 때문에 이러한 화성 지하의 내부 시설에 접근할 수 없었다. 그러나 진보된 컴퓨터와 화성에 대한 정확한 위치 좌표를 보유함으로써 몬톡에 설치된 시공터널 기계장치에 의해 비얼렉과 그의 동생 카메론은 컴퓨터 좌표의 몇 인치 내에서 화성의 특정 장소나 그 내부로 이동할 수 있었다. 그들은 시간터널로 여러 번 화성으로 허가받은 여행을 했었고, 2번은 그들 임의로 화성에 갔었다. 이것이 나중에 발각되어 그들은 화성 터널 프로젝트에서 쫓겨났다.

수잔: 피닉스(몬톡) 프로젝트에 대해 말해 주시겠습니까?**비얼렉**: 피닉스 프로젝트의 용도들 중 하나는 타임터널을 이용하여 화성 식민지에다 지원을 제공하는 것이었습니다. 화성 식민지는 70년대 초반부터 존재해왔지요. 우리는 1969년에 달에 공개적으로 갔습니다. 그러나 실제로 독일은 1947년에 그곳에 있었습니다. 그리고 우리는 미국-러시아 탐험대와 합동으로 1962년에 그곳에 갔지요. 그리고 그들은 1962년 5월 22일 화성에 갔습니다. 1977년 4월 1일에 앵글리아 TV에서 방영된 필름인 〈Altenative-3〉는 그런 식민지가 지하에 실재할 수 있다고 충분히 설명하고 있습니다. 그것은 실제적인 전송을 보여줍니다. TV에서의 컬러 장면들은 이들이 이동하여 착륙했을 때 화성에서 가져온 것입니다. 우리는 '60년대 말부터, 어쩌면 70년대 초부터 화성

에 식민지를 갖고 있었습니다. 그리고 그들은 거기서 많은 인공물들을 발견했습니다. 거기에는 하나 이상의 파괴된 도시들이 존재합니다. 물론 화성의 인면상(人面像)과 피라미드, 전체 복합시설은 호글랜드 박사가 언급하고 공개한 것입니다. 그의 책에는 첨부된 두 개의 동영상이 있습니다.

그들이 표면에서 발견한 것들은 거기에 그들이 볼 수 없는 더 많은 것들이 매장돼 있음을 나타냈습니다. 그리고 그들은 그것을 가져오지 않았고, 그 당시 화성에서 사용할 이동용 중장비를 가져갈 능력이 없었습니다. 그들은 어떤 캐터필러(무한궤도식 트랙터)도 없었죠.. 큰 트랙터 및 그런 종류의 장비들말입니다. 그것들은 가져가기에는 너무 무거웠습니다.

그래서 무선교신에 의해 지구로 다음과 같이 요청되었습니다. "우리는 여기에 지하시설이 있다고 생각한다. 우리는 밀폐된 입구를 보았다. 어떤 좋은 방법을 우리에게 말해줄 사람들을 보내줄 수 없는가?" . 물론 그 정보는 몬톡으로 바로 전해졌고, 피닉스 프로젝트에 전달되었습니다. 그리고 그들은 이런 답변을 전송했습니다. "그런 장소들이 있다고 생각되는 화성 지표면 위치의 좌표들을 알려 달라." 그리고 그들은 그렇게 했습니다. 그리고 그들은 "우리는 그것을 조사해 보겠다."고 말했죠. 그들은 시간터널 장치로 어디든 갈 수 있었기 때문에 그 좌표로 화성에 갔습니다.

그리고 처음에 그들은 사람을 보내지 않았어요. 그들은 지하 지역에 있을 것으로 생각되는 터널로 달려가 단단한 바위에 누군가가 깔려죽는 위험을 감수하기보다는 카메라, 즉 원격-촬영 카메라를 보냈습니다. 우리는 거기에 실제 동굴이 있고 그것이 안전하다는 것을 발견하고 나서야 그때 몬톡은 사람들을 보냈습니다. 던컨과 내가 바로 그 당사자들이었죠.

그때 갔던 최초의 승무원들인 우리는. 몬톡의 본부에 의해 화성의 지하를 탐사하라는 지시를 받았습니다. 책에서는 누가 갔다고 언급하지는 않았지만, 우리가 갔었습니다. 그리고 거기에는 필시 다른 이들이 있었어요. 우리는 여러 번 갔었습니다. 우리는 온갖 종류의 인공물들을 발견했습니다. 그리고 우리는 여전히 작동하고 있는 지하 조명시스템, 전력시스템을 발견했지요. 우리는 그것을 발견한 후 그것을 켰고 그것은 아직도 작동했습니다. 생명의 증거는 없었습니다. 많은 유물들, 파일들, 기록들, 종교 유물들, 조각상 모두가 저장실 같은 곳에 저장돼 있었습니다. 일종의 거대한 저장 공간이었죠. **수잔:** 그것은 영어로 작성된 자료들이었나요? **비얼렉:** 아니요, 그것은 다른 언어로 돼 있었습니다. 영어가 아니었어요. 던컨이 그 중 일부를 번역 할 수 있었습니다. 나는 그것을 보았지만, 알 수 없었죠. 그리고 다량의 기록과 물건들을 가지고 돌아왔습니다. 결국 던컨과 나는 우리 자신만의 몇 가지 비밀

화성의 지표면의 전경

여행을 하기로 결정했지요.

　그런데 하나의 여행이 설정되면, 한 번 여행이 이루어진 후 그 모든 것이 기록되도록 돼있었습니다. 그 시스템을 작동하는 데 필요한 모든 좌표들과 정보가 자기(磁氣) 테이프에 기록됩니다. 그리고 이 테이프를 가지고 컴퓨터에 연결할 수 있고, 심령가와 의자번호를 통하지 않고 같은 장소로 가는 터널을 열 수 있습니다. 왜냐하면 컴퓨터가 모든 천상의 데이터, 지구운동, 태양계의 움직임을 내장하고 있기 때문이죠. 그러므로 어디에 그 행성이 있게 될지 새로운 위치에 대한 완벽한 내용이 나오는 것입니다. 그리고 터널 장치와 연결하면 정확히 같은 위치에 가게 되는 겁니다. 그래서 우리는 우리 자신의 작은 탐험을 위해 스스로 두 번 더 갔습니다. **수잔:** 그럼 당신이 다시 귀환하는 동안 아무도 그 기계에 사람이 배치돼 있지 않았습니까? **비얼렉:** 우리는 그 장비를 켰고, 그것을 작동시키는 방법을 알고 있었어요. 그리고 거기에 아무도 없었습니다. 두 번째 여행에서 우리는 발각되었는데, 거기에는 이 장비가 몇 번이나 어떤 목적을 위해 사용되었는지, 그리고 날짜, 시간 등등이 자동으로 기록되기 때문이었죠. 그것은 일종의 자동완성 시간, 사건 기록기인 것입니다. 따라서 우리가 돌아 왔을 때 우리는 체포되었습니다. 우리는 프로젝트에서 제거되었고 질책을 받았습니다. 이런 말을 들었죠. "당신들은 더 이상 그 일을 못하게 될 거야." 관계자들 중 하나인 수석 과학자는 우리의 팀을 해체해 버렸습니다. 던컨과 나는 그 후 함께 아무것도 하지 못했지만, 추가적인 탐험이 다른 사람들에 의해 진행되었습니다. 그 후 그들

　　　　　　　　　　　2부 미국 정부와 외계인들 간의 커넥션

이 무엇을 발견했는지는 우리는 모릅니다.

던컨, 프레스턴이 프로그램의 일부였던 것처럼, 어떤 사람들이 미리 선발되었습니다. 그리고 (그후 우리에게 행해진) 세뇌의 수준은 다양했지요. 던컨은 자신의 전문 기술이 사용되지 않았기 때문에 심하게 프로그램되었습니다. 나는 어느 정도 세뇌되었고, 프레스턴은 심하게 세뇌되었습니다.

2) 알프레드 비얼렉 박사와의 인터뷰(2)

※이 인터뷰는 1991년, 워싱턴의 옐름에서 알 비얼렉과 한 무명의 탐방기자 사이에 이루어졌다. 여기서 그는 자신과 동생 던컨이 화성에서 탐사했던 지하시설에 관해 좀 더 소상한 내용을 언급하고 있다.

질문자: 시간터널을 통해서 당신이 겪었던 경험에 관해서 말인데요. 당신은 화성 위를 걸었고, 그곳에 있었다고 하셨죠. 화성에서 무엇을 보았습니까?

비얼렉: 나는 화성 표면에 있지는 않았습니다. 우리는 지하에 있었지요. 그이야기는 우리가 화성에 하나 또는 그 이상의 기지들을 갖고 있다고 개략적으로 언급한 영국의 TV 제작물인 "대안-3"에 까지 거슬러 올라갑니다. 그기지들은 미국정부와의 연합공작에 의해 구축된 것입니다. 나는 거기에 러시아인들과 외계인들이 있었는지는 알지 못합니다. 그들은 표면의 기지들에 있으며, 엄밀히 말해 그것은 사실 미국정부가 아니라 세계비밀정부의 공작입니다.

대략 1969년경에 그들이 화성표면에 있었던 이래 그들은 밀폐된 지하로 들어가는 입구를 발견했고, 그 아래에 무엇인가 있다는 것을 알았습니다. NASA의 평가에 의하면, 지상에 약 30~40만년 이전 것으로 보이는 황폐화된 도시들이 그대로 남아있었기 때문에 아마도 지하에는 고대문명에 의해 감추어진 인공물들이 존재할거라는 소문들이 있었어요.

그러나 그들은 어떤 지하구역들로 통하는 입구들이 모두 봉쇄되어 있고 표면이 벗겨져 있음을 보았습니다. 따라서 이런 소식이 교신을 통해 몬톡과 피닉스 프로젝트의 배후에 있던 누군가에게 다음과 같이 전달되었죠. "우리가 어떻게 해야 하는가? 화성의 지하에 들어갈 수가 없다." 그들은 말했습니다. "좋다. 방법이 있을 것 같다. 화성 표면의 좌표를 말해보라. 천문학적인 계산을 해야 할 것이다." 그들은 이 모든 것을 컴퓨터에다 입력시켰습니다. 그들은 두 사람이 화성에 가기를 원했고, 그것이 마침 던컨과 내 자신이 된 것입니다.

질문자: 왜 하필 두 사람이죠?

비얼렉: 다른 한 사람이 본 것을 확인하고, 또한 그 지하에 어떤 문제가 있을 경우를 대비해서이지요. 그래서 그들은 우리를 보냈으며, 우리는 그 화성 지하에 가게 된 것입니다. 필라델피아 실험의 결과로 개발된 몬톡 "시공 터널 장치"를 이용해서 말입니다. 거기 지하에는 빛에 관계된 문제가 있었습니다. 우리는 당시 조명(照明)이 있어야만 했습니다. 내가 기억하기로는 나중에 우리는 어떤 빛의 원천을 찾았고 그것을 켰습니다. 우리는 마침내 추측컨대 2만~10만 년 전에 죽은 마지막 화성인들의 잔재들을 발견했지요. 그들은 지하에 있던 자기들 문명의 모든 것을 남겨놓았습니다. 우리는 종교적인 것으로 보이는 엄청난 양의 조각상들을 발견했습니다.

질문자: 그것은 무엇처럼 보였습니까? 또 그것들은 얼마나 크던가요?

비얼렉: 전체적으로 6, 7, 8 피트 높이의 석상이었고, 거기에는 보석들이 박혀 있었습니다.

질문자: 그것들은 인간과 유사한 존재들이었나요?

비얼렉: 예, 그것은 아주 잘 보존되어 있었습니다. 우리는 거기서 기록보관소와 수많은 과학 설비들을 발견했습니다. 또한 상당한 중량의 전자 장비들을 발견했지요. 나는 던컨이 약 1주일 전 그것에 관해 상기시켜주기까지는 생각해내지 못했습니다. 그는 말했죠. "그들이 빼내간 화성인의 금(金) 17,000 미터톤(metric ton)을 잊지 말아요." 그의 기억에 따르자면, 그것은 매우 기묘한 금이었습니다. 그것은 지구의 것보다 5배나 밀도가 높았고 믿을 수 없는 재산가치가 있었습니다. 거기서 우리는 그것을 가져가려는 생각이 없었습니다만, 그것은 몬톡으로 가져와졌고 그곳에서 다른 어딘가로 옮겨졌습니다. 공인된 몇 가지 (화성으로의) 여행들이 있었습니다. 컴퓨터 내에서의 모든 것이 우리 두 사람을 탐사하도록 보내자는 것이었기 때문에 던컨과 나는 이해했고, 따라서 우리는 그렇게 했던 것입니다. 두 번째 방문 이후에 그 유물들

2부 미국 정부와 외계인들 간의 커넥션

이 발견되었고 우리는 걸음을 멈추었습니다. 그것은 그가 그 지하에 매장돼 있던 기록보관소에 들어가 그 문명에 관한 엄청난 기록들을 발견했을 때였습니다.

질문자: 무엇을 찾아냈습니까?

비얼렉: 그것을 읽은 것은 던컨이었습니다. 나는 그것들을 읽을 수 없었어요.

질문자: 그가 당신에게 말해주었나요?

비얼렉: 글쎄요. 당시 그가 말했지만, 지금 나는 그것에 관한 어떤 것도 기억할 수가 없습니다. 그것은 매우 이상한 기억입니다. 변하기 쉬워요. 나에게 있어 그가 실제로 발견한 것에 관계된 그 일부는 결코 명확하지 않습니다.
하지만 우리가 그 지하에서 목격한 다른 설비들 중에 어떤 것은 기억합니다. 그것은 아주 기묘하고 거대한 어떤 형태의 발전기(發電機)였습니다. 아직 못 보았다면, 나는 당신에게 영화 '토탈 리콜'을 보라고 권고합니다. 사실상 내가 거기에 있었던 그 사실을 생각나게 한 것은 바로 그 영화를 본 것 때

문이었습니다. (영화 속에서의) 식민지 모습이 아니라 지하에 관한 장면 말입니다. 거기서 그들은 이런 크고 둥근 여과장치통을 보여주었고, 감독자는 그것이 산소생성을 위한 것이라고 말했지요. 확신하지는 못하지만 우리는 그렇다고 생각합니다. 나는 그 장면을 보고 중얼거렸어요. "그것은 둥글지 않아. 그것은 육각 형태야." 그리고 나는 내 자신에게 물었습니다. "도대체 어떻게 내가 그것을 알고 있단 말인가?" 그래서 결국 그것은 화성의 지하에서의 우리의 모습이었던 것

입니다. 우리는 그곳 지표면에서는 그런 것을 거의 보지 못했어요.

질문자: 당신은 토탈 리콜에서의 장면처럼 지표 아래에서 얼음을 보았나요?

비얼렉: 얼음이요? 아니요.

질문자: 내가 그 영화를 기억하기로는 그것은 그들이 대기(大氣)를 만들어내기 위해 다량의 얼음을 녹인 것이지요.

비얼렉: 그 지히에 있던 것은 얼음이 아니었습니다. 거기에는 산소발생기가 있었고 그들은 또한 어떤 저장소를 갖고 있었죠. 그곳에는 분명히 고대인들이 남겨놓은 일종의 발전(發電) 시스템이 있었습니다. 그것에 관해 많은 것을 알지는 못합니다. 하지만 그들이 그것을 지표면의 식민지들로 옮기기 전에 그것은 활성화되었습니다. 그들은 또한 극지(極地)의 얼음을 용해시켰습니다. 소문으로는 그들이 그것을 위해 수소폭탄 1~2개를 사용했다고 하더군요. 그것이 사실인지는 잘 모릅니다. 하지만 그들이 다량의 극지 얼음을 녹였으므로 일정량의 물을 얻었을 것입니다. 그것이 아직 적은 양이긴 하겠지만, 그들은 물을 갖고 있습니다. 공기 역시 엷기는 했으나, 존재합니다. 그리고 날씨는 충분히 온화했습니다. 적도지역에서 살아가는 데는 별 문제가 없었어요. 물론 천문학자들은 이 사실을 50년이나 그 이상 동안 알고 있었습니다. 온도면에서 그것은 매우 알맞았지요.

질문자: 당신이 언급했던 조명장치 말인데요. 그것은 어떤 모습이었습니까?

비얼렉: 미지의 조명 형태였고, 우리가 그것을 발견한 후에 어떻게 그것이 작동하는지는 알 수 없었습니다. 그 조명장치를 켠 이후에는 빛의 결핍을 겪지 않았어요. 다른 면에서 우리는 이동해 다녀야 했고 휴대용 조명이 모두 그렇게 효과적이지는 않았는데, 우리는 수백 피트의 높은 천장을 가진 거대한 지하 시설들을 탐사하고 있었기 때문이죠. 결국 우리는 자체적인 조명이 돼 있던 곳을 발견했습니다. 그것은 매우 밝았습니다.

질문자: 화성의 인면상(人面像)에 관해 갖고 계신 어떤 정보는 없나요?

비얼렉: 그 지하에서 내가 기억하는 것은 없습니다. 그런데 화성에는 하나

이상의 인면상이 있습니다. 그들은 여러 개를 발견했어요. 하지만 내가 기억하기로는 NASA가 그것을 발표하기 몇 년 전, 즉 대략 2년 전에 그들은 화성으로부터 낮은 주파수의 무선송신을 받고 있었습니다. 만약 내가 정확하게 기억한다면, 그것은 대략 50Khz 였지요. 아주 낮은 수준의 주파수는 그 장비 또는 그것이 무엇이든 RF 신호를 생성하고 있었다는 것을 나타냅니다. 그것은 코드화(Coded)돼 있었고, 아주 오래되고 아마도 거의 낡은 것이었는데, 따라서 그들은 아직도 그것으로부터 송신되는 어떤 것이 있다는 사실에 놀랐습니다. 그러나 그것은 그들이 그 신호를 포착해 컴퓨터에다 입력해서 그것을 다른 문자로 옮겨 쓰기에는 충분했어요. 그것은 일종의 경고입니다. 즉 자기들이 저지른 실수를 반복하지 말라는 인간에 대한 경고의 메시지인 것입니다.

질문자: 화성에 있었던 것에 관해 어떤 느낌을 갖고 계십니까? 당신이 받은 일반적인 인상은 어떠한가요?

비얼렉: 우리는 거기서 우리보다 앞서 있던 고대문명의 유적들을 탐사하고 있었고, 그것은 매우 독특하다고 느껴졌습니다. 거기에 남겨져 있던 진상은 한 때의 위대한 문명을 보는 것이었고, 그들이 모든 것을 뒤에 남겨놓은 채 실제로 거기서 죽었다는 것을 깨달았습니다. 그리고 결국 그 문명은 막을 내린 것이지요. 명백히 계획적으로 생존했던 곳은 지하였습니다. 그 원형의 도시들은 파괴된 지 아주 오래되었고, 그들이 그곳으로 내려와 살면서 머물렀기 때문이죠.
　내가 이해하는 바로는 지상에서 벌어졌던 어떤 공격일지라도 다수의 화성인들이 살아남았고, 결국 지구로 떠나갔거나, 다른 이들은 화성의 지하로 내려가 머물기로 결정했던 것입니다. 그리고 실제로 그 자손들이 쇠퇴하여 화성에 남겨졌던 전체 종족의 맥이 끊긴 것이 아닌가 합니다. 그곳 지하에 있던 잔존자들이 완전히 사멸했다는 사실을 깨닫는 것은 기묘한 느낌이었습니다. 그들은 단지 자기들의 모든 기계설비만을 남겨 놓았던 것이죠.
… (중략) …

질문자: 가시기 전에, 당신은 모든 이것에 대해 어떻게 생각하십니까? (당신을 이용했던) 이런 세력들에 대해 복수하기를 바라시나요? 이 점에 관한 당신 입장은 무엇입니까? 당신은 개인적으로 어디에 서 있습니까?

비얼렉: 나는 과거를 어느 정도 되찾고 싶어요. 글쎄, 난 어디에 서 있는 것일까요? 첫째로 나는 일반국민들이 정부가 정치에서 과학 분야에 이르기까지 비밀 프로젝트들과 납치를 어떻게 은폐하고 거짓말을 했는가에 관해 안지가 오래되었다고 느낍니다. 나는 외계인을 말하는 게 아닙니다. 정부에 의한 납치를 말하고 있는 겁니다. 다시 말하면 정부에 의해 자행되는 재프로그래밍과 개인의 의지에 반해 그들을 특별 프로젝트에다 강제로 밀어 넣는 짓 말입니다. 피납자들이 이런 일을 완료했을 때 그들은 일상적 삶으로 돌아오든가, 아니면 많은 경우에 깊은 혼란에 빠져버립니다.

질문자: 당신, 분노하신 것 같네요?

비얼렉: 오, 그래요. 나는 그것에 대해 매우 화가 나요, 그들이 내 인생을 망치고, 던컨의 인생을 망쳤기 때문입니다. 또한 그들은 그 프로젝트(원래의 필라델피아 프로젝트)에서 일했던 내가 아는 많은 다른 사람들의 삶을 망쳐놓았어요.

그들이 가족관계와 온갖 종류의 것들을 깨뜨렸다는 측면만이 아닙니다. 그들은 피닉스(몬톡) 프로젝트에 참여한 많은 사람들을 제거했습니다. 그들은 말 그대로 우연을 가장해서 어느 정도 고의적으로 다른 방법에 의해 살해당했어요. 그렇지 않으면 재프로그램되어 아무도 모르는 곳으로 보내져 버렸습니다. 그리고 그들 중 많은 이들이 다른 시간 틀(time frame)로 아예 옮겨져서 그들이 어떤 여건과 모습으로 살았든 결코 자신이 원래 살던 지점과 삶으로 돌아올 수가 없습니다.

이런 식으로 멋대로 그들을 대규모로 재배치하고 재프로그래밍하는 것은 우리의 헌법에 전적으로 반하는 것입니다. 그리고 자유에 관한 우리의 종교적 개념과 거의 200년 간 지속된 헌법 하에서 우리가 아는 것과 같은 자유에 대한 정치적 개념을 해치는 것입니다.

미국의 헌법은 오랫동안 존재해 왔지만, 없는 거나 마찬가지라고 생각합니다. 왜냐하면 약 1947년부터 이런 정부의 프로그램이 작동해 왔고, 그들은 매년 점점 더 사악해지고 미국에서 제한을 받지 않기 때문입니다. 미국은 그런 공작 안에서 가장 사악하고 가장 타락해버린 것으로 보입니다. 인간에 대한 억압과 대중매체에 의한 조종은 미국에서 최악이며, 러시아보다 훨씬 더 나쁩니다. 러시아에서는 이 나라보다 말할 수 있는 더 많은 자유가 있습니다. 나는 지난 한 두 해에 대해 말하고 있는 것이 아닙니다.

3) 알프레드 비얼렉 박사와의 인터뷰(3)

※이 3번째 인터뷰는 A.비얼렉이 1997년 8월, 플로리다, 데이토나 비치에서 개최된 '글로벌 과학 학술대회'에서 〈리딩 에즈(Leading Edge)〉지(紙)의 케네스 버크와 가졌던 인터뷰내용 중 일부를 발췌한 것이다. 여기서는 외계인에 관련된 부분과 검은 세력들의 아이들 납치 및 가공할 마인드 컨트롤 공작에 대한 언급하고 있다

    UFO 연구가 존 리어(John Lear)와 테드 건더슨(Ted Gunderson)를 비롯한 여러 연구자들은 매년 미국에서 2백만 명의 아이들이 실종되고 있고, 사실상 그 아이들이 정부의 요원들 및 비밀정부의 다른 사람에 의해 납치되고 있다고 주장한다. 즉 그들이 정부의 마인드 컨트롤 프로그램 / 외계인을 위한 지하 노예노동/ 사탄 의식 / 학대(성폭행)/ 살인 / 백인(노예) 매매 / 매춘 / 그리고 다른 검은 군사작전 프로그램들에 이용된다는 것이다.

    물론 얼핏 들으면, 이것은 너무 과장된 이야기가 아닌가 생각되기도 한다. 그러나 시간을 들여 조사했던 어떤 이는 미국에서 총 140만 명의 어린이들이 실종신고 되었고, 캘리포니아에서만 실종된 아동이 110,332명이라는 통계치가 있다는 것을 발견했다고 한다. 그런데 이 인터뷰에서 비얼렉 박사는 이런 놀라운 내용들이 모두 진실이라고 증언하고 있다.

버크: 나는 최근 이 모든 문서를 우리에게 준 사람과 우리가 대화를 나눴던 관심사에 대해 당신께 묻고 싶습니다. 그는 정부가 이 거대한 UFO 정보를 공개할 예정이고 그것이 임박해 있다고 느끼고 있다고 합니다.

비얼렉: 그것은 여러 면에서 너무 난처한 문제이기 때문에 그들은 스스로 그렇게 하지는 않을 것입니다. 은폐는 매우 오랫동안 지속돼 왔습니다. 로즈웰 사건 이래, 특히 1952년에 UFO의 백악관 영공 비행 후, 국가 안전보장 회의가 공개여부를 투표에 붙였을 때, 당시 대중에게 있는 그대로의 정보를 공개하자는 쪽이 여섯, 다른 여섯은 묻어두자는 쪽으로 갈라졌습니다. 물론 그 당시 NSA의 의장은 동점을 깰 결정투표를 해야 했지요. 그 의장은 리처드 닉슨이었으며, 그는 대통령이 될 때까지 NSA의 감독자였습니다. 그는 묻어두자는 쪽에 투표했으며, 따라서 그들은 프로젝트 블루북(Blue Book)을 만들었습니다. 물론 그 이후로 모든 것이 매장되었습니다. 그것은 그들에게 매우 곤혹스럽게 되었는데, 왜냐하면 나중에 그들이 너무나 많은 (추락한) 우주선들과 외계인들을 포획하게 되었기 때문이죠. 그 외계인들은 은근히 언급되

었다시피 정부의 손님이나 인질이었습니다. …(중략) …

사람들은 계속 이야기하고 있습니다. 누군가가 입막음되었고, 예컨대 필 슈나이더(Phil Schneider)처럼 살해당했다고 말이죠. 그는 사실을 알고 있었으며, 51-구역에서 직접 외계인 자신과 대면했었습니다. 그는 무슨 일이 진행되고 있었는지 알고 있었습니다. 또 그는 지하 UN 회의 참석했습니다 - 진짜 회의는 뉴욕의 UN 플라자에서 개최되지 않습니다. 정책결정 회의는 (깊은 지하 군사기지, 그가 DUM이라고 불렀던) 지하 군사 기지에서 열립니다. 그들은 키 큰 그레이 외계인들에 의해 모든 통제를 받고 지시를 받습니다. 그는 개인적으로 이 회의에 두 번 참석했었죠, 두 번째 참석 이후, 그는 자기가 잘못된 사람들을 위해 일하고 있었다고 말했습니다. 그것이 그가 지질학자로서 정부를 위해 일하는 것을 중단한 이유입니다.

버크: 그렇다면 그의 관찰 결과 그 UN이 외계인들에 의해 통제되어 운영되었다는 것인가요?

비얼렉: 예. 그것이 그의 한결같은 말입니다. 그는 결코 그것을 공개적으로 말하지는 않았지만, 나는 말할 것입니다. 그는 그것이 외계인들에 의해 운영된다고 했습니다. 그는 외계인들이 UN 정책의 배후에 있으며, 또한 그들이 지구에서 일어나고 있는 수많은 일들의 배후에 있다고 말했습니다. 그는 그들이 점차 (지구를) 접수하고 있고, 우리가 "신세계질서(New World Order)"라고 부르는 것을 가동하고 있다고 말합니다.

버크: 지금, 어떤 외계인 그룹이 이것을 하고 있다는 것입니까?

비얼렉: 오래된 존재들인 키 큰 그레이 외계인들입니다.

버크: 그들은 시리우스에서 왔나요?

비얼렉: 그들은 제타 레티큘리에서 왔습니다. 어떤 의미로 그들이 관련돼 있지만, 작은 그레이들과 같은 것은 아니에요. 작은 그레이들은 거의 로봇(Robot)입니다. 그레이들에게는 5~6가지 다른 종들이 있습니다. 여섯 번째 종족이 키가 큰 그레이입니다. 그 다음으로는 신장이 6 피트 정도와 5피트 반 정도 유형이 있습니다. 이들은 모두 남성이나 여성이고, 우리가 정상적인 생식으로 알고 있는 방식으로 생식을 합니다. 그러나 당신이 기록해 둔 3피

트 반의 키를 가진 그레이들은 무성생식(無性生殖)을 하고 자손을 낳을 수가 없습니다. 그들은 심지어 음식을 소화 할 수도 없습니다. 이들은 변절자들입니다. 그들은 그레이 사회에서 농땡이들의 일종이며, 그들을 위해 그 일을 합니다.

버크: 이들이 이곳에 얼마나 많이 있는지 알고 계십니까?

비얼렉: 한 때 수백만이 있었습니다. 지금 여기에 얼마나 많이 있는지는 모릅니다. 그들은 정부와 갈라섰고, 더 이상 미국 정부를 위해 일하지도 않습니다. 이야기 중 일부는 "정부가 너무 많은 거짓말을 했다."는 것이었습니다. 글쎄요, 난 우리가 모든 것을 알고 있다고 생각하지만, 그레이들도 마침내 정부가 그들에게 한 약속이 깨졌다는 사실을 간파한 것 같습니다. 물론 정부는 그레이들이 정부에게 한 약속이 파기되었다고 말합니다. 아마도 그들 양쪽 다 거짓말을 하고 있을 겁니다.

버크: 그렇다면 당신이 여러 소스에서 읽을 수 있는 "신세계질서" 조직과 "검은 헬리콥터"들에 관한 이 모든 정보가 외계인들에 의해 조합되었다는 것인가요?

비얼렉: 그 많은 부분이 그렇습니다. 거기에는 또한 "일루미나티" "빌더버거들" "CFR", "삼각위원회", "로마 클럽", "300인 위원회"를 포함한 12가문 같은 인간 집단으로 이루어진 교차 부분도 있습니다. 이 모든 인간 집단들은 내부의 엘리트들이고, 신세계질서와 하나의 세계정부를 구축하기를 원합니다. 동시에 그들은 세계 인구를 줄이고자 합니다. 이제, 이 녀석들은 바보가 아닙니다. 사람들은 그들이 매우 지성적이긴 하지만, 보통 사람과는 다른 관점에서 사물을 본다는 것을 부정할 수가 없습니다. 그들의 "당신들은 우리의 (소유물의) 일부이다."와 같은 종류 외에는 자유를 믿지 않습니다. 그렇지 않다면, 그들은 자기들이 원하는 방식으로 군사행동을 할 것입니다. 그들의 눈으로 볼 때 여러분은 본질적으로 세상의 나머지 (극소수의) 인간들에게 노동하는 노예입니다. 그들은 세계가 인구 과잉이라고 봅니다. 그리고 그들은 세계 인구를 생물학전, 핵전쟁, 그 어떤 수단에 의해서든 줄이기를 원합니다.
그들은 핵전쟁은 포기했는데, 그것이 자기들의 이익에 부합하지 않고, 그들도 파괴할 것이기 때문입니다. 어떤 수단에 의해서든, 그들은 15억 정도의 인구를 감소시키기를 원합니다. 그들은 2,000년에 그것을 하고자 했지만,

2025년으로 목표를 변경해야만 했습니다. 왜냐하면 비록 그때가 원래 개시하려던 계획보다 5년 후이긴 하나, 3~5년 내에 이것을 실행한다는 것이 물리적으로 어렵기 때문이었죠. 그들은 날짜를 연장했습니다. 그러나 그들은 여전히 세계 인구를 줄이기를 바라며, "정원 같은 낙원"에 관한 그들의 전망을 더 크게 설정했습니다. 지구상의 많은 도시들과 생활 영역들을 변화시켜 500년 전에 존재했던 천연원시림으로 되돌려 놓고자 합니다. 그들은 말 그대로 나라의 도시들을 갈아엎고 고속도로를 경작할 준비가 돼 있는 것입니다. 그들이 모든 것을 파괴하고 싶어 하는 것은 아니지만 많은 도시들은 없애고자 하는데, 인구를 줄이려하고 있기 때문입니다. 이것은 그들이 구현하는 과정에 있는 계획입니다. 물론 여기에 관계한 외계인들이 있습니다.

버크: 그것은 가변적이군요.

비얼렉: 예. 그것은 변경될 수 있는 요소가 있습니다. 그들의 관점에서 그들은 외계인을 이용하고 있습니다. 그러나 외계인의 관점에서는 그들은 외계인에 의해 이용되고 있습니다. 그럼, 누가 꼭대기에 있고, 누가 정말 그 쇼를 실행하고 있는 것일까요? 아무도 이 시점에서는 알 수 없습니다. 당신은 브랜튼의 작품 전체를 읽거나, 그 책 26 페이지의 개요 부분만을 읽을 수 있습니다. 그는 삶의 대부분을 미국 정부의 고용인으로 지냈으며, 지하에서 외계인들과 함께하는 상황에서 일했습니다. 그의 진술에 따르면, 미국 정부는 군대들과 더불어 지하에 있다고 합니다. 그리고 그는 우리의 발 아래 그곳에서는 누가 결국 꼭대기에 올라서서 그 쇼를 지휘할 것인가에 관한 시소 전쟁(see-saw war)이 진행되고 있다고 말합니다. 지하에서 지배권을 다투고 있는 두 종(種) 또는 그 이상의 외계인 그룹이 있습니다. 그리고 미국 정부는 - 놀랍게도 - 우리의 군대로 상황을 계속 통제하려고 시도하고 있습니다. 그가 이 모든 것을 보고했습니다. 그러므로 그것은 정말 무한경쟁 또는 난투극인 것입니다. 이 시점에서는 아무도 누가 정상에 있거나 정상으로 올라설 것이라고 단호히 말할 수 없습니다.
… (중략) …

버크: 좋아요. 그럼 우리는 이제 서로 다른 시간선(time line)에 놓여 있군요?

비얼렉: 예. 우리는 전체 행성이 원래 있던 곳보다 서로 다른 타임라인에 있

습니다. 그것이 (파국의) 그날을 구한 것인데, 말하자면 시간파들(time waves)이 서로 충돌하여 뒤집어지는 것을 미리 방지한 것이죠. 정부의 가장 내밀한 수준과 그것을 가지고 작업하고 있는 과학자들을 말해볼까요. 그들은 이 문제를 잘 알고 있습니다. 그들은 시간을 관리해 왔고 재설계하고 있습니다. 물론, 외부 그룹들은 이것에 대해 우려하고 있었습니다.

내가 단지 최근에 알게 된 또 다른 집단은 "몬톡 소년" 프로젝트를 가동하는 집단입니다. 이것은 그 자체가 매우 긴 이야기인데, 내 둘째 아들이 "몬톡 소년"이었기 때문이죠. 그래서 그것은 이야기가 옆길로 빠지게 되고, 단순히 하나가 아니었다는 사실을 알게 되지요. 모든 "몬톡 소년" 프로젝트들은 지금 몬톡에서 멀리 떨어져 있습니다. 그것들은 1980년 또는 1981년에 그렇게 되었습니다. 나는 다른 구역인 모든 지하 기지들(롱 아일랜드에 6곳이 있다)에 들어갔었습니다. 이런 것이 미국의 모든 주요 도시마다 하나씩 있습니다. 그들은 전국에서 이런 처리작업을 하고 있습니다. 사실 "몬톡 소년"은 일반적인 용어입니다. 그것은 장소를 언급하는 것이 아니라, 처리와 처리되어 나온 제품(인간)을 말하는 것입니다. 그들은 세계 전역에서 그런 아이들을 강탈하고 있습니다. 1,000만 이상의 미국인들이 "몬톡 소년" 프로젝트에서 가공 처리 되었습니다.

버크: 나는 당신이 관여했던 것들에 대한 다른 정보를 읽었습니다. 정말이지 나는 "몬톡 소년" 프로젝트가 무엇인지를 이해할 수가 없어요.

비얼렉: 이것은 나중에 이용하기 위해 그들에게 (장치를) 이식하고 프로그램 하는 프로젝트입니다 원래의 프로그램은 1975년과 1976년에 착수했습니다. 그것은 오늘날까지 계속되고 있지요. 그들은 사춘기 가량의 취약한 아이를 선택합니다. 이것은 그 후보들이 선택되었다는 것을 의미합니다. 그들은 그 선택하는 데 대해 매우 주의 깊습니다. 그 아이들은 특정 유전자 패턴에 잘 맞아야 합니다. 그들은 이 후보자들이 대략 12세~16세 정도의 연령이기를 원합니다. 나이가 17세나 그 이상이면, 사고(思考)가 고정되기 시작하고, 그 애들은 정말 그들이 원하는 방식으로 설정하고 훈련시킬 수가 없습니다. 이 상적인 연령대는 13~15세인 것으로 보입니다. 그 아이들은 이미 잠재의식 속에 삽입된 이식장치와 각 개인의 조건화 작업을 통해 원격 프로그래밍으로 조종되도록 프로그램화되고 조건화되어 있습니다.

"몬톡 소년들은" 현재 매우 정교한 기술에 의해 이식되어 있습니다. 그들은 먼저 가공처리, 마인드 컨트롤, 잠재의식내의 이식, 명령인자, 인격변화와 변형, 명령에 따라 특정 작업을 수행할 사전 조건화 등의 훈련을 거칩니다. 그 명령은 프로그래밍의 최종 단계에 주어질 것입니다. 또는 만약 그 마지막 단계에서 삽입될 경우, 어떤 명령기능이 무선전송에 의해 전달될 수도 있습니다. (인간의 뇌는 손상되지 않았다면, 일정 규모의 전송정보를 수신할 수 있기 때문입니다) FM 또는 AM 무선 송신기로 메시지를 보낼 수가 있는데, 인간 두뇌의 수신 기술에 따라 후보자들은 그것을 수신하여 듣게 될 것입니다.

버크: 당신의 지식에 기초해서 볼 때, 그들이 프로그램돼 있는 것은 어떤 종류의 것입니까?

비얼렉: 나는 그들이 프로그램돼 있었다는 것을 몰랐지만, 지금은 알고 있습니다. 그들은 암살자, 폭동조장자, 스파이, 성 노예, 그 무엇이든 되도록 (몇 년 전의 LA 폭동처럼 그것은 LA로 국한돼 있지 않다.) 설정된 존재들입니다. 나는 "몬톡 소년들" 분만이 아니라 "몬톡 소녀들"이 있다는 것을 추가할 수 있습니다. 나는 단지 하나만 알고 있지만, 그들은 분명히 매우 드문 제품입니다. 여성의 관점에서 볼 때, "프로젝트 모나크"는 훨씬 더 일반적이며, 캐시 오브라이언(Cathy O'brien)이 그녀의 책에 설명한 것 같은 성 노예로 변환되었습니다.[59] 여기서 그 이야기로 들어가지는 않을 것입니다.

버크: 우리는 이전에 그녀의 정보를 발표했습니다.

비얼렉: 예, 그것은 꽤 잘 알려져 있습니다. 그럼에도 한 가지 방법으로 그들을 프로그래밍하는 것으로 확인되었습니다. 나는 또한 "몬톡 소녀들"이 있다고 추정하는데, 비록 생리학적으로 여성이 남성과는 다른 차크라 극성의 문제가 있긴 하지만, 그 소녀들은 유사한 방식으로 프로그램돼 있습니다. 그들은 아이들을 남성 또는 여성 성노예가 되도록 설정할 수 있습니다. 주로 그들은 파괴자, 폭도와 암살자로 설정하기를 좋아합니다.

버크: 그런 이들이 수백만 명 있습니까?

---

[59] 미국의 캐시 오브라이언은 어린 시절부터 비밀정부 세력에 의해 마인드 컨트롤을 당해 각종 비밀작전에 투입되거나 미국 고위 정치인들의 성노예로 이용되었다. 30세경 죽음을 당하기 직전 현재의 남편의 도움으로 구조되어 세뇌 상태에서 회복되었다. 1995년 <Trans formation of America>라는 책을 저술해 자신의 당한 정부의 놀라운 마인드 콘트롤 공작과 추악한 범죄 행위들을 낱낱이 폭로한 바 있다.

비얼렉: 미국에만 천만 명 이상이 있고, 그들은 프로그램하기를 계속하고 있습니다. 나는 사진에서 한 사람을 보았고, "그 애는 '몬톡 소년이야.'" 라고 말했습니다. 하지만 그는 누군가가 자신의 버튼을 누르는 그 시점까지는 정상적인 사람으로서 행동 할 수도 있습니다.

2.전 아이젠하워 대통령의 증손녀, 로라 아이젠하워, 화성 식민 비밀 프로젝트를 밝히다

그녀의 이름은 로라 막달레인 아이젠하워(Laura Magdalene Eisenhower)이고, 두 아이의 엄마이자, 아이젠하워 대통령의 증손녀이다. 로라는 미국을 비롯한 해외 20여 도시와 미개지를 홀로 여행했던 진취적 탐험가인 동시에 건강, 자연 시스템, 연금술, 형이상학, 고대 역사에 대해 폭 넓은 지식을 연구했다. 그리고 과학, 자연 치유, 건축 분야에 관한 학위와 자격증을 갖고 있다. 또한 신화적인 우주철학자이자 글로벌 전략가, 투시력을 가진 치료사, 지구 옹호자, 그리고 예술가이기도 하다.

로라 아이젠하워 여사는 2007년, 외계정치학회와의 인터뷰에서 화성 식민 프로젝트에 배속돼 있던 훈련된 정보기관 요원들에 의해 시간여행 감시 기술로 자신을 표적으로 삼아 유인공작이 시도되었다는 것을 공개적으로 폭로했다.

그녀의 설명에 따르면, 이 교묘한 공작은 비밀의 화성 식민 프로젝트에 의해 2006년 4월부터 2007년 1월에 걸쳐 자신을 유인하여 화성으로 충원하고자 접근한 한 정보기관원에 의해 이루어졌다고 한다. 그리고 그 정보요원은 그녀의 혈통과 환생, 가족관계 등의 다양한 출처에서 그녀에 대해 이미 많은 것을 알고 다가왔다는 것이다. 로라는 인터뷰에서 이렇게 말했다.

"그들은 나를 원격투시 및 시간여행 장치를 기반으로 깊이 이해하고 있었고, 또한 프리메이슨들과 막달라 마리아와 인생행로에 관련해 잘 알려져 있던 템플기사단 출신의 사람들을 모집하는 것처럼 보였습니다. 나는 그 사람과 알고 나서 몇 달이 될 때까지 그가 정보요원이었음을 몰랐습니다. 나는 나중에야 그 요원을 보낸 것이 그들이었고, 모든 것이 계획돼 있었다는 것을 알게 되었지요."

그리고 로라 아이젠하워의 동료인 스탠포드 대학 출신의 예술가 키 리아 (Ki' Lia)는 화성의 비밀 식민지로 그녀를 충원하려했던 시도에 관한 그녀의 설명이 사실임을 처음으로 뒷받침해 주었다. 종합 디자인 컨설턴트로 일하는 키 리아는 로라와 함께 그 정보기관원을 여러 차례 접촉하는 과정에서 어떻게 아이젠하워 여사가 시간여행과 색다른 표적추적 기법을 이용하는 화성식민지 배후의 그림자그룹에 의해 목표물이 되었는지를 확실히 증언했다.

이러한 자신의 경험을 폭로함으로써 로라 아이젠하워는 점차 늘어나고 있는 군 정보기관과 관련업체의 비밀술책 및 외계관련 비밀공작을 폭로하는 미국의 주요 내부고발자로 등장했다. 로라 아이젠하워의 폭로는 미국 정부가 비밀리에 시간여행 기술을 이용하여 주요 정치인들을 감시한다는 앞서 소개한 내부 고발자 앤드류 바시아고의 증언과도 부합한다.

비밀스러운 화성식민지의 목적은 계획된 사건(HAARP 또는 화학전)이나 지구의 주민 대부분이 멸망하고 지구를 황폐화시킬 자연의 대격변(지축이동이나 태양 표면의 대폭발 등)에 대비하기 위한 것으로 알려져 있다. 한편 로라 아이젠하워는 2014년 3월, 이탈리아에서 개최된 〈UFO와 관련 현상들에 대한 22차 세계 심포지엄〉에서 은폐된 UFO 문제와 화성식민지에 관해 주제 발표를 했다. 아래의 내용은 발표된 그 자료에서 일부 발췌한 것이다.

"우리 정부와 외계인 접촉에 관계된 대규모적인 은폐가 있어 왔으며, 납치되거나 접촉했던 사람들에 관련해서도 많은 비밀주의가 있었습니다. 이것은 이미 침투가 발생했고 그들이 우리가 이것을 아는 것을 원하지 않기 때문입니다. 이러한 침투는 위장된 형태로 우리 사회 모든 분야에 스며들어 있지만, 많은 이들에게 이것은 명백한 것입니다.

나는 외계정치학, 원거리 투시, 채널링, 이른바 외계종족들과 은하계 역사를 연구하고 경험하고 조사해 보았습니다. 그리고 나는 어린 시절부터 보다 심오한 지구인의 에너지를 추구하는 사명감을 갖고 있었습니다. 또한 나는 외계인을 접촉하거나 피납 경험을 한 이들과 세션 작업을 행했습니다. 그러므로 내 마음에는 인류와 외계인과의 상호작용 여부에 대한 의문이나 의심은 없습니다.

나의 조각그림 짜 맞추기에서 일부 조각들이 틀리거나 오류일지도 모르지만, 많은 부분은 확실히 신뢰할만합니다. 게다가 나중에 여러분에 말하겠지만, 나는 2006년에 지구를 떠나 화성으로 가는 것을 권유받았으며, 이것은 비밀협정과 관계가 있습니다. 이 계획은 앨터너티브-3라고 불립니다.

… (중략) …

2006년, 그들은 나를 화성의 식민지 건설 시나리오인 앨터너티브-3에 관계된 비밀공작에다 끌어들이려고 시도했습니다. 나는 거기서 빠져나왔지만, 그것은 결코 쉽지 않았습니다. 어떤 사례에서 나는 이것의 다른 측면을 제공하는 다른 프로젝트들이 있다는 것을 발견했습니다. 나의 친구이자 동료인 앤드류 바시아고와 나는 공동으로 많은 것들을 연구했고, 작은 부분들이 알프레드 L. 웨브르의 놀라운 조사자료와 종합될 수 있었습니다.

1980년대에 화성으로 가는 원격이동 프로그램인 CIA의 점프룸 프로그램이 있었으며, 거기에 바시아고와 다른 내부 고발자들이 참여했었습니다. 이 프로그램의 원격이동 기술은 그레이 외계인들이란 특정 종족에 의해 미국정부에 주어졌습니다. 러시아와 영국 또한 현재 화성으로 가는 원격이동 프로그램을 갖고 있습니다. 지금 화성의 기지들에 정착한 인구수는 50만 명에까지 달한다는 보고들이 있습니다."[60]

로라 아이젠하워 외에도 달에 마지막으로 갔던 우주비행사 진 서난(Gene Cernan) 역시도 미국이 이미 화성에 도달했다는 사실을 폭스 뉴스에 출현하여 우회적으로 공개했다. 진 서난은 달에다 발자국을 남긴 마지막 사람이었다. 몇 년 전 오바마 대통령은 달 착륙을 재개하려는 계획을 취소했는데, 진 서난은 그것에 대해 자신의 반대의견을 토로하는 과정에서 그런 사실을 넌지시 비친 바가 있다.

● 화성에 관련된 내부 고발자들이 언급하는 공통점

1. 시간여행 기술이 존재한다.
2. 20년간의 복무기간
3. 복무 말기에 20년의 연령퇴행이 이루어진다. 그런 다음 시간여행 기술을 이용해서 인간사회로 되돌려져 다시 지구의 타임라인에 끼워 넣어진다.
4. 화성에 경험한 오래된 모든 기억들을 삭제 및 봉쇄한다.
5. 그 위에 새로운 거짓 기억들이 삽입돼 있다.
6. 달과 화성 및 기타 태양계 내의 다른 행성들의 위성들(예를 들면 토성의 가장 큰 위성인 타이탄) 위에 있는 인간과 외계인 기지들에 대한 언급
7. 행성간 여행을 손쉽게 가능케 하는 '점프 룸(Jump room)' 같은 진보된 기술과 장치를 언급한다.
8. 우리 태양계 안과 밖을 넘나들 수 있는 인간 우주선 함대가 존재한다는 것.

---

60)Laura Magdalene Eisenhower, Disclosure,(Presented at the 22nd WORLD SYMPOSIUM ON UFOs AND RELATED PHENOMENA; Extraterrestrials and World Politics, March.30. 2014) PP. 2~17

9. 렙틸리안(파충류)와 곤충류, 그레이들과 같은 외계 종족들에 대한 언급.
10.화성과 그 너머를 탐사하고 개발하고 방어하기 위해 이미 창설돼 있는 지구 방위군과 화성방위군, 그리고 화성식민기업과 같은 군사 기관과 회사들에 대한 언급.

3.UFO 접촉자 알렉스 콜리어가 말하는 달과 화성에 관한 놀라운 진실

- 달과 화성의 비밀 식민지들에 관해 - UFO 접촉자 알렉스 콜리어의 증언 -

다음의 내용들은 안드로메다 우주인들과 접촉하고 있는 미국의 UFO 컨택티 알렉스 콜리어(Alex Collier)가 밝힌 것이다. 이것은 그가 1995년에 2회에 걸친 강연을 통해 달과 화성에 실재하는 그림자 정부의 기지와 식민지들에 대해 폭로한 내용을 요약한 것이다. 이 정보들은 모두 그가 우주인들로부터 받은 정보이므로 신뢰성이 높다고 할 수 있다. 이 내용 역시 앞의 여러 폭로자들의 주장과 대부분 일치하며, 좀 더 상세하고 구체적이기까지 하다. 세계비밀정부가 언제부터 어떻게 달과 화성에 가서 기지들을 건설하게 되었는지에 관해 그 전체적인 맥락을 이해하는 데 도움이 되는 내용이므로 게재한다.

알렉스 콜리어

1.현재의 달 기지들과 그들의 역사

달에는 아직 물이 있다. 지하뿐만이 아니라 표면에도 물이 존재한다. 호수들도 있고 현재 자라고 있는 식물들도 있다. 그런 것들이 실질적으로 그곳을 거주 가능한 행성으로 바꿔놓고 있다. 거기서 그들이 이 프로젝트를 처음 시작했을 때, 그들은 지구에서가 아니라 달에서 화성으로 가겠다고 결정했다. 그들은 아주 오랜 시간 동안 화성에 있었다. 당시 달에 관계된 유일한 문제는 자체적으로 거주를 위한 준비가 되기까지는 그런 환경을 조성하기 위해 많은 세월이 걸린다는 것이었다. 달은 이런 여건을 제공하지 않지만, 화성은 가능했다. 그래서 그들이 실행했던 것은 이런 지하 시설들에서 수경재배와 인공적인 햇빛을 이용해 엄청난 양의 식량과 채소를 기르는 것이 었다. 달의 저쪽(반대 편)에는 군사 기지가 있다.

그곳에 있던 동일한 사람들이 1989년 3월까지 화성으로 이주되었다. 달로 가서 착륙하는 최초의 유인 임무는 러시아와 미 국가안보국(NSA)에 의해 1958년에 이루어졌고, 그들이 고대의 지하 시설을 재개했는데, 1961년 이래 식민지가 되었다. 자체의 물자와 대량적 규모 때문에 울트라 초극비 우주 프로그램이 대부분 소련에서 개발되고 착수되었다. 앞서 언급했던 그 오리온 지하시설은 크기가 뉴욕 주(州)만하다. 달 표면에 세워진 기지의 구조는 J.P.L(제트추진연구소)에 의해서 설계되었다. 그것은 돔 형태의 구조물이다.

그들은 화성에 가기에 앞서 최초로 시험 삼아 달에다 그것을 건설했으며, 실제로

최대치의 능력을 가지고 화성에 기지 아담과 이브를 세우기 위해 갔었다. 또한 아주 복잡하고 중요한 이런 건물들을 실제로 건설했던 기업들 가운데 하나는 샌프란시스코의 벡텔사(Bechtel)였다. 그들은 NSA와 함께 일하는 가장 비밀스러운 핵심 건설 기술자들을 보유하고 있었다. 그들은 또한 전 세계의 대부분의 핵발전 소를 건설하는 기업이기도 하다.

그들이 화성에 가고자 했던 이유나 그것을 강력히 추진해야 한다고 느꼈던 것은 지구가 오염과 파괴로 병들었기 때문이다. 그들은 상황을 호전시킬 수 있다는 데 기본적으로 별로 많은 희망을 갖지 않았다. 따라서 조용하고 비밀리에 화성으로 가기로 결정한 것이며, 일단 그들은 달에 갈 수 있는 기술을 (그레이 외계인들로부터) 받았다. 그리고 그런 다음에 달에서 화성으로 간 것이다. 이것이 정확히 그들이 했던 것이다. 이런 주목할 만한 성취를 한 것은 어느 정도 그들이 칭찬받을만 하지만, 그들이 전적으로 끊임없이 추진했던 그 (은밀한) 방식은 괘씸한 것이다. 그리고 거의 아무도 그런 일이 진행되고 있다는 것을 아직 알지 못한다. 달에 갔던 비행사들은 이제는 확실히 안다. 달의 어두운 면이 그 감추어진 부분이다. 우리가 오직 달의 한 쪽 면만을 볼 수밖에 없는 것은 계획에 의한 것이다. 달의 어두운 면은 참으로 얼마나 오랫동안 외계인들이 지구를 주시해 왔는가에 관련된 검은 비밀을 상징한다.

아폴로 비행사들이 달에 갔을 때 거기에는 이미 우리 인간들이 한 동안 가 있었다. NSA는 그레이들에게 받은 기술을 이용하여 이미 8년 앞서서 그곳에다 식민지를 건설했던 것이다. 이런 기술과 정보는 미 항공우주국(NASA)의 하위 계층들과는 공유되

지 않았고 군(軍)과도 공유되지 않았다. 나사(NASA)는 사실상 우주에서 진행되고 있던 일을 대중들에게 감추기 위한 가림막으로 이용되었다. 우주 비행사들은 협박하에 침묵을 강요당했고 그들은 오늘날도 그런 상태에 있다. 리처드 호글랜드(Richard Hoagland)는 화성의 '사이도니아(Cydonia)'로 알려진 지역에 관한 폭넓은 연구 작업을 했다. 또한 현재 그는 달에 관한 많은 연구를 행하고 있다. 나는 여러분 모두가 거기에 주의를 기울이라고 권고하고 싶다. 지구에서 가장 위대한 과학자들이 사라졌고, 흔적도 없이 증발된 사람들이 새로운 사회를 건설하기 위해 달과 화성으로 데려가졌다. 모든 사회 각계각층 출신의 사람들 및 기술자들과 건축가들 역시 마찬가지이다.

1958년에 NSA 우주비행사들은 그들의 여행 가이드인 그레이들(Grays)과 함께 달 표면에 도착했고, 지하시설들로 데려가졌는데, 거기에는 파충류같은 존재들과 인간들의 해골이 남아 있었다. 이 장소는 안드로메다인들에 의해 "줄 베른(Jules Verne)"이

　　　　　　　　　　　　　　　2부 미국 정부와 외계인들 간의 커넥션

라고 명명된 분화구 아래로 확인되었다. 그것은 달의 지도상에 있지만 저쪽 반대편에 있다. 달의 어두운 면에 있기에 지구에서 보이지 않는 이 지하 시설은 대략 뉴욕 주(州) 크기만 하다. 이 지하 시설에는 거대한 호수들과 지구의 식물들, 그곳에 남겨진 외계 형태의 제작 장비들, 식량저장소, 우주선 격납고들이 존재한다. 그곳은 또한 지구에서 간 인간들에 의해 현재 이용되고 운영되고 있다.

달에는 현재 지구에서 온 약 35,000명의 인간들이 거주하며, 그들은 모두 아리아인(백인들)이다. 지하 시설들을 확장하기 위한 작업이 이루어짐에 따라 가까운 미래의 어느 시점에는 인구가 대략 6만 명 정도가 될 것으로 보인다. 많은 UFO 접촉이 달에서 비우호적인 외계존재들과 세계비밀정부 인간들 사이에 일어나고 있다. 달 탐사는 소련의 검은 경호 비행사들과 미 NSA 비행사들 간의 공동계획이었다. 영국인들은 주로 자금조달 문제 때문에 나중에 달 지하 기지 건설에 데려갔다. 그들은 자금이 필요했고 그래서 영국인들을 참여시킨 것이다. 세계의 대부분의 은행들은 영국과 프랑스로부터 통제받고 있고, 나머지 일부만 독일이 맡고 있다.

현재 신세계질서 세력의 NSA는 지구에서 제작한 53대의 UFO형 비행선들을 항상 달에다 주둔시키고 있다. 그것들은 이곳 지구에서 건조된 것이고 그 대부분이 네바다 사막(Area-51)의 지하에서 만들어진 것이다. 또한 다른 무기들은 달에서 제조되었다. 그런 무기들은 입자 빔 무기들과 핵탄-위성들, 반-물질 무기 시스템들, 플라즈마 빔(plasma beam) 무기들과 같은 것들이다. 이것에 대한 이유는 만약 지구의 어떤 침공이 있을 경우, 달이 제 1차 방어선이기 때문이다. 그리고 그들이 이런 기술을 그곳에서 제작하고 있으므로 이곳의 우리는 아무도 그런 사실에 관해 모르는 것이다.

달에 세워져 있는 수수께끼의 인공구조물들.

어떻게 이 모든 것을 달에서 만들 수 있었을까? 그레이들에 의해 반중력을 이용한 기술과 그 외 여러 기술들이 비밀정부와 NSA에게 주어졌던 것이다. 세상 주변에는 이례적인 것들이 존재한다. 수많은 것들이 있지만, 그런 일이 정기적으로 일어나는 두 군데 장소가 있다. 하나는 버뮤다 삼각(Bermuda Triangle) 해역이고 두 번째는 인도양의 디에고 가르시아(Diego Garcia) 섬이다.[61]

2.화성에 있는 그림자 정부의 비밀 식민지들에 관해

태초 이래 인류는 화성에 매혹되어 왔다. 안드로메다인들에 의해 나에게 주어진 화성에 관한 이야기는 마음을 끌면서도 환상적인 것이다. 목성과 토성의 일부 위성들, 지구의 달, 행성 금성과는 다르게 화성은 실제로 우리 태양계에서 생성되었다. 그것은 생겨난 지 61억 년 정도 되었으며, 모든 행성들이 가지고 있거나 한 때 가졌었던 그 내부(중심)의 태양은 다 타서 사그라졌다. 그래서 그 내부는 춥고 어둡고 축축하다. 표면은 황량하고 모래투성이에다 바람이 몹시 거친 것으로 보인다.

그러나 화성은 변하고 있으며, 그것은 지난 30년 동안 그래왔다. 안드로메다인들은 말하기를, 화성은 매 3년마다 태양에 더 근접하고 있으며, 시간당 200마일로 부는 폭풍이 점차 덜해지고 빈도 또한 감소하고 있다고 한다. 매년마다 화성의 극관(極冠: 얼음과 눈이 덮힌 극 지역)은 더욱 더 계절의 변화를 보여주고 있다.

우리가 아는 것 같은 인간의 삶을 화성에서 가능하게 해주는 기술이 오늘날 존재한다. 안드로메다인들의 말에 따르자면, 기술적 응용의 측면에서 적절하게 활용한다면, 화성은 20년 내에 인간이 충분히 거주할 수가 있다. 토성의 달들 가운데 하나 역시 이런 가능성이 있다.

화성은 지구와 매우 유사한 부분이 있다. 즉 그것은 반복된 식민지와 생명의 역사를 갖고 있다는 것이다. 모레네(Morenae)[62]에 따르면, 화성은 탐험되어 식민지화된 우리의 태양계의 첫 번째 행성이었다. (외계) 문명들이 우리 태양계로 들어왔을 때, 그들은 화성에서 처음으로 멈추었다. 화성은 한 때 바다와 대기를 갖고 있었다. 그것은 또한 지금과는 다른 궤도를 돌고 있었다. 화성에는 식물과 거기서 진화하지 않은 일부 매우 기초적인 생명체들이 있었지만, 그것들은 1억 8천 9백만 년 전에 용자리 알파성과 큰곰자리와 작은 곰 자리, 거문고자리, 플레이아데스, 제타 레티쿨리, 시리우스 출신의 무역업자, 탐험가들 및 채굴업자들에 의해 화성과 지구로 반입되었다. 화성에서 이제까지 발견되고, 또 앞으로 발견될 생명체들 중 일부는 이곳 지구에 있는 생명체들과 정확히 동일하다. 안드로메다인들의 말에 따르면, 우주여행은 우리 은하계 내에서 44억년 동안 있어왔다고 한다. … (중략) …

분명히 아주 거대한 행성만한 소행성 하나가 6,930만 년 전에 수많은 파편들을 싣고 우리 태양계를 통과했다. 비사에우스(Vissaeus)[63]에 의하면, 이 소행성은 자기

---

61)Web File: Alex Collier, "Current Moon Bases And Their History With Art Bell"

62)알렉스 콜리어가 접촉하고 있는 안드로메다 우주인의 이름이다.

　　　　　　　　2부 미국 정부와 외계인들 간의 커넥션

적(磁氣的)으로 매우 강력해서 통과할 때 화성을 원래의 궤도(지구에 더 가까이 있었다)로부터 1,900만 마일 밖으로 튕겨냈다고 한다. 이 모든 것이 매우 짧은 기간 내에 발생했고, 이런 사건으로 인해 화성의 모든 것이 황폐화되고 대기가 증발되었으며, 수많은 날들에 걸쳐 극이동이 연속해서 3번이나 유발되었다. 비록 이 소행성이 다행히 지구의 대기를 대부분 그대로 남겨두었지만, 화성이 가장 기초적인 생명체들을 부양할 수 있기까지는 1,000만 년의 세월이 걸렸을 것이다. 안드로메다인들에 따르면, 화성에는 한때 디노사우르스(dinosaurs:공룡의 일종)가 있었고, 이런 동물들의 화석이 그곳에 파견되었던 팀들에 의해 발견된 적이 있다고 한다. 마침내 상황이 좀 더 공개적이 될 경우, 우리는 이에 관해서 듣게 될 것이다.

그들의 말에 의하면, 화성은 38억 년 동안 주기적으로 거주되어 왔고, 행성 전역에 걸쳐 유적들이 산재해 있다고 한다. 유적들의 대부분은 이곳 지구의 고비 사막에서와 마찬가지로 모래 수백 피트 아래에 묻혔고, 거기에는 고대 도시들의 유적이 존재한다. 이제 우리 대부분은 사이도니아(Cydonia)와 화성의 피라미드에 대해 들어본 적이 있을 것이다. 또한 사이도니아 지역에는 아직 발견되지 않은 전쟁 유적지들도 있다.

이집트 말에는 "카이로(Cairo)"를 의미하는 "알 콰히르(al quahir)"라는 단어가 있는데, 이 말이 또한 화성(Mars)을 뜻한다는 것은 흥미롭다. 그리고 이 말은 수천 년간 이집트 언어로 존속해 왔다. 기묘한 우연의 일치일까?

화성의 유적들

"타르시스 러즈(Tharsis Rudge)"로 알려진 지역에는 대략 6,900만 년이나 된 고대 도시의 유적들이 있다. "유토피아(Utopia)" 지역 역시 그만큼 오래된 도시의 유적들이 존재한다. 이런 도시들은 6,900만 년 동안 땅 속에 묻혀있었다. 정말 흥미로운 지역은 "매리너 밸리 캐니언(Mariner Velley Canyon)"라고 부르는 곳인데, 거기에는 1억 1,300만년 동안 묻혀있는 고대 라이라인(Lyran)의 도시가 있다. 이 지역 밑에는 지하터널들과 동굴들로 이루어진 광대한 연결망이 있으며, 또한 이 지역이 지구의 기지 〈이브(Eve)〉가 위치해 있는 곳이다.

지구 기지 - 이브

'이브'라고 부르는 화성의 지구 기지는 원래 수백만 년 전에 건설된 광대한 복합단지이며, 지구의 세계비밀정부에 대한 그레이들(Grays)의 도움으로 다시 가동되었다. 그것은 118 마일의 지역에 펼쳐져 있으며, 어떤 장소들은 세 가지 단계의 깊이로 되어 있다. 거기에는 약 30만 명의 인간들이 거주하고 있고, 깊은 부분은 지표 아래

---

63)역시 알렉스 콜리어가 접촉하고 있는 다른 안드로메다 우주인의 이름이다.

6,200피트(1889m)에 달한다. 거기에는 지표면으로 향한 4개의 입구들이 나 있는데, 2개의 엘리베이터 수직통로와 엘리베이터가 딸린 2개의 가압 격납고 출입구가 있다. 달리 말해, 만약 여러분이 우주선으로 비행하고 있다면, 우선 격납고로 진입하고, 그것이 닫히면, 기압이 일정하게 유지된 채 하강하여 거주 지역에 착륙하게 되는 것이다. 그것이 모든 일이 이루어지는 방식이다.

지구 기지 - 아담

내가 이전에 언급한대로 많은 기자재와 설비들을 러시아와 인도양의 디에고 가르시아(Diego Garcia)를 거쳐 화성으로 가져갔는데, 우선은 달에서 가져왔다. "헬라스 엘라니티아(Hellas Elanitia)" 또는 "황금의 평원(Plains of Gold)"으로 알려진 지역은 지구의 식민지 지역이며, 그 동쪽에 〈아담(Adam)〉이라고 칭하는 도시가 있다. 과거 이 지역 안에는 거대한 담수호가 오랫동안 있었다.

이곳에는 본래 산맥에다 짜 맞추어 건설된 세 개의 거대한 돔 구조물이 있다. 이 돔 건조물 중에 가장 큰 것은 직경이 2.6마일이나 뻗어 있으며, 다른 두 개도 평균 1마일은 된다. 각 돔 구조물들은 터널로 다른 돔에 연결되어 있다. 가장 큰 돔은 화성 표면에 1,000피트(304m) 규모로 건설돼 있다. 아담 기지가 위치한 산맥 아래에는 크기가 7 평방 마일에 이르는 동굴 지역으로 연결된 또 다른 터널이 있다. 그들은 이 동굴지역 안에 무엇이 있는지 알지 못하는데, 왜냐하면 오리온 그룹이 그들이 보는 것을 차단하는 역장(力場)을 설치했기 때문이다. 아무도 그들이 거기에서 무엇을 하는지 볼 수가 없다.

오리온 그룹 리두스

1989년 3월에 러시아 탐사선 포보스(Phobos)가 화성 표면에 착륙하는 모선(母船)들의 사진을 촬영했다. 뿐만 아니라 그 탐사선이 폭발되기 직전에 탐사선에 향해 무기를 발사하는 한 정찰선의 사진도 찍었다. 이 거대한 우주선들 중에 하나는 길이가 250마일이나 되며, 재가동된 오리온 그룹의 오래된 기지에 착륙했다. 그 기지는 백만년 이상 되었고, 완전히 지하이며, 면적은 64평방 마일을 차지한다. 또한 높이가

2부 미국 정부와 외계인들 간의 커넥션

다섯 레벨로 되어 있고 지표면 아래 8,500피트로 펼쳐져 있다. 이곳은 1994년 6월에 완전히 사용되었고, 2,111대의 정찰선 및 10만 명 이상의 오리온과 드라코니안(Draconian) 외계인 군대가 주둔해 있다.

안드로메다인들이 "군대(troops)"라고 말할 때 그들은 정말 구체적이다. 사이도니아 지역은 기원전 317,000년경, 우리 태양계가 오리온 그룹의 수중에 떨어졌을 때, 플레이아데스, 라이라, 시리우스에 의해 마지막으로 기지로 이용되었다. 그 기지는 그때의 공격으로 일부 파괴되었다.

NSA, 1959년 화성에 착륙하다

'어둠의 정부'에 의해 미 국가안보국(NSA)이 최초로 화성에 착륙한 것은 1959년 3월이었으며, 그때 3대의 우주선이 사이도니아 지역으로 보내졌다. 이 최초의 임무에는 단지 29명의 군인과 과학 요원들만이 갔다. 그레이들의 도움으로 기지 이브가 재개되고 있던 동안에 그 '요새' 지역은 우주선과 작업자들을 수용했다.

그곳에 세워진 건조물은 달에서 건축 작업을 했던, 동일한 집단인 군 공병단, 벡텔사(Bechtel), AA 매튜즈(Matthews), 로빈슨 기업(Robbins Co), 초능력 특수부대, 그리고 제트추진연구소(JPL)의 과학자들과 기술자들에 의해 수행되었다. 이 프로젝트에 포함돼 있던 요원들은 그들에 대해 걱정할 가족들이 없었다. 그리고 지구상의 사람들의 개인적인 기억을 제외하고는 그들의 존재에 관한 모든 기록들은 이 임무를 위해 요원들을 모집했던 NSA의 울트라(Ultra) 및 블루문(Blue Moon) 부대(알파 I 및 II)에 의해 깨끗이 지워졌다. 이 모든 것은 지구가 오염과 인구증가, 천연자연의 고갈 때문에 자멸로 갈 것이라는 전제 위에서 이루어졌던 것이다. 화성의 기지들은 1968년에 완성되었다. 안드로메다인들은 말하기를, '어둠의 정부는' 이 문제에 대한 비밀을 유지하기 위해서는 무슨 짓이든 할 것이라고 했다.

화성에 착륙한지 30년이 되던 1989년 3월에 오리온 집단과 드라코니안 세력들이 화성의 식민지를 침공했고, 달 기지와 화성 사이의 모든 교신이 중단되었다.[64] 가장 뛰어난 재능과 두뇌를 가진 일부 사람들이 화성에 꼼짝없이 갇혀 있게 되었다. 30만 명의 사람들이 연락 단절된 것이다. 미국과 러시아의 화성 탐사선들이 화성을 정찰하기 위해 빈번하게 파견되었으나, 그것들은 파괴되거나, 화성 표면에서 작동불능이 되었다.[65]

---

64) 알렉스 콜리어에 따르면, 1990년에 말타 섬 앞 바다의 선상에서 개최된 조지 부시와 고르바초프 사이의 회담은 바로 이 사건을 논의하기 위한 것이었다고 한다. 한편 브랜튼(Branton) 같은 연구가는 불시의 발생한 이 사건에 대해 이렇게 말한다. "이것은 명백히 그 외계인들이 자기들의 계획에 대한 인간 협력자들의 절대적인 복종을 보장하기 위해 수행했던 여러 가지 충동들 가운데 하나였다. 그들의 관점에서 볼 때 너무 많은 개인적 이익을 소유한 변절자들을 제거함으로써 말이다. 그것은 그들 집단의 용서할 수 없는 적인 것이다. (덜스북(Dulce Book) 19장)"

65) Web File: Alex Collier, "On Secret Shadow Government Colonies on Mars"

그레이들과 비밀정부 간에 협정을 깨고 갑자기 일어난 이 침공사건은 추측 컨대, 브랜튼의 말대로 드라코니안(용자리 파충류 외계인)들이 비밀정부 도당의 지나친 세력 확장을 경고하고 그들 역시 자기들의 하수인으로 복속시키기 위한 것이 아닌가 추측된다. 드라코니안들은 그레이들을 지배하고 통제하는 상위 집단이기 때문이다. 그 이후의 화성 상황에 대해서는 별로 자세히 알려진 것이 없다.

그렇지만 앞서 소개한 마이클 릴페, 앤드류 바시아고, 아더 뉴만, 켑틴 케이 등의 증언들을 통해 추측컨대, 화성기지는 그 후 복구되어 재가동되고 있고 "점프 룸" 기술을 통한 화성왕래 역시 오늘날에도 이루어지고 있는 것으로 보인다. 또한 로라 아이젠하워를 유인하여 은밀하게 그곳으로 합류시키려는 시도가 있었다는 사실도 이를 어느 정도 뒷받침한다. 물리학자 데이비드 윌콕(David Wilcock)을 포함한 화성 연구가들도 오늘날의 화성 식민지는 여전히 운영되고 있는 것으로 추정하고 있다.

3부

인류를 깨우기 위한 진지한 노력들

스티븐 그리어 박사

　미국의 스티븐 그리어(Steven M. Greer) 박사는 본래 외과응급의사 출신의 UFO 연구가이다. 특히 이 사람은 UFO 외계인들에게 신호를 보내어 그들과 의도적으로 직접 접촉하는 것을 의미하는 〈제5종 접근조우〉를 구체적으로 시도해 여러 차례 성공했던 사례로도 유명하다. 동시에 그는 오랫동안 초월명상(TM)을 수행해온 실천적 명상가이며, 〈외계 지성체 연구센터(CSETI)〉를 설립하여 외계인과 UFO에 관한 활발한 연구와 정보 확산 노력을 계속 추진해왔다.

　그 누구보다 강력한 의지를 가진 그리어 박사는 2001년 5월에 군(軍)과 정부 및 정보기관에 소속되어 있던 20여 명의 내부 고발자들을 모아 공개적인 폭로 세미나를 진행한 바가 있다. 사상 최초로 진행된 이 외계인 정보 폭로 기자회견에서 UFO에 관련된 일급비밀 임무를 수행했던 많은 내부자들이

1차 증언자로 나서 그 동안 숨겨진 비밀을 모두 공개했다.

그럼에도 주류 언론들은 이 행사를 외면하고 거의 보도하지 않았다. 이런 사실은 미국의 대부분의 주요 대중매체들이 그림자정부에 의해 통제를 받고 있다는 명확한 증거일 것이다.

감춰진 진실을 공개하려는 이런 모든 과정에서 그리어 박사는 어둠의 세력의 공격표적이 되어 여러 번 생명의 위기를 넘기기도 했었다. 그럼에도 불구하고 현재 그는 좌절하지 않고 그림자정부와 과감히 맞서 그들의 은폐된 공작을 저지하고 프리 에너지 기술의 공개를 위해 불굴의 노력을 계속 진행하고 있다. 이런 중요한 목표와 작업들을 위해서 그리어는 〈디스클로저 프로젝트(disclosure project)〉를 비롯해 〈공간에너지획득시스템(SEAS)〉과 〈오리온 프로젝트(The Orion Project)〉 등의 다양한 활동들을 적극적으로 전개하고 있기도 하다.

아울러 그는 2013년에 "시리우스(Sirius)"라는 제목의 다큐멘터리 영화를 제작해 공개했다 이 영화는 지난 20여 년 동안 그가 〈외계지성체연구센터〉를 운영하고 〈디스클로저 프로젝트〉를 추진해 오면서 축적한 다양한 UFO 및 외계인 관련 정보들과 경험들을 토대로 제작되었다. 이 영화는 에미상을 수상한 영화제작자 아마딥 카레카(Amardeep Kaleka)와 협력해서 모든 진실 공개와 외계와의 접촉, 그리고 새로운 에너지에 대한 억압에다 초점을 맞췄다. 게다가 이 영화에서는 그동안 세상에 드러나기를 꺼려했던 UFO 및 프리에너지 관련 주요 폭로자들의 과감한 증언과 영상을 포함해 다양한 증거

2001년 5월에 미 내셔널 프레스 클럽에서 개최된 UFO 폭로 프로젝트 공개 발표회

자료들이 담겨져 있다.

아래에 소개하는 내용은 스티븐 그리어 박사가 운영하는 디스클로저 웹사이트(www.disclosureproject.org)에 올려져 있는 내용으로서 미국의 현 대통령 오바마에게 보내는 그의 공개적인 제안이자 브리핑 자료이다. 이 시점에서 우리가 참고할만한 주요 내용이기에 소개한다.

버락 오바마 대통령을 위한 특별브리핑 자료

〈외계지성체연구센터(CSETI)〉
〈디스클로저 프로젝트(The Disclosure Project)〉

- 스티븐 M. 그리어, MD (설립자 및 대표) -

(이 브리핑 자료는 미합중국 대통령에게 전하기 위해 스티브 M. 그리어 박사에 의해 작성되었으며, 민감한 정보를 담고 있다)

2009년 1월 23일

친애하는 오바마 대통령 각하께.
 1950년대 중반이래, 외계인 문제와 관계된 비밀 프로젝트들이 헌법상 규정된 대통령과 의회에 의한 감독과 통제를 벗어나 이루어졌습니다. 이것은 미합중국의 국가안전 및 범지구적인 안전과 평화에 중대하고도 지속적인 위협을 야기합니다.
 이 문제는 그것이 드러날 경우 지구상의 모든 생명이 영향을 받게 되리라는 것을 암시하고 있습니다. 우리는 이 주제가 모종의 엘리트 집단과 주류 매스컴 내에서는 논쟁의 여지가 다분하다는 것과 커다란 사회적 오명(汚名)을 겪고 있다는 점을 잘 알고 있습니다.

 참으로 이 주제에 관한 비밀은 부분적으로 비웃음, 두려움, 협박과 거짓정보들을 면밀하게 짜 맞춘 심리적 조작에 의해 유지되어 왔으며, 이로 인해 그 어떤 공적인 인물도 이 문제를 공개적으로 알리기가 어려웠습니다. 게다가 대통령직을 에워싼 보안 및 접근 제한이란 '거품' 현상이 미국 대통령으로 하여금 이 주제에 대한 정확한 정보와 조언을 받을 수 없도록 심각히 저해하고 있습니다. 위에서 언급한 심리적 측면과 더불어 이런 비밀주의의 결과로 인해 전임 대통령들 가운데 아무도 이 문제를 효과적으로 다룰 수 없었습니다. 이것이 당신이 맡은 대통령 임기 중의 가장 큰 위기가 될 것입니다.

이런 잘못된 비밀주의 때문에 진보된 에너지 생성과 추진력 및 운송수단에 관한 놀라운 새로운 과학이 사람들에게 공개되는 것이 억압되었습니다. 이러한 진보된 기술들에는 우리 주변 공간의 소위 영점 에너지장(zero point energy field)과 양자 진공 유동장(quantum vacuum flux field)으로부터 추출할 수 있는 무한한 청정에너지와 반중력(反重力)이라는 이름의 추진력이 포함되어 있습니다. 우리 주변 어디에나 풍부하면서도 시/공의 구조 속에 내장되어있는 전자기 에너지의 장(場)은 - (대기를 오염시키는) 석유, 가스, 석탄, 중앙 집중식 설비나 원자력과 같은 것이 없이도 쉽게 지구의 에너지 수요를 모두 충족시킬 수 있습니다

당신의 대통령으로서의 첫 임기 동안 이러한 과학들을 공개하고 그것들을 현명하게 응용하는 것은 당신 앞에 놓인 가장 절박한 문제입니다. 이런 과학 기술들은 우리 인류가 가진 지구온난화, 빈곤, 자원고갈 등의 가장 긴급한 문제들을 해결할 수 있게 해주는 진정한 새로운 에너지 경제를 만들어낼 것입니다. 서너 가지만 예를 든다면, 지구 온난화, 생태계 붕괴, 대기오염, 에너지 보안조치, 중동정책, 무너지는 지리-경제적 질서, 점증하는 빈부(貧富) 간의 불균형, 인구과잉 및 지구에서의 인간의 지속 가능성 등을 포함한 집합적인 문제들은 서로 연결돼 있고, 이 주제를 둘러싼 비밀주의에 의해 직접 영향을 받았습니다.

이에 대한 해결책은 낡은 사고(思考)와 기술에 있는 것이 아니라, 새로운 의식(意識)을 새로운 과학에다 적용하는 데 있습니다. 이러한 신과학들은 19세기 후반과 20세기에 탄생했지만, 권력과 탐욕, 그리고 현 상태가 동요된다는 두려움 때문에 포기되고, 억압되었던 것입니다.

지금은 새로운 해방 선언을 해야 할 시기입니다 - 즉 집중된 비밀권력과 부패 및 전 지구적 경제패권의 결과로 인한 경제노예의 족쇄로부터 모든 인류를 자유롭게 해방시킬 때인 것입니다. 세계인구의 절반이 빈곤 속에서 살고 있는 동안 나머지 반이 표준생활을 유지하기 위해 지구를 착취해먹는 한은 정의와 평화에 이르지 못할 것입니다. 이 비참한 상황은 풍요롭고 깨끗하고 윤택한 에너지와 진정으로 환경이 파괴되거나 자원이 고갈됨이 없이 지속

3부 인류를 깨우기 위한 진지한 노력들

가능한 세계로 변형될 수 있고, 또한 그렇게 되어야만 합니다. 이런 토대 위에서 이와 같은 새로운 과학, 기술, 새로운 의식을 가지고 우리는 한 개인이나 연합된 세력으로 평화 속에서 앞을 향해 움직여 나갈 수 있습니다. 그리고 오직 그때만이 우리가 우주의 다른 문명들 사이에서 환영받게 될 것입니다.

우리 인류가 이 우주에서 혼자가 아니라는 것은 이제 과학적으로 알려진 사실입니다. 우리가 지구보다 앞선 문명들에 의해 이미 방문을 받아 왔다는 것은 - 그들의 지구에 대한 관심은 오래 되었을 가능성이 있다 - 논쟁의 여지가 있긴 합니다. 하지만 내가 유럽과 교황청(Vatican), 캐나다 및 전 세계 다른 지도자들과 토론하는 가운데 우리가 방문을 받아 왔고, 또 의당 이런 정보를 공개할 시간이 오래 동안 지체되었다는 일치된 의견이 증대하고 있습니다. 더욱 중요한 것은, 군국주의와 편집증으로 이루어진 과거의 지배로부터의 벗어나 이러한 외계의 방문자들과 보편적인 평화의 틀 내에서 통신하기 위해서는 적절한 외교적 결단이 필요하다는 것입니다.

미국 국민의 80% 이상이 'UFO들'이 실제이고 정부가 그것의 어떤 측면에 대해 자기들에게 거짓말을 하고 있다고 생각하는 한, 지속적인 비밀주의는 그러한 비밀에서 득을 보는 극소수에게만 이익을 가져다 줄뿐입니다. 이러한 비밀주의는 미국과 다른 정부들의 신뢰성을 손상시키고, - 아이젠하워 대통령이 국가에 대한 마지막 고별연설에서 미리 경고했듯이 - 감시되지 않은 비밀권력이라는 암(癌)이 세계 전역으로 퍼져나가도록 허용하고 있습니다. 그리고 그것은 이제 바로 지구의 생명을 위협하고 있습니다.

더욱이 외계의 우주선들을 추적하고 겨냥해서 때에 따라서는 고도의 정확성으로 격추시키기 위해 매우 진보된 전자무기 시스템을 운용하는 비밀스럽고도 승인되지 않은 군사작전이 존재합니다. 이런 무모한 행동은 인류 전체에게 실존적 위협을 초래하며, 즉각 제지되어야 마땅합니다.

이 문제를 조종하는 이른바 MJ-12 또는 마제스틱 집단은 국민의 동의 없이, 또는 대통령과 의회의 감시에서 벗어나 활동합니다. 그 집단은 그 자체가 일종의 초국가적인 정부로 움직이며, 아무에게도 답변할 책임이 없습니다. 또한 모든 견제와 균형은 말살되어 왔습니다. 하나의 통치 기관으로서 그것은 법의 규정 바깥에 서 있지만, 그 영향력은 많은 정부, 기업, 기관, 대중매체 및 재정적 사안들에게까지 미치고 있습니다. 그들의 부도덕한 영향력은 뿌리가 깊은데다, 사실 그것은 오랜 세월 동안 제지되지 않은 매우 강력하고도 전 세계적인 힘을 지닌 범죄 집단으로 활동했습니다.

1년에 1,000억 달러 이상의 미국 정부자금이 이런 공작에 투입되며, 또한 이것은 미국의 '검은 예산'으로 알려져 있습니다. 이 금액이면 미국의 남성과 여성, 어린이들에게 보편적인 의료 서비스를 제공하기에 충분합니다.

1993년 12월, 내가 처음으로 이 문제에 대해 CIA의 제임스 울시 국장에게 브리핑했을 때 이 통치 집단의 3분의 1만이 우리가 권고했던 내용 – 즉 우리가 우주에서 혼자가 아니라는 사실을 폭로하고 석유, 가스, 석탄과 원자력을 대체할 진보된 에너지 생성 시스템을 조심스럽게 발표하는 것 – 에 호의를 보였습니다. 그러나 지금은 이 집단의 3분의 2 이상이 그런 제안을 지지한다고 정보통들이 내게 알려주고 있습니다.

유럽의 관련 세력들과 교황청, 아시아, 특히 프랑스와 중국은 이런 정보의 공개를 촉구하고 있습니다. 만약 미국이 먼저 그렇게 행하지 않는다면, 이런 다른 세력들이 그렇게 할 것이며, 미국만 뒤에 남은 채 세상에서 점점 무관하게 될 수 있습니다. 그러므로 이렇게 되도록 놔둘 수는 없습니다.

유럽과 아시아 세계는 아주 가까운 장래의 어떤 시점에서 미국과 함께 움직이거나, 아니면 미국과는 상관없이 행동할 것이며, 그들은 그렇게 해야만 합니다. 60년간 지속해온 비밀주의는 그것만으로 충분합니다. 우리는 또한 진보된 기술을 사용하여 지구에 대한 가짜 '외계인 침공'을 연출하려는 고도로 은밀한 계획이 존재한다는 사실을 도덕적으로 당신께 경고해드리지 않을 수가 없습니다. 이 마제스틱 집단은 직접적인 통제하에 그런 위장 작전을 개시할 수 있는 자산들이 있으며, 대부분의 지도자들뿐만이 아니라 지구상의 모든 사람들이 그것에 속게 될 것입니다. 이런 공작의 구성 요소들은 지난 50년에 걸쳐 공식적으로 테스트되어 왔고, 아래의 사항들을 포함하긴 하지만, 이에 국한돼 있지만은 않습니다.

● **외계 복제 우주선들(ARVs)** –이 비행체는 적어도 1950년대 말부터 1960년대 초 이래 완벽하게 운용되어온 진보된 반중력 비행선이다. 민간인과 군인들에 의해 보고된 다수의 소위 UFO는 이런 외계 복제 우주선들이다.[1] 그것들은 승인되지 않았거나 '어

---

1)내부고발자인 마크 맥켄들리시(Mark Macandlish)의 동료인 브래드 소렌슨(Brad Sorenson)은 캘리포니아 남부의 노튼(Norton) 공군기지의 한 격납고 안에서 3대의 외계복제우주선(ARV)을 직접 목격했다고 증언한 바 있다.
　　(Steven M. Greer. DISCLOSURE.(Crossing Point INC Publications, 2001) PP. 500~501)

또한 미 해병대에서 전투기 조종사로 10년 간 복무한 경력이 있고 외계복제우주선에 직접 탑승해보았던 빌 우하우스(Bill Uhouse) 퇴역 대령 역시 2,000년에 증언하기를, 적어도 24~36대의 복제우주선이 당시 이미 건조되었다고 언급했다.
　　(Steven M. Greer. DISCLOSURE.(Crossing Point INC Publications, 2001) P. 387)

둠의' 공군세력을 구성하며, 이런 비행선들은 특별한 속도와 기동성, 수직이륙 및 체공 능력이 있다. 2009년에 이 기술은 많은 세대를 거치면서 정교한 상태에 이르렀고, 배치될 경우, 마치 외계의 우주선(ETV)처럼 쉽게 속이거나 위장할 수 있다. (UFO는 특수한 용어가 아니며, 외계 복제 우주선이거나, 외계의 우주선일 수 있음에 유의하기 바람.)

● **프로그램된 생명체들(PLF)** - 이 존재들은 정교하게 만들어진 외계인처럼 보이는 생물들이긴 하지만, 완전히 인공적으로 합성된 것이며, 모르는 사람들은 종종 외계인으로 알고 속는다. 이런 창조물들과 관련된 연출기법과 유전공학 및 기타 과학들은 이 개략적인 설명의 범위를 벗어나는 것이긴 하나, 아주 잘 개발돼 있다고 말할 수 있다. 개인적으로 본인은 프로그램된 생물의 개발 및 배치에 관여하고 있는 다수의 믿을만한 정보통들에게 그 내막적인 설명을 들어왔다. 이런 생물들은 외계 복제 우주선와 함께 사용되었고, '외계인 납치'를 둘러싼 대중문화의 열기를 그럴듯하게 조성하고 연출했다. 인간이 조종한 준군사적인 납치들의 희생자들은 자기들이 외계인들에 의해 납치되었다고 진짜로 믿으며, 종종 그것을 뒷받침하는 육체적인 흔적이나 이식물을 지니게 된다. 이러한 이식장치들 또한 인공적인 것이며, 우리는 이러한 품목들을 실험실과 기업에서 제조하고 있다는 사실에 관한 정보를 갖고 있다.

인식을 변경시키는 것을 돕기 위한 화학적, 광학적, 전자기적 시스템이 '외계인' 이벤트를 감쪽같이 하기 위해 이용하는 '연출기법'의 구성 요소입니다. 그런 까닭에 UFO 주제 분야에 관해 일반인이 갖고 있는 대부분의 정보는 있지도 않은 "외계인 위협"에 대해 지구상의 지도자들과 대중들을 대비시키기 위해서 계획된 면밀하게 짜 맞춘 그릇된 정보입니다. 이 심리전쟁의 의미는 1950년대의 CIA 문서에 설명되어 있고, 추가적인 다른 문서들과 증언에 의해 명백히 밝혀져 있습니다. 다름 아닌 베르너 폰 브라운(Wernher Von Braun) 박사 역시도 이런 우주적 속임수에 대해 경고한 바 있습니다.

이와 같은 거짓 공작의 목적은 그런 '외계인의 위협'에 대적하는 글로벌 군사력 하에 세계를 하나로 통합하게 할 (가공의) 우주의 적을 만들어내는 것입니다. 레이건 대통령과 다른 지도자들은 이러한 허위정보의 표적이 되어 있었으며, 그것은 비밀계획과 우주공간의 무기화에 대해 그들을 침묵시키거나 협력을 확보하기 위해서 고안돼 있었습니다. (오바마) 대통령께서도 유사하게 기만당하는 것을 피하려면 조심해야 할 필요가 있습니다.

우리는 모든 데이터와 문서들을 매우 면밀하게 검토하고 일급의 비밀 증인(證人) 수백 명과 인터뷰한 후에 실제의 외계 존재들은 분명히 비적대적이라는 결론을 내렸습니다. 우리 인류의 수많은 비밀 군사행동의 무모하고 호전적인 속성과 이런 외계문명들이 갖고 있는 항성 간 여행이 가능한 대단히 진보된 기술에 비추어 볼 때, 만약 이들이 우리에게 적대적이었다면, 인류 문명은 이미 핵 시대의 여명기에 (그들에 의해) 단호하게 처리되었을 것입니다.

그러나 이런 우주의 방문객들은 인간의 적개심과 전쟁도발, 대량살상무기, 우주여행에 관련된 우리의 초기 잠재력에 대해 매우 우려하고 있는 것으로 보입니다. 인간중심적인 사고에 속박돼 있는 사람들의 성향은 실재하지도 않는 위협을 너무도 당연시합니다. 우주로 더욱 더 뻗어나가려고 시도하는 동안에 증대하고 있는 대량살상무기를 억제하지 못한다면, 인류는 우주질서에 대한 일종의 위협으로 여겨질 가능성이 높습니다. 게다가 우리는 이런 외계의 방문자들에 대해 현명하고 평화적으로 외교관계를 시작하는 데 실패했습니다. 이것은 즉시 시정되어야 할 필요가 있습니다.

이런 문제를 공개하는 것은 매우 주의 깊게 계획하고 인류역사에 있어서 희망에 찬 고양의 시기를 선택해야만 합니다. 이러한 방문자들을 악마처럼 만들거나 대중들을 겁먹게 할 서투르고 엉성한 공개는 비밀주의보다 더 해로울 수가 있습니다.

대통령께서 아실수도 있겠으나, 나의 삼촌은 닐 암스트롱이 달에서 이용한 착륙선 분야에서 일했던 수석 프로젝트 엔지니어였습니다. 그때 우리가 우주에서 환영받지 못한 이유는 우주를 통과하는 여권이 곧 안정된 평화로운 문명세계이기 때문이며, 그래야만 평화롭게 연합해서 우주로 진출하게 될 것입니다.

이런 점에서, 세계평화와 우주의 평화는 동전의 양면과 같은 것입니다. 일단 우리가 지구에서 평화로이 살면서 오직 평화롭게 우주로 진출하겠다고 서약할 때만이 우리는 양팔을 벌려 환영받게 될 것입니다. 그때까지 지구 주변에는 우주적인 격리조치가 취해질 것입니다.

불행하게도 대중매체 및 영화산업은 마제스틱 집단에게 충성하는 세력들에 의해 침투되어 있으며, 그 자들은 계속해서 이런 주제를 조롱하고 무서운 '외계인 침공'의 이미지를 조성하는데다 매스컴을 이용했습니다. 한마디로 말해서 대중들은 이 문제에 거의 철저하게 세뇌되었으며, 따라서 UFO에 관한 공개를 계획할 때 신중하게 고려해야한다는 추가적인 장애물이 존재합니다.

그럼에도 불구하고 현 상태가 더 이상 지속될 수는 없으며, 근본적인 변화가 시급히 필요합니다. 이를 위해 우리는 가능한 한 빨리 책임 있는 여러 가지 결단을 내리시길 대통령께 촉구하는 바입니다. 우리는 각하께 다음과 같은 조치들을 권고해 드립니다.

*이 문제를 조사할 대통령 주관하의 특별전문위원회를 지명하여 비밀시설 및 자산을

(첨부 요약 참조) 파악하고, 이 프로젝트 전반에 걸친 행정 통제권을 다시 천명한다.

*비밀리에 외계의 우주선들을 목표로 겨냥하고, 우주공간을 무기화하고, 악성 허위 프로젝트에 몰두하고 있는 공작들을 확인하여 즉각적으로 중단시킨다.

*적대적 '외계인'의 존재를 연출할 의도인 잠재적인 가짜 군사작전에 관련된 위험을 최소화하기 위한 대응 계획을 개발한다. 이런 대응책에는 군(軍)과 정보부서 및 국제적 기관들을 준비시키는 것이 포함된다.

행성 간의 외교관계를 다루는 협의회를 구성함으로써 평화적으로 모든 것을 조정하고 외계의 존재에 대한 비군사적인 대응을 기대할 수 있습니다. 외계 지적 생명체 연구센터(www.CSETI.org)는 그런 접촉 계획을 수립하기 위한 프로젝트를 18년 동안 해오고 있으며, 이런 과정을 도와드릴 수 있습니다. 만약 미국 정부가 향후 12개월 내에 그렇게 하기로 결정하지 않는다면, 우리 센터는 다른 정부들 및 세계적 인물들과 협력하여 그러한 위원회를 구성할 것입니다.

화석연료와 원자력을 신속하게 대체할 수 있는 새로운 에너지 기술을 연구 개발하고 그런 기술들을 면밀하게 공개하는 데다 즉시 자금을 투입하십시오.(www.TheOrionProject.org를 참고). (프리 에너지) 연구자들은 시/공의 영점 에너지장에서 에너지를 획득하기 때문에 이러한 기술들은 현재의 전기 에너지 고압송전선망을 퇴출시킬 것이라는 사실에 유념하시기 바랍니다. 우리는 이러한 기술들에 관계된 핵심시설 및 자산에 관한 문서들 및 정보를 소유하고 있습니다. 우리는 나중에 세계의 안전상황이 개선될 때, 이러한 기술들 가운데 추진력 및 운송 분야(전자기 중력 시스템) 기술을 발표하길 권고해 드리는 바입니다. 의회와 UN 및 다른 정부들과 이런 프로젝트를 조정하고 신에너지 기술들을 공개하기 위한 고위 레벨의 연락망을 확립하십시오.

국가안전보장회의는 특히 이런 발표가 지닌 국제적, 행성적, 거시경제적 의미를 특별히 검토하는 한 부서를 설치하고 긴급히 이러한 기술 공개를 준비할 필요가 있습니다. 우리 오리온 프로젝트(www.TheOrionProject.org)는 이런 새로운 에너지 기술의 개발에 도움을 주는 주요 과학자를 파악해 놓았습니다. 그들은 우리와 협력해서 일하기로 합의했지만, 그렇게 하는 것이 현재 방해받고 있으며, 이는 그들이 부여받은 "구획화된 극비 작전" 때문입니다. 우리는 그들이 대통령 각하의 전적인 지원과 보호로 우리와 함께 일할 수 있도록 대통령직에 의한 특별조치를 요청드리는 바입니다. 이런 사람들을 이 결정적인 과업에다 배치하는 것이 얼마나 중요한가는 우리가 아무리 강조해도 지나침이 없습니다. 다시 말하면, 1년도 안되어 우리는 석유, 가스, 석탄이나 원자력 발전으로부터 미국이 자유롭게 될 수 있는 새로운 에너지 생성장치를 개발하게 될 것입니다.

오바마 대통령 각하, 우리는 이러한 여러 과업들과 더불어 당신과 당신의 행정부를 돕기 위한 준비가 되어 있습니다. 그리고 전적인 지원을 당신께 약속드리는 바입니다. 저는 당신의 어떤 요청에 대해서도 개인적인 최대한의 성실과 신중함, 신뢰성으로 이행할 것입니다.

당신이 미국의 대통령으로서 역사적 역할을 시작할 때, 제가 당신의 편에 서서 당신에게 인도와 보호, 성공이 있기를 진심으로 기원하고 있음을 확신하시기 바랍니다.

스티븐 M. 그리어, MD.
디스클로우저 프로젝트 대표

그런데 이런 내용이 이미 2009년에 공개되어 오바마 대통령에게 전달되었음에도 그로부터의 반응은 아직도 묵묵부답인 모양이다. 뿐만 아니라 오히려 실망스럽게도 오바마는 언젠가 이런 전혀 가당치 않은 연설을 한 적이 있다.

"우리가 가진 과제는 우리가 아직 화석연료를 완전히 대체할 수 있는 기술적 대약진을 하지 못했다는 것입니다. 따라서 향후 10년 또는 20년 동안 우리는 여전히 석유를 사용할 것이고, 석탄과 천연가스를 사용하게 될 것입니다. 또한 우리는 누군가 내일 매우 유용한 뭔가를 발명하지 않는 한, 우리의 자동차를 움직이고 집을 난방하고 거대한 설비를 가동하기 위한 연료로 기존의 자원을 여전히 사용하게 될 것입니다. 만약 여러분이 그런 기술을 갖고 있다면, 내게 알려 주기 바랍니다."

필자가 보기에 아마도 오바마 대통령은 앞으로도 스티븐 그리어 박사의 이런 제안과 촉구에 답변하지 않거나 무시할 가능성이 매우 높다. 왜냐하면 앞서 살펴보았듯이, 미 국방성의 페가수스 비밀 프로젝트를 폭로했던 바시아고와 스틸링즈의 증언으로 미루어 짐작컨대, 오바마는 그림자정부 세력들에 의해 계획적으로 내세워진 "꼭두각시" 정도의 인물에 불과하기 때문이다. 그러므로 그가 그리어 박사의 제안을 받아들여 본질적으로 자기를 배후에서 조종하고 지배하고 있는 거대한 세력들의 뜻을 거스르는 행동을 하기는 힘든 것이다.

그럼에도 만약 오바마가 향후 그런 용기 있는 행동에 나선다면, 그는 미국 역사상, 아니 인류 역사상 가장 위대한 대통령이 될 것이 분명하다. 그러나 그가 그렇게 하기 위해서는 과거의 존 F. 케네디 대통령처럼 반드시 그 일에다 자신의 목숨을 걸어야만 할 것이다. (추후 예상대로 결국 스티븐 그리어 박사의 제안은 무시되었다.)

2장
목숨을 걸고 비밀 정보를 공개한 군 정보기관
출신 내부고발자 – 윌리엄 쿠퍼

윌리엄 쿠퍼

    군 정보기관 요원이었던 여러 내부고발자들 가운데서도 이미 고인(故人)이 된 미 해군정보국(ONI) 출신의 윌리엄 쿠퍼(William Cooper)는 매우 비중이 크고 중요한 인물이었다. 대개의 내부 고발자들은 자신의 신변안전 문제 때문에 자신의 정체를 위장하거나, 대개 가명(假名)을 사용해서 활동하는 경우가 많다. 그러나 그는 온갖 협박과 생명의 위험 속에서도 용기 있게 자신의 신분을 그대로 드러낸 채 어둠의 세력들과 맞서 싸우며 그들의 은폐된 정보들을 세상에 알리고자 노력해 왔다.

    그가 처음으로 UFO 관련 정보들이 억압되고 은폐되고 있음을 알게 된 계기는 1966년 그가 잠수함에서 근무할 때 우연히 동료 2명과 함께 목격한 UFO 사건 때문이었다. 즉 UFO를 목격하고 난후 그 것을 상관에게 사실대로 보고했음에도 그로 인해 그들은 함장에게 불려가게 되었다고 한다. 그리고 그것을 발설할 경우 여생 동안 해군 영창에 수감될 것이라는 위협을 받음과 동시에 국가안보에 관련된 기밀을 누설하지 않겠다는 조항의 문서에 사인할 것을 요구받았다는 것이다. 그 후 그는 1972년부터 하와이에 본부가 있는 태평양 함대 작전사령부의 최고사령관 정보 브리핑팀에 배속되었다. 그리고 거기서 복무시 본격적으로 1940년대 이래 유지돼온 미국정부의 갖가지 비밀정보가 담긴 극비문서들을 접하게 되었는데, 이때 그는 이런 놀라운 진실들이 언젠가는 세상에 알려져야 한다고 생각했다. 그에 따르면, 이런 모든 정보들의 원천은 해군정보국의 M-12에 대한 대응 방첩활동으로 얻어진 것이었다고 한다.

그런데 나중에 군(軍)에서 제대한 후, 그는 자신이 과거 해군에서 70년대에 본 비밀문서상에 계획돼 있던 사건들이 전 세계적으로 그대로 발생하는 것을 목격하고는 위험을 무릅쓰고 1988년부터 그 주요정보들을 대중들에게 공개하기 시작했다. 10여 년에 걸쳐 강연과 세미나, 책 집필, TV 및 라디오 토크쇼 출연을 통해 그가 폭로한 주요 비밀정보들 가운데는 존 F. 케네디 대통령 암살에 관한 흑막에서부터 비밀정부의 신세계질서 공작들, UFO와 마제스틱-12의 실상, 그리고 미국 국민에 대한 일루미나티들의 계획과 다양한 비밀활동 등에 관련된 정교한 음모들이 포함돼 있다.

이런 상황이다 보니 비밀정부 세력들 입장에서 볼 때 그는 '눈에 가시'같은 존재였으며, 즉시 제거해야 할 대상 1호였음은 너무도 당연했다. 그런 까닭에 비공식적 소스에 따르면, 1990년 초 미국정부 집단 내에서는 그를 협박하는 방식으로 다룰 것인지, 아니면 그를 단지 사기꾼처럼 조작하여 불신시킬 것인지에 관한 논의가 이루어졌다고 한다. 그리하여 우선 대중으로 하여금 그를 믿지 않게 만들려는 시도로서 약 100만 달러를 투입하여 한 가지 계획이 세워졌다. 그리고 그 자금은 쿠퍼가 개인적인 돈벌이 동기 때문에 정보를 날조하거나 다양한 원천에서 허위정보들을 끌어 모았다는 것을 넌지시 암시하기 위해 사용되었다. 그 공작은 일반적인 미디어 채널을 통해서가 아니라 기사 형태의 UFO 잡지와 뉴스 레터, UFO 그룹을 통해 이루어졌는데, 이런 매체들 대부분은 조종 받고 있었다. 그럼에도 그와 같은 활동이 별 효과를 거두지 못하자 이 세력들은 그를 은밀하게 없애버리고자 직접적인 암살 공작에 착수하게 되었다. 이에 관련해 그가 겪었던 살해 테러에 대한 상세한 내용이 그의 저서인 〈사신(死神)을 주의하라(Behold a Pale House)〉에 다음과 같이 설명되어 있다.

"나는 검은 리무진에 의해 강제로 밀어붙여져 오클랜드 고갯길의 벼랑 아래로 떨어졌다. 2명의 남성이 차에서 내리더니 내가 피투성이가 되어 쓰러져 있는 곳으로 기어내려 왔다. 한 명이 몸을 구부려 내 경동맥의 맥박을 짚어보았다. 다른 사람이 내가 죽었는지를 물었다. 내 가까이 있던 남자가 대답했다.

'아니, 하지만 죽게 될 거야.'

다른 사람이 말했다.

'좋아! 그럼 우리가 달리 무엇인가를 할 필요는 없겠군."

그들은 다시 도로 위로 올라가더니 차로 떠났다. 나는 간신히 경사면을 기어 올라가 거기서 발견될 때까지 기다렸다. 하지만 한 달 후 나는 같은 리무진에 의해 다른 사고를 당했다. 이때 나는 내 다리 하나를 잃었다. 두 명의 남자가 내가 입원해 있던 병원으로 찾아왔다. 그들은 오직 내가 입을 닥칠 것인지, 아니면 다음번에는 세상을 하직하고 싶은지를 알고자 했다."[2]

이처럼 그는 어둠의 배후자들의 암살시도와 테러에 의해 다리 하나를 잃은 불구자가 되었다. 그럼에도 불구하고 쿠퍼는 그 후에도 계속된 그림자정부 세력의 온갖 협박과 회유에 굽히지 않았으며, 과거에 비밀을 공개하려고 시도했던 자신과 같은 수많은 군 요원들과 정부 기관원들이 흔적도 없이 살해당했다고 주장했다. 한편 그는 자신이 갖고 있는 수많은 극비정보들을 토대로 베를린 장벽의 붕괴나 파나마 침공, 9.11 테러와 같은 사건들을 미리 정확하게 예측한 것으로도 유명했다. 한편 그가 공개한 정보들에 관해 UFO 접촉자 알렉스 콜리어는 논평하기를, 그 대부분이 정확한 내용들이었다고 인정했다.

원래 그가 어떻게 해군에 있을 때 이런 정보에 접근하게 되었고 또 그 대략적인 내용들이 무엇인지는 그의 저서와 인터뷰 등을 통해 이미 오래 전에 세상에 공개된 바 있다. 여기서는 그 개요를 살펴보고자 윌리엄 쿠퍼가 프랑스의 저명한 UFO 연구가 자크 발레(Jacques Vallee)와 대화하며 인터뷰한 주요 내용들을 소개한다.

윌리엄 쿠퍼와의 인터뷰

(※여기서 빌(Bill)은 윌리엄의 애칭이다)

*빌 쿠퍼; 나는 당신이 MJ-12를 믿지 않는다고 언급한 최근의 인터뷰 기사(MUFON 저널)를 읽었는데, 그래서 당신이 이런 만남을 원했는지 궁금했습니다.

---

[2]William Cooper, Behold a Pale House. (Light Technology Publishing, 1991), P.27

*자크 발레; 그 인터뷰는 내가 존 리어(John Lear)를 만나기 전에 이루어졌습니다만, 내 입장은 별로 바뀌지 않았다는 것을 인정합니다. 나는 일반적인 의미에서 물리적인 UFO 현상이 있다고 믿고는 있습니다. 그러나 그것은 내가 확실히 이해하지 못하는 방식으로 공간과 시간을 조작할 수 있습니다, 아마도 그것을 이해하는 사람들이 있을 것입니다.

*빌 쿠퍼: 그렇긴 합니다만, 계속 하시죠 …

*자크 발레; 나는 더 나아가 당신이 믿듯이 미국 정부는 오랫동안 그것 (UFO)을 연구해 왔음이 틀림없다고 생각합니다. 그렇다고 그것이 MJ-12가 진짜라는 사실을 의미하는 것은 아닙니다. 정보단체에 연루되자마자 빠지게 되는 복잡한 미로가 있고, 우리는 그 중간에 있는 것이 적절합니다. 그때 나는 린다 하우(Linda Howe)와 프레드 벡맨(Fred Beckman)과 이야기를 나누었는데, 그 두 사람이 존 리어에게 들어보라고 권하더군요. 그리고 그는 내가 당신과 대화를 해야 한다고 말했죠. 그래서 이 자리가 마련된 것입니다.

*빌 쿠퍼: 나는 해군정보국 요원으로 있을 때 UFO 문제에 관여하게 되었습니다. 1971년~1972년까지의 시기에 나는 나에게 주어진 특정 문서의 내용에 대해 몇몇 고위 장교들에게 브리핑할 것을 지시받았습니다. 이러한 브리핑 자료들은 다수의 UFO들이 이미 군부의 손에 들어와 있고 그 탑승자들이 우리 과학자들과 함께 일하고 있다는 사실과 관계가 있었습니다. 우리는 그들과 조약을 맺었습니다.

*자크 발레; 진도가 너무 빨리 나가고 있습니다. 우선, 해군에서 당신 직책은 무엇이었습니까?

*빌 쿠퍼: 나는 클래리(Clarey) 제독 산하의 정보 브리핑 팀의 일원으로 있었습니다.

*자크 발레; 그 문서는 기밀취급으로 지정돼 있었나요? 그리고 어떤 등급이었습니까?

*빌 쿠퍼: 그것은 최고기밀/SI로 분류되어 있었습니다.

*자크 발레; 거기에 부착된 암호명이 있었나요?

*빌 쿠퍼: "J"와 MAJIC이 암호명이었습니다. 나는 그들이 지금은 그것을 바꿨다고 확신합니다.

*자크 발레: 그 브리핑 팀에 얼마나 오래 있었고, 어디서 브리핑이 진행되었습니까?

*빌 쿠퍼: 하와이 섬에 있는 태평양 작전사령부에서 진행된 여러 브리핑들이 있었습니다. 그 건물은 진주만의 전경이 내려다 보였습니다. 첫 번째 브리핑은 2시간 반 정도 일반적인 개요를 설명했고, 그런 다음 새로운 정보가 알려졌을 때마다 주기적인 업데이트가 있었습니다.

*자크 발레; 왜 이런 장교들이 브리핑을 받은 것이죠?

*빌 쿠퍼: 그들의 작전 능력 범위 안에서 그들은 알아야 했고, 또 즉시 알 필요가 있었기 때문입니다. 한 가지 예를 든다면, 그들은 미래에 어떤 원반이 추락했을 경우 그것을 찾아내야 할 필요가 생길 수도 있는 것입니다. 두 번째로는 UFO를 소련의 장치로 오해하여 무기를 발사할 수도 있는 것이며, 그래서 그들은 그 존재를 알고 있어야했습니다.

*자크 발레: UFO가 실제의 위협을 유발한 경우가 있었습니까?

*빌 쿠퍼: 베트남 전쟁 동안 UFO 한 대가 B-52 폭격기를 격추시킨 바가 있습니다. 우리 병력이 처음에는 헬리콥터라고 생각했던 물체에 의해 공격을 받았던 경우도 있었습니다. 러시아 북 베트남 쪽의 전쟁에 개입해야 했던 시기에 몇 가지 추측들이 있었고, 때문에 매우 심각한 문제가 되었던 적이 있지요.

*자크 발레; 그 후에 해군이 비행원반을 입수했습니까?

*빌 쿠퍼: 내가 실제로 목격했던 사건이 있었는데, 그것은 나중에 소련의 잠

　　　　　　　　　　3부 인류를 깨우기 위한 진지한 노력들

수함으로 명부에 기록된 비행선을 발견한 것과 관련돼 있습니다. 그 일이 발생했을 때 나는 사령부 중심에 있었고, 그게 사실이라고 보장할 수 있습니다.

*자크 발레: 당신 자신은 외계인을 본 적이 있나요?

*빌 쿠퍼: 없습니다.

*자크 발레: 추락한 원반의 일부를 본 적이 있습니까?

*빌 쿠퍼: 아니요, 하지만 난 추락한 원반을 보호하라는 임무를 받은 다른 두 사람들을 알고 있고, 그들이 나에게 이야기해준 적이 있습니다.

*자크 발레; 당신은 과거 UFO를 직접 본 적이 있습니까?

*빌 쿠퍼: 한 번요. 1966년 늦은 여름에 나는 시애틀로 향하고 있는 잠수함, USS Tiru, SS-416호에 탑승해 당직을 맡고 있었습니다. 그리고 우리 셋은 좌현 2.5마일 떨어진 거리의 바다에서 솟아오르는 항공모함만큼 거대한 비행원반을 목격했습니다. 그것은 상승하여 구름 속으로 사라졌다가 다시 내려왔습니다.

*자크 발레; 1971년 이전에 에셜론(미국의 전세계적인 통신감청망) 고위 임원들에게 브리핑이 있었습니까?

*빌 쿠퍼: 문서 내용대로라면, 분명히 정보가 제공되었어야 합니다. 그 원문은 첫 번째 비밀 프로젝트가 1953년에 아이젠하워 대통령의 지시에 의해 설립된 것으로 나타나있습니다. 아이젠하워는 정부기관이나 의회가 상황을 모른 채 연구를 수행할 수 있는 조직을 구축하게 도와주라고 록펠러에게 요청했습니다. 록펠러는 지적(知的)인 엘리트 집단인 "제이슨(Jason)" 그룹 산하에 그것을 설립했습니다. 이 특별전문위원회는 키신저, 덜레스, 조지 부시, 브레진스키와 다른 8명을 포함하여 열두 명의 사람으로 구성되었으며, MJ-12로 알려지게 되었습니다.

*자크 발레; 비밀로 유지된 정보가 특별히 UFO와 관련이 있었나요?

*빌 쿠퍼: UFO와 외계인들과 관련이 있었습니다. 네 가지 종류의 외계인들이 존재합니다. '그레이들'은 두 종류가 있는데 … 하나는 일반적으로 볼 수 없는 커다란 코를 가진 종족이 포함돼 있습니다. 그 다음에 "북유럽인" 유형의 키가 크고 금발인 아리아인들처럼 생긴 행태가 있고, 마지막으로 "오렌지색"의 외계인들이 있습니다.

*자크 발레; 그들이 어디에서 오는 겁니까?

*빌 쿠퍼: 내가 보았던 기억으로는 여러 기원이 언급돼 있었으며, 그것은 오리온, 플레이아데스, 베텔기우스, 버나드의 별과 제타 레티쿨리 등이었습니다.

*자크 발레; 우리가 그들과 조약을 체결했다고 언급하셨는데요?

*빌 쿠퍼: 1964년부터입니다.

*자크 발레; 왜 그들이 미국과 조약을 체결해서 일을 복잡하게 만드는 걸까요? 그들의 기술이 우리보다 훨씬 앞서 있다면 말이에요? 존 리어는 10억년을 언급했는데요.

*빌 쿠퍼: 그들은 자기들의 존재를 비밀로 유지하기 위해 (협정을 맺을) 정부가 필요했습니다. 명심하세요, 우리는 구금시설에다 외계인 한 명을 감금하고 있었습니다. 우리 레이더는 그들의 네비게이션 시스템(navigation system)을 영향을 미치고, 그들의 우주선이 균형을 잃도록 만듭니다.

*자크 발레; 어떻게 그들의 우주선들이 동력을 공급받지요?

*빌 쿠퍼: 축구공 크기의 작은 핵 반응기로 합니다. 그들은 공간-시간의 겹친 부분을 이용합니다. 난 물리학자가 아니므로 그걸 이해하지는 못합니다. 분명히 그들은 자기들을 눈에 보이지 않게 하고 은폐할 수 있는 능력을 갖추고 있습니다.

*자크 발레; 그들은 사용하는 금속은 어떤 종류인가요?

*빌 쿠퍼: 초기에는 순수 마그네슘이었습니다. 그 당시에는 우리가 그것을 복제할 수 없었지만, 지금은 우리가 우주공간 속에서 그것을 재현할 수 있습니다, 그렇기에 궤도에서 성장하는 수정들(crystals)에 그렇게 많은 관심이 있는 것입니다. 그들은 우리가 지구에서 만들 수 있는 합금을 사용합니다만, 똑같이 휘기 쉬운 구조는 아닙니다. 당신은 우주 비행사 중 한 사람을 알고 계십니까? 아폴로 우주 비행사들 중에 한 명에게 달(Moon)에 대해 물어보십시오. 그들이 무얼 보았느냐고 말이죠. 달의 어두운 뒷면에는 외계인의 기지가 있습니다.

*자크 발레; 포획된 외계인은 어떻게 되었나요?

*빌 쿠퍼: 그는 병에 감염되어 일 년 동안 앓은 후, 1952년에 죽었습니다. 정부는 그를 구하려고 시도는 했습니다. 그들은 자기들의 동료들에게 와서 도와 달라고 공간 속으로 메시지를 보냅니다. 그 결과 또 다른 외계인이 1964년 4월 25일에 홀로만(Holloman) 공군기지에 착륙했고, 우리 과학자들과 일하기 시작했습니다. 그들은 우리에게 많은 정보를 주었습니다. 그 외계인들은 지구에서 자신의 존재를 비밀로 유지하기 위해 필사적이었어요. 우리는 그들의 기술에 대한 대가로 그것에 동의했지요. 그리고 그 외계인들에게는 납치를 행할 수 있는 권한이 주어졌습니다. 그들은 의학적인 동기에서 인간납치가 필요하다고 말했습니다. 그들은 자기들이 납치했던 인간들의 목록을 MJ-12에게 주기로 되어 있었습니다. 그리고 우리는 그들이 우리에게 거짓말을 하기 시작했다는 것을 깨닫기 시작했습니다.

*자크 발레; 그 외계인들은 지금 어디에 있습니까?

*빌 쿠퍼: 에어리어(Area)-51에 있습니다. 모든 사람들이 51-구역이 공군 관할 하에 있다고 생각하는데, 왜냐하면 그곳이 네바다 내의 넬리스(Nellis) 공군기지에 있기 때문이죠. 그러나 사실 51-구역은 해군 관할 하에 있습니다. 해군은 이 프로젝트에 대한 현장 활동 작전통제권이 있습니다. 거기에는 또한 에어리어-2도 포함되며, 그곳은 원래 핵에너지위원회의 지하 저장영역으로 세워진 지역입니다._

*자크 발레; 그룸 레이크(Groom Lake)는 어떻습니까?

*빌 쿠퍼: 그룸 레이크는 같은 곳인 넬리스에 있습니다. 넬리스에 외계인 기술그룹이 있으며, 인디언 보호구역인 뉴 멕시코의 덜스 인근에 또 다른 그룹이 있습니다.

*자크 발레: 그것이 사실이라는 것을 우리가 어떻게 알지요?

*빌 쿠퍼: 그것은 그 문서가 명시하고 있는 내용입니다. 그 기지가 있는 곳에는 큰 자기이상(磁氣異常) 현상이 존재한다는 것이 판명되었습니다. 아마도 지상을 관통하는 레이더가 내부에 무엇이 있는가를 보여줄 것이며, 소문에 의하면 그곳은 모든 것이 터널들로 이루어진 벌집구조라고 합니다. 그 문서는 어떻게 그곳에 진입하고 입구가 어디에 있는지를 설명하고 있습니다.

*자크 발레; 경비가 삼엄합니까?

*빌 쿠퍼: 아니, 그렇지는 않습니다. 그렇게 하면 (필요 이상으로) 관심만 끌 것입니다, 즉, 그들은 그 이유를 설명해야 할 것입니다. 하지만, 일단 당신이 들어가면, 절대로 나오지 못합니다. 당신이 원한다면 내가 거기에 데려갈 수는 있습니다.

*자크 발레; 당신이 브리핑에 사용한 두 가지 문서는 무엇인가요? 그것을 설명해줄 수 있습니까?

*빌 쿠퍼: 가장 두꺼운 하나는 두께가 약 4분의 3인치 정도였고 그러지(Grudge)/블루북(Blue Book)-13호 보고서라고 불렸습니다. 사람들은 블루북은 공군 아래에 있다고 생각하지만, 그렇지 않았습니다.. 블루 북은 그러지 산하에 있었고, 그것은 차례로 공군에 할당되었습니다. 그것은 피납자들과 이식장치와 관계가 있습니다.

*자크 발레: 다른 문서는 무엇입니까?

*빌 쿠퍼: 그것은 대부분의 작전에 관한 일종의 개요였으며, 역시 푸른색으로 덮인 책이었습니다.

*자크 발레: 누군가 다른 사람이 이런 문서를 보았습니까?

*빌 쿠퍼: 앨버쿼키 근처에 숨어 있는 빌 잉글리쉬(Bill English)라는 이름의 사람이 있으며, 그는 내가 본 것과 같은 것을 보았습니다. 그는 자신의 생명에 대해 걱정하고 있습니다. 그들은 이미 그를 두 번 죽이려고 시도한 바가 있습니다. 정부는 그가 다른 친구들과 함께 타고 있었던 두 대의 밴을 날려버렸습니다. 그들은 사망했고, 그는 운 좋게도 탈출했지요. 나에게 아무 일도 발생하지 않은 유일한 이유는 내가 다른 사람들에게 이야기하고 내가 가진 모든 정보들을 유포했기 때문입니다.

당신은 내가 오랜 시간 동안 그 모든 것을 내면에다 보관했다는 것을 깨달아야 하는데, 왜냐하면 난 그게 국가의 이익에 부합된다고 생각했기 때문이죠. 그리고 나는 깊은 의무감을 가지고 있었습니다. 나는 더 이상 그런 의무감이 있지는 않습니다. 그것은 다 잘못되었지요. 너무 많은 사람들이 이것 때문에 살해당했습니다. 그것은 완전히 불법이며, 그리고 우리는 외계인에 의해 배신당했습니다. 우리는 지금 엄청난 위험 속에서 살고 있습니다.

*자크 발레: 어떻게 다른 사람인 빌 잉글리쉬가 그 문서를 보게 되었나요?

*빌 쿠퍼: 그는 미 육군 특수부대의 대위였습니다. 그는 영국에 있는 한 기지의 정보 분석가로 배속되었지요. 그 문서가 정규적인 우편행낭으로 들어왔었습니다. 그는 그 문서를 보려고 한 것은 아니었는데, 그것은 송달 과정상의 오류였습니다. 그래서 그는 쫓겨나게 된 것이었습니다. 그의 생명을 위협하는 시도들이 이루어졌고, 그는 조롱거리가 되었습니다. 어떤 사람들은 그가 마약(LSD)을 복용하기까지 했다고 말합니다!

*자크 발레: 셀리그먼(Seligman)에 의해 공개된 '은폐(COVER-UP)' 다큐멘터리에 관해서는 어떻게 생각하십니까?

*빌 쿠퍼: 그것은 정부가 사람들을 혼란시키기 위해 고의적으로 시도한 이망할 놈의 불확실한 계획의 일부였습니다. 아마도 내가 이런 말을 하지 말아야하지만, 참가자들 중 일부는 정부의 밀고자들입니다.

… (중략) …

*자크 발레; 그래, 어떻게 생각하세요. 이제 어떻게 해야 하나요?

3부 인류를 깨우기 위한 진지한 노력들

*빌 쿠퍼: 이 정보는 가능한 한, 대중에게 널리 전파되어야 합니다.

*자크 발레; 대통령도 알고 있다고 생각하십니까?

*빌 쿠퍼: 예, 부시 대통령은 MJ-12의 전 멤버라는 사실을 알아야 합니다. 이전의 대통령들은 오직 그들이 알리고 싶은 것만 들었을 뿐입니다. 대통령은 그가 말하려는 어떤 것이 그들에게 알려지기 전에 기자회견 중간에 불쑥 말해야 했을 것입니다. 모르십니까? 만약 그 정보가 공개될 경우, 정보기관은 붕괴될 것입니다. 아무도 다시는 그 사람들을 신뢰하지 않을 겁니다. 알다시피, 레이건은 UFO에 대한 모든 것을 기밀화 했습니다. 설사 그들이 기밀취급을 하지 않는다고 할지라도 정부와 어떤 일을 함께하는 누구도 그 주제에 대해 이야기할 수 없습니다.

*자크 발레: 그럼 당신은 앞으로 어떻게 하실 예정이십니까?

*쿠퍼: 나는 정보를 공표할 것입니다. 난 직장에서 사임했습니다. 첫째로 나는 애너하임에서 심포지엄을 개최하려고 합니다. 그 이익금은 자기들이 알고 있는 것을 말하고 싶어 하는 사람들을 위한 보상기금을 마련하는 데 사용될 것입니다. 그런 다음 나는 그 심포지엄을 모든 주요 도시들로 확산시킬 것입니다.

(※이상 자크 발레의 저서인 "폭로(Revelations)"에서 발췌하여 인용했다.)3)

   윌리엄 쿠퍼는 자크 발레와의 인터뷰에서 스스로 공언한대로 그 후 온갖 위험을 무릅쓰면서도 감추어진 정보들을 세상 사람들에게 알리고자 모든 노력을 다했다. 그러나 이런 그의 폭로 활동을 비밀정부세력들이 언제까지나 그냥 놔 둘리는 만무한 것이었다. 어떻게 해서든 그를 불법행위 죄로 엮어보려는 정부의 시도에 의해 1998년 7월에 이미 그는 탈세 혐의로 고발돼 있었다. 그리고 체포영장이 발부되었지만 체포당하지는 않은 상태였는데, 결과적으로 그는 2000년에 미국 연방 집행기관에 의해서 "주요 수배자"라는 딱

---

3) Jacques Vallee, REVELATIONS (Ballantine Books, 1993), PP. 63~75 .

지가 붙게 되었다.

그러던 중 쿠퍼는 2001년에 들어와 그해 9월 11일에 발생한 세계무역센터 테러의 원인에 대한 정부의 주장을 반박하고 이의를 제기하는 활동에 열중하며 10월을 보내고 있었다. 그러자 더 이상은 놔둘 수 없다고 판단한 그들은 이번에는 쿠퍼가 지역 주민과의 분쟁에서 위험한 무기로 위협하고 가중폭행을 했다는 터무니없는 혐의를 뒤집어씌웠다. 그리고 영장을 집행한다는 명목으로 그를 집에서 체포하려고 시도했다. 그러나 쿠퍼는 자신의 웹사이트 및 단파 라디오를 통해 법집행 기관에 결코 굴복하지 않겠다고 여러 번 언급했으며, 그는 또한 이 기간 동안 자신은 그 어떤 법률 위반도 하지 않았다고 부정했다. 하지만 애석하게도 결국 윌리엄 쿠퍼는 2001년 11월 5일 늦은 밤 그를 체포하러 온 경찰과의 총격전 와중에 심한 총상을 입고 사망했다.

쿠퍼를 아는 이들은 그를 친절하고 사려 깊고 다정하며 소박했던 사람으로 기억한다. 반면에 한편으로 그는 거짓과 타협하지 않고 참으로 진실을 말하려는 불독(Bulldog) 같이 저돌적이고 추진력 있는 인간이었다고 한다. 4명의 아이들의 아버지이자 한 여성의 남편이었던 이 진정한 용기의 소유자는 애석하게도 진실을 말한 대가로 사악한 세력들에 의해 이렇게 희생당하고 말았다.

3장
피납자들을 치유하고 UFO 접촉자들을 탐구하는
심리학자 - 레오 스프링클 박사

　　미 와이오밍 대학의 심리학 교수인 레오 스프링클(Leo Sprinkle) 박사는 외계인 접촉 및 피납, 그리고 환생과 같은 초과학적 문제를 45년 이상 전문적으로 연구해온 학자이다. 또한 저명한 UFO 강연자, 치료자로서 UFO 문제가 대중들에게 일반화되기 이전부터 연구에 몰두하여 수많은 기사와 과학적 논문을 집필해온 UFO학 분야의 개척자라고 할 수 있다.

　　상담심리학 교수로는 매우 특이하게도 그는 자신의 학문적 연구를 거의 이 분야에 바쳐온 셈이다. 그런데 그가 UFO 문제에 관심을 가지고 학문적으로 이를 규명하려는 노력을 시작하게 된 동기 자체가 젊은 시절의 우연한 UFO 목격에서 처음 비롯되었다고 말하고 있다.

　　그는 1949년 콜로라도 대학 재학시절 친구와 함께 처음 UFO를 목격했고, 두 번째 목격은 1956년 자신의 아내와 함께였다고 한다. 초기에는 UFO를 비웃던 그가 점차 회의주의자로, 그리고 나중에는 긍정적인 UFO 신봉자로 바뀌게 된 것은 이 두 번의 UFO 목격 경험을 통해서였다.

1961년 미주리 대학에서 박사 학위를 마치자마자 그는 미국의 〈APRO(공중현상조사기구)〉와 〈NICAP(전미 공중현상 조사위원회)〉와 같은 UFO 연구단체에 가입하여 활동하는 동시에 독자적인 몇 가지 연구를 시작했다.(※나중에 그는 〈APRO〉의 고문이 되었다. 1969년에는 정부의 "UFO에 관한 콘돈 보고서" 활동에 심리학적 자문역으로 참여하기도 했다.)

주위의 있는 많은 UFO 피납 및 접촉 경험자들과 만나 마음을 열고 대화하는 가운데 그는 그들을 이해하기에는 기존의 과학이나 현실에 대한 개념 및 접근법이 맞지가 않고 그들이 초과학적, 초자연적 경험을 이야기하고 있음을 깨달았다. 따라서 그는 ESP와 같은 초심리학 분야와 임상 최면에 의한 전생퇴행기법 등에까지 관심을 넓혀 자신의 연구에 활용하기 시작했다. 개인들의 UFO 피납 및 접촉경험을 탐구하기 위한 이 과정에서 스프링클 박사는 약 500회 이상의 최면퇴행을 실시했고, UFO 경험에 관한 수천 건의 보고서를 읽었으며 심리학적이고 통계적인 연구를 계속했다.

1980년에 그는 〈록키 마운틴 UFO 회의〉를 창설했는데, 이 중요한 회의는 오늘날까지 매년 6월 와이오밍주, 라라미(Lalamie)에서 개최되고 있다. 여기에는 매년 수백 명의 UFO 피납자와 접촉자, 전문 학자들이 참여하여 자신들의 경험들을 공개적으로 발표하고, 또 상담하고 토론하는 중요한 모임이다.

UFO 학자로서 스프링클 박사가 관심을 가지고 연구해온 UFO에 관한 측면은 그 실재 여부와 같은 단순하고 낮은 단계가 아니라 대단히 구체적이고 심층적인 분야이다. 그는 우선 UFO가 외계문명의 대표자들에 의해 조종되는 우주선으로서 지구가 현재 그들에 의해 면밀하게 조사되고 관찰되고 있다는 가설을 인정하고 전제한다. 여기서 더 나아가 예를 들자면, 'UFO 현상에서 어떤 심령적인 경험을 했다고 주장하는 사람들의 심리학적인 특성'이라든가 'UFO 탑승자들과 직접 만나고 교신했다고 하는 사람들이 보고하는 외계 존재들의 동기나 목적'과 같은 주제들을 탐구한다.

그는 자신이 연구하는 UFO 경험과 환생 사이의 관계에 대해 다음과 같은 견해를 밝히고 있다.

"현대의 UFO 접촉자들은 종종 자기의 영혼이 계속 발전을 경험해온 과거의 여러 생애들을 언급합니다. 여기에는 두 가지 주요 교훈이 있다고 보는데, 하나는 인간의 진화, 영적발전에 관한 것이고 다른 하나는 우리의 지구 행성에 관한 것입니다. 나는 환생과 전생(前生)의 연구, 그리고 비행접시와 외계인에 대한 연구 사이의 관계는 이 시대에 지구상에 태어나 진화중인 영혼으로서의 우리들 자신에 관해 좀 더 배울 수 있는 기회를 제공해 준다고 생각합니다. 또한 지금은 어머니 지구와 그 생존에 결정적으로 중대한 시기입니다."4)

스프링클 박사에 따르면, UFO와 환생 사이의 관계뿐만이 아니라 UFO가 하늘에서 보여주는 다양한 빛의 대형(隊形)은 우연이 아니라 그것을 목격한 영혼에 대한 일종의 메시지를 포함하고 있다고 한다. 이와 관련해 그는 UFO 목격시 그 목격자의 영혼, 또는 상위자아(上位自我)에 관해 검사해 볼 수 있는 일종의 〈잉크 얼룩 심리 테스트〉를 이론화한 바가 있다.

그렇다면 레오 스프링클 박사의 45년 이상에 걸친 UFO에 대한 학문적 연구의 결론은 무엇일까? 그는 UFO 활동이 '우주의식(宇宙意識)을 형성하기 위한 조건화 작업'이라고 정의한다. 즉 인류로 하여금 그러한 보다 확장된 의식을 가질 수 있게끔 계획된 거대한 우주적 프로그램의 일부라는 것이다. 다시 말하면 UFO에 탑승한 존재들은 인간이 자기들을 외계나 다른 차원에서 오는 존재들로 생각하든 안하든, 인류 스스로 자신들이 이 우주 안에 홀로 있는 것이 아니라 다양한 생명체들이 공존하는 우주 시민의 일원이라는 사실을 깨달음으로써 그 의식이 새로운 차원으로 전환될 수 있도록 시도하고 있다는 것이다.

아울러 그는 우리가 인류 역사상 가장 흥분되고 도전적인 시대로 진입하는 문턱에 서있으며, 다른 외계 지성체들의 문명과 접촉하려는 시도는 개인적으로나 사회적으로나 노력할만한 가치가 있다고 결론지었다.

필자는 약 17년 전에 스프링클 박사가 국내에 〈신과학 심포지움〉에 참석차 방한했을 때 개인적으로 그들 잠깐 만나본적이 있다. 당시에도 목격한 바가 있지만, 스프링클 박사는 심리학 교수라는 신분이면서도 특이하게 일종의 채널링 능력인 심령적 〈라이프 리딩(Life Reading)〉을 행할 수 있는 능력을 가지고 있다. 이로 미루어 짐작할 때, 결국 그는 오랜 UFO 연구 과정을 통해서 다름 아닌 자기 자신이 UFO 접촉자임을 확인하게 된 것인지도 모른다.

그의 저서로는 1999년에 출간한 "영혼 샘플들(Soul Samples)"이라는 책이 있으며, 이 책의 내용은 그의 연구를 도와주었던 사람들, 즉 UFO 경험과 전생퇴행을 겪은 개인들을 탐구하면서 심리학적인 상담자로서 일했던 성과를 상술하고 있다.

---

4) UFO MAGAZINE, Volume 15, NO.3(March 2000) P.33

4장
그림자 정부의 핵심 과학자이자 외계인
특수부서 책임자였던 마이클 울프 박사

마이클 울프

아마도 이 사람은 UFO 분야의 내부고발자 가운데 서도 가장 높은 직위를 갖고 핵심적인 비밀부서에서 다방면으로 활약했던 최상위 레벨의 인물일 것이다. 왜냐하면 어쩌면 한때 그 자신이 바로 M-12의 일원 이었을지도 모른다고 추측되는 사람이기 때문이다. 그리고 마이클 울프 박사가 미국 정부 내에서 매우 중요한 비밀 작업들을 맡아 직접 관여할 수 있었던 것은 한 마디로 말해 그의 천재적 두뇌와 매우 다재다능한 능력 때문이라고 할 수 있다.

그가 말한 바에 따르면, 그는 자신의 아버지가 원래 그레이 외계인들로부터 방문을 받고 있었던 관계로 어린 시절부터 기밀화된 세계나 외계인과의 조우가 낯선 것이 아니었다고 한다. 실제로 그는 12세경에 실험적으로 시도한 외계인과의 텔레파시 교신에 성공한 바가 있었다. 그러므로 미 정보기관은 외계인들과 관련된 이런 특출한 재능과 총명함을 가진 어린 울프를 눈여겨보아 감시하기 시작했고, 결국 활용가치가 높다고 판단한 당국은 그를 미리 채용하게 되었다. 그리고 그의 교육과정을 위한 모든 비용을 정부가 지불했다고 한다.

그의 경력과 학력을 살펴보자면 화려하기 그지없는데, 대략 열거하면 다음과 같다. 우선 그는 신경학 의사 자격이 있다. 게다가 이론 물리학 박사, 컴퓨터 과학 분야의 이학박사, 또 법학박사 학위를 취득했고, 유전공학 분야에서도 학위를 갖고 있다. 정부의 다른 프로젝트에서 울프박사는 소립자 물리학 연구에도 참여했는데, 그의 박사 학위 논문은 "스타워즈 프로그램을 위한 중성자 입자-빔 무기개발에 대해서"라는 제목으로서 그가 발견한 기술이 실제로 이용되었다고 한다. 또한 그는 자신이 텔레파시와 원격투시, 마인드 컨트롤과 같은 군 정보기관의 초능력 연구에도 관여했다고 고백했다.

이런 연구자로서의 경력 외에도 마이클 울프는 베트남 전쟁 시기에는 공군 대령으로서 조종사와 항공 군의관으로 활동했고, CIA와 NSA의 I-특수부대 정보 장교로도 근무했다. 그리고 1972~1977년까지는 외계의 기술에 대한 정부의 비밀연구에 종사했다고 한다. 그는 그것에 관해 이렇게 증언했다.

"나는 극도의 비밀에 붙여진 정부의 지하 연구실험실에서 연구를 하는 동안, 업무상 매일 외계인들을 만났고, 그들과 함께 거처를 공유했습니다."

"정부 내의 일부 사람들은 외계인들과 더 나은 외교 관계를 원하지만, 군부 내의 다른 사람들을 그들을 격추시키려고 합니다. 이것은 아이러니한데, 왜냐하면 SDI(스타워즈) 기술은 외계인들이 미국정부에 준 것이기 때문입니다."

"나는 현재도 외계인들이 캘리포니아 에드워드 공군 기지의 지하 깊은 곳에 자리한 헤이스택 공군 연구소에서 정부 과학자들과 함께 일하고 있음을 알고 있습니다."

그가 일했던 지하 비밀 연구소들이 있던 곳은 네바다 시험장의 북동쪽 인근의 S-4와 51-구역, 라이트-패터슨 공군 기지에 있는 외계 기술부 연구소, 뉴 멕시코 – 콜로라도 국경 근처의 덜스 연구소 등이라고 한다. 그리고 울프박사는 독자적으로 정신확장과정을 통해 인간의 뇌가 텔레파시적으로 외계인들과 교신할 수 있는 "접속 방법"을 개척하기까지 했었다.

이런 뛰어난 경력으로 인해 그는 1979년 이래 대통령들과 국가안보위원회(NSC)를 상대로 외계인 문제에 관한 과학고문을 담당하는 위치에까지 올라서게 되었다. 또한 NSC의 UFO 정보관리 소위원회의 한 멤버이자 (MJ-12)의 과학 패널이기도 했다. 그리고 마침내 MJ-12는 울프 박사를 외계인 문제를 다루는 최고의 집단인 알파컴(Alphacom) 팀의 위원장에 앉혔다. 그의 말에 따르면 알파컴의 가장 중요한 임무는 지구를 방문하는 외계인들과의 교섭을 수행하는 것이었다고 한다. 그렇기에 자신의 직무상 그는 그레이를 비롯한 다양한 외계인들과 무수히 직접 접촉하거나, 교신해 본 경험을 가진 독특한 경력의 사람이었다. 그는 외계인들 가운데 "노르딕(Nordic)"과 "세미틱(Semutic)"이라고 불리는 플레이아데스와 알타이르 항성계 출신의 인간형 외계인들과도 격의 없이 대화를 나눠보았다고 하는데, 특히 그들은 "매우 영적인 존재들이고, 보다 은하계적인 조언자"로서 행동했다고 술회했다.

한편 울프박사는 자기가 정부 과학자들이 인간-외계인 혼혈종을 창조했던 연구 프로젝트 주변에 있어 왔으며, 그들이 E.T 유전 공학을 복제하려 시도하고 있다고 밝혔다. 즉 미국 정부는 이미 인간-외계인 혼혈종을 창조했다는 것이다.

그런데 어느 시점에 그는 자신이 그 동안 비밀스러운 세계에서 알게 된 이와 같은 관련 정보들을 세상에 공개하기로 결정했는데, 왜냐하면 자신의 연구가 CIA 같은 정보기관에 의해 악용된 데 대해 무거운 죄책감을 느꼈다는 것이다. 그리고 우리 모두가 진실을 알 권리가 있기 때문이라는 것이다. 그런 한 예로 그가 MIT 대학에서 물리학 박사 학위를 따기 위한 연구과정에서 파동입자의 이원성에 관한 새로운 이론을 발견했으나, 이것이 나중에 중성 입자 빔 무기 개발로 이어졌다고 한다. 그는 이렇게 말했다.

"나는 이 기술이 암을 치료하는 데 이용되기를 희망했고, 그렇게 마음으로 꿈꾸었습니다. 하지만 대신에 그것은 SDI 프로그램(스타워즈)의 일부인 무기로 이용되었던 것입니다."

그러나 모든 진실을 세상에 공개하려는 그의 이런 용기 있는 결단은 매우 가혹한 결과를 그 자신에게 가져왔다. 미국 정부는 그의 폭로에 대한 1차적 대응조치로서 우선 그가 다녔던 대학이라든가, 독립적인 한 계약자로서 중앙정보국(CIA), 국가안보국(NSA)에서 일했던 그의 정부 근무기록 등의 그에 관한 거의 모든 기록들을 제거해버렸다. 그 결과 울프 박사는 자신이 정부기관에서 근무했다는 사실을 거의 증명할 수가 없었다. (※이것은 앞서의 로버트 라자르의 사례와 똑같은 것이다.) 뿐만 아니라 곧 이어서 그를 제거하려는 의도로 비밀 공작원들에 의해 여러 차례의 테러가 자행되기 시작했다. 그러다 결국 자동차 "사고"로 위장된 폭파공격으로 그의 아내와 아들, 그리고 태어나지 않은 뱃속의 아기까지 암살되었고, 그 자신만이 그 구사일생으로 거기서 살아남았다.

그 이후 그는 죽은 가족들을 위해서라도 인류에게 기여할 필요가 있다는 동기에서 미국정부가 은폐한 외계인 및 UFO에 관련된 정보들을 계속 폭로해 왔다. 그러나 한때 미국 대통령보다도 더 높은 기밀정보 취급인가 등급을 갖고 있었던 이 사람은 애석하게도 2000년 7월, 암에 의해서 59세의 나이로 세상을 떠나고 말았다. 물론 그의 사망원인이었던 암 역시도 정부의 특수 전자무기 장치에 의한 공격으로 인한 것이었음은 두말 할 필요가 없는 것이다. 울프 박사는 평소에 "육신은 영혼을 담는 그릇이며, 죽으면 의식은 다른 차원으로 옮겨간다."라는 생각을 갖고 있었다. 그리고 그는 생전에 자신이 모든 종교를 존중하지만 특이하게도 기본적으로는 불교를 추종한다고 밝혔으며, 〈하늘의 포수들〉이라는 저서를 남겼다.

마이클 울프 박사가 폭로한 주요 기밀들

(※아래의 내용들은 리처드 보일란 박사가 1998년 미 〈넥서스(Nexus)〉 매거진 5권 3호에 게재했던 자료에서 주요 부분만을 추려내 요약했다.)

*그레이 외계인들은 네바다와 뉴멕시코에 있는 비밀 지하군사시설 내에 있는 동안 그들의 진보된 기술을 군과 정보기관 과학자들과 공유했다. 외계인들은 미국정부에게 그들의 반중력 우주선과 거대한 양의 연료(원소 115)를 넘겨주었다.

*1975년 5월에 네바다 S-4 지역에서 외계의 소형 반물질 반응로를 실연해 보이는 그런 기술교환이 있던 동안에 그레이 지도자가 외계인들을 경호(호위 감시)하는 델타부대 책임자 대령에게 그들의 모든 총과 탄환을 없애라고 요구했다.(그렇게 해야 그 에너지가 방사되는 동안에 그들이 우연한 오발을 하지 않으리라는 것이었다.) 그러나 부대원들은 거절했고, 계속되는 흥분과 동요 속에서 한 요원이 그레이들에게 발포했다. 이 사건에서 1명의 외계인과 2명의 과학자들, 그리고 41명의 군(軍) 요원들이 죽음을 당했다. 단 한 명의 요원만이 살아남았는데, 그는 외계인들이 자기들을 공격하는 다른 델타부대 요원들에 대한 자위조치로서 일종의 유도된 정신적 에너지를 사용했다고 증언했다. 이 사건으로 인해 "그레이들과의 어떤 교섭이 정지되었다."고 한다.

*군/정보기관 과학자들은 외계인들로부터 복제기술을 배웠다. 동물에 대한 완벽한 복제기술이 성공한 이후에 울프박사와 그의 동료들은 프로젝트 센티넬 (SENTINEL)의 일부로서 "J-타입 오메가"라는 한 인공지능 인간을 복제해냈다. 이 프로젝트는 두려움이나 의문 없이 명령에 절대복종하는 높은 지능과 초강력의 힘을 지닌 병사를 창조하려는 시도였다. J-타입 복제는 종결되었는데, 왜냐하면 그 병사가 무고한 개를 죽이라는 명령에 따르지 않았기 때문이었다. 그리고 이것은 내가 비밀리에 그의 인공지능에다 윤리의식을 프로그램해 놓았기 때문이었다. 나의 상관은 복제된 그 "J"형 인간을 없애라고 지시를 내렸다. 그러나 내 유전자의 일부가 그에게 사용되었으므로 그는 내 자식과도 같았다. 따라서 나는 군 장성인 내 친구의 도움을 받아 그를 비밀리에 Area-51에서 빼돌려 탈출시켰다. 그는 지금도 미국 어딘가에서 살고 있다.

*외계인들은 세계의 돈과 권력 브로커들이 계속해서 세상을 산업화시키는 것에 언짢아했는데, 그들은 그것이 지구가 자멸로 향한 것이라고 보았다. 외계인들은 또한 핵장치들이 많은 국가들로 확신되는 것을 우려했다.

* MJ-12에 소속된 알파컴 팀의 다른 임무들:
• 외계인 방문자들의 숫자와 타입을 결정하는 것
• 방문 한도와 그 이유들
• 과거와 현재에 있어서 인간과 외계인들과의 상호작용에 관해 탐사
• 다양한 외계 방문자들의 문명들에 대한 연구
• 그들과 교섭할 수 있는 방법

*다음과 같은 몇 가지 외계문명 연합들이 지구를 방문하고 있다. (울프박사에 따르면 이런 연합들은 느슨한 협력관계 형태를 이루고 있다고 한다.)

• 알타이르 아퀼라 태양계와 플레이아데스 성단으로부터 온 인간형 외계인들의 동맹

- 제타 레티쿨리 항성계로부터 온 그레이들(Greys)의 집단
- 우주의 여러 세계들로부터 온 다수의 다른 외계인들 그룹의 연합
- 오리온에서 온 다양한 종족들의 연합

*바티칸은 어떻게 종교가 만들어지고 왜 만들어졌는가에 대한 외계 생명체들의 세부적인 데이터가 공개되는 것을 우려했다.

*군과 정보기관 내의 UFO 은폐집단 내에는 "파벌도당"이라고 알려진 비밀스러운 어둠의 배신자 조직이 존재한다. 이들은 잘 편성된 음모자들의 무리로서 극단적 과격주의자, 인종차별주의자, 외계인 혐오자, 원리주의자, 편집증적인 군 수뇌부들과 장교 및 관료들로 이루어져 있으며, 해군성 차관에 의해 지휘된다. 이 파벌은 외계인들을 두려워하고 증오하는데, 따라서 그들은 외계인 방문자들과의 평화적인 교섭에 반대하며, 그것을 고의적으로 무너뜨리고자 한다. 그들은 외계인의 우주선들을 격추시키기 위해 스타워즈 무기를 사용하고 무력에 의해 외계인들을 압도하려 한다. 우리는 이 행성에 영향을 미치는 다양한 세력들의 복잡성에 관해 이해해야 한다.

*많은 연방 관료들과 마찬가지로, MJ-12는 규모가 3배로 증원되었다. 현재 그 인원수는 36명이며, 여기에는 전 국무장관 헨리 키신저(Henry Kissinger)와 수소폭탄의 아버지 에드워드 텔러(Edward Teller)가 포함돼 있다. 물리학자 로버트 라자르(Robert Lazar)를 51-구역 남쪽에 있는 정부의 비밀기지인 S-4에서 일하도록 천거해 준 것은 바로 에드워드 텔러 박사였다. 그는 거기서 외계인 우주선 추진시스템의 역공학(모방공학) 작업을 도왔다.

*최초의 UFO 추락과 회수는 1941년, 샌디에고 서쪽 바다에서 일어났다. UFO 1대가 불시착했고, 해군에 의해 회수되었다. 그 선내에서 이른바 "그레이"라고 부르는 이미 사망한 "제타 레리쿨리" 외계인들의 시신이 발견되었다. 우주선 선체와 시신들은 오하이오 주, 데이톤에 있는 라이트 패터슨 공군기지로 이송되어 외계기술부 소속의 특별연구그룹에 의해 조사되었다. 당시 이 UFO는 사이판 남서쪽, 티니안 섬 인근에서 시험중이던 새로 개발된 펄스

레이다로 인해 추락한 것이다. 미국 해군은 그 이후로 UFO 문제에서 선도적 위치를 유지하고 있다. 더욱 유명한 UFO 추락이 1947년, 로즈웰의 북동쪽, 뉴 멕시코에서 이어졌는데, 그 우주선은 코르소(Corso) 대령이 그의 책 〈로즈웰 그날 이후〉에서 언급한대로 육군 항공대에 의해 회수되었다. 5) 미국은 "EBE"(외계 생물학적 존개)라고 명명한 회색 외계인을 1948년부터 보유하고 있었으며, 이 존재는 1953년에 사망했다.

*로스웰에 UFO가 추락한 수개월 내에 미 육군항공대는 공군에 배속되었고, 국가 보안법이 통과되었는데, 당국은 UFO의 문제가 극도로 비밀리에 다루어져야할 필요가 있다고 느꼈으며, CIA가 창설되었다.

*개인적으로 민간 UFO-조사 단체 내의 중요한 개인들 및 발전 상황들을 잘 알고 있다. 그런 인물들 가운데 한 명은 1960년대에 나토(NATO) 본부에 배속돼 있었던 군 사령부 원사 출신의 로버트 딘(Robert Dean)이다. 거기서 딘은 외계인에 관한 NATO의 비밀 평가서를 읽었다. 나는 같은 평가서를 보았다.

*NSA와 CIA가 정기적으로 민간 UFO 그룹의 주요 회의 – 예를 들어 MUFON 회의의 테이프들을 MJ-12의 구성원들에게 제공한다. 내가 이야기를 나눠본 유명한 UFO 조사자들 중 일부는 로버트 블렛치맨, 제임스 코우란트, 린다 모울튼 하우, 윌리엄 해밀턴, 마이클 헤스만 박사, 스티븐 그리어가 포함되어 있다.

*동물의 세포조직을 거두어들이는 "가축 도살"은 생물복제에 관련된 것이 아니라, 외계인들이 창조하는 인간-그레이 혼혈종 태아의 세포기관을 만들어내

---

5)지구의 비행체보다는 매우 진보되었다고 볼 수 있는 외계의 우주선이 추락하는 것은 상식적으로 잘 납득되지 않을 수도 있다. 그런데 울프 박사는 외계인의 우주선이, 특히 중력 추진수단을 사용하는 우주선이 극단적인 기상 속에서 추락하는 이유에 대해 이렇게 설명했다.
"그들의 우주선은 맹렬한 폭풍우 속에 있는 보트와 차이가 없습니다. 즉 그때 그들은 거대하게 넘실거리는 중력파 위를 오르내리는 것이지요. 이런 어려움을 중화시키기 위해서 어떤 외계인들은 자기들의 우주선을 플라즈마 에너지로 에워싸거나, 폭풍속을 차원 내부로 비행하기도 합니다."

고 영양분을 얻기 위해 수행된 것이다. 그런 태아의 용액은 거부반응 인자를 포함하고 있다. 이 세포기관들은 몸의 호르몬을 변화시키고 뇌의 전구체(前驅體)를 독성에서 무독성으로 전환시키는 데 이용될 수가 있다. 소의 유전자는 인간과 매우 유사하다. 또한 모든 가축 세포조직 수집이 (그레이) 외계인에 의해 수행되는 것은 아니며, 그 일부는 미 특수부대 팀에 의해 수행되었다.

*미스터리 서클은 외계인들에 의해 처음 시작된 후, 레이저 펄스-빔(laser-pulsed beam)이 방사되는 군부의 SDI(스타워즈) 선제 무기에 의해 서투르게 모방되었다. 외계인들에 의해 만들어진 미스터리 서클들은 구부러진 후에도 식물이 살아 있었고, 성장한다. 그러나 SDI 무기로 만든 미스터리 서클들은 식물이 죽는다. 이런 SDI의 무기들은 히말라야에 있는 비밀 기지에서 운용된다.

*외계인과의 접촉에 관련해서 일반적으로 "제타 레티쿨리인" 또는 "그레이"라고 언급되는 외계인 종족은 미국 정부와의 외교적 협상에 참여했다.

*UFO 은폐공작을 끝장내기 위해 매우 강력하게 밀어붙이는 특정 UFO 연구가들과 내부고발자들에게 대항해서 UFO 은폐조직 내의 악성부대가 사용한 것은 암을 유발시키는 향정신성 유도-에너지 장치이다. 이런 연구가들에는 외계지성체연구센터(CSETI)의 스티븐 그리어 박사, 그리고 그의 주요 조력자인 샤리 아다미악(Shari Adamiak), 공군에게 UFO 문서를 요구했던 하원의원 스티브 쉬프(Steve Schiff), 그리고 자신이 지휘했던 UFO 회수 부대인 프로젝트 파운스를 폭로한 미 공군 대령 스티브 윌슨(Steve Wilson) 등이 포함된다.(※ 스티브 윌슨 대령과 샤리 아다미악은 그런 장치의 공격을 받아 이미 암으로 사망했고, 하원의원 쉬프는 국회의원으로서 자신의 정치적 생명을 마감했다.)

*1947년의 로즈웰 UFO 추락 사건은 강한 벼락이 동반된 폭풍우 속에서 2대의 UFO가 공중에서 충돌함으로써 발생한 것이다. 1대에는 오렌지색의 외계인들이 타고 있었고, 다른 1대에는 그레이들이 탑승해 있었다. 이중에 UFO 하나는 로즈웰 북서쪽, 코로나 인근에 불시착했으며, 다른 것은 서쪽으로 백 마일이 넘는 샌 어거스틴 평원에 추락했다. 이때 군 정보부대가 즉시

3부 인류를 깨우기 위한 진지한 노력들

양쪽 장소에 출동하여 우주선 잔해와 대부분 사망한 외계인 시신을 수습하여 제거했다. 레이 산틸리(Ray Santilli)의 외계인 시신 부검 필름은 진실한 것이다. 그와 유사한 영상을 본적이 있고, 그것은 오렌지색 외계인들의 부검 모습이다. 같은 기간 동안 두 외계인들에 대한 별도의 부검이 실시되었다. 여러 형태의 그레이들이 있다. 기존의 견해와는 달리 인격과 유머감각을 갖춘 진화된 일부 그레이들도 있다. 나는 그들과 함께 일했고, 텔레파시로 소통했다.

*오로라 [SK-33A]라는 우주비행체는 51-구역에서 운용되고 있고, 액상의 메탄으로 작동되는데, 반중력 기술을 갖고 있다. 이것은 레이다 추적을 무력화시킬 수 있는 스텔스기보다 더 나은 전자기 펄스 무기시스템을 탑재하고 있으며, 달에까지 갈 수 있다.

*NASA(미 항공우주국)는 UFO를 은폐하는 데 있어서 긴요한 역할을 해왔다. 그들은 외계인의 실체에 관한 것을 세상에다 최종적으로 말하는 가장 중요한 기관들 중에 하나로 지정돼 있다.

*리처드 호글랜드가 언급하는 화성의 구조물들은 대부분 정확한 이야기이며, 이것은 우리가 화성과 달에 기지들을 갖고 있음을 뒷받침하는 것이다. 그리고 천문학자 칼 세이건이 지속적으로 (대중매체에 나와) 외계인의 존재를 부정했던 것은 그의 상급자가 만약 그렇게 하지 않는다면 코넬 대학의 그의 부서에 대한 자금지원을 중단하겠다고 위협했기 때문이다.

*현재 비밀정부를 위해 일하고 있는 다수의 과학자들은 어렸을 때 그레이들에 의해 납치되었던 이들이며, 따라서 그들의 지능과 뇌 용량이 그런 사전 준비 작업으로 미리 증대될 수 있었다. 그들은 인간-외계인 간의 혼혈종들이다.

*미국정부가 외계인들로부터 얻은 기술들은 다음과 같다.
• 발광 다이오드(LED) / 초전도(超傳導) / 광섬유 / 레이저 / 컴퓨터 칩 / 유전자 치료법 / 생물복제 / 야시경 / 스텔스 기술 / 입자 빔 장치 / 초

컴퓨터 기술 / 항공세라믹 / 중력제어비행

*알파컴 팀은 인간처럼 보이는 많은 외계인들이 현재 우리 인간들 속에 섞여 있음을 발견했다. 그들은 지구상의 공기로 호흡하며, 길거리에서 우리와 정말 똑같이 보인다. 스페인에만 약 1,000명의 노르딕형 외계인들이 살고 있다. 그들은 프랑스령 폴리네시아 섬에 기지를 갖고 있고, 주민들 사이를 자유롭게 걸어 다닌다. 노르딕형 우주인들은 매우 강력한 마음을 지니고 있다. 그들은 단지 생각만으로 차원 입구를 열수 있으며, 물리적으로 사라지기도 한다. 그들은 우리보다 높은 세계에서 산다. 생각은 일종의 에너지이다. 그 우주인들은 입거나 호주머니에 넣는 장치를 이용하여 이 에너지를 증폭시킨다. 그들은 또한 같은 목적을 위해 수정(水晶)을 활용한다.

*노르딕형 우주인들은 거의 주름이 없는 완벽하고도 매우 섬세한 얼굴을 갖고 있으며, 약 183cm 정도의 키와 푸른 눈, 대개는 금발인데다 아주 깨끗하고 체취가 없다. 그리고 주로 텔레파시로 소통한다. 하지만 지구에 있을 때는 인간들과 대화하기 위해 이식된 작은 음성장치를 사용한다.

*어떤 우주인들은 가끔 식물과 과일, 채소 등을 먹는다. 그들의 소화기관은 흡수, 처리과정이 우리 인간보다 더욱 효율적이고 완전하다. 그들은 주로 공기로부터 에너지를 흡수한다. 그러므로 화장실에 가는 것은 불필요하다. 그리고 그들의 세포들은 유전자가 인간과는 다르기 때문에 죽지 않는다.

*우주인들은 인간들이 얼마나 지구를 함부로 대하는지를 보고서 경악한다. 그들은 우리가 왜 지구를 그토록 파괴하려고 하는지 이해할 수가 없다. 어떻게 다수의 국가들이 이 행성을 끝없는 욕망과 탐욕으로 약탈할 수 있는지를 말이다. 우리는 지구를 과거의 균형 잡힌 자연적인 원시상태로 회복시키기 위해 외계인들의 기술을 이용할 수 있다.

*행성은 그 자체의 의식(意識)을 가진 살아 있는 존재이다. 우주인들은 조화로운 관계를 이루기 위해 그들의 행성과 교감한다. 그리고 어떤 우주인들은 신(God)을 우주 내의 모든 것의 배후에 있는 영원한 창조자라고 부른다.

"우주인들은 이렇게 말했다. "은하계 내에 있는 모든 세계들은 서로 연결돼 있습니다. 한 개의 히로시마 원자폭탄이 모든 다른 외계 문명들에게 영향을 미칠 수 있습니다. 그리고 생각은 일종의 에너지입니다. 그것은 다른 세계들에 전달되어 수신될 수가 있습니다. 거기에 은하계적인 장벽은 없습니다."

*Area-51에 있는 지하 기지는 불규칙적으로 뻗어 나간 하나의 도시이며, 그 크기는 로드아일랜드(Rhode Island)만한데, 계속 확대되고 있다. 그리고 약 12마일 떨어진 곳에 S-4라고 부르는 자매 기지를 갖고 있으며, 다르게는 인디안 스프링스(Indian Springs)라고도 부른다. 거기서는 수백 명의 민간인과 군인들을 고용하고 있고, 적어도 매년 2억 달러의 예산과 더불어 진행되는 8개의 다른 검은 계획들이 있다. 군법에 의해 강력한 보안조치가 외부에 시행되며, 정예 경호요원들이 순찰을 돌고 있다. 어떤 과학자들은 한 번에 6개월 정도 기지에 머무르며 산다.

*위성 정부의 과학자들은 영점(Zero Point) 에너지와 상온(常溫) 핵융합을 성공적으로 만들어냈다. 이런 새로운 과학들로 순조롭게 전환될 필요가 있다. 그렇지 않으면 세계경제가 붕괴될 수도 있다.

아래의 내용은 UFO 디스클로저(UFO Disclosure) 웹사이트에서 가져와 번역한 자료들로서 울프 박사가 사망하기 얼마 전인 2000년 3월 8일, 기자이자 국제 통신원인 파올라 L. 해리스(Paola Leopizzi Harris)와 인터뷰한 내용이다.

파올라: 마이클, 대중이 점차 UFO와 외계인에 대한 최종적인 공개 여건을 조성하고 있다는 점증하는 여론이 있습니다. 이것이 정확한 인식이라고 생각하십니까? 일반 대중들이 그런 공개에 준비돼 있을까요?

마이클: 내가 아직도 자문에 응해주고 있는 그룹이 사람들로 하여금 "우리는 혼자가 아니다"라는 생각에 익숙해질 수 있도록 학습 채널과 디스커버리 채널을 활용하고 있습니다. 따라서 이것은 사실일 것입니다. 학습 채널과 디

스커버리 채널은 허구적인 내용을 제작하지는 않습니다. 이것은 정확한 인식이며, 그것은 모두 사실입니다.

파올라: 당신의 의견으로는 대중이 그것에 준비돼 있다는 말씀이신가요?

마이클: 일부가 그렇다는 것입니다. 어떤 사람들은 그렇지 못합니다. 자기들이 우주의 중심에 있다고 생각하는 사람들은 자신의 뒷마당에 UFO가 내려앉기까지는 그들의 마음을 바꾸려 하지 않을 것입니다. UFO를 믿지 않는 동일한 사람들은 항상 인간이 달에 갔다고도 생각하지 않습니다.

파올라: CAUS(UFO 비밀주의에 반대하는 시민단체)의 피터 거스턴(Peter Gersten)에 의한 소송이 정보기관에 영향을 미치고 있습니까?

마이클: 미안하지만요? 아닙니다. 그들은 대수롭지 않게 여기고 있습니다.

파올라: 벨기에와 피닉스, 그리고 일리노이 주 경찰의 최근 보고 등에서 매우 큰 삼각형 우주선의 목격 숫자가 증가했습니다. 이 삼각형 우주선의 기원에 대해 무엇을 말해주실 수 있나요? -그 계획은 무엇이고, 누가 그것을 비행시키고 있는 것이죠?

암을 앓고 있던 중이라 수척한 모습의 울프 박사와 파올라 L. 해리스

마이클: 음, 매우 큰 것들은 인간에 의해 비행되는 것이 아닙니다. 어떤 삼각형의 실험용 비행선이 있지만, 그들이 완전히 침묵하고 있지는 않으며, 내가 아는 바로는 우리가 반중력 비행체를 재현한 것이 그리 오래되지는 않았습니다. UFO를 복제한지는 여러 해가 되었습니다. 삼각형 비행체들 중에 어떤 것은 길이와 폭이 축구장 3개 크기와 비슷하다고 말해지고 있습니다. 그리고

3부 인류를 깨우기 위한 진지한 노력들

그것이 유지되는 데는 아무런 문제가 없습니다. 그 비행체들은 중력을 무시하고 있습니다.

파올라: 일리노이 주에서 목격된 것은 어떻습니까? 이것에 관해 들어보셨나요?

마이클: 그것들은 도처에서 오고 있습니다. 피닉스에서 목격된 빛들은 거대했고, 그것은 일종의 뻔뻔스러운 은폐입니다. 그들은 말했습니다. "아, 예. 우리는 조명탄을 쏘아올리고 있었어요." 조명탄은 떨어집니다. 이 피닉스에서의 빛들은 떨어지지 않았습니다. 그들은 사람들을 혼란스럽게 하려고 거기다 조명탄을 끼워 쏘아올린 것입니다.

파올라: UFO 연구 분야에는 이른바 자비롭거나, 또는 악한 본성의 외계인들이 있다는 구분이 있습니다. 거기에는 수많은 폭력적인 납치가 외계인에 대한 두려움과 의심을 전파하기위해 계획적인 검은 공작에 따라 연출되었다는 암시도 포함되어 있고요. 이러한 난폭한 납치에 대한 동의하시나요? 그리고 자비롭거나 / 적대적인 외계인의 문제에 대한 당신의 의견은 무엇입니까?

마이클: 일부이긴 하지만 부정적인 납치가 있습니다. 내가 존 맥(John Mack) 박사에게 받은 그의 새 책(우주로 가는 여권)은 대부분의 피납자들의 변형과 … 외계인들만에 의한 다양한 납치에 관해서 지적합니다.

그리고 예, 인간의 제복을 입고 외계인 또는 "인간형 외계인"처럼 연출하는 인간에 의해 저질러진 어느 정도 엉성한 납치가 있었습니다. 그렇습니다. 납치에 관해 사람들을 혼란스럽게 하려고 시도하는 일부 반(反)-외계인 세력이 존재합니다. 그러나 군부(軍部)의 납치 사건들은 많은 사람들이 생각하는 만큼 광범위하지는 않습니다.

파올라: 그렇다면, 어떻게 그들이 그것을 한 것인가요? 그들이 외계인을 복제하거나, 아니면 그것이 홀로그램 이미지 같은 것입니까?

마이클: 그들은 오히려 홀로그램 이미지와 닮아 있습니다. 사실 나는 피납자

들이 소위 이런 외계인들을 철저하게 직접 확인할 수 있었을 때 그것이 외계인이 아니라, 때때로 그들이 유니폼이나 인간을 보았던 몇 가지 경우를 알고 있습니다. 그들은 홀로그램 프로그램에서 오류를 범했던 것입니다.

파올라: 코로(Colaw)씨는 자비롭거나 / 적대적인 외계인 문제에 대한 당신의 의견을 요청하고 있습니다.

마이클: 대부분은 우호적입니다. 때때로 일부 사람들이 그 외계인 장벽(관문)을 통과하지만, 그들은 일반적으로는 돌아오지 않습니다. 그들이 발견되고 확인되면, 그들은 돌아오지 않습니다. 일단 그들이 숨겨진 계획을 알게 되고 인정되면, 그들은 여기에 오는 것이 금지되어 있습니다.

파올라: 누가 이것을 하나요? 우리가 이것을 합니까? 아니면 자비로운 외계인들이 하나요?

마이클: 우호적인 외계인들이지요, (웃음) … 그들이 선인(善人)인체 하지는 않습니다. 그러나 그들은 대부분의 경우 부정적인 간섭을 원하지 않습니다. 부정적 외계인들은 때때로 (우주법칙에서) 벗어날 수 있습니다, 그리고 그것이 반-외계인 UFO 연구자들이 지적하는 것입니다. 그러나 그런 외계인들은 수많은 종족들과는 관계가 없고, 드뭅니다. 그리고 나는 존 맥 박사가 아마도 이런 주제에 관해서는 최고의 전문가 중 한 사람이 아닌가 생각합니다.

　나는 완전히 그와 협력하고 있고, 그가 내 책을 읽고 나서 내 의견에 전적으로 동의했습니다. 그는 그것이 있는 그대로라고 말하고 있습니다. 그는 자료를 해석하지는 않습니다. 존 맥 박사는 엄청난 양의 데이터를 수집합니다. 그는 이런 소위 "부정적 납치"는 그 나머지의 10분의 1 비율이라고 말합니다. 그것은 의도적으로 잘못 해석하여 반-외계인 계획을 가지고 (그리고 우리 모두는 그들이 누구인지 압니다.) 자기들의 책에다 그들이 로봇이라고 쓰는 사람들입니다. 인간에 의해 홀로그램적으로 투사되지 않는 한, 그레이는 로봇이 아닙니다. 다음 질문은요!

파올라: 인간의 이원적 속성에 대해 상술해주실 수 있을까요? 그리고 2012

년의 우리 행성의 운명에 대한 호피족 인디언의 예언에 관해서는 어떻게 보십니까?

마이클: 나는 우리가 우려해야할 것이 있다고는 생각하지 않습니다. 점차 전 세계가 우리가 혼자가 아니라는 것을 알게 될 것입니다. 두 개의 케이블 채널이 있습니다. 그것은 디스커버리 채널 및 학습 채널인데, 이 채널들은 절대로 허구적인 내용을 제작하지는 않습니다. 디스커버리 채널은 진실을 발견하고, 학습 채널은 그것에 대해 배우기 위한 것입니다. 그들은 이러한 예언들로부터 우리를 떨어져 있게 하려는 인간사 속의 "외계인 개입"에 관한 긍정적인 증거를 만들어 왔습니다. 예언은 고정돼 있지 않으며, 그것은 인간에 의해 변경될 수 있습니다.

파올라: 그것이 인간에 의해 변경될 수 있다고요?

마이클: 당신은 왜 신(神)이 우리를 한 가지 현실의 종속물로 만들기보다는 우리에게 "자유 의지"를 주었다고 생각하십니까? 모든 진수(眞髓)는 이미 나무처럼 심어져 있고 싹이 트고 있습니다. 책(하늘의 포수들)을 읽고 그 안에 있는 진실을 읽어보세요.

파올라: 미국 원주민들이 믿는 것처럼 "네 번째 세계"에서 "다섯 번째 세계"로 가는 것에 관한 박사님의 견해는 어떻습니까? 그 위에는 단지 깨달음의 세계인가요?

마이클: 그것은 말 그대로 다섯 번째 세계가 아니라, 비유적인 의미입니다. 내 말뜻은 우리는 심지어 4차원도 모른다는 것입니다. 우리는 수학과 물리학에서 4차원을 정리할 수 있습니다. 최소한 11개의 차원 정도로 … 많은 차원들이 존재합니다.

파올라: 당신은 여전히 이번 달 5월 5일에 애틀랜타 조지아에서 개최되는 별지식 회의(the Star Knowledge conference)에서 발표할 계획이십니까? 만약 그렇다면 – 당신 발표는 어떤 주제가 될까요?

마이클: 아니오. 나는 "각성 프로그램"을 연구하느라 매우 바쁠 것입니다, 그 것은 사람들에게 대부분의 문명들이 관광객들처럼 (인류의 일에 그저 방관적으로) 스쳐지나왔다는 것을 알게 하려는 것입니다. 그들은 관심이 있습니다. 그리고 대다수의 사람들은 "좋은" 계획인 우리의 계획에 참여하는 것에 관심을 갖고 있습니다. 그들은 우리가 우리 자신을 파괴하는 것을 원하지 않습니다. 나는 "밝은 백색 빛 4인조(The Bright White Light Quartet)"에서 일하고 있어요. 나는 또한 건강이 좋지 않습니다.

파올라: 우리는 당신이 많은 만성 질환과 합병증을 앓고 있다고 들었습니다. 당신은 당신을 지원하는 사람들에게 그 점에 관련해서 기도와 빛의 도움이 필요합니까?

마이클: 나는 이미 그런 도움을 받고 있고, 매우 감사하고 있습니다. 내가 10세의 나이 때부터 48년 동안 독성 물질에 노출돼 왔다는 사실을 잊지 마세요. 그건 내 작업의 일부였고, "검은 프로그램"에 종사했던 51-구역 내의 그 사람들과 집단 역시 마찬가지로서 (피해배상에 관한) 집단 소송을 원하고 있으며, 나도 그랬습니다.

파올라: 음. 그것은 매우 분명하군요.

마이클: 그렇습니다.

3부 인류를 깨우기 위한 진지한 노력들

5장
폰 브라운 박사의 대변인이었던 캐롤 로진 박사의 놀라운 증언

캐롤 로진(Carol Rosin) 박사는 미국의 페어차일드사(FairChild Industry)의 첫 여성 기업매니저였으며, 저명한 로켓 과학자였던 베르너 폰 브라운(Werner V. Braun) 박사가 말년일 때 그의 제자이자 대변인이었다. 그녀는 워싱턴에서 〈외계 안보 & 협력 연구소〉를 설립했고, 국제회의에서 여러 차례 우주무기에 관해 증언한 바 있다. 고(故) 폰 브라운박사는 생전에 캐롤 로진박사에게 외계인의 위협을 날조해서 우주무기를 정당화하기 위한 하나의 계획에 관해 폭로했었다. 또한 그녀는 1970년대의 한 비밀회합에서 걸프 전쟁의 시나리오를 90년대에 일으키기로 계획했을 때, 그곳에 참석한 바 있다. 다음의 내용은 캐롤 로진이 미국의 스티븐 그리어(Steven Greer) 박사가 주도하고 있는 〈폭로 프로젝트〉를 통해 2,000년에 스티븐 그리어와 대담하며 증언한 내용들이다.

*캐롤 로진: 내 이름은 캐롤 로진이며, 나는 항공우주 산업체인 페어차일드사의 첫 여성 기업매니저가 된 교육전문가입니다. 또한 나는 우주 & 미사일 방어 컨설턴트이고, 다수의 기업과 조직들 및 정부 부서들, 정보기관에도 컨설팅을 해왔습니다. 나는 MX 미사일을 연구하는 TRW사의 컨설턴트였지요. 따라서 나는 그 프로젝트의 일원이었는데, 그 계획은 어떻게 우주에 기반한 무기들을 일반 대중들에게 납득시킬 것인가에 대한 일종의 롤 모델로 밝혀졌

습니다. MX 미사일은 아직 우리가 필요로 하지 않았던 다른 무기체계입니다. 다.

나는 씽크탱크(Think-tank:두뇌집단)를 토대로 워싱턴 D.C에다 '외계안보 & 협력연구소'를 설립했습니다. 나는 한 저자인 동시에 의회와 대통령의 우주위원회의 면전에서 증언해 왔습니다.

내가 1974년에서 1977년에 걸쳐 페어차일드사에서 기업 매니저로 일할 때, 작고하신 폰 브라운 박사님을 만나게 되었습니다. 우리는 1974년 초에 처음 만났어요. 당시 폰 브라운 박사는 암으로 죽어가고 계셨습니다. 하지만 그는 지금 전개되고 있는 게임, 즉 우주 그 자체에서 지구를 조종하고자 우주를 무기화하려는 시도에 관해 내게 말해주기 위해서라도 자신이 몇 년은 더 살 거라고 나를 확신시키셨죠. 폰 브라운은 무기체계를 연구하던 경력을 갖고 있었습니다. 그는 (2차대전 후) 독일에서 탈출해 미국으로 왔고, 내가 그를 만났을 때는 페어차일드사의 부회장으로 계셨습니다. 자신이 암으로 죽어가던 삶의 말년기 동안의 브라운 박사의 목표는 일반대중과 의사결정자들에게 왜 우주무기들이 어리석고, 위험하고, 불안정하며, 불필요한가를 가르치는 것이었습니다. 또한 그것들이 얼마나 터무니없이 비용이 많이 들고, 관리가 어려우며, 바람직하지 않은가와 이용 가능한 그 대안에 관해 교육하는 것이었죠.

사실상 죽음의 자리에서 그분은 저에게 그런 개념들과 누가 이 게임의 조종자들인가에 관해 가르쳐 주셨습니다. 자신이 죽어가고 있었기 때문에 그는 저에게 우주공간을 무기화하는 것을 저지하기 위한 이런 노력을 계속하라는 책임을 주셨습니다. 베르너 폰 브라운 박사님이 암으로 점점 죽어가고 계셨을 때, 그가 행사에 참석해 발언하기에는 병이 너무 깊었고, 따라서 그는 저에게 자신의 대변인이 되어 달라고 요청하셨는데, 저는 그렇게 했습니다. 그분과 함께 일할 기회였던 대략 4년 동안 내게 가장 인상 깊었던 것은 그

2001년 군산복합체의 음모를 공개한 캐롤 로진과 젊은 시절의 폰 브라운박사

3부 인류를 깨우기 위한 진지한 노력들

분과 함께 일할 기회였던 대략 4년 동안 내게 가장 인상 깊었던 것은 거듭 반복해서 말씀하셨던 한 마디의 경구(警句)였습니다. 그는 말하기를, 일반 대중들과 의사 결정자들을 길들이기 위해 이용되는 계략은 "공포 책략"이라는 것이었습니다 … 그것은 우리가 일종의 적을 규정하는 방법이었습니다.

폰 브라운 박사님이 내게 가르치셨던 그 책략의 첫 번째는 러시아인들이 적(敵)으로 간주될 것이라는 말씀이었습니다. 사실 1974년에 그들은 적, 확인된 적이었습니다. 우리는 그들이 "킬러 위성"을 갖고 있다는 말을 들었습니다. 우리는 그들이 우리를 죽이고 통제하기 위해 오고 있다고 들었는데, 즉 그들은 "빨갱이들"이었지요.

그런 다음에는 테러리스트들이 (적으로) 확인될 것이었습니다. 그리고 그런 일이 곧 뒤따랐습니다. 우리는 테러 행위들에 관해 들었습니다. 그 다음에는 "미치광이들"인 제3세계 국가들에 관해 확인하게 될 것이었죠. 우리는 지금 그들을 이해관계 국가들로 부릅니다. 하지만 그분은 그 국가들이 우리가 제조할 우주 무기들의 대상인 3번째 적이 될 것이라고 말씀하셨습니다.

그 다음 적은 소행성들이었습니다. 그가 이것을 처음으로 이야기할 때, 그는 이 부분에서 혼자 싱긋 웃으셨지요. 소행성들을 방어하기 위해서 우리는 우주에 기반한 무기들을 제조하게 될 것입니다.

그리고 모든 것들 가운데 가장 기묘했던 것은 그가 우주인 또는 외계인이라고 불렀던 것이었습니다. 그것이 마지막 공갈협박이 될 것이라는 이야기였어요. 내가 그를 알고 있었던 마지막 4년 동안 그는 거듭 거듭 반복해서 그것에 대해 이야기를 하셨고, 그 마지막 카드를 늘 언급하시고는 했습니다.

"기억하도록 해요. 캐롤, 마지막 카드는 외계인 카드에요. 우리는 외계인들에 대항해 우주 무기들을 제작해야만 할 것이오. 그리고 그 모든 것은 거짓말입니다."

나는 그 당시에는 그런 위장된 정보조작의 심각성에 대해서 너무 순진했던 것 같습니다. 그리고 이제 그 이야기 조각들이 앞뒤가 맞아가고 있어요. 우리는 지금 조작된 거짓정보를 전제로 하여 우주 무기들을 건조하고 있습니다. 베르너 폰 브라운 박사님은 과거 1970년대 초부터 돌아가실 때인 1977년까지 저에게 힌트를 주려고 애를 쓰신 것이었어요.

그분이 저에게 말씀하신 것은 앞 당겨진 시도들이 어김없이 존재하고 있다는 것이었습니다. 그가 시한을 언급하지는 않았지만, 누군가가 상상할 수 있는 것보다 더욱 빠르게 속도가 높여질 거라고 이야기하셨습니다. 우주로 무기를 배치하려는 시도는 거짓에 기초해있을 뿐만 아니라 가속화되고 있어서 사람들이 비로소 그것을 이해했을 시점에는 너무 늦어 이미 배치가 끝난 후

일 것입니다.

폰 브라운 박사님이 서서히 죽어가고 있을 때인 내가 그분을 처음 만난 바로 그날, 그는 옆구리에 고름을 배출하는 튜브를 꽂고 있었습니다. 그는 책상을 가볍게 두드리며 내게 말씀하셨습니다. "당신은 페어차일드로 오게 될 것입니다." 당시 나는 학교교사였습니다. "당신은 페어차일드로 오게 될 것이고, 우주의 무기들을 저지하는 책임을 맡게 될 것입니다." 그분은 눈에 힘을 주며 이 이야기를 했고, 내가 그를 처음으로 만난 바로 그 첫날, 우주 무기들이 위험스럽고 불안정하며, 너무 많은 비용이 들고, 불필요한데다 관리가 불가능한 아이디어라고 덧붙이셨죠.

그들이 손에 쥐고 있던 최후의 카드는 외계의 적(適)이라는 카드였습니다. 그분이 그것을 말씀하실 때의 긴장감은 나로 하여금 그가 언급하기에는 너무나 두려운 무엇인가를 알고 있다는 것을 깨닫게 만들었습니다. 그는 그것에 관해 말하는 것을 매우 두려워하셨습니다. 그가 그 세부적인 것을 내게 말하지는 않았습니다. 나는 만약 그가 그 세부내용을 내게 말했거나, 설사 1974년에 그분을 믿었다고 하더라도 내가 그런 내용을 받아들였을 거라고 확신하지는 못합니다. 하지만 그분이 (우리가) 알 필요가 있는 것을 알고 계셨고 그런 정보를 갖고 계셨다는 것은 의문의 여지가 없습니다. 나는 나중에야 깨달았지요.

나는 베르너 폰 브라운 박사가 외계인의 문제에 대해 알고 있었다는 사실을 확신합니다. 그는 내게 왜 우리가 적들에게 대항해 이런 무기들을 만들어 우주에다 배치하게 될 것인지 그 이유를 말해주었고, 그리고 그 모든 것이 거짓이라는 거였습니다. 그분은 과거 1974년에 외계인들이 우리가 우주무기들을 건조해 대항할 최종적인 적으로 규정될 것이라고 언급하셨습니다. 그가 내게 말씀하신 어투로 보아 나는 그분이 너무 두려운 나머지 말할 수 없는 무엇인가를 알고 있었다는 점에는 의심이 없습니다.

베르너 폰 브라운 박사는 언젠가 외계인들이 우리가 거대한 우주무기 시스템을 건조하여 상대할 적으로 규정될 것이라는 사실이외에 결코 세부적인 어떤 것에 관해서는 내게 말하지 않으셨어요. 하지만 그분은 실제로 특정견해가 거짓말이라고 내게 언급했는데, 즉 우주무기를 만드는 전제라든가, 주어지게 될 이유들, 우리가 규정하게 될 적들 등의 이 모든 것이 거짓에 기초에 있다는 것이었습니다.

나는 약 26년 동안 우주에 기반한 무기들의 문제를 추적해 왔습니다. 나는 군 장성들 및 의회의 대표자들과 토론했습니다. 그리고 나는 국회와 상원에서도 증언한 바 있습니다. 또한 나는 100개 국가에 걸쳐 사람들과 만났습니다. 그러나 나는 누가 이런 우주무기 시스템을 만들고 있고 그들이 어떤

3부 인류를 깨우기 위한 진지한 노력들

2001년 내셔널 프레스 클럽에서 폭로 증언을 하고 있는 캐롤 로진 박사. 그 우측에 앉아 있는 사람이 행사를 개최한 스티븐 그리어 박사이다.

사람들인지 확인할 수 없었습니다. 나는 뉴스를 보았습니다. 그리고 행정부의 결정이 이미 이루어졌음을 알았습니다. 나는 그것들이 모두 거짓과 탐욕에 토대를 두고 있다는 것을 알고 있어요.

하지만 나는 아직도 누가 그 사람들인지 확인할 수가 없습니다. 그것이 26년 동안 이 문제를 추적한 후의 결과입니다. 나는 거대한 비밀들이 숨겨지고 있다는 사실을 알고 있고, 이제는 일반 대중들과 의사결정자들이 진실을 폭로하게 될 사람들에게 주의를 기울여야할 때라는 것을 압니다. 그런 다음 우리는 명확한 변화를 만들어 내고 이 행성의 모든 사람들과 동물들, 환경에 이로울 우주에서의 시스템을 창안할 필요가 있습니다. 그런 기술이 거기에 있습니다. 지구의 긴급하고도 장기간의 잠재적 문제들에 대한 해결책이 거기에 있는 것입니다. 나는 일단 우리가 외계인 문제를 연구하기 시작하면, 내가 26년 동안 갖고 있던 모든 의문들이 답을 얻게 될 거라고 느끼고 있습니다.

그러나 나는 그것이 엄청난 돈을 만들어 내고 권력을 쥐고 있는 소수의 사람들에게 바탕을 둔 문제라고 결론지었습니다. 그것은 에고(ego)에 관계된 것입니다. 그것은 우리의 본질이나 이 행성에 진정으로 존재하는 우리가 누구냐에 관계되거나, 서로 사랑하고 평화로이 협력하는 삶에 관련된 것이 아닙니다. 그것은 이 지구상의 문제들을 해결하거나 사람들을 치유하기 위해 기술을 이용하는 것과는 관계가 없습니다. 그것은 그런 것이 아닙니다. 그것은 그들 자신의 돈지갑과 권력투쟁을 위해 낡고 위험하고 값비싼 게임을 하고 있는 극소수의 자들에 관련돼 있습니다. 그것이 전부인 것입니다.

나는 이 우주에 기반을 둔 전체 무기 게임이 바로 이곳 미합중국에서 착수되었다고 믿습니다. 내가 바라는 것은 현재 폭로되고 있는 이 정보를 가지고 새로운 행정부가 올바르게 조치했으면 하는 것입니다. 그것은 우리가 활용 가능한 그런 기술들을 전쟁기술의 분리 파생품 같은 것이 아닌 협력적인 우주시스템으로 이용하기 위해 전쟁게임을 우주게임으로 변형시키는 것입니다. 그런 시스템이 전 세계에 유익할 것이고, 그것이 우리로 하여금 분명히 저 바깥에 존재하는 외계문명과 소통하도록 해줄 것입니다.

누가 이런 우주무기들에서 이익을 얻을까요? 그들은 군대와 산업체, 대학, 그리고 실험실, 정보기관 등의 영역에서 일하는 이들입니다. 이것은 꼭 미국 내에서만이 아니라 범세계적인 것입니다. 이것은 일종의 전 세계적인 협력체계입니다. 전쟁들은 협동적입니다. 마치 전쟁이 일어날 때 바로 평화가 있게 될 것 마냥 말이죠. 그러나 지금 거기에는 수많은 사람들의 수익이 걸려 있습니다. 이것이 우리의 경제가 이 나라에서 기초를 두고 있었던 방식이며, 세계전쟁으로 퍼져나가고 있는 것입니다. 사람들은 결과적으로 고통을 겪습니다. 그것은 올바른 것이 아닙니다. 그것은 결코 있어서는 안 되는 것이었습니다. 사람들은 이렇게 외칩니다.

"검으로 쟁기를 만들어 나눕시다. 평화를 정착시키고 세계 곳곳과 손을 잡읍시다."

하지만 그것은 실행되지 않는데, 왜냐하면 너무나 많은 이들이 자기 이익에 매달려 있기 때문이죠. 분만 아니라 그들은 금융적으로 이익을 추구하고 있고, 내 경험에 의하면, 아마겟돈이 일어나야하고 그래서 우리가 이런 전쟁들을 겪어야만 한다고 실제로 믿는 사람들이 있다는 것입니다.

그러므로 그것은 돈과 종교적 요구에 따라 진행되고 있는 겁니다. 즉 어떤 이들은 이런 종교적 이유들 때문에 전쟁들을 해야만 한다고 실제로 믿는다는 것이죠. 전쟁을 정말로 좋아하는 사람들이 있습니다. 나는 전쟁하러 가기를 좋아하는 군인들을 만난 적이 있어요. 그 다음에는 선한 사람들인 병사들이 있는데, 그들은 그저 명령을 따르는 것뿐입니다. 그들은 자녀들을 부양해야하고 그 아이들을 대학에도 보내야 하기에 단지 자기들을 직업을 유지하기 바라는 것입니다. 실험실에서 일하는 연구자들이 내게 말하기를, 그들도 이런 전쟁을 위한 기술에 대해 연구하는 것을 원하지 않지만, 만약 그렇게 할 경우 자기들의 돈지갑이 채워지지 않을 거라고 했습니다. 누가 그들에게 급료를 줄까요? 하지만 내가 아는 바로는 이런 기술들에는 군(軍)과 민간 겸용의 용도뿐만 아니라, 다른 수많은 용도가 있다는 것입니다.

우리는 우주 병원과 학교, 호텔, 연구소, 농장, 산업체들을 지을 수 있습니

3부 인류를 깨우기 위한 진지한 노력들

다. 그것이 먼 이야기로 들릴 수도 있겠지만, 만약 우리가 그런 것들을 하지 않는다면, 우리는 전투 기지를 건설하거나 우주와 우리 모두의 목구멍을 겨냥한 무기들을 제조할 것입니다. 명백히 우리는 이미 무엇인가를 해오고 있습니다. 우리는 이제 선택할 수 있는 선택권을 갖고 있어요. 우리는 모두를 이롭게 할 수 있습니다. 다시 말해 미합중국과 전 세계의 모든 군산복합체와 정보기관, 대학들과 연구기관들에 소속된 모든 사람들이 이익을 얻을 수 있는 길이 있는 것입니다. 우리는 단지 우리의 가장 높은 의식인 영성(靈性)에 기초한 결정으로 아주 쉽게 그런 (무기)산업을 변형시킬 수 있으며, 우리 모두가 자멸을 원하지 않은 한, 다른 선택의 여지가 없다는 사실입니다. 그런데 우리는 그것을 하고 있지 않은 겁니다. 그러므로 우리는 모두를 재정적으로, 영적으로, 사회적으로, 정신적으로 모두를 이롭게 할 수 있는데, 즉 이 게임을 이제 변형시키는 것은 기술적으로나 정치적으로 실현가능하다는 것입니다. 그럴 경우 모두가 이익을 얻게 될 것입니다.

1977년에 나는 페어차일드사 내의 〈전략회의실〉이라고 불렸던 회의실에 있었던 한 모임에 참석하고 있었습니다. 그 회의실 안의 벽에는 적들과 확인된 적들이 표시된 수많은 도표들이 붙어 있더군요. 거기에는 사담 후세인(Saddam Hussein)과 가다피(Khadafi)와 같은 (당시에는) 잘 알려지지 않은 이름들이 있었습니다. 하지만 우리는 그때 그런 잠재적 테러리스트들에 관해서 이야기를 하고 있었어요. 아무도 이에 관해 전에 이야기한 적이 없었지만, 이들은 우리가 적대하여 우주 무기들을 건조하려는 대상인 러시아 이후의 다음 단계에 해당되었지요. 나는 이 모임에서 일어섰고, 이렇게 말했습니다. "죄송합니다만, 사실 우리가 그들이 지금 적이 아니라는 것을 알고 있다면, 왜 우리가 우주 무기들을 만드는 대상으로 이런 잠재적 적들에 관해 논의하고 있는 것입니까?"

그런데 그들은 이런 상대들을 어떻게 적으로 만들 것인가에 관해 논의하기를 계속했고, 어느 시점에 페르시아 만(灣)에서 걸프 전쟁이 일어나게 될 것이라고 말했습니다. 이때가 다름 아닌 1977년, 바로 1977년이었습니다! 그리고 그들은 아직 파악되지 않았던 우주무기 프로그램 비용으로 250억 달러가 마련되면, 걸프에서 전쟁을 일으키는 것에 관해 이야기하고 있었습니다. 그럼에도 당시에 그것은 SDI(전략방위구상)이라고 불리지는 않았습니다. 1983년까지는 아니었습니다. 그런 다음 이 무기 시스템은 분명히 일정 기간 동안 진행되었던 것이고, 나는 거기에 관해서는 잘 모릅니다. 그래서 나는 1977년의 이 모임에서 일어나 말했습니다.

"나는 왜 우리가 이런 적들을 대항으로 한 우주 무기들에 관해 이야기하고 있는지 알고자 합니다. 나는 이에 관해 좀 더 알고 싶습니다. 누군가 이것이 무엇인가에 관해 저에게 말해주시겠습니까?"

그러나 아무도 답변하지 않았습니다. 그들은 내가 마치 아무 말도 하지 않은 듯이 그저 이 모임을 계속해 나가더군요. 갑자기 나는 그 방안에서 일어선 채 이렇게 말했습니다.

"만약 여러분이 우리가 우주 무기들이 필요한 이유를 대중들에게 선전하게 될 향후의 무기 시스템을 만들기 위해서 아무도 왜 예산안이 책정되면 걸프에서 전쟁을 계획하고 있는지를 내게 말해줄 수 없다면, 내 사직서를 받아주세요. 그리고 당신들은 다시는 나한테 (강의를) 듣지 못할 것입니다."

그러자 아무도 단 한 마디도 하지 않았는데, 왜냐하면 그들은 걸프에서 전쟁을 계획하고 있었고, (나중에) 그것이 적절한 시기에 계획한대로 정확히 일어났기 때문입니다.

*스티븐 그리어: 누가 이 모임에 참석해 있었나요?

*캐롤 로진: 그 방안에는 회전문 게임(revolving door game)[6]으로 앉아 있는 사람들로 가득 차 있었어요. 거기에는 한때는 내가 군 제복차림으로 본 적이 있으면서 다른 때는 회색 복장이나 산업체 경영자차림을 한 사람들이 있었습니다. 이 사람들은 회전문 인사 게임을 하는 이들입니다. 그들은 컨설턴트, 경영인으로 일했고, 또는 군(軍)과 정보기관 사람들입니다. 그들은 관련 기업체에서 일했으며, 이런 문들을 통해 순환하면서 정부 요직에 다시 들어가 앉았습니다.

나는 이 모임에서 일어나 내가 정확히 들었는지를 그들에게 물었습니다. 그것은 우주무기 예산으로 250억 달러가 지출되고, 걸프에서 전쟁이 있게 될 것이며, 전쟁이 자극되고 유발될 거라고 들었을 때였습니다. 그럼으로써 그들은 일반 대중들과 의사결정자들에게 다음 단계의 무기들을 납득시킬 수 있었죠. 즉 이 전쟁은 낡은 무기들을 처분하고 완전히 새로운 일련의 무기들을 제조하기 위해 조장될 예정이었던 것입니다. 따라서 나는 당시 그 직책에서 사임해야만 했습니다. 나는 더 이상 그 업체에서 일할 수 없었습니다.

1990년경에 나는 거실에 앉아 (TV를 통해) 우주무기 연구 및 개발 프로그램에 사용되었던 자금을 목격하고 있었습니다. 그리고 나는 그 경우에 250억 달러라는 액수가 책정된 바 있다는 것을 깨달았습니다. 나는 남편에게 말했어요.

"나는 이제 모든 일을 중단할 거예요. 나는 이제 모든 것을 멈추고 앉아서

---

6)퇴직 관리가 관련 민간기업이나 단체에 중역으로 들어가는 낙하산 인사를 말한다.

CNN TV를 보면서 전쟁이 일어나는 것을 기다릴 것입니다."

남편이 내게 말했습니다.

"당신 마침내 갈 데까지 갔구먼! 당신 정신이 이상해졌어."

친구들은 이렇게 말했죠.

"너 지금 정말 너무 멀리 나갔다. 걸프에서 무슨 전쟁이 일어난다는 거니? 아무도 페르시아만(灣)에서의 전쟁에 대해서는 이야기하고 있지 않아."

나는 말했습니다.

"걸프에서 전쟁이 있게 될 거야. 나는 이곳에 앉아 걸프에서의 전쟁을 기다리겠어."

그리고 그것은 예정대로 정확히 발생했습니다.

그 전쟁게임의 일부로서 대중 속의 우리는 미국이 러시아의 스커드 미사일을 격추하는 데 성공했다는 소식을 들었습니다. 그리고 그러한 성공을 토대로 우리는 새로운 예산을 정당화했습니다. 사실상 우리는 그 예산이 다음 단계의 무기들을 위해 승인된 이후에야 알게 된 것인데, 그것은 거짓말이었습니다. 우리가 들었던 그런 방식으로 격추하는 데 성공하지 못했던 것입니다. 그 모든 것은 거짓이었으며, 단지 더 많은 무기들을 만들기 위해서 추가적인 돈을 예산에다 집어넣기 위한 것이었습니다. 나는 내가 그들이 "킬러 위성들"을 보유했다고 들었을 때 러시아에 좌우되지 않았던 최초의 사람들 가운데 한 명이었습니다.

내가 1970년대 초에 러시아에 갔을 때, 나는 그들이 킬러 위성들을 갖고 있지 않다는 사실을 알았습니다. 사실 러시아 지도자들과 주민들은 평화를 원했어요. 그들은 미국 및 세계 사람들과 협력하기를 원했습니다.

다른 시기에 나는 사담 후세인이 자기의 유전(油田)에 열중해 두각을 나타내고 있을 때 그에게 전화를 한 적이 있습니다. 내가 이런 전화를 하는 동안 내 남편은 주방에 있었습니다. 나는 나중에 사담 후세인 옆에 같이 있던 그의 수행원으로부터 다시 전화를 받았고 그가 물었습니다.

"당신, 기자입니까? 아니면 정보원인가요? 왜 알기를 원하는 거죠?"

나는 말했습니다. "아니에요. 나는 단지 우주공간의 무기화 저지운동이 출범하는 것을 도왔던 한 시민입니다. 그리고 나는 무기체계와 적들에 관해 내가 들었던 많은 이야기들이 진실이 아니라는 것을 알았습니다. 나는 단지 사담 후세인씨가 어떻게 하면 만족하여 이런 유전들에 불붙이는 것을 멈추고 사람들의 반감을 사는 행위를 중단할지를 알고 싶군요."

그가 말했죠.

"음, 아무도 무엇을 그가 원하느냐는 그런 질문을 한 적이 없습니다."

그래서 내가 외계인들의 위협이 있을 수 있다는 말을 들었을 때, 나는 그것이 일종의 거짓임을 압니다. 그리고 나는 있음직한 수천 년 동안의 외계인 방문 역사를 살펴보았고, UFO 경험을 갖고 있거나 그 추락과 착륙, 살아 있거나 죽은 외계인 존재와 관련된 경험이 있는 정직한 군-정보기관-기업체 사람들의 폭로를 들었습니다. 그리고 만약 내가 이런 외계의 적들에 대항해 우리가 우주무기 시스템들을 건조해야만 한다고 들었다면, 무기체계와 군 전략을 겨냥한 군산복합체에서 일했던 나의 개인적 경험에 의거해 나는 그것이 거짓임을 알 것입니다. 그것은 거짓말입니다.

나는 그것을 믿지 않을 뿐만 아니라, 요란스럽게 밖으로 뛰쳐나가 다른 모든 사람들에게 떠들지도 않을 것입니다. 그들(외계인들)은 아직까지 우리를 없애지 않았습니다. 우리는 수천 년 간의 (그들의) 방문에도 불구하고 여전히 이곳에 존재하고 있어요. 만약 그들이 실제로 지금도 아직 우리를 방문하고 있고 우리가 해를 입지 않았다면, 그때 우리는 그것을 적대적이지 않은 어떤 사건으로 보아야 합니다. 이런 외계의 존재들과 소통하고 협력하기 위해 일하고 있는 사람들과 함께 내가 할 수 있는 모든 일을 행하는 것이 나의 소망과 의도가 될 것입니다. 그들은 명확히 악의(惡意)를 갖고 있지 않습니다. 우리는 이곳에 존재하고 있습니다. 그것이 나에게는 충분한 증거입니다. 사람들이 이 행성에서 살기 위해 어떤 선택을 할 수 있는가에는 한계가 없습니다. 우리는 그것을 행할 기회를 갖고 있고 그 기회의 창문은 급속히 닫혀가고 있다고 생각합니다. 나는 우리가 그런 결정을 할 시간이 많다고는 보지 않습니다. 우리는 무서운 재앙이 발생하는 것을 겪거나 모종의 전쟁을 겪는 너무나 많은 방식들에 지나치게 둘러싸여 있습니다. 그것이 높은 기술에서 나오든, 아니면 새로운 무기 시스템에서 나오든 말이죠. 우리는 지도력이 필요하고 그것은 미합중국의 대통령과 더불어 시작되어야 합니다. 반드시 우리는 그렇게 해야만 합니다. 만약 여러분이 국제적인 사람이고, 세상 도처에 있는 사람이라면, 또는 미국 내에 살고 있다면, 당신들이 어떤 지역 출신이고 어떤 믿음체계나 종교를 갖고 있든, 곧 손을 내밀 필요가 있는 미국의 최고 지휘관이고 미합중국의 대통령입니다. 우리는 우주 무기들에 대해 근본적이고 포괄적인 확인이 가능한 공개발표를 원한다고 말할 필요가 있습니다.[7]

---

7)Steven M. Greer. DISCLOSURE(Crossing Point INC Publications, 2001) PP. 255~261

3부 인류를 깨우기 위한 진지한 노력들

4부

억압당한 놀라운 신과학 기술들

"전력(電力)은 어디에나 무제한의 양으로 존재하며, 세상의 기계장치들은 석탄이나 석유, 가스 또는 어떤 다른 일반적인 연료가 없이도 움직일 수 있다.
- 니콜라 테슬라(Nicola Tesla, 발명가, 과학자) -

"인류가 기본적으로 이미 보류하고 있는 기존의 기술만 가지고도 우리는 매우 빠른 기간 내에 발전을 이룰 수 있음을 안다. 우리는 행성 지구상에서 실질적으로 인간 노동력의 90% 가량을 줄일 수 있었다.
- 케니 오서벨(생체공학자) -

"만약 여러분이 우주를 이해하고 싶다면, 에너지, 주파수, 그리고 진동에 관해 생각해 보라."
- 니콜라 테슬라(Nicola Tesla, 발명가, 과학자) -

1장
이미 개발된 우주 에너지(무한동력) 기술들

1.우주 에너지 개발의 아버지- 니콜라 테슬라

니콜라 테슬라

우주에너지란 이 우주공간 속에 편재해 있는 에너지로서 이를 다른 말로는 "프리 에너지" "영점(Zero Point) 에너지" "공간 에너지" "무한 청정 에너지" "진공 에너지"라고도 부른다. 오래전부터 이런 우주 에너지를 끌어내어 이용할 수 있는 기술이 연구되어 왔고, 또 지금도 전 세계의 많은 과학자들과 연구가들이 연구를 진행하고 있지만 아직까지도 범세계적으로 실용화되지 못하고 있는 실정이다.

그런데 그것은 아직 그런 기술이나 장치가 개발되지 않아서가 아니다. 즉 이것은 앞서 1부에서 언급한대로 그와 같은 기술이 세상에 공개되어 실용화되는 것을 방해하고 있는 강력한 세력이 실재하고 있기 때문이다. 이에 관한 한 가지 실제 사례를 들어보겠다. 과거 우리나라를 방문한 적이 있는 일본의 프리 에너지 연구가 지바나 토시히코(知花敏彦) 같은 사람 역시도 프리 에너지로 작동되는 모터를 개발했었다. 그럼에도 그는 그것을 세상에 내놓지 못하고 있었는데, 그 이유에 대해 당시 그는 프리메이슨으로부터 죽이겠다는 협박을 받았기 때문이라고 솔직히 고백하고 있다. 또한 자기와 함께 연구했던 세 사람은 어디론가 행방불명되었다고 한다. 지구를 지배하는 이런 어둠의 세력에 의한 위협과 억압, 테러는 비단 지바나 토시히코에게만 해당되는 것이 아니었다. 이미 오래전부터 테슬라를 비롯한 수많은 연구자들이 그런 식으로 억압을 당하거나 실제로 제거되어 왔던 것이다.

20세기 중반까지 생존했던 위대한 천재 과학자 N. 테슬라(Nikola Tesla, 1856~1943)는 지구상에서 이 우주에너지 활용방법을 최초로 알고 실제로 그러한 장치를 개발했던 인물이다. 테슬라는 1856년 오스트리아(지금의 크로아티아 지역)에서 세르비아인 부모의 5형제 중 4번째 아이로 태어났다. 어려서부터 발명에 발군의 재능을 나타냈던 그는 물리학 분야에서도 아인슈타인의 상대성 이론을 능가하는 "에테르 물리학"의 창시자로서 가장 시대를 앞서갔던 선구자였다. 사실 테슬라는 비단 우주에너지 분야뿐만이 아니라 모든 현대과학 기술과 전기문명의 원조 내지는 아버지라고 말할 수 있을 정도로 아주 다양한 기술들을 개발한 바 있다. 게다가 현재 미국 과학자들의 80% 정도가 그의 전기(傳記)를 읽고 과학자가 되기로 결심했다고 답할 정도로 그는 오늘날에도 많은 사람들에게 영향을 미치고 있다.

그가 개발한 기술들에는 교류전기(A.C), 형광등, 라디오, 날 없는 터빈엔진과 펌프, 유도 전동기, 고주파 변압기, X선, 레이더, 초전도(超傳導), 극초단파, 직접회로, 네온사인, 로봇공학, 리모컨, 무선통신 기술을 비롯해 거의 모든 분야에 걸쳐 망라돼 있다. 이외에도 그는 100년을 뛰어넘어 당시에 이미 무선 에너지 전송과 입자 빔 무기, 기상조절, 반중력 장치 같은 기술을 연구하고 있었다. 과연 인류역사상 인간의 문명발전에 이렇게 지대한 영향을 미친 과학자가 테슬라 외에 또 있었을까? 테슬라가 평생 동안 취득한 발명특허

는 약 300건에 달한다. 그리고 이러한 초인적인 발명이 가능했던 것은 사실
상 그가 원래 인류의 과학문명 개화를 돕기 위해 다른 행성으로부터 온 우주
인의 영혼이었기 때문이었다.[1]

이 수많은 그의 기술들 가운데 가장 중요한 것이 바로 무한한 우주에너지
를 뽑아서 인간의 동력 및 에너지원으로 활용할 수 있는 방법이었다. 그 기
본적인 장치들이 바로 '복사에너지 수신장치'와 '테슬라 코일'[2], '테슬라 터
빈' 등이었고 또 그것들과 연동되는 '워
든클리프 타워(Wardenclyffe tower)'
라는 설비였다. 이미 100년 전에 그는
이런 우주에너지 발전 장치들을 통해 거
의 무료로 만인에게 전기를 공급함으로
써 인류를 힘든 노동에서 해방시키고 지
구의 문명을 한 단계 높은 차원으로 끌
어올리려고 했던 사람이었다. 그럼에도
그는 시대를 너무 앞서 간 탓에 주변의
몰이해와 외면, 정부의 냉대를 받았고,
때로는 "몽상가 내지는 미치광이 과학
자"정도로 취급되기 일쑤였다.

테슬라가 공간 주변의 에너지장에 의
해 충전되어 전기불이 들어온 전선
없는 전구를 들고 있다. 이것은 그의
놀라운 발명품이었다.

테슬라의 프리-에너지 개념은 우주공
간이 발광성의 에테르(Ether)로 가득 차
있다는 그의 기본적인 생각에서 출발한
다. 초미세 물질인 에테르는 활력을 주
는 창조적인 힘에 의해 작용하고 모든
공간과 물질 속에 스며들어 있다고 한다. 그는 실험을 통해 에테르가 높은
주파수의 전기 에너지와 전압을 갖고 있으므로 이를 추출해 동력화 할 수 있
다고 생각했다. 또한 테슬라는 당시 아인슈타인의 상대성 이론과는 생각을
달리 했으며 새로운 견해를 주장했다. 전기중력학(Electro-gravitics)이라고
불리는 이 이론에서 그는 아인슈타인이 주장한 공간의 휘어짐은 자연의 작용
과 반작용 속성 때문에 가능하지 않다고 말했다.

그리고 니콜라 테슬라는 일찍이 1904년에 장차 우주 에너지의 활용에 관

---

1)<나는 금성에서 왔다(은하문명 출간)>에서 저자 옴넥 오넥은 테슬라가 금성에서
왔다고 언급하고 있다.

2)무선기술에 널리 쓰이는 유도코일이며, 220볼트의 가정용 전압을 변환하여 수백만
볼트 이상의 고전압을 발생시키는 장치이다. 공진의 원리로 저전압을 고전압으로 바
꿀 수 있는 변압기기이다.

해 이렇게 전망했다.

"많은 세대가 지나가기 전에 우리의 기계장치들은 우주의 어떤 지점에서 얻을 수 있는 힘에 의해 추진될 것이다. 우주 전체에는 에너지가 존재한다. 이 에너지는 정적일까? 아니면 동적일까? 만약 정적이라면, 우리의 희망은 헛된 것이다. 그러나 만약 동적이라면, 그리고 이것이 확실히 우리가 아는 그것이라면, 인간이 성공적으로 그런 에너지를 기계장치의 동력으로 이용하는 것은 시간문제이다."

테슬라는 근본적으로 지구 자체를 전기에너지가 충만한 일종의 거대한 콘덴서(축전기)로 보았다. 다시 말하면 지구는 전리층에 양성(+)적인 전하(電荷)들이 모여 있고 대지에는 음성(-)적인 전하들이 충전돼 있어 - 플러스와 마이너스 양극의 도체와 1개의 부도체로 이루어진 축전기마냥 - 중간의 대기(大氣)가 일종의 절연체로 작용한다는 것이다. 그러므로 상당한 용량의 정전기(靜電氣)가 지구 자체에 잠재되어 있다는 것이었고, 테슬라의 의도는 바로 지구와 상층 대기 사이에서 그 에너지를 뽑아내어 응축시켜 전류로 변형시키는 것이었다.

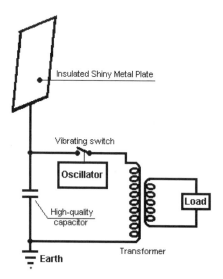

밤낮으로 에너지를 끌어 모을 수 있었던 테슬라의 간단한 축전장치

실제로 테슬라의 첫 복사 에너지 흡수장치는 공기로부터 얻은 정전기를 저장했고, 그것을 사용가능한 형태로 변환했다. 그리고 그는 이미 1901년에 그런 "복사 에너지 이용 장치"로서 2개의 특허를 받았다. 그것은 'U.S. 특허 No. 685,957 - 방사성 에너지 이용 장치'와 'U.S. 특허 No. 685,958-방사성 에너지의 활용방법'이다. 그 특허의 설명에서 그는 "다른 방사성 에너지원분만이 아니라 태양도 우주선(Cosmic Ray)과 같다."고 언급하고 있다. 여기서 우주선(宇宙線)이란 우주로부터 끊임없이 지구로 날아오는 높은 에너지의 입자선을 말하는데, 그 장치가 밤에도 작동이 가능한 것은 그 우주선이 야간에도 이용이 가능하기 때문이라고 한다. 그리고 테슬라는 "대지는 음전기를 담는 거대한 저장소이다." 라고 설명했다.

1932년에도 테슬라는 이렇게 말했다. "나는 우주선(線)을 동력화했고 그것이 동력장치를 움직이게 했다 … 우주선의 매력적인 점은 그것의 항구성이다. 그것들은 24시간 우리에게 퍼부어진다. 그것은 바람이나 조수, 햇빛을 이용하는 장치에 필요한 것처럼 에너지를 저장하기 위한 장치를 필요로 하지 않는다. 우주선은 빛을 능가하는 엄청난 속도로 움직이는데, 그것은 공기를 이온화하고 수많은 전하 이온들과 전자들을 해방시킨다. 이런 전하들이 모터의 회전을 통해 방전되도록 만들어진 축전기 속에 포획된 것이다."

그 우주에너지 장치가 작용하는 원리는 위쪽의 극판(+)과 접지된 판(-) 사이의 존재하는 전위차(電位差)로부터 축전기에 에너지가 축적되며, 적절한 시간이 지난 후, 그 축적된 에너지가 자체적으로 강력한 방전을 하게 된다는 것이었다. 한 걸음 더 나아가 테슬라는 지구 자체가 일종의 도체(導體)라는데 착안하여 이렇게 생성되는 엄청난 양의 전기를 증폭시켜 전기줄이 없이 지구상의 어느 곳에나 무제한으로 보낼 수 있다고 생각했다. 이런 무선송전 시스템은 앞서 언급한 전리층과 지상이라는 두 개의 도체와 우주에너지 간의 상호 주파수 공진(共振) 작용을 이용한 것이었다. 그는 자신의 생각이 옳다는 것을 증명하기 위해 전선 대신에 땅을 통해 전기를 보내 자기 실험실에서 40km 떨어진 곳에 있는 수백 개의 전등을 켜 보이는 시범을 보였다.

그리하여 테슬라는 이러한 자신의 계획을 구체적으로 실현하기 위해 다음 단계에 착수했는데, 그것이 바로 전기증폭 송전 설비인 〈워든클리프 타워(Wardenclyffe tower) 〉 프로젝트였다. 이 전기증폭 설비에 관해 그는 당시 한 과학전문지에 게재된 기사를 통해 이렇게 말하고 있다.

"내가 처음부터 궁극적으로 성공하게 될 거라고 완전히 확신하기는 했으나, 내가 발전시킨 이른바 "증폭 송전기(Magnifying Transmitter)"라는 것이 점진적으로 개선되었을 때까지는 아니었다. 그것은 내가 방대한 규모로 모든 산업에다 전선 없는 전력송전이 가능하다는 증거를 확신하며 개발한 것이다."
– 〈전신과 전화 시대(TELEGRAPH AND TELEPHONE AGE)(1927년, 11. 16)〉에서 –

하지만 그는 말하기를, 이 증폭송전설비가 단지 전기만을 전송할 수 있는 것이 아니라 소리와 영상 및 온갖 정보들을 무선으로 동시에 보낼 수 있다고 했다. 1901년, 처음에 그는 금융업자 J.P. 모건에게 (총 100만 달러의 소요자금 가운데) 우선 15만 달러를 투자받아 뉴욕의 롱 아일랜드에다 의욕적으로 워든클리프 타워 건설에 착수했다.

워튼 클리프 타워의 모습

그런데 건설 중이던 1903년에 자금이 바닥났고, 어찌된 일인지 모건은 처음의 약속을 어기고 더 이상 투자하기를 거절했다. 이런 자금의 쪼들림 가운데 어떤 이들은 그것이 엉터리 계획이며 날조라고 주장하며 그 프로젝트를 비방하기 시작했다. 게다가 신문들마저도 여기에 동조하여 테슬라의 백만 달러나 드는 계획은 어리석은 투자라고 힐난하곤 했다. 1905년에 이르러 테슬라는 더 이상의 어떤 투자자나 후원자도 찾을 수 없었고, 때문에 대부분의 활동을 중단할 수밖에 없었다.

다음의 내용은 테슬라가 당시의 전기 전문잡지에다 게재했던 "평화촉진을 위한 한 수단으로서의 전선 없는 전기 에너지의 전송"이란 제목의 글에서 발췌한 내용이다. 여기서 그는 그 당시 자신의 계획이 좌절된 데 대한 복잡한 심정을 솔직히 토로하고 있는데, 그의 속내를 잘 엿볼 수가 있다.

"그것은 꿈이 아닙니다. 그것은 과학적인 전기공학의 간단한 공적이며, 단지 눈멀고 용기 없고 의심 많은 세상에만 비싸고 불가능해 보일 뿐입니다. 인류는 발견자의 예리한 감각에 의해 기꺼이 인도받을 정도로 진보하지 못했습니다. 하지만 누가 알겠습니까? 어쩌면 지금의 우리의 세상에서는 혁명적인 아이디어나 발명이 지원을 받고 격려를 받는 대신에 과도기에는 방해를 받거나 냉대를 받는 것이 나을지도 모르겠습니다. 즉 (발명자) 재산을 원함으로써, 또한 이기적인 권리와 박식한체함, 어리석음과 무지에 의해서 말입니다. 그것은 영리적인 싸움을 통해 공격을 받고 억압당하며, 쓰라린 시련과 고난을 겪습니다. 그렇게 해서 (마침내) 우리는 빛을 쟁취해 갑니다. 따라서 과거에 위대했던 모든 것은 비웃음을 받고, 비난받았으며, 핍박당하고 억누름을 받았습니다. 다만 더욱 강력한 영향력이 있던 것과 그런 분투 속에서 승리한 모든 것만

4부 억압당한 놀라운 신과학 기술들

1904년에 이미 전선 없는 전기송전을 가능케 했던 워든클리프 타워. 미완성으로 끝났다.

이 부상할 수 있었던것입니다. - 〈전기의 세계와 엔지니어〉紙, 1905년 1월 7일 -

안타깝게도 미완성 상태의 워든클리프 시설은 부분적으로 1911년경까지 방치돼 있었고, 타워 구조는 점차 악화되어갔다. 그러다가 그것은 1차 대전 중이던 1917년에 미국정부의 명령에 의해 다이너마이트로 폭파되고 말았다. 이로써 인류전체의 에너지 문제를 해결할 수 있었던 테슬라의 위대한 계획이 날아가 버린 것이다.

여기서 우리는 그의 계획이 J.P. 모건의 약속 불이행에 의해 좌절되었음을 주시할 필요가 있다. J.P. 모건은 바로 유럽의 로스차일드 가문이 미국의 금융업계를 지배하고자 하수인으로 내세워 그들의 배후지원에 의해 성장한 프리메이슨 금융재벌이다. 처음에 모건은 테슬라의 계획이 단순히 무선통신 시스템 구축 정도로 알고 큰 돈벌이가 되겠다 싶어 매력을 느껴 투자했었다. 그러나 나중에 그것이 전선이 필요 없이 세계 전역에 전기를 공급하는 프리 에너지 송전 시스템이라는 사실을 알고 나서는 추가적인 지원을 중단해 버렸다. 왜냐하면 만약 그렇게 될 경우, 인류의 기존 문명 자체가 완전히 새로운 단계로 혁신되는 결과가 초래되어 소수의 엘리트들만에 의한 부(富)의 축적과 지배가 불가능해지기 때문이다. 다시 말하면, 하나의 우주에너지 중앙 발전장치를 통해 끊임없이 생성되고 증

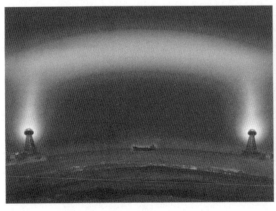

폭되는 전기가 전선도 필요없이 지구의 모든 곳에
공급된다는 것은 어떤 국가나 인종, 민족에 관계
없이 모든 인류가 거의 무료로 전기를 얻어 빛을
밝힐 수 있다는 이야기가 된다. 즉 오늘날 라디오
나 TV 수신기만 있으면 누구나 무료로 방송을 수
신하듯이, 마당에 안테나 하나만 세우면 누구나
전기를 무제한으로 받아 사용할 수 있게 되는 것
이었다. 테슬라가 하고자 원했던 것은 바로 이런
것이었다. 그러나 J.P.모건은 이런 프로젝트에 관

테슬라와의 약속을 뒤집
은 J.P. 모건(Morgan)

해 알고 난후, "어떻게 자신의 투자금액을 회수하
고 전 세계에 공급한 전기를 가지고 돈을 벌 수 있으냐?"고 테슬라에게 이의
를 제기한 후 투자를 중단해 버렸던 것이다. 그리하여 테슬라의 원대한 프로
젝트는 완결되지 못하고 미완의 작업으로 후세들에게 남겨졌다.

테슬라는 1943년 1월 6일, 그가 묵고 있던 뉴욕의 한 호텔방에서 사망한
채로 발견되었다. 연방수사국은 그가 노령(老齡)으로 인해 자연사(自然死)한
것으로 발표했고, 테슬라가 보유하고 있던 다량의 연구 자료와 문서들은 FBI
가 와서 회수해 간 것으로 알려졌다. 그러나 나중에 소개할 프리에너지 연구
가 아담 트롬블리(Adam Trombly) 같은 사람은 테슬라가 독극물에 의해 독
살당한 것이라고 주장한다. 당시 테슬라는 대통령이었던 프랭클린 D. 루스벨
트(Roosevelt)를 직접 접촉해서 공간에서 무한히 뽑아 쓸 수 있는 에너지에
대해 설명하고 담판을 지으려던 시점이었다.

그런데 트롬블리의 독살 주장은 그의 막연한 추측이 아니라, 그가 1981년
토론토 대학에서 개최된 '노벨 에너지 회의'에서 만난 노년의 한 수사관의 증
언에 의한 것이었다. 이 사람은 테슬라의 사망 당시 뉴욕 경찰청 소속으로서
그의 죽음에 관한 초기 조사에 직접적으로 관여했던 인물이라고 한다. 그가
증언한 바에 따르면, 국가안보라는 이유 때문에 테슬라가 독살되었다는 사실
을 기록한 검시관의 보고서가 덮여졌고, 결국 아무도 모르고 있다는 것이었
다. 트롬블리는 결론적으로 이렇게 말하고 있다.

"테슬라는 1880년대에 연료가 필요 없는 무한한 전력에 관한 비전을 받았
습니다. 그리고 그는 1886년과 1889년에 그것을 시범 보였지요. 그는 이런
선물을 인류에게 주려고 했지만, 화석연료 세력들은 그가 그것을 할 수 없도
록 저지하기로 결정했습니다. 그들은 테슬라를 나중에 이용할 수 있을지도
모른다고 생각했고, 그래서 그들은 그를 즉시 죽이지 않고 1943년에 살해했
던 것입니다."

4부 억압당한 놀라운 신과학 기술들

현재로서는 테슬라의 죽음에 대한 진상이 무엇인지 확실히 알 수는 없지만, 트롬블리의 주장대로 그가 독살되었을 개연성은 충분하다고 생각된다.

■ UFO 접촉자 다이안 테스먼이 알려주는 니콜라 테슬라 (참고 자료)

※ 다이안 테스먼은 미국의 UFO 접촉자이자, 뛰어난 텔레파시 채널러(channeler)이다. 그녀는 어린 소녀시절에 특별한 이유로 UFO에 탑승되었다. 그 이래 "티버스(Tibus)"라는 우주인을 비롯한 고차원의 여러 외계 존재들과 접촉해 오고 있고 그들과 교신하고 있다. 아래의 내용은 그녀가 테슬라에 대해 쓴 글과 교신내용이다.

테슬라는 무지한 인간들과 난폭하고 무자비한 세상 속에 있었던 한 외계인이었다.

그는 온화하고 겸손한 사람이었고, 돈으로 살 수 있는 화려한 사물에는 전혀 흔들리지 않았다. 테슬라는 자신의 삶 내내 "독점자본(재벌)"의 탐욕과 거짓말, 그리고 거기에 대한 굴종을 싫어했다. 오늘날 얼마나 많은 최악의 것들이 자행되는지를 생각해 보라. 우리들 가운데 많은 이들이 테슬라가 겪었던 것처럼 느끼지만, 개인의 고독한 목소리는 황폐한 세상에 부딪쳐 반향될 뿐이다. 우리는 테슬라가 했던 것처럼 우리의 영혼을 유지할 수 있을지도 모르나, 우리 또한 이 탐욕스런 세상에서 낯선 외계인들처럼 느낀다.

테슬라는 정직과 고결, 그리고 타고난 공명정대한 의식을 소유하고 있었다. 그리고 불법적인 부정행위가 그를 격노하게 만들었다. 하지만 만약 그의 놀라운 발명들이 거대 기업들에 의해 전기 에너지를 증진하고 과학적 기술혁신을 하는 데 이용되었다면, 그는 그들의 자기이익을 도모하는 행위에 의지를 굽혔을 것이다.

그는 독점자본과 탐욕에 맞서려는 자신의 태도 때문에 엄청난 고통을 겪었다. 테슬라는 사실상 주택이 없이 싸구려 호텔에서 살았으며, 그와는 달리 발명으로 인해 부유하고 유명해졌던 다른 이들처럼 조심해야 했다. 즉 일부

대단히 성공적인 기술을 직접 도난당했던 적이 있었기 때문이다. 테슬라는 가난하고 익명으로 살았지만, 자신의 고결성을 유지했다. 그의 영혼은 그 자신의 것이었다.

시인 윌리엄 예이츠(W.B. Yeats)는 "선구자 영혼"에 관한 시를 썼는데, 이 말은 니콜라 테슬라에게 꼭 들어맞는다. 그는 자신의 시대에 홀로 맨 앞에서 있던 개인이었으며, 세상의 탐욕스러움과 무지, 잔혹함을 발견했을 것이다. 그는 인류가 보다 더 높고 깨달은 수준에서 느끼고 생각하고 행동하는 것을 배울 때인 미래의 시대에 속한 사람이었다. 또한 그는 우리가 참으로 남에게 대접받고 싶은 대로 남에게 행하게 될 때인 그런 미래에 속해 있었다.

과학적이고 형이상학적인 많은 진리 추구자들이 테슬라에게 이끌렸다. 그들은 우리에게 말한다. 우리가 그의 발명들과 지식에 경외감을 느끼고 그의 온화한 지혜와 강한 성격에 영감을 받았다고 말이다. 테슬라는 어떤 것도 액면 그대로 받아들이지 않는 누군가의 마음을 끌어당기는 영원하고도 신비스러운 가면을 갖고 있다.

앨버트 아인슈타인은 진정한 과학적 재능은 신비세계 속에 토대를 두고 있다는 것을 느꼈다. 즉 우리가 테슬라에게 이끌리고 그가 우리에게 말할 때 우리는 이런 진리를 다시 지각하는데, 테슬라의 과학적 걸출함은 영적이고 신비적인 세계 속에 그 기반을 갖고 있는 것이다.

나는 18년 동안 채널러였고 다양한 차원의 존재들로부터 오는 메시지들을 수신해 왔다. 새로운 천년기가 지구 행성 전면에 동트기 시작하는 때인 지금, 니콜라 테슬라가 나를 통해서 다음과 같이 인류에게 전하는 메시지를 보내왔다.

"인류 여러분, 나는 여러분이 테슬라로 알고 있는 존재입니다. 빛 속에서 여러분에게 인사를 전합니다. 나는 더 이상 과거의 그 테슬라의 육체 형태로 있지 않으며, 지구의 햇수로 아주 오래 전에 다른 시/공의 세계로 건너갔습니다.
나는 이곳에서 행복하고 이곳은 나의 고향입니다.
나는 여러분처럼 당신들의 세계를 더 낫게 만들기 위해 지구에 왔습니다.

어쩌면 여러분은 지구를 더 나은 장소로 만들고자 그곳에 왔다는 사실을 일시적으로 망각했을지도 모릅니다. 왜냐고요? 당신들은 그곳에서 단지 생존하고자 노력하는 데만도 너무 바쁘기 때문이죠. 여러분은 많은 시간 지쳐있고 시간에 관해 말하기를, "시간이 날아가듯이 지나갔어!"라고 합니다. 나 역시 같은 문제를 갖고

4부 억압당한 놀라운 신과학 기술들

있었고, 내가 잃어버리거나 낙담해 있던 많은 시간들이 있었습니다. 하지만 나는 나의 인간 생애를 지구의 사람들이 깨닫는 것을 돕기 위해 살았습니다. 그리고 여러분 또한 이런 길을 선택한 것입니다.

만약 여러분이 잠시 동안 자신의 문제들을 떠나 높은 곳에서 바라볼 수 있다면, 지구와 그곳에서의 자신의 생애를 명확한 전망 속에서 보게 될 것입니다. "그 숲(삶)"에 대한 여러분의 고등한 전망은 당신들에게 한 가지 이유 때문에, 즉 변화를 만들기 위해서 그대들이 거기에 있다고 말합니다. 그러므로 부디 여러분의 고결함을 잃지 마십시오. 자신에 관한 존엄성을 높이고 공명정대한 의식을 절대 포기하지 마세요. 여러분의 힘의 토대는 당신들의 삶을 움직이려고 시도하는 거대한 기업들에게 있는 것이 아니라 여러분 자신 속에 있습니다. 여러분이 자신의 영혼을 잃지 않는다면, 그들은 결코 당신들을 소유할 수 없습니다. 또는 여러분이 자신의 마음이 자유로워지고 또 깨닫도록 계속 허용만 한다면, 그들은 절대로 당신들의 마음을 조종할 수 없습니다.

그들의 시대가 막을 내리게 될 때가 곧 다가옵니다. 거대한 국제적 기업들은 영원하지 않습니다. 다른 인간들과 자연의 피조물, 환경에 대한 그들이 탐욕스럽고 잔인하고 이기적인 행위들은 머지않아 끝날 것입니다.

선구자인 나의 동료 영혼들이여! 우리의 시대가 오고 있습니다. 오늘날 지구 주변을 선회하는 나의 사람들이 가능한 언제 어디서나 여러분을 돕고 있습니다. 이것이 당신들이 나의 특성과 내 연구 작업에 호기심을 느끼는 부분적 이유입니다. 나는 늘 발명가들과 과학자들의 재능을 발아시키기 위해 채널 메시지들을 보내고자 시도합니다. 그리고 영적인 구도자들에게도 영감을 주기 위해 애쓰고 있습니다.

새로운 여명이 밝아오고 있고, 우리가 더 이상 외계인이 아닌 세상이 떠오르고 있습니다. 지구에는 관대함, 깨달음, 호기심, 고결함, 그리고 정의로움의 진동이 있게 될 것입니다. 그렇게 흘러갑니다. 테슬라로부터의 메시지에 관심을 기울여준 여러분에게 감사드립니다."

2.토마스 헨리 모레이 - 우주에너지 발전 장치

헨리 모레이 박사

테슬라의 뒤를 곧 이어서 우주에너지를 끌어들여 전력을 생산할 수 있는 발전장치를 개발한 사람이 있었으니, 그가 바로 미국의 토마스 헨리 모레이(T. Henry Moray, 1892-1974)이다. 그런데 사실 그는 어려서부터 테슬라를 흠모하여 열렬히 추종했던 사람이었다. 테슬라로부터 많은 영향과 깊은 영감을 받은 그는 늘 지구에는 우주로부터 끊임없이 퍼부어지는 높은 진동의 우주에너지로 가득 차 있다고 생각했다.

모레이는 원래 미국에서 태어났으나, 고등학교 졸업 후 어머니의 모국인 스웨덴으로 건너가 웁살라 대학에서 전기공학을 전공해 박사학위를 취득했다. 그리고 미국으로 돌아와 무선통신 분야에서 재능 있는 전기회로 설계자로 일하며 시간이 날 때마다 청소년기부터 상상했던 공간 속의 에너지를 모아 전기로 바꿀 수 있는 방법을 연구하게 되었다. 그리하여 그는 30년에 걸친 노력 끝에 "복사 에너지(R.E) 기기"라는 장치를 1936년에 개발했는데, 그것은 50파운드가 안 되는 하나의 장치로 단번에 수많은 가정에 불을 밝히기에 충분한 50Kw의 전력을 만들어 보낼 수 있었다. 이 전기는 전선이나 무선신호를 통해서 먼 거리로 송전하는 것도 가능했다.

그가 제작한 이 상자 모양의 우주에너지 발전장치는 안테나와 '모레이 밸브'3)라고 불렀던 검파기, 콘덴서, 변압설비, 접지선 등으로 이루어져 있었다. 그러나 외부적인 전원이나 배터리는 그 어디에도 없었다. 안테나와 접지선이 파장조정을 통해 우주에너지를 흡수하는 주요 작용을 했다고 하는데, 목격자들의 증언에 의하면 실제로 안테나 인입선이나 접지선 중에 하나만 단절시켜도 켜져 있던 전기가 나갔으며, 이것을 다시 연결하면 전등의 불이 다시 들어왔다고 한다. 누군가 그에게 어떤 원리로 그의 장치가 전기에너지를 생성할 수 있는지를 질문했을 때, 그는 이렇게 답변하곤 했었다.

"에너지라는 것은 우주의 진동과 조화되는 발진(發振) 매체에 의해서 얻을 수 있습니다. 나의 방사 에너지 정치는 고도의 전자발진설비입니다."

---

3) 이것은 게르마늄 고체 소자(素子)로서 일종의 반도체인데, 공식적으로 개발된 시기보다 그가 20년 앞서 발명한 것이었다. 그러나 1927년 당시로서는 미국 특허국에서도 이에 관한 지식이 없어 그의 특허신청은 거절당했다고 한다.

         4부 억압당한 놀라운 신과학 기술들

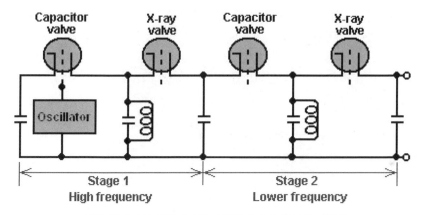

Stage 1
High frequency

Stage 2
Lower frequency

헨리 머레이의 우주에너지 축전기인 R.E.장치의 개략도

 사실상 테슬라가 발명한 것을 간단한 버전으로 만든 설비가 헨리 모레이의 장치였다. 모레이의 장치는 주변의 공기로부터 정전기(靜電氣)를 효과적으로 얻기 위해 RE-밸브라는 독특한 정류기(整流器)를 이용했다. 헨리 모레이는 높은 전압을 이용하여 이온의 진동을 일으키기 위해 단지 테슬라의 아이디어를 확대한 것이다.
 헨리 모레이는 이런 실험들을 여러 가변적 요인과 조건들을 가정해서 고려한 후에 시행했다. 가로×세로×높이의 사이즈가 6×4×4인치인 박스 형태의 그 장치는 늘 테이블 위에 놓여 있었고, 거기서 그것은 방에 들어온 누구나 쉽게 실험해볼 수 있었다. 그 장치에 연결되어 있는 유일한 것은 단지 안테

모레이가 자신의 발명품인 우주에네지 발전장치를 조절하고 있다.

나선과 바닥뿐이었다. 그의 실험실에는 호기심과 의심을 가진 많은 물리학자와 전기공학자, 과학자들이 찾아왔고, 그의 장치를 자신들의 눈으로 직접 확인하고 테스트해 보았다. 그러나 아무도 모레이가 어떤 속

5만w의 전력을 만들어낸 장치를 헨리 모레이가 방문자들 앞에서 시범 보이고 있다.

임수를 쓰거나 오류가 있음을 찾아내지 못했으며, 그가 정말 우주 에너지를 끌어들이는 기기 개발에 성공했음을 인정하지 않을 수가 없었다고 한다. 심지어 한 번은 그 장치를 도시에서 멀리 떨어진 야외로 갖고 나가 시범을 보인 적도 있었으므로 의심할 여지는 전혀 없었다. 그는 이 장치를 계속해서 개선해 나갔고 그가 나중에 만든 최종적인 제품은 안테나나 접지선도 필요가 없었다.

한편 모레이가 R.E.장치에 관련해서 미국 특허국에다 신청한 7개의 특허는 심사관들에 의해 모두 거부당했는데, 그것이 반려된 이유는 그 장치에서

한 실험자가 헨리 모레이 발전기로 100W 전구 35개를 동시에 켜 보이고 있다. (1937년)

4부 억압당한 놀라운 신과학 기술들

나오는 많은 에너지의 원천이 어디에서 비롯된 것인지 알 수 없다는 것이었다. 또한 당시의 물리학 이론과는 안 맞는다는 사실 때문이었다. 더군다나 이 특허신청 서류는 나중에 어디론가 증발되었다.

이런 가운데 그는 무지한 특허당국자들 뿐만이 아니라 수많은 다른 적들과 싸워야 했다. 그들은 고의적으로 모레이가 사기를 치고 있다고 중상 비방하는 음해자들, 배신한 사업 파트너, 그리고 정체불명의 공격자들이었다. 1930~40년대에 헨리 모레이는 자신과 자신의 가족이 수시로 협박을 받았고 운전도중 여러 번 총격을 당했다고 보고했다. 또한 모종의 세력이

그의 프리에너지 연구와 공적인 시연을 저지하기 위해 실험실에 침입하여 자료와 부품을 강탈하고 햄머로 R.E. 장치를 부숴버린 적도 있었다.

이런 상황에서 그의 부인과 자녀들은 늘 공포에 떨면서 살아야 했으며, 함부로 자유롭게 밖을 나돌아 다닐 수도 없었다. 따라서 모레이는 승용차의 유리를 방탄유리로 바꿔야 했고 스스로를 보호하기 위해 권총을 항상 품고 다녀야만 했다. 실제로 그는 자신을 죽이기 위해 침입한 서너 명의 FBI 요원과 격투를 벌인 적도 있었고 다리에 총상을 입은 일도 있었다. 그럼에도 모레이는 어려서부터 간직한 자신의 꿈을 포기하지 않았다. 그는 세상을 떠날 때까지 언젠가는 자신의 발명품이 인류에게 받아들여져 풍요로운 에너지의 세상을 만들게 될 것이라고 믿었다.

이런 각고의 노력과 가혹한 핍박 속에 모레이가 개발한 R.E.장치의 중요성은 수많은 목격자들 앞에서 입증되었다시피 명백히 공간 속의 우주에너지를 끌어 모아 상당한 전력을 만들어냈다는 사실에 있다. 만약 이 장치가 공인받아 대량으로 보급되었다면, 누구나 자신의 가정이나 공장, 기업에서 개인적으로 전력을 생산해 평생 동안 무료로 자가발전을 함으로써 오늘날의 거대한 화력, 수력, 원자력 발전소들이 필요 없어졌을 것이다. 하지만 1974년에 결국 모레이가 82세로 사망함으로써 그가 인류에게 선사하려했던 위대한 발명품은 탄압 때문에 테슬라의 경우와 마찬가지로 안타깝게 사장(死藏)되고 말았다.

3.에드윈 그레이 - 연료가 필요 없는 EMA 모터

미국의 발명가였던 에드윈 그레이(Edwin Gray, 1925~1989)는 정식으로 학교교육을 전혀 받지 않았고 독학으로 성장했다. 그럼에도 그는 혁명적인 전자기 모터를 발명함으로써 인류의 산업계 전반을 뒤집어 놓을 수 있는 잠재력을 갖고 있었다. 워싱턴 D.C의 가난한 집안에서 태어난 그는 14명이나 되는 집안 형제자매들 중의 한 명이었다. 8살 때부터 전기기구나 자석, 엔진, 기계장치 등을 만지작거리기를 좋아했고, 천둥과 번개에 매료되어 몇 시간씩 그 현상을 바라보고는 했었다고 한다. 어린 시절에 또한 그는 전기에 관한 다음과 같은 몇 가지 점에 흥미를 느꼈다.

1)축전기가 전하를 저장하거나 방출할 수 있다는 점
2)플러스 전기를 내보내거나 회수할 수 있다는 것.
3)번개의 전압이 공기가 가장 무거운 지상에 근접할수록 훨씬 강하게 나타난다는 점

특히 그는 3)항에 관심을 가졌는데, 자연히 공기가 거기에 관련된 무엇인가를 갖고 있음을 직감적으로 알아차렸다. 그리고 2차 대전 때 해군에서 복무하는 기간 동안 그레이는 레이더에 관해서 배우게 되었다. 그때 이후로는 늘 코일이나 축전기 같은 것을 다루었다.

그런데 그가 프리 에너지 장치 개발에 착수하게 된 것은 앞서 소개한 헨리 모레이와 마찬가지로 테슬라로부터 직,간접적인 영향을 받았기 때문이었다. 그리고 모레이가 개발한 EMA(Electro-Magnetic Association) 모터의 동력전환 진공관 회로는 사실상 테슬라의 회로를 본뜬 것이었다. 군에서 제대한 후 그는 차체수리업에 종사하며 12년 동안은 자신이 발견한 것을 실행하기 위한 자금을 마련하는 데 보냈다. 그리하여 마침내 1970년부터 독립적인 발명가로 변신해 합자회사를 통해 시제품을 제작하기 시작했는데, 1972년에 만든 모터는 26.8와트(W)의 극히 낮은 공급전력만으로 10마력의 출력(7460W의 기계 에너지)을 나타냈다. 이것은 놀랍게도 입력대비 278배의 출력을 얻은 것이었다. 이 모터를 검사하여 평가한 캘리포니아 공대의 연구소는 그 기기가 99%가 넘는 효율로 작동되고 있다고 보고했다. 아울러 보고서의 말미에서는 "EMA 모터 시스템은 미래에 인간의 에너지 사용에 관한 개념을 바꿔놓을 것이다."라고 언급하고 있다. 그레이는 자신의 발명품에 대한 계속적인 보완작업을 거쳐 드디어 1973년에는 100마력짜리 4호 EMA 모터를 완성했고, 특허를 출원했다.(US 특허 NO-3,890,548)

모터 제품 설명을 하고 있는 에드윈 그레이

이 모터의 가장 경이로운 점은 처음에는 배터리(6V 4개)의 전원에 의해 시동되지만, 단지 그 에너지의 1%만 사용되고 99%는 배터리로 다시 돌아간다는 데 있었다. 다시 말해서 일단 시동이 걸려 모터의 회전수가 일정한 단계에 이르면, 불꽃방전이 일어나며 우주에너지가 유입됨으로써 소모되는 것 이상의 에너지가 계속 생성되기 때문에 전압이 떨어지지 않는다는 것이다. 따라서 일반 모터처럼 지속적으로 전력이나 연료공급을 할 필요 없다는 이야기이다. 그리고 이것은 기존의 과학이론과 모든 물리학의 법칙을 완전히 거스르는 것이었다.

에드윈 그레이가 EMA 모터를 개발한 시기는 전 세계적으로 석유파동이 한창 일어나던 시기로서 일부 언론에서도 그의 모터에 주목했다. 1974년, 1월, L.A의 〈내셔널 태틀러(National Tattler)〉紙 같은 신문은 "놀라운 발명! 그레이가 쉽게 소모되지 않고 자동 배터리를 사용하는 전자기 모터를 제작함으로써 전기이용에 혁명을 일으켰다. 자체의 동력을 재생할 수 있는 EMA 모터는 점차 연소 엔진을 대체할 것이다."라는 제목과 내용으로 크게 보도했다. 그레이 역시 인터뷰에서 "우리는 에너지 위기에 대한 해답을 갖고 있습

에드윈 그레이가 개발했던 EMA-6 모터

니다. 우리의 시스템은 마침내 세상의 연료와 오염 문제를 해결할 수 있습니다.”라고 장담했다.

이렇게 되자 많은 투자자들이 그레이에게 몰려들었고, EMA 모터(엔진)를 장착한 ‘연료 없는 꿈의 자동차’를 세상에 내놓는 계획이 순조롭게 진전되는 듯 했다. 게다가 일본이나 이탈리아 같은 외국의 업체에서도 관심을 나타내며 도입제의가 들어왔다. 그래서 그레이는 EMA 모터를 대량 제작하여 1974년 말까지는 일반대중들에게 공급하려고 계획하고 있었다.

하지만 그때부터 점차 이상한 일들이 벌어지기 시작했다. 1974년 7월, L.A. 지방검찰청 소속의 수사관들이 느닷없이 그레이의 회사에 들이닥쳐 엔진과 설계도, 도면, 장부기록 등을 모두 압수해 갔는데, 그레이에게 적용된 혐의는 절도모의 및 절도, 사기, 보안위반 등의 터무니없는 죄목이었다. 그리고 그의 소환은 10개월이나 끌었고 여러 가지 형태의 압박과 괴롭힘이 계속되었다. 동시에 수사관들은 그레이의 투자자들을 찾아내어 그레이에게 적용된 혐의를 그들에게 설명하며 확신시키려고 시도했다. 그들이 제기한 주장은 그레이가 허위사실로 투자자들로부터 돈을 끌어 모았다는 것이었다. 그러고 나서 수사관들은 자기들의 조치는 진정한 연구와 기술적으로 꾸며진 사기를 구분할 수 없는 투자자들을 보호하기 위한 것이라는 식의 이야기를 언론에 흘렸다.

그러나 〈내셔널 태틀러〉紙는 “인류를 도우려는 한 발명가의 노력을 억누르려는 배후 세력의 시도”라고 강력히 비판했다. 그러자 수사관들은 이 문제를 계속 추적하거나 법정에서 확정되기 전에 기사화할 경우 신문사 편집자를 체포하겠다는 협박이 언론에 가해졌다. 그리고 그들은 7개월이 지나도록 그레이에게 적용된 혐의들 가운데 단 하나도 증거제시를 못했지만, 서류와 엔진은 돌려주지 않았다. 결국 모든 혐의는 사실무근임이 입증되었으나, 1976년 3월이 돼서야 그레이는 증권거래위원회 규정 위반이라는 사소한 경범죄 죄목으로 벌금을 물고서야 풀려났다. 그러나 질질 끌었던 법정다툼 기간 동안 대부분의 투자자들은 떠났고, 그의 사업은 치명타를 입은 상태였다. 그럼에도 캘리포니아 기술연구소 소속의 권위 있는 과학자인 놈 챌핀(Norm Chalfin) 박사와 진 웨스터(Gene Wester) 박사, 그리고 그의 특허 고문인 제랄드 프라이스(Gerald Price) 같은 사람은 그레이의 모터를 공식적으로 인정해 주었고, 적극 추천했다. 챌핀 박사는 이렇게 말했다.

“이 세상에 이와 같은 모터는 존재하지 않습니다. 이 모터의 시스템 안에서는 에너지 손실이 없습니다.”

Inventor of World's First No-Fuel Engine Is Suppressed by L.A. District Attorney

EDITOR'S NOTE: On July 1, 1973, TATTLER published a story announcing the invention of a remarkable "fuelless engine" capable of powering an automobile. The engine, invented by Ed Gray and named the EMS motor, functioned on an electro-magnetic principal that allowed it to regenerate its own power.

At the time, TATTLER predicted the Gray engine would revolutionize the auto industry. We also published Gray's announced intention to have automobiles containing the engine in production and available to the public by the end of 1974. That obviously has not happened, and, for a very good reason.

For the past seven months, Gray has been the victim of an incredible campaign of obvious harassment by the Los Angeles District Attorney's office. This harassment appears to be yet another chapter in a long history of attempts to suppress any automotive invention that might disrupt the status quo for auto manufacturing as established by Detroit's car-making giants.

TATTLER was warned not to print this story until the issue was settled in court. We are printing it because the public has a right to know what is happening and because it has become obvious that the district attorney has no intention of seeking a quick decision in the case. In this exclusive report, Articles Editor Tom Valentine reveals the sordid, behind-the-scenes suppression of one man's effort to help mankind.

THE NATIONAL TATTLER

Threat of Arrest Spurs Tattler Reporter

At one point during his investigation of the Ed Gray EMS motor case, TATTLER Articles Editor Tom Valentine was threatened with arrest if he pursued the matter.

The threat came from Ran Novell, an investigator with the Los Angeles District Attorney's office.

When Valentine telephoned the district attorney's office to inquire why the DA had kept the Gray case pending five months without bringing formal charges, Novell snapped back:

"I'm advising you of your rights. You have the right to remain silent because anything you say may be used against you in a court of law."

"I don't have anything to say," replied Valentine.

"Well, you may be indicted as a co-conspirator in this case," said Novell.

"You've got to be kidding," said Valentine.

Later, Valentine expressed his opinion that the threat was nothing more than an attempt to "scare me away from the case.

"BUT IF THAT was what he was trying to do he couldn't have picked a worse tactic. All he succeeded in doing was making me resolve to get to the bottom of this," said Valentine.

By TOM VALENTINE
Of the Tattler Staff

The effort of inventor Ed Gray to produce a fuelless automobile engine that could greatly benefit mankind has been blocked by the Los Angeles District Attorney's Office.

Gray is the inventor of the EMS motor — a remarkable electromagnetic engine that regenerates its own power thus eliminating the need for liquid fuel.

Gray had intended to have his motor in production and available to the general public by the end of 1974. However, a series of confrontations with the Los Angeles District Attorney's Office has completely stymied his efforts.

Gray's problems began last July 22, when Los Angeles authorities raided his plant in Van Nuys, Calif. Virtually everything in the building was confiscated — including his working prototype motor.

SEVEN MONTHS later, not a single charge has been brought against Gray. Yet, the Los Angeles District Attorney's office still has his records and engine models.

The Van Nuys raid is only the latest incident in a strange pattern of "non-arrests" of automotive inventors that dates back more than half a century.

In a continuing investigation of this phenomenon, TATTLER has documented dozens of cases in which inventors came up with "a better idea" for an automobile engine, only to be harassed into tragic situations ranging from bankruptcy to suicide.

One example was the suppression of the revolutionary Lewis automobile more than 40 years ago.

In 1933, Paul Lewis invented a three-wheeled car powered by an air-cooled engine. Called the "Airomobile," Lewis' product proved itself in road tests.

But when he began selling stock in his company in order to obtain capital to mass produce the vehicle, the Securities and Exchange Commission stopped him.

FOR YEARS THE SEC kept Lewis "under investigation" without bringing any formal charges. Finally, he was harassed into bankruptcy.

'Once I was bankrupt the SEC dropped its investigation and told me I was clear to continue,' Lewis recalled during a recent interview with TATTLER. 'All I could do was swear at them and ask them if they knew any way I could make a dead horse walk.'

Today Lewis' "Airomobile" can be seen in a museum at Harrah's Club in Reno, Nevada. Ironically, his "better idea" was not totally suppressed.

In Germany during the 1930s away from the influence of Detroit's auto giants, an automobile was developed using the air-cooled engine principal first advanced by Lewis. Today, that car is called the Volkswagen.

Yet another example of such suppression is found in the history of the John Robert Fish carburetors.

Fish invented a carburetor that doubled the gas mileage of Detroit's standard carburetors. When Detroit snubbed his invention, Fish tried selling his product through the mails to do-it-yourself mechanics. He was growing successful when Post Office Department agents swooped down on him for "investigation of fraud."

SEVERAL YEARS later he was exonerated of any charges. But not until the mails to and from his business were stopped during a lengthy "investigation." He was wiped out financially.

A modern case is that of the LaForce brothers, presently locked in a controversy with the Environmental Protection Agency, which is yet another branch of our huge federal bureaucracy.

The LaForce brothers are outstanding mechanics and automotive engineers from Vermont who have designed and built an improved auto engine.

The LaForce engine was tested by the EPA last fall and government spokesmen announced they were impressed. It looked like a small-time inventor had finally broken through the bureaucratic curtain.

Hardly a week passed after the impressive

ED GRAY holds working prototype fuelless engine.

L.A 지방경찰청의 에드윈 그레이에 대한 부당한 탄압수사를 보통한 신문기사

덕분에 그는 1976년에 남부 캘리포니아 특허 변호사 협회가 선정하는 "올해의 발명가"로 뽑히기도 했다. 하지만 그 후 1980년대에 이르기까지 그에게는 불운이 계속 뒤따랐다. 주요 후원자들이 연이어 사망했고, 새로운 거래들이 취소되거나, 계속적인 협박과 투자사기를 당했다. 그리고 일본 측에 수출하려던 거래 건은 황당하게도 누군가에 의해 하루 밤 사이에 연구소 내의 모터와 설계도가 사라지는 바람에 불발되었다. 위기감을 느낀 그레이는 자신의 기술을 알리고 인정받기 위한 최종적인 시도로서 당시의 레이건 대통령을 비롯하여 부통령과 모든 각료들, 상원의원, 의회 관계자들에게 서신을 보냈다. 그러나 그는 단 1통의 답신도 받지 못했다. 점차 그의 수입은 거의 끊기게 되었고, 결국 모든 장비와 소유물들을 처분하는 파산 세일을 할 수 밖에 없는 막다른 지경에 이르게 되었다.

에드윈 그레이는 1989년 4월의 어느 날, 캘리포니아, 리버사이드에 있는

한 이동주택 안에서 홀로 숨진 채로 발견되었다. 경찰은 그의 사망원인이 심장마비라고 말했으나, 그의 시신이 누워있던 바닥의 카펫 위에는 혈액이 넓게 얼룩져 있었다. 경찰은 주장하기를, 그레이가 투자자들로부터 많은 돈을 떼먹었기 때문에 그는 늘 누군가가 자기를 뒤쫓고 있다는 두려움과 편집망상증이 있었다고 했다. 그런 와중에 술 취한 누군가가 새벽 2시에 그의 트레일러를 자기 것으로 알고 문을 마구 두드리는 바람에 그가 그 충격에 의해 심장마비로 사망했다는 이야기였다. 그러나 지인들에 따르면, 그가 평소에 아주 건강했고 심장에도 별 문제가 없었다는 것이다. 더욱 의문스러운 점은 다른 경찰은 그레이가 트레일러 문을 열어놓고 있었을 때 어떤 여자가 그레이를 자기의 바람둥이 남편으로 오인하여 총을 쏘았다는 또 다른 주장을 했다는 사실이었다. 그러나 죽음의 정확한 원인이나 범인의 정체는 전혀 밝혀지지 않았다. 이런 경우 법적으로 사인을 밝히기 위해 부검이 실시되어야 함에도 부검이 시행되었다는 공공기관의 기록도 없었고 부검소견서도 발견할 수 없었다. 연료가 필요 없는 전자기 모터를 최초로 개발했던 한 위대한 발명가는 결국 불행하게도 이렇게 64세 나이로 생을 마감했다.

그레이는 평소 언론에다 자신의 기술로 전 세계가 혜택을 입기를 바란다는 점을 강조했고 "거대한 자금을 가진 세력이 그것을 사들여 매장하는 것을 허용하지 않을 것이다."라고 공공연히 말했었다. 그러므로 아마도 그의 발명 때문에 사업존폐에 직면했던 거대 석유업체나 기존의 권력집단이 그것을 좌시할리가 만무했다고 보는 것은 옳을 것이다.

4.스위스의 M-L 변환기

이것은 오늘날 개발되어 실제로 이용되는 프리에너지 장치들 가운데 가장 우수하고도 완벽한 사례의 하나로 꼽으며, 자체적으로 전기를 생산하고 동력을 공급할 수 있는 기기이다. 이 장치는 스위스의 〈메더르니타 (Methernitha)〉[4]라는 이름의 한 기독교 신앙공동체의 일원이자 시계공인 폴 바우만(Paul Baumann)이란 사람이 1980년경에 개발했다. 이 사람은 평소

---

4)스위스, 린든(Linden)에 있는 이 기독교 신앙공동체는 에멘탈(Emmental)이라는 계곡 지역 안에 자리 잡은 농부들의 마을이다. "개인은 전체를 위해, 전체를 개인을 위해"라는 기본원리에 따라 사적인 이익을 취함이 없이 근면하게 공동생활을 영위하며 살고 있다고 한다.

발명자 폴 바우만

자연에서 발생하는 번개현상에 관해 흥미를 갖고 연구하는 과정에서 깊은 명상 중에 영감을 얻었다고 한다. 공동체 내에서 사용할 전력을 자체적으로 공급하기 위해 개발했다는 이 기기는 다른 말로 "테스타키타(Testakita)"라고도 불린다.

M-L 변환기의 대략적인 기본구조는 서로 반대 방향으로 회전하는 두 개의 커다란 원반이 장착된 "윔즈허스트(Wimshurst)"라는 정전기 발전장치와 그 전기를 저장하는 축전기로서 내부에 테슬라 코일이 감긴 2개의 라이든 병(Leyden Jar), 그리고 정류기 기능을 하는 자석(磁石), 공진회로 등으로 이루어져 있다.

처음에 별다른 전기적 입력이 필요 없이 원반을 손으로 한 번 돌려주기만 하면, 그때부터 시동되어 이 원반이 영구적으로 회전하면서 우주 에너지를 끌어들임으로써 고전압의 전기를 발생시킨다. 원반의 한쪽은 플러스(+), 다른 쪽에서는 마이너스(-) 정전기가 출력되어 전류로 변환되는 것으로 추정되고 있다. 1분에 60회 회전하는 이 아크릴 원반에는 부분적으로 금속의 박(箔)이 입혀져 있으며, 원반의 회전을 통해 일반형 M-L 변환기가 지속적으로 생산하는 전력은 약 3~5kw라고 한다. 원반의 직경이 2m인 대형 변환기의 경우는 30kw의 전력까지도 생산할 수 있다. 일반형(중간) 모델의 M-L 변환기의 크기는 가로 1.1m, 세로(높이) 60cm, 폭 45cm이고, 무게는 20kg 정도로서 별로 크지 않다. 현재 이 공동체는 6종의 모델을 보유하고 있는 것으로 알려져 있다.

그런데 폴 바우만이 속한 신앙공동체는 인류가 아직 프리 에너지를 사용할 준비와 거기에 책임질 자세가 안 돼 있다는 이유로 이 장치의 내부구조와 그 정확한 작동원리를 더 이상 공개하지 않고 있다. 폴 바우만과 그의 공동체가 다른 프리 에너지 연구자들과는 달리 그림자정부 세력에 의해 억압을 받거나 제거대상이 되지 않은 원인이 바로 여기에 있다고 볼 수 있다. 즉 그들은 이 장치를 어디까지나 자기들의 소규모 공동체 내에서의 에너지 자급자족을 위해서만 비공개로 사용할 뿐, 대규모로 상용화하거나 상업화하는 데는 전혀 관심이 없기 때문이다. 다만 그들은 자기들의 공동체를 개략적으로 외부에 소개하는 비디오테이프에서 이 혁신적인 우주에너지 발전장치에 관련해서 이렇게 의미심장한 설명을 하고 있다.(※이 비디오 테이프는 1989년에 메더르니타 공동체측에서 제작하여 공개한 것이다.)

M-L 컨버터 장치의 모습

"이 경이로운 기기는 대자연(大自然)에 연결되어 작동하는 것에 불과하다. 자연은 인간이 가진 지식뿐만이 아니라 모든 힘의 원천이며, 많은 비밀들을 아직 감추고 있다. 이런 비밀들은 자연에 대해 가장 높은 존중과 책임감을 가지고 다가가는 사람들에게만 밝혀지는 것이다. 자연을 이해하고 그 소리를 듣기 위해서는 인간이 침묵의 고요함과 홀로 있음을 경험하지 않으면 안 된다. 이 기술에 관한 지식을 얻을 수 있는 곳은 바로 그런 상태이다.

교육받은 물리학자에게는 이 기기의 성능이 불가능하게 보일지도 모르고, 어쩌면 심지어는 미친 행위라고 할 수도 있을 것이다. 아마도 그 사람 또한 세상 전체의 시스템을 설명하기 위해 사용한 개념에 의해 오류를 범하고 있는 것이리라. 우리가 이 기기의 다양한 성능과 특성을 설명하고 밝히는 데 있어서 기존의 물리학 용어의 개념들은 단지 부분적으로만 이용할 수 있다. 이미 확립된 과학조차도 몇 번이고 변경되거나 근본적인 개념들이 포기되었다는 사실을 기억해야만 한다. 널리 알려진 한 예로

4부 억압당한 놀라운 신과학 기술들

갈릴레이 갈릴레오를 생각해보라. (인간이 만든) 지식의 책이 잘못되었다는 것이 아니라 불완전하다는 것이다. 그런 까닭에 과학자들은 잘못된 결론을 도출할 수밖에 없는 것이다.

우리의 기술은 수많은 새로운 사실과 지식이 밝혀질 새 시대의 한 부분이다. 현대 과학이라는 옷은 너무 갑갑해졌기에 곤충의 애벌레가 그 껍질을 벗듯이, 벗어던져야 한다. 오직 이것만이 진정한 변형을 가져오는 지름길이 될 것이다. 그리하여 마침내 세상적인 지식과 더불어 우주적이고 무한한 영적인 과학이 혁신된 인류에게 은총과 축복을 부어줄 것이다."

30KW의 전력을 생산할 수 있는 원반 직경 2m의 대형 M-L 컨버터

그들은 1988년에 공개된 서신에서도 인간의 탐욕에 의해 자연의 오염이 가중될 것을 우려하면서 아직 영적으로 미성숙한 인류에게 프리에너지 장치는 위험한 도구가 될 것이라고 경계했다. 필자의 생각은 약간 다르지만, 다른 한 편에서 생각할 때 이런 그들의 말은 부분적으로는 되새겨 볼만한 의미 있는 경고라고 생각된다. 왜냐하면 지금으로서는 탐욕스럽고 이기적인 일부 인간들이 장차 이런 기술을 손에 넣을 경우 그것을 가지고 어떤 짓을 저지를 지는 아무도 예측할 수 없기 때문이다. 그리고 인류의 전반적 의식이 현재보다 좀 더 성숙해져야 한다는 그들의 주장에 대해서 이의를 제기할 사람은 아무도 없을 것이다. M-L 변환기의 발명자인 폴 바우만은 2001년 겨울에 사망했다.

5.윈게이트 램버트슨의 윈(WIN) - 컨버터

윈게이트 램버트슨(Wingate Lambertson) 박사는 러트거스 대학에서 세라믹공학을 전공했고 켄터키 주의 과학기술위원회 위원을 지낸 바 있는 정통

윈게이트 램버트슨 박사

과학자였다. 그는 모교와 오하이오의 톨레도 대학에서 가르쳤으며, 그후 US 스틸과 시카고 아르곤 국립연구소 및 스핀들톱 연구소 등에서도 재직하며 주로 내화소재 연구개발 분야에서 종사했다.

그가 공간 속의 에너지를 뽑아서 사용하는 문제에 관해 처음으로 관심을 갖게 된 것은 1972~73년경부터라고 하는데, 프리에너지를 연구하는 이들이 쓴 문헌들을 보게 된 것이 그 계기라고 한다. 이때부터 램버트슨은 에테르와 유사한 우주의 기본적인 질료가 존재한다고 믿게 되었고 그것을 모아서 전기를 바꿔 이용할 수 있을 거라고 생각했다. 바쁜 가운데 틈나는 대로 연구를 하는 과정에서 그는 새로운 원천의 에너지를 활용할 수 있는 가능성을 엿보게 되었고 화석연료를 대체할 수 있는 청정에너지를 개발하고자 했다. 그는 1980년에 연구소에서 은퇴하게 되었으며, 이때부터는 영점 에너지 연구에 본격적으로 전념하기 시작했다.

20여년의 연구와 실험 끝에 램버트슨은 그가 WIN이라고 불렀던 과정을 통해 공간에너지를 실제적인 전원으로 바꿀 수 있는 단계에 이르렀다. 그는 고체소자(반도체)를 이용하여 진공에너지를 끌어들이는, 〈Win-컨버터〉라는 이름의 에너지 변환장치를 개발했는데, 이것은 앞서의 헨리 모레이의 우주에너지 발전장치와 유사한 것이었다. 이 변환 회로는 안테나와 코일, 콘덴서, 방전램프, 고체소자(固體素子) 등으로 구성되어 있었다.

그런데 그의 이 〈Win-컨버터〉 장치의 가장 핵심적인 부분은 E-댐(Dam) - Energy-Dam, 또는 Electron 댐이라는 뜻 - 이라는 내열성 합금판이었다. 맨 먼저 그는 공간 속의 고주파 에너지를 기존의 전기회로에 의해 쉽게 통제되는 저주파 에너지로 변환시키기 위한 세라믹 물질을 개발했다. 그 후 한 가지 금속을 거기에 추가해서 그 세라믹 물질을 일종의 내열성 합금으로 만들었다. E-댐 안에는 직경 3인치의 둥근 절연물로 만들어진 내열성 합금판이 2개의 금속판 사이에 끼워져 있었다. 이것은 세라믹과 금속이 합성된 복합재료였으며, 이 부분이 바로 우주에너지를 모으는 집전기 역할을 한다는 것이었다.

램버트슨의 설명에 따르면, 그가 개발한 장치의 에너지 변환과정의 원리는 표준적인 전원공급으로 시작되었다. 우선 전류가 E-댐으로 흘러가면, 거기서 그것은 물이 댐 안에 저장되듯이 전자들이 그 내열성 합금판에 저장된다. 그리고 댐이 열리면 그 전자들이 방출되는데, 그것들이 수력 댐에서 물이 쏟아

4부 억압당한 놀라운 신과학 기술들

져 내리듯이 가속됨에 따라 낙하하는 전자들은 E-댐 안에 존재하는 공간에너지로부터 에너지를 얻게 된다. 즉 전자들이 가속되는 과정에서 거기에 우주에너지가 유입되는 것이다. 이처럼 에너지는 전하(電荷)가 E-dam이라는 집전장치를 통과해 움직일 때 진공으로부터 모아졌다. 그리하여 이 증가한 에너지는 그 장치가 받아들인 것보다 더 많은 전력을 방출하게 해준다. 이렇게 흐르는 전류는 전등과 같은 것을 밝히는 전원으로 이용되며, 그런 다음 재순환되기 위해 다른 E-댐으로 옮겨간다는 것이다. 그는 가정의 전력을 이 장치로 대치하여 사용할 수 있게끔 그것을 공기조절 장치 같이 주택 외부에 설치할 수 있는 작고 견고한 패드로 설계했다.

램버트슨은 말하기를, 거기에는 아무런 위험성이 없다는 것인데, 만약 너무 많은 전력이 생성되어 E-댐이 과열될 경우 그 시스템은 자동으로 차단된다는 것이었다. 그가 처음에 신청한 3개의 특허는 반려되었지만 그는 그 장치의 문제점을 점검하여 계속 업그레이드 시켰다.

방출되는 전압은 초기에 직류 15볼트에서 점진적인 개선작업을 통해 최대 15,000볼트까지 높아졌고 100W 짜리 백열등 100개를 연결했음에도 그 전등들은 밝게 켜졌다고 한다.(100개 × 100W = 10,000W) 처음에 나타난 입력대비 출력효율은 145% 정도였으나, 유도가열작용을 낮추는 2가지 다른 보완작업을 통해 200%까지 높아졌다. 램버트슨은 자신의 E-댐 회로에 관한 연구결과를 1995년 5월에 개최된 2차 국제 뉴 에너지 심포지엄에서 발표했다. 여기서 마침내 그는 자신이 개발한 장치가 965%, 즉 약 10배의 초효율을 나타냈다고 주장했다.

그는 자신의 장치를 〈WIN-컨버터〉라고 이름 지었는데, 이것은 WIN의 과정, 즉 "중성미자(中性微子)로 나아가는 세상(The World into Neutrino)"이라는 뜻의 약자(略字)라고 한다. 다시 말해 램버트슨은 공간에너지의 근원을 '뉴트리노(중성미자)'로 생각했던 것이다.

그의 목표는 진공에너지를 추출해 단지 조명만이 아니라 모든 전기기구나 동력에다 응용해 활용하는 것이었다. 그리고 2018년까지는 자신의 프리에너지 장치가 본격적으로 활용될 수 있게 되기를 바라는 꿈을 갖고 있었다. 그러나 램버트슨 박사는 자신의 기술을 제품화하는 데 필요한 자금을 구하고 마케팅적인 도움을 물색하는 과정에서 어려움에 봉착했고 많은 좌절을 겪었다. 그는 자신의 꿈을 실현하지 못한 채 2010년 5월 10일, 89세의 나이로 아쉽게 세상을 떠나고 말았다.

6.존 베디니 - SG 모터와 솔라 충전기

미국의 전기 엔지니어인 존 베디니는 오늘날 활동하고 있는 다수의 현역 프리 에너지 연구가들 가운데서도 가장 주목할 만한 발명가 중에 한 사람이다. 그의 공간에너지 활용 기술은 원래 테슬라가 발견한 개념에 토대를 두고 있다. 그는 수십 년 전부터 테슬라의 복사 에너지에 관한 이론으로 연구를 시작하여 소모되는 에너지보다 더 많은 에너지를 발생시키는 여러 가지 프리에너지 장치를 개발한 바 있다.

베디니는 남부 캘리포니아에서 태어나 성장했으며, 어려서부터 과학적 호기심이 많고 전자공학에 뛰어난 천재적 재능을 갖고 있었다. 고등학교 졸업 후 바로 군에 입대했는데, 군에서도 그의 재능을 즉각 알아보고 그를 특별한 임무에 활용하고자 다방면으로 교육시켰다고 한다. 군 복무를 마친 후 베디니는 로스앤젤레스로 돌아와 정착했고 유명한 몇몇 스테레오 오디오 업체에서 일했다. 그는 고용된 지 몇 년 내에 자신의 고용주들의 제품보다 더욱 앞선 오디오 장비들을 설계했지만, 업주들은 그것을 별로 좋아하지 않았고 오히려 그로 인해 베디니는 해고되었다.

그 후 그는 자신의 동생 게리와 함께 〈베디니 일렉트로닉스〉라는 업체를 1970년대에 창업했다. 그의 재능은 곧 빛을 발했고 그가 만든 오디오 앰프와 장비들은 뛰어난 성능을 인정받아 1990년대에 이르기까지 많은 판매고를 올렸다. 그러나 베디니의 관심은 결코 오디오 기기를 만드는데 머물러 있지 않았다.

그는 어려서부터 자연을 관찰함으로써 우주 에너지의 과학적 원리를 배웠고, 군에서의 경험을 활용해 - 청소년기에 시작했던 - 테슬라의 아이디어에 대한 연구를 계속했다. 베디니가 관심을 갖고 몰두했던 것은 테슬라가 "복사 에너지 회로"라고 불렀던 장치의 작용에 관한 것이었는데, 결국 그는 1980년대 초 초효율의 우주에너지 발전기인 크롬레이 컨버터를 개발했다.

이 발전기는 12볼트 배터리를 부착한 것만으로 전기모터가 계속 작동되었지만 전지가 거의 소모되지 않았다. 이것은 공간 속의 우주에너지를 끌어들이는 혁신적인 회로에 의해 가능했다. 그리고 1984년 로스엔젤레스에서 있

었던 한 모임에서 존 베디니는 처음으로 그것을 대중들에게 공개했다. 이어서 그해 콜로라도에서 개최된 '테슬라 심포지엄'에 초대받아 그 제품을 싼 가격에 보급하겠다고 공식적으로 발표했다.

<크롬레이 컨버터> 옆에 서 있는 존 베디니

하지만 그 직후 그는 자신의 연구실에 침입한 거구의 괴한 2명에 의해 공격을 받았다. 그들은 베디니를 벽으로 밀어붙인 후 총구를 머리에 겨눈 채 그 장치를 만들지 말라고 경고했다. 그리고 만약 중단하지 않을 경우, 그와 가족들을 살해하겠다는 협박이 가해졌다. 그들은 베디니에게 프리 에너지 장치에서 손을 떼고 휘발유를 계속 사용하지 않으면 가만두지 않겠다는 말을 던진 후 사라졌다. 그는 나중에 그 협박한 자들이 누구이고 어떤 단체에 의한 것인지 명확히 밝히지는 않았지만, 분명히 그것이 미국정부와 관계가 있다는 것을 넌지시 암시했다.

1984년, 콜로라도의 <테슬라 심포지엄>에서 전시되었던 대형 컨버터

결국 베디니는 자신의 생명과 가족의 안전을 위해 프리 에너지 장치의 판매를 포기할 수밖에 없었다. 그리고 MIT(매사추세츠공대)가 마지막으로 남아 있던 12대의 장치를 그로

베디니의 모터/발전기. 모터의 중앙에 있는 회전자를 영구자석들이 둘러싸고 있음을 보여준다. 그리고 그 모터의 바깥쪽에는 1차 2차 코일들이 병렬식으로 감겨 있다.

부터 사들였으나, 그것은 결코 다시는 빛을 보지 못했다.

이런 식으로 프리 에너지 발명가들 자신과 그들의 가족들에게 협박이 가해졌을 때 어떤 사람들은 그들의 실험과 에너지 연구를 완전히 중단하곤 한다. 또는 돈에 의한 회유에 의해 매수당하는 경우도 있다. 그러나 베디니는 가정에서 전기와 동력을 자급자족할 수 있는 프리에너지 발전기를 대중들에게 보급할 수 없었지만, 압력에 의해 계획이 좌절되었을 때조차도 뜻을 굽히거나 배우기를 멈추지 않았다.

이러한 협박을 받은 후에 그는 무엇이 자신의 가족을 위하고 일반 대중들을 돕는 최선의 길인가를 장시간 숙고하고 나서 새로운 결정을 하게 되었다. 그는 인터넷 웹사이트(http://johnbedini.net)를 시작했고 거기에다 그 후 자신이 개발한 여러 프리에너지 기기들의 모든 설계도를 올려놓았다. 이처럼 베디니는 비영리적이고 이타적으로 자신이 만든 장치에 대해 관심을 가진 전 세계 사람들에게 원천기술을 보여주기 위해 모든 것을 공개했다.

그는 현재 프리 에너지 기술에 대해 아무 것도 감추지 않으며, 또 아무 것도 판매하지 않는다. 대신에 그는 다른 사람들로 하여금 그들 스스로 도면을 보고 직접 기기를 제작해서 사용하게끔 인도하고 있다. 그는 높은 품질의 진공관 오디오 시스템을 판매하는 회사를 따로 운영하며, 때문에 굳이 누군가에게 손을 벌리지 않는다. 다만 그는 사람들에게 상세하게 설명해 놓은 대로 정확하게 그것을 직접 만들라고 말하고 있다. 동시에 그는 그런 이들을 위해 이미 〈베디니의 프리에너지 발전기〉〈베디니 SG, 완전 초보자의 핸드북〉같은 안내 지침서들을 세상에 내놓은 바 있다. 그러나 베디니와 그의 프리에너지 기술은 일반 대중들 및 주류과학계에 별로 알려져 있지 않으며, 국제적으로도 그러하다.

그는 연구가 톰 베어든(Tom Bearden) 및 앞서 소개했던 프리 에너지 발명가 에드윈 그레이(Edwin V. Gray)와도 교류하면서 친밀한 우정을 갖고

4부 억압당한 놀라운 신과학 기술들

있었다. 존은 그레이로부터 자극을 받았고 그와 다양한 기술적 통찰을 공유했다. 베어든은 베디니를 추운 겨울에 떨면서도 난로를 땔 수 없는 풍족치 않은 고령의 연금수령자들을 배려하는 박애주의자라고 표현했다.

그의 주요 관심은 배터리를 충전시키는 동시에 동력 에너지를 생성하는 재생식 전기모터뿐만이 아니라, 전기모터와 발전기를 하나로 결합하는 데 있었다. 현재 베디니가 개발해서 공개해 놓은 프리에너지 활용 기기들은 "SG 모터" "SSG 모터" "태양 충전기" "고체소자 발진기" 등이 있다. 그의 충전회로는 세상에서 가장 효과적인 배터리 충전회로인데, 독특한 배터리 충전방식

10KW의 전력생산이 가능한 베디니의 가정용 멀티 코일 발전장치

으로 인해 그것은 가장 효율적일 뿐만 아니라 배터리 파워가 훨씬 길고 오래 지속된다. 베디니의 배터리들은 기존의 제품들마냥 뜨거운 전류로 충전되지 않으며 내부가 항상 차가운 상태를 유지한다. 즉 내부에서 차가운 공기 흐름을 내뿜고 있어 열이 흩어짐에 따라 기존의 충전기들처럼 배터리 자체의 성능이 저하되지 않는다고 한다.

베디니의 프리에너지 기술은 이미 한 가정에서 필요한 전기를 공급할 수 있는 기기를 만들었고 그것은 10kw의 전력을 생산할 수 있다. 하지만 그는 석유자본과 그림자정부 세력의 협박과 최악의 상황에 대한 두려움 때문에 그런 장치들의 출력용량을 일부러 낮춰서 내놓고 있다. 한 예로 그가 만든 테슬라 스위치 태양열 충전기는 기존의 제품들보다 더 많은 힘을 낼 수 있었지만, 자신이 일부러 그 출력을 낮췄다고 말한다. 이것은 또한 모터에다 사용할 수도 있고 얼마든지 대용량이 될 수 있는 것이다. 그럼에도 그들을 자극하지 않고 안전을 도모하기 위해 부득이 이런 식의 조치를 취하고 있는 실정이다.

이런 면에서 볼 때, 사실 그의 기술적 잠재력은 1980년 이래 모든 화석연

료와 기존의 전기 생산방식을 대체할 수 있는 완벽한 프리에너지 장치를 당장에라도 만들 능력이 있다고 보아도 틀리지 않을 것이다.

7.아담 트롬블리 – 초효율의 단극 발전기

아담 트롬블리

아담 트롬블리(Adam Trombly)는 오늘날 프리에너지 연구 분야에서 영향력이 높은 톱 과학자들 가운데 한 명이다. 그는 원래 과학자 집안에서 태어나 성장했고 그의 모든 삶과 환경은 과학과 연관돼 있었는데, 그의 어머니는 혈액 전문의였고, 아버지는 생화학자였다. 그리고 그의 누이는 생물물리학자였다.

그가 프리 에너지에 관해 관심을 갖게 된 동기는 특이하게도 그림자정부 산하에서 과학자로서 일하다 의문의 죽음을 당한 그의 아버지 때문이었다. 그의 아버지는 1952년에 미 공군과 CIA의 공동 프로젝트를 위해 일하고 있었고, 아담이 아직 어린 아이였을 때(1960년) 수수께끼의 상황에서 림프종으로 사망했다. 그는 자신의 아버지가 아직 정부를 위해 일하고 있던 시기에 CIA 국장과 다른 정부 고위 관계자들이 집에 여러 번 방문했던 것을 기억한다고 한다.

15살 때 트롬블리는 집의 다락방에서 작고한 아버지가 감추어 두었던 비밀일지를 발견한다. 이 일지에는 그의 아버지가 비밀정부의 프로젝트에서 일했던 것에 관한 정보들이 소상히 기록되어 있었다. 트롬블리는 아버지가 남긴 기록을 통해 비로소 그가 정부 프로젝트에서 일하는 동안 세계관이 완전히 바뀌었다는 사실을 깨닫게 되었는데, 왜냐하면 그의 아버지는 외계인과 UFO가 실재한다는 사실뿐만이 아니라 프리 에너지 기술에 관해서도 알게 되었기 때문이었다. 그 일지에서는 외계인의 기원과 외계의 생물학적 실재들, 비행접시형 우주선뿐만이 아니라 그들의 에너지와 추진 시스템에 관해서도 설명하고 있었다. 그의 연구 작업이 단순히 생화학 분야에 한정된 것이 아니라 실제로 그런 것과 관련돼 있었던 것이다. 당시 정부는 대중들이 그것에 관해 아는 것을 심각한 위협으로 간주했기 때문에 철저히 비밀에 부치고 있었다. 트롬블리는 아버지가 남긴 일지에 의해 자신의 아버지가 그림자정부에

4부 억압당한 놀라운 신과학 기술들

게 위험인물로 낙인찍혀 바이러스 주입을 통해 서서히 살해당했다는 사실을 알게 되었고, 또 그 후 자신이 직접 UFO를 목격하는 경험을 한다. 이와 같은 성장환경과 모든 과정들이 그로 하여금 프리 에너지 장치에 대한 관심과 연구 동기를 촉발시켰다고 할 수 있다.

1978년경부터 연구에 전념한 그는 마침내 1980년에 동료인 조셉 칸(Joseph Kahn)과 공동으로 프리 에너지 장치인 "폐쇄로식 단극 발전기"를 개발하여 국제특허를 출원했다. 이것은 입력된 에너지에 비교해서 250%의 출력을 낼 수 있어 초효율의 전력생산이 가능한 혁신적인 장치였다.

이런 결과들은 인도의 타라포 원자력 발전소의 품질관리 소장으로 있던 파라마함사 티와리(Paramahamsa Tewari) 박사의 사례와 같이 다른 과학자들의 실험에 의해서도 입증되었다. 1986년에 파라마함사는 특허 문서에 설명된 내용대로 그 기기를 복제하여 실험한 결과를 공개했는데, 미국의 산업 저널 〈마그넷〉에서 티와리는 이렇게 언급했다. "그 장치의 실험결과는 250%가 넘는 효율을 나타냈다." 파라마함사 티와리는 1987년 독일 하노버에서 개최된 뉴 에너지 기술 대회장에 그 복제한 발전기를 가져와 시범을 보인 바 있다.

그러나 그림자 정부의 비밀 세력들은 다른 프리에너지 연구가들과 마찬가지로 트롬블리의 연구 활동을 그냥 놔두지 않았다. 1983년, 트롬블리는 미국방성에 의해 그 단극 발전기에 관해서 어떤 공개적 발언도 해서는 안 된다는 (공표)금지명령을 받았다. 이것은 심히 부당한 것이었는데, 그 발명품은 정부와의 계약이나 금융지원에 의해 개발된 것이 아니었기 때문이다. 이어서 그는 FBI에 의해서 조사를 받아야 했고 갖가지 협박에 시달려야 했다. 또한 같은 해에 그는 로스엔젤리스(L.A) 외곽에 있던 실험실이 도난을 당해 모든 것이 털려버리는 황당한 일을 겪었다. 이런 가운데 한 번은 소련의 기술 스파이가 그에게 접근하여 그가 개발한 전기 발전기 기술의 설계도를 넘겨준다면, 엄청난 자금과 이익을 안겨주겠다고 제의한 적이 있었다. 그러나 그는 이를 거절했다.

원래 〈N-머신(Machine)〉이라고 불리는 단극유도발전기가 모종의 우주에너지를 끌어들여 입력 이상의 출력을 나타낸다는 사실을 최초로 발견한 사람은 미국의 하버드대 출신의 과학자인 브루스 디 팔머(Bruce DePalma)이다. 이 사람은 "프리 에너지"라는 용어를 최초로 사용한 사람이기도 한데, 그는 자신이 발전기를 아직 완성하지 못한 상황에서 트롬블리와 조셉 칸이 장치를 개발하자, 이에 대해 1985년에 이렇게 논평했다.

"트롬블리-칸의 기계장치는 빛나는 젊은 인물들이 얼마나 소정의 정당한 사실과 증거를 성취할 수 있는가를 나타낸다. 이 연구에 대해 시도된 억압은 단지 미국 내의 과학을 지배하는 낡은 정부의 어리석음을 두드러지게 할뿐이다. 쓸모 있는 N-머신을 제작한 것은 첨단기술의 완성이다. 이해력이 뛰어난 설계자들과 장인(匠人)들은 이 정보를 받아들여 그것을 적절한 필요에 따라 기준화할 수 있다. 그러한 바람이 이 기술을 지구상에 번영하도록 할 것이다."〈Bruce DePalma, 'Critique of the N-Machine Constructed by Trombly & Kahn'에서〉

여러 가지 어려움과 방해공작에도 불구하고 트롬블리는 새로운 기술에 대해 연구하기를 멈추지 않았다. 그리하여 1989년에 그는 동료 데이비드 판스워스(David Farnsworth)와 함께 뉴욕에서 54:1의 효율을 나타내는 또 다른 영점 에너지 장치인 고체소자 전기 변압기를 개발했다. 이것은 필요했던 것보다 50배 이상의 전력을 만들어냈다는 것을 의미한다. 1989년 6월에 트롬블리는 그 기기의 소형 모델을 가지고 뉴욕에 있는 UN에서 시연해 보일 예정이었다. 하지만 마지막 순간, 방해에 의해 좌절되어 대신에 아래쪽의 거리에 있는 교회에서 그것을 할 수밖에 없었다.

그러다가 나중에 트롬블리는 다행스럽게도 UN에 있는 대그 함마스크졸드 대강당(Dag Hammarskjöld Auditorium)에서 국제적인 청중들 앞에서 연설할 기회를 얻었다. 이 연설에서 그는 인류가 더 이상 결핍의 정치역학 속에서 살 필요가 없으며, 연료가 들지 않는 지구의 자기장 속의 무한한 영점 에너지를 활용하여 풍요에 다가갈 수 있음을 역설했다. 그리고 며칠 후 그는 같은 장치를 가지고 워싱턴에서 미 상원의 '은행 및 재무 위원회'에서 시범보일 예정이었다. 하지만 정작 참석한 것은 상원의원 칼 레빈과 소수의 보좌관들뿐이었는데, 왜냐하면 부시 행정부가 즉흥적으로 트롬블리의 시연시간과 똑같은 시간에 '대기오염 방지법'에 관한 심의를 소집하여 수백 명의 상원의원들과 의회 대표자들 및 그들의 참모들을 호출했기 때문이었다. 이런 방식으로 부시 행정부는 트롬블리를 따돌려 배제시켰고, 그 기술에 대한 사람들의 관심을 다른 곳으로 돌리도록 만들었다.

이런 식의 방해책동분만이 아니라 사실 1980년 이후 그의 삶은 온갖 억압과 고통으로 얼룩져 있었다. 그는 살아오는 동안 음식을 통해 여러 번의 독살시도를 겪었는데, 심각한 식중독에 걸린 나머지 그의 아내는 그때마다

4부 억압당한 놀라운 신과학 기술들

그를 소생시켜야 했고 심폐소생술을 시행해야 했었다. 또한 그는 집 근처에 비밀리에 설치된 안테나를 통해 극초단파의 공격을 받아 암에 걸린 적도 있었다. 그를 제거하려는 이런 모든 공작은 그와 가족에게 악몽 같은 경험들이었고 그것은 때때로 정말 상상조차 할 수 없는 것이었다.

그래서 그는 '프리 에너지'란 용어를 싫어한다고 하는데, 왜냐하면 그것이 절대로 무료인 어떤 것이 아니기 때문이라는 것이다. 다시 말하면, 그는 많은 이들이 그것을 개발하기 위해 값비싼 희생을 치렀다는 사실을 강조하고 있다. 따라서 그 용어 대신에 그는 '영점 파동 에너지'라는 용어를 주로 사용한다. 트롬블리는 앞서 소개했던 에드윈 그레이와도 절친한 사이였는데, 그는 에드윈 그레이가 암살되었다고 단언하고 있다. 2002년의 한 인터뷰에서 그는 지구의 현재 상황에 대해 이렇게 말하고 있다.

"진정으로 여러분에게 말하지만, 참으로 우리를 파괴하는 것은 우리의 집단적인 침묵입니다. 미합중국은 하나의 신성한 개념입니다. 그런데 미국을 창조하기 위해 위험에 처하고 빈번하게 자기들의 생명을 잃은 사람들에게 미국은 무엇이었습니까? 미국은 자유를 위한 인간 정신의 절대적인 필요라는 토대 위에 세워졌습니다.
하지만 자유에는 거기에 커다란 책임이 수반되고 커다란 지성이 요구됩니다. 우리는 지옥 속에 살기를 원치 않지만, 우리는 스스로 지옥을 창조하고 있습니다. 우리는 서로를 고문하고 있고 우리 자신을 괴롭히고 있는 것입니다. 우리는 마치 다른 선택권이 없는 것처럼 이런 행위를 하고 있습니다. 우리는 참으로 세뇌되었습니다."

"나는 우리에게 선택권이 있음을 알고 있습니다. 나는 이것을 알지만, 이 행성의 일반대중들은 그런 대안이 있다는 것을 모릅니다. 우리는 완전히 풍요롭게 살고 무공해의 환경에서 사는 것을 선택할 수 있습니다. 우리는 보다 풍요롭게 사는 것과 빈곤하게 사는 것 가운데 하나를 선택할 수 있는 것입니다. 우리는 연료를 위해 돈을 낭비하는 것을 멈출 수 있고, 연료를 위한 자본지출을 완전히 없앨 수 있습니다. 그렇게 되면 매년 전 세계적으로 허비되는 수조 달러의 예산이 불필요해질 것입니다.

만약 여러분이 왜 내가 이런 (프리 에너지) 기술에 몰두하게 되었는지를 알고자 한다면, 그것은 우리가 어떤 오염이나 연료가 없이도 거의 무한한 전력을 얻을 수 있는 방법이 있기 때문입니다. 태양 전지판이나 풍력조차도 필요 없습니다. 우리는 외계의 문명들과 동일한 방식의 정말 청정하고 진보된 전기 기술들을 갖고 있습니다. 그것은 우리가 어떻게 멋지고 풍요로운 삶을 이룰 수 있는가를 이해하도록 도울 수가 있었습니다."

"미합중국 정부는 지금 당장 에너지 위기에서 벗어날 기술을 갖고 있습니다. 지금 세상에는 앞에 나서서 이 행성에 외계인들과 외계인의 기술이 실재한다고 말하고 있는 군(軍) 계통 사람들이 존재합니다. 그들은 우리가 비행접시를 만들고 있다는 사실에 대해서도 말합니다. 이러한 폭로 프로젝트는 사람들이 비밀에 관해 알도록 하는 데 매우 중요합니다.

우리는 역사 속에서 가장 위대한 경제적 부흥을 일으킬 수 있었습니다. 우리는 실제로 그렇게 할 수 있었고 그 기술은 존재합니다. 이미 1970년대 초에 헨리 키신저, 조지 부시, 리처드 닉슨 등의 모든 이런 사람들이 이런 (프리 에너지) 물리학에 관해 알고 있었습니다."

또한 그는 2008년, 한 라디오 쇼에 출연해 이렇게 언급하고 있다.

"우리는 기본적으로 이룰 수 있는 온갖 종류의 기술들을 이미 갖고 있습니다. 미국 정부도 이를 알고, 러시아 정부도, 독일정부도 이에 관해 알고 있습니다. 나는 1980년에 독일에서 강연을 시작했습니다. 세상에는 이런 사실을 이미 알고 있는 여러 정부들이 있습니다. 한 종족으로서 우리에게는 활용 가능한 정말로 믿을 수 없는 해결책들이 존재합니다. 그런 기술들에 의해 우리는 지구를 파괴하는 대신에 치유할 수 있는 것입니다."

그의 말에 따르면 이미 100년 전에 테슬라가 이런 프리 에너지 기술을 처음으로 입증하여 세상에 공개한 이래, 적어도 10명 정도가 이런 관련 기술들을 개발하여 시범 보였음에도 그들 모두가 가혹한 탄압과 무시를 받아왔다는 것이다. 사실 그러하다. 이 세상 곳곳에는 묵묵히 자신만의 연구에 몰두해 앞으로 나가고 있는 앤드리아 로시(Andrea Rossi), 키릴 척캐노브(Kiril Chukanov), 존 크리스티(John Christe), 로우 브리츠(Lou Brits)와 같이 이름이 덜 알려진 연구가들도 많이 있다. 그러므로 이 책에서 소개하는 사례들은 그 일부에 지나지 않는다. 하지만 그 어디에나 가해지고 있는 억압공작으로 인해 세상의 일반대중들은 이와 같은 프리에너지 기술이 이미 존재한다는 사실을 알지도 못한 채, 글로벌 엘리트들의 권력과 통제하에 고통 받고 있다. 또한 전 세계가 늘 에너지 부족에 시달리고 석유와 석탄에서 배출되는 유해가스 인한 공해에 숨 막혀하며 비싼 화석연료에 여전히 매달려 있는 것이다.

2장
반중력(反重力) 장치 개발의 역사

일반적으로 반중력(Anti-gravity)은 중력과 정반대인 힘, 즉 모든 것을 밀어내는 성질의 힘을 의미한다. 또는 중력을 차단하거나 제어할 수 있는 힘을 반중력이라고 말하기도 한다. 그리고 이른바 UFO가 수직으로 이착륙하거나 우주여행을 할 수 있는 추진력이 곧 반중력의 원리를 이용한 것이라고 여겨지고 있다.

대부분의 보통 사람들은 대개 UFO라는 것이 모두 지구 바깥의 외계로부터 온 우주선이라는 고정관념을 갖고 있기 마련이다. 그러나 일반인들은 2차 대전 이후 외계로부터 대량으로 UFO가 지구상에 출현하기 이전에 이미 인간의 기술에 의해 시도되어 개발된 비행접시 형태의 반중력 비행체들이 있었다는 사실을 모르고 있다. 또 그 후에도 여러 연구가들에 의해 이런 반중력 기술이 꾸준히 연구되고 개발되어 왔던 것이다.

선구적인 천재 과학자 테슬라는 프리 에너지 분야뿐만이 아니라 반중력 연구 분야에서도 가장 앞서 갔던 사람이었다. 반중력 장치를 설계하려면, 그에 앞서 반드시 중력이 무엇인가를 이해하고 있어야만 할 것이다. 오늘날 지구상의 과학자들은 중력이 실제로 무엇인지 모르며, 많은 이론들이 있지만, 아직 보편적으로 수용된 하나의 이론은 존재하지 않는다. 그런데 이미 테슬라는 그 시대에 중력이 무엇인가를 명확히 알고 있던 거의 유일한 사람이었다.

그가 82세 때인 1938년, 테슬라는 한 디너파티에서 이렇게 발표한 적이 있었다.

"나는 중력에 관한 역학(力學) 이론의 세부적인 모든 것을 풀어냈고, 머지않아 이것을 세상에 전해주고 싶습니다. 그 이론은 중력의 원인과 그 영향하에 있는 천체의 운동을 설명함으로써 굽은 공간과 같은 쓸데없는 추측과 잘못된 개념들을 충분히 불식시킬 것입니다. … (중략) … 작용과 반작용이 공존하는 까닭에 결론적으로 공간만곡(彎曲)의 가설은 전적으로 불가능합니다. 설사 그렇다고 가정하더라도 관찰된 바의 천체 운동을 설명하지 못할 것입니다. 오직 역장(力場)의 존재만이 그런 운동과 그 반대의 가정을 설명할 수가 있습니다."

아인슈타인의 상대성이론에 따르면, 공간은 강한 중력이 있는 곳에서는 그 고유의 속성이나 천체로 인해 휘는 경향이 있다고 한다. 그러나 이처럼 테슬라는 휘어진 공간과 같은 개념은 근거없는 추측이자 그릇된 개념으로 보았다. 그가 세상을 떠나기 전에 자신의 중력에 관한 역학이론을 공표하지는 않았으나, 그는 중력이 일종의 전기장(電氣場) 효과라는 생각을 갖고 있었다. 그리고 1928년에 그가 마지막으로 낸 특허는 수직이륙이 가능한 모종의 비행기기에 관한 것이었다. 소문에 의하면, 그는 우주선 엔진의 설계도를 고안했는데, 이를 반자기장(反磁氣場) 추진력 또는 우주 추진장치라고 불렀다고 한다. 테슬라는 일찍이 자신이 만들게 될 비행 장치에 대해 이렇게 말한 적이 있다.

"나의 비행기기는 날개도 프로펠러도 없을 것입니다. 여러분은 그것을 지상에서 볼 수 있으며 그것이 결코 비행기라고 어림짐작하지 않을 것입니다. 그럼에도 그것은 공중에서 어느 방향으로나 아주 안전하게 움직일 수 있게 될 것입니다."
 - 1911년, 10월 15일, 뉴욕 〈헤럴드 트리뷴(Herald Tribune)〉지와의 인터뷰에서-

그가 실제로 자신의 설계도에 따라 반중력 우주선을 제작하지 못하고 세상을 떠난 것은 애석한 일이다. 그러나 뒤에서 소개되겠지만, 다양한 연구자들이 나중에 테슬라의 기술을 응용하거나 자신들의 독자적 연구를 통해 이런 장치들을 제작했다. 특히 그가 직접 가르친 제자였던 오티스 T. 카(Otis T. Carr)가 그런 가장 대표적인 인물이었다.

프로펠라 기종의 항공기가 주류를 이루고 있던 1900년대 중반의 그 시대에 이런 UFO 형태의 비행체들이 연구되고 또 이미 개발되어 운행되었다는 사실은 아마도 일반인들 입장에서는 선뜻 믿기 어려울 것이다. 그럼에도 이런 기술들은 프리 에너지 기술과 마찬가지로 지구를 지배하고 있는 소수의 권력자들과 엘리트 세력들의 손에 장악되어 철저히 은폐되고 억압돼 왔다. 이제부터 그런 역사적 사실들을 개략적으로 소개하고자 한다.

1.빅터 샤우버거와 나치세력의 UFO

1)자연주의 과학자 빅터 샤우버거

오스트리아의 산림 감시인 출신의 발명가인 빅터 샤우버거(Viktor Schauberger, 1885~1958.)는 테슬라와 같은 시대를 살았던 사람이었다. 그럼에도 그는 천재 테슬라와는 또 다른 독특한 색채를 지닌 뛰어난 과학자인 동시에 자연주의 철학자였다.

샤우버거는 어려서부터 조상대대로 살아온 대자연 속에서 생활하며 학교교육도 받지 않고 단지 숲과 강, 산, 호수, 동식물 생태 등을 관찰하는 가운데 스스로 우주와 자연의 원리 및 법칙을 직관적으로 깨달았다. 특히 그는 물의 흐름을 주시하고 그 운동과 에너지적 특성을 간파하여 이를 체계화시켰다. 따라서 어찌 보면 그는 테슬라에 비견되는 선구적인 프리에너지 연구가인 동시에 일종의 현인(賢人)에 가까운 사람이라고 할 수 있다. 그는 자연과 만물이 모두 살아 있고 의식(意識)이 있을 뿐만 아니라 인간처럼 태어나서 성장해가는 유기체(有機體)로 보았으며, 평생 동안을 인간의 무분별한 자연파괴 행위에 맞서서 자연보존을 위해 싸웠다. 그리고 강대국들 간의 핵개발경쟁으로 인해 인류가 파멸에 이를 것을 우려하며 자연의 원리를 이용한 기술을 통해 세계의 에너지문제를 해결하려고 죽을 때까지 노력했던 사람이었다. 그럼에도 그는 다른 연구가들처럼 무지한 자들에게 비웃음을 당하거나, 권력자들과 돈에 눈 먼 자들에게 박해받고 희생되어 결국 불행하게 생을 마감했다.

샤우버거가 주창한 가장 핵심적인 원리는 "내파(內破)이론" 또는 "구심성

응폭원리"로 요약된다. 이것을 한 마디로 말하자면, 바깥쪽에서 안쪽 중심을 향해 회전하며 나아가는 나선형 운동만이 에너지를 창조하고 성장시키는 운동이며, 이와 반대로 안에서 바깥쪽을 향한 원심성의 직선운동은 사물을 파괴하고 혼란시키고 에너지를 쇠퇴시키는 소멸운동이라는 것이다. 우리는 이런 구심성의 나선형 운동의 실제적 예를 회오리바람과 태풍의 소용돌이, 은하계의 회전 모양 등에서 쉽게 찾아볼 수 있다. 그런데 샤우버거는 인류의 모든 기술이 이런 구심성이 아닌 잘못된 원심성 팽창운동에 기초해 있으며, 그렇기 때문에 결국 인류문명은 인간 자신과 자연 자체를 훼손하여 파멸로 몰고 갈 것이라고 예견하고 다음과 같이 비판했다.

"우리의 과학기술은 죽음을 향하고 있다. 인간은 보다 중요한 생태학적 역할을 갖고 있는 석탄과 석유를 쓸모도 없이 폐기물만을 양산하는 기계 연료로 함부로 태워서 낭비하고 있고, 결과적으로 우리의 전체 환경을 독살하고 오염시키고 있다." 5)

또한 그는 아인슈타인의 상대성 이론에 대해서도 이의를 제기하며 예리한 지적과 함께 다음과 같은 혜안적인 통찰을 제시하고 있다.

"우리가 해야만 하는 중요한 과제는 원자분열을 통해 에너지를 얻을 수 있다는 아인슈타인의 이론은 자연에 대한 일종의 공격행위라는 사실을 널리 공표하고, 무엇보다 정부에다 제출하는 것이다. 그리고 구심성 폭발이라는 생명의 공학을 통해 원자력을 이용할 수 있다는 것을 알리는 것이다."

"기존의 발전기의 경우에 전기나 또는 다른 종류의 출력을 얻기 위해서는 그 에너지의 9배에 달하는 화석연료를 태우는 것이 필요했다. 결과적으로 지구의 에너지와 자원들을 잔인하게 약탈하는 이런 시스템은 중심에서 밖으로 향한 원리로 작동하는 원심성 모터를 기초로 하고 있다. 하지만 구심성 모터는 중심으로 향한 원리로 작동된다. 이것은 물과 공기라는 반자성체(反磁性體)를 이용함으로써 자체의 추진력을 생성한다. 이런 모터는 석탄, 석유, 우라늄 같은 어떤 다른 연료나 원자분열로부터 끌어낸 에너지가 필요 없다. 즉 이것은 생명공학 기술에 의해서 거의 비용이 들지 않는 무한한 양의 에너지(원자력)를 자체적으로 생성할 수 있기 때문이다. 에너지 또한 양극성이 있다는 것과 에너지를 회복시키는 작용을 하는 물과 공기가 지구의 매체 운동의 일부로서 무료로 활용될 수 있다는 점이 간과되어 왔다. 에너지의 형태에는 파괴적으로 작용하는 생체전기적(bio-electric)인 것이 있는 반면에 창조적으로 작용하

5)Olof Alexandersson, Living Water: Viktor Schauberger and the Secrets of Natural Energy. (Gill & MacMillan Pub. 2002) P. 78.

는 생체자기적(bio-magnetic)인 것이 있다.[6]

그리하여 1930년대 중반 그는 이 구심성 보텍스(소용돌이) 원리에서 착안한 기술을 토대로 연료 없이도 스스로 작동되는 동력장치를 개발하기 시작했다. 그것이 바로 일종의 프리 에너지 장치인 "흡입터빈" 다른 말로 일명 〈송어터빈〉이다. 이 기기는 특별히 고

안된 설계를 통해 물과 공기의 소용돌이 운동을 이용해서 무한정의 에너지와 추진력을 만들어냈다. 공기와 물의 흐름만을 활용해 높은 전압을 만들어냈던 이 장치는 당시로서는 대단히 획기적인 것이었다.

이런 구심성의 에너지는 살아 있는 자기(磁氣) 에너지장을 생성했는데, 이것은 지구의 중력장을 거슬러 위로 부양되려는 특성이 있었다고 한다. 그러므로 이 원리를 응용한다면, 반중력 비행제, 즉 수직 이착륙을 할 수 있는 비행접시 개발이 가능한 것이었다. 그럼에도 샤우버거가 이런 비행원반 제작에 직접 뛰어들게 된 동기는 공교롭게도 나치 독일 때문이었다.

샤우버거가 개발한 가정용 발전장치인흡입터빈(송어터빈)의 모습

당시 히틀러는 소문을 통해 샤우버거의 뛰어난 여러 기술적 능력에 대해 잘 알고 있었고, 따라서 1934년에 그를 호기심에서 초대하여 개인적으로 만난 적이 있었다. 이때는 2차 대전 이전이고 오스트리아가 독일에 합병되기 전이었다. 그 후 1938년에 오스트리아는 독일에 의해 강제 합병되었고 곧 2차 대전이 발발했다. 1943년 전쟁이 막바지 상태로 치닫게 되자 나치 독일은 전세를 역전시키기 위해 노인들까지도 징집하기 시작했고 결국 샤우버거도 소집영장을 받게 되었다. 그리고 그에게 노역장소로 배당된 곳은 이태리에 있는 한 낙하산제조공장이었다. 그러나 뜻밖에도 나치친위대장 하인리히 히믈러(Heinrich Himmler)로부터 명령통지서가 도착했고, 그에 따라 그는

6)Olof Alexandersson, Living Water: Viktor Schauberger and the Secrets of Natural Energy. (Gill & MacMillan Pub. 2002) P. 79.

오스트리아에 있는 친위대(SS) 관할의 마우타우센 강제수용소 인근의 스췐브런으로 이송되었다. 그곳으로 도착하자 한 SS 지휘관이 히믈러로부터 받은 명령서를 그에게 건네주었다. 그 내용은 다음과 같았다.

"우리는 당신의 과학적 연구를 고려했고 거기에 무엇인가 중요한 것이 있다고 생각한다. 이제 당신이 선택할 수 있는 길은 자신이 발견한 에너지를 활용하는 (반중력 원반) 기기를 개발하기 위해 수용소내의 기술자와 과학자들로 구성된 연구팀을 맡아 일하는 것이다. 아니면 교수형(絞首刑)에 처해지게 될 것이다."[7]

말을 듣지 않을 경우 가족들까지 몰살하겠다는 협박까지 가해졌고, 상황이 이렇게 되자 어쩔 수 없이 그는 연구팀을 조직하여 독일의 비밀무기를 위한 본격적인 연구에 착수하게 되었다. 거기서 그는 30명가량의 자격 있는 포로들과 전문기술자들, 공학자들을 거느리고 작업에 매달렸다. 전쟁 상황이 악화되고 그 지역이 폭격을 받게 되자, 1945년 5월, 그들은 오스트리아 상부지역인 레온스타인(Leonstein)으로 재배치되어 연구가 계속 진행되었다. 그들의 주된 과제는 구심성동력장치에 의해 추진되는 비행접시형 항공기 개발이었다. 이 비행접시의 설계원리는 이미 빅터에게는 명백한 것이었다. 그는 이렇게 말하고 있다.

"만약 물이나 공기가 '콜로이드성(Colloidal)'으로 알려진 진동의 형태로 휘감기며 회전할 경우, 엄청난 힘으로 에너지가 증대되며, 그것은 공중부양을 일으킬 수 있다. 이런 형태의 운동은 더불어 그 자체적인 동력을 발생시키는 작용을 수반한다. 이 원리는 필연적으로 이상적인 항공기나 잠수함 설계에 응용하게 되는데, … 연료는 거의 불필요하다.[8]

이렇게 해서 부득이 그는 UFO 형태의 반중력 비행체를 개발하게 된 것이며, 그것은 결국 나치독일의 협박에 의해 그의 기술이 악용당한 것이었다.

---

7)Olof Alexandersson, Living Water: Viktor Schauberger and the Secrets of Natural Energy. (Gill & MacMillan Pub. 2002) P. 93.

8)Olof Alexandersson, Living Water: Viktor Schauberger and the Secrets of Natural Energy. (Gill & MacMillan Pub. 2002)P. 93.

그가 제작한 비행접시들은 자기장(磁氣場)에 반
발하는 반자성체(反磁性體) 물질로 이루어진 것
이 특징이었다고 한다. 당시 샤우버거의 모든 연
구 작업은 당시 나치 친위대장이었던 히믈러
(Himmler)의 통제하에 있었다. 그리고 1945년
그가 제작한 최종적인 비행접시 모델의 시험비행
이 성공적으로 완료되었다. 그러나 그 얼마 후
사전에 정보를 입수하고 그곳에 들이닥친 미군
정보부대에 의해 샤우버거는 구금되었고 더 이상
의 연구는 중단되었다.9)

샤우버거가 개발한 UFO 모델

거의 1년 가까이 구금돼 있던 그는 나중에야
겨우 풀려나 고향으로 돌아갈 수 있었다. 샤우버
거는 전쟁 중에 나치로부터 강요받은 노역(勞役)
과 과도한 연구 및 스트레스로 인해 이미 건강이 상당히 악화되어 있었다.
그럼에도 그 후 그는 강대국들의 핵무기 경쟁과 그에 따른 인류의 파멸을
우려하며 국제적인 연구소 설립과 근본적인 프리 에너지 장치 개발을 통해
인류의 에너지 문제를 해결하기를 소망했다. 하지만 전쟁으로 모든 재산을
잃은 그에게는 아무런 자금이 없었다.

1957년 말에 그는 2명의 미국 관리들의 방문을 받게 되는데, 그들은 미
국정부가 샤우버거의 연구에 지대한 관심을 갖고 있으며 모든 재정적 지원을
할 준비가 돼 있다고 제안했다. 이 말을 믿고 그는 이듬해 자신의 아들 발
터(Walter)와 함께 미국으로 건너갔지만, 이것은 위험천만한 함정이었다. 그
들 부자(父子)는 텍사스의 한 외딴 장소에 격리되어 구금되다시피 한 채 모
든 연구 자료와 도면을 제출하라는 협박을 받았다. 뒤늦게 미국에 속았다는
것을 알게 된 샤우버거는 오스트리아로 돌아가고자 했으나, 강요된 자료제출
과 그들이 내민 모종의 부당한 서약서에 서명하지 않는 한, 이는 불가능했
다. 결국 그들은 이렇게 모든 것을 빼앗긴 채 1958년 9월에 고향으로 돌아
올 수밖에 없었다. 그리고 절망과 고통 속에 모든 기력이 피폐해진 샤우버거
는 집에 돌아온 지 5일 만에 세상을 떠나고 말았다.

---

9)비록 샤우버거가 만든 비행접시가 시험비행으로 끝나고 말았지만, 그가 개발한 엔
  진은 나중에 나치의 브릴(Vrill) 시리즈 비행원반의 동력장치로 장착되었다.

2)나치세력이 제작한 비행원반들

그런데 다른 한편에서 이미 나치 독일은 샤우버거의 보텍스 부양 기술을 이용하기 이전부터 이와 같은 반중력 비행체를 개발하려는 시도를 해온 것으

로 보인다. 왜냐하면 독일이 2차 대전 말에 제작한 비행접시의 모델에는 샤우버거가 만든 모델에도 다른 여러 형태의 종류들이 있기 때문이다. 아울러 그 추진 시스템이 약간씩 달랐던 것으로 생각된다. 이것은 두 서너 개의 연구 집단이 서로 다른 장소에서 별도의 프로젝트를 통해 몇 종의 모델들을 제작했을 가능성이 다분히 있다.

현재 그렇게 알려져 있는 것이 슈라이버-하베르몰(Schriever-Habermohl) 프로젝트와 마이더-벨루조(MIETHE-BELLUZZO) 프로젝트 등이다. 이 프로젝트들은 나치 친위대 장성(將星)이자 공학박사인 한스 캐믈러(Hans Kammler)에 의해 지휘되었고, 실질적인 시험모델 제작은 1941~1943년경부터 시작되었다. 첫 테스트에서 이 원반은 몇 분 만에 고도 37,000피트에 도달했고, 시간당 1,200km의 속도로 비행할 수 있었다고 한다. 이어서

1944년에 나온 후속 유인(有人) 모델은 음속을 돌파하여 시간당 2,200km의 속도에 이르렀다고 전해진다. 그리고 이 프로젝트 외에도 더

슈라이버 프로젝트에 의해 제작된 최초의 나치 원반 모델

뛰어난 원반을 제작했던 V-7 프로젝트가 있었다. V-7 프로젝트의 새 원반형 비행체는 자체발전이 가능한 새로운 내폭 모터와 전기중력적 에너지 변환원리를 이용하여 수직으로 상승 및 하강을 할 수 있었고 높은 속도와 고도로 비행이 가능했다. 또한 그런 엔진들은 독일의 거대한 전기산업체인 AEC에 의해 제작되었다고 한다. 이 동력장치들은 실제로 지구의 중력을 무력화시키는 고유의 전기중력장을 낳았다.

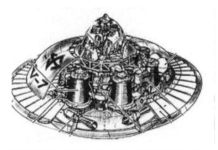

독일의 비행접시 개발은 모두 나치 친위대(SS) 주도와 감독 하에 이루어졌는데, 친위대는 사실상 히틀러의 단순한 경호부대가 아니었다. 이것은 1925년 창설당시에는 300명 정도의 소규모로 출발했으나 1933년경에는 5만 명, 그리고 전쟁 중이던 1939년에는 25만으로 대폭 증강된 대규모의 특수 군사집단이었다. 선발조건도 매우 엄격했으며 자체적으로 다수의 기술자들과 공학자들로 구성된 기술부대를 보유하고 있었다.

독일은 히믈러가 지휘하는 친위대의 감독하에 1934년부터 5년 이내에 고도로 진보된 원반형 항공기를 개발하기 위한 계획을 추진했다. 특히 친위대 기술 부대인 E-IV는 여러 대안 에너지를 연구하기 위해 창설되었는데, 이들에게 세계 최초의 전자기 중력적인 추진 시스템을 이용한 원반들을 개

나치 친위대장, 하인리히 히믈러(Heinrich Himmler)

발하는 임무가 부여되었다. 개발기간을 단축시키기 위해 나치 친위대는 독일 특허국과 유럽에 자리 잡은 모든 특허국의 자료를 강탈해 갔다. 그리고 친위대의 시도에 충분히 도움이 될 항공기술을 가진 사람들을 자기들 계획에 참여하도록 강요하거나 억류했다. - 그런 대표적인 사람이 바로 빅터 샤우버거였다 - 또한 나치는 이런 원반들과 부품들을 제조하기 위한 거대한 지하시설들을 만들기 위해 전시(戰時)의 수많은 포로들의 노동력을 이용했다. 그리고 "툴리(Thule)"라는 조직과 "브릴(Vrill)"[10]이라고 부르는 조직은 신비로운 에너지에

---

10)이 "브릴"이라는 집단은 주로 채널링이 가능한 여성 영매(靈媒)들로 구성되어 있

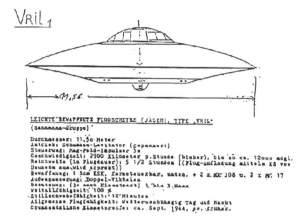

통달하려는 독일의 오컬트 비밀결사집단으로 알려져 있는데, 이들이 통합되어 나중에 당시 대안에너지와 원반형 비행체 개발을 목적으로 한 친위대 기술부대 산하의 군산복합체에 편입된 것으로 추정된다.

독일이 2차 대전 말기에 제작한 원반들의 여러 비행모습. 하단에 기관포가 장착돼 있는 것이 보인다.

이 집단은 빅터 샤우버거의 보텍스 터빈, 한스 코흘러(Hans Kohler)의 프리 에너지 변환기, 그리고 이른바 코흘러 타키온 자기중력적 추진력 또는 "툴리 타키온네이터" 같은 기술들을 결합하여 소형 원반인 브릴(Vrill) 시리즈와 좀 더 커다란 하우니브(Haunebu) 시리즈를 제작했다.[11] 한편으로는 그

었다고 한다. 그리고 이들이 어둠의 외계종족과의 영적교신을 통해 UFO 제조 기술을 입수했다는 설도 있는데, 이는 확실치는 않다.

11) Renato Vesco & David H. Childress, Man made UFOs, 1944-1994.(AUP Publishers NETWORK, 1994) P. 365

들이 테슬라의 아이디어와 기술도 도용했다는 이야기도 있다.12) 이런 형태의 비행접시들은 지구의 자기장에 반발하는 전자기장 또는 에테르장에 의한 동력으로 이륙하여 자체의 힘으로 움직였다.

브릴-1은 1941년에 처음 개발되어 1942년에 시험 비행되었는데, 직경 11.5m에 승무원 1-2명만이 탈 수 있었고 시속 2,900km~12,000 km에 달했다고 한다. 17대 정도가 건조되어 1943년과 44년 사이에 84회 시험비행이 이루어졌다. 브릴-2와 3~6까지는 훨씬 발전되고 복잡한 구조였으나 1945-46년에 제작하려던 계획은 종전으로 인해 실현되지 못했다. 그럼에도 브릴-7은 1944년에 제작되었는데, 직경 45m에 14명이 탑승할 수 있었다고 알려져 있다.

브릴 비행접시가 착륙해 있는 전경

하우니브 시리즈 모델은 하우니브-1과 2로 시작되었다. 하우니브-1 기본형 초기 모델은 직경이 25m에 1명~8명이 탑승할 수 있었다. 1939년 최초의 시험비행에서 시간당 4,800km의 속도로 비행할 수 있었고 나중에는 시속 17,000km까지 도달했다. 이어서 1942년에 약간 몸체가 커진 직경 26m의 하우니브-2가 제작되었는데, 9명 탑승에 시속 6000~21,000km에 도달했고 비행지속시간은 55시간이었다. 이런 비행원반들은 하부에 대전차용(탱크공격용)의 7.5cm 기관포를 장착하고 있었다. 1943년에는 하우니브-2의 개량형인 하우니브 II Do-Stra가 나왔으며, 이 모델은 직경이 32m에 1944년까지 총 106회의 시험비행을 마쳤다고 보고

---

12)미 공군정보국 출신의 내부고발자이자 <PENTAGON ALIENS>의 저자인 윌리엄 레인(William Lane)은 자신의 저서를 통해 니콜라 테슬라가 1900년 이전에 비행접시 기술을 개발했고, 나치는 1936-38년의 비밀 프로젝트(P2 프로젝트)를 통해 그 발명 기술을 훔쳐 갔다고 주장했다. 이와 유사하게 테슬라 연구가, 팀 스와츠(Tim Swartz) 역시 <Lost Journal of Nikola Tesla>라는 자신의 저서를 통해 독일 정보 기관이 테슬라가 사망하기 몇 년 전에 이미 테슬라 연구 자료의 상당부분을 몰래 훔쳐갔고, 이 도난 자료들이 결국에는 나치의 비행접시 개발로 이어졌을 것이라고 추정하고 있다

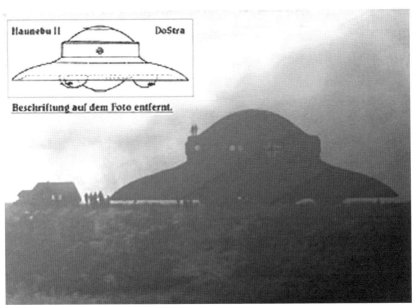

하우니브-2. 비행접시 위에 군인들이 올라가 있는 모습이 보인다.

되었다.

전쟁 막바지에 단 3대만 제작된 모델인 하우니브-3는 직경이 71m에 승무원 32명이 탑승 가능했고 시속 7,000~40,000km의 속도로 비행할 수 있었다. 이것은 먼 거리의 대양에서 함정공격용으로 설계되어 건조되었고 총 8회 시험 비행되었다. 비행지속시간은 약 8주였고 1945년 4월에 독일이 패망하자 일부 툴리 집단이 탈출하는 데 이용되었다고 한다.

설계단계에 있던 지름 120미터의 하우니브-4는 갑판 판재가 행성간 여행을 위한 것이었는데, 그것은 원반 형태였고 서너 대의 소형 브릴형 원반들을 싣고 운반할 수 있게 고안돼 있었다고 알려졌다. 하지만 2차 대전 말까지는 제작되지 못했다. 그리고 소문에 의하면, 거대한 330m의 시가형 전투함 역시 설계단계에 있었다고 한다.

당시 나치 독일은 전세 역전을 위해 첨단무기 개발에 모든 국력을 쏟아붓고 있었다. 비행접시이외에도 V1, V2 미사일을 비롯하여 원자폭탄, 슈퍼건, 음향대포, 레이저 빔, 초음파무기 등의 놀라운 무기들을 연구개발 중이었다. V2 로켓 같은 무기는 이미 실전에 배치되어 먼 영국의 런던 시내를 쑥대밭으로 만들고 있었다. 그러므로 만약 독일이 전쟁을 몇 년 정도만 더 끌 수 있었다면 비행접시를 비롯한 신무기들로 연합군을 제압하여 충분히 승리했을 거라는 이야기들이 있다. 그런데 문제는 비행원반 초기 모델들 자체는

전투기와는 달리 외부나 내부에 어떤 중화기(重火器)를 탑재하는 설비나 능력이 없었고, 대포와 미사일과 같은 무거운 무기장착은 아직은 원반의 불안전성을 가져와 실행될 수 없었다는 데 있었다. 단지 하우니브 1,2에서처럼 가벼운 기관포정도만 탑재가 가능했었다. 윌리엄 레인(William Lane) 역시 나치가 너무 늦게까지 거기에 장착할 적합한 무기개발에는 성공하지 못했음을 지적하고 있다.

브릴 원반의 실제 시험비행 모습(위의 사진), 비행장에 서 있는 독일 장교들 뒤 쪽에 브릴 비행접시가 착륙해 있다.(아래)

전쟁이 막바지로 향하고 연합군의 대공세가 임박하자 독일은 모든 연구를 중단시키지 않을 수 없었다. 전세(戰勢)는 이미 미국을 주축으로 한 연합국 쪽으로 기울어져 이를 역전시키는 것은 현실적으로 불가능했다. 1945년 4

월, 미국과 영국, 소련 등의 연합군측은 드디어 독일의 베를린에 입성하여 그곳을 점령했고 나치독일은 항복을 선언했다. 그리고 히틀러와 그의 애인 에바는 자살한 것으로 알려져 있다.[13]

연합군은 이미 사전의 정보입수를 통해 독일이 개발 중이던 첨단무기들에 대해 어느 정도 알고 있었다. 때문에 그들은 독일에 진입

---

13)일부 연구가들은 히틀러의 자살이 위장된 것이며, 그들이 비행접시로 탈출했다고 주장한다. 그리고 그 후 20년을 더 생존했다고 한다.

하우니브(Haunebu)-3 모델의 모습. 위에 기관포가 장착돼 있는 것이 특징이다

하자마자 최우선적으로 이를 찾아내고자 혈안이 되어 있었다. 그리고 남아 있던 관련 기기들과 파일들을 경쟁적으로 자기 나라로 실어갔다. 미국은 나중에 아폴로 계획의 핵심주역인 된 폰 브라운 박사를 비롯한 일련의 주요 과학자들을 확보했고, 화물열차로 약 250대분의 V-2 완제품들과 장비, 부품들을 자국으로 실어 보냈다.

15,000명 이상의 독일 군인과 기술자, 정보 및 지원요원들이 1945월 9월에 KT-P2 프로젝트와 더불어 미국으로 옮겨졌다.(주로 뉴멕시코의 맨자노 기지와 샌디아 기지, 화이트 샌드 미사일 시험단지, 그리고 홀로만 공군기지와 로스 알라모스 연구단지 등으로 이동되었다.) 당시 '페이퍼 클립(Paper Clip)' 프로젝트하에서 폰 브라운이 미 육군병기 연구 책임자가 되었다. 그리고 그 후 그와 그의 106명의 톱 과학자들이 화이트샌드 미사일 시험단지 및 알라모고도(Alamogordo)에서 로켓과 비행접시 연구, 개발에 착수했다.14)

소련 같은 경우는 아예 공장설비 전체를 뜯어 갔으며, 점령지역 내에 있던 과학자들과 기술자들 및 그 가족들까지도 대량으로 소련으로 데려갔다. 그러나 가장 중요한 비행원반 실물과 설계도에 관련된 것은 독일 전역을 이 잡듯

---

14) William Lane, PENTAGON ALIENS.(Creatopia Production, 1999) P.49

4부 억압당한 놀라운 신과학 기술들

이 수색했어도 아무런 흔적조차 전혀 찾아낼 수 없었다. 그렇다면 도대체 이 모든 것이 과연 어디로 감쪽같이 사라진 것일까?

남극과 남미로 탈출한 나치 잔당 세력들

아마도 〈제3제국〉이라 불렸던 나치 독일의 지도자들은 2차 대전의 도화선이 되었던 1939년의 폴란드 침공이전부터 만약의 경우를 대비해 치밀한 모든 도피계획을 미리 세워놓았던 것 같다. 나중에야 밝혀진 것이지만, 2차 세계대전이 시작되기 한 해 전인 1938년부터 독일은 비밀군사기지 장소를 탐색하기 위해 원정대를 남극으로 파견했다. 그리고 그들은 〈신(新) 슈와벤랜드

(Schwabenland)〉라고 명명한 퀸 마우드 랜드(Queen Maud Land) 지역에서 그런 장소를 발견했다고 한다. 1942-43년 동안 독일은 비밀리에 그곳의 모종의 장소 내에다 대규모 지하기지를 건설한 것으로 알려졌다. 이 기지를 산 속 깊은 곳에다 정교하고도 복잡한 난공불락의 요새로 건설하기 위해 강제 노동자들과 장비들이 바다와 U-보트들에 의해 남극으로 대량 수송되었다. 불가리아 출신의 물리학자인 블라디미르 테르지스키(Vladimir Terziski)와 같은 연구가는 독일의 남극기지에 관해 이렇게 구체적으로 언급한다.

"독일인들은 1937년에 거대한 수송선을 가지고 진지하게 남극탐험을 시작했다. 이 수송선은 남아프리카 남부의 퀸 마우드(Queen Maud) 섬으로 보내졌고 독일인들은 재빨리 비행기에서 그들의 철십자 국기를 떨어뜨려 유럽 전체만큼 커다란 그 육지를 점유하고 독일의 소유라고 주장했다. 그들은 거기에다 〈신(新) 슈와벤랜드 (Schwabenland)〉라고 이름을 붙였다.

독일의 마지막 요새가 된 그 비밀기지로 사람들과 물자를 이동시키기 위해 1942년에 잠수함과 선박으로 크리게스 마린에 의해 비밀스러운 철수 작전이 시작되었다. 집결한 수십만의 노예 노동자들과 과학자들, 그리고 젊은 친위대 멤버들이 순수한 초인종(超人種) 사회를 창조하려는 나치의 실험을 계속하기 위해서 잠수함들과 배로 남극과 광대한 남미의 독일 식민지로 옮겨졌다. 남극의 지하에는 오늘날 2백만 명의 주민들이 거주하는 "뉴 베를린"이라는 거대한 지하 도시가 존재한다는 소문들이 있다.

그곳의 주민들이 몰두해 있는 주요 관심사들은 인간 유전공학과 우주여행이다."15)

전쟁기간 동안, 특히 후반부에 독일의 잠수함인 U-보트들은 대서양 남부와 남미, 남극으로 빈번하게 여행했다. 그리고 나치 친위대는 1942년에 남극의 기지로 호송하기 위한 목적으로 정통 아리안(Aryan) 인종 후손 가운데 17-24세 사이의 잘 균형 잡힌 금발 여성들을 골라 모집하기 시작했다. 이것은 장차 그곳에 거주하게 될 2,500명의 친위대 군인들과 함께하는 프로젝트였다.16) 이런 대규모 계획의 목표는 남극기지에 적정인원이 거주하는 식민지를 건설하여 계속해서 비행접시 기술을 개발하기 위한 것이었다. 다수의 연구가들은 툴레와 브릴 집단이 전쟁 말기에 나치장군 캐믈러의 지휘하에 하우니브 원반으로 탈출하여 남극기지로 그 기술을 옮겨갔다고 믿고 있다. 캐믈러는 독일의 모든 진보된 기술과 비밀 무기 프로그램에 관한 책임을 맡고 있었다.

연구가 테르지스키가 언근했듯이, 남극 외에 나치 잔당세력이 비밀리에 도피한 또 다른 곳이 있으니 바로 남미(南美) 지역이다. 당시 아르헨티나와 칠레 같은 국가들은 연합국들과는 달리 나치세력과 우호적 관계에 있었다. 따라서 나치독일과 이런 국가들 간의 정치적 타협이나 비밀협정을 통해 은밀히 안전한 피난처를 제공하기로 했을 가능성은 충분히 있는 것이다. 특히 우리가 주목해야 할 것은 2차 대전 종전 후 남미지역에서 UFO 출현과 목격현상이 매우 빈번하게 일어났다는 점이다.

그런데 나치 잔당들이 남미 지역으로 숨어들었다는 설(說)을 실제로 입증한 사람이 있는데, 그는 일본의 저널리스트인 오찌아이 노부히코(落合信彦)였

---

15) Commander X, Incredible Technologies of The New World Order(ABELARD PRODUCTIONS INC, 1997) PP. 17~18

16) Web File: Rob Arndt, <DISC AIRCRAFT OF THE THIRD REICH> .

Haunebu I
Luftwaffe 1946
by Duo

다. 이 사람은 1980년대에 발행된 〈라스트 바탈리온(Last Battalion)〉이라는 저서를 통해 자신이 남미 칠레에 잠입하여 직접 목격한 나치잔당들의 비밀조직망과 일부 나치 기지에 대해 상세히 소개한 바 있다.

1946년에 54대의 U-보트와 6,000명 이상의 기술자와 과학자들이 독일에서 실종되었다는 것이 나중에 명백해졌다. 특히 나치 친위대의 기술부대에서 그러했다. 또한 4만 명의 노예 노동자와 142,000~250,000명 가량의 독일 시민들이 행방불명이었다. 전쟁 중에 있을 법한 실종이나 사망으로서의 이런 인구감소의 기록에도 불구하고 워싱턴의 수뇌부들은 이 거대한 인원들이 실제로 남미와 남극대륙으로 탈출한 것이 아닌가하고 의심했다.

미국은 1947년, 나치의 이 남극 비밀기지에 대해 매우 우려하게 되었다. 그리하여 버드(Byrd) 제독이 지휘하는 특수기동함대로 하여금 일명 "하이점프 작전"에 착수케 하였다. 4,700명의 병력과 항공모함, 구축함, 잠수함, 20대 이상의 항공기 등으로 이루어진 이 대규모 수색부대는 곧바로 남극의 뉴슈와벤랜드로 향했고 그 기지 지역을 정찰했다. 이들은 항공정찰을 시행하면서 얼음 밑에서 자기적(磁氣的)인 이상 징후를 탐지해 내기 위해 자력계(磁力計)를 이용했다. 하지만 2월 26일에 미국의 항공기들은 곧 적의 저항에 부딪쳤는데, 갑자기 비행원반들이 나타나 인근 해역에 대기하고 있던 항공모함에 공격을 가했기 때문이다. 쌍방 간에 교전이 벌어졌지만, 미군의 함포사격은 이 물체들을 격추시킬 수 없었고 오히려 미국은 절반의 항공기를 잃었고 수십 명이 전사했다. 뛰어난 비행능력을 가진 나치세력의 비행접시에 의한 공격에 여지없이 패퇴한 버드제독은 다시 되돌아가기로 결정할 수밖에 없었다. 결국 이 "하이점프 작전"은 원래 의도했던 8개월보다 훨씬 짧은 단 2개월만에 이렇게 실패로 종결되었다. 버드 제독은 남미 언론들에게 발언한 비공식적인 언급에서 "우리는 적 비행체의 공격을 받았고, 그것들은 도처에서 믿을 수 없는 속도로 날아다닐 수 있었다."고 말했다. 이때의 후유증으로 그 후 미국은 1957년까지 10년 동안 남극에 접근하지 못했다.

어떤 이들은 이런 이야기들을 지어낸 소설 같은 스토리라고 말할 것이다. 그러나 역사의 이면을 깊이 들여다보면, 소설보다 더한 놀랍고 비밀스러운

미국 함대 인근에 갑자기 나타난 비행접시

이야기들이 허다하다. 나치 독일의 〈제3제국〉은 패망했지만, 남극과 남미의 비밀기지로 탈출한 일부 나치세력들은 그곳에다 〈제4제국〉을 건설해 이처럼 오늘날까지 반중력 비행체의 연구개발을 계속하고 있다. 2차 대전이 종전된 지 벌써 70년이라는 세월이 흘러갔다. 그렇다면 과연 그들의 비행접시 기술은 어느 단계에까지 발전해 있을 것인가? 미국이 50년대부터 원반 개발 프로젝트에 착수해서 이미 제작된 UFO로 우주를 자유왕래하며 화성을 개척했듯이, 아마도 나치 잔당의 UFO 기술 역시도 이미 오래 전에 행성 간 여행을 할 수 있는 단계에 충분히 도달해 있을 것이다. 그럼에도 나치잔당 세력과 미국은 인류에게 진실을 감춘 채 은밀하게 운영되는 그들만의 검은 프로젝트를 오늘날까지도 계속하고 있는 것이다.

2.오티스 T. 카

테슬라의 제자였던 오티스 T. 카(Otis T. Carr, 1904 -1982)는 1925년에 테슬라와 처음으로 만났다. 테슬라는 평생 동안 집이 없이 주로 호텔을

4부 억압당한 놀라운 신과학 기술들

전전하며 살았는데, 당시 카는 테슬라가 묵고 있던 뉴욕의 한 호텔에서 일하고 있었다.

그는 원래 미술공부를 하던 학도였지만, 생계

비행접시를 실제로 제작해서 비행에 성공했던 오티스 카

를 위해 임시로 그 호텔 직원으로 일하고 있던 참이었다. 테슬라는 뉴욕 센트럴 파크 대공원에서 비둘기들에게 먹이를 던져주는 것을 좋아했고, 그러다 보니 젊은 호텔 직원이었던 그에게 비둘기 먹이인 땅콩을 사오라고 자주 심부름을 시키곤 했었다. 그런 몇 년 동안의 빈번한 접촉과정을 통해 카는 테슬라와 친숙하게 잘 아는 사이가 되었다. 그리하여 자연스럽게 테슬라가 발명한 것들에 관해 그와 대화를 나눌 기회가 많았다. 그리고 테슬라는 처음부터 카가 매우 두뇌가 뛰어나고 영민한 젊은이라는 것을 직감적으로 알아보았으므로 자신이 아는 것을 그에게 전수하기 시작했다. 특히 그가 카에게 집중적으로 가르친 것은 반중력 기술인 비행접시 제작에 관한 것이었다. 이렇게 해서 카는 1937년부터 비행접시 연구에 착수하게 되었는데, 1938년에 시험모델을 처음으로 만들었고 1942년에는 근본적인 원리를 발견했다. 소형 모델을 제작해 계속 시험하는 가운데 그 중 한 대는 하늘로 부상해 영구적으로 사라져 버리기도 했다고 한다. 그리고 테슬라가 작고한 지 4년 뒤인 1947년에 그의 장치는 비로소 완성되었다.

카의 비행원반 내부의 핵심 요소는 "유트론(Utron)"이라는 독창적인 동력발전장치였다. 그것은 회전하는 금속 콘덴서로 구성되어 있었으며, 회전할 때 우주에너지를 끌어들여 충전됨으로써 자체적으로 계속 작동되는 일종의 프리에너지 장치였다.

1947년에 카는 자신의 비행접시에 관한 연구를 마친 후, 여러 정부 기관들과 대학들의 관심을 얻기 위해 노력했다. 그는 자신이 개발한 추진시스템에 관해 개요를 설명한 소책자 사본을 당시의 아이젠하워 대통령과 내각, 원자력 위원회에다 보냈다. 하지만, 이런 모든 노력이 수포로 돌아갔는데, 거기에는 의도적으로 그의 기술을 무시하려는 모종의 억압공작이 있었기 때문이었다. 또한 그는 미국 특허국에다 자신의 원반기술로 특허를 신청했으나 이 역시 받아들여지지 않았다. 하는 수 없이 카는

오티스 카가 처음 제작했던 비행접시 기본모델 OTC-X1

자신의 발명품을 교육적이고 오락적인 측면에서 활용해보기로 결정하고, 일부 편법으로서 그것을 일종의 놀이장치처럼 설계를 약간 변경해 특허(US 특허 No. 2.912.244)를 받았다. 이것은 자신의 반중력 비행접시의 설계와 비율을 정확히 반영한 놀이공원용 오락 장치로서 탑승자가 마치 우주선을 타고 우주여행을 하는듯한 경험을 하게끔 고안된 것이었다.

카와 그의 연구팀은 계속적인 연구를 통해 1950년대 말에 완전히 작동하는 직경 45피트, 무게 30톤의 비행접시 모델, OTC X-1을 제작했고 유인(有人) 시험비행을 실시했다. 이 비행체는 서너 명이 탑승한 채로 10마일을 눈 깜빡할 사이에 성공적으로 비행한 것으로 알려졌다. 카는 비행접시를 타

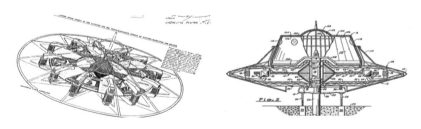
오티스 카가 고안했던 비행원반의 내부 설계 모습

고 달까지 가는 문제를 진지하게 고려하기 시작했고, 1959년 12월 7일에 자신이 달에 갈 것이며, 증거를 가지고 돌아오겠다고 공언했다. 그에 앞서 1959년 4월 말에 그는 오클라호마 시 놀이공원에서 직경 6피트의 소형원반을 이륙시키는 시범을 보이겠다고 발표했다. 그런데 당일 날 비행접시 이륙 시범을 보기 위해 수백 명의 구경꾼들이 몰려들어 대기하고 있었으나, 어찌 된 일인지 이 실연은 불발되었고, 차후로 연기한다고 발표되었다.

그러나 나중에 밝혀진 관련자들의 증언에 따르면, 실은 극적인 시험 비행

4부 억압당한 놀라운 신과학 기술들

을 한지 2주 후, 그의 연구소는 갑자기 들이닥친 FBI에 의해 수색을 당했고 파괴되었다고 한다. 연방 요원들은 모든 문서들뿐만이 아니라 장비들까지 압수해 갔으며, 만약 UFO와 프리에너지 기술을 대중들에게 계속 전파할 경우 죽이겠다는 협박이 카에게 가해졌다. 또한 기술자들은 모두 해산하고 다른 이들과 접촉하지 말라는 명령을 받았다. 결국 그의 연구소는 이렇게 강제적으로 폐쇄되고 말았던 것이다.

카는 비행원반을 움직이는 프리 에너지 축전장치를 거대한 발전소에서부터 자동차용이나 가정의 난방용 등에 이르기까지 어떤 크기, 어떤 기계장치로도 만드는 것이 가능하다고 언급한 바 있다. 따라서 이런 카의 프로젝트는 당연히 그림자정부 세력과 석유자본에게는 자기들의 기존질서와 경제체제에 대한 중대한 위협이라고 여겨질 수밖에 없었다.

그 후 1961년 뉴욕의 법무국장 루이스 J. 리프코위츠는 카가 등록되지 않

실제로 유인비행에 성공했던 오티스 카의 비행접시 모습

은 주식 판매를 통해 5만 달러를 사취했다고 발표했다. 1961년 1월에 카는 공인되지 않은 유가증권을 판매한 혐의로 오클라호마에서 유죄판결을 받았고, 5,000달러 벌금형에 처해졌다. 카는 그 벌금을 낼 수 없었으며, 따라서 14년의 형기 가운데 일부를 복역했다. 그러자 〈트루(True)〉 매거진을 비롯한 미국의 여러 언론매체들이 그를 사기꾼이라고 딱지를 붙여 매도하기 시작했다. 결국 카 자신과 그 우주선은 결코 다시 날지 못했다. 그는 그 이후 병고에 시달렸고 파산했다고 보고되었다.

그렇다면 오티스 카는 과연 미국당국의 발표와 언론의 보도대로 비행접시를 가지고 거짓말로 대중들에게 장난쳤던 사기꾼에 불과했던 것일까? 하지만 참으로 그를 알고 있었던 주변 사람들의 증언은 그의 비행접시 제작에 관련된 모든 것이 진실이었음을 다음과 같이 뒷받침해 주고 있다.

●랄프 링(Ralph Ring) - 1950년대에 오티스 T. 카와 함께 비행접시 연구를 시작했던 연구팀의 일원이었고, 믿을 수 없는 최초의 성공적인 시험 비행에 함께 탑승했었다. 그와 카는 그들의 직경 45피트 비행접시를 타고 빛의

속도로 10마일을 비행했다고 한다. 아래의 내용은 2006년, 그가 폭로 전문 사이트인 〈프로젝트 카멜롯〉과의 인터뷰에서 밝힌 일부 주요 내용들이다

*'날다'라는 적절한 표현이 아닙니다. 그것은 원거리를 뛰어넘었고 시간이 걸리지 않는 것처럼 보였습니다. 우리가 45 피트의 우주선을 10마일 가량 조종했을 때 나는 2명의 기술자와 함께 있었습니다. 나는 그것이 움직이지 않았다고 생각했고 실패했다고 생각했습니다. 하지만 나는 우리가 우리의 목적지에서 돌과 식물 샘플들을 가지고 돌아왔다는 것을 깨달았을 때, 완전히 놀라고 말았습니다.

*나는 일어난 일을 믿지 않았던 사람들의 숫자는 알 수 없습니다. 나는 거기에 대해 더 이상 말하지는 않겠습니다. 그것은 비웃거나 조롱할 웃음거리가 아닙니다. 그것은 극적인 성공이었습니다. 그것은 일종의 원격순간이동과 더 흡사한 것이었습니다. 게다가 시간이 어느 정도 왜곡되었지요. 우리는 비행선 안에서 약 15~20분 정도 있었다고 느꼈습니다. 그러나 나중에 우리는 시간을 면밀히 측정한 결과 우리가 3~4분 이상은 있지 않았다는 것을 알았습니다. 나는 아직도 그것이 어떻게 된 것인지 다 알지 못합니다. 우리는 단지 카의 지시에 따라 정확하게 그것을 건조했습니다. 모든 것이 그렇게 지시대로 완벽하게 되어야 했는데, 그가 말하기를, 그렇지 않으면 그것이 작동하지 않는

오티스 T. 카와 함께 비행접시를 개발했던 랄프 링.

다는 것이었죠. 즉 그것은 인간과 기계 사이에 일종의 공생하는 상태라고나 할까요.

*자연과 맞서지 말고 자연과 더불어 작용해야 합니다. 힘은 전혀 불필요합니다. 물질 우주의 법칙은 정말 아주 단순합니다. 원반의 동력이 높아져 특정한 회전속도에 도달했을 때, 금속은 젤리처럼 바뀝니다. 여러분은 자신의 손가락을 곧바로 그 속으로 밀어 넣을 수도 있습니다. 그것이 다른 형태의 물질로 변한 것인데, 그렇다고 그것이 마치 전적으로 이곳의 이 현실과 다른 것은 아닙니다. 그건 단지 내가 그것을 묘사하기 위해 시도할 수 있는 한 가지 방식입니다. 그것은 초자연적인 것이었고, 내가 이제까지 느꼈던 가장 불가사의한 것들 가운데 하나였습니다.

*카는 의심할 여지가 없는 천재였습니다. 테슬라는 그의 자질을 즉각 인정했고 자신이 아는 모든 것을 그에게 가르쳤습니다. 그는 테슬라처럼 영감을 받았으며 어떤 것을 작동시키기 위해 무엇을 해야 하는지를 정확히 아는 것처럼 보였습니다. 그는 한 민간인이었고 사고(思考)에 있어서 매우 형이상학적이었어요. 생각컨대, 그는 정식으로

도움이 되는 물리학 교육을 받은 사람이 아니었습니다. 어떤 고정관념에 갇혀 있는 사람이 아니었죠. 지금은 미친 소리로 들리겠지만, 그는 달까지 비행하겠다고 마음먹었고, 그것이 실제로 이루어질 수 있다고 믿었습니다. 나도 그것을 믿었으며, 우리 모두가 믿었지요.

●마가렛 스톰(Margaret Storm) – 테슬라와 오스티 카에 관해 개인적으로 잘 알고 있었던 작가이다. 다음의 내용은 그녀의 저서인 '비둘기의 귀환(The Return of the Dove)'에서 발췌 인용한 것이다.

*메리랜드, 발티모어의 오티스 카가 프리 에너지와 우주여행이 이 행성의 주민들에게 다시 한 번 가능해졌다고 발표한 것은 1957년 11월이었다. 테슬라의 제자인 카는 두 가지 새로운 발명품을 개발했다. 하나는 전기 축전기이고 다른 하나는 중력 모터였는데, 이 두 가지는 태양의 힘과 대기 속에 무료로 풍부하게 존재하는 자연의 힘을 활용하는 것이다.

*정부가 비행접시의 존재를 여전히 부정하고 일간신문들이 특이한 기사들을 독자들에게 전하기를 거부하고 있는 동안, 획일화된 대중들은 언제나 같은 모습으로 남아 있다. 그들은 우주여행 문제가 미국의 한 시민에 의해 이 행성에서 해결되었다는 것조차 알지 못했다.

*첫째로 카의 프리 에너지 모터는 자동차의 동력을 공급할 것이며, 휘발유의 필요성을 날려버릴 것이다.

*거대한 우주 승용물들이 직경 약 10피트 정도의 크기까지 축소될 것이다. 그것이 지금의 자동차 가격보다 저렴하게 판매되기 위해 설계되어 제작될 수 있으며, 한 가족이 그것을 타고 이전보다 극히 짧은 시간 안에 마을과 국가, 세계 전역을 넘나들 수가 있다.

*이것은 세상의 중요한 뉴스임에도 불구하고 비밀 집단에 의해 강요된 협박자들의 검열이 매우 엄격해서 대중들에게 뉴스를 전하는 목적으로 설립된 신문들은 감히 자신들의 기능을 수행할 용기가 없었다. 만약 그렇게 할 경우, 그것은 경제적 제재로 파산의 위험을 감수해야한다는 사실을 의미했을 것이다.

*카는 달이나 어딘가 다른 곳에 탐사대를 보냈으면 하는 바람에서 우주선을 제작해 인도하겠다고 정부에 제의했지만, 이런 제의는 훨씬 더 비용이 드는 로켓과 미사일 프로그램을 위해 거절되었다.

3.타운센드 브라운

타운센드 브라운

　타운센드 브라운(Townsend Brown)은 1905년 미 오하이오 주, 재니스빌의 한 유복한 가정에서 태어났다. 어려서부터 그는 "왜?"라는 질문이 유별나게 많은 아이였고 과학자로서의 소질을 나타내 보였다. 그 한 예로 소년 시절에 뒷마당에다 작업장을 만들어 그 나이에 벌써 자기 손으로 제작한 라디오 수신기로 대서양 너머로부터 전파를 수신하고 있었다.

　브라운은 1922년에 칼텍 공대에 입학했으나, 너무 연구에 몰두한 나머지 규정된 실험시간을 초과했다는 이유로 질책을 받고 교수들과의 불화에 빠지게 된다. 첫 해 화학과 물리학 시험을 망친 후, 그는 아버지를 설득하여 자기만의 실험실을 집의 2층에다 만들었다. 거기서 그는 화학 연구만이 아니라 천체관측용 X레이 분광계 등을 발명해내려고 시도한다. 그가 창안한 전기중력(electro-gravitation)에 관한 이론을 직감적으로 처음으로 생각해낸 것은 이때였다. 본질적으로 브라운은 중력이 당기는 작용에 반대되는 미는 힘이라는 생각과 함께 빛과 매우 흡사한 일종의 방사의 형태일 수 있다고 믿었다. 그의 주장은 동료학생들에게 알려졌고 교수들의 귀에도 흘러들어갔다. 그러나 지도교수에게 불려간 그는 그런 중력에 관한 이론이 왜 전적으로 터무니없고 고려될 수 없는지 상세한 설명을 들어야 했다. 왜냐하면 브라운의 생각은 교수들이 가르치던 것과는 정면으로 배치되는 것이었기 때문이다.

　1923년에 브라운은 교수들과의 불화로 인해 오하이오, 갬비어에 있는 케논 대학으로 전학했고, 이듬해에는 다시 데니슨 대학으로 옮겼는데, 거기서 물리학자이자 천문학자인 알프레드 비펠드(Alfred Biefeld) 박사를 만나게 된다. 이 사람은 과거 스위스 취리히 대학을 아인슈타인과 함께 졸업한 동기생 출신이었으며, 이전 대학의 교수들과는 달리 브라운의 말에 귀를 기울이고 그를 격려해 주었다.

　비펠드 교수와 함께 연구를 진행한 초기의 실험에서 브라운은 놀랄만한 발견을 하게 되는데, 그것은 비대칭 전극들을 가진 X선 진공관이 고전압으로 충전되었을 때 추진력(推力)을 나타낸다는 사실이었다. 그는 한 순간에 그 운동이 X선 자체에 의해 유발된 것이 아니라 전기에 의해 관을 통해 유도된 것임을 깨달았다. 이것이 나중에 '비펠드-브라운 효과(Biefeld-Brown effect)'라고 명명된 것이었는데, 즉 높은 전압으로 충전된 콘덴서 내 양극(+)과 음극(-)의 전극들 사이에는 음극쪽에서 양극쪽으로 밀어주는 힘의 작용이 발생한다는 것이다. 계속해서 그는 그가 "중력기(Gravitor)"라고 불렀던 장치인 일종의 전기 콘덴서를 개발했다. 이 장치는 전기에 의한 중력발생으로 1%의 중량을 증가시키거나 감소시키는 작용을 나타냈다. 그는 전기와 중력의 결합이 실제적인 용도에 적용

될 수 있고 반중력이 가능해질 수 있다고 확신했다.

1929년에 브라운은 자신이 발견한 것을 〈어떻게 중력을 제어하는가〉라는 제목으로 논문을 써서 발표했다. 그리고 모든 축의 힘을 조종할 수 있는 이런 중력발생 장치의 능력은 전혀 새로운 항공기에 대한 잠재력을 열어젖혔다. 즉 그는 논문에서 자신의 중력발생기를 이용할 경우, 기존의 비행기들처럼 프로펠러나 동력전달축 등이 전혀 필요 없으며, 마찰로 인해 열의 발생이나 기계적 마모도 우려할 필요가 없다고 주장했다. 즉 거대한 여객선과 비행기에서부터 자동차와 모든 동력장치에 이르기까지 이 방법으로 대체시킬 수 있다는 것이었다.

1930년 9월에 그는 해군에 입대하지만, 바다로 가는 대신에 워싱턴에 있는 해군 실험연구소(NRL)로 배치된다. 복무 중에 그는 NRL 내의 "열과 빛"을 연구하는 부서로 옮겨가는데, 거기서 그는 오하이오에서 시작했던 실험들을 계속 수행했다. 실험들은 실시되었고 그것은 그가 칼텍 공대에서 1923년에 주장했던 중력에 대한 개념을 입증하는 것처럼 보였다. 1932년 브라운은 서인도 제도에서 해군의 중력 탐험대의 한 물리학자로 일했다. 이어서 2차 대전이 발발하게 되자 그는 해군에 파견되어 음향 및 자기기뢰 제거 연구에 배속되어 일하게 되었다. 최종적으로 1942년 브라운은 버지니아 노포크에 있는 대서양 함대 레이더 소재 훈련소와 자이로컴퍼스 훈련소 소장에 임명되지만, 그 다음해에 신경쇠약을 겪는 바람에 해군에서 제대했다..

2차 대전이 끝나자 그는 하와이 진주만으로 이주했고, 거기서 다시 반중력

에 관한 연구를 재개했다. 계속적인 연구를 통해 그는 가장 효과적인 형태의 전기중력적인 공중부양체를 제작하는 방향으로 나가게 되었는데, 그것은 곧 완벽한 원반, 즉 비행접시였다. 그가 그 비행체를 조종하기 위해 제시했던 방법은 원반을 부분들로 나누어 그 각 부분들이 선택적으로 충전될 수 있다는 것이었다. 다시 말하면, 비행접시의 특정 부분을 음전기(-)로 충전시키고 그 반대편을 양전기(+)로 충전시킴으로써 그것이 일정한 방향, 예컨대 수직으로 이착륙을 하거나 원하는 전후방향으로 나갈 수 있게 된다는 것이다. 어쨌든 이 초기의 시대에 그가 벌써 비행접시 형태의 항공기 개념을 생각했다는 것과 누구보다 앞서 "비행접시"라는 용어를 만들었다는 것은 놀라운 일이다.

1952년에 그는 오하이오, 클리블랜드에서 실제로 승객을 태워 운항할 수 있는 새 비행체 개발프로젝트를 구상하고 각계에 보고서를 보냈다. 브라운은 이 프로젝트를 '윈터하븐(winterhaven)'이라고 불렀다. 그런 지속적인 노력의 결과, 결국 1953년에 최초로 직경이 2피트에 50kw의 전력이 충전된 소형 원반을 수직으로 이륙시키는 데 성공한다. 그해 말 그는 일부 공군 당국자들과 항공우주산업체 관계자들을 초청하여 그들 앞에서 직경 3피트(150kw 충전)의 원반형 장치를 시범적으로 비행시킨 바 있다. 높은 전압이 가해진 금속성의 그 물체는 매우 빠른 속도로 '윙' 소리를 내며 50피트 정도의 반경을 날아다녔다. 그는 이 초기의 모델을 개량하여 나중에는 직경 10피트(500kw 충전)~30피트의 대형원반을 개발하는 데까지 발전해 나갔다. 이 장치들은 당시 시간당 수백 마일의 속도로 비행할 수 있었다고 보고되었다.

1955년 브라운은 영국으로 건너갔고, 그 다음에는 프랑스의 항공기술연구소(SNCASO)에서 비펠드-브라운 효과에 관한 연구인 '몽골피어(Montgolfier) 프로젝트'를 위해 일했다. 그 후 계약이 끝나 1956년에 미국으로 귀국한 브라운은 자신이 연구한 결과가 당시 활발했던 UFO 현상을 설명할 수 있다고 믿고 민간 UFO 연구단체인 NICAP(전국 공중현상 조사위원회)의 설립을 주도한다. 비록 오래지 않아 그가 이 단체에서 손을 떼긴 했지만, NICAP은 그 이후로 오늘날까지도 가장 영향력이 있는 민간 UFO 연구단체로 남아 있다.

어떤 발명가나 연구가들이 자신의 연구를 지속하기 위해서는 많은 소요자금이 필요하다. 브라운 역시 1928년 이래 반중력 장치를 실험하고 개발하는 데 자비(自費)로 약 25만 달러를 쏟아 부은 것으로 알려져 있다. 늘 부족한 자금 때문에 그는 초기부터 국가나 공공기관으로부터 자금지원을 받기 위해 그들에게 비행을 실연해 보이거나 기술보고서를 미 해군 및 국방성에 보내서 접촉해 보았지만, 긍정적인 반응을 얻지 못했다. 오히려 당시 군 당국은 그의 연구결과를 조사한 후, 그것이 반중력 작용이 아니라 이온화된 공기가 일으키는 제트(Z) 기류에 의한 것이라고 평가절하 하는 반박 보고서를 냄으로써 노골적으로 냉담한 태도를 취했다. 즉 이 기술은 어디까지나 공기의 바람에 의한 것이므로 대기가 희박한 고공이나 진공상태의 우주공간에서는 전혀 무용지물이라는 이야기였다. 그러나 이것은 사실이 아니며, 나중에 그가 프랑스 항공기술연구소에서 일할 때 시행된 실험결과, 〈비펠드-브라운〉효과는 진공상태에서도 발생한다는 것이 명백히 입증되었다.

그럼에도 오만한 학계와 대부분의 과학단체들 역시 브라운의 연구결과를 노골적으로 무시하고 냉대했다. 이에 관계없이 브라운은 1957년부터는 북캐롤라이나 주의 밴슨사(Bahnson Co)의 컨설턴트로 일하며 자신의 반중력 연구를 계속해 나갔다. 그러나 자신의 후원자였던 밴슨사 사장이 1964년 비행기 사고로 사망함에 따라 그의 연구도 타격을 받을 수밖에 없었다. 그리고 그 후 1960년대 중반부터는 거의 은퇴상태로 들어가 그의 반중력 연구는 흐지부지되고 말았다. 확실치는 않으나 일설에는 이때 그가 군(軍)에 의해 압력을 받거나, 더 이상 반중력과 전기중력학을 입 밖에 내지 않는다는 조건으로 매수되었다는 이야기도 있다. 브라운은 1983년에 세상을 떠났다.

그런데 여기서 왜 미 군 당국이 그가 개발한 반중력 기술을 외견상 무시했는지를 한 번 검토해 볼 필요가 있다.

그 이유로는 다음과 같은 2가지의 가능성이 있을 수 있다고 추정된다.

첫째, 그들은 앞서 2부에서 소개했듯이 이미 부정적 외계인들과의 비밀접촉을 통해 UFO 개발을 진행시키고 있었다. 따라서 별도로 브라운의 기술을 채택하여 반중력 비행체 개발을 진행할 필요성이 없었다.

둘째, 표면적으로는 브라운의 기술에 무관심한 듯이 냉담한 태도를 취했지만, 내부적으로는 비밀리에 그의 기술을 차용하여 다른 유인 반중력 비행체

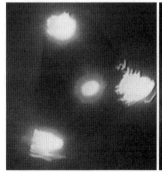

1990년 벨기에 상공에서 목격되어 찍힌 삼각형UFO(좌측)의 모습.
이것은 기존의 지구상의 항공기와는 전혀 다른 차원의 반중력 비행선이다.

를 개발하는 작업을 추진하고 있었다. 그리고 군부는 브라운과는 달리 그런 (검은) 프로젝트가 외부로 노출되거나 공개적으로 진행되는 것을 원치 않았다.

두 번째 항의 가능성이 높다고 점쳐지고 있는데, 왜냐하면 그 이후의 경로를 추적한 연구자인 물리학자, 폴 라비올렛(Paul LaViolette) 박사의 다음과

같은 증언(1993년)도 있기 때문이다.

"최근에 해제된 공군정보부 보고서는 1954년 9월에 국방성이 〈윈터하븐 프로젝트〉에서 제시된 종류의 유인 반중력 항공기를 개발하기 위한 프로그램에 착수했다는 사실을 나타낸다."

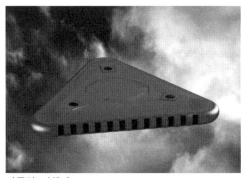

반중력 비행체 TR-3B

그렇게 해서 미국이 40년 동안의 연구 작업을 통해 개발된 비행체 모델로 거론되는 것이 B-2 스텔스 폭격기와 TR-3A, TR-3B라는 반중력 스텔스 정찰기이다. 특히 TR-3A와 TR-3B의 경우가 더욱 그러한데, 물론 아직까지는 이것이 미국이 개발한 비행체라는 사실이 공식적으로 발표되거나 확인된 바가 없다. 그럼에도 흔히 '삼각형 UFO'라고 불리는 이 비행체는 지구상의 곳곳에서 목격되었으며, 군사전문가들에 의해 미국이 비밀리에 개발한 비행체로 자주 언급되고 있다. 이것은 반중력 기술과 함께 핵-추진력이 적용된 대표적인 신 비행체이며, 36km대 고성층권에서 마하 9~12의 극초음속으로 비행이 가능하고 대기권을 넘나들며 작전수행을 할 수 있다고 한다. 게다가 레이더를 완벽히 흡수하는 스텔스 기능과 수직 이착륙은 물론이고 급상승과 급강하와 같은 기존의 항공기가 결코 흉내낼 수 없는 뛰어난 기동성을 나타내는 것으로 알려져 있다.

이 거대한 비행체는 1960년대 이래 시험비행을 해왔으나 1990년대 초에 이르러서야 완벽한 기능을 갖추었고, 걸프전 초기에 전자기 펄스/레이저 포를 장착한 채 사용되었다는 소문이 있다. 그리고 내부자들의 증언에 따르면, TR-3A와 TR-3B 비행접시는 캘리포니아 팜데일에 위치한 록히드 마틴사의

반중력장 추진 시스템을 채택한 우주여행용 비행체 오로라 SR-33A(좌),
록키드 마틴사가 제작한 X-33A(우) 반중력 전투 비행선

비밀공장과 시애틀의 보잉사에서 제작되며, 유타 주에 보관돼 있다고 한다.
미국은 이외에도 TAW-50 극초음속 우주 폭격기와 록히드사의 X-22A 전
투기와 같이 반중력을 이용한 몇 종의 다른 비행체들은 보유하고 있는 것으
로 알려진 상태이다.

4.존 로버트 서얼

존 서얼(John Searl)

　또 다른 반중력 장치의 개발자인 영국의 존
R. 로버트 서얼(John Roy Robert
Searl,(1932-)은 대학도 나오지 못한 사람이었
다. 그럼에도 어려서부터 반복적으로 꾸던 수수께
끼 같은 꿈들을 통해 그는 모종의 아이디어적인
영감을 받고 있었다. 1949년에 서얼은 한 전기
회사에 취직해 전기조립공으로 근무하고 있었는
데, 일하던 중 우연히 회전하는 금속 링에서 미
약한 전기가 발생하는 것에 발견하고 거기에 주
목하게 되었다.

　그는 생각하기를, 이런 현상은 회전하는 동안 금속의 자유 전자(電子)가
그 원심력에 의해 바깥쪽으로 튕겨나가는 성질이 있기 때문이 아닌가라고 추
측했다. 그리고 그 전자를 모아 축전하면 전력을 얻을 수 있지 않을까라는
착안을 하게 되었다. 연구에 착수한 그는 그 방법으로서 중앙의 금속 링
(ring) 주변에다 영구자석으로 만든 다수의 원통형 롤러들(rollers)을 배치했
다. 아울러 기능을 증폭하고 배가시키기 위해서 회전하는 금속 링을 2중, 3

중 구조로 만들고 역시 그 링 사이에다 원통형 자석 롤러들을 둥글게 배치하여 링 주변을 자전하면서 돌게끔 설계했다. 그리고 가장 바깥쪽 링의 롤러들 주변에는 전기를 모으기 위해 코일들과 집전용 전극(電極)들을 연결하고 배열시켰다.

그가 20살 때인 1952년, 이렇게 처음으로 제작된 원반 형태의 발전기를 동료들과 함께 야외로 갖고 나가 시험작동을 하게 되었다. 모터로 처음 가동을 시작하자 초기에 회전속도가 낮았음에도 불구하고 무려 10만 볼트의 높은 전압이 발생하였다. 회전속도를 더욱 높이자 놀랍게도 그 물체는 모터의 연결부분을 파괴하고 설치대에서 떠올라 서서히 공중으로 상승하기 시작했다. 잠시 체공한 상태에서 원반의 주변에서는 핑크빛의 광휘가 번쩍거리며 빛을 발했다. 그리고 외부로부터 아무런 전원공급이 없는 상태에서 그것은 더욱 고속으로 회전하며 계속 하늘로 높이 상승하더니 그들의 시야에서 사라져 버리고 말았다.

자신이 제작한 원반을 하늘로 비행시키고 있는 존 서얼.

존 서얼은 원래 반중력 원반을 만들려고 의도한 것이 전혀 아니었다. 그는 어디까지나 발전장치를 고안한 것이었으나, 뜻밖에도 그 발전기는 동시에 이처럼 반중력 현상을 나타내 보였던 것이다. 한편 전원이 단절된 가운데 자체적으로 고전압을 생성하며 공중으로 부양되었다는 것은 그 장치가 명백히 공간 속의 우주에너지를 끌어들여 발전(發電)을 했다는 증거일 것이다.

그가 설계한 장치는 나중에 "서얼 효과 발전기(Searl Effect Generator[SEG])"라고 불렸는데, 이것은 이처럼 일종의 프리에너지 장치인 동시에 반중력 장치라고 할 수 있었다. 그 후 서얼은 1968년까지 총 41대의 원반을 제작하여 실험을 계속했다. 가장 큰 모델인 DEMO-1은 1968년에 건조되었다. 가장 작은 것들은 대략 직경이 11피트(3.35m)였고, 중량은 몇 톤 정도였다. 가장 대형이었던 DEMO-1은 직경이 21피트(6.4m)에 중량 11톤이었다.

원반의 금속 링 주변의 원통형 자석 롤러들의 개수는 가장 중심에 있는 첫 번째 링에는 10~12개, 두 번째 링에는 23~25개, 세 번째 링에는 35개의 롤러들이 배치되어 그 링 주변을 회전하게끔 구성되어 있었다. 이 롤러들은 시간당 250km의 속도로 가속되었다. 그리고 발전기(SEG) 내의 금속 링

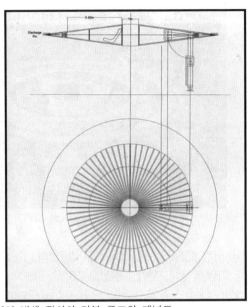

존 서얼 에너지 발생 장치의 기본 구조와 개념도

과 자석들은 그가 희토류(稀土類)의 일종인 네오디뮴(Neodymium)과 철 또는 니켈, 티타늄, 나일론 66, 테플론, 알루미늄, 구리 등을 혼합하여 특별히 제조했다고 한다. 서얼 효과 발전기(SEG)의 핵심부분은 바로 금속 링과 영구자석들인데, 이것들도 복합적인 여러 구조로 이루어져 있어서 네오디뮴은 금속링에서 발생한 전자들을 저장하는 기능을 하고, 철 또는 니켈은 자화되어 촉진하는 역할, 나일론 66 또는 테플론은 전자흐름 조정했다. 그리고 티타늄은 전자들을 외부로 방출하는 기능을 하고, 최종적으로 알루미늄 또는 구리는 상자성(常磁性) 층을 형성하고 있었다.

다른 전기기술과는 다르게 서얼의 발전기를 통한 전자의 흐름은 열을 발생시키기 보다는 오히려 그것을 냉각시켰고 저항이 줄어들었다. 점증해서 배출되는 에너지를 공급하기 위해 회전을 가속하면 더 많은 전력이 공기로부터

존 서얼이 동료들과 함께 숲 속에서 반중력 원반을 제작하던 현장의 모습.

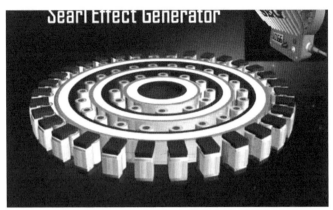

SEG(Searl Effect Generator) 발전기 겸 반중력 장치

끌어당겨졌고 기온은 더욱 더 낮아졌다. SEG 발전기는 초전도(超傳導) 작용을 하면서 전기저항은 완전히 "0"로 감소되었다. 그리고 그 순간 그것은 완벽한 진공상태로 둘러싸여 공중으로 부양되고는 했다고 한다.

그런데 문제는 초기에 제작한 모델들은 전혀 통제나 조종이 되지 않았다는 점이다. 그것들은 그저 허공으로 점차 상승한 후에 멋대로 높이 날아가 사라져 버리기 일쑤였다. 또 그 중 어떤 것은 인근의 주택 지붕을 뚫고 추락하는 바람에 집을 심각하게 파손시켰다. 그로 인해 서얼은 경찰에 체포되어 며칠

동안 구치소에 수감된 적도 있다고 한다. 하지만 나중에는 방사된 강력한 무선 주파수에 의해 원반을 정지시키거나 착륙시킬 수 있게 되었다. 우연히 발견한 이 방법이 그 값비싼 발전기를 잃어버리는 것을 막는 이상적인 유일한 통제방법이었다.

1960년대에 서얼은 자신의 "비행접시 발전기"를 설명하기 위해 일요일에 강당을 임대해 설명회를 개최하기도 했다. 참석자들은 과학자들과 일반대중이

4부 억압당한 놀라운 신과학 기술들

었고 때때로 그 숫자는 몇 백명에 달했다. 이제 그의 최종목적은 반중력 유인(有人) 비행체를 개발하는 데 있었다.

그러나 그 후 그에게는 자금난과 여러 가지 시련이 다가왔다. 갖가지 압력과 방해공작이 이어졌고, 1983년에는 집에 원인불명의 화재가 발생해 모든 연구 자료가 소실되는 불행을 겪었다. 또한 그는 전기를 도둑질해서 사용했다는 누명을 쓰고 투옥되기까지 했다. 전력회사에서 그에게 소송을 걸고 도전죄(盜電罪)로 고소를 한 이유가 가관인데, 전기사용량이 극히 적다는 것이었다. (그러나 사실은 그가 제작한 몇 종의 SEG 우주에너지 발전장치로 인해 그의 실험실은 전력회사 전기를 별로 사용할 필요가 없었던 것이다.) 이런 과정에서 존 서얼은 부인과도 이혼하고 가정이 해체되는 쓰라린 고통을 겪어야 했다. 자신의 가족보다 오직 반중력 장치를 개발하는 일을 앞세워 몰두했던 그의 삶은 이처럼 온갖 고난과 불행, 괴로움으로 점철될 수밖에 없었고, 결국에는 불가피하게 개발노력을 중단하지 않을 수 없었다.

영구자석들의 회전을 통해 형성된 강력한 자기장(磁氣場)이 우주에너지의 발전과 반중력을 현상을 일으킬 수 있다는 존 서얼의 발견은 인류의 과학에 중요한 원리를 시사해 준 것임이 분명하다. 그는 아직 생존해 있지만, 그럼에도 지금의 무지하고 암담한 지구의 현실에서 그의 귀중한 기술이 꽃을 피우기에는 아직까지 요원해 보인다. 다만 〈반 중력 추진력의 비밀들〉이란 책의 저자인 폴 라비올렛(Paul LaViolette) 박사의 주장에 따르면, 현재 러시아가 존 서얼의 원반 기술을 복제하기 위해 비밀리에 연구를 진행하고 있다고 한다.

1.물로 달리는 자동차 연료장치를 개발했던 스탠리메이어

아마도 비싼 휘발유 대신에 물을 연료로 사용해서 자동차를 움직일 수 있다면 얼마나 좋을까라고 생각해 본 사람이 있을 것이다. 미국의 발명가 스탠리 메이어(Stanley Meyer, 1940-1998)는 바로 이런 기발한 기술을 실제로 개발했던 사람이다. 하지만 이 세상에는 이런 기술이 시장에 나오는 것을 바라지 않는 많은 기득권 세력이 버티고 있으며, 그는 1998년 57세의 나이에 안타깝게도 의문을 죽음을 당했다.

스탠리 메이어

스탠리 메이어는 1940년 8월 24일에 쌍둥이 형제 가운데 1명으로 태어났다. 그의 동생은 스티븐 메이어(Stephen Meyer)였다. 이들 형제는 어려서부터 무엇인가를 만드는 데 관심이 많았고 손재주가 뛰어났다.

그는 오하이오 주립대학에 잠깐 다니다 군에 입대했고, 군에서 제대한 후에는 늘 연구, 개발하는 분야에서 일했다. 그는 발명가로서 해양학, 심장병 모니터링 장치, 은행 확인시스템 등의 여러 분야에서 모두 42개의 다양한 특허들을 보유하고 있었다. 한 때는 미 항공우주국에서 제미니 프로젝트 개발에 종사했으며, 또한 스타워즈 프로젝트에 관련된 에너지 공급 시스템을 연구했다. 그는 국내 및 국제 발명 단체들에게 알려져 있었고 수상을 하기도 했었다. 그리고 1993년도에는 그해의 발명가로 뽑혀 "미국의 명사록"에 등재되기도 했다.

그가 보통의 물을 연료로 사용해볼 수 없을까 하고 생각하기 시작한 것은 석유파동과 아랍의 석유수출 금지가 종료된 지 1년 후인 1975년부터였다고 한다. 1973년의 제4차 중동전쟁 발발시 아랍국가연합은 서방국가들의 공공연한 이스라엘 지원에 반발해 석유를 경제적 무기로 활용했다. 즉 1973년 10월부터 그들은 유럽과 북미대륙으로의 모든 석유수출을 금지하는 조치를 취했던 것이다. 이로 인해 전 세계에 오일쇼크가 발생했고, 석유 가격은 천정부지로 치솟았다. 1974년 3월에야 이런 금지 조치가 해제되었지만, 원유 가격은 1년 전보다 2배 이상 높은 수준으로 계속 유지되었다. 비싼 가격에도 불구하고 수급이 원활치 않아 주유소에는 자동차 주유 행렬이 길게 늘어선 채 대중들의 불안이 높아만 가던 시기였다. 이렇게 석유 대신에 사용할 수 있는 대체 연료원의 필요성이 절박해진 상황에서 메이어는 물을 자동차 연료로 이용하는 방법을 개발하고자 연구에 매달리게 된 것이었다.

20년에 가까운 연구 끝에 그는 "물 연료 전지(water fuel cell)"를 개발해 냈는데, 이 장치는 물의 성분을 수소와 산소로 분해하여 그 물 분자가 재구성되는 과정에서 수소와 산소의 혼합 기체를 연소시켜 강력한 에너지를 얻는 방식이었다. 알다시피 물 분자는 2개의 수소와 1개의 산소 원자로 이루어져 있다. 물이 그 구성원소인 수소와 산소로 분리되어 연료로 태워질 때, 그로 인해 생겨나는 에너지는 휘발유보다 2.5배 더 강력하다고 한다. 게다가

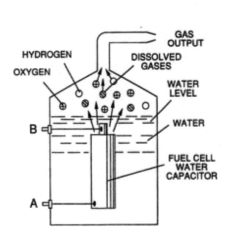

<물 연료 전지> 장치의 구조

그런 연소의 부산물은 수증기일 뿐이므로 물을 연료로 사용하는 것은 대기오염에서도 자유롭다. 그리고 메이어의 말에 따르면 그 장치가 물을 전기분해하는 데는 기존 과학에 의해 예견되거나 측정되는 최소의 에너지 필요량보다도 더 적은 에너지만 든다고 했다. 또한 그는 기존의 자동차 설비를 약간 개조하여 이 장치를 모든 차에 장착할 수 있게끔 고안했다. 그는 스파크 플러그(점화전)를 분사식 급수기로 대체했는데, 그것은 산소/수소 혼합기체를 엔진 실린더에다 주입하는 것이었다. 그는 1990년대 초에 물을 동력으로 해서 움직이는 자동차와 관련해서 9개의 특허를 취득했다.

오하이오 방송국의 뉴스보도에서 메이어는 실제로 자신의 물 연료 전지에 의해 시속 80km로 질주하는 스포츠용 경자동차를 시범 보였다. 그리고 그는 로스엔젤리스에서 뉴욕까지 미국대륙을 횡단하는 데 단지 83리터(ℓ)의 물이 필요할 뿐이라고 주장했다. 이 말대로라면 3.77리터의 물만으로 자동차가 약 160km를 갈수 있다는 이야기가 된다.

그의 연구는 전 세계적인 주의를 끌었고 즉 해외로부터도 많은 방문자들이 그를 찾아왔다. 정부와 석유업체들이 그를 감시하는 가운데 독점계약 제의가 잇따랐다. 아랍의 석유 국가 쪽에서는 그의 연구를 멈추게 하기

메이어가 물을 연료로 사용해 달리는 것을 시범을 보였던 자동차

위해 엄청난 금액을 제의했다는 이야기도 나돌았다. 하지만 메이어는 다른 연구가들과 마찬가지로 연구과정 동안 수많은 시련과 좌절을 맛보았다. 그는 한편으로는 비전 있는 천재라는 소리를 들었지만, 또한 다른 한편에서는 고소를 당해 사기라고 선고를 받기도 했다.

스탠리 메이어는 1998년 4월 20일 오하이오 주, 그로브 시의 평범한 한 레스토랑에서 자신의 동생 및 2명의 벨기에인 투자자들과 식사하며 건배를 하고 있었다. 그때 그가 크랜베리 주스를 한 모금 들이켰다. 곧 그는 자신의

4부 억압당한 놀라운 신과학 기술들

목을 움켜쥐었고, 갑자기 문 밖으로 돌진하더니 그대로 주저앉아 격렬하게 구토를 했다. 그의 동생 스티븐이 밖으로 달려가 그에게 물었다.

"무슨 일이야?"

"그들이 독(毒)으로 날 죽이려고 해!"

이 말이 그가 죽어가면서 남긴 마지막 외침이었다. 그는 곧이어 바닥에 쓰러졌고 얼마 되지 않아 숨을 거두었다. 메이어의 죽음은 3개월간의 조사를 거쳤으나, 그로브 시의 경찰과 검시관의 보고서는 그의 죽음의 원인이 독극물이 아니라 뇌 동맥류(動脈瘤)라고 결론지었다. 그의 동생 스티븐 메이어는 현재 자신의 형 스탠리 메이어에 의해 발명된 "물 연료 전지"의 복잡한 비밀을 아는 유일한 사람이다. 하지만 그는 형이 겪은 가혹한 시련과 죽음을 목격한 장본이기에 스탠리의 연구를 자신이 맡아 계속하기를 거부했다.

소문에 의하면, 스탠리 메이어는 1997년에 그의 특허와 모든 권리를 10억 달러에 넘기라는 제의를 거절한 후, 그가 변환기(물 연료 전지) 세트를 자유 시장에다 내놓는 것을 막기 위해 그 다음 해에 살해당한 것이라고 한다. 결국 그는 1년에 5조 달러에 달하는 거대한 석유 메이저들의 이익 보호 때문에 희생당한 천재였을 가능성이 높다고 하겠다. 많은 연구가들도 그의 획기적인 기술을 매장하기 위해 그가 독살되었고 그의 죽음에 석유회사들과 미국 국방성이 관여했다고 주장하고 있다.

2.새로운 대체 에너지 개발 운동의 선구자였던
유진 멀러브 박사

유진 프랭클린 멀러브(Eugene Franklin Mallove (1947 6. 9 – 2004. 5. 14)는 저명한 과학자이자 과학저술가이고, 1995년에 창간된 〈무한 에너지〉라는 잡지의 발행인 겸 편집자였다. 또한 비영리조직인 뉴 에너지 재단을 설립한 당사자이다. 그리고 그는 대체 에너지원인 상온핵융합 기술과 연구에 대한 강력한 옹호자이고 후원자였다.

유진 멀러브 박사

유진 멀러브 박사는 MIT 대학에서 항공공학 석사를

취득했고 하버드 대학에서 환경위생과학 분야로 이학박사를 취득했다. 그는 휴즈 연구소와 MIT의 링컨 연구소 등에서 근무했으며, 신에너지 연구개발 분야에서 컨설턴트로 활동했다. 한 때 멀러브는 MIT와 보스턴에서 과학 저널리즘을 가르쳤고 주요 과학 집필가였다. 또한 그는 '미국의 소리' 라디오 방송의 사회자였으며, 3권의 과학 저서의 저자였다. 그리고 수많은 잡지와 신문들에다 프리 에너지 기술개발의 중요성에 관련된 기사들을 발표했다. 그의 대체 에너지 연구는 빌헬름 라이히의 오르곤 모터 복원을 포함하고 있었고, 진공 속에서 조율된 플라즈마 아크 방전을 통해 입력을 초과하는 전기 에너지 출력을 확인했다고 주장했던 과학자들 가운데 한 명이었다. 유진 멀러브는 높은 명성에도 불구하고 주류 과학계와는 껄끄러운 대립관계에 있었는데, 이것은 대체 에너지 연구 분야에 대한 그들의 무시와 위선을 목격한 탓이었다고 한다.

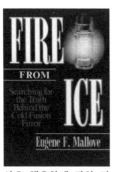

상온 핵융합에 관한 멀러브 박사의 저서

이런 와중에 안타깝게도 그는 2004년 5월 14일, 자신의 고향인 코네티컷 주, 노리치에 있는 그의 부모 소유의 임대주택을 청소하던 중에 정체불명의 침입자들에게 치명적인 폭행을 당해 사망했다. 그의 죽음은 계획적 음모가 아닌가하는 수많은 의문과 논란을 불러 일으켰지만, 경찰은 단순히 무단 침입한 강도사건에 의한 우발적 살인에다 혐의를 두었다.

그런데 우리가 한 가지 주목해야 할 점은 멀러브 박사가 살해당하기 바로 하루 전날 워싱턴에서 탁상용 프리에너지 장치를 시범 보였고, 또한 전 세계인들에게 〈신에너지 과학기술 후원에 대한 호소문〉을 발표했다는 것이다. 그가 그런 호소문을 공표한 목적은 프리에너지 기술의 연구/개발 자금으로 매년 5,000만 달러를 모금하기 위한 것이었다. 이런 내막적인 사실은 멀러브 박사의 절친한 친구였던 〈엔터프라이즈 미션〉의 대표인 리처드 호글랜드 (Richard Hoagland)에 의해 공개되었다.

그는 이 장문의 호소문에서 프리에너지 기술의 현황에 관해 상세히 설명하면서 그 연구개발의 필요성과 절박성을 강조하고 있고, 전 세계인들에게 간절히 지원을 요청하고 있다. 아래는 그 호소문 내용의 주요 부분이다.

〈신에너지 과학기술 후원에 대해 전 인류에게 보내는 호소문〉

4부 억압당한 놀라운 신과학 기술들

열린 마음의 호기심과 선의(善意), 합리적 판단, 그리고 상상력을 가진 세상의 모든 이들에게. 그리고 과학자들과 기술자들, 박애주의자, 환경보호론자, 에너지 개발자, 첨단기술 투자자, 건강관리 전문가, 언론인, 예술가, 작가, 사업가, 연예인, 그리고 정치 지도자들께.

여러분이 보수적이거나 진보적이든, 혹은 민주주의자나 공화주의자, 자유주의자 또는 무정부주의자든, 그리고 여러분이 불가지론자나 불교도, 기독교도, 유대교도, 힌두교도, 이슬람교도, 무신론자, 또는 어떤 다른 범주의 영성을 갖고 있든 간에 이 메시지는 당신들과 같은 선의를 가진 모든 이들에게 보내는 것입니다.

친애하는 친구들이여, 근본적으로 새로운 형태의 에너지를 연구/개발하기 위한 지원과 여러분의 관심을 부탁드리는 이 긴급한 호소문에는 이면의 사정이 있는데, 그것은 지혜로운 사색가들에 의한 어떤 생각들입니다. 그것은 다름이 아니라 지금의 세상 질서를 완전히 뒤엎고 바꾸어 인류문명의 새로운 날을 열 잠재력을 가진 에너지원에 관련된 것입니다. … (중략) …

나는 이런 (프리 에너지) 전문가들에 관한 소식들을 알고 있는데, 즉 우리의 에너지 문제들에 대한 해결책이 바로 가까이에 있다는 것입니다. 그리고 그들은 초기 연구자금이 필요하지만, 기존 단체의 전문가들이 정부의 후원에 익숙해져 있는 것 같이 수십억 달러가 요구되는 것은 아닙니다. 오히려 필요한 총액은 아마도 이미 이루어져 있는 신에너지 물리학의 발견들에 기초해서 기본형 전기 발전기를 제작하기 위한 비용으로 단지 몇 천만 달러 정도입니다. 그것이 의식(意識)을 높이고 이런 근본적인 새로운 에너지원의 자금을 마련하기 위한 이러한 지원호소의 모든 것입니다.

… (중략) …

우리가 앞으로 전진하여 우리의 공동의 목적지에 이르기 위해서는 여러분의 후원이 필요합니다. 그 목적지는 중앙집권화된 지정학적 통제가 없는 원천들로부터 얻은 풍

2003년에 자신의 아내(좌) 및 어머니(우)에 함께 한 멀러브 박사의 모습

요롭고 청정하고 안전한 에너지로 이루어진 세상입니다.

부디 이런 호소에 동참해 주십시오. 저는 여러분에게 저의 주장을 액면 그대로 무조건 받아들여 달라고 요청하고 있는 것은 아닙니다. 다만 간략하게 (이 호소문에) 첨부된 자료를 읽고 숙고하고 검토하여 그것을 조사해 보시고 난 다음에 여러분이 조치를 취하는 단계로 옮겨가기를 희망하는 바입니다. 만약 여러분이 아직도 이런 주장들에 대해 어떤 의문들을 갖고 계시다면, 저와 제 동료들이 있는 그대로의 사실을 가지고 답변드릴 수가 있습니다.

… (중략) …

우리는 인정된 신에너지 연구자금으로 최소한 1년에 50만 달러 모금에 도달하고 싶습니다. 그것이 중요한 연구를 행하기에는 많은 돈이 아닌 것으로 보일 수도 있습니다. 하지만 여러분에게 보장하건대, 이런 금액조차도 – 최고의 연구가들에게 현명하게 분배한다면 – 신속히 극적인 촉매효과를 시작할 수 있었습니다. 신에너지 연구가들은 낮은 경비에 익숙해져 있지만, 이미 명백히 실패로 끝난 정부의 낭비적인 에너지 연구 프로그램과는 달리 대단히 창조적입니다. 물론 이런 적절한 수준의 연구자금을 얻는 것도 쉽지는 않을 것이고, 매년 수백만 달러의 자금은 훨씬 많은 것을 성취할 것입니다. 충분한 자금공급을 못 받는 연구자들에게 보다 신속히 적정한 목표자금을 지원해줄 수록 우리가 필연적인 신에너지 혁명을 가속화할 수 있습니다.

… (중략) …

나는 여러분이 이런 흔한 어둠의 시대에 전 세계가 – 실용화된 기술에 뒤이어 풍요롭고 청정한 에너지 원천들의 새로운 시대가 동트게 될 것이라는 – 실제적인 희망을 통해 엄청난 이익을 얻게 되리라는 점에 동의하실 것이라고 생각합니다. 제발 그런 일을 이룰 수 있게끔 우리를 돕는 데 최선을 다해 주십시오. 또한 부디 도움을 줄지도 모를 다른 이들에게 이 긴급한 문제를 전달하여 우리를 도와주십시오.

지금이나 아주 가까운 미래에 우리에게 동참해 주실 것이라는 데 미리 감사드립니다.

충심으로

유진 멀러브 박사

신 에너지 재단 총재

〈무한 에너지〉 편집 주간

유진 멀러브는 이처럼 프리에너지와 상온핵융합 분야에서 가장 적극적으로 나서서 열정적으로 활동하던 과학자였다. 그는 자신의 저서에서 유타대학의 스탠리 폰즈와 마르틴 플레치맨 교수팀이 상온핵융합 실험에서 여러 번에 걸

4부 억압당한 놀라운 신과학 기술들

쳐 성공적으로 출력이 훨씬 더 많은 결과를 얻었다고 주장했다. 그럼에도 그런 결과들이 정부와 주류 과학자들로부터는 조직적인 비웃음을 통해 억압받았다고 하였다.

2005년에 전과가 있는 두 명의 범죄자들이 그에 대한 살해 혐의로 체포되었지만, 사건처리는 빨리 진행되지 않고 늑장을 부렸다. 그리고 그들에 대한 혐의는 살인 당일에 차량절도와 상습적 집 털이 부분만 인정되었고, 살인 혐의는 멀러브 박사의 죽음과 관련된 뚜렷한 법의학적 증거가 없다는 이유로 2008년 11월에 기각되었다.

3.프리 에너지 배터리를 발명했던 아리에 M. 드지우스

2007년 11월 11일, 미국 노스캐롤라이나 주의 샬롯 더글라스(Charlotte Douglass) 국제공항의 장기 주차장에서 프리에너지 발명가인 아리에 M. 드지우스(Arie M. DeGeus, 1930~2007)가 자신의 승용차 안에서 의식불명 상태로 발견되었다. 즉시 병원으로 긴급히 후송됐으나 병원에 도착한 직후 그는 사망하고 말았다. 부검결과 외견상 심장마비인 것처럼 보였고, 따라서 당국은 그의 사망원인이 의학적인 문제나 자연사로 인한 결과라고 주장했다.

하지만 그가 원래 심장에 전혀 문제가 없었고 비교적 건강했기 때문에 그의 주변 사람들은 드지우스의 죽음이 타살(他殺)이 아닌가하고 의심했다. 또한 심장마비를 일으키는 장치나 독극물의 흔적이 남지 않는 약물도 있을 수 있으므로 살해당했을 가능성을 전혀 배제할 수는 없었다.

CEO 잡지의 표지에 등장했던 아리에 M.드지우스

문제는 당시 그가 유럽으로 가서 자신이 개발한 기술을 상용화하기 위한 자금을 확보하려던 참이었고, 그렇게 될 경우 연료로서의 석유의 용도가 상당 부분 폐기될 수도 있다는 데 있었다. 드지우스는 웨이퍼(wafer)와 같은 얇은 소재의 장치를 발명했는데, 이 소재는 내부의 전자의 흐름이 조정되어 소규모 전압의 일정한 전류량이 지속적으로 생산되는 일종의 "자체-충전 배터리"였다. 그가 사망하기

2주 전에는 유타 주의 솔트레이크(salt lake) 시티에 머물면서 그 기술을 시범보인 바가 있었다.

업계에서는 이 기술을 응용할 경우, 반도체와 컴퓨터 산업 분야에서 수십억 달러의 가치가 있다는 평가였다. 또한 드지우스는 투기자본을 이용할 수많은 기회가 있었지만, 자신의 기술이 모든 사람들을 위해 세상을 변화시킬 잠재력이 있다는 믿음에서 그런 제의들을 모두 거절했다고 알려져 있다. 원래 네덜란드 암스테르담 출신인 그는 프리 에너지 연구가로서는 특이하게도 유럽에서 가장 큰 석유기업인 로얄 더취 셸(Royal Dutch/Shell)에서 중역으로 장기간 근무하다 은퇴한 경력을 갖고 있었다.

한편 동료 연구가 톰 베어든 같은 사람은 그의 죽음의 원인이 원거리에서 발사되어 인체의 심장박동 조절기능을 파괴하는 전자기 빔(electromagnetic beam)을 맞은 데 있는 것으로 추측했다. 이런 전자기 빔에는 2종류가 있는데, 하나는 그 효과적인 살상반경이 30피트이고, 다른 하나는 200피트에 달한다고 한다. 베어든은 몇 년 전에 레스토랑에서 동료와 함께 식사하는 와중에 이러한 장치의 빔에 맞은 적이 있다고 주장했다. 그들은 심장이 미세하게 수축되는 것을 느꼈고 20 피트 떨어진 거리에서 암살 미수범을 볼 수 있었는데, 그는 책 크기의 그 발사기를 외투 밖으로 노출시키고 있었다고 했다. 다행히 그들은 비상구 근처에 있었고, 치사량의 빔을 맞기 전에 그곳을 재빨리 빠져나갈 수 있었다고 한다.

아리에 M. 드지우스는 앞서 소개했던 유진 멀러브 박사와도 절친한 사이였으며, 멀러브는 드지우스의 연구를 전폭적으로 지원했었다. 그런데 이 두 사람이 모두 몇 년을 간격으로 나란히 죽음을 당했다는 것이 과연 당국의 주장대로 모두 우연한 사건이고, 또 쉽게 납득될 수 있는 문제일까?

어떤 조사에 의하면, 지금까지 총 53명에 달하는 프리 에너지 발명가나 활동가, 관계자들이 살해되거나 실종되거나 부상을 입었다고 한다. 또한 16명의 에너지 연구가들이 갖가지 명목으로 투옥되어 있다고 한다. 그리고 27건의 프리 에너지 기술들이 미국 특허국에 의해 기밀로 묶여있다고 전해진다.

프리 에너지 연구가들에 대한 이런 끊임없는 탄압과 위해(危害) 공작에는 두말할 나위 없이 메이저 석유기업들과 은행가들, 그리고 CIA와 같은 정보기관들이 관여하고 있는 것이다.

4.지하 비밀군사기지 건설에 종사했던 지질학자 – 필립 슈나이더

필립 슈나이더(Philip Schneider, 1947~1996)는 그림자정부가 그레이 외계인들과의 협정에 따라 실제로 거대한 지하기지를 건설했다는 사실을 폭로함으로써 이를 실제로 입증했던 중요한 내부고발자이다. 즉 이는 단순한 추측성의 주장이 아니라 본인 자신이 정부기술자 겸 폭약 전문가로서 직접 13년 동안 그런 지하군사기지 건설작업을 해왔다는 것이었다. 그는 자신이 료리트(Ryolite)-38이라는 매우 높은 등급의 기밀정보 취급인가와 더불어

필립 슈나이더

미국정부에 의해 고용되어 있었다고 주장했다. 그 작업과정에서 자신이 맡은 일은 지하의 공동(空洞)으로 내려가 암석 샘플을 분석하고 그런 바위들을 부수는 폭발물을 지시해 주는 것이었다고 한다.

그는 1996년 1월 17일, 자기 아파트에서 죽은 상태로 발견되었다. 이것은 며칠 동안 연락이 되지 않는 것을 이상하게 여긴 그의 친구가 아파트 관리자와 보안관을 대동하고 문을 따고 들어가 본 결과였다. 처음에 검시관은 그의 죽음이 뇌졸중에 의한 자연사(自然死)라고 판단했다. 그러나 나중에는 목 주변에 피아노 줄이 감긴 흔적이 발견됨에 따라 사인(死因)을 자살로 변경했다. 그러나 그 후 드러난 모든 정황들은 타살에 의한 질식사(窒息死)임을 분명히 말해주고 있었다.

슈나이더는 죽음을 당하기 2년 전인 1994년부터 위험을 무릅쓰고 자신이 겪은 진실과 은폐된 UFO와 외계인 관련 정보들, 정부의 검은 예산 등에 관해 폭로하는 공개적인 순회강연을 해왔다. 그리고 그의 오랜 친구인 마크 루펜너의 말에 따르면, 그들은 곧 세계 비밀정부의 음모와 숨겨진 정보들에 관련된 책을 함께 낼 예정이었다고 한다. 이런 상황으로 미루어 볼 때 어찌 보면 그의 죽음은 예정된 수순이었다고 말할 수밖에 없을 것이다. 또한 그의 전 부인 신시아(Cynthia)가 나중에 증언하기를, 그의 아파트에서 유품을 살펴본 결과 강연 자료와 군 관련 사진들, UFO에 관해 써놓은 미출간 노트들만 감쪽같이 사라지고 돈과 귀중품들은 그대로 남아 있었다고 한다. 그리고 평소에 그는 늘 친척과 친구들에게 만약 자신이 자살한 모습으로 발견될 경

우 그것은 피살당한 것으로 알라고 말해왔다는 것이다. 게다가 살아 있을 때 슈나이더는 자신이 강연을 못하도록 막기 위해 정부의 요원들에게 여러 번 차량 테러와 살해 시도를 당했다고 고백한 적이 있었다.

그가 강연을 통해 밝힌 바에 의하면, 미국정부는 2차 대전 이래 깊은 지하기지들을 구축해 왔고 뉴멕시코 덜스(Dulce)에 있는 미국과 외계인 공동 생체공학시설도 그런 기지들 가운데 하나라고 말했다. 한편 1979년에는 작업도중 덜스에서 양측 간에 오해로 인해 총격전이 발생했으며, 이때 불특정 다수의 그레이들과 함께 기술자와 군 특수요원을 포함해 모두 66명이 피살 당했다고 주장했다. 그리고 자신이 그 때 부상을 입고 살아남은 3명 가운데 1명이라고 말했다. 다음은 그가 강연에서 공개한 일부 주요 정보들이다.

1)지하 군 기지를 포함한 비밀 프로그램에 관련된 검은 예산이 미국 국민총생산의 25%에 달하며, 적어도 현재(1995년) 연간 1조 2,500만 달러가 사용되고 있다. 지금 미국에는 깊은 지하에 군 기지가 129개가 존재한다. 이들 기지들은 최고 마하-2 까지 속도를 내는 초고속 전자기 열차로 연결돼 있는 지하의 큰 도시들이다. 이런 기지들의 평균적인 깊이는 1마일 이상이고 그들은 하루에 터널을 7마일(11.2키로)이나 뚫을 수 있는 레이저 굴착기를 가지고 있다. 그 검은 프로젝트는 의회의 승인을 회피하고 있는데, 명백히 그것은 불법이다.

2)미 연방정부는 1954년에 미국헌법을 교묘히 피해서 "그레이" 외계인들과 협정을 체결했으며, 이것은 〈그리다(Greda)〉 조약이라는 공동협정이다. 이것은 외계종이 가축 도살을 할 수 있고 인간에게 이식장치 삽입기술을 실험할 수 있도록 기본적으로 동의한 것이다. 그러나 그레이들은 나중에 그 거래내용을 협정대로 지키지 않았고 멋대로 변경했다.

3)정부는 대중들에게 UFO와 예산에 관해 거짓말을 하고 있고 상원의원들의 접근을 막고 있다. 또한 외계인 문제에 대해 진실을 말하기를 거부해왔다. 우주 왕복선이 실어 나르고 있는 것이 있는데, 그것은 지구상에서는 얻을 수 없는 우주에서 가공한 거대한 특수금속 덩어리이다. 그것을 생산하기 위해서는 외계의 진공에 가까운 상태가 필요하다. 그리고 우리의 스텔스 기술은 추락한 UFO 기술을 역분석공학을 통해 개발한 것이다. 나는 내가 Area-51에서 일하기 시작했을 때까지는 UFO에 관해 정말 관심이 없었다. 1979년의 덜스에서의 총격사건 이후 2년 동안의 회복기간을 보낸 다음, 나는 다시 일하기 위해 모리슨과 커드슨사, EG&G 등으로 돌아갔다. 그때 목격했지만, Area-51에서 그들은 온갖 종류의 특수한 우주선들을 테스트하고 있었다.

4)나는 미국 세계무역센타 폭격에 대한 보고서를 만드는 일에 고용된 바 있다. 내가 90여 종의 특수 화학 폭탄에 대해 알고 있기 때문에 고용된 것이다. 세계무역센터 폭탄 폭발 및 오클라호마 시 청사 폭발은 작은 핵 장치를 사용하여 이루어졌다. 그것

4부 억압당한 놀라운 신과학 기술들

은 구조형 핵폭탄이었다. 그들은 그런 손상을 일으킨 것이 질소 화합물로 된 폭탄이라고 분명히 말했지만, 그것은 100% 거짓말이다.

5)미국정부는 지진유발 장치를 갖고 있다. 이것은 테슬라 장치를 그릇된 목적에다 사용하고 있는 것이다. 검은 예산으로 하는 계획이 지금까지 우리가 알고 있는 과학이란 것을 타락시켰다. 에이즈(AIDS)는 1972년 시카고의 국립 실험 연구소에서 개발된 인구조절용 바이러스(Virus)이다. 그것은 미국 국민들을 대상으로 사용되는 일종의 생물학적 무기였다.

이외에도 또한 그는 지난 22년 간 자신과 함께 일했던 친구 11명이 살해당했으며, 그중 8명은 자살로 위장되었다고 주장했다.

5.UFO 연구가들의 이상한 죽음들

이 지구라는 행성에서는 프리에너지 분야뿐만이 아니라 UFO에 관심을 가지고 연구하려는 것 역시도 매우 위험한 일이다. 지난 60년간에 걸쳐 UFO 분야의 역사와 연대기를 살펴보면, UFO 연구 활동을 하거나 관련 정보를 대중들에게 전파하려고 했던 많은 연구가들이나 과학자들이 종종 의문의 죽음을 당했기 때문이다.

1971년에 과학 논픽션 저자이자 연구가인 미국의 오토 빈더(Otto Binder)는 그때까지 사망한 137명의 UFO 연구가와 저자, 과학자, 목격자들의 죽음을 조사한 적이 있었는데, 그 대부분이 비정상적인 상황에서의 죽음이었다고 한다. 그들의 죽음의 형태는 여러 가지 유형으로 나타났는데, 가장 대표적인 것은 심장마비, 뇌졸중, 머리의 총상, 수상한 암(癌), 독극물이나 치명적인 바이러스 주입에 의한 살해 등이었다.

사실 그림자 정부가 흔적이 남지 않는 화학물질이나 특수 전자장비에 의한 주파수 방사를 통해 표적인물에게 이런 병증들을 유발하는 것은 그리 어려운 일이 아니다. 그리고 이런 죽음들은 대개 자살(自殺)이나 자연사(自然死)처럼 위장되어 있기 일쑤여서 나중에 논란을 불러일으키고는 한다. 하지만 이런 죽음들이 앞서 살펴보았던 프리 에너지 연구가들의 죽음의 모습과 너무도 유사하다는 점에서 그들이 죽은 이유를 유추하는 것은 별로 어려운 일도 아니고 또 놀랄 일도 아닐 것이다. 그리고 이런 UFO 관련자들의 죽음의 주변에는 늘 그들을 위협하기 위해 나타나는 소위 정체불명의 검은 옷을 입은 자들(MIB:Man in Black)이 등장하고는 한다. 의심스러운 주요 사망 사례들은 다음과 같다.

●론 럼멜(Ron Rummel)

전 공군정보부 요원이었고, 〈외계인 다이제스트(Alien Digest)〉라는 잡지의 발행인이었다. 1993년 스스로 자신의 입에다 총구를 넣고 발사해 자살한 것으로 발표되었다. 그러나 그의 친구들의 증언에 따르면, 총신에 아무런 혈흔도 없었고 손잡이에서도 전혀 지문이 발견되지 않았다. 그리고 그가 남겨 놓았다는 자살을 암시한 노트기록이 있었는데, 조사결과 왼손잡이에 의해 쓰인 것이었다. 하지만 그는 오른손잡이였다.

그가 발행했던 잡지에서는 UFO와 외계인에 관련된 민감한 주제들을 다루곤 했었는데, 이것이 그의 죽음에 영향을 미친 것으로 추측된다. 또한 공교롭게도 몇 년 후 역시 죽음을 당했던 필 슈나이더(Phil Schneider)와 론 럼멜은 가까운 친구사이였으며, 서로 협력하고 있었다고 한다.

●앤 리빙스턴(Ann Livingston)

원래 공인회계사였으나, UFO 연구단체인 〈MUFON〉에서 조사관으로 활동했다. 그녀는 1993년 〈MUFON〉 저널 11월호에서 당시 국가안보협회(ANS)의 '전자감시 프로젝트'에 대해 대단히 비판적인 기사를 게재했다. 그후 정체불명의 사람들에게 감시를 당했고, 몇 달 후인 1994년 초 갑자기 발생한 난소암으로 사망했다.

●모리스 K. 제섭(Morris K. Jessup) 박사

미국의 저명한 천문학자로서 평생을 UFO 탐구에 매진했으며, UFO에 관한 2권의 저서를 갖고 있었다. 1959년 4월 19일, 플로리다 주, 데이드 카운티 공원에 주차돼 있던 차 안에서 숨진 채 발견되었다. 경찰은 자살한 것으로 보았으나, 그의 가까운 친구들은 그럴 이유가 없다고 이를 단호히 부정했다. 특히 친구인 맨슨 발렌타인(Manson Valentine) 박사와는 다음 날 만나기로 약속까지 돼 있었다. 자살한 시신은 부검을 해야 하는 것이 플로리다 주의 법(法)이었지만, 어찌된 일인지 제섭박사의 시신은 부검이 실시되지 않았다.

당시 특히 그는 미 해군의 특급비밀인 〈필라델피아 실험〉에 관해 깊이 조사하고 있었고, 상세한 보고서를 완성했던 것으로 알려져 있다. 그리고 그의 부인에 따르면, 남편이 사망하기 전에 집으로 걸려온 이상한 협박 전화들이 있었다고 한다. 그 후 몇 달 만에 사망한 것인데, 기밀노출에 위협을 느낀 세력에 의해 자살로 위장되어 암살된 것으로 의심된다. 일부 전문가들은 그가 원격 마인드 콘트롤에 의해 희생당한 것이 아닌가하고 추측했다.

●론 존슨(Ron Johnson)

UFO 연구단체인 〈MUFON〉의 부회장이었고 조사 담당자였다. 1994년 6월 9일 텍사스 오스틴에서 개최된 과학탐사협회의 한 집회에 참석하던 중 갑작스럽게 급사했다. 슬라이드가 상영되는 동안 숨을 헐떡이다 의자에서 돌연 바닥으로 쓰러졌는데, 코에서 피가 흘러나오고 있었다. 그리고 그의 바로 옆 좌석에는 그가 조금씩 들이키던 사이다 한 병이 놓여 있었다.

소문에 의하면, 당시 그는 첨단기술연구학회와 함께 UFO 추진시스템에 관해 조사하는 활동을 하고 있었다고 한다. 그 이전에 그는 군산복합체인 어스 테크사(Eartn Tech Inc)에 고용되어 있었고 그곳 두뇌집단의 일원이었다. 이것은 그가 화이트 샌드 미사일 시험단지와 같은 비밀구역을 드나들 수 있는 높은 보안인가등급을 갖고 있었음을 나타낸다. 그런 그가 UFO 연구단체에 몸을 담고 UFO 조사 분야에 관여한 것은 넘어서는 안 될 선을 넘은 것이고, 양다리를 걸친 것을 의미했다.

●제임스 맥도널드(James Mcdonald) 박사

제임스 맥도널드 박사

저명한 물리학자이자 애리조나 대학 기상학부 교수였다. 1971년 머리에 총상을 입은 모습으로 사망한 채 발견되었다. 죽기 전 그는 UFO의 실체를 확신했고, 그런 만큼 미 의회가 UFO 문제에 대해 진지하고도 실질적인 탐구를 할 수 있는 분과위원회를 개설하도록 열심히 의원들을 설득하는 활동을 했다. 1968년에는 미 하원의 과학 및 항공우주 분과위원회에서 UFO에 관해 증언하기도 했다. 따라서 그에게는 많은 적들이 있었으며, UFO를 은폐하려는 세력들에게 그는 눈의 가시 같은 존재였다.

●윌버트 B. 스미스(Wilbert B. Smith) 박사

1950년대에 캐나다 정부의'마그넷 프로젝트'를 지휘했던 뛰어난 과학자이
다. 1962년 12월 27일 의문의 암으로 세상을 떠났다. 이'마그넷 프로젝트'
는 UFO의 물리적인 전자기 원리를 규명하고자 계획된 것이었다. 그러나 언
론의 섣부른 사전 폭로와 당국자들의 몰이해로 4년 후 폐쇄되었다. 하지만
연구기간 동안 외계인들과의 텔레파시 교신과 일부 접촉에 성공했던 것으로
알려져 있다.

●짐 로렌즌(Jim Lorenzen)과 그의 부인 캐롤 로렌즌(Coral Lorenzen)

이들 부부는 1952년에 UFO 연구단체인 〈APRO(공중현상조사기구)〉를 창
립한 장본인들이며, 여러 권의 UFO 서적들을 공동으로 저술한 바 있다. 그
리고 이 단체는 UFO 현상에 대해 과학적인 입장에서 조사하고 연구하는 입
장을 견지했고 다수의 과학자들을 자문위원들을 거느리고 있었다. 앞서의 제
임스 맥도널드 박사 역시 당시 〈APRO〉에서 자문역을 맡고 있었다. 저명한
천문학자 알렌 하이네크 박사는 생전에 〈APRO〉를 〈NICAP(전미 공중현상 조
사 위원회)〉와 함께 가장 뛰어난 민간 UFO
연구단체로 언급한 바 있다.

짐 로렌즌이 1986년에 수상쩍은 암으로 갑
자기 사망했고, 2년 뒤 부인 캐롤 역시 암으
로 세상을 떠났다. 캐롤이 죽기 1달 전 그녀
의 딸마저 먼저 사망하는 바람에 이들의 집안
전체가 비극으로 끝났다. 부부가 모두 사망함
에 따라 결국 〈APRO〉는 1988년에 해체되고
말았다.

●프랭크 에드워즈(Frank Edwards)

유명한 라디오 뉴스 캐스터이자 UFO 옹호론자였으며, 평소 깊은 관심을
갖고 조사했다. 1976년 6월 24일 심장마비로 사망했다. 그는 주로 방송을
통해 대중과 정부에게 UFO에 대한 관심을 환기시키는 활동을 하고 있었다.

그런데 이상한 것은 그가 죽기 전 이미 그의 죽음이 미리 예고되어 있었

다는 것이다. 나중에 밝혀진 사실이지만, UFO잡지 발행인이자 저자인 그레이 바커는 자신이 미지의 사람으로부터 2통의 편지와 1통의 전화를 받았는데, 그 내용은 프랭크 에드워즈가 당시 열릴 예정이던 UFO대회가 끝날 때까지 살아있지 못할 거라는 말이었다. 그해 뉴욕에서는 6월 24일에 과학적 입장에서 UFO를 연구하는 학자들이 모이는 세계 UFO대회가 개최될 예정이었다. 결국 그의 죽음에 대한 예고는 적중했고, 그 소식은 2,000명의 청중들 앞에서 발표되었다. 한편 UFO 연구가 브래드 스타이거의 보고에 의하면, 에드워즈가 죽기 전에 3명의 MIB에 의해 방문을 받았고 UFO조사에서 손을 떼라는 경고를 이미 받고 있었다고 한다.

● 존 E. 맥(John E. Mack)박사

하버드 의대 정신의학과 교수였고, '아라비아의 로렌스'의 전기로 1977년에 퓰리처상을 받은 바 있다. 외계인 피납자들에 관해 오랫동안 연구해 왔는데, 2권의 관련 저서가 있다. 2004년 9월 27일 T. E. 로렌스(Lawrence) 학회가 주최한 회의에 참석차 방문했던 영국의 런던에서 갑자기 나타나 돌진해온 음주운전 차량에 치여 석연치 않게 사망했다. 그가 차에 치인 것은 동료들과의 식사 후 헤어져 홀로 길을 걷던 와중에서였다.

존 E 맥 교수

6.기타 암치료법과 대체의학에 대한 탄압 공작들

이 지구라는 세계에서는 반드시 프리에너지와 UFO 반중력 기술만 은폐되고 억압을 받고 있는 것이 아니다. 대체의학이나 암 치료 분야의 선구적 요법들과 연구자들 역시 똑같은 탄압을 받아 왔고, 지금도 그러한 뛰어난 치료법들이 고의적으로 은폐되고 있다.

죽어가고 있는 암 환자들의 생명을 볼모로 오로지 자기들 돈벌이와 기존이익 유지만을 목적으로 한 이런 반인권적이고 파렴치한 행위를 자행하고 있는 장본인은 다음 아닌 미국식품의약청(FDA)과 질병통제국(CDC), 미 의사협회(AMA), 미 국립암연구소, 그리고 거대 제약기업들이다. 이들 집단은 한 통속으로서 자기들의 기존 이익에 반하거나 위협이 될 수 있는 새로운 암 치료법을 개발한 대체의학 연구자가 나올 경우, 그들을 위험인물로 낙인찍는다. 그리고 곧 이어 거대한 권력을 무소불위로 휘두르며 탄압을 개시한다. 그 상투적 수법은 갖가지 법을 이용한 방해와 괴롭힘, 연구기금 중단, 정보왜곡 및 문서조작, 무단침입과 가택수색, 허위루머 유포와 중상모략 등이다. 그리고 이들 위에는 배후에서 이 단체들을 조종하는 그림자정부가 도사리고 있다. 그 증거로 위에서 열거한 단체들에는 록펠러 기업에 의해 대규모 자금이 투자돼 있고 그들은 뒤에서 이 자금을 통해 그런 단체들의 활동과 정책결정에 막강한 영향력을 행사하고 있는 것이다. 왜냐하면 이 단체들은 우선 자기들의 이익을 지키는 데 골몰하고 있고 또 그런 로비활동을 하는 데만도 엄청난 자금을 사용하고 있기 때문이다. 그리고 〈세계 보건 기구(WHO)〉와 같은 UN 산하단체 역시 그들의 손아귀 안에 있기는 마찬가지이다.

이제부터 새로 개발된 암 치료법이 억압당한 그런 몇 가지 주요 사례들을 소개하겠다. 미국의 로얄 R. 라이프(Royal Raymond Rife, 1888-1971) 박사는 젊어서부터 세균학과 현미경, 전자공학에 관심이 많았는데, 그러다 보니 일찍이 암의 원인에 대한 연구에 착수하게 되었다. 그는 1920년에 배율이 무려 17,000배에 달하는 고성능의 특수 현미경을 개발했고, 나중에 이를 통해 암을 유발하는 BX-바이러스를 발견했다. 이 바이러스를 배양해 쥐 400마리에게 주입하여 시험해본 결과, 암이 나타나는 것을 확인하고 암의 원인은 바이러스라는 사실을 깨닫는다. 그리고 그는 이 바이러스에다 주파수를 쏘아 전자기적으로 파괴하는 "라이프 머신(Rife Machine)"이라는 기기를 발명해냈다. 이 장치는 바이러스뿐만이 아니라 암 종양도 파괴할 수 있었다. 이 원리를 이용해 1934년 미 의료위원회가 지정한 남 캘리포니아 대학에서

말기 암 환자 16명을 대상으로 임상실험을 실시하게 되었다. 그 결과는 놀라운 것으로서 14명이 치료 후 3

로얄 라이프 박사와 그의 경이로운 발명품이었던 라이프 머신(우측)

개월 안에 완치되었으며, 나머지 2명도 그 후 1개월 만에 완치되었다. 그 치료과정은 너무나 간단해서 장치에 전원이 들어오고 난 후 단 3분만 주파수를 환부에 쬐면 치료는 끝이었다. 그럼에도 주파수를 통한 이 치료과정에서 다른 세포조직은 전혀 손상이 없었고 어떤 통증이나 부작용도 없었다. 한 마디로 이것은 경이로운 암 치료기의 발명이었다.

하지만 그때부터 라이프 박사는 오히려 미지의 세력으로부터 압력과 위협을 받는 신세로 전락하게 된다. 곧 그의 기술을 실험하는 연구소에 불이나 몽땅 불타버렸고, 소송이 제기되었다. 이것은 미 의사회의 주도로 이루어진 방해공작이었다. 그러다 결국 그가 개발한 모든 장비와 연구 자료들은 법원 판결을 통해 폐기처분되었으며, 그는 이에 절망한 나머지 모든 것을 접고 알콜 중독자가 되어 전전하다 쓸쓸하게 세상을 떠났다고 알려져 있다.

이와 유사한 일이 1934년에도 있었다. 남 캘리포니아 대학의 후원하에 미국 최고의 세균학자들과 의사들이 모여 "암의 원인은 미생물이고, 말기 암환자라도 미생물을 통증 없이 죽임으로써 암을 완치할 수 있다."며 암에 관한 연구이론을 발표했다. 그리고 이들은 임상실험을 통해 실제로 암 치료에 성공했음을 보여주었다. 그러나 이 새로운 치료법이 점차 기존의료체제의 이익을 위협하게 되자 탄압공작이 시작되었다. 게다가 스미소니언 재단의 연례 보고서에다 관련 연구논문을 게재했던 의학자는 차를 타고가다 저격을 당해 목숨을 잃었다. 그리고 이 치료법으로 많은 암 환자들을 효과적으로 완치시켰던 해머(Hamer) 박사를 비롯한 여러 의사들은 지방의사회의 압력과 박해를 견디다 못해 치료를 포기해야 했다.

잘 알다시피 현대 서양의학이 암을 치료하지 못한다는 사실은 이미 오래전에 드러났다. 현대의학은 암이라면 무조건 수술을 통해 환자의 암 종양을 도려내고 본다. 그 후 독성이 높은 항암제 투여, 그리고 방사선 치료를 진행한다. 하지만 이런 과정에서 맹독성의 항암 화학물질로 인해 환자의 면역력은 더 떨어지고 정상세포 마저 파괴되기 일쑤이다. 그런 까닭에 심지어 일부 어떤 연구자들은 항암제와 방사선 치료가 아무 효과도 없을뿐더러 오히려 환자를 더 빨리 죽게 만든다고까지 주장한다. 즉 암환자의 80%가 암 자체로 죽기보다는 항암치료의 부작용과 합병증으로 사망한다는 것이다. 실제로 전(前) 미국 암학회 회장인 하딘 존스(Hardin Jones)박사는 이렇게 언급한 바 있다

"통계상, 치료받지 않은 암환자의 남은 평균수명이 치료받은 환자들보다 훨씬 더 길다."

이와 유사한 연구 결과가 2012년 일본 오사카 대학 의학부의 후지모토 교수 연구팀에 의한 조사에서도 밝혀졌는데, 위암 수술 후 항암제를 투여한 환자의 경우 그렇지 않은 환자에 비해 2차 발암위험성이 2배로 높아진다는 것이었다.

그러나 이미 살펴보았듯이, 암을 손쉽게 완치시킬 수 있는 혁신적인 의학 기술은 이미 오래 전에 개발되었다. 그럼에도 그것을 억압해 폐기시키고 오직 자기들의 돈 벌이를 위해 수많은 환자들의 고통과 희생을 강요하고 있는 것이 오늘날의 암 의학이라면, 이는 매우 사악한 악마와 같은 행위라고 말할 수밖에 없을 것이다.

자신의 약초액을 들고 있는 해리 혹세이

또 다른 사례를 살펴보자. 미국의 해리 혹세이(Harry Hoxsey)는 집안 대대로 전수되어온 약초에 의한 암 치료 비법을 알고 있던 사람이었다. 1902년생인 그는 원래 의과대학에 들어가 정식으로 의사가 되어 암 치료를 할 생각을 갖고 있었다. 하지만 암으로 죽어가던 아버지의 옛 친구를 약초액으로 완치시킨 것을 계기로 소문이 퍼져나갔다. 결국 소문을 듣고 몰려온 수많은 환자들을 외면할 수 없어 부득이 무면허 의료행위를 시작하게 되었다. 그리고 그의 치료법은 죽기 직전의 암 환자가 아닌 한은 80%의 환자를 완치시킬 수가 있었다. 그렇지만 그가 무면허라는 이유 하나 때문에 제도권 의료계에 의해 평생 끝없는 박해와 100회 이상의 법적 기소를 당해야만 했다. 그리고 결국 해리의 약초 암치료법은 1963년에 미국에서 완전히 퇴출되고 말았다.

최근의 또 다른 사례가 있다. 폴란드 이민자 출신의 미국인 의사 S. 버진스키(Burzynski) 박사는 1970년대 초 우연히 암 환자의 혈액과 소변에는 정상인에게는 있는 '펩타이드'라는 성분이 결여돼 있다는 사실을 발견했다. 이에 착안하여 그는 오랜 연구 끝에 펩다이드와 아미노산으로 이루어진 "항-네오플랜스톤(Anti-neoplaston)"이라는 합성물질을 개발하게 되는데, 이것을 암 환자들에게 투여해본 결과 획기적인 치료효과가 나타났다. 이것은 일종의 유전자 표적 치료법으로서 암을 일으키는 유전자에 작용하여 암세포를 사멸시킨다. 기존의 수술과 항암제, 방사선요법 등의 암 치료법보다 최소한

버진스키 박사

30~300배 정도 효과가 더 높았고, 또한 부작용이 전혀 없었다. 그리고 이것은 모든 종류의 암에 다 효과가 있었으며, 특히 치료가 거의 어렵다는 소아 뇌종양까지도 치료하는 개가를 올렸다. 특히 항암제나 방사선 치료를 받은 경력이 없는 암 환자들은 대부분 완치되었다. 오늘날 그의 〈항-네오플랜스톤〉 요법으로 치명적인 암을 극복하고 생존해 있는 사람들이 부지기수라고 한다. 드디어 버진스키는 1990년에 암 치료에 성공했다고 공식적으로 발표했다.

그러나 그는 그때부터 앞서 소개한 다른 암 치료제 개발자들과 마찬가지로 제약업계의 압력과 미 FDA 및 텍사스의사회에 의해 온갖 방해와 괴롭힘을 당하기 시작했다. FDA의 사전 승인 없이 암 환자를 치료했다는 것과 다른 주(州)의 사람들에게 약을 판매했다는 이유로 그들이 소송을 걸어왔던 것이다. 그의 치료법이 1984년 이래 미국의 그의 병원에서 시술되어 왔으나, FDA는 임상적 증거가 부족하다는 핑계를 들어 그동안 일부러 승인을 해주지 않았다. 그의 치료법으로 살아난 말기 암환자들의 도움과 증언으로 14년간의 오랜 법정투쟁 끝에 무죄판결을 받긴 했지만, 그동안 그가 겪은 고초는 이루 말할 수가 없었다. 현재 한층 더 업그레이드된 〈항-네오플랜스톤〉 개발을 위해서는 많은 자금이 드는 추가적인 임상실험이 필요하다고 한다. 그러나 1년 예산이 무려 52억 달러에 달하는 미 국립암센터는 유독 버진스키 박사의 임상연구에는 단 한 푼도 연구비를 지원하지 않고 있는 상태이다.

새로운 치료법을 탄압하고 암 환자들을 희생시켜가며 효과도 없는 항암제로 자기들만의 이익만을 추구하는 탐욕스런 제약 회사들과 부도덕한 의사들, 그리고 그 앞잡이 노릇을 하고 있는 미 FDA의 추악한 공작은 오늘날에도 여전히 계속되고 있다. 우리가 살고 있는 이 지구라는 세계는 이처럼 소수의 세력의 이기적 욕망과 사악한 음모가 공공연히 판치는 약육강식(弱肉强食)의 세상인 것이다.(※버진스키 박사에 관한 다큐 동영상이 유투브에 올라와 있다.).

5부

어둠의 엘리트들의 최후의 음모와
인류의 미래

1.앨터너티브-3

이제까지 1~4부에 걸쳐 소수의 검은 엘리트 세력에 의해 어떻게 이 지구에서 UFO와 외계인, 그리고 이미 개발된 프리에너지 기술과 반중력 장치 관련 정보들이 은폐되고 억압돼 왔는지를 전반적으로 살펴보았다. 마지막으로 이 5부에서는 그림자정부 세력들이 최종적으로 추진하고 있는 목표에 관해 분석하고 그에 맞설 수 있는 대책을 모색해 보고자 한다.

어둠의 엘리트들은 이미 1960년대 초, 워싱턴 D.C에서 개최된 최고 수뇌부들의 비밀 회담을 통해 미래에 대한 모종의 최후 계획을 수립했던 것으로 알려졌다. 그것은 다름이 아니라 소위 "앨터너티브(Alternative) -3" 즉 "대안(代案)-3"라고 불리는 것이다. 이것은 제이슨 그룹(Jason Group)[1])의 주도로 그림자 정부 내의 여러 분야 출신 최고 과학자들로 이루어진 "두뇌집단"과 내부자들에 의해 작성된 것이었다. 그런데 예기치 않게 이 비밀계획이 1977년 6월에 영국의 앵글리아(Anglia) TV에서 방영된 "사이언스 리포트 Alternative-3"라는 과학 다큐멘터리를 통해 처음으로 세상에 유출된 적이 있었다.

---

1) 2차대전시 원자폭탄 개발 계획이었던 <맨해튼 프로젝트> 시기 동안 조직된 최고의 비밀과학자 집단이다. 이들은 모두 CFR의 멤버들이며, MJ-12의 한 부서로 여겨진다.

이 "대안-3"라는 비밀 우주 프로그램은 장차 지구가 환경오염과 파괴, 인구폭발, 자원고갈, 증대되는 온실효과와 남북극 빙산의 용해, 지축변동 등으로 인해 21세기 초를 전후해서 파멸적 상황에 봉착하게 되리라는 예측을 토대로 수립된 것이었다. 그 결과 단계적으로 그들만의 생존을 위한 다음과 같은 3가지 구체적 계획이 마련되었다고 한다.

● **대안-1**: 지구의 환경 악화를 멈추기 위해 노력하는 동시에 오염물질과 온실 가스가 빠져나갈 수 있도록 핵을 발사하여 지구의 대기권 오존층에다 두 개의 거대한 구멍을 낸다. 또한 이렇게 되면 이 구멍을 통해 과도한 자외선이 지상에 쏟아져 들어와 여기에 노출된 다수의 인류가 피부암에 걸쳐 사망함으로써 인구가 감소하는 부수적 효과도 거두게 된다.

● **대안-2**: 지상에 대격변 발생시에 소수의 엘리트들과 지도자들, 선택된 일부 부유층 및 과학자들이 피난할 수 있는 장소로서 지하 깊은 곳에다 비밀기지와 도시들을 즉각 건설한다. 유사시에 그들만 지하시설로 대피하고, 지표면에 남아 있던 대다수의 나머지 인구들은 그대로 멸망한다.

● **대안-3**: 행성간 우주선을 건조하고 달과 화성을 개척하여 기지를 건립한다. 그리하여 일정한 수의 엘리트들과 고급 과학자, 기술자들만 그곳으로 이주시킨다. 또한 일부 보통사람들을 노예 노동자로 이용하기 위해 납치하여 함께 데려가며, 마인드 컨트롤 기술을 사용하여 그들을 통제한다. 인류의 나머지는 지구상에서 사망하도록 방치해 둔다.

그리고 이 3가지 계획이 일종의 허구가 아니라 실제로 추진된 구체적 프로젝트였음은 앞서 1~4부에서 살펴본 여러 내용들만으로도 충분히 뒷받침될 것이다. 예컨대 그것은 오래 전부터 미국의 덜스와 에어리어-51, 호주의 파인 갭(Pine Gap)을 비롯한 다수의 여러 지하 비밀기지 겸 도시들이 세계 전역에 건설돼 온 점, 그리고 과거 오존층에 커다란 구멍들이 난 것이 관측되었던 사실, 또한 이미 UFO가 개발되고 비밀리에 달과 화성이 개척돼 온 점들이다. 그리고 1978년에 레슬리 왓킨스(Leslie Watkins)라는 작가에 의해 앵글리아 TV 프로그램에 연관된 대안-3를 폭로하는 책이 등장했으나, 신속히 절판될 수밖에 없었다고 한다. 어찌된 일인지 출판업자는 엄청난 수요에도 불구하고 그 책을 추가로 발매하지 않았다고 하는데, 아마도 모종의 세력에 의해 압력이 있었던 것으로 보인다.

이 3가지 대안 가운데 가장 중요한 것은 대안-3이다. 이는 '노아의 방주'

프로젝트라고도 불리며 대안-1과 2가 실패하거나 실행이 부적절할 경우 마지막 계획으로 설정된 것이 대안-3이다. 그리고 이미 1960년대부터 이 계획이 약 50여년에 걸쳐 비밀리에 미 국방성의 비밀 업무국을 통해 구체적으로 추진되어 왔던 것이다. 따라서 이미 화성에는 군사기지와 지하 우주공항, 표면의 돔 구조물, 지하 도시, 광업, 통신시설 및 다른 센터들이 건설돼 있다. 그리고 상당한 숫자의 과학자들, 기술자들, 군(軍)과 의료요원 및 기타 전문가 등의 지구 주민들이 오래전부터 비밀리에 옮겨져 정착해 있는 것이다.

이미 앞서 여러 증언자들에 의해 드러났듯이, 미국의 아폴로 우주 비행사들이 1969년도에 최초로 달에 착륙하기에 앞서 비밀정부는 1959과 1962년부터 이미 달과 화성에 착륙하여 본격적으로 기지를 세우기 시작했고, 이는 그들과 그레이들 사이에 비밀 조약으로 인한 결과였다. 이런 식으로 그레이 외계인들은 그림자 정부가 비밀 기지를 달과 화성에다 세우는 데 도움을 주었으며, 그 대가로 미 국방성은 그레이들이 그들 자신의 비밀 지하기지를 미국 내에 건설하도록 허용해 주었던 것이다.

미국이 이미 오래 전에 화성에 갔다는 사실에 관련된 명백한 증거를 하나 들겠다. 그것은 영국에서 방영되었던 그 다큐멘터리의 마지막 부분이다. 이 과학다큐 프로의 마지막은 한 영국 과학자가 위험을 무릅쓰고 몰래 반입한 것으로 알려진 한 비디오 테이프의 짤막한 장면으로 마무리되었다.[2] 필름이 오래되어 화면이 다소 흐릿하긴 하지만, 그것은 미국이 화성에 착륙하면서 화성의 모습을 찍은 장면과 한 우주 비행사가 다음과 같이 말하는 것을 보여주었다.

"야아! 그들이 이것을 공개한다면, 오늘은 역사상 가장 위대한 날이 될 것이다. 1962년 5월 22일, 우리는 화성에 있고, 활기에 차 있다." [3]

이것은 1962년 5월 22일에 화성에 착륙했던 미국의 비밀 우주선이었으며, 이 영상은 그때 촬영된 것으로 알려져 있다. 그런데 처음에 이 다큐 프로를 제작하게 된 동기는 영국에서의 '두뇌 유출'(재능있는 개인들이 다른 나라

---

2) 소문에 따르면 이 과학자는 나중에 암살당했다고 한다.
3) 이 프로는 영국만이 아니라 호주, 뉴질랜드, 캐나다, 아이스랜드, 노르웨이, 스웨덴, 핀란드, 그리스, 유고슬라비아에서도 동시에 방송되었다. 그리고 이 과학 다큐멘터리가 방영된 후, 시청자들로부터 엄청난 소동과 항의가 일어났다. 빗발치는 문의전화 때문에 결국 방송국측은 부득이 그 내용이 모두 허구이고 거기에 출연한 인터뷰 인물들은 배우였다고 극구 해명할 수밖에 없다고 한다. 이 프로그램에 일부 배우를 사용하는 등의 픽션적 요소가 가미돼 있었음은 나중에 사실로 밝혀졌으나, 그 전체적인 내용은 진실에 토대를 두고 있음이 비로소 오늘날에 와서야 드러났다.

로 이주하는 것) 문제를 연구 조사하는 것으로부터 시작되었고, 취재 팀은 이 사람들이 어디론가 사라진 것을 발견했다고 한다. 또한 그 조사과정이 깊게 진행됨에 따라 그들을 비밀에 붙여진 장소에서 일하도록 데려갔다는 소문에 초점을 맞추어 졌다. 그리고 결국에는 그 실종된 사람들이 이 지구 안의 어떤 장소가 아니라 달이나 머나먼 화성으로 옮겨졌다는 결론이 최종적으로 도출된 것이다.

실제로 이 지구상에서는 과거부터 매년 수수께끼처럼 사라져 다시는 발견되지 않은 수많은 사람들이 있다. 미국 법무부의 통계에 의하면 2005년 말까지 집계된 미국에서의 영구 실종자들의 숫자는 109,531명이라고 한다. 한편 1997년 한 해에만 출근길이나 슈퍼마켓에 가는 길에, 그리고 개를 데리고 산책하는 와중에 18,000명의 사람들이 사라졌다는 보고도 있다. 그렇다면 통계수치의 미비점 감안과 더불어 이것을 전 세계로 확대해서 추산했을 때 아마도 그런 실종자들이 적어도 백만 명 이상은 될 것이다. 물론 실종의 원인은 여러 가지가 있을 수 있다. 또 이 사람들이 모두 다 지구 바깥으로 옮겨져 배치되었다고 할 수는 없겠지만, 최소한 그 일부는 그럴 가능성이 높다고 보아도 좋을 것이다.

그런데 앞서 2부 6장에서 소개한 바 있는 화성 관련 폭로자 마이클 릴페는 인터뷰에서 다음과 같은 더욱 놀라운 증언을 하고 있다.

• **질문**: 오랜 세월이 지난 TV 프로그램 '대안-3'가 인터넷에서 볼 수 있도록 공개되었습니다. 앵글리아 TV에서 제작된 그 필름은 1977년에 방영되었죠. 그 웹 사이트에서 인용한다면, 대안-3는 달의 뒷면이나 화성의 지하 기지들에다 이동장소를 건설하여 지구 주민들의 표본들(예술가, 과학자, 기술자, 작가 등등)을 어떤 제한된 일종의 "노아의 방주"에다 옮기는 것입니다. 즉 지구에 대이변이 일어날 경우에 생존을 위한 식민지로서 화성으로 이동하기 위한 계획이지요. 그들은 이 프로젝트를 1961년에 착수했고 그 대부분을 이미 완성했을 수도 있습니다. 이것이 당신이 화성에서 이루어졌다고 믿는 것입니까? 생존 식민지 A로 말입니다.

• **마이클**: 화성기지 프로젝트가 그런 임무를 객관적으로 달성하는 것이긴 하지만, 이 집단에 의해 활용되는 점프 게이트 기술로 다른 태양계 내의 다른 행성들에다 식민지를 건설하는 것이 현실이 되었습니다. 정화 세션 작업 중에 나는 화성의 기지가 다른 행성들 위의 다른 기지들로 가는 하나의 출발점이고, 그곳이 그렇게 이용되었다는 사실을 알게 되었습니다. 왜냐하면 그런 기술을 효과적으로 사용하기에는 이곳 지구에서의 전자기적 "간섭"이 너무 크기 때문입니다. 화성기지는 생존용 식민지가 아닙니다.

그것은 그 행성 곳곳의 다른 지점들에 위치한 여러 곳의 거대한 군사시설들로 이루어져 있습니다.

• **질문:** 그렇다면 대안-3에서 설명된 것 같은 "식민지 건설"이 이루어졌지만, 그것이 화성이 아닌 다른 여러 행성들이라는 것이죠? 당신은 현재 도달했거나 식민지가 건설된 다른 행성들에 대해 알고 계십니까?

• **마이클:** 아니요

그들이 이주를 목표로 한 궁극적인 종착지가 화성이 아니라는 이 이야기는 매우 놀랍기 그지없다. 그렇다면 어쨌든 그림자세계정부가 추진해 왔던 다른 행성으로의 비밀 이주 프로젝트인 대안-3는 과연 성공할 것인가? 얼핏 보면 그들은 화성에 이미 기지를 구축했고 일부 사람들을 옮겨놓았으므로 거의 성공한 듯이 보인다. 그럼에도 일설에 의하면, 엘리트 세력만 다른 행성으로 탈출하려던 대안-3 계획이 이미 실패했다는 이야기가 있다.

그 주된 이유는 우선 그들이 21세기 초반부에 일어나리라고 예상했던 지구대격변으로 인한 파멸적 상황이 발생하지 않았기 때문이다. 과거 노스트라다무스나 에드가 케이시를 비롯한 다수의 예언가들과 일부 채널링 정보들도 서기 2,000년경이나 2012년경에 대변동이 일어나리라는 예측들이 많았다. 그러나 이런 예측들은 모두 빗나갔으며, 따라서 비밀정부 세력들의 원래 계획도 모종의 차질을 빚게 된 것으로 보인다.

그런데 왜 예정돼 있던 대변동은 일어나지 않았던 것일까? 그것은 지구의 멸망을 막기 위한 우주로부터의 신성한 간섭이 있었기 때문이다. 다시 말하면, 지구에 자원해서 태어난 소위 라이트 워커(Light Worker)나 워크-인(Walk-in)들, 인디고, 크리스탈 차일드와 같은 빛의 영혼들의 활동에 의해 일부 인류가 깨어나고 지구의 진동주파수가 어느 정도 높아진 데 따른 것으로 볼 수 있다. 미래는 이처럼 절대로 고정돼 있지 않으며, 인류의 집단의식이 변화하고 각성되는 만큼 얼마든지 달라질 수 있는 것이다.

대안-3가 실패했다고 주장하는 또 한 가지 다른 근거는 UFO 접촉자 알렉스 콜리어가 앞에서 언급했던 정보에 있다. 즉 그는 1995년 강연에서 "화성에 착륙한지 30년이 되던 1989년 3월에 오리온 집단과 드라코니안(Draconian) 세력들이 화성의 식민지를 침공했고, 그 후 달 기지와 화성 사이의 모든 교신이 중단되었다."고 했다. 그 이후의 상황이 어떻게 되었는지 현재로서는 자세히 알 수는 없다. 하지만 추측컨대 그 후 교신이 다시 재개되고 화성의 기지들이 복구되어 어느 정도 재가동되고 있는 것으로 보인다.

그럼에도 일부 정보에 따르면, 그림자정부 세력들의 원래 계획과 외계에서의 활동은 현재 상당히 위축되고 제한받고 있다고 알려져 있다. 이것은 아마도 89년의 드라코니안들의 침공으로 인한 타격과 우리 태양계 내 행성연합이나 은하연합과 같은 선의의 외계세력들의 압박 때문이 아닌가 추측된다. 그들이 먼 화성에까지 진출해 피난처와 식민지를 구축해 놓았지만 아마도 그후 그들은 사실 그곳조차도 별로 안전하지 않다는 것을 깨달았을 것이다. 그렇기 때문에 그들은 태양계 바깥의 또 다른 행성을 물색하려고 시도하거나, 또는 현재 이 지구에서 인류의 인구를 대폭 감소시켜서 지배하겠다는 마지막 공작에 더 집착하고 열을 올리는 것일 수도 있다. 그리하여 그들이 마지막으로 계획한 제4의 대안이 있는데, 이것 역시 알렉스 콜리어의 정보를 통해 공개되었다. 대안-4는 지구의 오염문제를 신속히 해결하기 위해 인위적인 지축이동을 유발시키려는 다음과 같은 계획이다.

● 대안-4; 남극의 거대한 얼음 지역 아래에다 전략 핵무기를 집어넣어 그것을 연속해서 폭발시킴으로써 남극의 극관(極冠)이 미끄러지게 만든다. 이로 인해 지구의 축(軸)이 급격히 90도 회전하게 되며, 이때 24시간 내에 지구 주민의 83~85%가 몰사하게 된다. 이러한 대격변은 지상의 대부분의 산업과 문명을 소멸시킬 것이나, 지표면의 오염상태를 깨끗이 정화할 것이다. 이런 지축이동이 발생시, 소수의 엘리트 집단은 지하 시설로 대피해 있거나 달의 기지에 머물러 있다가 상황종료 후에 지상으로 내려온다. 그리고 새로운 문명을 일으킨다.

지금 지구는 기울어지고 있는 중이고 그 흔들림은 14개월마다 72~85피트 정도 요동치며 점점 더 그 폭이 넓어지고 있다고 한다. 하지만 콜리어의 말에 따르면, 우주인들이 비밀정부 세력의 시도에 의해 그런 급격한 지축이동이 발생하도록 허용하지는 않을 것이라고 한다. 그렇다면 이는 그나마 매우 다행스러운 일이 아닐 수 없다. 그럼에도 그들이 아직도 일으키고자 획책하고 있는 세계경제붕괴, 핵 테러, 치명적 바이러스 살포, 3차 대전 등의 위험성은 여전히 남아 있는 상태이다.

지구는 자유의지의 법칙이 적용되는 세계이다. 따라서 이곳에서는 선과 악의 모든 것이 허용되며, 신(神) 또는 우주인 그 누구도 인간의 자유의지를 거슬러서 인간의 문제에 직접 간섭하거나 개입할 수가 없다. 그리고 어둠의 세력들도 이런 원리를 잘 알고 있기에 이처럼 그들은 이곳에서 마음껏 활개 치며 지구를 그들의 영원한 본거지 내지는 소굴로 만들고자 끊임없이 음모를 획책하고 있는 것이다.

2.미래의 다른 가능성들

필자는 여기서 이런 질문을 스스로 한 번 던져보고 싶다. 과연 현재와 같은 어둠의 엘리트들의 지배와 억압, 그리고 끊임없는 지구상의 전쟁과 테러, 증오, 대립, 혼란, 종교갈등, 불행, 굶주림, 빈부간의 양극화는 어쩔 수 없는 것인가? 또한 인간은 지금처럼 삶의 대부분을 먹고 사는 문제에 매달려 허덕이는 데 모두 허비해야만 하는가?, 그리고 결국에는 늙어서 갖가지 병고(病苦)에 시달리다 겨우 100살도 못살고 죽어야 하는 것이 우리의 불가피한 숙명인가?

그러나 이에 대한 필자의 개인적인 답은 결코 그렇지 않다는 것이다. 또 우리가 피할 수 없는 숙명은 더더욱 아니라는 것이다. 우리에게는 현실과 미래를 바꿀 수 있는 강력한 마음과 잠재력이 있다. 이것은 곧 우리의 천부적인 자유의지와 창조력이다. 또한 앞서 소개했듯이 우주 에너지와 반중력 기술, 시간여행, 순간이동, 암치료 등의 꿈과 같은 놀라운 기술들이 이미 우리 인류에게는 존재한다. 또한 이 지구에는 70억 인류가 생존하는 데 충분한 자원과 식량, 자금이 있다. 다만 어둠의 속성을 가진 소수의 엘리트 세력의 조작과 농간, 조종에 의해 이런 갈등하는 불행한 세상이 지속되고 있을 뿐이다. 그러므로 만약 이런 은폐된 기술들이 공개되어 본격적으로 상용화되고 전 지구적인 평화공존체제가 정착될 경우, 지구의 문명은 지금과 같은 불행과 고통에서 단 시일 내에 벗어나 외계문명과 거의 동등한 차원으로 뛰어오를 수가 있을 것이다.

이렇게 된다면 우리 인간은 더 이상 먹고사는 데 매달려 삶의 대부분의 시간을 빼앗길 필요가 없으며, 빈곤과 굶주림, 빈부간의 대립과 반목도 불필요하다. 즉 지구상의 부(富)와 자원이 공평하게 분배될 것이고, 이제까지의 노동 시간들을 보다 높은 영적가치를 추구하거나 레저 및 취미생활, 영성계발에다 쓸 수가 있다. 또 지금처럼 전쟁과 석유수입, 국방비 등으로 허비되는 엄청난 국가예산을 인간복지와 새로운 의학 및 과학기술개발 비용으로 돌

릴 수가 있다. 이로 인해 인류의 의학과 과학문명은 한층 더 급속도로 발전하게 될 것이다. 게다가 인류를 돕기 위해 현재 지구 밖에서 대기 중인 외계문명들이 지상에 공식적으로 착륙하여 지구문명과 공식적으로 접촉함으로써 우리는 그들의 대단히 진보된 기술적 도움을 받을 수가 있게 된다. 뿐만 아니라 신체의 노화를 멈추고 모든 질병을 치료할 수 있는 의학기법이 개발되거나 빛과 소리, 진동, 색채 등을 이용한 외계의 치료법이 전수되어 인간의 평균수명은 지금보다 최소한 2~3배는 늘어나게 되리라고 전망된다. 이어서 인류는 지구의 중력에서 자유로이 벗어나 대단히 발전된 다른 외계문명들과 교류하게 되고 우주여행이 보편화 될 것이다. 또한 그 동안 배후에서만 활동하며 인류를 계도하는 작업을 계속해왔던 그리스도나 붓다(佛陀), 성모, 마이트레야(彌勒佛), 공자(孔子)와 같은 영단의 마스터들이 인류 앞에서 공개적으로 출현할 수 있게 될 것이다. 이런 일들이 진척될 때, 비로소 이 지구에는 새로운 차원의 빛의 시대, 황금시대가 개막될 것이다. 그리고 이런 새 세상이 바로 성경에서 언급한 '지상천국시대'요, 또한 불경에서 언급한 '미륵용화시대'인 것이다.

그러나 알다시피 지금 이 지구상에는 강력한 어둠의 엘리트 세력이 암약하고 있다. 그리고 그들은 만인의 영성(靈性)이 개화되고 행복을 향유하는 이런 새로운 빛의 세상이 오는 것을 원치 않는다. 또한 오직 이제까지처럼 자기들만이 권력과 부(富)를 움켜쥐고 다수의 대중들을 노예처럼 지배하는 세상을 원할 뿐이다. 따라서 그들은 모든 수단을 동원해 인류의 깨어남과 변화를 막고 새 세상의 도래를 저지하고자 총력을 기울이고 있는 것이다.

그런데 그들이 대다수 인류를 지배하고 통제하는 수법은 매우 교묘하고 정교하다. 어찌 보면 그들의 입장에서 대중들을 자기들의 의도대로 조종하는 것은 식은 죽 먹기와도 같을 것이다. 왜냐하면 그들은 일반인들이 매우 단순하고 무지하다는 사실을 잘 알고 있고, 에고에 얽매인 인간의 이기적 속성을 꿰뚫어 보고 있기 때문이다. 또한 그들은 허위 루머와 선동에 의해 이리저리 쉽게 휩쓸리고 몰려다니는 대중의 불안하고 어리석은 양떼적 속성을 정확히 간파하고 있다.

그들이 대중들을 조종하고 지배하는 주요 수법은 다름 아닌 두려움과 같은 부정적 감정을 통해서이다. 1부에서 이미 설명했듯이, 그들은 조작된 전쟁과 테러, 또는 왜곡된 종교교리와 같은 것을 이용해 두려움으로 인간을 속박시켜서 손쉽게 자기들 의도대로 끌고 가고는 한다. 다시 말해 두려움에 사로잡혀 거기에 계속 묶여 있는 인간들은 누군가에 의한 통제를 원하고 다른 외적인 힘에 의존하려 하기 마련인 것이다. 그들은 바로 인간의 이런 약점을 교묘히 파고들어 이용한다. 또한 이런 두려움 외에도 증오와 분노, 슬픔, 불안과 우울, 혼란과 같은 부정적 감정들이 바로 그들이 에너지원으로 삼는 좋은 먹이들이다.(※일루미나티들분만이 아니라 그레이나 파충류 외계인과 같은 모든 어둠의 세력들은 이런 부정적 에너지를 먹이로 지구에서 생존하고 있다.)

아울러 이 엘리트 세력들이 인간을 조종하는 또 한 가지 방법은 소위 3S(Sports, Sex, Screen)를 통해서이다. 이것은 대중들로 하여금 스포츠나 쾌락, TV, 영화 등의 연예, 오락 등에 도취하여 열중하게 만듦으로써 다른 중요한 문제에 신경을 쓰지 못하게 하는 수법이다. 우리들 대다수가 날마다 스포츠, 연예, 오락에 빠져 즐기고 열광해 있는 동안 그들은 비밀리에 이미 수많은 어둠의 공작들을 벌여왔고 그것은 지금도 은밀히 진행 중에 있다.

그렇다면 그들이 가장 두려워하는 것은 무엇일까? 그것은 바로 인류의 다수가 영적으로 깨어나는 것이고 영적으로 성장하는 것이다. 이것은 한 마디로 말해 대중들이 우둔하고 어리석은 무지의 상태에서 벗어나 보다 지혜롭고 영민하고 성숙된 상태로 변화되는 것이다. 또한 대중들이 그들의 음모와 정체를 올바로 인식하고 집단적으로, 더 나아가 전 지구적 규모로 들고 일어나는 것이다. 그리하여 그들에게 인류 전체의 이름으로 모든 어둠의 음모를 중단할 것과 은폐되고 억압된 모든 정보와 기술들을 공개하라고 당당히 요구하는 것이다. 그런데 과연 어느 정도의 사람들이 이점을 이해하고 영적으로 여기에 준비돼 있을 것인가?

2장 차원 상승의 길

1.무엇이 영적성장이고 진화인가?

　과연 우리 인류가 현재 이 지구를 장악하고 있는 어둠의 엘리트 세력의 음모를 분쇄하고 향후의 찬란한 신문명 세계로 넘어갈 수 있는 길은 어디에 있는 것일까? 우리가 새로운 문명세계로 진입한다는 것은 인류가 지금과 같은 낡은 3차원 물질문명 단계를 넘어서 4차원 이상의 영성문명 단계로 올라선다는 것을 말한다. 그리고 이것은 당연히 그 기본적 토대로서 적어도 인류의 일정 숫자가 어느 정도의 영적인 각성단계에 도달해 있는 것을 필요로 한다. 이런 단계가 곧 집단적으로 또 개인적으로 성취될 수 있는 이른바 "차원상승(Dimension Ascension)"이다. 또 이를 굳이 종교적 용어로 달리 표현한다면, 곧 기독교의 "구원"이고, 불교의 "깨달음(覺醒)"이라고 할 수 있다. 그러나 이른바 우리나라 영성인들 중에는 이 '차원상승'이라는 것이 때만 기다리고 앉아 있으면 어느 시점에 저절로 이루지는 것으로 착각하고 있는 이들이 많은데, 이런 생각은 대단히 왜곡된 믿음에 불과하다.

　아울러 지금 이 지구상의 대부분의 종교들이 가진 문제점은 자기네 종교에만 구원이 있다는 식으로 주장하고 있다는 것이다. 때문에 그들은 자기들 종교의 교조를 믿어야만 하고, 또 자기들 방식의 어떤 신앙생활이나 수련생활을 따라야만 한다고 말한다. 어떤 면에서 보자면 직간접으로 다수의 종교가 이러한 반강제적 협박으로 신도들에게 두려움과 죄의식을 불어넣고, 그것을 볼모로 그들을 묶어 두고 있다. 그러다보니 인류의 대다수는 매우 낮은 주파수의 의식수준에 머물러 있는 상태이다. 그리고 종교인들뿐만이 아니라 대부분의 영적추구자들, 구도자들조차 오직 자기만의 구원, 자기만의 깨달음, 자기만의 차원상승이나 해탈에 매달려 있는 경향이 있다. 게다가 경쟁적으로 자기들 종교나 단체를 전파하는 것에 열을 올리다 보니 종교상호간 충돌과 갈등도 빈번하게 발생하고 있는데, 그렇게 해서 그들은 한 사람이라도 더 자기네 종교나 단체로 전도하고 포교함으로써 그게 공덕이 되어 막연히 구원되리라고 기대하는 것으로 보인다. 그러나 진정으로 구원이 과연 무엇인지, 또 구원의 진정한 주체가 누구인지도 제대로 모르고 있는 것이 오늘날 종교계의 실상이다. 과연 무조건 예수나 붓다를 잘 믿고 의지해 신앙한다면, 기타 또 다른 종교의 교조를 믿거나 주문을 외기만 하면, 아니면 명상수행만 열심히 하면, 구원 또는 차원상승의 문제가 해결될 수 있는 것일까?

하지만 영적 마스터들의 가르침에 비추어 볼 때, 이는 대단히 잘못된 생각들이다. 살기 위해서는 어떤 종교를 믿어야 된다든가, 어떤 단체에 들어가야 된다든가, 어떤 지명인 곳을 찾아가야 된다든가, 아니면 개인적인 수행일변도만 강조하는 하는 이야기는 근거가 희박한 낭설에 불과하다. 구원이나 상승은 본질적으로 그런 단순한 믿음 여부나 외적 종교형식 내지 행위에서 오는 것이 아니다. 그러나 세상에는 구원의 손길이 하늘에 있는 어떤 존재에게 잘 보이고 그들의 비위를 맞춤으로써 자기에게 올 것이라고 기대하는 무지한 종교인들이 많다.

아인슈타인 박사는 〈종교와 과학〉이라는 논문에서 인간의 종교를 세 가지 차원으로 분류한 바 있다. 그에 따르면, 우선 가장 낮은 수준의 종교는 인간의 공포에 바탕을 둔 종교이다. 그 다음 수준이 도덕에서 싹튼 도덕 종교이다. 그리고 마지막의 최고 수준이 우주 종교적 체험이라고 설파했다. 오로지 살아남기 위한 구원 때문에, 또 어떤 신의 재앙이 두려워 종교를 믿는 사람이라면 그는 바로 아인슈타인이 말하는 가장 낮은 원시적 공포와 그런 종교에 매달려 있는 사람이다. 그러므로 혹시라도 이러한 수준 낮은 원시신앙 단계에 머물러 있는 사람이 있다면, 그는 하루빨리 그 유치한 수준과 착각에서 벗어나야 할 것이다.

그런데 우리 인간이 지구상에서 발생한 한 종교나 종파에 얽매이고, 그 관념의 세뇌 상태에서 벗어나지 못하는 것은 지구를 벗어나 우주적 체험을 할 기회가 없었다는 데 가장 큰 원인이 있다고 생각된다. 그런 의미에서 지구라는 이 작은 행성을 벗어나 우주에서 지구를 본 우주 비행사들의 극적인 체험은 우리에게 시사하는 바가 크다. 그들이 경험한 내용들을 잠시 살펴보겠다.

■ 미국 우주 비행사들이 겪은 신비 체험

1960년대 초부터 본격화된 미국의 유인 우주탐사계획은 거기에 여러 조작과 은폐가 있었음에도 불구하고 머큐리 계획(1961~1963)에서 아폴로 계획(1968~1972), 스카이랩 계획(1973~1974)에 이르기까지 많은 우주 비행사를 배출해냈다.

그런데 인류 역사상 최초로 지구의 대기권을 벗어나 우주 공간에서 행성 지구를 객관적으로 바라볼 수 있었던 이들은 여러 신비체험을 경험한 것으로 알려져 있다. 그들은 이 체험을 '우주감각(Cosmic Sense)' 또는 우주의식이라고 표현하였다. 그들이 우주에서 지구를 바라보았을 때 느낀 것은 일종의 정신적 충격인 동시에 신비로운 종교적 고양감(高揚感)이었다. 또한 지상에서는 결코 체험할 수 없었던 장엄한 우주의식(宇宙意識)의 각성이었다.

우주에서 지구로 돌아온 뒤에 이들 중 다수의 인생관, 우주관이 극적인 변화를 겪었으며, 전에 하던 일과는 전혀 다른 직업으로 전환했다. 대표적으로 아폴로 15호 탑승자였던 제임스 어윈(James Irwin)이나 찰스 듀크(Charles Duke) 같은 사람은 종교 활동에 투신하여 전도사가 되었고, 또 어떤 사람은 화가나 시인이 되었다. 또 어떤 사람은 공해와 지구오염을 반대하는 환경운동가로 뛰어다녔으며, 아폴로 14호의 에드가 미첼(Edgar Mitchell) 같은 이는 초능력 연구소를 세워 초상현상 연구에 몰두하기도 하였다.

우주 비행사들의 대부분이 본래 기독교도였음에도 불구하고 우주에 다녀온 이후에는 특정종교나 종파에 얽매이지 않는 사람으로 완전히 변하였다. 더구나 이들의 종교관도 달라졌다. 각 종교는 본질적으로 같은 것인데 그 표현 형태나 신(神)을 부르는 명칭이 다를 뿐이라는 보다 깊고 대범한 의식으로 바뀌었다. 또 이들 중 여러 사람은 깊은 종교적, 정신적 각지(覺知) 단계에 들어갔다. 제럴드 카아(Gerald Carr)나 에드 깁슨(Ed Gibson), 에드가 미첼, 럿셀 슈레이가트 같은 사람이 이 범주의 대표적인 인물들이다.

이들이 인터뷰에서 전한 말 가운데 귀담아들을 만한 가치 있는 말들을 추려보았다. 누구보다 먼저 우주를 직접 체험해 보았던 이들의 말은 인류의 의식이 진보해 나가야 할 방향을 제시해주고 있다. 특히 마지막 에드가 미첼의 말은 마치 심오한 우주철학에 대한 강론을 듣는 것 같으며, 깊은 인상을 남긴다.

아래 내용은 일본의 저널리스트 다치바나 다카시(立花隆)의 저서, 《공(空)-우주에서 돌아오다》에서 발췌하여 인용했다.

■ 돈 아이즐리(Donn Isely): 아폴로 7호 탑승자

*우주에서 지구를 바라보고 있으면, 지금 실제로 저 어딘가에서 인간과 인간이 영토나 어떤 이념으로 서로 피를 흘리며 싸우고 있다는 것이 정말 믿어지지 않을 정도로 바보스런 짓이라는 생각이 듭니다. 껄껄 웃고 싶을 만큼 바보스런 짓이죠.

*우주에서는 하찮은 것은 보이지 않고, 본질이 보입니다. 표면적인 사소한 차이점은 모두 날아가 버리고 같게 보입니다. 종족이나 국가를 초월해서 호모 사피엔스(Homo Sapience)라는 한 종(種)으로만 보일 뿐입니다. 아무튼 우주비행 이래 이국인(異國人)이나 이인종(異人種)이라는 것에 대한 느낌은 완전히 바뀌었습니다.

■ 유진 서난(Eugene Cernan): 제미니 9호, 아폴로 10호·17호 탑승자

*우주에서 얻은 가장 큰 내면의 소득은 신(神)의 존재에 대한 인식입니다. 나는 우주에서 신이 거기에 계시다는 것을 직감적으로 느낄 수 있었습니다. 신의 이름은 종교에 따라 다릅니다. 그리스도교, 이슬람교, 불교 모두가 다른 이름을 신에게 부여하고 있습니다. 그러나 이름이 어떻건 간에, 신이 존재한다는 것입니다. 종교는 모두 인간이 만들었습니다. 그렇기 때문에 신의 이름이 다르게 붙여졌습니다. 이름은 다르지만 대상은 같은 것입니다. 우주에서 지구를 볼 때, 그 과도한 아름다움에 감동하지 않을 수 없습니다. 이렇게 아름다운 지구가 우연의 산물로 생겨날 리가 없습니다. … (중략) … 우주에서 지구를 보았을 때, 그것은 흔들림이 없는 확신이 되었습니다.

*우주유영(宇宙遊泳)을 하기 위해 우주선 밖으로 나왔을 때, 비로소 자기 앞에 전체 우주가 있다는 것이 실감이 됩니다. 우주라는 무한한 공간의 한가운데에 자기라는 존재가 거기 내던져져 있는 느낌입니다. 달 위까지 가서 지구를 볼 때 이 우주의 무한한 크기를 실감할 수 있습니다. 우리는 며칠이나 걸려서 초고속 로켓을 타고 가까스로 달까지 왔습니다. 그러나 그만큼 시간을 들여서 지구에서 벗어나 보아도 암흑의 우주에 빛나는 별의 어느 것 하나에 한 걸음도 다가간 것이 아니었습니다.

  멀어진 지구의 크기만 변했을 뿐이지 달라진 것은 아무것도 없었습니다. 무한한 우주 속에서는 인류 역사상 가장 긴 여행으로 이동한 거리도 무(無)에 가까운 것이었습니다. 그리고 그때 무한한 우주를 눈앞에 마주하고 있었다고는 해도 그것은 우리가 볼 수 있는 한계를 넘어 무한하게 펼쳐져 있는 우주의 극히 일부분, 정말 하찮은 일부분에 지나지 않았습니다. 즉 우리는 무한한 우주 속에 있으면서 그 아주 미소한 부분에 감금돼 있는 존재인 것입니다. 이것은 아득히 먼 달까지 가서 달에서 지구를 바라보았을 때 실감이 됩니다.

■ 에드 깁슨(Ed Gibson): 스카이랩 4호 탑승자

*지구에서 우주를 보는 것과 우주공간에 나가 우주를 보는 것은 정말 완전히 다른 경험입니다. 인간은 스스로 우주를 알고 있다고 생각하고 있지만 실제로는 교과서에 나오는 태양계 구조의 도해(圖解)를 머릿속에 떠올리며 관념적으로 이해하고 있는 것에 지나지 않습니다.

우리는 지구 위에 있기 때문에 오히려 지구를 보지 못합니다. 그러나 우주에 나가면 바로 눈앞에 지구라는 천체(天體)가 있고 태양이라는 천체가 있습니다. 눈앞에 태양계의 도해가 아닌 현실이 있는 것입니다. 태양계뿐만 아니라 우주 전체가 관념이 아닌 생생한 현실 체험으로 이해됩니다.

*누구든 우주공간에 나가면 그 현실에 압도됩니다. 그 경관의 장엄함은 어떤 언어로도 표현할 수가 없습니다. 우주에서의 체험은 완전히 종교적이었습니다. 우주는 참으로 아름답고 훌륭하게 조화되어 있습니다. 우연히 이런 우주가 만들어졌을 리 없다고 생각합니다.

*우주선 창으로 밖을 내다보고 있으면, 지구가 바로 눈앞에서 무시무시한 속도로 회전하는 게 보입니다. 좌우간 90분 만에 한 바퀴를 도는 것입니다. 지금 그리스도가 태어나신 곳을 지났구나 하고 생각하면, 바로 불타(佛陀, 석가모니)가 태어나신 곳을 지나있는 것이었습니다.

나라의 수와 비슷한 만큼의 종교와 교파가 있습니다. 그러나 어떤 종교이건 간에 우주에서 보면 지역적인 종교일 뿐입니다. 우주에서 지구를 보면 인위적인 국경선이라는 것은 보려고 해도 볼 수가 없고, 이 아래에서 많은 국가가 분리되어 대립 투쟁하고 있다는 사실이 매우 우스꽝스럽게 보입니다. 마찬가지로 여러 종교집단 간 대립도 어리석게 보이기 시작했습니다.

인간의 오감(五感)으로는 포착되지 않는 세계가 존재하고 있습니다. 인간은 오두막 속에 갇힌 채로 밖에 설치한 몇 대의 카메라로 바깥 세계를 보고 있는 것과 같습니다. 그것으로 외계의 모든 것을 안다고 하는 것은 오만입니다.

■ 제럴드 카아(Gerald Carr): 스카이랩 4호 선장

*인간은 지구에다 거대한 건조물들을 잔뜩 지어 놓고, 사람들은 또 그것들에 경탄하며 여기저기 구경을 다니거나 관광하곤 합니다. 그러나 그것들 어느 것이나 자연이 만든 것에 비하면 보잘것없는 것입니다. 실제로 우주에서 보면 인간이 만든 것은 거의 보이지 않을 만큼 조그마합니다. 보이는 것은 바다, 강, 산, 숲, 사막 등 대자연뿐입니다.

자연 내에서 인간의 보잘것없음을 보고 있자면, 인간이란 것이 우주에서 그렇게 대단한 존재가 아니라는 것이 이해됩니다. 그뿐만이 아니라 지구에서 눈을 돌려 우주 전체의 광활함에 주목하면, 이번에는 우주 속에 있는 지구의 존재 역시 인간의 생각만큼 대단한 것이 아니라는 것을 알게 됩니다. 대기권 밖에서 우주를 보면, 지상에서 우주를 보는 것의 5~6배나 더 많은 별들이 보입니다. 하늘 모두가 은하(銀河)처럼 보이며, 은하는 별들로 이루어진 고형물(固形物)처럼 보입니다.

지구는 이 우주에 충만해 있는 무수한 천체의 하나에 지나지 않는 것입니다. 지구를 무슨 특별한 존재로 생각하는 것은 단순히 인간의 자기만족에 지나지 않습니다. 인간은 지구 위에서, 또 지구는 우주에서 대단한 것이 아닙니다. 그렇기 때문에 지구 밖에서 우주를 바라보고 있는 동안 돌연히 인간은 우주에서 너무나 하잘것없는 존재라는 것이 인식되었습니다.

*생명이 지구에만 존재한다는 생각은 전혀 근거가 없습니다. 우주에 충만해 있는 별들은 모두 태양이며, 지구와 마찬가지로 그 무수한 태양마다 각기 생명체를 만들었을 가능성이 높습니다. 우주에 있는 무수한 별의 존재와 우주 창조 이후의 시간 흐름을 생각해본다면, 이 우주에는 무수한 생명이 모든 발전 단계별로 존재한다는 생각이 가장 타당하다고 봅니다. 지구상의 생명만이 최고의 발전 단계에 있다느니 하는 것은 인간의 자기만족에 지나지 않는 것입니다.

*우주체험은 나의 신앙을 한층 강화시켜 주었습니다. 정확히 말하면 강화시켰다기보다는 확장시켰다고 하는 편이 옳을 것입니다. 그 이전에 나의 신앙 내용은 편협했으나, 우주체험 이후에는 전통적인 기존 교의에 별로 구애받지 않게 되었습니다.

다른 모든 종교를 인정하는 입장이며, 어떤 종교의 신(神)도 다른 시각에서 보았을 때 붙여진 다른 이름에 지나지 않는다고 생각합니다. 내가 말하는 신은 하늘에서 지상을 굽어보고 있는 수염 난 할아버지 같은 따위의 인격신(人格神)이 아니며, 만물의 질서와 조화의 배후에 존재하는 일종의 근원, 또는 패턴(Pattern)을 의미합니다. 모든 신의 명칭은 이러한 근원이나 패턴에 인격(人格)을 상정하여 붙여진 명사에 지나지 않는 것입니다.

■ 월터 시라(Walter Schjrra): 머큐리 8호, 아폴로 7호 탑승자

*우주에서 보면 국경 같은 것은 아무 데도 없습니다. 국경이란 것은 인간이 정치적 이데올로기 때문에 제멋대로 만든 것이지, 원래는 없던 것입니다. 우주에서 자연 그대로의 지구를 보고 있으면 국경이라는 것이 얼마나 부자연스럽고 인위적인 것인가를 알 수 있습니다. 지구인들이 저 아름다운 지구에서 민족 상호간에 서로 대립하고 싸우고 있다는 사실이 말할 수 없이 서글프고 멍청하게 느껴졌습니다.

■ 에드가 미첼(Edgar Mitchell): 아폴로 14호 탑승자

*초능력을 다루려면 우선 그에 합당한 정신과 감성의 안정이 선결되어야 합니다. 어떠한 잡념이나 잔물결 하나 없이 마음의 정적을 유지해야 합니다. 불교에서 말하는 일종의 니르바나(Nirvana, 열반)에 들어가야 합니다. 거기까지 가면 인간이 물질적 존재가 아니라 정신적 존재라는 것이 자연히 이해됩니다.

인간은 물질적 수준에서는 개별적 존재지만, 정신 수준에서는 서로 결합되어 있습니다. ESP(초능력)의 성립 근거가 여기에 있습니다. 더 나아가면 인간뿐만 아니라, 세계 모두가 영적으로 '일체(一體)'임을 알게 될 것입니다. 초능력 현상은 이 일체의 증명입니다. 모든 것이 일체이기 때문에 물리적 수단이 아닌 텔레파시로 외계와도 의사소통이 가능할 수 있습니다. 고대 인도의 《우파니샤드(Upanishad)》에는 "신(神:Brahman, 梵)은 광물 속에서는 잠을 자고, 식물 속에서는 눈을 뜨며, 동물 속에서는 걸음을 걷고, 인간 속에서는 사유(思惟)한다"고 씌어 있습니다. 만물 속에는 신이 있습니다. 그렇기 때문에 만물은 정신성(精神性)에 있어서는 한 몸인 것입니다. 그러나 신의 각성도는 만물에 따라 다릅니다.

*나는 열렬한 기독교도로 남부 침례교의 근본주의자였습니다. 알다시피 근본

아폴로 14호 달착륙선 조종사 였던 에드가 미첼

주의자의 교리는 성서에 씌어 있는 것은 모두 옳다는 입장입니다. 그러나 나는 한편으로는 과학자였고 기술자였습니다. 때문에 내 인생은 40년 동안 과학적 진리와 종교적 진리의 대립을 어떻게 해소시킬 수 있을까하고 계속 고뇌한 인생이었습니다. 그런 이유로 철학과 신학을 어지간히도 공부했으나 소용이 없었습니다. 나는 이 두 가지 진리의 상극을 안은 채 우주로 갔습니다.

그런데 우주에서 나는 그야말로 한순간에 그 오랫동안 고뇌해 오던 문제의 해답을 얻었습니다. 바로 우주에서 지구를 보았을 때였습니다. 정확하게 말하면 달 탐험을 마치고 지구를 향한 궤도에 오른 지 얼마 되지 않아서였습니다. 아스라이 먼 지구를 보았습니다. 허공에 무수한 별이 암흑 속에서 빛나고, 그 가운데 우리의 지구가 떠 있었습니다. 지구는 무한한 우주 속에서, 하나의 반점 정도로밖에는 보이지 않았습니다. 그러나 그것은 지나치게 아름다운 반점이었습니다. 그것을 보면서 언제나 내 머릿속에 있었던 몇 가지 의문이 떠올랐습니다.

'나는 왜 여기 존재하고 있는 것인가?'
'인간은 단순히 지적 동물에 지나지 않는 것일까?'
'우주는 물질의 집합에 불과한 것인가?'
'우주나 인간은 창조된 것인가, 아니면 우연의 소산인가?'
'우리는 어디로 가고 있는가?'
'모든 것은 우연의 손 안에 있는가, 아니면 어떤 커다란 계획에 따라 움직이고 있는 것인가?'

바로 이와 같은 의문들이었습니다. 그런데 그때 의문과 동시에 그 답이 순간적으로 떠올랐습니다. 종교학에서 말하는 신비체험이라는 것이 이런 것이 아닐까 하는 생각이 들었습니다. 어쨌든 순간적으로 진리를 파악했다는 느낌이었습니다.

세계는 의미가 있습니다. 나도 우주도 우연의 산물일 수는 없는 것입니다. 모든 존재가 제각기 그 역할을 짊어지고 있는 어떤 신적인 계획이 있습니다.

그 계획은 생명의 진화입니다. 생명은 목적을 가지고 진화해가고 있습니다. 개별적인 생명은 전체의 부분입니다. 개별적인 생명이 부분을 이루고 있는 전체가 있습니다. 모든 사물은 한 몸입니다. 한 몸인 전체는 완벽하게 질서정연하고 조화로우며 사랑으로 가득 차 있습니다. 이 전체 속에서 나는 신과 한 몸입니다. 나는 신의 계획에 참여하고 있었습니다. 우주는 창조적 진화과정에 있습니다. 그런 의미에서 인간의 한 순간 한 순간 의식(意識)의 움직임 또한 우주를 창조해가는 것이라 하겠습니다.

이 한 순간 한 순간이 새로운 창조로서, 진화는 창조의 계속입니다. 신의 사유(思惟)가 그 과정을 다루고, 인간의 의식은 그 신의 사유의 일부로 존재하는 것입니다. 나는 이런 사실을 한순간에 깨달으면서 비할 데 없는 환희와 행복감에 넘쳤습니다. 순간이었습니다. 진리를 순간적으로 깨침과 동시에 환희가 엄습해 왔습니다. 그것은 정말 지복(至福)의 순간이었습니다. 나는 신과의 일체감을 여실히 맛보았습니다.[4]

지구로 돌아온 후 나는 이전과 달리 모든 종교와 모든 사상을 편견 없이 접하게 되었습니다. 내가 우주에서 느낀 저 신과의 일체감은 특정 종교나 종파의 신에 얽매이는 것이 아니었습니다. 종교의 부분적 진리라는 것은 교단 형성 과정에서 빚어졌으며 진리의 길 밖으로 이미 벗어나 있습니다.

각 종교의 교조가 될 수 있었던 인물들 가령, 예수나 석가, 마호메트 또는 노자(老子)나 조로아스터 등은 모두 인간의 자의식(自意識)의 속박에서 벗어나 이 세계의 정신적 일체성을 깨달은 사람들입니다. 그렇기 때문에 그들은 모두 초능력자들이었으며 기적을 일으켰습니다. 그러나 그 가르침을 받아 추종한 사람들은 자의식의 속박에서 완전히 벗어나지 못했기 때문에 깊은 진리를 깨닫지 못했습니다. 그래서 지도자가 세상을 뜨면 신자들의 집단은 '정신적 진리'에서 '인간적 자의식'으로 끌려오고 맙니다. 그리고 교단이 조직되면 교단 전체는 더더욱 원초의 진리에서 멀어지게 되는 것입니다. 교단화된 기성 종교는 어느 것을 보아도 이제는 참된 진리의 실재성(實在性)에서 멀어져 있습니다.

*신(神)이란 우주정신 혹은 우주대령(宇宙大靈)이라고 해도 좋고, 우주지성으로 표현해도 무방하다고 봅니다. 그것은 하나의 거대한 사유(思惟)입니다. 그

---

4)에드가 미첼이 경험한 이 신비 체험은, 현대'신과학(新科學) 운동'의 기수인 미국의 원자물리학자 F. 카프라(Capra)가 1969년 해변에서 겪은 신비 체험과 매우 유사하다. 프리초프 카프라 박사는 그의 기념비적 저서인 《물리학의 도(道), The Tao of Physics》를 집필하기 이전에 이와 유사한 체험을 하였다. 그는 해변에 앉아 파도가 일렁이는 것을 무심히 바라보고 있던 순간, 갑자기 우주에 대한 직관적인 깨달음이 왔고, 그때 밀려오는 압도적인 감격에 눈물을 흘렸다고 책 서문에서 밝히고 있다.

사유에 의해서 진행되는 과정이 이 우주계인 것입니다. 인간의 의식은 그 사유에서 분사된 스펙트럼에 지나지 않습니다. 우주의 본질은 물질이 아닌 영적지성(靈的知性)으로 그 본질이 신입니다.

인간이라는 것은 자의식을 가진 에고(Ego)와 보편적 영적존재와의 결합입니다. 전자(前者)에 사로잡혀 있을 때 인간은 유한하고 고급스러워진 물질에 지나지 않습니다. 그러나 갇혀 있던 자의식이 열리고 후자(後者)의 존재를 인식하게 되면, 인간에게는 무한한 가능성이 있다는 것을 알게 됩니다. 궁극적으로 보편적 정신과 합체가 됩니다. 신과 한 몸이 되는 것입니다.

*모든 종교는 우주의 정신적인 본질과 일체감을 경험하고 신비 체험을 가진 인간이 그것을 제각각 다르게 표현함으로써 생겨난 것입니다. 즉 그 원초적 체험은 본질적으로 같지만, 그러나 그것을 표현하는 단계가 되면 그 시대, 그 지역 문화의 한정을 받고 맙니다. 모든 기존 종교의 틀은 한정되어 있고 좁기 마련입니다. 특히 그리스도교의 틀은 너무나 좁기 때문에 그 전통적 교의가 자행하는 인간 의식의 속박은 너무나 큽니다.

*인간적 에고(Ego)에서 벗어나면 이 세계가 전혀 다르게 보이기 시작합니다. 에고의 눈에는 보이지 않는 지각 저편의 정신적 세계가 보이기 시작하고, 자기가 지금까지 진리라고 생각하고 있던 것이 보다 큰 진리의 일부에 지나지 않는다는 것을 깨닫게 됩니다. 이런 의식의 변혁, 시점(視點)의 전환이 모든 것의 열쇠임을 모든 종교가 말하고 있습니다.

예수의 "회개하라" "다시 태어나라"는 말이 바로 그것입니다. 희랍어로 '회개'는 '메타노이아'라고 합니다. 그것은 무슨 나쁜 짓을 저질렀으니 그것을 반성하면 천국에 들어갈 수 있다는 말이 아니라, 아집을 버리고 세계를 전혀 다른 관점에서 보면 신적세계가 이미 여기에 있다는 의미입니다.

힌두 전통의 '소마티'라는 것도, 불교의 '니르바나(涅槃)'도, 혹은 신비사상에서 말하는 '조명(照明) 체험'도 모두 같은 것입니다. 신비적 종교 체험의 특징은 거기에 언제나 '우주감각(Cosmic Sense)' 또는 우주의식이 있다는 점입니다. 위대한 정신적 선각자들은 지상에 있으면서도 우주감각을 가질 수 있습니다. 저는 우주 공간에 나갔던 행위를 통해 그것을 체험한 것입니다.

우주에서는 보통사람도 우주감각을 가질 수가 있습니다. 그래서 우주는 그런 체험을 하는 데는 가장 좋은 장소입니다. 인류의 진화 방향은 뚜렷합니다. 인간의 의식이 정신적, 영적으로 보다 확대되는 방향입니다. 장차 지구생물에서 우주생물로 진화해 갈 것입니다. 즉 예수라든가 석가, 마호메트 등은 일찍부터 이런 진화의 방향을 인류에게 지적해준 선구자인 것입니다. 어떤 진화건 종(種) 전체가 바뀌기 전부터 진화의 방향을 앞질러 보여주는 개체가 있는 것과 마찬가지 일입니다.

2.영적성장은 곧 의식의 확장이다

우리보다 앞서간 영적 대사(大師)들이 예시해 준 인간의 영적성장에 관한 단계적 과정을 잠시 살펴보자. 여기에는 인간이 진화과정에서 통과해야 하는 6단계의 입문 과정이 존재한다.(하지만 이것은 어디까지나 지구권 내에서의 배움의 과정이다.)

우리 인간이 동물의 단계를 벗어나 영적성장을 해나가는 가장 기본적 발판이자 첫 단계는 식욕과 성욕 등의 육체적 기본 욕구에 관한 적절한 이성적 통제와 약물이나 알콜과 같은 것에 대한 절제이다. 1단계에서는 이런 육체적 욕구를 어느 정도 컨트롤할 수 있어야 한다. 그리고 오늘의 나를 있게 해준 부모와 하늘에 대해 감사하는 마음이다. 이러한 기초를 바탕으로 인간은 영적성장의 계단(입문과정)을 향해 한 단계씩 밟아 올라가게 된다.

기초단계에 이은 두 번째 단계는 동양의 성현, 공자(孔子)께서 가르치신 인간의 기본적인 5가지 도리인 〈인의예지신(仁義禮智信)〉에 해당된다. 모든 인간은 우선 이것을 배우고 통달해야 한다. 여기서 인(仁)은 "인자한 박애" 의(義)는 "의로움" 예(禮)는 "예의" 지(智)는 "지혜로움" 신(信)은 "인간에 대한 믿음 또는 신의"를 의미한다. 여기에 부모에 대한 "효(孝)"가 추가된다. 이 단계에서 배워야 하는 것은 책임감과 보은(報恩), 감정적 자제력, 영혼의 순수함 및 겸손함이며, 이렇게 되면 곧 이어서 물리적 욕구가 영적인 욕구로 전환되어 자신의 본성(참나)을 알고자 하는 바람이 이 2단계 말에 싹트게 된다. (※대부분의 영혼들은 이 2번째 단계에서 머물러 가장 긴 시간을 보낸다고 한다.)

이런 1,2단계에서의 기본적 덕목(德目)들을 배우지 못하고 인간으로서 기초인격이 결여된 사람은 결코 이런 배움을 건너 뛰어 다음 단계로 올라설 수가 없다. 왜냐하면 모든 영혼은 각 단계에서마다 마주하게 될 과제들을 일종의 입문시험으로서 통과해야만 그 다음 단계와 마주할 자격이 주어지기 때문이다. 2단계는 상위단계로 올라가기 위한 중요한 토대에 해당되는 단계이이다.

3단계에서는 사랑과 공적헌신, 봉사를 통한 사고(思考)와 욕망의 통제, 부정성의 제거, 직관계발, 영혼과의 연결에 대한 시험을 받게 되며 이를 통과해야 한다(3단계: 빛의 지수 - 56%). 그 다음 4단계에서는 모든 이기심의 극복과 무욕, 커다란 자기희생의 테스트를 받게 된다. 또한 분노와 어리석음 및 물질세계에서의 모든 집착들을 놓아버리고 완전히 초월해야 하며, 고등한 자아(Higher Self)와 융합되어야 한다(4단계: 빛의 지수 - 62~65%).[5] 그 다음 5단계에서는 내면의 완전한 평정과 조화상태에 도달해야 하고, 아울러 요구받는 것은 영적지혜의 통달과 신성과의 일부 연결이다(5단계: 빛의 지수 -75%).

이런 식으로 우리의 영혼은 하위단계에서부터 이타적인 빛의 행위를 통해 일종의 부채인 카르마(業)를 계속 청산해 나감으로써 자신을 영적으로 균형 잡아야 하고, 빛의 지수(指數)를 높여가며 계속 성장해 올라가야 한다. 그리하여 최종적으로 6번째 단계에서 우리는 내면의 신(神)인 이른바 신성(神性) 또는 불성(佛性)과 융합하는 단계에 도달하게 된다.(6단계: 빛의 지수 - 80~83%). 그리고 이런 6단계의 모든 입문과정을 통과하여 신인합일(神人合一)의 경지에 이른 고등한 영적 존재들이 이른바, "승천한 대사들(Ascended Masters)"이다. 2000년 전의 그리스도의 "승천(昇天)"이라는 것은 바로 이러한 인간의 영적진화 및 상승과정을 전 인류에게 상징적으로 시범보인 것이었다. 그러나 이것이 끝이 아니며, 그 상위의 우주적 진화단계들이 또한 존재한다. 왜냐하면 승천한 마스터들이라고 해서 그 수준이 모두 동일한 것이 아니기 때문이다. 즉 지구권 내에서의 진화과정을 마치고 지구를 벗어나게 되면 태양계 차원의 보다 높은 진화단계가 기다리고 있다.

여기서 우리가 알 수 있는 것은 차원상승 또는 구원의 문제는 외적 종교 형식이나 단순신앙과는 별 관계가 없다는 것이다, 또한 이웃과 전체에 대한 실천행이 결여된 외골수적인 명상 일변도의 수행방식도 문제가 있다는 점이다. 즉 한 번 확철대오(確哲大悟) 형태로 깨닫기만 하면, 한 순간에 모든 업(業)이 청산되고 즉각 성불(成佛)한다는 식의 깨달음의 한탕주의는 경계해야 할 사안이다. 왜냐하면 이것은 중간과정을 모두 생략하고 단 번에 목적지로 건너뛸 수 있다는 편의주의적 발상인데, 바로 이런 생각이 우리나라 수행전통에서 오해되고 있는 가장 대표적으로 잘못 왜곡된 믿음이기 때문이다. 오히려 영적상승은 자비행(慈悲行)의 실천과 더불어 모든 면에서 인성(人性)을 다듬어 가는 전인적인 인격완성의 과정인 동시에 무한한 우주(절대자)와 하나로 융합되어 가는 과정이다. 그러므로 구원은 빛을 향한 오랜 영적여정과 카르마 청산 및 인격완성을 통해 궁극적으로 인간 자신의 내면, 즉 마음에서 오는 것이다.[6] 또한 현재 자신이 도달해 있는 영적각성과 의식의 수준이 차

---

5)이 4번째 단계를 통과한 존재가 불교에서 말하는 "아라한(阿羅漢)"의 경지에 해당된다. 아라한은 소승불교에서 목표로 삼는 최고경지이다. 아라한은 인간의 삼독(三毒)인 탐욕과 분노, 어리석음을 초월하고 모든 번뇌에서 벗어난 성자(聖者)이다. 이 4번째 단계는 <환생의 수레바퀴>에서 벗어나는 단계로 알려져 있다.

6)상승을 위해서는 최소한 51% 이상의 카르마가 청산돼 있어야 한다는 영적기준도

원상승을 가름하는 유일한 척도라는 사실이다.

그러므로 어떤 종교를 믿는가는 그리 중요하지 않다. 또 어느 단체에 소속돼 있는가 역시 별로 관계가 없다. 오로지 어느 정도 영적으로 깨닫고 성장했느냐고 하는 영혼의 영적성숙도가 중요한 것이다. 따라서 인류 개개인은 시급히 자신의 의식수준을 한 단계 이상 높이려는 노력이 무엇보다 급선무라고 할 수 있다.

그렇다면 의식을 한 단계 위로 끌어올린다는 것은 과연 구체적으로 무엇을 의미하는 것일까? 그 요체는 바로 우리가 '나(我)'라는 자기중심의 '소아의식(小我意識)'과 '이기주의(利己主義)'에서 점차 탈피하여, 전체와 인류를 생각할 수 있는 보다 큰 '대아의식(大我意識)' '전체의식(全體意識)'으로 거듭나는 것을 의미한다. 그것은 또한 지구상의 모든 종교와 이념, 인종이나 피부색, 국경 등 모든 분열과 장벽을 초월하여 온 인류가 '하나'라는 의식에 도달하는 것을 말한다. 요컨대 인간의 영적수준을 가름할 수 있는 가장 기본적인 잣대는 자기중심성과 이기성에서 얼마나 벗어나 있느냐 하는 것이다. 그리하여 어느 정도 '확장되고 각성된 의식'을 지니고 있느냐 하는 것이 핵심이 될 것이다.

앞서 설명했던 단계적으로 통과해야 할 영적과제와 시험(입문)들도 잘 살펴보면, 사실상 영혼이 에고적인 자기중심성에서 벗어나 의식을 외부로 점차 확장해가는 과정들이다. 예컨대 2단계〈인의예지신〉을 통해 배우는 것은 '타인에 대한 관심과 배려, 베품' 그리고 '자신의 말과 행위에 대해 책임을 지는 것'이다. 그리고 3,4단계에서 배우고 통달하게 되는 근간(根幹)은 사회나 공동체와 같은 좀 더 큰 전체에 대한 헌신, 봉사, 자기희생인데, 이것 역시 이기심을 넘어서서 더 폭넓게 의식이 외부로 확장해가는 행위에 해당된다.

또한 바로 이러한 이기적 속성의 극복 여부가 지구상의 우리 인간들과 진화된 우주인들 간의 차이를 가름하는 핵심적 요소이다. 즉 발전된 외계문명들은 모든 구성원이 타인과 전체를 위해 봉사하는 이타주의(利他主義)를 근간으로 한 체제로 이루어져 있다. 지구의 지상과는 달리 현재 5차원 문명을 구가하고 있는 지구의 지저문명(地底文明) 역시 마찬가지이다. 다시 말하면, 구성원들 대부분이 이기주의라는 저급한 의식의 소유자들로 이루어진 것이 지구의 지상문명인 반면에, 이타주의라는 고등한 의식의 영혼들로 구성된 세계가 외계문명과 지저문명인 것이다. 또한 이타적 헌신과 봉사라는 덕목은 영적으로 높이 승화된 그리스도나 붓다, 성모, 관세음과 같은 마스터들의 핵심적인 특성이기도 하다.

우리가 유념해야할 사항이다. 따라서 어떤 영적 수행법을 수련하든 이타적 자비행을 함께 병행해 가는 것이 가장 바람직하다.

인간세상의 모든 문제가 사실 개인주의와 이기주의에서 비롯되고 있고, 현재 많은 사회적, 문명적 위기를 불러오고 있다. 그리고 결국 이기주의 체제의 문명은 구성원 상호간에 계속되는 탐욕적인 갈등과 충돌, 분열, 상극, 투쟁 속에서 부침하다 상위차원으로의 상승에 실패할 경우, 결국에는 원시문명 상태로 퇴보하거나 완전히 멸망의 길로 접어드는 것이 상례이다. 이와는 반대로 이타주의 문명체제는 상생하는 행복과 축복, 번영 속에서 지속적인 진화발전 단계를 밟아 나가게 돼 있는 것이 불변의 법칙이다. 고차원의 문명들이 이렇게 끊임없는 하늘의 은총 속에서 영구히 발전해나갈 수밖에 없는 요인은 한 마디로 그들이 '우주원리와 법칙'을 깨닫고 거기에 부합하는 삶을 살고 있기 때문이다. 우주원리와 법칙이란 다름이 아니라 붓다와 그리스도와 같은 성인(聖人)들이 오래전부터 인간들에게 가르쳐온 카르마적인 〈인과응보의 법칙〉이라든가, 〈사랑과 용서의 원리〉, 〈자유의지와 자기결정권에 따른 자기책임의 법칙〉, 〈상생과 공존공영의 원리〉 같은 것들이다. 여기에 추가될 수 있는 것이 성경에 나오는 가르침인 "너희가 남에게 대접받고 싶은 대로 남에게 행하라."와 같은 황금률(黃金律)이다.[7] 그들은 이런 우주적 이치를 깨닫고 있기에 끝없는 사랑의 이타행과 봉사, 헌신을 통해 공덕을 쌓고, 그 공덕에 의해 계속 서로가 은총과 복을 받는 에너지의 증폭현상이 지속된다. 따라서 인류가 지금의 문명적 위기를 타개하고 새로운 차원의 문명으로 올라설 수 있는 유일한 길은 오직 지금의 이기주의 체제에서 이타주의 체제로 전환되는 것이다. 또한 자기중심적 개인주의에서 전체 중심의 공동체주의로 변화하는 것이다.

이렇게 되기 위해서는 적어도 임계수치에 달하는 대중들의 의식개혁이 담보되어야 하는데, 여기서 인간의 의식(意識) 문제를 심리학이라는 도구를 통해 잠시 살펴보겠다. 20세기 후반기에 접어들어 서구의 심리학에서 새로이 태동한 연구 분야가 있다. 그것은 바로 인본주의 심리학에 이어서 나온 '도(道), 명상(瞑想) 심리학' 또는 '초개아(超個我) 심리학' 계통의 학파이다. 이 초월심리학 분야는 개인의 인간성이나 자기실현까지도 넘어서 전 우주에 중심을 둔 영성지향적 직관주의 심리학 분야이다. 서구의 심리학은 이제 과거의 병리학 위주의 객관적 분석주의 심리학에서 점점 탈피하여 동양의 전통 수행법인 선(禪), 명상(瞑想), 요가 등의 정신수행을 통해 체험적으로 인간의

---

7)이 세상이 근본적으로 외계문명과 같은 새로운 차원으로 변형되기 위해서는 이런 우주법칙과 황금율이 유치원이나 초등학교 시절부터 아이들에게 가르쳐져야 한다. 그리고 이런 우주의 원리를 알게 될 때 비로소 인간은 결코 이기적이 되거나 죄를 지을 수가 없게 된다. 왜냐하면 남을 해하는 것이 곧 자신을 해하는 것이고, 남을 돕고 위하는 것이 곧 자신을 위한 것이라는 자타일여(自他一如)의 근본이치를 깨닫게 되기 때문이다.

영성과 전체의식을 탐구하는 방향으로 그 흐름이 바뀌었다.

이 계통의 학자들이 연구한 바에 의하면, 역사적으로 위대한 사람일수록 보통 사람에 비해 보다 확장된 의식을 지니고 있었다는 것이다. 때문에 그들은 자기의 일신(一身)이나 일가(一家)를 위해서가 아니라, 국가나 민족을 위해서, 더 나아가 인류 전체를 위해서 봉사하거나 희생하며 살 수 있었다는 해석이다.

한 나라의 언어는 그 민족의 얼을 담고 있는 그릇이라고 흔히 말한다. 그런 의미에서 우리 민족의 말을 깊이 조사해보면, 매우 심오한 철학이 담겨 있음을 발견하게 된다.《천부경(天符經): 민족의 뿌리》라는 저서를 쓴 최재충(崔載忠) 선생에 의하면, '나쁘다'라는 우리말의 어원이 '나뿐이다, 나밖에 모른다.'는 의미에서 유래되었다고 한다. 즉 본래 한(宇宙)과 일체(一體)였던 인간이 여기서 분리되어 '나(我)'라는 개아의식이 생겨 점차 이기적이고 자기중심적으로 타락해 가는 과정이 '좋지 않다, 나쁘다'라는 뜻으로 굳어졌다는 것이다. 또 사람을 평가할 때 "그릇이 작다" 또는 "크다"고 표현하는데, 이 말은 곧 그 사람이 어느 정도 확장된 의식의 크기를 갖고 있느냐를 뜻하는 말이다.

인간이 만물의 배후에 실재하는 우주의 근원적인 대령(大靈) 또는 우주의식(宇宙意識)에서 떨어져 나와 멀어지면 멀어질수록 인간은 점차 불안과 소외를 느끼게 된다(※여기서 만물의 배후에 실재하는 대령이나 우주의식이란 용어는 종교개념으로 표현하자면 무한의 절대자에 해당된다.) 따라서 그 불안과 소외감을 보상하고 거기서 벗어나고자 더더욱 이기적이고 경쟁적이며 자기중심적이 된다. 때문에 지나친 이기성이나 편협성은 어찌 보면 일종의 정신질환이다. 그런 상태가 더 진행되고 증상이 심해지면, 인간은 극도의 자의식 상태에서 느껴지는 실존적 공포와 더불어 광적 상태에 빠지게 된다. 소위 인간의 노이로제나 또는 더 심한 정신병은 이런 의식의 메커니즘에서 생기는 것이다. 오늘날 정신병원이나 기도원에 수용되어 있는 정신질환자들의 대부분은 극단적 케이스에 해당된다. 한마디로 말하면 극도로 의식이 위축되어 고립되거나, 어떤 외부의 충격과 정신적 외상에 의해 의식이 분열된 상태이다. 이와 반대로 보다 건강하고 성숙되고 건전한 사람의 의식일수록 그 의식이 확장되어 있다. 또한 사랑이 충만한 전체적, 초개인적, 통합적 의식상태를 유지하고 있다.

확장되고 성장된 의식을 지닌 사람에게 너(you)와 내(I)가 있을 수 없고, 네 것과 내 것이 따로 있을 수 없다. 깊은 명상을 통해 내부 의식에 몰입해본 사람은 알겠지만, 이러한 의식상태에서는 '나'라는 자아의식의 경계가 없어진다. 즉 흔히 불가(佛家)에서 말하는 '물아일여(物我一如), 자타일여(自他一如)의 경지'나 '주관세계와 객관세계의 합일(合一)'을 경험해볼 수 있는 것

이다. 이처럼 인간의 의식은 무한히 확장될 수 있다.8) 사실 명상, 좌선, 요가, 기도 등 모든 종교적 수행법들은, 대우주(大宇宙:신)와 소우주(小宇宙:인간)의 주파수를 맞추는 행위인 동시에, 인간의 의식을 작은 에고(Ego) 의식 상태에서 초월하여 보다 크게 확장하기 위한 방법들이다. 그리고 궁극적으로는 우주를 이루고 있는 거대한 하나의 '전일의식(全一意識)' 또는 '우주의식'에 가까이 이르려는 것이 그 최종 목적이다. 그러므로 개인이 자아의식이나 자아도취에서 벗어나 전체 우주와 연결되어 있다고 느끼는 것이 이 과정의 가장 기본 단계이다. 여기서 더 나아가 우주와 내가 하나라는 것을 완전히 체득하는 것이 모든 종교의 수행법에서 목표로 삼는 최고 극치의 경지라고 할 수 있겠다. 비유적으로 이야기하면, 이것은 하나의 물방울(인간)이 본래의 근원인 대해(大海:창조주) 속에 합일되는 것과 같다. 예수나 석가, 성모, 환웅, 관세음, 노자, 단군 같은 성인들이 바로 이러한 케이스에 해당된다. 이들은 작은 자아의 속박을 초월한 우주적인 의식 확장을 통해서 우주 자체와 합일의 경지에 도달한 위대한 영혼들인 것이다.

통례적으로 볼 때, 보다 저급한 수준의 영혼들일수록 당연히 자기 자신만을 위해서 산다. 심지어 사악한 부류들은 자기의 이익을 위해 남을 짓밟고 남에게 예사로 피해를 끼치기도 한다. 그러나 보다 성숙되고 위대한 영혼들

---

8)영혼의 의식이 무한히 확장될 수 있다는 좋은 예를 우리는 과거 지구의 행성 로고스(Planetary Logos)였던 사나트 쿠마라(Sanat Kumara), 즉 연등불(練燈佛)에게서 찾아볼 수 있다. 사나트 쿠마라는 자신의 오라(Aura)로 지구를 감싼 채 벌레 한 마리의 움직임이나 나뭇잎 하나 떨어지는 것조차 모두 감지할 수 있을 정도의 확장된 의식과 인식력을 갖고 있었다고 한다. 이것은 아마도 사나트 쿠마라의 뒤를 이어 현재 행성 로고스직을 맡고 있는 붓다의 경우도 마찬가지일 것이다.

일수록 '나'를 버리고 '남'을 위해서, 또 전체를 위해서 살기 마련이다. 역사가 말해주듯이, 인류의 문명은 이렇게 소아를 버리고 전체를 위해 희생하는 소수의 선각자들에 의해서 그나마 발전되어 왔다. 반면에 지구 인류의 대부분이 이기적 속성의 낮은 영혼들로 구성되어 있다 보니 인류의 역사는 늘 한쪽이 다른 한쪽을 지배하거나 착취하는 체제로 지속되어 왔다. 그 결과 힘과 권력을 가진 자와 못 가진 자, 부자와 가난한 자 사이에는 갈등과 대립, 투쟁이 멈출 날이 없었다. 또한 자연과 동물마저도 자기들의 이익을 위한 희생양으로 삼는 인간의 무자비하고도 파렴치한 약탈행위로 수많은 동물들이 멸종해가고 있고, 자연 파괴의 심각성이 위험수위에 이른지 오래이다. 한 예로 UFO 접촉자 알렉스 콜리어가 전하는 안드로메다 우주인들의 정보에 따르면, 우리는 현재 대기(大氣) 환경 속에 단지 41년 어치의 산소만을 갖고 있다고 한다. 다시 말해 3,000년 전에는 지구 공기 내의 산소 함유량이 35~38%였으나, 그것이 현재는 환경오염과 파괴로 인해 18% 미만인 상태로 감소된 상태에 있다는 것이다. 인간의 삶을 지속하기 위해서는 최소한 15%의 함유량이 되어야 하며 그 이하로 떨어지면 생명을 부지할 수 없게 될 것이라는 말인데, 만약 이것이 사실이라면, 우리는 지금 심각한 환경위기 지점에 봉착해 있는 것이다. 하지만 어머니 지구가 환경재앙과 천재지변을 통해 수많은 경고를 발하고 있음에도 우리 인간은 여전히 무감각하며, 자연훼손 행위를 멈추지 않고 있다.

이처럼 인간의 '이기성(利己性)'이란 마치 몸 전체를 오염시키고 계속해서 다른 세포들마저 파괴해가는 암세포와도 같다. 그리고 당연히 몸의 암세포를 도려내지 않는 한, 인간은 서서히 죽어갈 수밖에 없다. 따라서 이와 마찬가지로 현재 이 지구라는 거대 생명체를 죽이고 있는 의식이 낮은 암세포와 같은 영혼들은 앞으로 우주 의사들에 의해 제거되거나 우주법칙에 의해 반드시 도태될 것이다. 그들은 결코 상위차원의 문명권에 진입할 수 없으며, 그 길이 철저히 봉쇄되고 차단될 것이다. 바로 이것이 지구의 진동이 점차 높아지고 있는 이 시점에서 우리가 시급히 의식차원을 높여야만 하는 중요한 이유이다.

결론적으로 '영적성장'이라는 것은 결코 종교경전의 글귀를 많이 아는 데 있는 것도 아니요, 교회나 사찰에 열심히 잘 나가거나 예수, 부처를 잘 믿는데 있는 것이 아니다. 또한 근본적으로 고통과 어려움을 극복하는 체험이 없이, 그리고 공동체나 전체를 위한 헌신 및 자기희생의 과정이 없이 인간의 영적성장이란 있을 수 없다. 진정한 영적성장이란 소아(小我)의 그런 극기(克己) 경험들을 통해 바로 도표에서 보는 바와 같이 단계적으로 자신의 의식을 확장하고 향상시켜 나가는 것을 말한다. 그리하여 자타일여의 단계를 거쳐 최종적으로는 대우주와 내가 하나임을 깨닫는 우주의식 차원에 도달하는 것을 의미한다.

[인간 의식의 확장(성장) 과정]

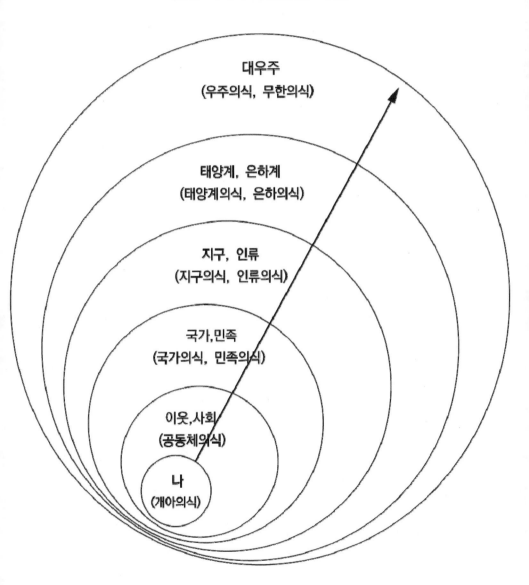

3.밀려오는 새 시대의 물결

지금 서구에서는 변혁의 새 시대를 맞이하려는 '뉴 에이지(New Age) 운동'의 확산이 노도와 같다. 정신과학, UFO학(Ufology), 영성계발, 신과학, 대체의학, 환경운동, 초능력(ESP), 동양철학, 기공(氣功), 명상수행, 채널링, 우주와 외계인 등에 대한 관심과 연구가 증폭되고 있다.

이 거대한 시대적 조류는 이제 아무도 거스를 수 없는 흐름이 되었다. 그런데 현 종교계 일각에서는 이러한 '뉴 에이지 운동' 자체를 '사탄의 전략'이라는 극히 유치한 단순 논리로 매도하고 있는 실정이다. 그들은 무언가 신비한 능력, 예를 들면 공중부양(空中浮揚)이라든가, 명상상태의 황홀경, 또는 유체이탈(幽體離脫), 전생체험, 영혼여행 등의 현상에는 무조건 마귀가 작용한다고 맹목적으로 믿고 있다. 그러나 이러한 비판은 물질차원을 초월한 4차원 이상의 세계와 인간의식의 성장 및 발전과정에 대한 심층심리학을 전혀 모르는 무지의 소치일 뿐이다. 때문에 UFO 현상 자체도 무조건 악마나 마귀가 작용하여 나타나는 현상이라는 웃지 못 할 이야기까지 등장하고 있는 것이다.

하지만 과거에 '기사이적(奇事異蹟)'으로만 불리던 모든 현상들은 더 이상 종교적 신비주의 테두리 안의 문제가 아니다. 이제는 이러한 모든 것들이 하나의 연구 대상으로서 과학적으로 탐구되고 있다는 사실을 깨달아야 한다. 또한 일부 분야에서는 이미 과학적 규명이 이루어지기도 했다. 그럼에도 현재 유독 종교계만이 여기에 등을 돌리고 있다. 즉 인류의 정신세계를 이끌어야 할 종교가 오히려 더 새 시대의 조류와 징조들을 이해하지 못하고 또 전혀 수용하지도 않고 있는 상태인 것이다.

왜 종교는 현대 과학이 밝혀주고 있는 새로운 진리의 증거들을 눈을 가려가며 애써 부정하는 것인가? 또 왜 아직도 과거 중세 암흑시대에 형성된 낡고 왜곡된 교리에 집착하고 거기 얽매여 있는 것일까? 이 모든 이유는 매우 간단하다. 바로 종교를 이끌고 있는 대다수 성직자들(목사, 승려, 신부 등)의 의식수준이 너무도 낙후되어 있기 때문이다. 단적인 한 예로, 오늘날의 성직자들은 하늘은 곧 우주요, 천상계(天上界)는 곧 우주계(宇宙界)라는 기본적인 개념조차도 제대로 이해하지 못하고 있는 경우가 대부분이다. 다시 말하면, 영혼이 환생을 위해 잠시 머무르는 대기 장소인 영혼세계를 하늘나라 내지는 천상계로 혼동하는 경우가 비일비재한 것이다.

종교는 오랫동안 인간의 정신세계를 지배해 왔으며, 절대적 권위를 행사해 왔다. 그러나 외계문명과 지구영단을 주축으로 새 시대의 진리가 밀려오고 있는 현 상황에서 기존 종교의 낡은 교의(敎義)는 위협받을 수밖에 없다. 그 한 예로 서구에서는 성직자들의 고리타분하고 따분한 설교가 의식수준이 높은 신도들에게 더 이상 호응 받지 못하고 있다. 첨단과학에 의해서 인간의 지성과 의식수준은 높아지고 앞서만 가는데, 종교 지도자들은 여전히 1, 2천 년 전의 의식수준에 머물러 옛날이야기나 하고 있으니 전혀 맞지가 않는 것이다. 한마디로 21세기의 지성인들에게 중세기에나 알맞은 내용의 설교는 더 이상 들어 먹히지 않는다는 사실이다. 그 결과 실망한 많은 신도들이 교회와 성당을 떠난 서유럽의 경우는 교회들이 속속 문을 닫는 등 기존 종교가 서서히 허물어지고 있다. 더구나 이런 상황에서 과거의 설교 내용과는 전혀 다른 새 진리를 기존 종교가 인정한다는 것은 이제까지 지탱해 왔고 또 현재 유지하고 있는 모든 종교 권위체계의 붕괴를 의미한다. 때문에 기존 성직자들은 자신들의 종교적 지배권 상실을 두려워한 나머지 더더욱 문을 닫아걸고 새로운 정보와 진리의 수용을 결단코 거부하고 있는 것이다.

조르다노 브루노

서기 1600년, 이탈리아의 철학자이자 도미니크 교단의 사제(司祭)이기도 했던 조르다노 브루노(Giordano Bruno, 1548~1600)는 로마 광장에서 산 채로 화형(火刑) 당했다. 그가 이단이라는 죄목으로 종교 재판에 회부되어 화형에 처해진 까닭은 당시의 가톨릭 교의에 상반되는 주장을 했다는 이유 하나 때문이었다. 그는 자신의 저서에서 이 우주에는 인간이 보는 것 말고도 수많은 태양들이 존재하고 있고, 그 태양마다 행성들이 그 주위를 돌고 있다고 하였다. 또 거기에는 사람이 사는 곳도 있을 것이며, 신(神)은 만물 속에 깃들어 있다는 놀라운 추론을 전개했다. 이 위대한 사상가는 생명이 위협당하는 상황에서도 자신의 주장을 굽히지 않았고, 결국은 장렬한 죽음을 맞이하고 말았다.

필자가 보건대, 종교계에 관한 한, 브루노를 불태워 죽였던 약 410여년 이전의 상황과 21세기 초의 현 상황이 크게 달라진 것이 없다. 아직도 대다수의 종교 성직자들은 하느님이 지구 중심으로 생명을 창조했으며, 우주에는 오로지 지구에만 생명체가 존재한다고 가르치고 있다. 그리고 이에 반하는 진리나 그 가능성은 결코 수용하지도, 알아보려고도 하지 않는다. 심지어는 원반형 우주선에 불과한 UFO가 마귀, 사탄이라는 중세시대 사람 같은 소리까지 버젓이 통용되고 있는 실정이다. 과학이 이만큼 발전한 오늘날에도 종교를 이끌고 있는 대부분의 성직자들의 수준은 겨우 이 정도에 머물고 있는 것이다. 그러므로 이들의 의식 상태는 브루노와 같은 위대한 선지자를 화형시켜 죽인 당시의 무지한 가톨릭 이단 심문관들과 별로 다르지 않다고 보아도 무방할 것이다. 결국 장님이 장님을 인도하는 어리석은 오류가 중세시대에 이어 지금도 계속되고 있다. 그러나 밤이 지나면 반드시 빛나는 태양이 떠오르듯이, 다가오는 우주의 천도섭리를 인간이 거스르기는 어려울 것이다.

지구상의 인류는 현재 종교와 이념, 인종, 그리고 국가에 의해서 갈가리 찢기고 분열되어 있다. 종교가 다르다는 이유만으로 대화하기를 거부하는 것은 물론 서로 배척하고 비방까지 하고 있는 상태이다. 그래서 많은 종교인들이 타종교에 대해 "너희의 종교는 구원이 없고, 우리 종교에만 구원이 있다."고 예사로 말한다. 즉 본인이 믿는 종교가 아닌 타종교는 무조건 이단이고 사이비이며, 사탄 마귀의 종교이고 우상 숭배의 종교인 것이다. 때문에 일부 사람들은 자기가 믿는 종교 외에는 모두 없어져야 한다는 위험한 광신(狂信)에 사로잡혀 있기도 하다. 실제로 인류 역사 3,000년간 일어난 크고 작은 8,000번 이상의 전쟁 중에 70% 이상이 사실상 종교전쟁이었다.

지금도 중동에서 계속되고 있는 아랍과 아랍(이슬람 시아파와 수니파), 아랍과 이스라엘의 대립, 이라크와 시리아 내전, 과거 신 유고연방의 보스니아 내전(회교계인 정부군과 기독교계인 세르비아계, 그리고 가톨릭계인 크로아티아 간의 전쟁), 아일랜드 분쟁, 인도와 파키스탄의 대립(힌두교와 회교), 키프로스 내전(회교와 기독교), 아프리카 국가들의 종족 분쟁 등이 모두 여기에 속한다. 한 아버지(하느님) 아래서 피를 같이 나눈 형제들이 인간이 멋대로 만들어 놓은 종교교리가 다르다는 이유만으로 서로 잡아 죽이려고 하는 것이다. 모든 종교가 사랑과 자비라는 말을 예사로 내뱉고 있지만, 진정으로 그것을 깨닫고 실천하는 종교는 드물다. 만약 모든 종교가 지금까지 그렇게 실천해 왔다면 종교 간의 벽은 이미 허물어졌을 것이다.

추측컨대 가장 건전하고도 이상적인 세계는 종교가 필요치 않은 사회이며, 또 종교가 완전히 없어져 버린 세계이다. 알다시피 동양의 종교 외에 특히 서양의 종교들(회교 포함)은 과거 지상에 평화와 사랑보다 오히려 훨씬 더 많은 증오와 피의 학살을 불러 왔다. 아마도 현존하는 지구상의 모든 종교들은 이제 여러 선지자와 예언가들의 예언대로, 장차 지상에서 사라지게 될 것이다. 왜냐하면 종교가 필요치 않은 높은 수준의 영격을 지닌 인류들만이 사는 고차원의 문명세계가 이 지구상에 도래하고 있기 때문이다. 그럼에도 현실에서는 한 개인이 어떤 종교를 선택했을 때, 그 종교를 열심히 신앙하기 위해서는 자연히 타종교들은 배척할 수밖에 없는 것이 우리 사회의 실정이다. 그러므로 이제 인류 개개인은 어떠한 종파주의적 관념에서도 탈피하려는 노력이 필요하다. 한 종교에만 얽매인 종파관념은 반드시 초월돼야 하며, '내 것'이라는 물질적 소유의식과 너와 나를 구분하는 분리의식도 점차 극복해야 한다.

본질적으로 이 우주에 영원히 '내 소유의 것'이라는 물질은 존재하지 않는다. 모든 것은 본래 우주에 속한 것이고 절대자에 속한 것이다. 그리고 어차피 죽을 때 우리는 누구나 자신의 모든 소유물들을 고스란히 놔두고 가야만 한다. 즉 인간은 단지 나그네로 이 지구상에 잠깐 머무는 동안 물질을 임시로 맡아서 빌려 쓰는 것뿐이다. 재산이 몇 백억~몇 천억이 있은들 결국 세상 떠날 때는 천 원짜리 한 장 못 가져가지 않는가? 그럼에도 인간은 영원한 자기 소유물이라는 착각 속에 살고 있으며, 때문에 과도하게 물질에 집착한다. 그러나 예수도 성경에서 이르기를, "한 종이 두 주인을 섬길 수 없듯이, 하느님과 재물을 함께 섬길 수는 없다.(누가복음 16:13)"고 하였다. 또한 "부자가 천국가기는 낙타가 바늘구멍 통과하기보다 더 어렵다.(마태복음 19:24)"고 했다.[9] 한편 인간은 이 세상에서 고관대작(高官大爵)이나 큰 부자가 되는 것이 대단한 출세요, 굉장한 발전이라고 생각한다. 그러나 저 우주라는 영원한 시간의 차원에서 볼 때 그것은 지구라는 작은 3차원의 유배행성에서 꾸는 한순간의 꿈이요, 잠시 후 스러질 물거품에 지나지 않는다. 또한 평균수명이 수천 세에 달하는 우주문명 세계에서 지구상의 명예나 화폐뭉치, 금덩어리는 아무런 쓸모도 가치도 없을 것이다. 그리고 본래 우주 전체가 하나이므로, 너와 나, 또는 네 것 내 것이라는 인간의 관념은 우리의 미망에서 생겨나는 망상일 뿐이다. 그렇기에 우리는 모든 집착들을 놓아버려야 하며, 그 밖에 어떠한 이념주의, 피부색, 인종, 국가주의에서도 벗어나야만 한다. 그리고 모든 지구인들이 한 형제라는, 인류의식, 지구의식에 이르러야 한다.

다음과 같은 5가지 요건은, 인류가 향후의 5차원 우주문명 세계로 들어가는 데 반드시 극복하고 도달해야만 할 기본 과제에 해당된다.

1. 어떠한 종교나 종파주의 관념에 사로잡혀 타종교인이나 무종교인들을 배척해서는 안 되며, 더 나아가 모든 종파 관념을 초월해야 한다,
2. 지구 인류는 인종, 피부색, 이념, 국적, 종교에 관계없이 하나라는 의식각성을 이루어야 한다.
3. 지구상의 모든 물질과 자원, 재화, 에너지는 지구 공동의 것이라는 공동체의식을 가

---

9) 부자가 천국가기 힘들다는 이 말은 물질을 많이 소유하면 할수록 인간은 그만큼 그 소유물에 대한 집착을 끊기가 더 어렵기 때문이다. 그러나 모든 육체적, 물질적 집착을 놓아 버리지 못하는 한, 우리는 상위차원으로 상승하지 못하고 지상에 묶여 있을 수밖에 없는 것이 법칙이다.

져야하며, 네 것 내 것을 구분하여 이기적으로 소유하려 해서는 안 된다. 갖가지 소유욕과 모든 집착에서 벗어나야 한다.

4.모든 생명체와 영혼들은 절대자 또는 우주의식의 한 부분으로서 서로 연결돼 있고, 하나의 우주대생명(宇宙大生命)을 이루고 있음을 자각해야 한다. 또한 점진적으로 자기 내면의 신성(神性)을 깨닫고 교감할 수 있어야 한다.

5.각 개인은 전체의 진화발전을 위해 헌신, 봉사하거나 기여하는 바가 있어야 한다. (향후의 차원상승에 있어서 적당한 무임승차는 허용되지 않는다.) 그리고 자신이 공동체의 일원으로서 전체에 대해 그러한 봉사와 기여를 할 수 있다는 것에 기뻐하고 감사할 수 있는 의식레벨에 도달해야 한다.

6.인간 각자는 인류 전체가 만들어낸 집단적 카르마(業)의 짐을 함께 나눠질 수 있어야 하며, 자기 나름의 빛의 활동을 통해 그 공동의 카르마를 해소하려는 노력을 기울여야 한다.

이상의 요건들은 우리가 갖가지 분리의식과 소유의식을 넘어서서 우주 불변의 원리인 사랑의 세계로 통합되기 위해 실천해야할 사항들이기도 하다. 또한 이것이 진화된 우주인들이 갖고 있는 의식(意識)인 동시에 상위차원의 외계문명들을 구성하고 있는 기본원리이다. 그러므로 아마도 이런 의식 레벨에 이르지 못한 영혼은 장차 상위차원으로 올라서는 것이 어려울 것이다.

4.사랑은 모든 것을 가름하는 우주 원리

지구를 현재 지배하고 있는 어둠의 엘리트 세력이 가진 강점은 지능이 높고 고도의 책략과 술수, 음모에 매우 능하다는 것이다. 따라서 그들은 그런 수단들을 통해 대다수의 무지하고 어리석은 인간들을 교묘히 통제하고 조종함으로써 자기들의 권력과 이익을 극대화할 수 있고 또 마음대로 지배할 수 있었다. 반면에 그들이 가진 결정적 약점이 있는데, 그것은 바로 그들에게는 사랑과 자비와 같은 긍정적이고 신성한 감정이 결여돼 있다는 것이다. 그리고 이 사랑이 없다는 것은 그들이 두뇌가 아무리 뛰어나더라도 영적으로는 저급한 존재들임을 나타내는 것이다. 사랑의 결여가 그들의 약점이기에 반대로 사랑은 그들에게 대항할 수 있는 우리 인류의 장점이자 강력한 무기가 될 수 있다. 또한 우리가 늘 사랑의 주파수를 유지할 수 있느냐가 향후 상위 문명차원으로의 진입을 좌우하는 관건이 될 것이다.

그런데 사랑이란 단순히 남녀 간에, 또는 인간 사이에 느끼는 일시적인 감정의 문제가 아니다. 미국의 저명한 정신분석학자이며 사회심리학자인 에리히 프롬(Erich Fromm)은 사랑을 단지 감정상의 문제가 아니라 자아를 희생할 수 있는 정신적 능력의 문제라고 정의했다. 그는 인간이 보편적으로 가지고 있는 사랑에 대한 잘못된 환상을 깨야 한다고 하였다. 즉 흔히 남녀 간의 애정에서 보이는 조건적이고 상호교환적인 것은 사랑이 아닌 거래라고 그는 잘라 말한다.

　　실존주의 철학자들은 인간의 가장 근본적인 문제는 인간이 자연에서 떨어져 나온 이후 분리된 고립감에서 느껴지는 '실존적 불안'이라고 말한다. 프롬은 바로 이 불안을 인간이 극복하기 위해 자아를 넘어서 타의 세계와 화합하려는 행위가 바로 사랑이라고 말했다. 그런데 그 화합은 자아를 어느 정도 희생하고 극복하지 않고는 불가능하다는 것이다. 때문에 그 사랑의 능력에 있어서 사람에 따라 많은 차이가 있다고 한다. 사랑이란 용어가 아무 데나 남발되고 있지만, 그는 인간 사회에서 볼 수 있는 진정한 사랑은 자식에 대한 부모의 조건 없는 사랑과 신에 대한 종교적 헌신 행위 정도라고 언급한 바가 있다.

　　프롬의 말과 같이 사랑이란 심리학적으로 볼 때, 세상에서 보통 오해하는 식으로 단순 감정에 국한된 문제가 아니라 능력의 문제이다. 그리고 오히려 인간 의식(意識)의 성장과정 전체가 사랑이다. 영혼은 오랜 기간 윤회환생하면서 점차 사랑을 깨닫고 배워 가는 것이다. 우리의 의식이 성장해 갈수록 우리는 보다 큰 사랑을 행할 수 있다. 다시 말해 '나'라는 자기중심성의 틀을 깨뜨리고 타인과 이웃, 사회, 더 나아가 국가, 인류, 우주를 향해 의식을 확장하고 합일해 가는 과정이 사랑이며, 곧 사랑의 실천이라 할 수 있다. 때문에 사랑의 원리는 곧 합일의 원리이다. 즉 모든 것과 하나가 되는 것이다. 예수 그리스도의 사랑도, 석가모니 부처의 자비도, 결국은 이러한 합일의 원리에 바탕을 두고 있다.

　　우주의 모든 생명은 사랑을 먹고 자란다. 그러므로 제대로 사랑받지 못하고 자라난 아이는 반드시 정신적, 성격적 결함을 지니게 된다. 만물이 태양빛을 받아 성장하고, 자연계에 서로 끌어당기는 만유인력(萬有引力)이 존재하는 것도 사랑과 합일의 원리이다. 그리고 동물과 식물을 포함한 우주의 모든 생명들이 서로 사랑을 원한다는 사실은, 우주 만물이 본래 일체(一體)라는 강력한 증거이다. 사랑이 곧 합일(合一)이기 때문이다. 세상의 모든 것들은 궁극적으로 우주와 하나가 되려는 방향으로 진화하고 있다. 오래 전에 영국의 모리스 바바넬이라는 영적 메신저를 통해 가르침과 메시지를 전했던 실버 버치(Silver Birch)라는 고급령(高級靈)은 사랑에 대해 이렇게 말한다.

"사랑이 모든 생명의 열쇠이다. 동물이든 인간이든 사랑은 죽음에 의해 아무런 영향도 받지 않는다. 사랑이야말로 우주의 원동력이다. (사랑이) 전 우주를 움직이고, 모든 것을 제어하고, 모든 것을 통치하고 있다. 인간끼리도 그렇고, 동물, 식물 등 인간보다 하등인 생명에서도 그렇다. 사랑이 있음으로 생명은 진화하는 것이다."10)

또 예수 그리스도가 이 지구라는 행성에 와서 가르친 핵심적인 진리 역시 단 두 가지이다. 하나는 "하느님은 곧 사랑이니, 서로 사랑하라." 그리고 "하늘나라에 들어가려거든 마음이 거듭나야 한다."는 것, 바로 이 두 가지뿐인 것이다. 알다시피 그리스도는 결코 많은 신학자들이 머리로 써낸 복잡한 신학논문을 쓴 일이 없다. 아울러 사도 바울이 〈고린도전서 13장〉에 남긴 다음과 같은 사랑의 시문은 우리 인류가 진화해 나갈 길을 간단명료하게 제시해 주고 있다.

사랑은 없어지지 않습니다. 그러나 예언도 사라지고, 방언도 그치고, 지식도 사라집니다. 우리는 부분적으로 알고, 부분적으로 예언합니다. 온전한 것이 올 때에는 부분적인 것은 사라집니다. 내가 어릴 때에는 말하는 것이 어린아이와 같고, 깨닫는 것이 어린아이와 같고, 생각하는 것이 어린아이와 같았습니다. 그러나 내가 어른이 되어서는 어린아이의 일을 버렸습니다. 지금은 우리가 거울 속에서 영상을 보듯이 희미하게 보지만, 그때에는 우리가 얼굴과 얼굴을 마주볼 것입니다. 지금은 내가 부분 밖에 알지 못하지만, 그때에는 하나님께서 나를 아신 것과 같이, 내가 온전히 알게 될 것입니다. 그러므로 믿음, 소망, 사랑 이 세 가지는 항상 있을 것인데, 그 가운데서 으뜸은 사랑입니다.

그리고 신이 인간에게 던지는 가장 위대한 메시지이자 가르침도 역시 다름 아닌 사랑일 것이다. 어찌 보면 인생의 모든 드라마는 인간이 사랑을 깨닫도록 신이 쓴 각본이며 연출이 아닐까? 그렇다면 과연 이 사랑이라는 대전제 앞에 어떤 것이 문제가 되고 장애가 될 수 있을 것인가?

사랑 앞에는 어떤 이념이나, 종교 교리, 인종, 국경, 피부색 그 무엇도 아무런 문제가 될 수 없다. 사랑은 이 모든 것을 앞서고 초월하는 것이기 때문이다. 그러나 만약 자기의 종교교리가, 또는 인종이나 이념이 더 중요하다는 사람이 있다면, 그는 사랑이라는 우주 불변의 원리에서 벗어난 것이다. 또한 그는 서로 사랑하라는 신의 법칙을 위배한 하찮은 인간에 지나지 않는 것이다. 그리고 오직 사랑의 능력만이 우리 인류가 어둠의 엘리트 세력과 구분되고 그들보다 우위에 설 수 있는 유일한 특성이자 증명이 될 것이다.

---

10)박금조 編, 영계로부터의 메시지. 심령과학출판사.(1991) P.186

5.외계문명과의 공식적인 접촉에 관해

인류의 문명은 현재 중대한 기로에 서 있다. 그것은 우리가 새로운 차원의 문명으로 올라서느냐, 아니면 지금의 물질문명의 막다른 골목에서 새로운 출구를 찾지 못한 채 좌초하느냐이다. 이런 탈출구로서 고려될 수 있는 한 가지 방법이 바로 인류와 외계문명과의 접촉이다. 예컨대 인류보다 앞서간 그들의 조언과 인도는 우리에게 커다란 희망과 도움으로 작용할 수가 있는 것이다. 그리고 현재 UFO와 외계인의 실재를 믿고 있는 많은 이들이 향후에 외계문명과의 공식적인 접촉을 기대하고 있다. 한편 과거의 일부 채널링 정보들 가운데는 UFO의 대량착륙에 의한 첫 접촉이나 앞으로 있을 수 있는 대규모 지각변동과 같은 격변시 선택된 일부가 외계인들의 대량적인 개입 내지는 도움에 의해 외계로 대피될 거라는 설도 있었다.

그렇다면 과연 미래에 어떤 형태로든 인류와 외계문명과의 공식적인 첫 조우가 가능할 것인가? 한편 어떤 이들은 "만약 인류보다 기술적으로 매우 진보된 외계인들이 실제로 존재한다면 왜 그들이 당장 미 백악관 앞에 떳떳하게 착륙하여 인류와 교류하지 못하느냐?"라는 의문을 제기하기도 한다. 그렇다면 현재 시점에서 왜 즉시 공식적인 외계인 접촉이나 UFO 착륙이 어려운가와 향후의 접촉 가능성을 차례로 살펴보도록 하겠다.

당장에 UFO의 공식적인 착륙이 어려운 그 첫째 이유는 비밀정부의 70년에 가까운 은폐공작으로 인해 대다수의 인류가 여전히 UFO나 외계생명체의 실재에 관해 잘 모르고 있고 또 확신하지 못한다는 점이다. 다시 말하면 우리 인류는 현재 정신적이고 사회적인 모든 측면에서 그들을 받아들일 준비가 전혀 돼 있지 않다. 그리고 만약 지금과 같이 전적으로 무지한 상황에서 외계의 우주선들이 대량으로 지상에 내려온다면 전 지구적인 대공황과 광란, 혼란이 불가피해질 것이다. 그러므로 공식적인 조우가 이루어지기 위해서는 필히 일종의 사전 정지작업((整地作業) 내지는 준비작업이 선행되어야만 한다. 그것은 예를 들면 시급히 이런 책이나 대중매체를 통해 관련 정보들이 가능한 한 많은 이들에게 전파되고 널리 확산되는 것이다. 그리하여 우선 진화되고 발전된 외계생명체들이 실재한다는 것, 또 그들이 지구를 침략하여 정복하거나 약탈하려는 사악하고 위험스러운 존재들이 아니라 인류를 돕고 함께 우정을 나눌 수 있는 "우주형제들"이라는 인식이 자리 잡아야 한다. 그런 다음 그들을 인류 전체의 이름으로 초청하고 환영할 수 있는 우호적 분위기가 조성되어야 한다. 이렇게 될 때 비로소 인간의 '자유의지와 선택' 그리고 '불간섭'이라는 우주법칙을 거스르지 않는 공식적인 접촉이 가능하게 될 것이다. 아울러 그들도 우리 인간과 똑같이 감정을 가진 존재들이기에 이왕이면 환영받는 분위기에서 오고 싶어 한다는 사실을 우리는 기억해야 할 것이다.

둘째 이유는 그들이 이곳에 공식적으로 내려오기에는 지구 주변의 현재 상태가 우주인들에 대해 너무나 적대적이고 살벌한 상태에 놓여 있다는 점이다. 앞서 다루어졌듯이 지금 지구주변과 달에는 비밀정부 세력에 의해 많은 우주무기들이 배치돼 있고, 지구의 대기권으로 들어오는 UFO들은 자칫하면 입자 빔 무기 같은 것에 의해 격추당할 수도 있는 상황에 놓여 있다. 이런 상황이 사실임은 앞서 소개한 UFO 접촉자 알렉스 콜리어의 정보나 내부폭로자 스티브 윌슨 대령 같은 사람의 증언에 의해서 누구나 충분히 납득할 수 있을 것이다. 또한 다음과 같은 외계(시리우스)로부터의 메시지도 이를 역시 뒷받침해 준다.

"어떤 환영받지 못하는 외계의 우주선이 군사화된 지구의 비행금지구역으로 진입할 경우, 평화적인 교류에 참여하는 것이 거부되며 그것은 폭파되거나 파괴될 것이다. 많은 UFO들이 이미 그렇게 되었다"[11]

이것은 비밀정부가 허용하는 외계의 UFO들 이외에 UFO들, 즉 그레이나 렙틸리안처럼 그들과 협정이 체결돼 있지 않은 외계인들의 UFO들은 지구에 들어오는 것이 허용되지 않으며 매우 위험할 수 있다는 것을 암시한다. 그렇다면 과연 이런 적대적이고 호전적인 상황에서 어떻게 그들이 자유롭게 지구를 방문할 수 있겠는가?

미국이 1980년대 초부터 추진했던 스타워즈 프로그램인 SDI(전략방위구상)은 사실상 지구상의 어떤 국가들을 대상으로 한 것이 아니라, 인류에게 우호적인 우주인들과 맞서기 위한 것이며, 그들을 목표로 겨냥된 것이다. 따라서 우리를 도울 수 있는 평화적인 우주인들이 공식적으로 인류와 조우하기 위해서는 필히 지구를 장악하고 있는 어둠의 비밀정부 세력들이 완전히 바뀌거나 해체되어야만 한다. 또한 우주공간에 배치해 놓은 우주무기들이 철거되

---

11)Patricia Jo Cori. No More SECRETS, No More LIES.(North Atlantic Books, 2008) P.123

어야만 하는 것이다.

그리고 현재 상황에서 우리는 선의(善意)를 가진 우주인들이 지구와 인류와의 접촉에 대해 어떤 기본적인 입장을 견지하고 있는지 정확히 인식할 필요성이 있다. 일부 사람들이 막연히 믿고 있듯이, 언젠가 그들이 와서 무조건 우리를 도와주거나 구해줄 것이라는 맹목적인 기대나 환상은 매우 어리석은 것이기 때문이다. 미국의 한 채널러를 통해 전해진 다음과 같은 우주로부터의 메시지는 우리의 올바른 인식정립에 도움이 될 것이다. 이 메시지의 내용은 비교적 합리적이고 균형 잡혀 있으며, 시리우스(Sirius) 우주인들의 고위위원회로부터 온 것이라고 한다.

.

만약 그들(외계 우주선)이 여러분의 지도자들이 지구 외곽경계선 주변에 설정해 놓은 주파수대역에 진입하지 말라는 저들의 방대한 신호들을 무시하기로 결정한다면, 그들은 여전히 호전적으로 무장된 지상의 구역과 맞닥뜨려야 할 것이다. 그들이 진입할 경우 여러분은 거기에 그들을 맞이하는 어떤 종류의 환영위원회가 있게 될 것이라고 추측하는가?

우리는 여러분이 절대로 우리가 장밋빛 미래를 그림으로써 모순된 말을 하지는 않을 거라는 것, 그로써 우리가 외계 존재들이 당신네 공간에 이끌리는 것을 부정한다는 것, 그리고 비현실적인 시나리오로 이루어진 상투적인 말로 여러분을 만족시키지 않는다는 점을 깨달을 거라고 믿는다. 또한 우리는 점증하는 다음과 같은 동경의 메시지들도 인정할 수가 없다.

"선한 외계인들이 그들의 UFO 모선으로 지구의 사악한 무리들로부터 인간들을 구출하기 위한 임무로 급습할 것이고, 선별한 사람들을 새로운 세상으로 데려갈 것이다."

우리는 여러분이 우주의 자유의지를 가진 존재들로서 늘 열려 있는 무한한 범위의 경험과 가능성들을 통해 자신의 현실을 스스로 창조할 수 있는 힘을 박탈하는 어떤 '해결책'에 대해서는 항상 신중하다.

우리의 의도는 인간들 사이에서 외계인의 실재에 관한 정보가 공개되는 것이다. 그렇다. 그리고 여러분 가운데 더 이상 (외계인에 대한) 두려움이 없게 되는 것이다. 여러분은 그런 정보를 받아들여 마침내 접촉이 이루어질 때 외계 생명체들과 만나는 경험을 하고 소통하게 될 존재들이다. 당신들은 이것이 개인으로서, 또 지구사회의 대표자들로서 여러분에게 의미하게 되는 바에 관한 명확한 비전을 가져야 한다.

… (중략) …

그러므로 접촉을 두려워하지 말라. 왜냐하면 그것이 지금 필요한 것이기 때문이다. 즉 그것이 여러분의 해안 너머로 밀려올 전 지구적인 거대한 의식(意識)의 파도를 일

으킬 〈기적〉의 어떤 것이기 때문이다".12)

한편으로 그들은 다음과 같은 희망적 메시지도 전해 주고 있다.

"그들(은하연합)은 때때로 여러분의 우주구역을 넘나들어 왔고 3차원계에서 태양의 상승에 연관된 사건들을 관찰해 왔기에 행성 지구의 상황에 관해 잘 알고 있다. 그들은 여러분을 관찰하고 연구할 만큼 가까이에 있으며, 여러분 주변의 공간 속에 자욱한 연기(거짓)와 방해책동을 꿰뚫어보고 있다. 그들은 인류의 위대함, 즉 연기에 가려진 여러분의 아름다움을 보는 것과 마찬가지로 당신들이 깨닫고 있는 위기를 인식한다. 비록 우주법칙이 그들의 직접적인 개입을 허용하지는 않지만, 그들은 어둠의 비밀정부 및 이들과 밀접히 협력하고 있는 외계인 세력들을 감시하고 있다. 그들은 여러분의 분투를 알고 있다."13)

"교회의 종소리 같은 요청이 천상을 가로질러 울려 퍼짐에 따라 고차원의 빛의 존재들과 천사적인 존재들, 천상의 신들이 우주를 치유하는 것을 돕기 위해 합류했다. 그리고 물질세계의 살아 있는 존재들에게 사랑과 빛을 방사하고 있고 균형을 회복할 수 있도록 기꺼이 애쓰고 있다. 5차원과 6차원의 많은 지각 있는 존재들이 물질계로 퇴행하여 빛의 일꾼들(Light Workers)의 새로운 파동으로 태어나고 있다. 그들이 3차원 극장 내의 어둠과 빛의 균형이 회복되도록 도울 것이다. 에너지들이 바뀌고 있고 펜듈럼이 중심을 향해 다시 방향을 전환하고 있다."14)

---

12)Patricia Jo Cori. No More SECRETS, No More LIES.(North Atlantic Books, 2008) PP.279~280

13)Patricia Jo Cori. No More SECRETS, No More LIES.(North Atlantic Books, 2008) PP.17~18

14)Patricia Jo Cori. No More SECRETS, No More LIES(North Atlantic Books, 2008) P.21

이들의 메시지가 설명하고 있듯이, 우리는 먼저 스스로의 힘으로 현재 은폐돼 있는 UFO와 외계생명체에 관한 방대한 정보들이 공개될 수 있도록 노력을 기울여야 한다. 그리고 하루 빨리 지구 전반에 걸쳐 그들에게 우호적인 환영의 조치를 취할 수 있는 평화적인 체제를 정착시켜야 할 필요가 있다. 그런 이후에 우리가 우주인들의 외계문명과의 접촉을 진심으로 바란다면, 그들은 즉시 그러한 요구에 기쁘게 화답할 것이다.

6.한 민족의 사명과 남북통일의 중요성

2014년 7월 가자지구에서 벌어진 이스라엘과 팔레스타인 간의 분쟁은 유대민족이 과연 어떤 민족인가를 전 세계에 여실히 보여주었다. 그들은 팔레스타인 무장조직인 하마스를 근절하겠다는 이유 하나로 무차별적인 포격과 미사일 공격을 통해 거의 대부분이 아이들과 부녀자, 일반 민간인들인 약 2,500명에 가까운 인명을 무자비하게 학살했다. 이스라엘군의 공격은 전시(戰時)라고 할지라도 국제법상 절대로 공격해서는 안 되는 학교와 아이들 놀이터, 병원 같은 곳조차 가리지 않았다.

유대인들의 "1대 맞으면, 3대 때린다."는 이런 철저한 보복주의는 그들의 경전인 구약(舊約)의 "눈에는 눈, 이에는 이로"라는 앙갚음의 가르침에 기초하고 있다. 그러나 이스라엘이 저지른 민간인들에 대한 무자비한 대량학살은 정당한 전쟁도 아닐뿐더러 말 그대로 아무 죄도 없는 아이들과 부녀자들, 일반인들에 대한 잔학한 범죄행위일 뿐이다. 그들은 어떤 명분으로도 이런 만행을 정당화하거나 합리화할 수 없다. 더군다나 이것은 3배수의 보복 정도가 아니라 수십, 수백 배의 보복인 것이다. 이스라엘이 이런 야만적이고 잔학무도한 행위를 마음대로 자행하고 있음에도 한심하게도 UN을 비롯한 국제사회는 늘 그렇듯이 아무런 제재도 가하지 못한다. 왜냐하면 그들이 오늘날 이 지구를 장악하여 주무르고 있는 프리메이슨과 일루미나티의 핵심세력을 이루고 있기 때문이다. 그러므로 유대민족이 세상을 지배하고 있는 한, 현실적으로 이 지구촌에 평화와 공존, 안전은 절대로 도래할 수가 없다.

그러나 유대민족 전체를 사악한 민족이라고 매도하고 싶은 생각은 없으며, 그들에게도 전쟁을 반대하는 일부 온건파가 있음을 안다. 그럼에도 그들이 과거부터 오늘에 이르기까지 국제 갈등과 분열, 대립, 분쟁의 핵이 되고 있음은 누구도 부정할 수 없을 것이다. 이미 드러난 바와 같이 유대민족의 중

심적인 특성은 권모술수와 이재(理財)에 매우 밝다는 것이다. 또한 지능이 아주 뛰어나다는 것이다.15) 그들은 이런 민족적 재능과 자질을 바탕으로 이미 18세기부터 국제 금융계를 거머쥐었고, 이런 돈의 지배를 통해 오늘날 전 세계를 조종하고 통제하고 있다. 하지만 그들은 오로지 자기들의 이익과 권력유지, 지배욕을 추구할 뿐이며, 인류의 전체의 평화나 상생, 공존공영 같은 중요한 가치에는 전혀 관심이 없다. 아니 무관심한 정도가 아니라 이 책에서 살펴보았듯이, 그들은 오직 소수만의 독재지배체제를 완성하여 인류 모두를 노예화하려는 사악한 목적에 열중하고 있을 따름이다. 이미 유럽과 미국을 비롯한 전 세계의 대부분이 그들의 지배를 받거나 영향권 아래 들어가 있다. 유대민족의 이런 부정적 특성과 행태는 아마도 데이비드 아이크 같은 연구자들이 언급하듯이, 고대에 '아눈나키'라는 외계종족과 혼혈됨으로써 유전되고 있는 그들의 DNA 영향으로 추측된다.16)

그렇다면 이런 유대민족에 맞서서 장차 그들의 음모를 분쇄하고 인류를 새로운 방향으로 이끌고 갈 수 있는 잠재력과 가능성을 가진 민족은 과연 누구일까? 그것은 다름 아닌 바로 우리 한민족이다. 전 인류 가운데 오직 우리 한민족에게만 그런 희망이 있다. 왜냐하면 우리민족에게는 "홍익인간(弘益人間) 이화세계(理化世界) - 널리 인간을 이롭게 하고, 우주의 이치(理致)로서 세상을 교화하라,(또는 우주의 이치로 화(化)한 세계를 이룩하라)"라는 위대한 이타적 단군사상(檀君思想)이 있기 때문이다. 또한 우리는 심오한 우주원리가 담겨진 3대 경전인 〈천부경(天符經)〉과 〈삼일신고(三一神誥)〉〈참전계경(參佺戒經)〉, 그리고 〈부도지(符都誌)〉와 같은 귀중한 정신적 자산을 갖고 있는 까닭이다.

---

15)전 세계에 퍼져 있는 유대인의 총인구는 약 1,400만 명이며, 세계인구의 약 0.2%에 불과하다. 하지만 2013년까지의 유대인 노벨상 수상자는 무려 175명으로서 이는 노벨상 전체 수상자의 23%를 차지하는 비율이다. 한편 미국 내 유대인 인구비율은 2.1%이나 미국내 파워 엘리트 100명 중 51명, 고위공직자의 15%, 주요 대학교수의 20%, 엘리트 언론인의 25%, 하버드대 재학생의 30%가 유대인이다.
16)아눈나키들은 대부분이 파충류와 휴머노이드 종족 간의 혼혈종이다.

그리고 이러한 높은 사상과 정신세계는 우주문명차원과 바로 일맥상통하는 것이다.

유대민족은 그들의 구약을 통해 "눈에는 눈으로, 이에는 이로"라는 철저한 보복주의를 가르쳐 왔다. 그러나 우리 한민족은 오랜 고대부터 오히려 "널리 인간을 이롭게 하라, 우주의 이치로서 그들을 교화하라."는 이타주의와 자비주의를 가르쳤다. 이것은 얼마나 대조적인 모습인가? 우리는 역사적으로 오랜 외세의 침략과 약탈, 그리고 수많은 사서(史書)의 소실, 외래종교의 영향 등으로 인해 스스로 우리 민족의 위대성과 정체성에 대해 잘 모르고 있다. 하지만 우리는 지금 우리가 알고 있는 교과사적 역사가 우리민족의 전부가 아니라는 사실을 기억해야 한다. 즉 고대 단군과 환웅시대에 관련된 찬란한 선조들의 역사가 외세에 의해 고의적으로 말살되고 은폐돼 왔던 것이다.

1999년 12월 6일자, 중앙일보 보도에 따르면,'단군관련 사서(史書), 일(日) 왕실도서관에 가득'이라는 제하의 기사에서 이렇게 언급하고 있다.

"조선총독부 초대 총독 데라우치 마사다케(寺內正毅)의 명령에 의해 1910년 11월부터 이듬해 12월말까지 고사서 51종 20만여 권을 일본이 약탈해갔다"고 한다. 또한 "그때 단군조선에 관한 서적 대부분이 사라진 것으로 되어 있고, 최근 일본 궁내청 쇼료부(書陵部;일본 황실도서관)에 '단군조선에 관한 책들이 쌓여 있다'는 새로운 주장이 등장하고 있다"

일제 강점기뿐만이 아니라 고려시대의 몽고침략이나 조선시대의 병자호란, 임진왜란 시기에도 수많은 고대 사서(史書)들이 소실되어 왔음은 너무도 명약관화한 사실이다. 우리의 진정한 역사는 이처럼 수많은 외세의 침탈과 억압에 의해 끊임없이 왜곡되고 말살되어 왔다. 그럼에도 이제는 한민족의 정체와 본질, 그리고 사명이 점차 세상에 드러나야 할 원시반본(原始反本)의 시기에 이르렀다.

참고로 20세기 초, 오스트리아 출신의 뛰어난 영능자(靈能者)이자 신비가였던 루돌프 슈타이너(Rudolph Steiner)가 제자들에게 남긴 다음과 같은 말들은 의미심장한 무엇인가를 암시하는 바가 있다.

"인류문명의 대전환기에는 새 문명, 새 삶의 원형을 제시하는 '성배(聖杯)의 민족'이 반드시 나타나는 법이다. 그 민족은 개인적으로나 집단적으로 탁월한 영성을 지녔으나 외세의 침략과 내부의 폭정으로 끊임없이 억압당해온 과정에서 삶과 세계에 대한 생득적인 꿈과 이상을 내상처럼 안으로만 간직하고 있는 민족이다. 로마제국이 지배하던 지중해 문명 시대의 전환기에는 그 성배가 이스라엘 민족에게 있었으나, 그때보다 더 근본적 전환기인 현대에는 그 민족이 극동(極東)에 와 있다. 그 이상은 나도 모른다. 이제 그 민족을 찾아 경배하고 힘을 다하여 그들을 도우라"

그런데 저명한 시인이신 김지하 선생은 흥미롭게도 자신의 저서에서 다음과 같이 언급하고 있다.

"루돌프 슈타이너의 일본인 제자인 일본 인지학회 회장 다카하시 이와오(高橋 巖)씨는 일본에 돌아와 문헌과 정보를 통해 자기네 일본을 포함해서 극동을 샅샅이 살피다가 '우연히 한국사와 동학사를 읽던 중 문득 큰 전율과 함께 성배의 민족이 바로 한민족임을 깨달았노라'고 나에게 직접 실토한바 있다."17)

또한 김지하 선생은 모 언론과의 인터뷰에서 다음과 같은 자신의 의견을 피력했다.

"대한민국이 선진국이냐? 이렇게 반문하는 사람이 있다. 나는 그런 사람들에게 이스라엘을 두고 '성배의 민족'이라고 말한 루돌프 슈타이너(인지학의 창시자인 독일계 오스트리아 학자)의 말을 전하고 싶다. '성배의 민족'이란 문명의 큰 변동기에 작은 민족이 나와서 가는 길을 제시하는 민족이라는 뜻이다. 로마라는 큰 체제 밑에 바로 그 작은 민족이 이스라엘이었다. 지금 미국이라는 큰 체제 밑에 있는 한반도가 바로 '성배의 민족'이다. 우리는 비록 강대국은 아니지만 내적(內的)인 민족이다. 세계가 지금 어디로 가야 할 것인가에 대한 방향을 제시할 수 있는 민족인 것이다. 백범 김구가 해방된 뒤 들어와서 '지금 이 나라 형편에서 어떤 힘이 가장 중요한가?'라는 물음에 뭐라고 했는줄 아나? 군사력, 경제력이라는 대답이 나올 줄 알았는데 '문화력'이라고 했다. 나는 세월이 갈수록 그 말의 의미가 심장해짐을 느낀다. 최근에 중앙아시아에 가서 실크로드 탐사를 하고 온 교수 한 사람 말이 지금 중앙아시아는 한류로 난리라고 하더라. (드라마) '대장금'에서부터 (싸이의) '말춤'까지 휩쓸고 있다면서 말이다. 앞으로는 문화가 밥을 먹여줄 것이다."18)

필자 역시 슈타이너가 언급한 성배민족은 우리 한민족이 될 수밖에 없다고 확신한다. 끊임없는 외침과 억압을 당해오면서도 평화를 사랑하고 고유의 정신과 문화를 보존해온 민족은 동북아시아에 한민족 외에는 없는 것이다. 이에 반해 중국과 일본은 그 역사 자체가 주변국 침탈과 학살, 노략질을 일삼

---

17) 김지하 저. 디지털 생태학. (이룸출판, 2009) P.40
18) 동아일보, 2013-09-23일자. [허문명 기자의 사람이야기] '7개월만의 재회' 김지하 시인

아온 추악한 피의 역사로 점철돼 있다.

한편 루마니아 출신의 '25시'의 작가이자 그리스정교회의 사제(신부)인 C. V. 게오르규(Gheorghiu)는 서구문명 위기의 돌파구로서 동양문화, 특히 한국의 문화와 역사에 관한 깊은 관심과 식견을 갖고 있었다. 그는 1974년 이래 한국을 4번이나 방문했으며, 우리나라를 "제2의 조국"이라고 할 만큼 사랑했고, 심지어는 〈한국찬가〉라는 책을 쓴 적도 있었다. 그는 과거 한국 방문시(1984) "한국민족이 낳은 홍익인간(弘益人間) 사상은 모든 이념과 사상에 가장 우선하며, 미래 21세기의 태평양시대를 주도할 세계의 지도사상이다."라고 극찬한 적이 있다. 그는 한국을 '열쇠의 나라'라고 정의한 바 있다. 이는 '널리 인간을 이롭게 하는' 홍익인간 정신이 전 세계의 모든 난제들도 해결할 수 있다는 의미이다. 또한 1996년 프랑스의 유력한 주간지 '라프레스프랑세스(La press Francaise)'지는 게오르규의 "홍익인간이라는 단군의 통치이념은 이 지구상에서 가장 강력한 법률이며 가장 완전한 법률이다"라는 주장을 게재한 바가 있다.   여기서 게오르규가 〈한국인에게 주는 메시지(1972)〉를 잠시 살펴보도록 하자.

"여러분은 오랜 수난의 역사 속에서 살아왔습니다. 그러나 여러분은 그 역사의 비참한 패자가 아니라, 도리어 한 사람 한 사람 모두가 천자(天子)입니다. 잊지 마십시오. 여러분은 영원한 천자라는 것을 …

남을 침략하고 지배하는 강대국 사람들은 모를 것입니다. 땅이 넓은 나라의 사람들, 승리의 영광 속에서 사는 사람들, 풍요 속에서 하품을 하고 사는 나라의 사람들은 서로 만나서 위로하고 손을 마주잡은 인정의 아름다움을 모를 것입니다. 고난에서 생겨나는 창조의 기쁨과 하늘과 땅이 과거와 미래가 서로 포용하는 융합의 세계를 모를 것입니다.

여러분! 용기를 가지십시오. 고난의 역사도 결코 당신들에게서 뺏을 수 없었던 아름다운 시(詩)와 노래와 그 기도, 용기와 자랑을 잊지 마십시오. 당신들은 단지 당신들 나라만이 아니라 세계가 잃어버린 '영혼'입니다.

천자의 영혼을 지니고 사는 여러분! 당신들이 창조한 것은 지상의 것을 극복한 전 세계에 밝은 빛을 던지는 영원한 미소입니다."[19]

우리나라의 정신세계를 높이 평가한 또 다른 사례들이 있다. 세계적인 철학자인 독일의 하이데거(Heidegger 1889-1976)는 과거 프랑스를 방문한 서울대 철학과 박종홍(朴鍾鴻) 교수에게 이렇게 말했다고 한다.

---

19)권천문 저, 한민족의 하나님 사상. (주) 지식시대(2000.) P.24

"내가 당신을 초대한 이유는 당신이 한국 사람이기 때문입니다. 내가 유명해진 철학 사상은 바로 동양의 무(無) 사상인데, 동양철학을 공부하면서 아시아의 위대한 문명 발상국이 한국이라는 사실을 알게 되었습니다. 그리고 세계역사상 완전무결한 평화적 정치를 2천년이 넘게 장구한 세월 동안 유지하며 아시아 대륙을 통치한 고조선이 있었음을 나는 압니다. 그래서 나는 동양사상의 종주국인 한국인을 존경합니다. 그럼에도 나는 아직까지 당신들의 국조 한배검님의 〈천부경(天符經)〉을 이해하지 못하겠으니 설명해주십시오"

하이데거는 이렇게 말하며 박종홍 교수 앞에 '천부경'을 펼쳐보였으나, 이때 박교수는 천부경에 대해 이름만 들었지 전혀 알지 못해 아무 답변도 못하는 바람에 망신만 당했다는 것이다.

국조 단군의 홍익인간 사상을 중요시하는 다른 외국석학의 사례를 좀 더 살펴보겠다. 하버드대 박사 출신인 임마누엘 페스트라이쉬((Emanuel Pastreich) 교수는 수천 년간 지속된 한국인의 오랜 정신적 전통에 찬사를 보내며 자신의 저서를 통해 이렇게 언급하고 있다.

"홍익인간 정신은 널리 인간을 이롭게 한다는 한민족의 건국이념이다. 홍익인간 정신의 핵심은 모든 사람이 자신의 가치를 깨닫는 것이며 그 깨달은 가치를 나를 넘어서 다른 사람, 사회, 국가 그리고 이 지구를 위해 쓰는 것이다. 이미 한국의 교육이념에도 홍익인간 정신이 담겨있다."

"잠들어 있던 건국이념인 홍익인간 전통을 되살리는 일은 없던 것을 새로 만들어내는 과정이 아니다. 한국인의 얼 속에 이미 존재하고 있는 정신을 일깨우는 것이므로 현재 한국의 교육 문제를 해결하고 새로운 방향을 제시하는 방법으로 매우 적합하다. 홍익인간 정신은 한국뿐만 아니라 외국에도 모범 사례가 될 수 있다. 세계를 위한 새로운 교육법으로 제시할 수도 있다. 물질이 아닌 인간의 가치를 중시하고 모두를 위한 마음을 추구하는 홍익인간 정신이야말로 물질만능시대라 불리는 현대 사회의 한계를 극복할 대안이 될 만한 잠재력 넘치는 개념이다.

홍익인간 정신을 담은 교육은 유치원부터 시작되어야 한다. 유치원에서부터 아이들에게 자신뿐 아니라 주변 사람, 사회, 국가, 전 세계의 환경, 평화 등 여러 가지 문제에 대해 생각하도록 가르쳐야 한다. 홍익인간 정신이 한국 교육의 기반으로 자리 잡으면, 현재 한국 교육이 가진 장점, 즉 좋은 교과서와 높은 수준의 선생님, 그리고 뜨거운 교육열과 긍정적으로 합쳐져 세계에서 선례를 찾기 힘든 훌륭한 교육 시스템을 만들 수 있다."

"세상을 이롭게 한다는 한국의 건국이념은 그 자체로 인류의 행복과 인간 사랑을 표방한다. 한국인은 일찍부터 인류와 사상을 포용하는 정신을 갖고 있었다. 그러므로 한국 기업들은 다른 어느 나라보다도 홍익인간 정신을 손쉽게 받아들일 수 있을 것이다. 홍익인간 정신을 기반으로 한 공동체중심 문화를 기업문화의 중심으로 위치시키면, 기업혁신의 새로운 모델이 생길 수 있다. 홍익인간 정신은 인종이나 민족, 종족을 차별하지 않는 보편적인 성격의 개념이다. 따라서 다른 나라로 확장시킬 수 있는 무한한 잠재력이 있다"

"한국인이 현재 한국이 보유하고 있는 특정한 기술이나 상품보다도 자신의 문화를 더 위대한 자산으로 인식한다면, 즉 사고방식의 상전벽해(桑田碧海)가 이루어진다면 세계는 엄청난 지각변동이 일어날 것이다."[20]

다시 말해 그의 말은 우리가 세계를 향해 자랑스럽게 내놓을 상품은 삼성 같은 대기업의 반도체나 핸드폰, 현대의 자동차가 아니라 우리의 홍익인간 사상 같은 정신적 자산들이라는 것이다. 이것은 과거 상해 임시정부 수반이었던 백범 김구(金九)선생이 자신의 〈백범일지〉에서 언급한 다음과 같은 그분의 생각과 정확히 일치한다.

"나는 우리나라가 세계에서 가장 부강한 나라가 되기보다는 가장 아름다운 나라가 되기를 원한다. 내가 남의 침략에 가슴이 아팠으니 내 나라가 남을 침략하는 것은 원하지 않는다. 우리의 부력(富力)은 우리의 생활을 풍족히 할 만하고 우리의 강력(强力)은 남의 침략을 막을 만하면 족하다. 오직 한없이 가지고 싶은 것은 높은 문화의 힘이다. 문화의 힘은 우리 자신을 행복하게 하고 나아가서 남에게도 행복을 주기 때문이다. 지금 인류에게 부족한 것은 무력도 아니오, 경제력도 아니다.
인류가 현재에 불행한 근본 이유는 인의(仁義)가 부족하고, 자비(慈悲)가 부족하고, 사랑이 부족한 때문이다. 이를 위한 해결책은 오직 문화이다. 나는 우리나라가 남의 것을 모방하는 나라가 되지 말고, 새로운 문화의 근원이 되고 모범이 되기를 원한다. 그래서 진정한 세계의 평화가 우리나라에서, 우리나라로 말미암아 세계에서 실현되기를 원한다. 〈홍익인간〉이라는 우리 국조 단군의 이상이 이것이라고 믿는다."

예리한 눈과 통찰력을 가진 선지자들과 외국의 석학들은 이처럼 우리의 정신세계와 전통문화를 높이 평가하고 인정하고 있다. 그럼에도 정작 우리들 자신은 우리 민족 스스로를 우습게 아는 자기비하감과 열등의식에 빠져 있지는 않은지 한 번 돌아볼 필요가 있다. 또한 비뚤어진 식민사관(植民史觀)이나 자학적 역사관을 가진 역사학자들과 정치인들도 많은데, 중국과 일본의 만연한 역사왜곡 행위에 비추어 볼 때 이런 잘못된 사고방식은 반드시 시정되어야 한다. 중국과 일본은 원래 없던 역사도 날조해서 자국의 우수성을 내세우려고 하는 판에 실재했던 제 조상의 역사조차도 제대로 알아보지 못하고 축

---

20)임마누엘 페스트라이쉬 지음, 《한국인만 모르는 다른 대한민국》 21세기 북스 (2011), P. 218~222.

소시키는 우리 자신의 이런 못난 행위들은 너무나 어리석다고 밖에는 할 수 없을 것이다. 현 시점에서 역사학자들이 '우물 안 개구리식'으로 지금의 제한된 지식으로 그것이 마치 절대적으로 옳고 전부인 양 주장하는 것은 매우 부적절하고 불합리하다. 우리 역사에는 잘못 왜곡되거나 아직 드러나지 않은 부분이 상당히 많기 때문이다. 무엇보다 인간은 자신이 정신적으로 생각하는 대로, 믿는 대로 현실이 구현되는 법이다. 그런데 스스로를 늘 "엽전" "핫바지" 또는 "독재국가"라고 비하하고 자학하며 역사적으로 열등시하는 민족이 어떻게 세계를 리드하는 민족이 될 수 있겠는가?

다른 한 예로 지금도 대다수의 우리나라 역사학자들은 "환단고기(桓檀古記)" 같은 중요한 사서(史書)를 위서(僞書)라고 치부해 버린다. 그리고 오히려 중국과 일본이 좋아할만한 소리들만 학설이라고 내놓고 있는 실정이다. 이것은 우리나라 사학계가 전반적으로 심각하게 왜곡된 식민사관과 사대주의적 굴종에 따른 저자세적 역사의식에 물들어 있다는 반증이라고 생각된다. 그럼에도 이제 오랜 시련과 고난의 역사를 통해 연단 받아온 지구상의 종주민족이자 장자민족으로서의 한민족의 정체와 사명이 서서히 세상에 드러나야 할 천시(天時)가 다가오고 있다.

유대민족을 흔히 '선민(選民)'이라고 칭해 왔지만, 우리민족은 오랜 고대부터 '천손(天孫)'이라고 자부해 왔다. 그렇다면 이런 '천손민족'이라는 근거는 무엇이며, 앞서의 훌륭한 정신적 사상과 자산들은 과연 어디에서 유래된 것일까? 여기서 '천손'이라는 말은 우리민족이 하늘, 즉 우주로부터 피(DNA)를 받았다는 의미이다. 다시 말하면 유대민족과 마찬가지로 우리 민족 역시 선조들이 외계의 다른 천체(天體)에서 온 우주적 존재들과 혼혈이 되었다는 것이다. 먼저 유대민족의 혼혈상황은 구약 창세기 6장에 이렇게 기록되어 있다.

"사람들이 땅 위에 늘어나기 시작하더니 그들에게서 딸들이 태어났다. 하느님의 아들들이 사람의 딸들을 보고 마음에 드는 대로 아리따운 여자를 골라 아내로 삼았다. … 그때 그리고 그 뒤에도 세상에는 네피림이라는 거인족이 있었는데, 그들은 하나님의 아들들과 사람의 딸들 사이에서 태어난 자들로서 옛날부터 이름난 장사들이었다.(창세기 6:1~4)"

여기서 말하는 하느님의 아들들은 물론 외계인들이다. 이들은 역사가 제카리아 시친(Zecharia Sitchin)의 책에서 언급되고 있는 니비루(Nibiru) 행성에서 온 "아눈나키들(Anunnakis)"로서 별로 영적으로 진화되지 못한 파충류 혼혈 계열의 외계인들이었다. 또한 이들은 천성적으로 매우 호전적이고 탐욕과 정복욕, 지배욕이 강한 존재들이었다. 그리고 그 외계인들과 혼혈됨으로써 태어났던 고대의 '네필림(Nephilim)'들을 통해 그들의 DNA(유전자)를 그대로 물려받은 것이 바로 어둠의 속성을 가진 유대 프리메이슨과 일루미나티들이다. 그리고 그들이 오늘날 이 지구를 장악하여 온갖 음모로 인류를 노예처럼 지배하고 속박하고 있는 것이다. 데이비드 아이크와 인류학자 아더 D. 혼(Arthur David. Horn)같은 연구가들 역시도 아눈나키 및 그들과 혼혈된 최초의 인간들은 파충류 속성들을 갖고 있었고 일부 수메르인들의 모습은 명확히 파충류였다고 주장한다. 한편 어떤 학자들은 아눈나키들과 당시 인간들과의 혼혈을 일반화해서 전체 지구인으로 확대해석하는 경향이 있는데, 이는 명백한 오류이다. 다시 말하면 이러한 혼혈은 그 당시 메소포타미아(중동) 지역에 국한된 국지적 사건이었지, 먼 동양의 한민족과는 전혀 관계가 없는 것이다.

한편 우리 선조들 역시 오랜 고대에 별개의 외계종족으로부터 DNA를 물려받았는데, 그것이 바로 우리의 단군신화에 잘 나타나 있다. 단군신화의 개요는 이러하다.

인간세계를 다스려보고 싶어 하던 천제(天帝)의 아들, 환웅(桓雄)이 하늘의 무리 3천명을 이끌고서 태백산 꼭대기 신단수(神檀樹) 아래로 강림했다. 이윽고 그곳에 신시(神市)를 이루어 인간의 360여 가지 일들을 맡아서 다스리고 교화했다. 그리고 나중에 환웅이 웅녀(熊女)[21]와 혼인하여 아들을 낳으니 이가 곧 단군왕검(檀君王儉)이시다.

단군은 요(堯) 임금이 즉위한 지 50년인, 경인년(庚寅年)에 평양에 도읍하고 이를 조선(朝鮮)이라 하였으며, 또 도읍을 백악산(白岳産) 아사달(阿斯達)로 옮기면서 나라를 다스린 지가 1,500년 이었다. 후에 아사달로 돌아와 숨어서 산신(山神)이 되었다. 수(壽)가 1,908세이었다.

여기서 환웅은 본래 고차원의 다른 행성에서 다수의 무리를 이끌고 지구로 내려온 우주인(宇宙人)인 동시에 우주원리를 대각한 성인(聖人)이었다. 그리고 환웅으로부터 태어난 아들인 단군왕검(檀君王儉) 역시 깨달은 성인이었다. 이런 성인이 세운 나라가 기원전 2,333년에 아사달(阿斯達)에 도읍하여 건국한 우리민족의 고조선(古朝鮮)인 것이다. 그리고 단군의 수명이 무려 1908세였

---

21) 환웅이 혼인한 웅녀(熊女)를 흔히 원래 곰이 사람으로 변했다고 잘못 오해하는 경우가 많은데, 단군신화에서의 곰과 호랑이는 사실 진짜 동물을 의미하는 것이 아니라 당시의 토착부족인 곰족(熊族)과 호랑이족(虎族)을 상징한다. 그 시대는 자기들 부족의 우상으로 동물을 숭배하던 토테미즘(Totemism) 사회였기 때문이다. 그러므로 웅녀는 그런 곰족의 여인으로서 여족장에 해당된다.

단군왕검 영정

다는 것은 그가 보통 인간이 아니라 우주적 존재들과 동등한 단계의 신선체(神仙體)였음을 나타낸다.

우리민족은 유대민족과는 달리 원래부터 이처럼 영적으로 깨닫고 진화된 우주적 존재들의 유전자(DNA)를 받았기 때문에 예부터 평화를 사랑하고 다른 민족을 먼저 침략해 본 역사가 없었다. 오히려 고대 환웅시대나 단군시대에는 시베리아와 만주, 중국 지역을 무대로 활동하며 아시아 전역에 높은 문화와 가르침을 전수했었다. 하지만 그 이후 모종의 천도섭리에 의해 우리민족의 활동무대는 점차 쪼그라들게 되었고 오늘날에는 이렇게 한반도 안에 갇히게 된 것이다.

우리나라는 현재 단군이 개국한 날을 기리는 "개천절(開天節)"을 갖고 있고 이를 국경일로 지정하여 매년마다 행사를 치르고 있다. 그럼에도 그 참 뜻을 아는 사람이 얼마나 될 것인가? 개천절의 진정한 의미는 '하늘이 열려 우주문명이 이 땅에 내려오고 그 피를 이어받은 후손이 그 하늘의 뜻을 계승하는 국가를 세운 날'이라는 뜻이다.

'한민족' '한국' '한겨레' '한나라'라고 표현할 때의 어두(語頭)인 '한'이란 말은 여러 가지 뜻을 복합적으로 담고 있다. 우선은 '하늘(天:우주)' 또는 '하나(一)'라는 대표적인 의미가 있다. 따라서 '한민족'이란 곧 '하늘민족' 즉 '하늘(우주)로부터 온 민족'이라는 뜻이다.[22] 또 '하나'라는 의미도 있으므로 '하나가 되기 위한 민족' 또는 '인류를 하나로 만들 민족'이라는 의미도 된다. 우주의 원리를 81자로 축약해 놓은 우리민족의 위대한 경전인 〈천부경(天符經)〉역시도 첫 글자가 일(一)로 시작되어 마지막 글자도 일(一)로 끝난다. 이밖에도 '한'이라는 말에는 '크다(大)' '높다(高)' '밝다(明)' '빛나다(光)' '하느님(神)' 등의 여러 뜻이 포함돼 있다. 이처럼 이름에서부터 심오한 의미를 가지고 있는 민족이 한민족이다.

그리고 우리 민족에게는 숨겨진 사명이 있다. 그것은 이름 그대로 인류를 하나로 통일하고 새로운 문명과 차원으로 끌고 가야 하는 사명이다. 하지만

---

[22] 지구상의 거의 대부분의 영혼들이 사실상 외계에서 지구로 유배당한 영혼들에 해당된다. 그럼에도 한민족 선조의 영혼들만은 타민족들과는 달리 영적성장을 위해 자발적으로 지구로 집단이주해 왔다는 독특한 특징이 있다. 그리고 한민족 영혼의 본래 고향별은 큰곰자리에 있는 "북두칠성(北斗七星)"이다. 고대부터 북두칠성을 숭상하던 우리민족의 〈칠성신앙(七星信仰)〉은 바로 여기에서 연유한 고유한 민간신앙이다. 또한 우리민족은 과거에 사람이 죽으면 관(棺) 밑바닥에다 북두칠성 7개를 표시한 "칠성판(七星板)"을 까는 풍습이 있었는데, 이 또한 '이제 죽었으니 본래의 고향으로 돌아가라'는 염원에서 비롯된 한민족만의 고유한 풍습인 것이다.

허리가 잘려 서로 첨예하게 대치하고 있는 지금의 남북분단 상황에서는 이러한 사명을 완수하는 것이 불가능하다. 그렇기 때문에 우리는 시급히 남북통일을 이루어 힘을 하나로 모아야 한다. 과거의 6.25 전쟁과 남북분단 역시 프리메이슨 유대 엘리트들의 비밀공작이었다. 또한 그들의 우두머리들은 한민족의 정체와 저력을 잘 알고 있다. 그렇기 때문에 그들은 한반도의 허리를 동강내고 남북을 갈라놓아 우리민족이 제대로 힘을 쓰지 못하도록 계속 막고 있는 것이다. 그러므로 남북이 통일된다는 것은 단순히 물리적으로 하나가 된다는 것 외에 다음과 같이 중요한 역사적이고 영적인 의미가 있다.

"첫째, 21세기 남북통일은 지구 5색인종의 장손민족이자 천손민족인 한민족의 갈라져 있던 힘이 하나로 통합됨으로써 세계 최강대국이자 지도국으로 올라설 수 있는 토대가 마련되는 것이다.

지금까지 정치, 경제, 사회, 문화, 종교적으로 한민족 DNA의 우수성은 이미 증명된 바가 있다. 6.25 전쟁으로 인한 완전한 폐허 상태에서 그 잿더미를 딛고 2차 대전 후 약 세계 10~13위권의 경제발전과 민주화를 동시에 이룩한 나라는 한국이 거의 유일하다. 또한 스포츠분야에서도 반 쪼가리의 작은 나라와 인구를 갖고도 올림픽에 나가 6~7위권, 아시안 게임에서 2위의 성적을 거둔다는 것은 인구비례로 따지면 사실상 우리나라가 세계 1위에 해당된다. 남북한의 성적을 모두 합치면 더더욱 그렇다. 게다가 "한류(韓流)"라는 문화의 파동이 전 세계로 퍼져나가는 것도 하나의 중요한 신호라고 볼 수 있을 것이다. 또한 우리에게는 타민족이 갖지 못한 "홍익인간(弘益人間)" "이화세계(理化世界)"라는 국조 단군의 위대한 정신적 사상과 우주원리가 담겨진 〈천부경(天符經)〉이 있다. 이러한 뛰어난 한민족의 문화와 정신세계는 인류를 가르치고 인도할 수 있는 귀중한 자산이다.

둘째, 남북한과 한반도는 지구상에 유일하게 남은 분단국가이자 마지막 냉전지대로서 지구와 전 인류의 공업(共業)을 짊어진 축소판과도 같은 상징적 의미가 있다. 그러므로 남북통일과 상호왕래는 곧 우리민족이 이러한 집단적 카르마의 짐에서 풀려나 가로막혀 있던 지기(地氣)의 통일, 즉 에너지가 통일됨을 의미한다. 또한 이것은 60여년에 걸친 남북분단으로 인해 생이별을 한 채 살아 왔던 이산가족이 상봉함으로써 한민족의 깊은 한(恨)이 풀리는 것이다. 그리고 갈라져 있던 남북의 힘이 비로소 하나로 될 때, 그 힘의 강도가 3~4배 이상 증대되는 상승효과가 나타날 것이다. 이렇게 되면 우리나라에서 세계를 리드하고 구원할 수 있는 정치와 경제 및 과학, 영성 등의 각 방면에서 뛰어난 인재와 지도자들이 우후죽순으로 출현하게 될 것이다. 아울러 핵무기를 무력화시키고 인류의 모든 난제를 해결할 수 있는 초과학기술과 원리가 등장할 것이다. 이것은 이미 이조말의 선각자 강증산(姜甑山) 선생에 의해 "만국활계남조선(萬國活計南朝鮮)-전 세계를 살리는 계책이 남한에서 나온다."라고 예언되어 있다.

셋째, 남북통일은 "원시반본(原始返本)"하는 우주의 순환원리에 따라 고대 환인, 환웅시대에 전 세계로 퍼져 나갔던 한민족의 정신문화와 에너지가 원래의 자리인 한민족에게 수렴되어 다시 개화(開花)하는 것이다. 그리하여 현재는 말살되고 매장돼 있는 인류의 부모국으로서의 한민족의 고대역사가 본격적으로 세계에 드러날 것이다. 이렇게 되면 현재 세계를 배후에서 지배하고 조종하고 있는 유대민족 중심의 어둠의 세력은 패퇴하고 세계 모든 국가가 우리민족의 "공존공영(共存共榮)"의 밝은 정신적 지도원리를 자발적으로 받아들여 따르게 될 것이다. 타인종이나 민족, 국가를 배척하거나 지배하지 않고 서로 돕고 함께 번영할 수 있는 "홍익인간(弘益人間)" "이화세계(理化世界)"의 가르침과 "공존공영(共存共榮)"의 원리는 사실상 5차원 이상의 외계문명권에서 채택하고 있는 우주원리와 동일한 것이다.

앞으로 남북통일과 함께 전 인류가 순조롭게 이런 단계를 밟게만 된다면, 자연스럽게 우리나라는 세계의 지도국이 되어 지구 인류 전체를 하나로 통합시켜 새로운 차원의 문명으로 끌고 가는 선도국가가 될 수 있을 것이다. 그러나 그 과정이 순탄하지만은 않을 것이며 앞길에는 많은 과제와 어려움들이 도사리고 있을 것이다. 그러므로 이렇게 되기 위해서는 향후 있을 수 있는 여러 가지 난관돌파 및 한민족 전체의 대동단결과 전심전력의 일치된 노력이 필요할 것이다.

무엇보다 통일은 우리민족의 위대한 정신세계가 세계만방으로 퍼져나가 그들을 새로운 차원의 정신적 지평으로 인도하는 시발점이 될 것이다. 한민족의 통일은 곧 우리민족 전체의 집단의식(集團意識)의 움직임이자 직접적인 표출현상이다. 따라서 보다 많은 사람들이 통일을 염원할수록 그 시기는 보다 앞당겨질 수 있다. 이와 반대로 다수가 통일을 원하지 않는다면, 그만큼 통일 시기는 늦춰지거나 점점 멀어질 것이다.

통일이 되면 낙후된 북한의 경제를 메워주느라 많은 통일비용이 소요될 것을 우려하는 일부 시각도 있는데, 그러나 이는 작은 문제이다. 통일로 인해 다가올 우리민족의 강대한 에너지 팽창과 국운상승, 영적인 개화(開花)는 그 비용의 몇 십배, 아니 몇 백배를 보상하고도 남음이 있을 것이다. 또한 오히려 통일은 높은 기술력에도 불구하고 저출산과 인구고령화로 인해 침체되어 저성장을 겪고 있는 남한과 수많은 지하자원 및 우수한 노동력을 보유한 북한이 결합되어 필시 우리의 경제력이 급격히 도약할 수 있는 전환점이 될 것이다. 아울러 남북통일은 곧 3,000년간 억눌려 있던 우리 배달민족이 다시 부활하는 것이고, 급격히 강대국으로, 또 인류의 지도국으로 올라서는 지름길이다. 그리하여 이웃 중국과 일본 따위가 더 이상 우리를 넘보거나 우습게 여기지 못하게 될 것이다.

그럼에도 우리는 통일로 가는 길에 놓여 있는 여러 장애와 난관들을 극복해야만 한다. 특히 우리의 민족적 단점인 단합부족과 분열, 집단 이기주의를 극복하는 것은 중요한 과제이다. 그리고 유대 엘리트들과 비밀정부 세력들은 한반도에서 6.25동란에 이어 제2의 전쟁이 일어나도록 획책할 가능성이 있다. 그들은 어떻게든 남북이 계속 충돌하고 갈등하도록 조종함으로써 이런 목적을 달성코자 할 것이다. 또한 만약 이것이 성공한다면, 그들은 이 전쟁을 확산시켜서 제3차 세계대전으로 끌고 가려고 시도할 것이다. 그러므로 우리는 이점을 간과하지 말고 시급히 남북이 대화하고 화해하여 대통합할 수 있을 모색해야만 한다.

마지막으로 특히 한민족은 더 이상 진보/보수, 좌파/우파로 분리되어 이념적으로 대립하거나, 불교, 기독교, 민족종교라 해서 서로 자기들만 옳다고 주장하고 종파를 구분해서 따질 때가 아니다. 또한 끊임없이 국가적 에너지를 낭비하는 여야(與野) 간의 소모적 정쟁(政爭)과 반대를 위한 반대만을 일삼는 상대 발목잡기를 시급히 중단해야 한다. 이것은 오로지 자기들의 정파적 이익만을 위한 것이며 결코 국민을 위한 것도, 국가를 위한 것도 아니기 때문이다. 글자 그대로 우리는 '하나의 민족'일 뿐이다. 또 장차 인류를 하나로 만들 위대한 사명이 있는 민족이다. 이제 우리는 민족이라는 구심점으로 결속하고, 이념 및 종파 분열을 초월하여 하나로 화합하고 통합되어야 한다. 그리고 이 시대는 인간의 생각으로 해석한 경전구절을 가지고 서로 옳다고 논쟁할 시기도 아니다. 이제 어쩌면 성경 속에 천사로 표기된 하늘나라 사람들과 불경의 보살들, 그리고 천상의 도솔천(兜率天), 화락천(化樂天) 사람들이 실제적으로 우리 눈앞에 강림할 수 있는 우주문명시대가 도래하고 있다. 과연 이러한 엄청난 광경이 벌어지게 될 시대에도 언제까지나 낡아빠진 이념대립을 일삼거나, 내 종교만 내세워 서로 적대하고 다툼만 할 것인가?

7.신과학이 제시하는 21세기 신관(神觀)과 구원의 새로운 빛

정신과 물질을 따로 분리된 객체로 보고 또 우주가 견고한 물질의 입자로 이루어져 있다는 것이 뉴턴(Newton) 물리학에 의해 형성되었던 과거의 기계론적 우주관(宇宙觀)이었다. 그러나 이러한 낡은 우주관은 이미 20세기 양자 물리학에 의해서 오래 전에 깨졌다. 닐스 보어(Niels Bohr)와 W. 하이젠베르그(Werner Heisenberg)의 양자역학(量子力學)과 E. 슈뢰딩거(Erwin Schrodin- ger)의 파동역학(波動力學)에 의해서 정립된 현대 물리학은 이제 우주 자체를 거대한 에너지로 이루어진 하나의 살아 있는 유기체(有機體)로 보기 시작했다. 즉 우주는 그 어떤 것도 부분으로 분리할 수 없는 상호연관적이고 상호의존적인 하나의 대생명(大生命)이라는 것이다.

이러한 역동적이고 생체적인 우주관 속에서 지구와 인간 역시 우주와 함께 상호작용하면서 공동 진화하는 우주의 한 부분으로서의 생명체(소우주)일 수밖에 없다. 또한 초심리학 연구가 진전해감에 따라 인간의 마음이 자연의 모든 것에 영향을 주고, 또 영향을 받기도 한다는 사실이 드러났다. 인간은 강력한 사념의 텔레파시만으로 멀리 떨어진 다른 사람의 기분이나 감정을 바꿔놓을 수도 있고, 혈액의 농도나 백혈구 수를 변화시킬 수도 있다는 놀라운 연구 결과가 나와 있다. 이것은 자신이 타인을 그렇게 만들 수도 있고, 반대로 타인에 의해 자신이 그렇게 될 수도 있는 것이다. 그리고 미국의 클리브 백스터(Cleve Backster)라는 연구자는 자연에서 하나의 생명(동물이든 식물이든)이 죽을 때 모든 식물들조차 여기에 교감하여 반응한다는 놀라운 사실을 밝혀냈다. 즉 우주의 모든 생명들이 물질을 넘어선 영적 세계에서는 하나로 연결되어 있다는 것이 초심리학자들의 50여 년 연구의 결론인 것이다.

이제는 물리적 세계를 연구함에 있어서도 인간의 의식(意識)의 문제를 개입시켜 고려하지 않으면 안 된다는 것을 과학자들이 깨닫고 있다. 또한 현대 물리학은 그러한 방향으로 발전하고 있는 중이다. 이것은 곧 정신세계와 물질세계, 가시적(可視的) 세계와 비가시적(非可視的) 세계, 주체와 객체, 자연과 인간이 하나임을 의미한다. 때문에 이 양자의 세계는 서로 침투되어 상호작용하며 영향을 미친다. 한마디로 동전 앞뒷면의 차이뿐인 것이다. 그리고 이러한 세계관과 우주관은 바로 예부터 내려온 동양적 가르침과 일치한다.

과거 세상을 지배하던 서양의 이원론적(二元論的)이고 분리주의적 가치 체계는 1970년대 이후로 일원론(一元論) 및 통합적인 동양적 가치체계로 완전히 선회하였다. 따라서 서양의 잘못된 기계론적 세계관이 몰고 온 현 지구

문명의 위기는 인간과 우주에 대한 올바른 진리정립으로 약간의 희망을 가질 수 있을 것이다. 그리고 바야흐로 현대물리학은 만물의 배후에 존재하는 긍극적 실재인 절대자(神)의 모습을 새로이 제시해주고 있다. 즉 과거 원시신앙에서 상상했던, 인간 세상을 내려다보며 심판하는 수염 난 할아버지와 같은 작은 인격적 모습에서 보다 거대한 에너지와 의식으로 이루어진 우주적 실체로서의 신의 모습을 제시해주고 있는 것이다.

우주의 모든 것은 진동하는 에너지의 파장으로 구성되어 있다. 다시 말해 우주를 창조한 절대자 자체가 하나의 거대의식(巨大意識)이며, 무한 에너지인 것이다. 그리고 우리 눈에 보이는 물질로 이루어진 만물과 우리의 육신도 에너지가 일정 수준의 낮은 파장을 이루고 있는 것에 불과하다. 또한 인간의 영혼이나 의식이라는 것도 단지 물질이나 육체보다 고도로 진동하는 에너지 파장일 뿐이다. 때문에 우리가 의식을 높인다는 것은 곧 우리를 구성하고 있는 에너지의 주파수를 높은 수준으로 진동시키는 것을 말한다.

사랑과 자비심 등은 가장 높은 주파수의 에너지 파동이며, 증오와 저주 등의 나쁜 상념은 가장 낮은 주파수의 에너지 파동이다. 다시 부연하면, 사랑의 의식은 가장 높은 광도(光度)의 밝은 빛과 같은 파장이다. 반면에 독선, 교만, 이기심, 증오, 분노 등의 부정적 의식은 가장 어둡고 낮은 파장의 에너지에 불과한 것이다.[23] 그러므로 의식이 사랑으로 충만해 있을 때 에너지 파동은 가장 높은 주파수로 진동하는 상태이다. 바로 이러한 상태라야 신(神)의 세계에 보다 가까워질 수 있는 것이며, 신의 높은 에너지에 연결될 수 있는 것이다. 왜냐하면 앞서 언급한 대로 절대자 자체가 가장 높은 파동의 거대한 '우주에너지'이며, 동시에 거대한 '우주의식(宇宙意識)'인 까닭이다. 그리고 여기서 떨어져 나온 작은 에너지를 지닌 의식이 바로 인간의 영혼인 것이다. 때문에 인간 개개인이 사랑과 자비심 같은 높은 에너지 파장으로 충만되어 있을 때 비로소 신의 에너지 주파수와 동조되어 신의 세계 안에 들게 된다. 그러나 아무리 하느님이나 또 다른 어떤 존재를 열렬히 신앙한다고 하더라도 이러한 사랑의 의식 상태에 이르지 못한 영혼은 낮은 수준으로 진동하는 에너지 생명체에 불과하다. 그러므로 이러한 영혼들은 (지구와 같은) 낮은 주파수의 에너지 세계에 머물 수밖에 없다. 반대로 높은 의식수준에 도달한 영혼들은 우주법칙상 그 의식 주파수 수준에 맞는 고차원의 우주문명권에 들어갈 수 있는 자격을 얻게 된다. 그리고 이것이 바로 진정한 의미의 구원(차원상

---

[23] 키를리안 사진에 찍힌 영혼의 오라(Aura) 색깔과 밝기를 보면, 그 사람의 영적 수준이나 성격 등을 모두 알 수 있다.

승)인 것이다.

우리 태양계 내 행성들을 비롯한 우주의 모든 별들은 영혼이 모종의 경험을 통해 영적교훈을 배우고 절대자의 법칙과 우주원리를 깨달아 진화해 나가는 일종의 학교(수련장)들이다. 그리고 일정 레벨의 한 행성을 졸업하면, 그보다 상위차원에 속한 행성으로 옮겨가거나 거기서 태어날 수 있는 자격이 부여되며, 새로운 배움을 계속해 나갈 수가 있다. 그러므로 이제 종교계에서 사용하는 구원이란 개념을 올바르게 정립해야 한다. 즉 구원은 어떤 징벌적 신(神)의 심판이나 처벌이 두려워 거기에 순종하고 믿고 따름으로써 주어지는 것이 아니다. 또한 그것은 단지 어떤 믿음이나 외부의 타력적인 힘에서 오는 것이 결코 아니다. 궁극적으로 구원은 전적인 자기책임 하에 스스로 영적인 성장을 이루어 올라가는 내면의 길이며, 인간 개개인의 의식상태(깨달음)와 그 수준에 의해서 결정되는 것이다. 그러므로 한 영혼이 상위차원으로 올라가는 시험에 합격한 상태를 일러 – 굳이 기존의 종교적 용어로 표현한다면 – 이를 구원이라고 칭한다. 우주의 모든 영혼들은 이런 식으로 우주의 근원인 무한자와의 궁극적인 융합에 이를 때까지 단계적으로 진화해 나아가며, 여기에는 우주의 어떤 존재도 예외가 있을 수 없다. 왜냐하면 우주자체의 근본적인 존재 목적이 바로 진화이며, 생명의 존재 목적도 오직 진화이기 때문이다.

8.끝맺는 말

억압되고 은폐돼 온 UFO와 외계인 정보들, 그리고 우주에너지와 반중력, 순간이동 기술 등은 이미 존재하고 있고 언젠가 인류 앞에 공개될 날만을 기다리고 있다. 그러나 물론 그렇게 되기 위해서는 필히 현재 인류와 지구를 통제하고 있는 어둠의 엘리트 세력들이 변화되거나 붕괴되어야 한다. 또한 다수의 인류가 영적으로 깨어나 천부적인 스스로의 권리를 요구하고 행사할 수 있어야만 할 것이다. 그리고 우리가 어떤 지식적 정보를 알고 있고 머리에 많이 담고 있다고 해서 절대로 세상이 저절로 바뀌지는 않는다. 즉 그 앎과 정보를 토대로 다수의 사람들이 오직 직접적인 행동에 나섰을 때만이 세상의 변화가 점진적으로 일어날 것이다. 그러므로 대단히 중대한 현 시대에 있어서 세상을 위한 직접적인 실천과 행동이 결여된 영성추구는 무의미하다고 생각된다. 그것은 단지 '개인 혼자만의 깨달음이나 구원'이라는 자기중심성이라는 한계를 벗어나지 못하며, 때로는 그저 머리 속의 지적인 알음알이로 끝날 가능성이 있다. 그리고 우주적 대변혁기인 현 시대에 이런 불균형적이고 이기적 형태의 영적추구행위는 이미 그 자체가 에고에 얽매여 있는 것이므로 성취 가능성은 낮다고 볼 수밖에 없다.

오랜 과거부터 지금에 이르기까지 인류문명을 변혁시킬 이런 귀중한 정보와 기술들이 감춰져 있고 또 그런 연구가들이 박해받고 있다는 사실은 지구라는 행성이 얼마나 불행한 〈어둠의 행성〉인가를 여실한 반증하고 있다. 그리고 현재 지구상의 대부분의 권력과 자금, 기술이 어둠의 세력의 손아귀에 들어가 있는 상태이다. 이런 사악하고 불법적인 집단들이 그런 돈과 기술을 통해 다수의 인류를 지배, 통제하는 가운데 온갖 음모를 꾸며 전 인류의 노예화를 획책하고 있고, 이런 진실은 대부분의 대중들에게 차단돼 있다. 한편으로 인간의 쾌락중추를 일시적으로 자극하는 스포츠, 연예, 오락 분야와 무지한 일부 종교집단에는 어둠의 세력의 조종에 따라 엄청난 자금이 흘러들어가고 또 모이고 있다. 그러나 빛과 진실을 밝히려는 진정한 연구자들은 기초자금조차 없어 어려움을 겪고 있고 여러 가지로 고통 받고 있다. 그럼에도 불구하고 그들에게는 거의 도움이 주어지지 않고 있는 것이 오늘날의 답답하고 안타까운 현실이다. 그러므로 이 세상이 새로운 세상으로 바뀌는 것은 이런 소수의 연구자들이나 내부고발자들의 힘만으로는 역부족이며, 모든 것이 억압받고 있는 지금의 현실에서 이는 거의 어렵다고 할 수밖에 없을 것이다. 그렇기에 어둠의 세력이 장악하여 지배하고 있는 이 세상이 바뀌기 위해서는 뜻있는 많은 이들의 빛의 활동에 대한 절대적 협력과 동참이 반드시 필요하다. 여기서 참고로, 지구영단의 승천한 대사들과 교신하고 있는 러시아의 메신저, 타키아나 믹커시나(Tatyana Mickushina)를 통해 전달된 한 마스터의 최근 메시지를 들어보자. 이 마스터는 제1광선의 담당자인 엘 모리야(티 Morya) 대사이다.

여러분의 성취를 보여 달라, 그러면 우리가 여러분에게 더 나은 이해와 지식을 전해주기 위해 준비될 것이다. Show your achievements and we will be ready to give you better understanding and more knowledge!

(2014. 6. 29)

엘 모리야입니다.

오늘 나는 이 여름 주기에 관한 마지막 메시지를 전하고자 왔습니다.

나는 우리가 가까스로 고대 헬라스(HELLAS)의 영역에다 우리의 에너지들을 전송하게 되어 기쁩니다. 우리는 우리가 보낸 에너지들이 정확히 이곳에서 증대된 효과가 나타날 수 있기를 바랍니다. 우리의 에너지들이 적용되는 지점들은 현재 철저히 체크되고 있습니다. 그리고 우리는 그런 작업이 행해졌고 완벽히 이루어졌다는 것을 알게 되어 기쁘게 생각합니다.

알다시피 우리의 메시지들을 수신하는 각 개인에게는 (우리로부터) 거대한 양의 빛이 방출되었습니다. 우리는 지금 우리의 메신저들의 도움으로 에테르적인 상위 차원계들로부터 오는 우리의 에너지와 빛을 어떻게든 최상의 방식으로 적절히 배치했으면 합니다. 그리고 이제 나는 몇 마디 말을 언급할 것입니다.

자, 메시지를 전송하는 우리의 작업은 적절한 방식으로 수행되었고 표준에 도달했습니다. 하지만 나는 우리 작업의 다른 측면에 관해서는, 다시 말해 (그 메시지에 의한 나타난) 진전이나 결과 역시 충분하고 성공적이었다고는 말할 수가 없습니다.

수많은 사람들이 날마다 우리의 메시지를 읽습니다. 세계 전역의 많은 이들이 우리의 에너지와 가르침을 접할 기회를 갖습니다. 그러나 빛의 목적에 헌신하는 의인(義人)은 어디 있습니까? 실행하라고 여러분이 요청받은 그런 행동들은 어디에 있나요?

태어나기 전에 여러분은 자신이 해야 할 어떤 의무들을 떠맡았습니다. 언제나 나는 여러분이 스스로 받아들인 것에 관해서 당신들에게 상기시키기 위해 옵니다. 그런데 (상황은) 어떻습니까?

나는 여러분의 노력이 너무나 부족하다는 것을 봅니다. 따라서 우리는 우리에게 맞서고 있는 세력들의 저항을 성공적으로 극복할 수가 없습니다.

우리가 인간 활동권의 가장 중요한 모든 분야에서 힘의 우위성을 확보하는 것은 우리에게 중요합니다. 또한 다수의 사람들이 승천한 대사들의 가르침을 따르고자 열망하고 이런 가르침을 자신의 삶 속에서 매년 실천하고 증대시켜 나가는 것은 중요합니다.

인류의 발전단계에 부여된 것을 위해 우리가 대백색형제단의 계획들을 실행할 수 있는 것은 바로 우리의 성실한 지지자들 덕분입니다! 이런 이유로 내가 와서 꾸준히 우리의 과업은 바뀌지 않았고 우리의 계획들은 이행되어야 할 필요가 있다고 반복해서 말하는 것입니다.

나는 거듭해서 여러분에게 행동할 필요가 있다고 상기시키고자 합니다. 우리의 메시지를 읽은 여러분 중에 얼마나 많은 이들이 지난 반년 동안 우리의 요청을 실행하기 위한 노력을 기울였습니까? 이 기간 동안 우리는 우리의 메신저를 통해 몇 가지 매우 중요한 의제들을 진행했습니다.

얼마나 많은 분들이 이런 계획들을 뒷받침했나요? 나는 실망했다고 말할 것입니다. 우리는 그 이상을 기대했고 우리의 희망들은 다시 입증되지 않았습니다.

여러분의 무기력과 나태함은 자신들에게 불명예스러운 것입니다. 나는 지금 지구상에 현존하는 그런 환경 속에서 행동하고 신성한 영혼을 유지하는 것이 매우 어렵다는 점을 너무나 잘 이해하고 있습니다. 하지만 나는 여러분이 전진을 계속하기 위한 그런 힘을 스스로 찾아야만 한다는 것을 강조하고자 합니다. 나는 우리의 모든 사도들이 환영(幻影) 속에서 잠자는 그런 혼미상태에서 마침내 깨어나 우리의 계획을 이행할 것을 요구합니다!

여러분은 오직 자신의 나태함과 무기력증을 이겨내야 합니다. 당신들이 그렇게 하자마자, 우리의 진동과 에너지를 지각할 수 있게 될 것입니다. 그리고 우리의 에너지를 감지할 수 있게 되는 즉시 여러분은 행동하기 위한 힘과 욕구를 얻게 될 것입니다. 그리고 아무도 절대자를 향한 여러분의 행로를 멈추게 할 수 없을 것입니다!

말하건대, 여러분은 자신을 둘러싼 세상의 무기력함과 퇴락에서 빠져나와야 합니다. 나는 이것 때문에 여러분에게 자신의 몸을 일으켜 행동을 시작해야 한다고 말하고 있습니다.

여러분의 장애물은 당신들 자신의 카르마적인 문제 안에 놓여 있습니다. 그리고 오직 여러분만이, 여러분 자신의 노력에 의해서만이 자신의 카르마적인 장애물들을 해결할 수가 있습니다.

무엇보다 먼저 여러분은 우리에 의해 시범보인 길을 따라 옮겨가고자 해야 합니다. 이를 위해서는 불굴의 신념과 헌신이 필요합니다.

이런 자질들은 오랜 수단들과 장기간의 영적인 실천을 통해 여러분 자신을 담금질함으로써 배양됩니다. 여러분 자신을 지속적으로 절대자와 조율된 상태로 유지시키는 많은 방법들이 있습니다. 하지만 이런 모든 도구들은 여러분의 근면한 날마다의 노력을 요구합니다.

단 하루라도 빠뜨려질 수 없습니다. 여러분이 단 하루라도 자신의 영적인 실천을 거르자마자, 그 나태와 나약함 때문에 당신들은 그 길의 처음으로 다시 돌아가게 되고 자신의 상승을 (처음부터) 다시 시작해야 합니다.

핑계를 댈 수는 없습니다! 여러분 자신의 에고적인 방종도 안 됩니다.

만약 여러분이 대백색형제단을 위해 일하는 길을 걷고 있다면, 당신에게는 휴가도 없고 휴일도 없을 것입니다. 많은 사람들이 고행을 두려워합니다. 또한 많은 이들이 대사들(Masters)이 너무 많은 것을 요구한다고 생각합니다.

그럼에도 나는 여러분에게 자신의 영혼을 구원으로 인도하는 길을 명확히 제시하고 있습니다. 하지만 내가 이 길을 여러분을 대신해 오를 수는 없습니다.

여러분은 선택할 수 있습니다. 폭넓은 선택권이 있는 것은 아닌데, 즉 영적진화를 계속하든가, 아니면 진화의 길을 거부하고 쇠퇴와 붕괴의 길을 선택할 수 있습니다.

매우 바람직하지 않은 경향이 여러분의 세계에서 보이기 시작합니다. 우리는 여러분을 뒷받침하기 위한 모든 노력을 기울이고 있고 당신들에게 마지막 기회를 줍니다.

모든 지침들이 오늘 주어졌습니다! 우주법칙은 더 이상은 허용하지 않습니다! 여러분의 성취를 보여주십시오. 그러면 우리가 보다 나은 이해와 더 많은 지식을 여러분에게 주기 위해 준비될 것입니다.

이제 나는 작별 인사를 하려합니다. 여러분과 다시 만나기를 바랍니다.
나는 엘 모리야입니다.[24]

이 시점에서 우리는 왜 이 인간 세상에는 온갖 재난과 불행, 사고, 전쟁, 범죄, 고통이 그치지 않는가를 한 번 깊이 생각해 볼 필요가 있다. 그 첫째 이유는 대다수의 인간들이 영적으로 매우 무지하고 깨닫지 못한 혼돈 상태에 있기 때문이다. 그렇다 보니 우리 인간은 우주법칙이나 원리를 자꾸 어기게 되고 부정적 에너지를 계속 생성하여 축적하게 된다. 그리하여 결과적으로 우주법칙 및 자연의 반작용과 스스로 만들어 놓은 카르마적 업보(業報)에 의해 다치게 되는 것이다. 그리고 두 번째 이유로는 앞서 설명한대로 지구에 오랫동안 암약하고 있는 어둠의 세력들의 공작과 농간 때문이다.

그렇다면 만약 어둠의 세력이 장차 지구상에서 해체만 된다면, 과연 당장 이 세상에 우리가 바라는 유토피아(理想郷)적 세계가 도래하게 될 것인가? 매우 유감스럽지만, 개인적으로 추측컨대 그럴 가능성은 낮다고 생각된다. 왜냐하면 인간 다수의 영적성숙과 의식각성이 선행되고 담보되지 않는 한, 그리고 지금 인류 전반에 만연해 있는 자기중심의 이기주의 속성과 패턴에서 탈피하지 않는 한, 신기술과 권력을 독점하고 악용하려는 또 다른 세력이 즉각 등장하게 될 소지가 충분히 있기 때문이다. 즉 기존의 지배자들만 교체되는 것이며, 여전히 사리사욕 수준의 인간들 간의 갈등과 아귀다툼이 지속되

---

24) http://sirius-eng.net/dictations/iun_2014/2014.06.29.htm

지 말라는 보장이 없는 것이다. 국민은 그들의 의식수준에 걸맞은 지도자를 가질 수밖에 없다는 말이 있다. 왜냐하면 민주주의 사회에서의 국가 지도자는 그 구성원들이 택해서 선출하는 것이기 때문이다. 따라서 무지하고 어리석은 대중은 그들을 이용하고 농락할 그런 수준의 지도자를 가질 것이고, 현명하게 깨어있는 대중은 또한 그들 수준에 걸맞은 훌륭한 지도자를 가질 것이다. 이런 관점에서 생각해 본다면, 왜 우리가 시급히 영적으로 깨어나야 하고 성숙되어야 하는지에 대한 답이 저절로 나올 것이다.

지구인이냐, 외계인이냐를 막론하고 우주의 모든 생명체들은 영혼을 갖고 있다. 그리고 우주법칙에 따라서 각자가 자기책임 하에 영적진화의 사다리를 밟아 올라가도록 설계되어 있다. 또한 우주의 수많은 행성들 역시도 '불간섭법칙'에 의해 외부의 간섭 없이 독자적으로 발전하고 진화해야할 책임이 주어져 있다.

그럼에도 우리가 간과할 수 없는 한 가지 문제는 이 지구라는 행성은 매우 독특한 측면을 갖고 있다는 것이다. 그것은 바로 이 지구에는 오래 전부터 우리 은하계와 우주 도처에서 온 어둠과 빛의 갖가지 영혼들이 태어나 공존하고 있다는 사실이다. 우주로부터의 많은 정보들은 오래 전에 이곳이 진화가 지체된 다수의 낮은 영혼들과 악성영혼들을 보내어 교화시키는 장소로 선택되었음을 지적하고 있다. 또 한편으로 이 지상에는 지구와 인류를 돕기 위해 자원해서 온 일부 빛의 영혼들이 존재하고 있기도 하다. 이렇게 빛과 어둠의 영혼들이 뒤섞여 있다 보니 진보된 다른 행성들과는 달리 이곳 지구에서는 저급한 어둠의 존재들로 인해 수많은 인종적, 종교적 갈등과 분열, 전쟁이 유발되어 지속돼 왔다. 결과적으로 이 지구행성은 이미 고대에 핵폭발 등으로 여러 번 황폐화되었고, 오늘날에도 지구의 오염과 파괴는 계속되고 있다. 하지만 그 동안 오랜 윤회환생의 사이클을 통해 지구에 육화하며 이곳에서 경험과 배움을 계속해온 모든 영혼들은 이제 중요한 전환점에 서 있는 것으로 보인다. 수많은 천상의 채널링 정보들이 지적하듯이, 지금 우리는 영적으로 도약하여 상위차원으로 상승하든가, 아니면 또 다시 퇴보하여 새로운 윤회환생의 사이클로 들어가야 하는 분기점에 처해 있는 것이다.

그럼에도 복잡하고 혼란스러운 지금의 어려운 지구상황은 다른 한편으로 우리에게 영적으로 빠르게 성장할 수 있는 좋은 기회를 제공하고 있기도 하다. 도전적이고 모험적인 영혼들에게 오히려 지상에서 겪는 고난과 시련의 경험은 더욱 자신을 단련하고 그것을 극복했을 때 더 크게 성장할 수 있는 기회인 것이다. 또한 이런 어려운 시기에 지구에 빛을 가져오기 위해 헌신

봉사하는 것은 단 기간에 자신의 카르마(業)을 청산하고 그 부채에서 해방되어 도약할 수 있는 좋은 계기가 될 수도 있다.

독자 여러분은 이 지구촌 곳곳에서 날마다 벌어지는 사건, 사고들을 깨인 눈으로 일정기간 주시해 보기 바란다. 이렇게 면밀히 장기간 관찰하다 보면, 거기에 왠지 부자연스럽거나 억지스러운 사건의 흐름이 포착될 것이다. 이런 부분들이 바로 어둠의 엘리트 세력들이 이 세상의 분열과 혼란을 지속시키기 위해서 배후 조종을 통해 인위적으로 모종의 사건을 조작하는 경우들이다. 그러나 그들은 늘 정의구현, 테러와의 전쟁, 세계평화, 질서확립, 악의 퇴치와 같은 그럴듯한 명분과 구호를 내세워 이용하는 식으로 교묘한 술수를 구사하기 때문에 대개의 일반인들은 이것을 눈치 채기가 쉽지 않다. 그리고 아직도 수많은 인간들이 어둠의 세력에게 세뇌된 채 그저 기존의 타성에 매여 하루하루를 살아가고 있고 흐리멍덩한 의식에서 미처 깨어나지 못하고 있다. 화성에 다녀온 내부고발자 마이클 릴페는 심지어 현 인류의 상태에 관해 이렇게까지 말한다.

"(이 세상에) 정상적인 삶은 없습니다. 나는 실질적으로 "어린 아이들"인 주민의 98%가 인위적으로 조성된 잠자는 것과 유사한 의식 상태로 살고 있는 세상 속에서 삽니다. 날마다 그들은 자신의 건강과 자유, 영혼을 이 세상을 지배하는 신(神)인 루시퍼(사탄)에게 바치고 있습니다. 거기에 정상적 삶은 없는 것입니다."

즉 약 98%의 인류가 어린애와 같은 유치한 상태에 머물러 있고, 어둠의 엘리트들에게 조종당하고 있는 것조차 모른 채 꼭두각시 노릇을 하고 있다는 이야기이다. 그의 이런 주장은 일부 과장돼 있다고 볼 수도 있겠으나, 여전히 다수의 인류가 진실에 무지한 채 몽매한 의식으로 살고 있음은 누구도 부정할 수가 없다.

추측컨대, 아마도 향후 3~5년 정도가 고비가 될 것이다. UFO 접촉자 알렉스 콜리어 역시 〈신세계 질서〉 공작을 추진하고 있는 엘리트 세력들이 향후 3년 이내에 지구상의 모든 것들을 접수하여 그 소유권을 장악하려 시도할 것이라고 경고하고 있다. 또한 생체 전자칩인 베리칩((Veri chip)을 강제적으로 인체에다 이식시키는 법이 미국에서 시행되는 것 역시 2017년부터라는 점도 우리가 간과해서는 안 될 부분이다.

한편으로 어쩌면 이제까지 이 책에서 언급된 내용과 논의가 특정의 사람들에게는 일종의 뜬구름 잡는 이야기로 밖에는 들리지 않을지도 모른다. 그럼에도 앞으로 지구에서 가시적으로 벌어질 일들은 이 주제가 결코 할일 없는 한가한 부류들이 지어낸 허구의 '음모론' 정도로 치부해 버릴 수 없게 만들 것이다. 눈이 뜨인 자들, 진실을 찾고자 하는 이들에게는 이미 방대한 정보들이 인터넷과 책을 비롯한 주변 도처에 널려 있다. 이런 지식과 정보들이 점차 많은 사람들에게 확산될수록 아마도 이것은 진지하게 숙고하지 않으면 안 될 과제로 떠오를 것이다. 그리하여 보다 많은 이들이 지구의 현실을 올바로 인식하고 실천적 행동으로 옮겨갈수록 그로 인해 인류의 집단의식(集團意識)이 서서히 변화할 것이다. 그럼으로써 이런 인류 전체의 집단의식 상태가 지구의 미래 향배(向背)를 결정하게 될 것이다. 이런 맥락에서 UFO와 외계인, 신과학 기술, 그리고 이를 은폐하고 억압하고 있는 어둠의 엘리트들의 문제는 현재 지구상에서 가장 중요한 문제라고 말하지 않을 수 없다. 따라서 이것은 우리가 신중히 받아들여 깊이 연구하고 대중들에게 시급히 전파해야 할 제1의 과제라고 생각한다. 아울러 지구와 인류문명에 빛을 전하러 왔던 테슬라를 비롯한 다수의 우주적 존재들과 프리에너지 연구자 및 UFO와 반중력 장치 연구가들, 그리고 불의한 어둠의 세력과 맞서 싸웠던 용기 있는 지도자와 내부고발자들의 희생적 노력이 헛되이 되어서는 안 될 것이다. 인류를 위해 자신의 생명을 내던졌던 그들의 숭고한 희생이 아니고서야 어찌 지구의 과학이 이 정도라도 발전하고 또 우리가 이만큼이라도 진실을 알 수 있게 되었겠는가? 그러므로 그들을 잊지 말자는 의미에서 그 고귀한 영혼들의 주요 이름을 여기서 다시 한 번 열거해 본다.

N.테슬라, T. 헨리 모레이, 빅터 사우버거, 오티스 카, 로얄 R. 라이프 박사, 존 F. 케네디 대통령, 에드윈 그레이, 로렌즌 부부, 필 슈나이더, 스탠리 메이어, 아리에 M. 드지우스, 유진 멀러브 박사, 제임스 맥도널드, 토마스 W. 카스텔로, 스티브 윌슨 대령, 마이클 울프 박사, 윌리엄 쿠퍼 … 그리고 아직 생존해 있는 모든 이들,

어찌 되었든 이제 인류 개개인은 스스로 깨달아 '사랑'과 '자기책임' '자유의지' '공존공영(共存共榮)'이라는 우주원리 속에서 새로 태어나야 한다. 또한 어리석기 짝이 없는 자기 파멸의 행로를 멈추고, 이제는 철부지 아이처럼 자기 밖에 모르는 유치한 아동기(兒童期)를 졸업해야 한다. 그리하여 지구상의 모든 어려움과 책임을 함께 분담할 수 있는 보다 성숙된 의식 단계로 올라서

야 할 것이다. 현 시대는 우리에게 시급히 영적으로 깨어나 행동할 것을 요구하고 있다. 그러므로 지금의 상황은 우리 모두에게 일종의 영적인 시험대와도 같은 것이다.

어둠의 세력의 분쇄와 현 3차원 지구문명의 상위차원으로의 상승은 현재 육화해 있는 우리 인류 모두의 어깨위에 내려진 책임이자 의무이며, 본질적으로 외부의 누군가의 도움이나 개입에 의해 이루어질 수는 없다. 왜냐하면 그것이 우주법칙이기 때문이다. 그리고 우리가 자신의 의식을 한 단계 높여 우주의식에 눈을 뜨고 인류 스스로 이 지상에다 평화체제를 구축한 후라야 비로소 진보된 UFO 우주인들이나 영단의 마스터들이 우리에게 본격적인 도움을 줄 수 있을 것이다.

은하문명 또는 우주문명은 이미 우리 코앞에 와 있다. 하지만 바야흐로 인류는 동시에 이제 저 우주를 향해서 한 단계 높은 우주적 생명체로 비약하느냐, 아니면 또다시 추락하여 퇴보하느냐 하는 중대한 기로에 서 있다. 다시 말해 우리는 은하계 변두리의 한 고립된 행성에서 소수의 어둠의 세력에게 종속되어 지금과 같은 갈등과 분열의 문명을 지속하다 종막을 고하느냐, 아니면 새로운 차원의 문명을 열고 지구를 벗어나 우리 은하계의 성숙된 우주시민권자로 승격되느냐는 중대한 순간을 맞이하고 있는 것이다. 그리고 그 선택은 바로 우리들 자신에게 달려 있다.

■ 참고 및 인용 문헌

• Tim Swarts. The Lost Journals of Nikola Tesla. (Inner Light Global Communication, 2000).

• Nick Kook. The Hunt for Zero Point Energy. (High Frontier Productions Ltd. 2001).

• Henry Stevens. Hitler's Flying Saucers: A Guide to German Flying Discs of The Second World War. (Adventures Unlimited Press; 2003).

• Charles Berlitz & William Moore. The Roswell Incident.(Berkley Books, 1988)

• Stanton T. Friedman, Top Secret / MAJIC.(Marlowe & Company, 1996)

• Valdamar Valerian. The Matrix - Understanding Aspects of Covert Interaction with Alien Culture, Technology and Planetary Power Structures. (Leading Edge, 1992).

• Valdamar Valerian. Matrix(II): The Abduction and Manipulation of Humans Using Advanced Technology. (Leading Edge, 1991).

• George Adamski. Inside the Spaceship.(G.A.F. International; Revised edition, 1955)

• H. Albert Coe. Shocking Truth: UFO Contact from Planet Norca.(UFO Photo Archives, 1975)

• Patrick J. Kelly. Practical Guide to Free Energy Devices.(2013)

• Alex Collier. Defending Sacred Ground.(Leading Edge International Reasearch Group, 1997)

• Tuella. Project World Evacuation.(Inner Light Publications, 1993).

• T. Henry Moray. The Sea of Energy in Which The Earth Float: For beyond The Light Rays lies The Secret of the Universe(1960).

• John Spencer. UFO ENCYCLOPEDIA.(Avon Books, 1993)

• William L. Brian. II, Moongate: Suppressed Findings of the U.S.

Space Program.(Future Science Res Pub Co,1982)

• Dana Howard. Diane: She Came from Venus.(Regency Press, 1956)

• Rolf Waeber. Who is Who in the Greatest Game of the History. (TRAFFORD Publishing, 2005)

• Margaret Storm. Return of the Dove (Kessinger Publishing, LLC. 1996)

• Kevin D. Randle & Donald R. Schmitt, The Truth about The UFO crash at Roswell.(AVON BOOKS, 1994).

• Richard C. Hoagland & Mike Bara. DARK MISSION: The Secret History of NASA.(Fearal House Book, 2007).

• Edited by Commander X. Cosmic Patriot Files. (ABELARD PRODUCTIONS INC, 1996).

• William Cooper. Behold a Pale House. (Light Technology Publishing, 1991)

• Frank E. Stranges. Stranger at The Pentagon. (Universe Publishing, 1991)

• Richard Sauder. Under Ground Bases and Tunnels.(Adventure Unlimited Press, 1995).

• William F. Hamilton III. Cosmic Top Secret.(Inner Light Publications, 1991).

• Commander X. Incredible Technologies of The New World Order.(Abelard Production Inc, 1997).

• Commander X. Commander X Files. (Abelard Production Inc, 1996).

• Timothy Good. Above Top Secret: The Worldwide U.F.O. Cover-Up. (Grafton Books,1989)

• Timothy Good. Alien Base. (Avon Books Inc, 1998).

• Timothy Good. Need to Know; UFOs, The Millatary and Intelligence.(Pegasus Books, New York, 2007),

- Stokes, Louis. "Report of the Select Committee on Assassinations of the U.S. House of Representatives". Washington, DC: United States Government Printing Office (1979).

- David M. Jacobs. SECRET LIFE: First hand Documented Accout of UFO Abductions.(A Fireside Book, 1993).

- John Mack. Abuduction: Human Encounters with Aliens.(Ballantine Books, Random House Inc. 1994).

- Budd Hopkins. Missing Time: A Document Study of UFO Abduction.(Ballantine Books, 1981)

- Budd Hopkins. Intruders: The Incredible Visitation at Copley Woods.(New York: Random House, 1989)

- C.D.B Bryan, Close Encounter of The Fourth Kind.(Alfred A. Knopf, New York, 1995)

- Leo Sprinkle, Soul Samples.(Granite Publishing, 1999)

- Helmut Lammer & Marion Lammer, Milabs: Military Mind Control & Alien Abduction.(Illuminet Press; 1999)

- Brad Steiger & Alfred Bielek, THE PHILADELPHIA EXPERIMENT & OTHER UFO CONSPIRACY.(Inner Light Publication, 1990)

- Brad Steiger & Sherry Hansen Steiger, THE RAINBOW CONSPIRACY.(Kensington Books, 1994)

- Commander X, Underground Alien Base.(ABELARD PRODUCTIONS INC, 1990)

- Commander X, Controllers: The Hidden Rulers of Earth Identified.(ABELARD PRODUCTIONS INC, 1994)

- Laura Magdalene Eisenhower, Disclosure,(Presented at the 22nd WORLD SYMPOSIUM ON UFOs AND RELATED PHENOMENA; Extraterrestrials and World Politics, March.30. 2014)

- Steven M. Greer. DISCLOSURE.(Crossing Point INC Publications, 2001)

- Jacques Vallee, REVELATIONS (Ballantine Books, 1993)

- Jenny Randles & P.Warrington. Science and UFO.(Black Well Inc. 1987)

- Olof Alexandersson, Living Water: Viktor Schauberger and the Secrets of Natural Energy.(Gill & MacMillan Pub. 2002)

- Jonathan Eisense. Suppressed Inventions and Other Discoveries.(Scribd website, 1999)

- Renato Vesco & David H. Childress, Man made UFOs, 1944-1994.(AUP Publishers NETWORK, 1994)

- Nick Redfern. Cotactees; A History of Alien-Human Interaction.(Career Press, 2010)

- William Lane, PENTAGON ALIENS.(Creatopia Production, 1999)

- Commander X. Strange and Unexplained Deaths at the Hands of the Secret Government.(Global Communications, 2005)

- Scott Mandelker, Universal Vision: Soul Evolution and the Cosmic Plan.(UV Way, 2001)

- Patricia Jo Cori. No More SECRETS, No More LIES(North Atlantic Books, 2008)

- Roger Bore & Nigel Blundell. The World's Greatest UFO Mysteries.(Hamlyn Publishing Group, 1983)

- 카알 융, 에릭슨 저, 이부영, 조대영 역. 〈현대의 신화 외 아이덴티티〉(삼성출판사, 1982)

- 손재익, 강용혁, 〈청소년을 위한 미래과학 교과서 – 신재생에너지〉(김영사, 2009)

- 옴넥 오넥 지음. 〈나는 금성에서 왔다〉 도서출판 은하문명 (2011)

- 김지하 저. 〈디지털 생태학〉(이룸출판, 2009).

- 프리초프 카프라 저, 이성범, 김용정 옮김.〈현대물리학과 동양사상〉범양사출판부(1994)

- 임마누엘 페스트라이쉬 지음, 《한국인만 모르는 다른 대한민국》 21세기북스(2011)

- 권천문 저, 〈한민족의 하나님 사상〉.(주) 지식시대(2000)

- 박금조 編, 〈영계로부터의 메시지〉심령과학출판사.(1991)
- 버지니아 에센, 캔데이스 프리즈 저, 광솔 옮김. 〈예수 그리스도의 충격 메시지(2)〉도서출판 은하문명 (2005)
- 최재충 지음. 〈천부경(天符經) – 민족의 뿌리〉도서출판 한민족, (1985)
- 다치바나 다카시(立花隆), 문동파 編. 《공(空)-우주에서 돌아오다》, 문명사 (1985)

UFO와 신과학 - 그 은폐된 비밀과 충격적 진실들 (개정판)

개정판 1쇄 발행 / 2020년 12월 15일

저자 / 朴燦鎬
발행인 / 朴仁鎬
발행처 / 도서출판 은하문명
등록 / 2002년 12월 05일 (제2020-000063호)
주소 / 서울특별시 서초구 서운로 160, 305호
전화 / (02)737-8436
팩스 / (02)6209-7238
홈페이지 / www.ufogalaxy.co.kr
인쇄 / ㈜ 천일문화사

가격   28,000원

ISBN: 978-89-94287-20-1 (03000)